Knaur

Von David A. Yallop ist außerdem erschienen:

Im Namen Gottes? (Band 3812)
... und erlöse uns von dem Bösen (Band 3951)

Dieses Buch wurde
auf chlor- und säurefreiem Papier gedruckt.

Vollständige Taschenbuchausgabe Oktober 1994
Droemersche Verlagsanstalt Th. Knaur Nachf., München

Titel der Originalausgabe
»To the Ends of the Earth: The Hunt for the Jackal«
Druck und Bindung Ebner Ulm
Printed in Germany
ISBN 3-426-77138-1

2 4 5 3 1

David A. Yallop

Die Verschwörung der Lügner

Die Jagd nach dem Top-Terroristen Carlos

Aus dem Englischen von Andrea Galler, Thomas Pfeiffer und Renate Weitbrecht

Knaur

»Mein Name ist Carlos«
An die OPEC-Minister, Wien, Dezember 1975

»Mein Name ist Carlos«
An den Autor, Libanon, Mai 1985

Für Anna

Inhalt

Teil 3

Prolog

Die Welt ist voll von Menschen, die Carlos persönlich kennen – bis man die Bitte äußert, mit ihm bekannt gemacht zu werden.

Ende 1983 wußte ich endlich, wovon dieses Buch handeln würde. Ich wollte bestimmte Aspekte zweier wichtiger Weltprobleme näher untersuchen. Das erste war der Terrorismus, das zweite die Palästinenserfrage. Meine Recherchen deuteten nicht nur auf einen engen Zusammenhang zwischen beiden Themen hin, sondern führten mich auch zu einem Mann, der die Ereignisse, die ich beleuchten wollte, auf höchst dramatische Weise beeinflußt hatte. Die Rede ist von dem meistgesuchten Mann der Welt: Ilich Ramírez Sánchez, besser bekannt unter dem Namen Carlos oder Carlos, der Schakal. Das Leben dieses Mannes war untrennbar mit beiden Themen verknüpft. Alles, was ich nun zu tun hatte, war, ihn zu finden, ihn zu befragen und seine Geschichte zu erzählen.

Einige behaupteten, er sei in Santiago de Chile geboren. Andere erklärten, sein Geburtsort sei Bogotá, die Hauptstadt Kolumbiens. Mehrere Geheimdienste gaben Israel als sein Geburtsland an. Die Experten anderer Geheimdienste widersprachen und nannten eine ganze Reihe anderer Geburtsorte, darunter auch Städte in den USA und in der Sowjetunion.

Es paßt zu diesem Mann, daß er so viele Heimatländer haben soll. Schließlich taucht er seit vielen Jahren immer wieder an den unterschiedlichsten Orten auf, und häufig zur gleichen Zeit – in der einen Hand eine Pistole, in der anderen eine Handgranate.

So zahlreich wie die Geburtsorte sind auch die Namen dieses Mannes. Doch es ist ein ganz bestimmter Name, dessen bloße Erwähnung am

Telefon genügt, um alle Sicherheitsorgane eines Landes in höchste Alarmbereitschaft zu versetzen: Carlos.
Ich begann, seinen Lebenslauf nachzuzeichnen. Dabei stützte ich mich ausschließlich auf Informationen, die bereits veröffentlicht worden waren.
Im Alter von 14 Jahren stand Carlos an der Spitze der kommunistischen Jugendbewegung in Caracas. Noch nicht ganz 15 Jahre alt, wurde er bereits vom KGB angeworben.
Niemand in der langen Geschichte des KGB kann anscheinend eine so erfolgreiche Bilanz weltweiten Terrors und Mordens vorweisen wie er.
30. Mai 1972: Drei Mitglieder der Japanischen Roten Armee schießen auf dem Flughafen Lod bei Tel Aviv mit automatischen Waffen in die Menge. Die Bilanz: 27 Tote und 69 Verletzte. Unter den Opfern sind viele Puertoricaner, die auf einer Pilgerreise ins Heilige Land waren. Ein Überlebender soll damals gefragt haben: »Aus welchem Grund töten die Japaner in Israel Menschen aus Puerto Rico?« Zwei Attentäter sterben beim Schußwechsel mit israelischen Sicherheitskräften. Der dritte wird festgenommen und inhaftiert. Carlos, der Mann, der den Anschlag geplant und organisiert hat, entkommt.
5. September 1972: Die Olympischen Spiele in München sind bereits in vollem Gange, als die arabische Gruppe Schwarzer September unter der Führung von Carlos einen Anschlag auf die israelische Mannschaft verübt. Vierundzwanzig Stunden später sind elf israelische Athleten tot. Mehrere Terroristen werden getötet, andere verwundet und verhaftet, doch Carlos entkommt unverletzt.
28. September 1973: Zwei arabische Guerillas besteigen im slowakischen Bratislava den »Chopin-Express« von Moskau nach Wien. Im Grenzort Marchegg auf der österreichischen Seite bedrohen sie die Fahrgäste mit automatischen Waffen und Handgranaten und nehmen vier Geiseln. Sie verlangen von Österreich die Schließung des Durchgangslagers für Sowjetjuden in Schönau. Die Regierung beugt sich den Forderungen, die zwei Araber werden nach Libyen ausgeflogen. Die Nachgiebigkeit des österreichischen Kanzlers Bruno Kreisky löst weltweite Proteste aus. Der Mann, der den Anschlag geplant und organisiert hat, ist Carlos.
Je mehr Auftraggeber er hatte, desto schwieriger wurde es für die rivalisierenden Geheimdienste, festzustellen, für wen er gerade arbeitete. Daß er die Massaker in Lod und München im Auftrag der Palästinenser verübt hatte, war ja noch nachzuvollziehen. Aber wem nützte es, als im März 1974 in Lyon der jugoslawische Vizekonsul von zehn

Kugeln durchsiebt wurde? Und für wen arbeitete er am 19. Dezember 1974, als der uruguayische Militärattaché Ramón Trabal in einer Pariser Tiefgarage durch sechs Schüsse niedergestreckt wurde und starb? Bereits Mitte 1975 stellten Anti-Terror-Experten in der Öffentlichkeit immer dringlicher die Frage: »Ist Carlos, der Schakal, ein von Moskau ausgebildeter Terrorist, der sich selbständig gemacht hat?«
Im Dezember 1975 marschierte Carlos im Auftrag des libyschen Revolutionsführers Muammar el-Gaddafi durch die Glastüren der OPEC-Zentrale in Wien. Die Experten rätselten, warum Carlos die Ölminister der OPEC-Länder als Geiseln nahm. Anscheinend verfolgte Gaddafi mit dem Anschlag nur einen Zweck: Er wollte die Minister einschüchtern und demütigen. Und dafür belohnte er Carlos mit 20 Millionen Dollar.
Immer mehr Sicherheitsorgane und Geheimdienste machten Jagd auf Carlos, und Carlos, der Mann mit konspirativen Wohnungen, Waffen, Bomben und Frauen in gut einem Dutzend Städten rund um den Globus, war auf jede Unterschlupfmöglichkeit angewiesen. Aus Chile wurde gemeldet, daß er im Süden des Landes gesehen worden sei. Aus Kolumbien verlautete, daß er sich exakt zur selben Zeit in Bogotá aufgehalten habe. Andere Berichte signalisierten, daß er, wiederum zur gleichen Zeit, in London, in Kuba, in Libyen, in Beirut und sogar in Israel aufgetaucht sei.
Doch es wurde nicht nur berichtet, wo und wann Carlos gesehen worden war. Ebenso zahlreich waren die Berichte über seinen Tod. Niemand hat wohl so oft seinen eigenen Nachruf gelesen. Und nur wenige Menschen dürften durch ihre Taten, ob tatsächlich begangen oder nur erfunden, soviel Schrecken verbreitet haben.
Das Jahr 1976 begann für Carlos damit, daß er in Algier aus dem Flugzeug der Austrian Airlines stieg, mit dem er die Ölminister entführt hatte. Und es endete damit, daß er an einem Winternachmittag am Frankfurter Flughafen im Nebel verschwand. In der Zeit dazwischen hatte er nicht auf der faulen Haut gelegen.
23. März 1976: Aus ägyptischen Quellen verlautet, daß Carlos in Libyen inzwischen die Macht übernommen habe. Gaddafi regiere das Land nur noch pro forma. Der junge KGB-Agent exportiere nicht Öl, sondern Sabotage, Kidnapping und Mord.
8. Mai 1976: Die berittene Polizei Kanadas verteilt Tausende von Carlos-Plakaten im ganzen Land. Unter drei Fotos wird in zwei Worten seine Biographie zusammengefaßt: »Äußerst gefährlich«. Im selben Jahr richtet die kanadische Stadt Montreal die Olympischen Spiele

aus. Die Angst geht um, Carlos könnte wie schon 1972 in München einen Anschlag auf die Spiele verüben.
27. Juni 1976: Eine Maschine der Air France, Flugnummer 139 von Tel Aviv nach Paris, wird mit über 250 Passagieren und Besatzungsmitgliedern an Bord kurz nach dem Zwischenstopp in Athen entführt. Die von dem Deutschen Wilfried Böse angeführten Luftpiraten bezeichnen sich selbst als »Kampfgruppe Che Guevara vom Kommando der Palästinensischen Befreiungsarmee«. Carlos hat die Operation ausgeheckt und geplant. Die israelische Regierung leitet eine militärische Rettungsaktion ein, die die ganze Welt in Atem hält. Israelische Fallschirmjäger landen auf dem Flughafen von Entebbe in Uganda, auf dem die Geiseln festgehalten werden. Sie stürmen die Flughafengebäude und befreien die überwiegend jüdischen Geiseln. Nur ein einziger israelischer Soldat kommt ums Leben: Leutnant Jonathan Netanjahu, der Anführer des Kommandos. Und nur eine einzige Geisel, eine ältere Engländerin namens Dora Bloch, wird nicht befreit. Alle Terroristen liegen tot auf dem Rollfeld von Entebbe. Bis auf einen. Carlos, der Schakal, ist wieder entwischt.
Im September wird berichtet, daß Carlos im Besitz einer kleinen Atombombe sei. Im November äußern amerikanische Beamte die Befürchtung, daß Carlos außerdem noch eine bestimmte Menge des tödlichen Nervengases Tabun in seinen Besitz gebracht habe. Die vier apokalyptischen Reiter haben einen fünften Bundesgenossen bekommen.
Das alles war sehr verwirrend, nicht zuletzt auch für die Sicherheitsorgane vieler Länder. Sie verfügten über Millionenbudgets, die modernste Ausrüstung, die man sich denken konnte, und ein beinahe unbegrenztes Potential an Menschen und Waffen. Und doch bewies ihnen ein einzelner Mann immer wieder aufs neue, daß er weder aufzuhalten noch zu fassen war. Auch gegen Ende der siebziger Jahre lieferte er erstaunliche Demonstrationen seiner einzigartigen und beängstigenden Fähigkeiten.
Im Jahr 1979 tauchte sein Name erneut im Zusammenhang mit dem inzwischen gestürzten Schah des Iran auf. Ajatollah Sadegh Chakli erklärte in der Stadt Kum, daß die Fundamentalisten mit Carlos über die Ermordung des Schahs verhandelten. Die CIA schaltete sich ein und wies Carlos diskret darauf hin, daß eine Ermordung des Schahs in dessen mexikanischem Zufluchtsort die Amerikaner in große Verlegenheit bringen würde. Der Schah durfte eines natürlichen Todes sterben.

Weniger Glück hatte Anastasio Somoza, der gestürzte Diktator Nicaraguas. Carlos stellte ihn am 9. September 1980 in der Innenstadt von Asunción in Paraguay und erschoß ihn auf offener Straße. Wie so oft, griffen die Moral der Medien und politisches Zweckdenken merkwürdig ineinander: Viele begrüßten diesen Mord. Über den nächsten Kandidaten auf Carlos' Todesliste war man allerdings weniger begeistert. Es war der frischgewählte Präsident Ronald Reagan.
Carlos hatte praktisch im Alleingang dafür gesorgt, daß Reagans Vorgänger Präsident Carter nicht wiedergewählt worden war. Er hatte die Besetzung der US-Botschaft in Teheran und die Geiselnahme geplant, die das mächtigste Land der Welt zum ohnmächtigen Zuschauer degradiert hatten. Und die öffentliche Meinung in Amerika hatte reagiert. Die Geiselkrise und Carters Unfähigkeit, sie zu lösen, hatten maßgeblich zu Reagans Wahlsieg beigetragen. Nun, im Dezember 1981, plante Carlos im Auftrag Gaddafis eine neue Operation. Diesmal wollte er mit einem kleinen Mordkommando von Mexiko aus in die USA vordringen und Carters Nachfolger Reagan ermorden, also den Mann, dem er gerade erst den Weg ins Weiße Haus geebnet hatte. Der israelische Geheimdienst Mossad und die CIA ließen Einzelheiten über das Komplott an die amerikanischen Medien durchsickern. Das öffentliche Aufsehen bewog Carlos, von dem Mord Abstand zu nehmen.
Wenige Monate später, im April 1982, gelang Carlos ein Coup, der selbst für seine Verhältnisse ein Meisterstück war. Er inszenierte in London den Mordanschlag auf den israelischen Botschafter Schlomo Argov. Der Botschafter wurde schwer verletzt, überlebte aber. Als Reaktion auf das Attentat marschierten die Israelis in den Libanon ein – um die Stabilität der Grenzen zu sichern, wie offiziell verlautete. Beobachter in aller Welt erkannten freilich sehr bald, daß das wirkliche Ziel Israels die Zerschlagung der Organisation zur Befreiung Palästinas (PLO) war, deren Hauptquartier sich zu der Zeit in Beirut befand. Mitte September waren Jassir Arafat und seine Anhänger schließlich gezwungen, das Land zu verlassen. Später fand die libanesische Armee im Flüchtlingslager Bourj el Barajneh Beweise dafür, daß sich unter den allerletzten palästinensischen Kämpfern, die das Land verließen, auch Carlos befunden hatte. Er hatte sich mit einem Schiff nach Tunesien abgesetzt.
Im Verlauf der achtziger Jahre wurde der legendäre Carlos immer berühmter. Am 14. August 1990 hieß es in Geheimdienstberichten zahlreicher Länder, daß der irakische Präsident Saddam Hussein, der inzwischen in Kuwait einmarschiert war, eine von Carlos geplante ter-

roristische Offensive vorbereite. Ziel der Anschläge seien unter anderem irakische Dissidenten, die in London und anderen europäischen Hauptstädten im Exil lebten. Außerdem wurde enthüllt, daß zu dem umfangreichen Waffenarsenal, über das Carlos verfügte, auch chemische Kampfmittel gehörten. Carlos, so hieß es, warte nur noch auf letzte Instruktionen aus Bagdad.
Trotz aller Bemühungen der Sicherheitsorgane und entgegen allen anderslautenden Berichten stellt Carlos anscheinend immer noch eine unabwendbare Bedrohung dar. Während seine zahlreichen Opfer tot unter der Erde liegen, setzt er seinen Weg unaufhaltsam fort.

Diese kurze Geschichte des Mannes, den ich suchte, warf sehr viele Fragen auf, nicht zuletzt auch hinsichtlich der Glaubwürdigkeit des veröffentlichten Materials, auf das sie sich stützte. Wie war es möglich, daß ein Mann, der so viele Verbrechen verübt hatte, immer noch auf freiem Fuß war? Wem nützte diese scheinbar endlose Serie von Greueltaten? Wer schützte diesen Mann? Und vor allem: Hatte er tatsächlich alle diese Verbrechen begangen? Hatte er überhaupt eines davon begangen?
Die Suche nach den Antworten und nach dem Mann selbst sollte für mich zu einer Odyssee werden. Aber bevor diese Reise zu Ende war und ich Antworten auf diese Fragen fand, sollten noch weitaus wichtigere Wahrheiten und Fakten ans Licht kommen.
Während der gesamten achtjährigen Amtszeit Präsident Reagans war die amerikanische Administration mit ausländischen Agenten durchsetzt. Die Informationen, die sie sammelten, wurden kontinuierlich weitergeleitet, unter anderem an den libyschen Revolutionsführer Oberst Gaddafi. Auch die verschiedenen französischen Regierungen unter Präsident Mitterrand waren bis hinauf in die Chefetagen mit Agenten gespickt.
Es ist eine weitverbreitete Annahme, daß Gaddafi hinter dem Anschlag auf die Wiener OPEC-Zentrale und der Entführung der Ölminister im Jahr 1975 steckte. Meine Nachforschungen ergaben, daß ein ganz anderer Staatschef für diesen Terrorakt verantwortlich war.
Große internationale Fluggesellschaften, die Schutzgelder in Millionenhöhe an eine palästinensische Terrorgruppe zahlten; eine Lockerbie-Katastrophe, die hätte vermieden werden können, ja müssen; ein Weißes Haus, in dem man die Gesetze des eigenen Landes mißachtete und geradezu besessen war von der Idee, einen anderen Staatschef zu ermorden; der Grund für das Massaker an Tausenden von Palästinensern in den Lagern Sabra und Schatila; die Realität des israelisch-pa-

lästinensischen Konflikts – dies waren nur einige der »Entdeckungen«, die mich auf meinem ganz persönlichen Weg nach Damaskus erwarteten.
Eine der ersten Wahrheiten, die ich in Erfahrung brachte, war zugleich eine der elementarsten: Ilich Ramírez Sánchez wurde am 12. Oktober 1949 in Caracas geboren. Im Jahr 1975, noch vor seinem 26. Geburtstag, war er bereits der meistgesuchte Mann der Welt.
Ich hielt es für unwahrscheinlich, daß ein so überaus aktiver Mann wie Carlos einen ständigen Wohnsitz in einem der Länder hatte, die ihn auf die Fahndungsliste der gefährlichsten Verbrecher gesetzt hatten. Wenn ich mit dieser Vermutung richtiglag, dann schieden mehrere Staaten von vornherein aus: Großbritannien, Frankreich, die Niederlande, Westdeutschland, Österreich und die Schweiz. Die Liste wurde länger. Hinzu kamen Italien, die Vereinigten Staaten, viele Nahostländer und ein Großteil Lateinamerikas. Sein Geburtsland Venezuela war merkwürdigerweise nicht darunter. Ich sprach mit Kontaktmännern von verschiedenen Geheimdiensten. Jeder vermutete ihn woanders. Da man annahm, Carlos stehe mit Gaddafi in Verbindung, lag der Gedanke sehr nahe, daß er sich in Libyen aufhielt. Auch der Südjemen kam in Frage, schließlich wurden Carlos enge Beziehungen zur Volksfront zur Befreiung Palästinas (PFLP) nachgesagt. Einige Geheimagenten versicherten mir, daß er zur Zeit in einer Luxusvilla in Bagdad lebe. Andere bestätigten mir zwar die Sache mit der Villa, verlegten diese aber nach Saudi-Arabien, nach Algerien oder in den Iran. Viele, oder genauer gesagt, die meisten meiner Gesprächspartner hielten ihn für tot. Er sei seinen Auftraggebern lästig geworden. Dem KGB sei gelungen, was kein einziger westlicher Geheimdienst geschafft habe: Er habe Carlos liquidiert.
Ich war überzeugt, daß Carlos noch am Leben war. Ich hielt all diese Nachrufe auf ihn für verfrüht. Dann, im November 1981, über ein Jahr nach Beginn meiner Recherchen, hatte ich endlich Glück. Ein Kontaktmann von der französischen Direktion der Landesüberwachung (DST) machte mich in Paris mit einem libanesischen Palästinenser namens Ibrahim Ahmed Hussein bekannt. Wir aßen in einem Restaurant auf dem Boulevard Saint-Germain gemeinsam zu Abend, und er stellte mir eine Vielzahl von Fragen. Er wollte herausfinden, aus welchem Grund ich nach Carlos suchte. Schließlich sagte er: »Sie werden nach Mailand gehen müssen.«
Meine Reise hatte begonnen.

Teil 1

Gib das Päckchen weiter

Im Winter einen Flug nach Mailand zu buchen ist, als ob man ein Los für eine Lotterie kauft. Wenn man Glück hat, gelangt man tatsächlich ans Ziel, doch manchmal kommt der Nebel dazwischen und zwingt die Maschine, in Turin, Bologna oder anderswo zu landen. Diesmal gab es keinen Nebel. Wir hatten nur 45 Minuten Verspätung.

Die Anweisungen, die ich erhalten hatte, waren klar: »Rufen Sie an und fragen Sie nach Danielli.« Eine Stunde später, nach einer beängstigenden Autofahrt, deckte Daniellis Frau in der Wohnung des Ehepaars den Kaffeetisch für zwei Personen.

Aus dem gemeinsamen Kaffee wurde ein italienisches Abendessen mit allen landesüblichen Gängen, und unsere Unterhaltung drehte sich um Carlos und seine Verbindungen zu den Brigate Rosse, den Roten Brigaden. Da man Carlos seit 15 Jahren praktisch mit jeder bekannten Terrorgruppe, Befreiungsorganisation, revolutionären Zelle und Guerillatruppe in Zusammenhang gebracht hatte, war ich skeptisch und fragte: »Wie können Sie sicher sein, daß solche Verbindungen bestehen?«

Danielli antwortete mir ganz ruhig. Der sanfte Ton seiner Stimme verlieh seinen Worten einen sonderbaren Nachdruck. »Ich war – und bin – selbst Mitglied der Roten Brigaden. Carlos hat schon an diesem Tisch gesessen.«

Behauptungen solcher Art waren mir nicht neu.

»Können Sie mich zu Carlos führen?«

»Ja.«

Meine Aussichten stiegen.

»Wann?«

»Sobald es Ihnen möglich ist, nach Paris zu reisen.«
»Aber ich komme gerade von Paris.«
»Wenn Sie wirklich zu Carlos wollen, dann müssen Sie wieder nach Paris zurück.«
Ich wartete ein paar Tage in Mailand, während Danielli versuchte, Kontakt zu seinem Freund in Paris aufzunehmen. In der Disziplin geduldigen Wartens sollte ich es bei meiner Jagd nach Carlos noch zu ungeahnter Meisterschaft bringen. Diesmal dauerte es zum Glück nicht allzu lange.
»Ich habe mit Gustavo gesprochen. Es gibt da ein Problem.«
»Das habe ich schon befürchtet.«
Danielli mißverstand meine Enttäuschung als Zynismus.
»Es ist nicht so, wie Sie denken. Gustavo ist zuverlässig. Er spricht nur zufällig kein Englisch, und wie ich Ihren Äußerungen entnehmen konnte, sprechen Sie weder Portugiesisch noch Französisch.«
»Nein, ich bin immer noch dabei, Englisch zu lernen. Gustavo ist also Portugiese?«
»Nein, Brasilianer. Die Franzosen haben ihm vor ein paar Jahren politisches Asyl gewährt. Er lebt in Paris.«
»Wo hat er Carlos kennengelernt?« fragte ich.
Danielli lehnte sich über den Tisch. »Manche Fragen stellt man besser nicht.«
»Warum ist er bereit, mir zu helfen?«
»Er hat mich über Sie ausgefragt. Ich habe ihm empfohlen, Ihr letztes Buch zu kaufen. Er hat die letzten drei Tage damit zugebracht, es zu lesen. Heute morgen hat er angerufen. Er will Ihnen jetzt helfen.«
Ich vereinbarte mit Danielli, daß ich mich im Januar wieder bei ihm melden sollte. »Bis dahin hat Gustavo das Sprachproblem gelöst«, versicherte er mir.
In der ersten Januarwoche des Jahres 1985 rief mich Danielli an und teilte mir mit, daß »unser Freund« jetzt bereit sei. Ich sollte ihn auf dem Flughafen Charles de Gaulle treffen.
»Woran erkenne ich ihn?« fragte ich.
»Wenn Sie durch den Zoll sind, warten Sie einfach.«
Genau dies tat ich am nächsten Tag. Ein Mann, Mitte Dreißig, kam auf mich zu.
»Mr. David?«
»Ja.«
»Gustavo schickt mich.«
Ohne weiteren Kommentar nahm er meinen Koffer und steuerte auf

den Ausgang zu. Während wir in einem zerbeulten Kombi durch Paris fuhren, erinnerte ich mich an Daniellis Rat: »Manche Fragen stellt man besser nicht.« Als wir schließlich irgendwo im 10. Arrondissement hielten, hatte ich in Erfahrung gebracht, daß mein Fahrer Louis hieß und am liebsten Gauloises rauchte.
Irgend jemand – wahrscheinlich Gustavo – hatte mir ein Zimmer in einer kleinen, diskreten Pension reserviert. Der geheimnisvolle Louis sagte mir, daß er um 20 Uhr zurückkommen werde, und verschwand. In meinem Zimmer studierte ich den Stadtplan von Paris. Vielleicht lieferte mir die Lage der Pension irgendwelche Hinweise auf die Art der Beziehung zwischen Gustavo und Carlos. Schließlich war der Mann, den ich jagte, Mitte der siebziger Jahre in Paris sehr aktiv gewesen. Doch die Markierungen auf meinem Stadtplan zeigten, daß die Orte, an denen er seine Anschläge verübt hatte, alle auf dem anderen Seineufer lagen; dasselbe galt auch für seine diversen konspirativen Wohnungen. Nur ein Aspekt war in diesem Zusammenhang möglicherweise von Bedeutung: Michel Moukarbel, damals eine Kollege von Carlos, hatte im 10. Arrondissement gewohnt, bevor er im Juni 1975 von Carlos umgebracht worden war.
Ich fühlte mich geschmeichelt, als ich dahinterkam, in was für einer Art von Pension man mich untergebracht hatte. Frühstück wurde nicht serviert. Die Zimmer konnten stundenweise gemietet werden.
Als ich am Nachmittag die nähere Umgebung erkundete, war ich vom internationalen Flair des Viertels beeindruckt: algerische Restaurants, türkische Cafés, Süßwarenläden voller Araber und Inder, Chinesen und Sikhs, die fremdartiges Gemüse kauften. Das Haus, in dem Michel Moukarbel gewohnt hatte, lag gegenüber dem Krankenhaus St-Louis. Ein paar Türen weiter war ein Polizeirevier und noch ein Stück weiter ein Bestattungsunternehmen. Es waren also alle modernen Einrichtungen vorhanden, die ein Mann, der mit der Gesellschaft auf Kriegsfuß stand, unter Umständen in Anspruch zu nehmen gezwungen war.
Am Abend ging ich mit Gustavo und René zum Essen ins Café de Trocadéro. Gustavo sah aus wie ein älterer Jockey: knapp über 1,50 Meter groß, Mitte bis Ende Vierzig, dunkle Haut, schmaler Schnurrbart, gutgeschnittener Anzug, keine Krawatte. René sah trotz seines Namens überhaupt nicht wie ein Franzose aus. Auf einem Fahndungsplakat von Interpol wäre sein Äußeres wohl als nordafrikanisch oder arabisch beschrieben worden. Sie unterhielten sich in einem Kauderwelsch aus Portugiesisch und Spanisch. Mit mir sprach René englisch. Er sprach

ein ausgezeichnetes Englisch mit einem leichten, merkwürdigen Akzent, den ich nicht einordnen konnte. Er sagte, sein Freund wolle etwas über meine Ansichten zur Palästinenserfrage erfahren.
Das war keine besonders leichte Frage.
In den sechziger und sogar noch in den siebziger Jahren wäre mir die Antwort nicht schwergefallen. Damals sympathisierte ich, wie viele Nichtjuden in Europa, sehr stark mit den Israelis. Ich sah die Existenz eines kleinen Landes bedroht, das von Feinden umringt war. Ich war entsetzt und empört über das Massaker bei den Olympischen Spielen von München. Ich applaudierte der israelischen Armee, als sie in Entebbe die Passagiere der Air-France-Maschine befreite. Im Jahr 1978 machte ich in einem Moschaw in der von den Israelis besetzten Wüste Sinai Ferien und besuchte Eilat, Jerusalem und Tel Aviv. Doch nach dem israelischen Einmarsch in den Libanon, insbesondere nach den Massakern in den Lagern Sabra und Schatila, hatte ich mich gezwungen gesehen, allzu leicht gefaßte Meinungen neu zu überdenken.
Ich erklärte meinen Tischgenossen, daß es mir nicht mehr möglich sei, die Palästinenserfrage mit schnellen und einfachen Antworten abzuhandeln. Meine Suche nach Carlos sei gleichzeitig auch ein Versuch, für mich selbst die Wahrheit herauszufinden und die Hintergründe dieses Konflikts aufzudecken. Ich sagte ihnen, sie sollten mir die Frage noch einmal nach Abschluß meiner Recherchen stellen. Dann hätte ich mir mit Sicherheit eine Meinung gebildet, eine Meinung, die sich auf Fakten stützte, die ich selbst zusammengetragen hatte. Bis dahin freilich ...
Gustavo sagte, er hoffe, daß es mir gelingen werde, die Hintergründe aufzudecken, von denen ich gesprochen hatte. Zuallererst müsse ich jedoch nach Algier gehen und mich dort mit jemandem treffen, der mich zu dem Mann führen könne, den ich suchte. Ich war wieder das Päckchen.
Im März 1985 saß ich in einem Flugzeug, das mich von London nach Algier bringen sollte. Meine Tischgenossen in Paris hatten mich gefragt, ob ich bereit sei, René den Flug von Paris nach Algier zu bezahlen, und ich hatte begeistert zugestimmt. Ich fragte mich natürlich, ob die ganze Sache ein Schwindel war. Vielleicht wollte sich René auf meine Kosten nur einen Kurzurlaub in Algier verschaffen. In ein paar Stunden würde ich die Antwort wissen. Laut Abmachung sollte ich René an der algerischen Paßkontrolle treffen.
Nachdem ich meinen Koffer abgeholt hatte, reihte ich mich in die Schlange vor der Zollkontrolle ein. Ich hielt nach René Ausschau. Ver-

geblich. Innerlich verfluchte ich mich bereits für meine Naivität, da sah ich René aus einem kleinen Büro treten. Er winkte mich zu sich herüber.

»Ihren Paß, bitte.«

Ich gab ihm den Paß, und er verschwand wieder in dem kleinen Büro. Nach wenigen Minuten kam er wieder heraus. Er nahm mir den Koffer ab, und wir verließen den Flughafen. Ich ging einige Schritte hinter ihm, und so konnte ich einen kurzen Blick in meinen Paß werfen. Er enthielt keinen Einreisestempel.

Als René uns in einem Wagen vom Flughafen wegbrachte, kam mir der Gedanke, daß ich in diesem Land spurlos verschwinden könnte.

René hatte im Hotel El Djazair Zimmer für uns reserviert. Noch am selben Nachmittag erhielten wir Besuch. Ein Freund von René. Nach einer langen, herzlichen Begrüßung stellte René mich vor.

»Er freut sich, daß er Ihnen helfen kann. Ich habe ihm erklärt, wer Sie sind und was Sie vorhaben.«

Ich dankte dem Mann ohne Namen für die Unterstützung, die er mir zuteil werden lassen wollte.

Sie wechselten noch ein paar Sätze auf französisch, dann stand der Namenlose auf. Wir gaben uns zum Abschied die Hand, und er verließ das Hotel.

»Was geschieht jetzt, René?«

»Alles ist bereits arrangiert.«

»Was ist arrangiert?«

»Ihr Treffen mit dem Mann, den Sie sprechen wollen.«

Wir saßen in der Hotelbar, aber keiner der Nachbartische war besetzt.

»Sie meinen Carlos?«

»Ja.«

»Was? Hier in Algier?«

René lachte. »Nein, natürlich nicht. Seit Boumediennes Tod ist er hier nicht mehr erwünscht.«

»Wo dann?«

»Würden Sie gerne nach Beirut gehen?«

»Nun, gerne ist vielleicht nicht ganz das richtige Wort, aber ich wäre auch bereit, in die Hölle zu gehen, wenn er dort wäre.«

»Das ist nicht nötig. Beirut genügt.«

Meine Verwirrung war mir wohl anzumerken. René fragte mich, was los sei.

»Es betrifft den Mann, den wir soeben getroffen haben und der mir helfen möchte. Er hat mir keine einzige Frage gestellt.«

»Aber mir hat er viele Fragen gestellt, und ich habe sie ihm beantwortet. Außerdem ist er ein alter Freund von Gustavo.«
»Aber wozu mußte ich dann nach Algier kommen?«
»Er wollte Sie sehen.«
Ein paar Stunden später erklärte René mir die Sache genauer. Für seine Verhältnisse wurde er sogar richtig gesprächig. Da der Namenlose mich in Renés Begleitung gesehen hatte, wußte er jetzt genau, wie ich aussah. So bestand keine Gefahr, daß Carlos von jemand anderem getäuscht wurde. Er würde Fotos von mir bekommen. Irgendwann nach meiner Ankunft in Algier war ich fotografiert worden.
Wieder in London, begann ich mit den Vorbereitungen für meine Reise nach Beirut. Ich besuchte eine Reihe von Freunden, die wußten, wie man sich im Libanon zu verhalten hatte. Ich war irritiert, denn alle gaben mir denselben Rat: »Geh nicht nach Beirut.« Sie zählten mir sämtliche Gefahren auf. Verhaftung, Entführung und Tod waren die drei meistgenannten Risiken, die sie ins Feld führten, um mich von meinem Vorhaben abzubringen. Dann war da noch das Problem der Anreise. Es war äußerst riskant, direkt nach Beirut zu fliegen, es sei denn, man wurde am Flughafen von einer Vertrauensperson abgeholt und in die Stadt gefahren. Von Süden her, also über Israel, in den Libanon einzureisen und dann nach Beirut zu fahren war anscheinend noch gewagter. Nach Syrien zu fliegen und dann von Damaskus aus den Landweg zu nehmen war zu der Zeit nicht nur äußerst schwierig, sondern auch höchst gefährlich. Als letzte Möglichkeit blieb noch die Fähre von Zypern aus. Angenommen, es fuhr überhaupt eine Fähre, so bestand immer noch die Gefahr, daß sie unterwegs in die Luft gesprengt wurde. Wenn Carlos tatsächlich in Beirut war, so hatte er sich einen der sichersten Plätze auf der ganzen Welt ausgesucht – für einen Mann, der sich verstecken muß. Vorausgesetzt, er kam mit den chaotischen Verhältnissen dort zurecht, dann war es unwahrscheinlich, daß sich irgendwelche Polizei- oder Sicherheitskräfte auf den Weg machten, ihn dort zu suchen.
René hatte mir den Telefonanruf eines gewissen Samir aus Beirut angekündigt. »Er wird sich um Sie kümmern.« Als das Telefon schließlich klingelte, war ich ganz und gar nicht darauf vorbereitet. Es war gegen zwei Uhr morgens.
»Mr. David?«
»Ja. Wer spricht dort bitte?«
»Samir. Ich werde Sie auf dem Flughafen treffen. Bitte notieren Sie sich die Nummer, die ich Ihnen jetzt geben werde, und rufen Sie mich

an, wenn Sie Ihren Flug gebucht haben. Ich schlage vor, Sie fliegen nächste Woche.«

»Samir, ich weiß nicht, ob ich so schnell ein Visum beschaffen kann.«

»Sie brauchen keines. Ich werde das alles von hier aus regeln.«

Damit war das Telefongespräch beendet.

Es war Anfang Mai 1985, und die Fluggesellschaft Middle East Airlines war überaus erfreut, daß sie mich in der darauffolgenden Woche zu ihren Fluggästen zählen durfte. Ich bat darum, meinen Namen nicht auf die Passagierliste zu setzen, beschränkte mein Gepäck auf einen kleinen Handkoffer und achtete im übrigen darauf, daß ich keine Meldung über den täglichen Wahnsinn im Libanon verpaßte.

»Willkommen in Beirut, Mr. David.«

Samir, ein gutaussehender Mann von Mitte bis Ende Dreißig, hatte mich gleich beim Betreten der Flughafenhalle unter den Fluggästen ausgemacht.

»Sieht man mir so leicht an, daß ich ein Fremder bin?«

Er lachte. Wie ich bald feststellen sollte, war Samir ein Mann, der oft und gern lachte. Er nickte beifällig, als ich ihm erzählte, daß ich mein gesamtes Gepäck bei mir trug, und nahm mir den Handkoffer ab. Wie auf jedem Flughafen der Welt wimmelte es hier von Menschen – mit einem entscheidenden Unterschied: Man hatte den Eindruck, der Beiruter Schützenverein halte in der Halle seine jährliche Hauptversammlung ab. Ich gab Samir meinen Paß. Als ich später einen Blick hineinwarf, konnte ich keinen Eintrag entdecken, der darauf hingewiesen hätte, daß ich in das Land eingereist war.

Der BMW, den Samir fuhr, war nur ein paar Jahre alt. Er gab mir eine libanesische Zeitung, und während der gesamten Fahrt, die hin und wieder von einer Sicherheitskontrolle unterbrochen wurde, studierte ich eingehend einen völlig unverständlichen arabischen Text. Ich entnahm seinem Fahrstil, daß er schnell zu Hause sein wollte. Mir war das nur recht. Das Wetter war relativ kühl, aber als wir in seiner Hochhauswohnung in Westbeirut ankamen, war ich schweißgebadet. Als Samirs Frau mir eine Tasse Kaffee reichte, zitterte meine Hand so sehr, daß ich große Mühe hatte, nichts von dem Inhalt auf dem makellos weißen Teppich zu verschütten.

Samir erklärte mir, daß ich während meines Aufenthalts in der Stadt bei ihm wohnen würde. Später, als wir allein waren und in einem nahe gelegenen Hotel, dem Beau Rivage, einen weiteren Kaffee zu uns nahmen, versuchte ich ihn zu überreden, Geld von mir anzunehmen. Er lehnte ab.

»Sie schreiben doch ein Buch über den Libanon, über die Palästinenser, oder nicht?«
»Ja.«
»Also auch über Sabra und Schatila.«
»Ja, auch darüber werde ich schreiben.«
»Gut. Heute abend werde ich Sie zu Carlos bringen.«
»Ist er hier in Beirut?«
»Nein, zuerst machen wir eine kleine Autofahrt.«
Wenig später fuhren wir auf der Corniche zur Stadt hinaus. Auf der einen Seite der Straße lag das ruhige Mittelmeer, auf der anderen herrschte schreckliche Verwüstung. Der Kontrast konnte nicht größer sein: Männer mit kleinen Lieferwagen schenkten Kaffee an die Flüchtlinge aus, die in den Ruinen der zerstörten US-Botschaft lebten; Bewaffnete, die unser Auto nach Bomben durchsuchten; Straßenverkäufer, die zollfreie Zigaretten anboten; ein engumschlungenes Liebespaar. Ihre Hand lag auf seiner Schulter und spielte beiläufig mit dem Lauf seines Gewehres.
Bis kurz vor Jounieh folgten wir der Küstenstraße, dann bogen wir ins Landesinnere ab. Es wurde langsam dunkel. Bald konnte ich nicht mehr erkennen, wo wir uns befanden und wohin wir fuhren. Es ging bergan, und ich begriff, daß wir in Richtung Beka-Ebene fuhren, also in die Heimat der iranischen Fundamentalisten. Eine Entdeckung, die ganz und gar nicht dazu angetan war, meinen Pulsschlag zu beruhigen. Schließlich hielten wir an. Wie waren in einem kleinen Dorf. Ich sah mich um, um festzustellen, wie klein es war, da berührte mich Samir sanft am Arm. An der Tür des weißgetünchten Hauses standen drei Männer in grünen Overalls. Alle drei waren bewaffnet. Zu meiner Erleichterung schien Samir sie zu kennen. Dann forderte man uns auf einzutreten. Ich hielt mich so dicht wie möglich hinter Samir. Wir betraten ein geräumiges Wohnzimmer. Über dunklen, grob gezimmerten Möbeln italienischen Stils hingen bunte Bilder, die nach westlichem Geschmack überladen, schlecht gemalt und kitschig waren. In dem Raum befanden sich ungefähr acht Mann. Einige lümmelten auf Sofas, andere lehnten an der Wand. Dem Zigarettenqualm nach zu urteilen, hätten sie schon seit Tagen hier sein können. Als wir eintraten, stand einer von ihnen auf und kam uns mit ausgestreckter Hand entgegen. Die anderen starrten mich an.
»Mein Name ist Carlos.«
Wir gaben uns die Hand.
»Ich bin David Yallop.«

»Ja, ich weiß.«
Er drehte sich zu den anderen um und sagte etwas auf arabisch. Sie verließen den Raum. Carlos bot mir einen Sessel an. Wir setzten uns.
»Keine Probleme in Beirut?«
»Nein, abgesehen von dem Krieg keine.«
»Sie müssen mir verzeihen, wenn ich manchmal nicht die richtigen Worte finde. Mein Englisch ist ...«, er suchte nach einem Wort, »... eingerostet.«
Ein Diener trat ein und brachte Kaffee und Wasser auf einem Tablett. Carlos lächelte und sagte:
»Ich weiß, Sie trinken keinen Alkohol, aber ich habe gehört, daß Sie arabischen Kaffee mögen.«
»Haben Ihre Leute Ihnen auch erzählt, warum ich Sie gesucht habe?«
»Natürlich. Ich habe eine Weile darüber nachgedacht, und dann habe ich beschlossen, Ihnen zu helfen. Sie wissen natürlich, daß eine Menge Lügen über mich geschrieben worden sind. Ich glaube, es ist an der Zeit, daß jemand die Wahrheit erzählt. Ohne den ganzen Schwachsinn.«
Sein Akzent war merkwürdig: spanisch und doch auch wieder nicht. Auch Elemente anderer Kulturen waren herauszuhören. Er sprach leise und wurde nur gelegentlich etwas lauter, besonders wenn er in Fahrt kam. Sein Gesicht zeigte keinerlei Spuren einer plastischen Operation. Er sah eigentlich genauso aus wie der Mann auf den Fotos, die ich in meinem Handkoffer hatte – nur älter. Diese Fotos von ihm stammten aus einer Zeit, als er noch nicht in aller Welt bekannt war. Allerdings trug er inzwischen einen dicken, buschigen Schnurrbart. Außerdem hatte er zugenommen. Ich schätzte ihn auf rund zwei Zentner. Er hatte immer noch volles Haar, aber es war viel heller, als ich vermutet hatte. Seine braunen Augen fixierten mich, während wir miteinander sprachen. Manchmal waren sie voller Leben, dann wieder ausdruckslos. Fünf, vielleicht auch zehn Minuten lang redeten wir über Belanglosigkeiten. Das war typisch arabisch. Solche Treffen haben etwas Rituelles. Man tauscht Höflichkeiten und Komplimente aus. Man schlürft Kaffee, wägt Positionen ab und fühlt dem anderen vorsichtig auf den Zahn, bis man schließlich zur Sache kommt.
»Ich nehme an, Sie haben viele Fragen.«
»Ja, sehr viele.«
»Haben Sie außer Ihren Aufzeichnungen auch einen Kassettenrecorder dabei?«
»Ja, aber er ist nicht eingeschaltet.«

»Natürlich nicht. Sie sind ja kein Narr. Ich fürchte, ich kann Ihnen nicht erlauben, unsere Unterhaltung aufzunehmen. Sie können sich aber so viele Notizen machen, wie Sie wollen.« Wieder gab er mir zu verstehen, daß er bereits viel über mich wußte. »Sie können Steno. So dürfte Ihnen das nicht schwerfallen.«
»Trotzdem gibt es da noch ein Problem. Ich brauche einen Beweis, daß Sie wirklich Carlos sind.«
»Was ich Ihnen über mich erzählen werde, kann niemand außer mir wissen.«
»Es freut mich, das zu hören, aber es ändert nichts an meinem Problem. Ich möchte mich keinen Anfechtungen aussetzen. Das letzte Interview, das Abu Nidal gab, wurde von den Israelis als Schwindel abgetan.«
Er lachte schallend. »Die Israelis bestreiten jede Wahrheit, die ihnen nicht paßt. Das wissen Sie doch. Sie behaupten, sie seien das auserwählte Volk. Und sie tun so, als hätten sie die Wahrheit gepachtet. Tut mir leid, Mr. Yallop. Kein Tonband, keine Fotos.«
»Schön und gut, aber ich brauche irgendeinen definitiven Beweis. Früher haben Sie manchmal Ihre Fingerabdrücke auf einem Brief hinterlassen, wenn Sie sich zu einer bestimmten Aktion bekannt haben. Das würde mir reichen. Niemand wird Ihre Fingerabdrücke als Schwindel abtun.«
Er lachte erneut.
»Ich werde eine Abmachung mit Ihnen treffen. Sie wollen, daß ich Ihnen meine Lebensgeschichte erzähle?«
»Ja.«
»Dann werden wir uns, glaube ich, mehr als einmal treffen müssen. Bei unserem letzten Gespräch werde ich Ihnen meine Fingerabdrücke geben.«
Er lehnte sich über den kleinen Kaffeetisch, der zwischen uns stand, und fuhr fort:
»Wenn ich sie Ihnen *vor* unserem letzten Treffen gebe – und bitte, seien Sie jetzt nicht gekränkt –, dann weiß ich nicht, wen Sie mitbringen.«
»Einverstanden.«
»Gut. Noch etwas Kaffee?«
Er verließ den Raum. Ich nutzte die Gelegenheit und sah mich um. Ich konnte nirgendwo Bücher oder einen anderen Hinweis darauf entdecken, daß Carlos hier wohnte. Es war nur eine konspirative Wohnung – eine von vielen in seinem Leben. Auf einem Tisch am anderen

Ende des Raumes lagen ein paar Fotos. Ich sprang schnell hinüber und sah sie mir an. Mein eigenes Konterfei blickte mir entgegen, sogar mein Paßfoto war dabei. Als Carlos zurückkam, hatte ich bereits wieder Platz genommen.

»Ich schlafe wenig und meistens nicht sehr gut. Das heißt, wir können uns stundenlang unterhalten. Möchten Sie jetzt anfangen?«

Auf dieses erste Treffen, das bis in die frühen Morgenstunden dauerte, folgte im September 1975 ein zweites – ebenfalls im Libanon. Wieder wurde ich von Beirut aus nach Norden gefahren. Wieder sprachen wir die ganze Nacht miteinander. Ich versuchte, bei meinen Fragen möglichst chronologisch vorzugehen, aber natürlich schweiften wir immer wieder ab. Das war unvermeidlich. Der Übersichtlichkeit halber habe ich die folgenden Kapitel chronologisch geordnet. Sie enthalten auch Informationen, die ich bereits vor diesen Treffen recherchiert hatte.

Bei unserem ersten Gespräch machte Carlos folgende Bemerkung:

»Ich bin bereit, Ihnen meine wahre Lebensgeschichte anzuvertrauen. Ich habe nicht vor, Ihnen irgend etwas zu verheimlichen, aber Sie müssen verstehen, wenn ich aus verschiedenen Gründen die eine oder andere Frage nicht beantworten kann.«

Ich fragte ihn, was ihn dazu bewogen habe, mir zu vertrauen. Er lehnte sich in seinem Stuhl zurück und lächelte.

»Was ist das schon groß, wenn ich Ihnen meine Geschichte anvertraue. Sie vertrauen mir Ihr Leben an.«

Seine Geschichte

Politik hatte in der Erziehung von Ilich Ramírez immer eine Rolle gespielt. Sein Großvater war Guerillaführer und kämpfte gegen verschiedene venezolanische Herrscher. Im Jahr 1899 schlug er sich mit seiner Truppe von der kolumbianischen Grenze bis nach Caracas durch und übernahm für kurze Zeit die Macht. Sein Vater, José Altagracia Ramírez Navas, war nicht nur ein erfolgreicher Rechtsanwalt, sondern wirkte in den vierziger Jahren auch an der Gründung einer neuen Partei mit, der Acción Democrática. Wegen seiner heftigen Kritik an der korrupten Politik der Partei ließen ihn die anderen Gründungsmitglieder 1946 ins Gefängnis werfen. Er trat daraufhin in den Hungerstreik und wurde erst nach über zweihundert Stunden wieder auf freien Fuß gesetzt. Noch heute hält er Lenin für das »wichtigste Ereignis im 20. Jahrhundert, bevor der erste Mensch seinen Fuß auf den Mond setzte«.

Im Jahr 1961 war Ilich Ramírez zwölf Jahre alt. Nach Jahren der Gewalt und verschiedener Diktaturen wurde Venezuela von der Acción Democrática regiert. Doch ihre Politik war alles andere als demokratisch und stand im krassen Gegensatz zu Señor Navas' Idealen.

Alle Macht war in Caracas konzentriert; auf regionaler Ebene wurden keine politischen Entscheidungen getroffen. Präsident Romulo Betancourt setzte wiederholt alle Grundrechte außer Kraft. Er zensierte oder verbot Zeitungen, die Kritik an der Regierung übten oder auch nur die geringste Sympathie für die immer stärker werdende Guerillabewegung bekundeten. Er ließ die Universität schließen, politische Gegner verhaften, Parteien für illegal erklären und ihre Mitglieder festnehmen. Er hob die Versammlungsfreiheit auf und verbot Demonstrationen und Kundgebungen. Willkürliche Verhaftungen, Folterungen und die Ermordung politischer Gegner übernahm jetzt eine neugegründete Polizeieinheit, die Dirección General de Policía, besser bekannt als Digepol.

Ilich und sein um zwei Jahre jüngerer Bruder Lenin besuchten die Colegia American, eine Privatschule im Bezirk San Bernardino in Caracas. Nach ihrem ersten Jahr auf dieser höheren Schule wurden sie von José Anfang 1962 am Liceo Fermín Toro angemeldet, einer gemischten staatlichen Schule, auf der die Hochschulreife erworben werden konnte. Vor dem Hintergrund landesweiter Unruhen und bewaffneter Guerillabewegungen war die Schule außerdem ein Nährboden für junge Revolutionäre.

Ilich Ramírez' Eltern führten eine wechselvolle Ehe, die von langen Trennungsphasen geprägt war. Trotz ihrer engen Beziehung zu den Kindern hatten sie zu der Zeit, als Vladimir geboren worden war, ernste Eheprobleme gehabt.

Doch inzwischen waren sie wieder versöhnt, und die Familie lebte in einem alten Stadtteil namens El Silencio, der schon damals ziemlich heruntergekommen war. Ihre Wohnung – Nummer 7 in Block 1 einer großen Siedlung – erinnerte stark an die seelenlosen Sozialwohnungen, die man auch in Europa kennt. Das Haus stand am O'Leary-Platz, der sich in den sechziger Jahren regelmäßig in ein Schlachtfeld verwandelte. Dort versammelten sich die Studenten, die mit der Guerilla sympathisierten, und riefen regierungsfeindliche Parolen. Mit der gleichen Regelmäßigkeit rückten auch Polizei und Armee an und trieben die Menge mit Schlagstöcken und Tränengas auseinander. Die Familie Ramírez konnte das Geschehen von ihrer Wohnung aus verfolgen.

»Meine ersten Kampferfahrungen sammelte ich in Venezuela. Ich war sehr aktiv an den Auseinandersetzungen zwischen Studenten und Polizei beteiligt. Ich erinnere mich gut an die Molotowcocktails, an die Schußwaffen. Wir haben Autos in Brand gesteckt und Steine auf die Ordnungskräfte geworfen. Unsere Schule lag im Stadtzentrum. Ich war bei vielen Demonstrationen dabei. Ich war sogar einer der Anführer. Wir haben immer wieder den Verkehr in der Stadt lahmgelegt. Das alles habe ich am Fermín Toro gelernt. Manchmal arbeiteten wir mit den Guerillas zusammen. Wir lenkten die Polizei ab, damit die Guerillas eine Operation durchführen konnten.

In diesen Jahren [1963 bis 1966] kam ich zum erstenmal wirklich mit den Armen in Kontakt. Sie kamen aus den ›Barrios‹, den schäbigen Elendsvierteln rund um Caracas, herüber. Seit dieser Zeit identifizierte ich mich mit den Ärmsten unseres Volkes. Der erste wirkliche Anschlag, an dem ich mich beteiligte, war der auf die Büros der Pan Am. Wir warfen einen Molotowcocktail. Später spaltete sich unsere Gruppe. Der eine Teil ging in die Berge und schloß sich Douglas Bravo und den anderen Guerillas an, der Rest, zu dem auch ich gehörte, blieb aus Ausbildungsgründen in der Stadt. Ich wurde der Anführer unserer Gruppe an der Schule. Ich war der Kopf der kommunistischen Jugendbewegung am Fermín Toro.«

Im Jahr 1966 legten Ilich und Lenin am Fermín Toro ihre Abschlußprüfung ab, die sie zum Studium an der Universität von Caracas berechtigte. War das Fermín Toro ein Nährboden für junge Revoluzzer, so war die Universität die reinste Kaderschmiede. José Ramírez ahnte, was bevorstand, wenn seine Söhne in Caracas blieben. Ilich erinnerte sich: »Mein Vater hatte Angst. Nicht um sich selbst, sondern um mich. Er war sehr beunruhigt über meine Aktivitäten: Ich war der Kopf der kommunistischen Jugendbewegung und hatte über 200 Schüler unter mir. Wir stritten uns oft über Politik. Er wollte mich so weit wie möglich von den Rebellen in Venezuela weghaben. Deshalb beschloß er, die Familie nach London zu schicken.«

Als Carlos mir zu erzählen begann, wie er Mitte August 1966 mit seiner Mutter und seinen Brüdern nach London geflogen war, wies ich ihn darauf hin, daß wir seine Reisen nach Kuba und die Ausbildung, die er dort erhalten habe, ausgelassen hätten. Er war verblüfft:

»Wir haben deshalb nicht über diese Reisen gesprochen, weil sie nie stattgefunden haben. Ich bin nie in Kuba gewesen.«

Ich entgegnete, daß über diesen Aspekt seines Werdegangs seit Jahren viel berichtet und geschrieben worden sei. In Fernsehsendungen, Hunderten von Zeitungsartikeln und mehreren Büchern sei behauptet worden, daß ihn die Kommunistische Partei Venezuelas 1966 zu einer Spezialausbildung nach Havanna geschickt habe.

»Und Sie? Glauben Sie das alles etwa?«

»Wollen Sie damit sagen, daß die ganze Geschichte von Ihrer Ausbildung in Kuba nicht stimmt? Daß es sich um Desinformation handelt?«

»Ich will damit sagen, daß das purer Schwachsinn ist. Im Januar 1966 war ich noch auf der Schule und habe gebüffelt. Bis zu meiner Abschlußprüfung waren es nur noch ein paar Monate. Die Vorstellung, ich hätte mittendrin aufgehört, um an dieser Konferenz teilzunehmen, ist absurd.«

»Und die anschließenden Schulungen auf Kuba?«

»Wie ich Ihnen bereits sagte: Ich bin nie in Kuba gewesen. Nicht ein einziges Mal.«

»Sie waren 1966 also mit Prüfungsvorbereitungen beschäftigt?«

»Ja.«

»Trotzdem hatten Sie noch genug Zeit, um an Demonstrationen teilzunehmen, Molotowcocktails zu werfen und Autos in Brand zu stekken. Außerdem wurden Sie am Fermín Toro Anführer der kommunistischen Jugendbewegung.«

»Hier mal eine Stunde und dort mal dreißig Minuten herausschlagen, das ist doch etwas ganz anderes. Wie lange soll ich denn in Kuba gewesen sein?«

»In keinem der Berichte werden Angaben über die Dauer ihres Aufenthalts gemacht, aber eine solche Ausbildung dauert wohl eher ein paar Monate als ein paar Tage. In einem Bericht, dem ausführlichsten, heißt es, Sie hätten die Ausbildung Ende 1966 gemacht. Da hatten Sie das Fermín Toro bereits verlassen.«

»Ich habe Ihnen bereits gesagt, wohin ich nach der Schule gegangen bin. Ich bin mit meiner Familie nach London geflogen.«

In Gedanken legte ich die Sache mit der angeblichen Ausbildung in Kuba vorerst einmal zu den Akten und ging zu einem anderen Thema über. Meine Fragen zu Kuba hatten seine Stimmung merklich getrübt. Sie hellte sich wieder auf, als er mir von den *swinging sixties* in London erzählte.

Auslandsreisen waren für die Familie nichts Neues (während einer der Trennungsphasen der Eltern im Jahr 1958 hatten die Jungen mit ihrer Mutter, Elba Maria Sánchez, ein Nomadenleben geführt und viele Monate in Kingston auf Jamaica, in Mexico City, auf den Westindischen Inseln und in Caracas verbracht). Doch auf London waren die Jungen nicht vorbereitet: Die Musik der Beatles, der Rolling Stones und der Kinks hatte mit den lateinamerikanischen Rhythmen von Caracas wenig gemeinsam. Frauen in Miniröcken, Espressobars, Boutiquen und das bunte Treiben auf den Straßen waren nur einige der neuen und aufregenden Dinge, die es zu entdecken gab.

Anfang September schickte Elba Sánchez die drei Jungen wieder zur Schule. Ilich und Lenin kamen nach Stafford House, auf eine »Paukschule«, die speziell auch Englischkurse für ausländische Studenten anbot. Im ersten Jahr büffelten die beiden hauptsächlich Englisch. Später kamen die Fächer Physik, Mathematik und Chemie hinzu, wobei das Niveau den Anforderungen der mittleren Reife entsprach. Rückblickend bemerkte Carlos mit einem Lächeln:

»Das war die Zeit, in der ich nicht nur jeden Tag im Stafford House in Kensington gepaukt habe, sondern nach dem, was Sie gelesen haben, auch noch Trainingskurse in Kuba absolvierte.«

Nach Abschluß der mittleren Reife im Juni 1967 wechselten die beiden Brüder an eine weitere »Paukschule«, das Earls Court Tutorial College am Redcliffe Square. Hier konnten sie die Hochschulreife erwerben. Auch in dieser Zeit führten sie ein ganz normales Leben. So waren es nicht etwa Ausbilder des KGB, die ihm die erste Pistole in die Hand drückten, um eine Einmannarmee aus ihm zu machen, sondern Mitglieder eines Schießsportvereins in Chelsea. Carlos behauptete, er sei diesem Club 1966 zusammen mit Lenin beigetreten. Ich fragte ihn, ob er sich je der besonderen Ironie bewußt gewesen sei, die darin liege, daß er ausgerechnet von Engländern das Schießen gelernt habe. Er nickte sofort zustimmend mit dem Kopf.

»Ja, sehr oft. Wenn nicht der Westen, sondern der Osten beschlossen hätte, meinetwegen eine Desinformationskampagne zu starten, dann hätten sie sicher ihren Spaß an solchen Details gehabt. ›Er wurde vom britischen Secret Service auf einer Eliteschule im Herzen Londons zum Killer ausgebildet. Als er dort anfing, traf er nicht einmal die Scheibe. Aber nach dem Training war ein Meisterschütze bereit, für seine britischen Auftraggeber zu töten.‹«

Zu Hause in Venezuela besetzten die Streitkräfte 1967 die Zentraluniversität in Caracas, und Douglas Bravo und seine Guerillas verübten von ihren Schlupfwinkeln in den Bergen aus immer noch Anschläge. Doch für Ilich, den das Leben in London inzwischen voll in Anspruch nahm, war das eine andere Welt, eine andere Zeit.

Ende 1967 stieß Vater José zu seiner Familie in London. Die wechselhafte Ehe zwischen ihm und Elba bekam wieder Auftrieb. Als die Familie in ihrer Wohnung in Earls Court Weihnachten feierte, wurde auch über die Zukunft der drei Jungen gesprochen. Unter anderem wurde ein Studium an der Pariser Sorbonne in Betracht gezogen. Kurz darauf besuchte die Familie Paris. Der Vater war von der Universität begeistert. Weniger begeistert war er von den Immobilienpreisen in der Stadt. Kurz und gut, der Plan wurde fallengelassen. Anfang 1968 büffelten die Brüder bereits wieder in ihrer Londoner »Paukschule«. Ihre Zukunft blieb vorerst noch ungeklärt.

Vor ihrer Abreise aus Caracas hatten Ilich und Lenin eine Aufnahmeprüfung für die Patrice-Lumumba-Universität in Moskau abgelegt und ein Stipendium beantragt. Normalerweise wurden Stipendien nur Parteimitgliedern bewilligt. Doch weder José noch einer seiner Söhne waren Parteimitglieder und wurden es auch später nie. Der Vater bewunderte zwar Marx und Lenin, deshalb aber der Kommunistischen Partei beizutreten wäre ihm nie in den Sinn gekommen, insbesondere nachdem Chruschtschow in seiner Rede auf dem 20. Parteitag einige wahrhaft monströse Züge Stalins enthüllt hatte. Gleichwohl unterhielt José gute Beziehungen zu Gustavo und Eduardo Machado, den beiden Gründungsmitgliedern der Kommunistischen Partei Venezuelas (VCP).

Die VCP war bereit, den beiden Brüdern Stipendien für die Patrice-Lumumba-Universität zu gewähren. Während die offiziellen Anmeldeformalitäten erledigt wurden, gaben Ilich und Lenin ihre Vorbereitungen auf die englische Abiturprüfung auf und nahmen Unterrichtsstunden in Russisch. Elba Sánchez hatte eine 70jährige Nonne namens Alexia Haxel ausfindig gemacht, die in Holland Park Russisch unterrichtete. Alexia Haxel war zweifellos eine vernünftige Wahl, was die Unterrichtsgebühren betraf. Da sie aber nach dem Sturz des Zaren aus Rußland emigriert war, brachte sie den Brüdern eine Sprache bei, die in der heutigen Zeit kaum von Nutzen war. Als die beiden im September 1968 in Moskau eintrafen und ihre Kenntnisse der Landessprache an den Mann bringen wollten, lösten sie Erstaunen und Heiterkeit aus. Zwei Lateinamerikaner, die Ilich und Lenin hießen und obendrein ein Russisch aus der Zeit vor der Revolution sprachen, waren ein herrlicher Witz. Lenin wurde häufig von Mädchen angesprochen und nach seinem Namen gefragt, und wenn er dann antwortete, brüllten sie vor Lachen.

Glaubt man den Berichten und Behauptungen vieler Terrorismus-Experten, so wurde an der Patrice-Lumumba-Universität nur wenig akademische Arbeit geleistet. Diese selbsternannten Experten gaben ihr so schillernde Namen wie »Schule des Terrorismus« oder »Killerkolleg« und beschrieben sie als revolutionäre Kaderschmiede, an der Studenten aus der Dritten Welt für die Weltrevolution gedrillt wurden. Die Wirklichkeit ist wesentlich prosaischer.

Die Universität wurde 1961 gegründet, im selben Jahr, als der erste Ministerpräsident der damaligen Republik Kongo, nach dem sie benannt wurde, von der CIA ermordet wurde. Zu der Zeit, als die beiden Ramírez-Brüder dort studierten, bestand der Lehrkörper aus rund 1200 Dozenten. Achtzig Prozent von ihnen hatten einen Magisterabschluß oder hatten promoviert. Seit vielen Jahren war diese Universität der wichtigste Beitrag der Sowjetunion zur Verbesserung des Bildungsniveaus in der Dritten Welt. Zwei Drittel der rund 6000 Studenten kamen aus Asien, Afrika und Lateinamerika; der Rest waren sowjetische Studenten. Auf fünf Studenten kam ein Dozent. Damit schnitt die Universität im Vergleich mit vielen westlichen Universitäten sehr gut ab. Und anders als viele ihrer Pendants im Westen wurde sie großzügig mit Mitteln ausgestattet. Damit die Studenten über ausreichende Russischkenntnisse verfügten, nahmen sie im ersten Studienjahr an einem vorbereitenden Sprachkurs teil. Der Schwerpunkt lag auf den Naturwissenschaften, und viele Absolventen verließen die Universität mit hochqualifizierten Abschlüssen. Die Studenten kamen aus über 90 Ländern und wurden von sowjetischen Freundschaftsgesellschaften im Ausland ausgesucht. Der politische Hintergrund spielte dabei keine Rolle. Eine Mitgliedschaft in der Kommunistischen Partei wurde nicht vorausgesetzt.

Die Studienregelung war sehr streng, mit genau festgelegten Ausbildungsstufen und regelmäßigen Prüfungen. Prügeleien und Trunkenheit wurden von Studentenkomitees mit strengen Strafen geahndet. Sportunterricht war für alle Pflicht. Der Rektor, Professor Wladimir Stanis, sah es nicht als Aufgabe seiner Universität an, überzeugte Kommunisten heranzubilden, wenngleich er einräumte, daß »es schön wäre, wenn Kommunisten aus ihnen werden«.

Aber natürlich war auch der KGB an der Universität stark vertreten. Jeder Fachbereich und jede Studentenabteilung wurde von einem KGB-Angehörigen geleitet. Die ausländischen Studenten wurden auf Dreibettzimmer verteilt, wobei der dritte Mitbewohner immer ein Russe war. Bei der Ankunft wurde jeder Student von einem Mitglied des KGB heimlich bewertet. Wer dabei besonders gut wegkam, wurde sofort »aktiviert«. Der Rest wurde lediglich überwacht, gewöhnlich von dem russischen Zimmergenossen. In regelmäßigen Abständen wurden Berichte verfaßt und »Neubewertungen« der Studenten vorgenommen.

In dieser fremdartigen Welt trafen die Ramírez-Brüder im Herbst 1968 ein. Sie kamen nicht wie viele andere aus der Armut und Rückständigkeit der Dritten Welt, sondern aus dem lebenslustigen London. Anders als viele ihrer neuen Kommilitonen hatten Ilich und Lenin nicht die Erfahrung eines Flüchtlingslagers im Nahen Osten hinter sich. Hunger und Entbehrungen, die das Leben ihrer Mitstudenten aus Afrika geprägt hatten, waren ihnen unbekannt. Und sie wußten auch nicht, wie man unter dieser Form von totalitärer Herrschaft lebte, mit der ihre neuen Freunde aus den Ostblockstaaten nur zu vertraut waren.

Viele Kommilitonen waren hoch motiviert, nahmen das Leben im allgemeinen sehr ernst und befolgten die Regeln der Universität, ohne sie zu hinterfragen. Die Lateinamerikaner, oder zumindest einige, hatten eine ganz andere Lebensauffassung. Die meisten waren zwar bereit, hart zu arbeiten, neigten gleichzeitig aber dazu, das Für und Wider zu erörtern, zu widersprechen und den Unterricht zu stören. Besonders Ilich fühlte sich von dieser anderen Art zu studieren sehr angezogen.

»Mein Vater hatte uns immer gelehrt, unsere Lehrer in Frage zu stellen, wenn sie Meinungen von sich gaben, die uns ... wie war doch gleich das Wort ... dubios vorkamen. In Moskau haben wir sehr viele Fragen gestellt.«

»Man muß Sie für lästige Störenfriede gehalten haben.«

»Einige von uns, mich eingeschlossen, gingen ihnen ganz schön auf den Wecker.«

Wir steuerten geradewegs auf einen weiteren brisanten Punkt zu. Ohne den Gesprächsfluß zu unterbrechen, näherte ich mich dem Thema auf Umwegen.

»Ihr Vater hat Sie auch gelehrt, daß Marx und Lenin wie niemand sonst die Geschichte der Menschheit beeinflußt hätten. Und Ende 1968 waren Sie dann plötzlich in der Sowjetunion. War das für Sie in gewisser Weise eine historische Heimkehr?«

»Ganz so bedeutungsvoll war es nicht, aber wir waren schon sehr neugierig darauf, wie es dort aussah. Mit eigenen Augen zu sehen, wie die Menschen in der Sowjetunion lebten. Wir hatten viel darüber gelesen, und unser Vater hatte uns viel erzählt. Nun hatten wir Gelegenheit, das Leben im Kommunismus kennenzulernen.«

»Wie fiel der Vergleich zwischen Theorie und Praxis aus?«

»Sehr negativ. Das Leben in Rußland, jedenfalls im Moskau der Jahre 1968 bis 1970, hatte mit den Lehren Lenins sehr wenig zu tun. Ich spreche nicht vom einfachen Volk. Ich spreche von den Ämtern und Behörden. Alles wurde einem vorgeschrieben. In Moskau begriff ich zum erstenmal, was mit dem Begriff Linientreue wirklich gemeint war: ›Sie nehmen heute abend an einer Sitzung der Kommunistischen Partei Venezuelas teil. Am Samstag nachmittag nehmen Sie an einem Treffen des Verbands der lateinamerikanischen Studentenverbände teil. Sie werden die Stadt nicht ohne Genehmigung verlassen.‹ Und so weiter ...«

»Und wie haben Sie auf solche Anweisungen reagiert?«

»Hören Sie, ich war 19 Jahre alt, als ich nach Rußland kam. Moskau war voll von schönen, jungen Frauen, die sich amüsieren wollten. Was glauben Sie wohl, wie ich reagiert habe? Wenn man mich vor die Wahl stellt, ob ich über die Haltung der venezolanischen Partei zu Guerillaaktionen diskutieren will oder lieber Musik höre und mit einer Frau und einer Flasche Wodka eine schöne Zeit verbringe, steht die politische Diskussion natürlich weit unten auf meiner Prioritätenliste.«

Aus unserem Gespräch wurde deutlich, daß die *swinging sixties* für Ilich und Lenin genaugenommen nicht in London, sondern erst in Moskau begannen. Fern von der Familie genossen sie ihre Freiheit wie Kinder, die man auf eine Süßwarenfabrik losläßt. Beide hatten sich für einen Ingenieurstudiengang eingeschrieben. Sie studierten mit großem Eifer, aber mit noch größerem Eifer vergnügten sie sich.

Als die Kommunistische Partei Venezuelas (VCP) ihre Stipendiaten anwies, keine Beziehungen zu Studenten aus Kuba, Mexiko, Kolumbien und Panama zu knüpfen, setzten sich die Ramírez-Brüder und einige ihrer Landsleute über diese Vorschriften hinweg und freundeten sich gerade zum Trotz mit Studenten aus diesen Ländern an.

Als die Kommunistische Partei Venezuelas offiziell erklärte, sie strebe eine politische Veränderung mit friedlichen Mitteln an, also auf dem Weg über die Wahlurne, spalteten sich die Studenten in zwei Lager. Die einen bezogen eine Position, die rechts von der Parteilinie lag, und wollten mit der Verwirklichung der Demokratie gleich innerhalb der Studentengruppe beginnen, die anderen überholten die Partei links außen und unterstützten den venezolanischen Guerillaführer Douglas Bravo und seine Gefolgschaft, die nach wie vor jede Möglichkeit einer politischen Veränderung mit friedlichen Mitteln bestritten und fortfuhren, die Regierung von ihren Camps in den Bergen aus zu bekämpfen. Heimlich begann Ilich, eine »Pro-Bravo-Zelle« in die Gruppe einzuschleusen, die den demokratischen Weg befürwortete.

Begriffe wie »rechts« und »demokratischer Weg« sind wie alle Klassifizierungen dieser Art dehnbar. Ihre Auslegung hängt ganz vom Standpunkt des einzelnen ab. Was der rechte Flügel innerhalb der Studentengruppen anstrebte, war nicht die Art von Demokratie, wie man sie in den USA oder in Großbritannien findet. Diese Gruppe hatte mit den hitzigen Debatten in westlichen Parlamenten nichts im Sinn. Sie strebte nach strikter, unkritischer Konformität mit einem vorgegebenen, in diesem Falle konservativen, Standpunkt. Während Ilich seine Studien und Trinkgelage fortsetzte, infiltrierte er mit rund 25 gleichgesinnten Rebellen die gegnerische Gruppe, um sie auszuspionieren und seine Erkenntnisse an die Gruppe weiterzugeben, die mit Douglas Bravo sympathisierte. Das war nur Studentenpolitik. Doch in diesem Fall sollte sie weitreichende Konsequenzen haben.

Obwohl die Eltern der beiden Ramírez-Brüder in dieser Zeit ihre Scheidung einreichten, bestand ihre merkwürdige Halbehe weiter. Señor Ramírez Navas setzte die monatlichen Zahlungen an seine Frau fort und nahm weiterhin lebhaften Anteil an der Entwicklung seiner Söhne. José und Elba hielten ihre Kinder für perfekte Geschöpfe.
Während die Mehrheit der Studenten an der Patrice-Lumumba-Universität mit 90 Rubeln (zu der Zeit etwa 400 Mark) zurechtkommen mußte, die von den Sowjets monatlich ausgezahlt wurden, erhielten die beiden Ramírez-Brüder von ihrem Vater regelmäßig zusätzliche Schecks über 100 bis 200 Dollar. Dieses Geld ermöglichte ihnen ein verschwenderisches Dolce vita, an dem sie auch ihre Freunde teilhaben ließen. Die Autoritäten runzelten die Stirn, und die VCP protestierte. Doch José ignorierte die Warnsignale. Er schob ihre Einwände beiseite und schickte seinen Söhnen weiterhin Geld.
Im März 1969 verwarnten die Universitätsbehörden 200 Studenten, weil sie vor einer ausländischen Botschaft demonstriert und einen Aufruhr angezettelt hatten. Unter ihnen war auch Ilich. Ihm wurden zusätzlich »Rowdytum und Beschädigung von Privateigentum« vorgeworfen.
Alles hatte damit angefangen, daß rund 30 iranische Studenten von ihrer Botschaft die Mitteilung erhielten, daß ihre Pässe nicht verlängert würden. Einige abgelaufene Pässe behielten die Beamten des Schahs sogar ein. Damit erkannten sie den Studenten ihre Staatsbürgerschaft ab und überließen sie in Moskau ihrem Schicksal. Die Studenten beriefen eine Versammlung ein und beschlossen, gegen die Maßnahme zu demonstrieren. Am 11. März kam es vor der iranischen Botschaft zum Eklat: Über 200 Studenten gerieten mit der russischen Polizei und dem KGB aneinander. Nach westlichen Maßstäben – es war die Zeit der Studentenunruhen, der Demonstrationen gegen den Vietnamkrieg und die Ermordung Martin Luther Kings – war der Zusammenstoß relativ harmlos. Niemand wurde erschossen. Niemand wurde niedergeknüppelt. Doch für Moskauer Verhältnisse war es ein unerhörter Vorfall. Straßenbahnen, in denen Studenten saßen, wurden gestoppt, bevor sie die Botschaft erreichten. Viele, unter ihnen auch Lenin, wurden recht unsanft aus den Waggons gezerrt und zusammengetrieben. Ilich wurde wegen seiner rosigen Gesichtsfarbe und seiner Fellmütze für einen Einheimischen gehalten und durfte weiterfahren. Als er sich unter die Demonstranten mischte, war gerade ein heftiges Handgemenge im Gange. Ein Kommilitone wurde von der Polizei gepackt, und eine große Flasche mit schwarzer

Tinte fiel aus seiner Tasche heraus in den Schnee. Ilich hob sie auf und schleuderte sie, bevor ihn jemand daran hindern konnte, in Richtung der iranischen Botschaft. Er erinnerte sich reumütig an diesen Moment.

»Ich habe die Botschaft verfehlt. Die Tintenflasche flog geradewegs durch das Fenster eines Privathauses.«

Polizisten packten Ilich an den Armen, hoben ihn hoch und warfen ihn zusammen mit anderen festgenommenen Studenten auf einen Polizeilaster. Er hatte noch Wochen später blaue Flecken an den Oberarmen. Mit einer ernsten Verwarnung, die später von den Universitätsbehörden wiederholt wurde, ließ man die Studenten schließlich wieder laufen.

»Natürlich haben viele, die über mich geschrieben haben, behauptet, der KGB hätte meine Festnahme bei der Demonstration inszeniert. Sie sei Teil eines raffinierten Desinformationsmanövers gewesen.«

»Und? War sie das?«

Er schüttelte bedächtig den Kopf und zeigte den Anflug eines Lächelns. Dann stand er auf, drehte sich um und ging ein paar Schritte durch den Raum. Er schüttelte immer noch den Kopf, als er mir wieder das Gesicht zuwandte und fortfuhr:

»Ich weiß nicht, wo sie diesen Unsinn herhaben. Die Leute des Schahs verweigerten 30 Studenten das Recht, in ihre Heimat zurückzukehren. Ohne diese Maßnahme hätte es weder eine Versammlung noch eine Demonstration gegeben. Der Schah wurde von der CIA bezahlt und nicht vom KGB. Kann jemand ernsthaft glauben, daß der KGB diese Demonstration organisiert und anschließend Hunderte von Studenten verhaftet hat, nur um mir eine Tarnung zu verschaffen?«

»Nach dem, was ich gelesen habe, gibt es anscheinend sehr viele Leute, die das glauben. Wie Sie wissen, behaupten viele Leute, die über Sie geschrieben haben, daß Sie ein KGB-Agent sind. So wie sie auch behaupten, daß der KGB Sie in Kuba ausgebildet hat, bevor Sie nach Rußland gingen.«

»Und Sie? Was glauben Sie?«

»Ich glaube, daß Sie mich davon überzeugen wollen, daß Sie kein kubanischer oder russischer Agent sind und auch nie einer waren. Bevor Sie mich jetzt aber fragen, ob Ihnen das schon gelungen ist, möchte ich Ihnen gleich sagen, daß ich mir noch keine Meinung dazu gebildet habe. Ich neige nicht zu voreiligen Schlüssen.«

Er überlegte einen Augenblick, dann lächelte er wieder.

Am Ende des ersten Studienjahres hatten Ilich und Lenin ihren allge-

meinen Vorbereitungskurs in Russisch erfolgreich abgeschlossen. Beiden stand der Sinn nach Abwechslung.
»Wir nahmen den Zug von Moskau nach Kopenhagen und reisten von dort aus nach Amsterdam weiter. Lenny hatte seine Gitarre, und ich hatte viel Spaß. Sex and drugs and rock 'n' roll. Ich weiß noch, wie wir am Abend unserer Ankunft ins Paradiso gingen, um Musik zu hören. Ich bin absolut unmusikalisch. Aber Lenny hat eine gute Stimme und spielt auch sehr gut Gitarre. Jemand reichte mir einen Joint. An den Rest des Abends erinnere ich mich kaum. Ich weiß nur noch, daß wir auf dem ›Dam‹ übernachteten. Wir sahen schlimmer aus als die Figuren auf Rembrandts ›Nachtwache‹. In der zweiten Nacht sah ich mir die Schaufenster im Rotlichtbezirk an.«
»Haben Sie etwas gekauft?«
Er lachte. »Die Mädchen dort geben keinen Kredit.«
Schließlich nahmen die Brüder eine Fähre nach England. Sie wollten die Sommerferien mit ihrer Mutter und ihrem jüngeren Bruder Vladimir verbringen.
Die Familie verlebte einen ruhigen Sommer in England. Nach dem rasanten Leben in Moskau hatten die beiden ältesten Söhne wahrscheinlich dringend eine Ruhepause nötig. Als sie dann zum Herbstsemester wieder in den Trubel zurückkehrten, engagierten sie sich dafür mit doppeltem Eifer – außerhalb der Vorlesungssäle. Ilich lernte eine Kubanerin namens Sonia Marina Oriola kennen und fing eine Affäre an. Man feierte weiter Parties mit Wodka und Gitarrenmusik und spann politische Intrigen an der Uni. Im Spätherbst schlugen die Gegensätze zwischen den beiden rivalisierenden Fraktionen der venezolanischen Kommunisten in offene Feindseligkeit um. Die geheime Zelle, mit der Ilich die konservative Gruppe unterwandert hatte, flog auf. Die Ramírez-Brüder wurden aufgefordert, sich nach der Parteilinie zu richten. Doch sie hatten keine Lust, Befehle entgegenzunehmen, schon gar nicht von Landsleuten. Ilich war der Meinung, daß sie einen elterlichen Rat brauchten, nicht von der netten und charmanten Elba, sondern von ihrem Vater im fernen Caracas. Er ging in die medizinische Abteilung und klagte über starke Magenschmerzen. Der Arzt, der Ilichs Vorliebe für alkoholische Getränke kannte, schloß auf ein Magengeschwür. Ilich bat um die Erlaubnis, nach England zu fahren, damit ihn seine Mutter während der Behandlung versorgen könne. Seiner Bitte wurde stattgegeben. Er verbrachte Weihnachten bei der Mutter in London, anschließend flog er nach Caracas und besuchte José Ramírez Navas.

»Es ist wirklich wahr, daß ich Magenschmerzen hatte, aber die Schmerzen waren nicht so stark, wie ich vorgab. Ich mußte meinen Vater sprechen. Die Universitätsbehörden sahen es nicht gern, wenn einer der ausländischen Studenten ernsthaft krank wurde, daher war man froh, daß ich nach Hause ging. Sie wußten nicht, daß ich von London nach Caracas fliegen wollte.«

»Man hat mehrfach Ihren Vater zitiert. Danach sollen Sie eine Zeitlang in einem Londoner Krankenhaus gelegen haben. Es wurde behauptet, daß kein Londoner Krankenhaus Aufzeichnungen besitzt, aus denen hervorgeht, daß Sie zwischen Juli 1969 und Februar 1970 dort behandelt wurden. Die Vermutung wurde geäußert, daß Sie in dieser Zeit eine Ausbildung im DGI-Camp im kubanischen Mantanzas oder im Nahen Osten erhalten haben könnten oder daß Sie in London geblieben und geheimdienstlichen Aufgaben nachgegangen sind.«

»Noch so ein Schwachsinn. Ich verbrachte den Sommer 1969 mit dem Rest der Familie in London. Im September kehrten Lenny und ich an die Patrice-Lumumba-Universität zurück. Im Oktober und November gab es den Krach mit der VCP. Im Dezember ließ mich die Universität zur Behandlung nach London fliegen. Es stimmt, daß ich nie in einem Krankenhaus behandelt wurde. Diese Geschichte habe ich nur erfunden, damit die Universität und mein Vater zufrieden waren. Ich verbrachte Weihnachten bei meiner Mutter und meinem Bruder Vladimir in London und flog anschließend nach Venezuela. Ich blieb etwa eine Woche bei meinem Vater und flog dann Anfang Januar wieder zurück nach London zu meiner Mutter und Vlad. Ich faulenzte, amüsierte mich und stellte englischen Mädchen nach. Mitte Februar kehrte ich nach Moskau und an die Universität zurück.«

Er hatte seinen Bericht mehrmals unterbrochen und in den Raum gestarrt, während er sich an eine Abfolge von Ereignissen zu erinnern versuchte, die ungefähr fünfzehn Jahre zurücklagen.

»Erzählen Sie mir doch etwas über die Tage, die Sie bei Ihrem Vater in Caracas verbrachten.«

»Ich erzählte ihm von meinen Erfahrungen an der Patrice-Lumumba-Universität, von der Demonstration vor der iranischen Botschaft und von dem Ärger, den ich mit den Universitätsbehörden und den Mitgliedern der VCP hatte. Ich erzählte ihm, daß viele VCP-Leute die Guerillabewegung verraten hatten und inzwischen ein konservativer bourgeoiser Haufen waren. Von dem Streit, weil Lenny und ich uns

geweigert hatten, an den Versammlungen der venezolanischen Jungkommunisten in Moskau teilzunehmen. Ich fragte ihn, ob er auf meiner Seite oder auf der Seite der VCP sei.«
»Und was hat er geantwortet?«
Carlos lächelte, als er sich an das Treffen mit seinem Vater erinnerte. »Er gab mir genau die Antwort, die ich erwartet hatte. Mein Vater hat mich nie im Stich gelassen. Er sagte: ›Ich bin auf deiner Seite, mein Junge.‹ Dann umarmte und küßte er mich. Er war traurig, daß ich den sowjetischen Kommunismus hassen gelernt hatte, doch er hatte einen klaren Standpunkt: ›Du hast ihn am eigenen Leib erfahren und bist zu den gleichen Schlußfolgerungen gekommen wie ich hier in Venezuela.‹«
In der Gewißheit, auf die Unterstützung des Vaters zählen zu können, kehrte Ilich Mitte Februar nach Moskau zurück. Von nun an hielt er sich bei Meinungsverschiedenheiten mit der VCP, seinen Tutoren und den Behörden im allgemeinen noch weniger zurück. Außerhalb der Universität war er zudem sehr mit Sonia beschäftigt. Der Frühling hatte gerade begonnen, als ihm mitgeteilt wurde, daß die VCP in Moskau ihn offiziell gerügt und bereits Caracas über die Probleme mit ihm informiert habe. Etwa zur gleichen Zeit erfuhr er von Sonia, daß sie schwanger war.
Ilich blieb völlig gelassen und organisierte weiterhin Treffen seiner inzwischen nicht mehr ganz so geheimen Zelle. Bereits vor ihrer Entdeckung hatten sie den geheimen Plan geschmiedet, die Sommerferien des Jahres 1970 im Nahen Osten zu verbringen und dort ein Guerillatraining zu absolvieren. Rechtzeitig zum Beginn des Wintersemesters wollten sie wieder zurück sein. Später, wenn sie den Universitätsabschluß in der Tasche hatten, wollten sie nach Venezuela fliegen und sich Douglas Bravo und den anderen Guerillas anschließen, die immer noch in den Bergen kämpften. Sie wollten Che Guevaras Erbe antreten und die Revolution zu ihrem endgültigen und unausweichlichen Triumph führen. Das muß eine aufregende Perspektive gewesen sein, besonders nach der dritten Flasche Wodka. Da Ilich die treibende Kraft hinter diesem Plan war und außerdem mehrere Sprachen sprach, wurde beschlossen, daß er als erster in den Nahen Osten gehen sollte, um für seine Genossen den Weg zu ebnen. Er hatte bereits einige nützliche Kontakte zu palästinensischen Studenten geknüpft, insbesondere zu einem Mitglied der Volksfront zur Befreiung Palästinas, der PFLP, einer Organisation, die von Georges Habasch und Wadi Haddad geleitet wurde.

Ilich war im Frühjahr 1970 mit einer ganzen Reihe von Problemen konfrontiert, die er sich selbst eingebrockt hatte. Doch das konnte ihn nicht aufhalten. In einer Mischung aus Großspurigkeit und Überheblichkeit, dazu ein ordentlicher Schuß Machismo, meinte der verzogene und maßlose 20jährige, die ganze Welt liege ihm zu Füßen.
Ende Juni reagierte die VCP in Caracas auf die Klagen der orthodoxen venezolanischen Studenten und stellte die Zahlung der Stipendien an Ilich und Lenin ein. Damit wurde zwangsläufig auch ihre Immatrikulation wirkungslos, und wenige Tage später wurden sie ins Büro des Dekans der Universität zitiert. Zuerst las man den Brüdern eine scheinbar endlose Liste ihrer Verfehlungen vor, dann teilte man ihnen mit, daß sie ab sofort von der Universität ausgeschlossen seien. Mit spürbarer Verbitterung schilderte Carlos den Vorfall, der nun schon über 15 Jahre zurücklag. Wieder kam er mit seinen Antworten meinen Fragen zuvor.
»Sie haben ja alle diese Lügen gelesen, die über mich geschrieben wurden. Dann wissen Sie natürlich auch, daß mein Rauswurf angeblich nur Teil eines geschickten Desinformationsmanövers des KGB war.«
Ich nickte, sagte aber nichts. Ich hoffte, mein Schweigen würde ihn dazu bringen, näher auf das Thema einzugehen.
»Lenny war über unseren Rauswurf sehr aufgebracht. Er gab mir die Schuld. Ihm lag sehr viel daran, einen Uniabschluß zu machen. Er wollte als Ingenieur nach Venezuela zurückkehren, nicht als Guerillero. Ich dagegen wollte die Revolution in unserem Land unterstützen. Ich sagte zu ihm, daß man das Alte niederreißen muß, bevor man das Neue aufbauen kann.«
»Viele haben geschrieben, daß Sie genau dafür in der Sowjetunion ausgebildet wurden.«
»Sind das die gleichen Leute, die den ganzen Unsinn über die Ausbildung geschrieben haben, die ich in Kuba erhalten haben soll?«
»Ja. Sie sprechen von einer Ausbildung in Moskau und behaupten außerdem, daß Sie in speziellen Trainingslagern in Odessa, Baku, Simferopol und Taschkent gedrillt wurden. In welchem Trainingslager genau, darüber herrscht Uneinigkeit unter den verschiedenen Autoren.«
»Auch das ist alles erfunden.«
»Hatten Sie Kontakt zur Woennaja Kafedra?«
»Nein, zu denen hatte ich keinen Kontakt.« Er hielt einen Augenblick lang inne und blickte mir in die Augen.
»Ich hatte keine Ahnung, daß Sie russisch sprechen.«
»Ich spreche auch kein Russisch. Ich kenne nur dieses merkwürdige Wort.«

»Merkwürdig, daß Sie den Namen der militärischen Sektion kennen, die der Patrice-Lumumba-Universität angegliedert ist.«
Er starrte auf seine schwere goldene Armbanduhr und sprach dann schnell ein paar Sätze in unverständlichem Russisch. Ich sah ihn fragend an. Carlos lächelte.
»Wenn ich in Moskau oder irgendwo sonst in der Sowjetunion eine Ausbildung erhalten hätte, warum hätte ich dann in den Nahen Osten gehen sollen, um mich von den Palästinensern ausbilden zu lassen? Vergessen Sie nicht, daß wir nach dem Training nach Venezuela zurückkehren wollten. Die Sowjets hielten absolut nichts von Douglas Bravo und seinen Guerillas. Deshalb mußten wir in den Nahen Osten gehen.«
»Tatsache ist aber, daß Sie nie nach Venezuela zurückgekehrt sind.«
»Weil man uns von der Universität verwiesen hat. Das hat meinen Plan, nach Moskau zurückzukehren und die anderen nachzuholen, zunichte gemacht. Ich konnte nicht an die Universität zurückkehren. Außerdem brachten mich die Ereignisse in Jordanien auf einen anderen Weg, und als ich schließlich nach Europa zurückkam, mußte ich feststellen, daß sich meine Gruppe an der Universität aufgelöst hatte.«
»Was geschah mit Sonia?«
»Sie wurde ausgewiesen und ging zurück nach Havanna. Unser Kind, eine Tochter, wurde dort geboren.«
»Haben Sie Sonia nach Ihrer Relegation von der Patrice-Lumumba-Universität jemals wiedergesehen?«
»Nein. Wir haben uns eine Zeitlang geschrieben. Über die kubanische Botschaft habe ich ihr Päckchen für unsere Tochter geschickt. Später dann nicht mehr. Sie wollte mir nicht mal sagen, wie unsere Tochter heißt. Nach allem, was inzwischen geschehen ist, ist es vielleicht auch besser so.«
Es war offensichtlich, daß Sonia für Carlos keine flüchtige Affäre gewesen war. Rund 15 Jahre später war sie für ihn offensichtlich eine romantisch verklärte Gestalt, die perfekte Frau.
Der Groll, den Carlos wegen seiner Relegation von der Universität immer noch hegte, hatte seinen Grund in der Beziehung zu dieser Frau. Die große Liebe seines Lebens war zerstört worden, aber nicht durch sein eigenes Verhalten, wie er meinte, sondern durch die ermüdenden politischen Querelen und die Unnachgiebigkeit der sowjetischen Behörden. Seine antisowjetischen Aktivitäten, sein ausschweifendes Leben, sein häufiges Fehlen bei den Vorlesungen – all diese Faktoren waren für Carlos nicht relevant.

»Dieser PFLP-Mann in Moskau, wie war sein Name?«
»Das weiß ich nicht mehr. Er war nur ein Student.«
»Hieß er Mohammed Budia?«
Er sah mich erstaunt an.
»Ich habe Mohammed Budia nie getroffen, weder in Moskau noch in Paris. Er wurde vom Mossad umgebracht, bevor ich mit meinen Operationen in Paris begann.«
»Ja, das ist mir klar. Es sind nur wieder diese Autoren. Sie behaupten, daß Budia Sie in Moskau rekrutiert hat.«
Carlos antwortete langsam und bedächtig, als spreche er mit einem Kind:
»Niemand hat mich in Moskau rekrutiert. Ich ging mit einem Empfehlungsschreiben, das ein junges Mitglied der Volksfront für mich aufgesetzt hatte, zu Ghassan Kanafani in Beirut. In dem Schreiben wurden die Pläne meiner geheimen Gruppe erläutert. Außerdem stand darin, daß wir uns ausbilden lassen wollten, um uns anschließend den Guerillas um Douglas Bravo anzuschließen. Budia hatte damit nichts zu tun.«
Etwas wollte ich noch wissen, bevor wir auf seine Erfahrungen im Nahen Osten zu sprechen kamen:
»Was haben Sie eigentlich gesagt, als Sie vorhin russisch sprachen?«
Er stand auf und streckte sich.
»Ich wollte nur feststellen, ob Sie fließend russisch sprechen.«
Ich nickte und lächelte. »Und was haben Sie gesagt?«
»Ach, sinngemäß habe ich gesagt: ›Ich halte Sie für einen Agenten des KGB, und in fünf Minuten wird man Sie nach draußen schaffen und erschießen.‹«
Ich hörte auf zu lächeln. Und ich machte mir auch keine Notizen mehr. Carlos setzte sich wieder. Auf dem Tisch zwischen uns stand ein Korb voller Zigarettenschachteln. Er griff nach einem Päckchen Marlboro, öffnete es und bot mir eine Zigarette an. Ich hatte seit fast zwei Jahren nicht mehr geraucht, dennoch griff ich automatisch zu und nahm mir eine. Er gab mir Feuer. Ich fühlte mich weit weg von zu Hause.
Er beruhigte mich:
»Es ist schon in Ordnung. Ich wollte nur sehen, wie Sie reagieren würden.«
»Es trifft sich gut, daß ich nicht russisch spreche.«
»Allerdings.«

Der Schwarze September

Als Ilich Ramírez Sánchez Anfang Juli 1970 nach Beirut flog, begab er sich mitten in den Hexenkessel, den wir »das Nahostproblem« nennen. Dabei handelt es sich um ein »Problem«, das bereits Hunderttausende das Leben gekostet hat, um ein Problem, für das es eine ganze Reihe von »Lösungen« gibt, wobei natürlich jede der beteiligten Parteien eine andere vorschlägt. Das Problem besteht darin, daß des einen Land des anderen Heimat ist. Das Problem hat zwei Namen: Israel und Palästina.

Viele Israelis der ersten Generation kamen aus den Ghettos in Europa. Sie verdrängten die Palästinenser und zwangen Hunderttausende von ihnen, ebenfalls in Ghettos zu leben. Im modernen Sprachgebrauch haben diese Ghettos allerdings einen neuen Namen bekommen: Flüchtlingslager. Statt einer jüdischen Diaspora gab es jetzt eine arabische Diaspora. Der Text der israelischen Nationalhymne beginnt mit den Worten: »Wir haben unsere Hoffnung noch nicht verloren, einst in das Land unserer Väter zurückzukehren«. Dieselben Worte kann man nun auf vielen Wänden in den palästinensischen Flüchtlingslagern lesen. Ein moralisches Recht, das aus der Barbarei des Holocaust heraus entstand, hat das internationale Recht abgelöst, das von den zivilisierten Nationen gemeinsam formuliert wurde.

Die palästinensischen Araber lehnten die Errichtung eines Staates Israel in einem Teilgebiet Palästinas ab, weil sie einen solchen Staat für gesetzwidrig hielten und weil in den meisten Manifesten des Zionismus die Absicht durchklang, ein »Großisrael« zu schaffen, das einen großen Teil der arabischen Welt »vom Nil bis zum Euphrat« einschließen sollte. Die israelischen Juden wiederum lehnten einen palästinensischen Staat in einem Teil Israels ab, weil in vielen palästinensischen Manife-

sten der Anspruch erhoben wird, daß das ganze Land wieder unter arabische Herrschaft gestellt werden solle.
Die Situation ist in jeder Hinsicht paradox. Jassir Arafat hat mehr als 50 Mordanschläge überlebt. Viele, wenn nicht die meisten dieser Anschläge auf den Chef der Palästinensischen Befreiungsorganisation (PLO) wurden von Arabern verübt, die Arafat für einen gefährlichen Gemäßigten halten und seiner Organisation Verrat an der Sache der Palästinenser vorwerfen.
Unter Ministerpräsident Menachem Begin bezeichnete die israelische Regierung die PLO als »Mördersyndikat«. Begins Nachfolger, Jizchak Schamir, nannte Arafat einen Mann mit »einem grenzenlosen Haß in seinem Herzen«, der, wenn er die Möglichkeit dazu hätte, das von Adolf Hitler begonnene Werk zu Ende führen würde. Bei unzähligen Gelegenheiten haben Begin und Schamir ihre Weigerung, mit der PLO zu verhandeln, damit gerechtfertigt, daß sie »eine Terror-Organisation« sei.
Am 10. April 1948 wurde das palästinensische Dorf Deïr Yassin in der Nähe von Jerusalem zerstört. Seine Bewohner – 260 Männer, Frauen und Kinder – wurden niedergemetzelt; einige wurden erschossen, andere zerstückelt. Der Angriff wurde von zwei jüdischen Gruppen gemeinsam durchgeführt: von der Untergrundorganisation Irgun unter ihrem Chef Menachem Begin und von der Sternbande, zu deren Führern Jizchak Schamir gehörte. Im Jahr 1980 wurde Begin der Friedensnobelpreis verliehen. Als er 1983 aus dem Amt schied, wurde Jizchak Schamir sein Nachfolger als Premierminister. Die Geschichte wird von den Siegern geschrieben.
Irgendwo draußen hörte ich einen Hund bellen. Ich warf einen Blick auf meine Armbanduhr. Es war fast halb zwei morgens. Ich hatte über fünf Stunden mit Carlos gesprochen. Im stillen dankte ich dem Schöpfer dafür, daß er unter Schlaflosigkeit litt.
»Haben Sie Ihrer Familie gesagt, daß Sie in den Nahen Osten gingen?« Carlos goß weiter Kaffee in die Täßchen, während er sich eine Antwort überlegte.
»Lenin wußte es natürlich. Er war ja mit mir in Moskau, als ich die Vorbereitungen getroffen habe.«
»Dazu möchte ich Sie etwas fragen. Welche Route haben Sie genommen?«
»Wenn ich mich richtig erinnere, habe ich ein verbilligtes Studententicket nach Ost-Berlin gekauft, bin in Schönefeld umgestiegen und nach Beirut geflogen. Nach dem Ärger an der Universität hatte ich

keine andere Möglichkeit. Die Sowjets hätten mich bestimmt nicht direkt nach Beirut fliegen lassen. Sie lehnten Guerillas entschieden ab, egal, ob Palästinenser, Venezolaner oder Kubaner. Für sie waren das alles Terroristen!«

»Haben Sie Ihren Eltern gesagt, wohin Sie gingen?«

»Meine Mutter wußte es. Mein Vater nicht. Er hätte das nächste Flugzeug nach London genommen, wenn er gewußt hätte, was ich vorhatte. Ihm wurde gesagt, daß ich vor der Rückkehr nach London eine Weile in Europa herumreisen wolle.«

»Was waren Ihre ersten Eindrücke in Beirut?«

»Ich war nur einen Tag dort. Ich meldete mich bei Ghassan Kanafani im Büro der Volksfront. Am nächsten Tag ging ich mit einem Brief Ghassans zu Bassam Abu Scharif, dem Leiter der Pressestelle der Volksfront. Er sorgte dafür, daß ich in ein Sommerlager nördlich von Amman gehen konnte. ›Sommerlager‹ war natürlich eine Tarnung.«

»Für ein Ausbildungslager?«

»Ja. Ich kam Ende Juli dort an.«

»Genau zu der Zeit, als Sie in diesem Lager im Norden von Amman waren, hielt sich praktisch die ganze Baader-Meinhof-Gruppe in einem Trainingscamp in der gleichen Gegend auf. Haben Sie sie kennengelernt?«

»Nein. Ich habe aber gehört, daß sie dort waren. Sie haben soviel Ärger gemacht, daß es einem kaum entgehen konnte, daß sie da draußen waren. Aber sie waren durch Kontakte zur PLO hingekommen. Ich hatte Kontakte zur Volksfront.«

»Andere Gruppen, andere Lager. Sicher standen die verschiedenen Gruppen innerhalb der Palästinenserbewegung in engem Kontakt zueinander und waren bis zu einem gewissen Grad miteinander verbunden. Gab es gemeinsame Aktionen?«

Carlos fing an, die komplizierten Beziehungen innerhalb der Palästinenserbewegung zu erklären. Männer wie Habasch und Haddad hätten natürlich regelmäßig Kontakt zu Arafat, Abu Ijad, Abu Dschihad und anderen Mitgliedern der Fatah, aber wesentlich weniger Kontakt, als es beispielsweise zwischen rivalisierenden politischen Parteien in westlichen Demokratien üblich sei. Und was Guerillaaktionen angehe, so wisse die rechte Hand häufig nicht, was die linke tue. Ein Phänomen, das nicht nur ihm aufgefallen war. General Mosche Dajan hatte es einmal so ausgedrückt: »An dem Tag, an dem ich eine Gruppe Araber in einer ordentlichen, disziplinierten Schlange an einer Bushaltestelle stehen sehe, mache ich mir ernsthaft Sorgen um Israel.«

»Erzählen Sie mir von Ihrer Ausbildung im Lager.«
»Im ersten Lager war ich in einer Gruppe, der Leute aus verschiedenen Ländern und auch einige Araber angehörten. Nach ungefähr zehn Tagen wurde das Lager geschlossen. Die Lage in Jordanien spitzte sich zu. Das Camp galt als Sicherheitsrisiko, und wegen einer Gruppe Ausländer von den Jordaniern gefangengenommen oder getötet zu werden war das letzte, was die Volksfrontleute wollten. Wir bekamen eine Grundausbildung mit Handfeuerwaffen, aber ich wollte eine vollständige Ausbildung. Ich war nicht aus Moskau gekommen, bloß um mit einer Kalaschnikow herumzuballern, mir ein Palästinensertuch abzuholen und wieder ins Flugzeug nach Hause zu steigen. Meine Mission war, mich professionell ausbilden zu lassen und vor Ort die palästinensische Revolution kennenzulernen. Ich wollte etwas über die verschiedenen Organisationen erfahren und dann entscheiden, ob meine Gruppe von der Patrice-Lumumba-Universität nachkommen sollte.«
Anfang August traf Carlos zum zweitenmal mit Bassam Abu Scharif zusammen. Man kam überein, daß er in »ein richtiges Lager der Fedajin« aufgenommen werden sollte. Er trat offiziell der PFLP bei und wurde in ein reguläres Ausbildungslager im Norden Jordaniens gebracht. Es lag im Gilead-Gebirge zwischen den Städten Adschlun und Dscharasch.
Während Carlos seine Ausbildung absolvierte, stattete Dr. Georges Habasch, einer der PFLP-Führer, dem Lager einen Besuch ab; gleich im Anschluß wollte er nach Nordkorea reisen. Ein Venezolaner, der der Volksfront beigetreten war und sich in Jordanien ausbilden ließ, war etwas Besonderes. Habasch knüpfte ein Gespräch mit ihm an, und Carlos erzählte ihm von seiner Heimat und seiner Familie. Als Habasch von Castro und Kuba schwärmte, erzählte ihm Carlos, daß seine »Frau« Sonia Kubanerin sei. Die Begegnung hinterließ bei Carlos einen tiefen Eindruck. Georges Habasch ist kein Mann, den man leicht wieder vergißt.
Er wurde 1925 als Sohn eines wohlhabenden Getreidehändlers in Lydda in Palästina geboren. Seine Familie gehörte dem griechisch-orthodoxen Glauben an. Im Mai 1948, als die Briten aus Palästina abzogen, studierte Habasch gerade Medizin an der Amerikanischen Universität in Beirut. Wenige Monate später floh seine Familie nach Jordanien. Sein Geburtsort wurde von den Israelis in Lod umbenannt. Die Erlebnisse der damaligen Zeit prägten den angehenden Mediziner nachhaltig.

Dr. Habasch legte in den frühen fünfziger Jahren sein Examen ab und gründete später ein Armenhospital in Amman. Mitbegründer war der ebenfalls griechisch-orthodoxe Palästinenser Dr. Wadi Haddad. Beide Männer hatten sich dem Dienst am menschlichen Leben verschrieben. Als Carlos Georges Habasch in Jordanien kennenlernte, hatten die beiden Ärzte ihre endgültige Berufung gefunden: das Töten.
In den Jahren dazwischen hatte der Marxismus die griechisch-orthodoxe Lehre ersetzt, die Kalaschnikow das Stethoskop und die PFLP die von Habasch gegründete Arabische Nationalistische Bewegung. Eine Zeitlang setzten Habasch und seine Kampfgefährten ihre Hoffnungen auf eine Befreiung Palästinas in Gamal Abd el-Nasser, vor allem nach der Verstaatlichung des Suezkanals 1956 und dem dadurch ausgelösten Krieg. Im folgenden Jahr wäre es Anhängern Nassers beinahe gelungen, König Hussein von Jordanien zu stürzen. Unter ihnen waren auch Habasch und Haddad, die nicht nur von der Rückeroberung Palästinas, sondern auch von einem sozialistischen Arabien träumten. Doch der König schlug die Revolution nieder, und Dr. Habasch mußte sein Krankenhaus nach Damaskus verlegen. Dann kam in Syrien die sozialistische Baath-Partei an die Macht. Sie hatte etwas andere Vorstellungen von Revolution, und Habasch mußte abermals umziehen. Diesmal fand er in Beirut Zuflucht. Im Jahr 1968 wurde er dort von den Syrern festgenommen und wegen Verschwörung gegen das Baath-Regime angeklagt. Seiner Verhaftung war ein Sprengstoffanschlag der PFLP auf die Transarabian Pipeline vorausgegangen. Sechs Monate später organisierte Wadi Haddad eine brillante und abenteuerliche Befreiungsaktion: Er ließ seinen Freund von vier als Militärpolizisten verkleideten Genossen aus einem streng bewachten Gefängnis herausholen. Für die erst ein Jahr zuvor gegründete PFLP war dies ein spektakulärer Erfolg. Innerhalb eines Jahres gewann die PFLP unter den Palästinensern über dreitausend aktive Mitglieder und viele hunderttausend Sympathisanten, die ihre marxistisch-leninistischen Ideen unterstützten. Georges Habasch hielt Jassir Arafat für einen »fetten Bourgeois, der aus arabischen Ländern Geld annimmt, das nach amerikanischem Öl stinkt«. Der Feind hieß jetzt nicht mehr nur Israel, sondern »Zionismus, plus Imperialismus, plus alle reaktionären Kräfte«. Der Kampf mußte »weltweit« geführt werden – ein Programm, das bald auf erschreckende Weise in die Realität umgesetzt werden sollte.
Zu den »reaktionären Kräften« zählte die äußerste Linke der palästinensischen Bewegung auch König Hussein. Anfang 1970 nahm die Lage in Jordanien anarchische Züge an.

In Jordanien hatten seit jeher Hunderttausende von Palästinensern gelebt. Nach Israels Unabhängigkeitserklärung gegen Ende der vierziger Jahre war ihre Zahl auf über eine Million angestiegen. Jetzt, zwanzig Jahre später, waren die Vertriebenen für die jordanischen Machthaber eine ernsthafte Bedrohung der Stabilität im Land.

Die PFLP rief öffentlich zum Sturz Husseins auf – wie ein zahlungsunwilliger Gast, der den Hotelbesitzer vertreiben will. Najef Hawatmehs Demokratische Volksfront, die noch radikaler war als Habaschs PFLP, sah in der Absetzung König Husseins ebenfalls einen entscheidenden Schritt auf dem Weg in einen revolutionären Garten Eden. Die verschiedenen Fedajin-Gruppen in Jordanien maßten sich immer mehr staatliche Vorrechte an und entwickelten sich praktisch zu einem Staat im Staat. Sie stellten eine eigene Polizeitruppe auf und provozierten bewaffnete Zusammenstöße mit der jordanischen Armee. Sie betrieben einen eigenen Rundfunksender, der im ganzen Land zu empfangen war. Sie errichteten Straßensperren, entführten Fahrzeuge und erpreßten Geld von einheimischen Geschäftsleuten und Händlern. Anhänger Hawatmehs verkündeten marxistische Parolen von den Minaretten, andere überfielen und vergewaltigten jordanische Frauen. Die Fedajin stolzierten in Cowboymanier bis an die Zähne bewaffnet durch Amman und andere Städte. Von der West Bank aus schleusten die Israelis Provokateure ins Land – Araber, die man bestochen oder erpreßt hatte, aber auch Mossad- und CIA-Agenten. Sie sollten die angespannte Lage noch weiter aufheizen und den König dazu provozieren, gegen die PLO vorzugehen und sie mit seiner Armee zu zerschlagen.

Im Juni kam es zu schweren Gefechten zwischen den Fedajin und der jordanischen Armee. Arafat und der König bemühten sich verzweifelt um eine Entspannung der Situation. Keiner der beiden wollte eine ernste Konfrontation. Irgendwie konnte man verhindern, daß sich der Konflikt zu einem regelrechten Krieg ausweitete. Ebenfalls im Juni äußerten westliche Regierungen ihre Empörung über einen palästinensischen Mordanschlag auf den König. In Wirklichkeit war zwar der Wagen des Königs beschossen worden, doch er selbst hatte gar nicht im Wagen gesessen. Einige hohe Offiziere hatten den »Anschlag« aufgebauscht. Sie waren sofort in den Palast geeilt und hatten dem König berichtet, daß ein »Mordanschlag« auf ihn verübt worden sei und daß er großes Glück gehabt habe. Das Ziel war klar: Der König sollte die Nerven verlieren und sich dazu hinreißen lassen, den Palästinensern den Krieg zu erklären. Als der König Bedenken äußerte, schalteten sich die Vereinigten Staaten ein.

Die Israelis, inbesondere Verteidigungsminister Mosche Dajan und seine Berater, waren Mitte 1970 der Verzweiflung nahe. Trotz einer militärischen Überlegenheit, die ihnen den Status eines Goliath gegenüber einem palästinensischen David verlieh, hatten sie inzwischen eine grundlegende militärische Wahrheit erkennen müssen: Luftangriffe waren kein wirkungsvolles Mittel gegen Aktionen und Überfälle von Guerillas. Über ein Jahr lang hatten sie Jordanien nach einer Zwei-Phasen-Strategie permanent unter Beschuß genommen, weil sie gehofft hatten, sie könnten die Fedajin aus der Weltgeschichte bomben. Außerdem hatten sie angenommen, daß die ständigen Angriffe, die viele Opfer unter der Zivilbevölkerung forderten und beträchtliche Sachschäden anrichteten, den König dazu verleiten würden, seine Armee gegen die Palästinenser zu hetzen. Ende Juni begriff das israelische Militär, daß seine Strategie gescheitert war. Es zog andere Möglichkeiten in Erwägung, zum Beispiel einen Einmarsch in Jordanien. Doch das Vorhaben wurde aus politischen Gründen verworfen. Die ständigen Luftangriffe hatten die Geduld des Westens aufs äußerste strapaziert. Eine Invasion hätte möglicherweise nur den internationalen Druck auf Israel verstärkt, sich aus den besetzten Gebieten zurückzuziehen. Und Israel hegte jedoch weder den Wunsch noch die Absicht, dies zu tun.
König Hussein stellte klar, daß er nicht die Absicht hatte, den Befehl zu einem Bürgerkrieg in seinem Land zu geben, und daß er die Fedajin trotz aller Übergriffe nicht als ernste Bedrohung betrachtete. Also brachten die Israelis ihren amerikanischen Trumpf ins Spiel. Mosche Dajan und Henry Kissinger führten eine Reihe streng geheimer Gespräche, an denen auch leitende Beamte aus dem State Department und CIA-Direktor Richard Helms teilnahmen.
König Hussein war seit 1957, dem Jahr nach dem Suezkrieg, ein wertvoller Mitarbeiter der CIA. Seit damals erhielt er von der CIA jährlich 350 Millionen Dollar. Als Gegenleistung lieferte er nachrichtendienstliche Informationen, gestattete amerikanischen Geheimdiensten, in Jordanien frei zu operieren, und leitete einen Teil der alle sechs Monate eingehenden Zahlungen der CIA an jordanische Regierungsbeamte weiter, die ebenfalls Informationen lieferten und mit der CIA kooperierten.
Kissinger und Helms fällten eine taktische Entscheidung.
Im Juli 1970 wurde die zweite Rate des Betrages, den die CIA in diesem Jahr an den König zu zahlen hatte, einbehalten. Statt der fälligen Summe für ein halbes Jahr erhielt der König im August einen Betrag, der

lediglich einer Monatsrate entsprach. Er rief den amerikanischen Botschafter an:

»Warum zahlen Sie nur für einen Monat?«

»Majestät, Sie sollten eigentlich wissen, daß die Vereinigten Staaten nur auf ein Pferd setzen, das gewinnt.«

Der König schluckte seinen Ärger hinunter und spielte in Gedanken seine Möglichkeiten durch. In den Augen der Amerikaner glich die die Situation in Jordanien offenbar einem Pferderennen, bei dem zwei Pferde an den Start gingen: er selbst und Arafat. Wenn er nichts gegen die Palästinenser unternahm, kamen die Amerikaner möglicherweise auf die Idee, ihn durch einen seiner Generäle zu ersetzen, und das hätte ein Blutbad zur Folge. Aber daneben gab es noch ein anderes Problem: In Jordanien waren zu jener Zeit 7000 irakische Soldaten stationiert. Der jordanische Geheimdienst hatte dem König von einer geheimen Absprache zwischen der PLO und der irakischen Regierung in Bagdad berichtet. Im Falle eines Krieges, so der Geheimdienst, werde die irakische Armee an der Seite der Palästinenser kämpfen.

Als die jordanische Armee Juni 1970 ohne Rücksicht auf Verluste palästinensische Freischärler hinrichtete, brachte die PFLP das Hotel Inter-Continental in Amman in ihre Gewalt und nahm das Personal und 39 ausländische Gäste als Geiseln. Georges Habasch drohte, das Hotel mitsamt der Geiseln in die Luft zu sprengen, wenn das Blutbad in den Palästinenserlagern nicht gestoppt würde. Auf Intervention des Königs konnte der Bürgerkrieg gerade noch abgewendet werden.

Wenn Dr. Georges Habasch der Organisation das ideologische Fundament verschaffte, so eröffnete Dr. Wadi Haddad ihrem ideologischen Kampf eine weltweite Bühne.

Haddad, Sohn eines Lehrers, war unmittelbar vor Ausbruch des Zweiten Weltkriegs in Safad in Galiläa geboren worden. Bei der Gründung des Staates Israel 1948 wurde der Neunjährige Flüchtling. Die Kindheitserlebnisse, bei denen er die Wirksamkeit jüdischen Terrors am eigenen Leib verspürte, prägten ihn nachhaltig. Wenn Terror den Juden zu einem Staat verholfen hatte, so glaubte Haddad felsenfest, dann müßte es den Arabern doch möglich sein, mit ähnlichem Terror einen Palästinenserstaat zu schaffen.

Während Georges Habasch terroristische Methoden mit einer politischen Weltanschauung verband, war für seinen Kommilitonen von der Amerikanischen Universität in Beirut nackte, unverfälschte Gewalt der richtige Weg zum gemeinsamen Ziel. Haddad scheute Öffentlichkeit sein Leben lang. Er ließ lieber sein vielseitiges Werk für sich sprechen.

Und Wadi Haddad führte den Kampf tatsächlich weltweit: Er ließ Flugzeuge entführen, Anschläge auf Flughäfen verüben und in europäischen Hauptstädten Bomben hochgehen. Menschen oder Einrichtungen, die etwas mit Israel zu tun hatten, waren die Zielscheiben seiner Aktionen. Mit ihren Anschlägen wollte die PFLP nicht nur den Feind treffen, sondern sich zugleich – ihr zweitwichtigstes Ziel – eine Öffentlichkeit schaffen. Georges Habasch drückte das so aus: »Wenn wir in London ein Kaufhaus in Brand stecken, dann sind diese Flammen soviel wert wie zwei niedergebrannte Kibbuzim.«
Publicity war in diesem Krieg ohne Grenzen lebenswichtig. Die Israelis hatten bei zahlreichen Gelegenheiten demonstriert, daß sie auf diesem wie auch auf anderen Gebieten deutlich überlegen waren. Schon lange vor 1970 hatte sich die israelische Lobby in den Vereinigten Staaten und in der ganzen Welt als wirksamer Propagandaapparat erwiesen. Ihre Standpunkte und Argumente hatten die Diskussionen beherrscht, ohne daß sie hinterfragt worden waren. Nun, durch die Aktivitäten der PFLP, kamen andere Ansichten und Argumente ins Gespräch, wenn auch vor dem Hintergrund von Gewalttätigkeiten, die als Terrorismus verurteilt wurden. Natürlich wurde mehr nach der Wirkung als nach der Ursache gefragt, doch die PFLP schuf sich eine wachsende Bekanntheit und sorgte dafür, daß weite Kreise in der Bevölkerung erstmals auf das Palästinenserproblem aufmerksam wurden.
Der Mossad hatte mehrfach versucht, Habasch und Haddad zu liquidieren. Einige Tage, bevor Sánchez nach Beirut flog, stattete ein israelisches Mordkommando der Stadt einen nächtlichen Besuch ab. Hätte es sein Ziel erreicht, so ist zweifelhaft, ob die Welt je etwas von Carlos gehört hätte. Ihr Auftrag war die Ermordung Wadi Haddads.
In den frühen Morgenstunden des 11. Juli 1970 hatte Haddad Besuch von Leïla Chalid, einem führenden Mitglied seiner Guerillatruppe. Seine Frau Samia und ihr achtjahriger Sohn Hani schliefen friedlich nebenan. Um 2.14 Uhr wurden aus einem gemieteten Zimmer auf der anderen Seite der Muchiedden-Elchajat-Straße per Zeitzünder sechs automatische Panzerabwehrraketen abgefeuert. Sie schlugen in Haddads Wohnung im dritten Stock des Katardschi-Blocks ein. Zwei Raketen waren Blindgänger, die vier anderen funktionierten. Die Explosionen waren in ganz Beirut zu hören. Erstaunlicherweise wurde niemand getötet. Haddad und Chalid erlitten leichte Verletzungen, seine Frau und sein Sohn taumelten aus dem zertrümmerten, brennenden Schlafzimmer und wurden sofort ins Krankenhaus gefahren. Der Unfallarzt lehnte eine Behandlung ohne Vorausbezahlung zu-

nächst ab. Als dann aber Haddad auftauchte, erinnerte er sich an die Solidarität unter Ärzten.

Habasch besuchte das Guerillacamp am 1. September. Zwei Tage später reiste er zu einem Treffen mit den führenden Mitgliedern der nordkoreanischen Regierung nach Pjöngjang weiter. Im Lauf vieler Jahre hatte Habasch unzählige Reisen dieser Art unternommen, bei denen er versuchte, die Forderung nach einem Palästinenserstaat auf die Tagesordnung der internationalen Politik zu setzen. Wenige Tage nach seiner Abreise sorgte Wadi Haddad unabhängig von ihm dafür, daß die ganze Welt auf das Palästinenserproblem aufmerksam wurde. Seine Aktionen sollten Jordanien in einen blutigen Bürgerkrieg stürzen und fast zu einer Konfrontation der Supermächte führen.

Im September 1970 flammten in der jordanischen Hauptstadt mehrere Tage lang sporadisch Kämpfe zwischen der Armee und palästinensischen Guerillas auf. Über die CIA verstärkten die Vereinigten Staaten den Druck auf den König, indem sie ihm wieder nur das Geld für einen Monat vorstreckten.

Radio Bagdad meldete, daß die irakische Regierung ihren 12 000 in Jordanien stationierten Soldaten befehlen werde, die Waffen gegen die jordanische Armee zu richten, falls sie die Operationen gegen die palästinensischen Guerillas nicht einstelle. Wie König Hussein versuchte auch Arafat verzweifelt, die chaotische Lage unter Kontrolle zu bringen. Gleichwohl ging er davon aus, daß, wenn es tatsächlich zur Kraftprobe kam, die irakischen Truppen den Ausschlag geben und die Niederlage der Jordanier besiegeln würden. Der gleichen Meinung war auch der König. Er beschloß, einen Großteil der CIA-Zahlungen vom September zu investieren.

Auf dem Luftwaffenstützpunkt Mufrak in Jordanien landete heimlich eine außerplanmäßige Maschine mit dem irakischen Verteidigungsminister Harden el-Takriti an Bord. Der Minister stieg mit zwei großen leeren Koffern aus dem Flugzeug. Zwei Stunden später ging er wieder an Bord, wieder mit den Koffern. Augenzeugen konnten mühelos erkennen, daß die Koffer diesmal sehr schwer waren. Während der folgenden dramatischen Ereignisse blieben die irakischen Truppen, die ihr Hauptquartier in Mufrak hatten, in ihren Kasernen. Die irakische Karte hatte nicht gestochen. Sie wurde sofort durch den »Joker«, wie Georges Habasch seine PFLP nannte, ersetzt.

Die Pläne, die Wadi Haddad und Leïla Chalid zum Zeitpunkt des israelischen Raketenanschlages in Beirut geschmiedet hatten, waren herangereift.

In einer beispiellosen konzertierten Aktion machten daraufhin Flugzeugentführer die internationalen Fluglinien unsicher. Der Tag, an dem die Anarchie den Himmel beherrschte, war der 6. September 1970.
11.50 Uhr. Eine amerikanische Boeing 707 der TWA mit 145 Passagieren und zehn Besatzungsmitgliedern an Bord wird auf dem Flug von Frankfurt nach New York über Belgien gekapert und zur Kursänderung in den Nahen Osten gezwungen. Die Maschine landet auf dem Behelfsflugplatz Dawson's Field in der jordanischen Wüste. Das Gelände ist fest in der Hand der PFLP.
13.14 Uhr. Eine DC8 der Swissair mit 143 Passagieren und zwölf Besatzungsmitgliedern an Bord wird auf dem Weg von Zürich nach New York über Frankreich entführt. Wieder wird der Pilot mit vorgehaltener Waffe gezwungen, den Kurs zu ändern und auf dem Flugplatz Dawson's Field zu landen.
13.50 Uhr. Zwei Luftpiraten versuchen, eine Boeing 707 der El Al auf dem Flug von Tel Aviv nach New York via Amsterdam in ihre Gewalt zu bringen. Die Entführung schlägt fehl, weil die von Haddad entsandte Gruppe nicht vollzählig ist. Statt der geplanten fünf sitzen nur zwei Entführer in der Maschine. Die drei anderen, angeblich Senegalesen, haben das Mißtrauen des El-Al-Personals auf dem Flughafen Schiphol erregt, weil sie nachdrücklich Plätze der ersten Klasse nahe der Pilotenkanzel verlangt haben. Ihre Tickets werden zurückgenommen, sie selbst an eine andere Fluggesellschaft verwiesen. Die drei unternehmen keinen Versuch, die beiden anderen Mitglieder der Gruppe, Leïla Chalid und Patrick Arguello, in der Wartehalle zu warnen, wie Haddad sie angewiesen hat. Chalid und Arguello folgen unbeirrt ihrem Plan. Beim Überfliegen der englischen Ostküste stehen sie von den Sitzen auf. Arguello packt eine Stewardeß, drückt ihr den Lauf seiner Pistole an den Kopf und verlangt, daß die Sicherheitstür zur Pilotenkanzel geöffnet wird. Als sich der Flugkapitän weigert, ist an Bord die Hölle los. Ein israelischer Steward erhält einen Bauchschuß, Arguello wird niedergeschlagen und dann erschossen, eine abgezogene Handgranate rollt durch die Sitzreihen, explodiert aber nicht. Leïla Chalid wird überwältigt. Dem Piloten gelingt eine Notlandung in Heathrow. Beim Tauziehen um Leïla Chalid kommt es zwischen den israelischen Sicherheitsbeamten der Maschine und der britischen Polizei zu Handgreiflichkeiten. Die Briten behalten die Oberhand und bringen Chalid zur Polizeiwache Ealing.

16.00 Uhr. Die drei anderen Mitglieder von Chalids Gruppe, die das El-Al-Personal in Amsterdam abgewiesen hat, befolgen den Ratschlag, sich an eine andere Fluggesellschaft zu wenden. Sie bringen eine Boeing 747 der Pan American auf dem Direktflug von Amsterdam nach New York in ihre Gewalt. An Bord befinden sich 158 Passagiere und 18 Besatzungsmitglieder. Da nur Chalid als Anführer der Bande über die von Haddad gelieferten Navigationsanweisungen verfügt, können die drei angeblichen Senegalesen die Maschine nicht zum Kurswechsel nach Dawson's Field zwingen. Sie befehlen dem Piloten, Beirut anzufliegen, wo das Flugzeug mit fast leerem Tank schließlich sicher landet. Am nächsten Tag zwingen sie den Piloten zum Weiterflug nach Kairo. Drei Minuten nachdem sich die letzten Passagiere, die Besatzungsmitglieder und die Luftpiraten in Sicherheit gebracht haben, detoniert an Bord eine erste Bombe mit Zeitzünder.
Die PFLP übernahm für alle Entführungen die volle Verantwortung und erklärte, der Jumbo-Jet sei aus Protest gegen die ägyptische Zustimmung zum Waffenstillstandsabkommen im Nahen Osten gesprengt worden. Anlaß der Flugzeugentführungen seien die Friedensgespräche in der Region. Man habe gezielt Verkehrsflugzeuge herausgesucht, die auf dem Weg in die USA gewesen seien. Dies sei ein symbolischer Schlag gegen das »amerikanische Komplott, die palästinensische Sache mit Waffenlieferungen an Israel zu torpedieren«. Die Maschine der Swissair, so die PFLP weiter, und ihre Passagiere blieben so lange in der Gewalt der Entführer, bis die Berner Regierung die drei Araber freigelassen habe, die wegen ihrer Beteiligung an dem Anschlag auf die El-Al-Maschine in Zürich im Februar 1969 zu zwölf Jahren Gefängnis verurteilt worden waren. Die britische Regierung wurde gewarnt, sich ihre Schritte gegen Leïla Chalid »genau zu überlegen«. Wadi Haddad sorge für die Seinen.
Inzwischen spielte sich auf einem Behelfsflugplatz in der Wüste vierzig Kilometer nördlich von Amman folgendes ab: Über dreihundert Passagiere verbrachten in zwei Flugzeugen die Nacht als Gefangene der PFLP-Guerillas, die mit Granatwerfern, Maschinengewehren und Raketenwerfern in der Umgebung Stellung bezogen hatten. Obwohl die jordanische Armee das Gelände weiträumig mit Panzerwagen umstellt hatte, war an eine Befreiung der Geiseln nicht zu denken. Die Guerillas hatten in jeder Maschine Hunderte von Stangen Gelatinedynamit angebracht und drohten, die Maschinen mitsamt den Insassen in die Luft zu jagen. Die Guerillas benannten das Dawson's Field in »Revolutionsflugplatz« um.

Bei Temperaturen über 37 Grad Celsius schmorten die Passagiere in ihren Sitzen. Damit sie sich die Beine vertreten konnten, wurden sie in regelmäßigen Abständen nach draußen gebracht. Kinder durften im Schatten der Tragflächen spielen. Frauen und Kinder mit Ausnahme israelischer Staatsbürger sowie alle Alten und Kranken wurden später in einem Konvoi von Bussen nach Amman ins Hotel Inter-Continental gefahren. Die etwa 100 Freigelassenen, darunter auch jüdische Frauen und Kinder ohne israelische Staatsbürgerschaft, erklärten, sie seien von den Guerillas höflich und zuvorkommend behandelt worden. Sie beschrieben die Mitglieder der PFLP als »sehr entschlossene Männer«.

Um ihre Entschlossenheit zu unterstreichen, gab die PFLP in Amman eine Verlautbarung heraus. Danach sollten alle Amerikaner, Briten, Israelis, Schweizer und Westdeutschen bis zur Erfüllung ihrer Forderungen in Geiselhaft bleiben.

Sprecher der PFLP war Ghassan Kanafani.

Außer der Freilassung der drei in der Schweiz inhaftierten PFLP-Mitglieder verlangten die Luftpiraten von der britischen Regierung, Leïla Chalid auf freien Fuß zu setzen und Arguellos Leichnam innerhalb von 72 Stunden überführen zu lassen. Von den bundesdeutschen Behörden forderte Kanafani die sofortige Freilassung der drei Attentäter, die im Februar 1970 in München einen Bus der El Al überfallen hatten.

Während die betroffenen Regierungen fieberhafte diplomatische Aktivitäten entfalteten, wurden die Aktionen der PFLP weltweit verurteilt. In Amman lieferte sich die jordanische Armee Feuergefechte mit palästinensischen Guerillas. Auf dem Dawson's Field gaben die Freischärler eine Pressekonferenz mit den gefangenen Passagieren, zu der sie zahlreiche ausländische Korrespondenten zuließen. Generalsekretär Sithu U Thant verlas vor den Vereinten Nationen eine Erklärung:

> Die kriminellen Akte, Flugzeuge zu entführen, Passagiere und Besatzungsmitglieder gefangenzuhalten, ein Flugzeug in die Luft zu sprengen und Transitreisende als Geiseln zu nehmen, sind verabscheuungswürdig und müssen verurteilt werden. Wenn einige Proteste der Täter auch verständlich und gerechtfertigt sein mögen, so sind ihre Akte doch barbarisch und inhuman. Es ist höchste Zeit, daß die internationale Gemeinschaft über die geeigneten Gremien und Organisationen schnelle und wirksame Maßnahmen ergreift, um diese Rückkehr zum Gesetz des Dschungels zu beenden.

Schon am nächsten Tag zeigte die PFLP, wie wenig sie auf die Erklärung des Generalsekretärs gab, der in der Sache Verständnis äußerte, die Methoden aber verurteilte. Haddad war entschlossen, seine Standpunkte und Forderungen durchzusetzen. Über dem Persischen Golf brachten Luftpiraten ein britisches Verkehrsflugzeug vom Typ VC-10 mit 105 Passagieren und 10 Besatzungsmitgliedern an Bord in ihre Gewalt. Nach dem Auftanken in Beirut, wo die örtliche PFLP die libanesische Armee vom Flughafengelände vertrieben hatte, flog die Maschine weiter und landete bei den beiden anderen auf dem Flugplatz Dawson's Field.

Mit dieser letzten Entführung verlieh die PFLP ihrer Forderung Nachdruck, Leïla Chalid freizulassen. Die Organisation spielte um einen beängstigend hohen Einsatz. Die britische Regierung reagierte prompt auf die Machtdemonstrationen Wadi Haddads, der offenbar mit der gleichen Leichtigkeit Verkehrsflugzeuge vom Himmel holen konnte, wie andere reife Äpfel pflückten. Die britischen Fluggesellschaften BOAC und BEA gaben bekannt, daß sämtliche Flüge nach Beirut gestrichen seien, bis die libanesische Regierung den Beweis erbringe, daß sie und nicht die PFLP den dortigen Flughafen unter Kontrolle habe. Auf dem Londoner Flughafen Heathrow wurden die schärfsten Sicherheitsvorkehrungen in der Geschichte der zivilen Luftfahrt getroffen. Bewaffnete Polizeipatrouillen, Metalldetektoren, Gepäckdurchleuchtung und Leibesvisitationen, wie sie heute längst üblich sind, wurden damals eingeführt. Ähnliche Maßnahmen ergriffen auch die Verantwortlichen auf anderen westeuropäischen Flughäfen.

Premierminister Edward Heath eröffnete mit seinem Kabinett eine Serie von Krisensitzungen, und die Regierungen anderer Länder, die ebenfalls von der Geiselaffäre betroffen waren, folgten seinem Beispiel. Während die westlichen Regierungen über das Rote Kreuz mit der PFLP geheime Verhandlungen aufnahmen, schlug die israelische Regierung einen harten Kurs ein und verlangte die Auslieferung Leïla Chalids.

Obwohl sich die Lage in Jordanien dramatisch zuspitzte, behielt die PFLP auf dem Flugfeld die Kontrolle. Unter den Mitgliedern, die mit Vertretern des Roten Kreuzes Verbindung aufnahmen, um die Versorgung der Geiseln mit Lebensmitteln und Medikamenten zu gewährleisten, waren auch jene Männer, die Carlos bei der Ankunft im Nahen Osten zuerst kontaktiert hatte: Ghassan Kanafani und Bassam Abu Scharif. Am 11. September organisierten sie und ihre Kampfgefährten die Evakuierung der verängstigten und erschöpften Geiseln aus den brütendheißen Flugzeugen. Die Erleichterung für die 100 Personen war nur von kurzer Dauer. Während die drei Verkehrsflugzeuge vor surrenden Kameras in die Luft flogen, wurden sie auf Verstecke zwischen Amman und dem Norden Jordaniens verteilt. Viele hatten den schlimmsten Teil des Alptraums noch vor sich: Am 17. September brach der Bürgerkrieg aus. Die letzten Geiseln kamen erst am 29. September wieder frei. Zu diesem Zeitpunkt war der Bürgerkrieg schon fast vorüber.

Viele Geiseln hatten das Kriegsgeschehen aus allernächster Nähe miterlebt. Einige Häuser, in denen sie gefangengehalten wurden, hatten unter dem ständigen Artilleriefeuer der jordanischen Armee gelegen. Freigelassene Geiseln berichteten von einem »mörderischen Granatenbeschuß«, dem einige ihrer Bewacher zum Opfer gefallen seien. Die Behandlung durch die Guerillas sei »sehr human« gewesen, und ihre Bewacher hätten mit ihnen sogar die knappen Lebensmittel geteilt. Rabbi Abraham Harari-Raful schilderte, man habe sie »wie Freunde behandelt« und bei der Übergabe ans Rote Kreuz »zum Abschied umarmt und geküßt«.

Alle wichtigen Forderungen der PFLP wurden erfüllt. Leïla Chalid und die in der Schweiz und Westdeutschland inhaftierten Guerillas trafen Anfang Oktober unter großem Jubel in Beirut ein. Bis dahin hatte sich Jordanien in ein Schlachtfeld verwandelt. Die Schätzungen, wie viele Menschen in diesem Krieg umkamen, gehen weit auseinander. Jassir Arafat sprach während der Kämpfe von »einem Meer von Blut und 20 000 Toten und Verwundeten«. Andere Palästinensergruppen sprachen von 30 000 Toten und Verwundeten. Die tatsächliche Zahl dürfte bei 3000 gelegen haben, die meisten davon unschuldige Zivilisten.

Während der Kampfhandlungen ignorierte der Irak die ständigen Hilferufe der Palästinenser. König Husseins Investition, die beiden mit Dollars gefüllten Koffer für den irakischen Verteidigungsminister Harden el-Takriti, hatten sich gelohnt.

Als die eingeschlossenen Palästinenser den syrischen Staatspräsidenten Hafis el-Assad um Hilfe baten, erhielten sie nur halbherzige Zusagen. Assad war zu diesem Zeitpunkt selbst in einen erbitterten Kampf um die Alleinherrschaft in Syrien verwickelt. Er schickte eine Ladung Handfeuerwaffen über die Grenze und telefonierte mit Harden el-Tankriti in Bagdad. Der geschmierte Minister lehnte es ab, die 12 000 in Jordanien stationierten Iraker für die Palästinenser ins Gefecht zu schicken. Am 18. September rollten syrische Panzer über die Grenze nach Jordanien und nahmen die Stadt Irbid ein. Später behauptete Assad, er habe nicht die Absicht gehabt, gegen Jordanien, das er nicht als Feind betrachte, einen Krieg zu führen. Ziel der Aktion sei lediglich gewesen, den Palästinensern einen Rückzug in sicheres Gebiet zu ermöglichen und das Blutvergießen zu beenden. Dazu hätte Assad die Panzereinheiten allerdings durch die Luftwaffe decken lassen müssen, doch dazu konnte er sich nicht entschließen. Er setzte seine Truppen schutzlos der Gegenoffensive der Jordanier aus. Und zwei weitere Kräfte kamen ins Spiel: die Vereinigten Staaten und Israel.

Präsident Nixon und sein Sicherheitsberater Henry Kissinger vermuteten, daß die Sowjets hinter der Einmischung der Syrer steckten. Die Wahrheit sah völlig anders aus, aber damals spielte Realitätssinn in der Karriere beider Männer ohnehin keine große Rolle. König Hussein rief seine amerikanischen Freunde um Hilfe an. Wenn die USA seiner bedrängten Armee nicht beistünden, so der König zu Nixon, werde er das Undenkbare tun und Israel um Unterstützung gegen die Syrer bitten. Da der König offenbar bereit war, den heiklen Schritt zu tun und aus der Front der arabischen Länder auszuscheren, reagierten die Amerikaner sofort auf seinen Hilferuf. Innerhalb von 24 Stunden formulierten Kissinger und Jizchak Rabin, der israelische Botschafter in Washington, einen Plan, der vorsah, daß Israel die syrischen Einheiten aus der Luft und mit Panzern bekämpfen sollte. Washington versetzte seine Luftlandetruppen in höchste Alarmbereitschaft, und die amerikanische Sechste Flotte hielt mit voller Kraft Kurs aufs östliche Mittelmeer.

Wadi Haddads Luftpiraten hatten die Welt an den Rand einer Katastrophe gebracht. Wenn die USA und Israel tatsächlich einen Angriff auf Syrien unternahmen, so war angesichts der besonderen Beziehungen, die das Land damals zur Sowjetunion unterhielt, eine Konfrontation der Supermächte unvermeidlich. Als Israel auf den Golanhöhen Truppen zusammenzog und die syrischen Panzer unter Dauerbeschuß der 40. Panzerdivision und der Luftwaffe Jordaniens gerieten, stand die Situation auf des Messers Schneide. In diesem Moment befahl Assad seinen verbliebenen Panzerverbänden den Rückzug. Er hatte nicht die Absicht, sich mit Jordanien anzulegen, wenn es von Israel und den Vereinigten Staaten unterstützt wurde. Nach der syrischen Niederlage vom 23. September waren die Palästinenser in ihrem Kampf völlig auf sich gestellt.

In gewisser Hinsicht war dieser Krieg eine Neuauflage des Gemetzels, das auf die Ausrufung des Staates Israel im Jahre 1949 gefolgt war. Damals hatten die Araber mit Lee-Enfield-Karabinern aus dem Ersten Weltkrieg, mit veralteten Handgranaten und selbstgebastelten Bomben gegen die Tanks, Flugzeuge und automatischen Waffen der Juden gekämpft.
Im Jahre 1970 verfügten 32 000 Fedajin über 6000 Gewehre. Ihnen gegenüber standen die mit modernstem Kriegsgerät ausgestatteten jordanischen Streitkräfte. Doch diesmal kämpften Araber gegen Araber. Da die Palästinenser von außen keinerlei Unterstützung mehr erhielten, geschah das Unvermeidliche: Sie wurden buchstäblich abgeschlachtet.
In den Straßen von Amman lagen ihre Leichen. Die Zustände in den Flüchtlingslagern Dschebel Wahdat und Dschebel Hussein in der Hauptstadt spotteten jeder Beschreibung. Die medizinische Versorgung war völlig unzureichend. Verwundete Zivilisten verbluteten. Ähnlich sah es weiter im Norden bei den belagerten Fedajin aus, bei denen sich der Venezolaner Ilich Ramírez Sánchez aufhielt. Inzwischen wurde Israel wegen seiner symbolischen Unterstützung Jordaniens von Nixon und Kissinger in den höchsten Tönen gelobt. Einmal mehr hatte Washingtons kleiner Partner im Nahen Osten dabei geholfen, den Frieden in der Region zu erzwingen. Die Folgen hatten die Männer auszubaden, die noch immer den Krieg ausfochten.
Carlos erinnerte sich lebhaft an diese Zeit. »Anfang September wurde das Lager geschlossen. Alle erfahrenen Kämpfer, die besten Leute, wurden im Krieg gebraucht. Ich blieb mit Jugendlichen und Verwundeten zurück. Ich war wütend. Ich wußte überhaupt nichts von den Flugzeugentführungen, die Haddad plante, aber im Lager war jedem klar, daß es nur noch eine Frage der Zeit war, bis in Jordanien ein richtiger Krieg ausbrechen würde. Ich stand damals immer noch am Anfang meiner Ausbildung, wußte aber, daß die beste Schulung das Gefecht war.
Ich beschwerte mich mehrmals beim Lagerkommandanten. Nach einer Weile wurde ich mit einer kleinen Gruppe von Kämpfern dazu abkommandiert, ein unterirdisches Munitionslager in der Nähe eines kleinen Dorfes zu bewachen. Der Krieg hatte inzwischen begonnen. Es gab schwerste Gefechte in vielen Städten, in Irbid, Dscherasch, Sarka und an vielen anderen Orten. Viele unserer Kämpfer fielen. Der Lagerkommandant gab uns den Befehl, das wichtige Waffendepot bis zum letzten Mann zu verteidigen. Viele andere Gruppen zogen sich

zurück, unsere blieb. Ende September wurden wir in ein neues Trainingscamp in den Bergen verlegt. Ganz in der Nähe war der Wald von Dscherasch. Unser Stützpunkt lag zwischen dem Lager Gaza und der Stadt Burma.
Der Krieg hätte eigentlich vorbei sein sollen, aber er war es nicht. Zu der Zeit wurde ich am Bein verwundet. Wir übten in den Gefechtspausen weiter, wir waren ungefähr 60 Mann. Meine Ausbildung war im November zu Ende. Bei den Prüfungen war ich der Beste. Wir wurden in allem geprüft.«
Im November, so Carlos weiter, wurde er erneut verlegt, diesmal in ein Lager in Nordjordanien. Dort kam es erneut zu einer Begegnung mit Georges Habasch. Obwohl die PFLP mit ihren Aktionen nicht nur Jordanien, sondern viele andere Länder gegen die Palästinenser aufgebracht hatte, rückte Habasch nicht von seiner Position ab. Er glaubte noch immer fest daran, daß der Weg zum Palästinenserstaat über den Sturz einiger arabischer Regime führe, angefangen bei dem König Husseins. Nach Haddads Flugzeugentführungen war die PFLP aus dem Zentralkomitee der PLO ausgeschlossen worden. Als sich dann jedoch abzeichnete, daß der Bürgerkrieg unvermeidlich war, hatte man sie wieder aufgenommen. Es war also eine vereinte palästinensische Guerillaarmee unter Jassir Arafats Oberbefehl, die vernichtend geschlagen wurde. In dem folgenden trügerischen Frieden brachen die Unstimmigkeiten wieder auf. Daß die palästinensischen Guerillas einer totalen Vernichtung entgingen, verdankten sie weder dem Großmut Israels noch dem Gerechtigkeitssinn der Vereinigten Staaten, sondern der Autorität von Ägyptens Präsident Nasser. König Hussein war fest entschlossen, die palästinensischen Streitkräfte in seinem Land zu vernichten. Ein gewaltiges Massaker bahnte sich an. Da intervenierte Nasser. Er forderte den König auf, seinen Streitkräften Zügel anzulegen, sonst werde er es mit ägyptischen Soldaten tun. Damit erzwang die Vaterfigur der arabischen Politik den Waffenstillstand. Als Nasser am 28. September starb, drohte erneut ein Blutbad. Vor diesem Hintergrund trafen sich Habasch, Arafat und die anderen palästinensischen Führer in dem Lager, in das Carlos im November verlegt wurde.
Neben gegenseitigen Schuldzuweisungen wegen des Bürgerkriegs hatten die Männer auch viele andere Themen zu besprechen. Ägypten hatte einen neuen Präsidenten, Anwar el-Sadat. In Damaskus griff General Hafis el-Assad nach der Macht und organisierte einen Staatsstreich, den er selbst als »korrigierenden Eingriff« bezeichnete, der

im Ergebnis aber auf dasselbe hinauslief. Seine größten Rivalen landeten im Gefängnis, wo sie bis heute sitzen. In Jordanien selbst sah die von jeher trübe Zukunft der Palästinenser so trostlos aus wie der Gebirgszug, in dem sie sich versammelt hatten.

Der junge Mann aus Caracas nahm diese politisch bedeutsamen Ereignisse nur am Rande wahr. Er war damit beschäftigt, seinen eigenen Weg zu finden.

»Ich war damals beim Fatah-Kommando 201 und lebte mit einigen der besten Kämpfer der gesamten PLO zusammen. Es war Winter. Es gab heftige Schneefälle. Wir hatten keine Winterkleidung, keine Zelte und kaum zu essen. Ich erinnere mich, daß ich aufgewacht bin und mein Körper mit Läusen bedeckt war. An Silvester schob ich zwölf Stunden am Stück Wache.

Um diese Zeit entwickelte die Volksfront eine neue Kampftaktik. Kleine Guerillagruppen operierten von Basen aus, die hoch in den Bergen lagen. Ich hielt das für eine sehr schlechte Idee. Kleine Gruppen von sieben Mann sind sehr verwundbar. Die Männer können einzeln abgeknallt werden, und sie sind zahlenmäßig zu schwach, um einen Gegenangriff zu starten. Ich beschwerte mich heftig bei unserem politischen Führer. Er stimmte mir zu, konnte die anderen Führer auf den wöchentlichen Besprechungen aber nicht überzeugen.

Unser erster Stützpunkt nach Einführung der neuen Kampftaktik war eine Höhle. Damals kam ich zum erstenmal mit Beduinen in Berührung und erfuhr etwas über ihre Lebensweise. Die Frauen waren etwas Besonderes. Sie hatten ein gewisses Etwas.

Mitte Januar schickte mein Bruder Lenin ein Telex für mich an den Herausgeber der AL HADAF in Damaskus. Es wurde an mich ins Lager weitergeleitet. Mein Vater wollte die Familie in London besuchen. Er glaubte noch immer, ich würde in Europa herumreisen. Die Familie hatte Angst, mein Vater konnte Fragen stellen, bevor ich zurück sei. Ich sprach mit Georges Habasch über das Problem. Er war auch der Meinung, daß ich abreisen sollte. Um das Risiko möglichst gering zu halten, besorgte er mir einen Ausweis der PLO. Alle Frontkämpfer, die den Jordaniern in die Hände fielen, wurden sofort exekutiert. Ende Januar fuhr ich nach Beirut und flog von dort aus nach Amsterdam. In London erfuhr ich, daß meine Gruppe in Moskau verschwunden war, aber inzwischen hatte ich mich ja ganz der Sache der Palästinenser verschrieben. Ihr Kampf war jetzt auch mein Kampf. Ich war keiner mehr von denen, die nur abstrakt an die Weltrevolution glaubten. Ich hatte meinen Weg gefunden.«

Er machte eine nachdenkliche Pause. Vielleicht erinnerte er sich an verlorene Ideale. Dann lachte er plötzlich.

»An was haben Sie gedacht?«

»Ich fand meinen Weg und ›verlor‹ meinen Paß. Ich wollte nicht mit einem venezolanischen Paß voller Stempel aus dem Nahen Osten durch den englischen Zoll. Deshalb ging ich in Amsterdam zur venezolanischen Botschaft. Ich behauptete, ich hätte ihn verloren, und ließ mir einen neuen ausstellen.«

»Damit sind Sie wohl auch unbequemen Fragen ihres Vaters zuvorgekommen?«

Er lächelte erneut.

»Genau.«

Der Playboy von Knightsbridge

Ramírez hatte in London eine neue Adresse. Seine Mutter und seine Brüder waren während seiner Abwesenheit in die Walpole Street im Stadtteil Chelsea gezogen. Dort wurde er von seinem Vater José Altagracia und der übrigen Familie erwartet. José glaubte, daß sein Sohn seit dem Ausschluß aus der Patrice-Lumumba-Universität im Juli 1970 durch Europa gereist sei. Nach der ersten Wiedersehensfreude kamen die Eltern unweigerlich auf die Zukunft ihres ältesten Sohnes zu sprechen, sie überlegten, wie er seine abgebrochene akademische Ausbildung fortsetzen könne. Vladimir, ihr Jüngster, besuchte das Gymnasium St. Marylebone und spielte unter anderem in einem jüdischen Football-Team in der Maccabi-League, wo er als Isaac Ramírez bekannt war. Lenin arbeitete an der London School of Economics (LSE) auf seinen Abschluß als Ingenieur hin. Ilich sagte dem Vater, daß er das naturwissenschaftliche Studium aufgeben wolle. Er hatte in Moskau, wo seine Ausbildung jäh unterbrochen worden war, Mathematik und Chemie studiert. Schließlich reisten Vater und Sohn nach Paris. Ilich bekam einen Studienplatz an der Sorbonne angeboten, obwohl er kein Wort Französisch sprach. Da sie in der Nähe der Universität keine passende Unterkunft für ihn fanden, kehrten sie nach London zurück.

»Hatten Sie zu dieser Zeit Kontakt zur Volksfront in Paris?«

»Nein, das kam erst viel später, als ich Wadi Haddad kennenlernte. Anfang 1971 dachte ich nur daran, meinem Vater die Freude zu machen und weiterzustudieren.«

Ilich belegte einen Kurs in »International Economics« an der London School of Economics. Er hätte eigene Wege gehen können, unterwarf sich aber, zumindest ein Stück weit, immer noch den Wünschen des

Vaters – aus pragmatischen Gründen. Der Vater sorgte noch immer für die ganze Familie. Kaum war Señor Navas im Spätfrühling 1971 nach Venezuela zurückgekehrt, wandte sich Ilich wieder den Ereignissen im Nahen Osten zu. Obwohl er gerne mit seiner Mutter zu den Festen der venezolanischen Botschaft ging und sich in Londoner diplomatischen Kreisen vergnügte, war ihm doch stets bewußt, daß es im Leben Wichtigeres gab als den Cocktailtratsch der lateinamerikanischen Enklave im Westen der britischen Hauptstadt.

Gleich nach José Altagracias Abreise studierte Ilich Flugpläne und jettete im Juli über Paris nach Beirut.

Seit der zweiten Hälfte der vierziger Jahre hatte es der Libanon kontinuierlich versäumt, sich mit dem Problem der Palästinenser auseinanderzusetzen. Bis 1950 flohen 150 000 bis 200 000 Palästinenser aus ihrer Heimat in dieses schon damals durch die Machtkämpfe zwischen Christen und Moslems zerrissene Land. Viele von ihnen waren von UN-Vertretern in Flüchtlingslager in den Vororten von Tyrus, Beirut und Tripolis oder in alte Kasernen nahe Baalbek eingewiesen worden. Die Lebensbedingungen in den Camps waren haarsträubend, aber die libanesischen Behörden trösteten sich damit, daß dieser Zustand nicht lange anhalten würde. Sie gingen davon aus, daß die unliebsamen Gäste nach der endgültigen Niederlage der Israelis in ihre Heimat zurückkehren würden.

Aus den Wochen geduldigen Wartens wurden Jahrzehnte der Verzweiflung. Die meisten Palästinenser wurden als Nichtbürger eingestuft. Sie hatten keine Rechte, nur Privilegien: das Privileg, für Hungerlöhne auf dem Bau zu schuften oder mit 30 000 anderen in einem Lager wie Schatila zu hausen. Sie waren der Behördenwillkür ausgeliefert, hatten ständig Ausgangsverbot und konnten ohne Gerichtsverfahren verhört oder inhaftiert werden. Die Libanesen nennen ihre Heimat voller Stolz die »Riviera des Nahen Ostens«: Morgens könne man in den Bergen Ski fahren und nachmittags im Mittelmeer schwimmen. Es ist schwierig, einen Libanesen zu finden, der an einem Tag beiden Vergnügungen nachgegangen ist. Einen Palästinenser, der es getan hat, wird man nie finden.

Für die maronitischen Christen sind diese Entrechteten eine Bedrohung. Für die libanesischen Moslems stellen sie eine Bevölkerungsgruppe dar, die ihnen zur unumschränkten Herrschaft im Land verhelfen kann. Die gewöhnlichen palästinensischen Flüchtlinge stehen zwischen diesen beiden extremen Positionen. Doch außer ihnen gibt es noch ein gefährliches Element: die Fedajin. Anfangs war die Zahl der Palästinenser im Libanon noch gering, doch nach dem Krieg 1967 und dem Schwarzen September in Jordanien stieg sie auf nahezu 400 000 an.

Im Jahre 1971 war das Flüchtlingsproblem im Libanon bereits ein Vierteljahrhundert alt. Außerdem hatte das Land inzwischen die Hauptlast der israelischen »Vergeltungsmaßnahmen« zu tragen. Wenn palästinensische Stoßtrupps vom Südlibanon aus Ziele in Israel angriffen, so zog das jedesmal einen unverhältnismäßig harten Gegenschlag nach sich: Unter den Bomben und Raketen, die libanesische Dörfer trafen, litten Libanesen wie Palästinenser. Die libanesischen Streitkräfte waren schwach und zerstritten und entweder nicht imstande oder nicht willens, Autorität auszuüben. Als nach dem Schwarzen September massenweise Fedajin in den Libanon strömten, wurden die militärischen Übergriffe zum Alltag. Die israelische Behauptung, daß die Palästinenser erneut einen Staat im Staat geschaffen hätten, dürfte vielen nur zu bekannt vorgekommen sein.

Die palästinensische Führung geriet damit in eine Zwangslage, bei der sie ihre moralische Glaubwürdigkeit zu verlieren drohte. Israel nicht an allen Fronten zu bekämpfen hätte bedeutet, sich mit dem endgültigen Verlust der Heimat abzufinden und den Traum von einem unabhängigen Palästinenserstaat für immer zu begraben. Andererseits forderte der Kampf tödliche Vergeltungsmaßnahmen des Feindes heraus, unter denen nicht nur das eigene Volk, sondern auch das Gastland zu leiden hatte.

Und die Israelis ließen es nicht bei Vergeltungsschlägen bewenden. In den frühen siebziger Jahren gingen sie zu militärischen Maßnahmen über, die sie selbst beschönigend Präventivschläge nannten. Sie töteten und verwundeten Menschen und zerstörten ihre Häuser, nur weil sie möglicherweise Feinde waren.

Als Ilich Ramírez Sánchez im Juli 1971 nach Beirut zurückkehrte, stieg die Zahl der Palästinenser im Libanon täglich weiter an, eine Folge des Flüchtlingsstroms aus Jordanien.

Nach Nassers Tod war niemand mehr da, der den Fedajin und Husseins Streitkräften Zügel anlegen konnte.

Im April 1971 tobten in dem Gebiet, in dem Ramírez im Vorjahr stationiert gewesen war, erbitterte Schlachten. Im Juli war der Boden in den Regionen Dscherasch und Adschlun, der letzten Stellung der Fedajin, mit Blut durchtränkt. Statt sich von den Jordaniern gefangennehmen zu lassen, was Folter und Exekution bedeutet hätte, zogen es viele Palästinenser vor, zuerst ihre Familie und dann sich selbst zu tö-

ten. Andere überquerten lieber den Jordan und ergaben sich den Israelis, als den Jordaniern in die Hände zu fallen.
Der jordanische Premierminister Wasfi Tal frohlockte über die Niederlage der Palästinenser. Er sollte für seine verbalen Angriffe gegen die palästinensische Führung einen hohen Preis zahlen, wenn vorerst auch nur auf politischer Ebene.
Am 19. Juli machte der Irak die Grenze zu Jordanien dicht, wies den jordanischen Botschafter aus und verlangte den Ausschluß Jordaniens aus der Arabischen Liga. Tags darauf forderte Oberst Gaddafi »zur Rettung der palästinensischen Guerillas« eine bewaffnete Intervention arabischer Länder in Jordanien. Der ägyptische Präsident Sadat bezeichnete König Hussein in einer Rede am 23. Juli als »Schlächter der palästinensischen Widerstandsbewegung«, der für »seine Verbrechen« als Handlanger der Vereinigten Staaten »teuer bezahlen« werde. Aus Protest gegen die »Liquidierung« der Fedajin schloß Syrien am 25. Juli die Grenzen zu Jordanien. Am 29. Juli brach Algerien seine diplomatischen Beziehungen zu dem Land ab.
Die Palästinenser wurden wie Vieh abgeschlachtet, und kein arabischer Staat kam ihnen zu Hilfe. Von den 2500 Kämpfern, die von den 30 000 im Vorjahr noch übriggeblieben waren, wurden bis auf 200 alle getötet oder gefangengenommen. Viele andere waren bereits nach dem Schwarzen September in den Libanon geflohen. König Husseins 60 000 Soldaten, seine neun Infanterie- und zwei Panzerbrigaden sowie die F-104- und Hawker-Jagdbomber seiner Luftwaffe hatten die lediglich mit Kalaschnikows bewaffneten Fedajin nahezu ausgerottet. Jordanien hatte sich die Probleme mit den militanten Palästinensern vom Halse geschafft und an den Libanon und andere Länder weitergereicht.
Der Libanon war das erste Land, das die Nachwirkungen des Bürgerkriegs in Jordanien zu spüren bekam, doch er sollte nicht das einzige bleiben. Das Blutbad zog weitere nach sich. Daß die Gemäßigten innerhalb der PLO – und Arafat und seine Anhänger sind Gemäßigte – eine Terrororganisation namens Schwarzer September gründeten, erleichterte Männern wie Wadi Haddad die Arbeit. Ich weiß nicht, wie Haddad auf die Nachricht von der Gründung einer rivalisierenden Terrorgruppe durch die Fatah reagiert hat, aber vermutlich hat er gelacht und sie mit einem arabischen »je mehr, desto besser« begrüßt.
Nach der Rückkehr nach Beirut traf sich Ilich Ramírez mit Bassam Abu Scharif und sprach mit ihm über die jüngsten Ereignisse in Jordanien. Er traf erneut mit Georges Habasch zusammen, der ihn anschließend Wadi Haddad vorstellte.

Haddad war von dem jungen Venezolaner angetan. Ramírez war nicht nur ein gut ausgebildetes Mitglied der Volksfront, seine Nationalität brachte auch gewaltige Vorteile mit sich. Er kam viel leichter durch die Zollkontrollen in Europa und konnte sich in London oder Paris niederlassen, ohne sofort Verdacht zu erregen.

»Ich erfuhr, daß die Volksfront erhebliche Finanzprobleme hatte. Sie hatte damals kaum Geld. Haddad schilderte mir ausführlich seine Schwierigkeiten und schlug eine Lösung vor. Ich kehrte in der ersten Septemberwoche nach London zurück und machte mich an die Arbeit.«

»An was für eine Arbeit?«

»Ich sollte bei der Entführung eines wohlhabenden Bürgers aus einem feindlichen Staat helfen. Für die Geisel sollte ein hohes Lösegeld verlangt werden.«

»Hatten Sie es auf wohlhabende Araber oder auf Juden abgesehen?«

»Auf Araber.«

»Mit einem ›feindlichen Staat‹ ist wohl ein Land gemeint, das die Sache der Palästinenser nicht voll und ganz unterstützt hat?«

»Richtig.«

»Sind Sie aus Beirut über Paris mit einem falschen Paß zurückgekommen?«

»Ja.«

»Den hat natürlich die Volksfront beschafft?«

»Ja. Ich weiß nicht mehr, welchen ich benutzt habe. Es waren so viele seither.«

»Schildern Sie mir die geplante Entführung in Europa.«

»Ich kann Ihnen keine Einzelheiten sagen, nur soviel, daß der Plan aufgegeben wurde.«

»Warum?«

»Haddad hatte beschlossen, die nächste Operation durchzuführen.«

»Nämlich?«

»Die Ermordung des jordanischen Botschafters Said Rifai. Sie sollte im November in London stattfinden. Bis dahin beobachtete ich Rifai auf Schritt und Tritt, um bestimmte Regelmäßigkeiten in seinem Tagesablauf festzustellen. Andere Mitglieder der Volksfront stießen in London zu mir. Ich besorgte ihnen eine sichere Unterkunft.«

»Wo?«

»Im Westen von London. In der Nähe der jordanischen Botschaft in Phillimore Gardens.«

»Was glaubten Ihre Mutter und Ihr Bruder, was Sie in der Zeit taten?«

»Daß ich an der LSE studierte.«
»Sie sprachen von Said Rifais Ermordung.«
»Die Sache verzögerte sich, weil wir auf Waffen aus dem Ausland warteten.«
»Woher kamen sie?«
»Aus Frankreich.«
»Im Diplomatengepäck?«
Er schüttelte den Kopf. »Das war in Großbritannien nicht nötig. Es war immer leicht, etwas in Ihr Land zu schmuggeln. Es gab viele Möglichkeiten. Am leichtesten ging es mit Fähren aus Frankreich. Aber bei dieser Sache kam etwas Unerwartetes dazwischen. Bevor wir die Waffen bekamen, verübte der Schwarze September einen Anschlag auf Rifai. Er wurde verletzt, kam aber mit dem Leben davon.«
»Soll das heißen, daß Sie bis zum Anschlag von den Plänen der anderen nichts gewußt hatten?«
»Gar nichts. Sie unterstanden Abu Ijad, wir unterstanden Haddad.«
»Gab es keine Gespräche? Keine Kooperation? Keine gemeinsamen Aktionen?«
»Gar nichts.«
Ich schüttelte ungläubig den Kopf. Er sah den Ausdruck auf meinem Gesicht und meinte nur:
»Das war damals so: Wenn Haddad die Gelegenheit gehabt hätte, Arafat, Ijad oder einen anderen Führer der Fatah zu ermorden, dann hätte er es auch getan. Die Fatah machte die Volksfront für den Krieg in Jordanien verantwortlich.«
»Wie wollten Sie den Botschafter eigentlich beseitigen?«
»Wir wollten ihn bei sich zu Hause aufsuchen, uns mit gezogener Waffe Zugang verschaffen und ihn erschießen.«
»Wie hat der Schwarze September den Anschlag ausgeführt?«
»Wenn ich mich recht erinnere, haben sie sich auf einer Straße in Kensington postiert und mit einer Maschinenpistole auf seinen Wagen gefeuert.«
»Hat die Polizei sie erwischt?«
»Nein. Statt dessen hatten sie mich dran. Aber ich konnte mich herausreden, und sie ließen mich laufen.«
»Wie hatte die britische Polizei herausbekommen, daß Sie mit Palästinensern zu tun hatten?«
»Jemand vom Schwarzen September hat der britischen Polizei meinen richtigen Namen und meine Adresse verraten. Das haben mir jedenfalls die Beamten von der Special Branch beim Verhör gesagt.«

»Glauben Sie das?«
»Ja. Ein Kontaktmann beim französischen Geheimdienst hat es später bestätigt.«
»Hatten Sie gute Kontakte zum französischen Geheimdienst?«
»Ja. Damals, als das Attentat auf Rifai verübt wurde, noch nicht, aber später.«
»Hatten Sie Kontakte zu anderen Geheimdiensten?«
»Daß ich heute noch am Leben bin, liegt hauptsächlich daran, daß ich in vielen Ländern viele Kontakte habe.«
»Ich meine speziell Kontakte zu westlichen Geheimdiensten. Vielleicht können Sie mir ein paar Länder nennen, ohne die Namen einzelner Personen preiszugeben.«
Er zuckte die Achseln. »Frankreich, Deutschland, Italien, die Vereinigten Staaten und andere.«
»Und was ist mit den Ostblockstaaten?«
»Ostdeutschland, Rumänien, Ungarn, Tschechoslowakei. Und Jugoslawien.«
»Und was ist mit der Sowjetunion?«
»Nein, zu den Ärschen nicht. Mit denen hatte ich immer nur Ärger.«
Ich machte mir hastig Notizen und kehrte dann zum Ausgangspunkt zurück: Er hatte einen Anschlag auf den jordanischen Botschafter geplant, war dann von einer rivalisierenden Palästinensergruppe verraten und von der Special Branch verhört worden. Ich bat ihn, dort weiterzumachen.
Er erinnerte sich an sehr viele Einzelheiten. Selbst das Datum seiner Verhaftung wußte er noch: der 22. Dezember 1971, genau acht Tage nach dem Anschlag des Schwarzen September auf Rifai. Um 19.30 Uhr drangen bewaffnete Polizisten in ein Haus am Earls Court Square ein, das venezolanischen Freunden der Familie Sánchez gehörte. Sie fanden dort Lenin vor. Nachdem sie alle Räume durchsucht hatten, forderten sie Lenin auf, sie zum Haus seiner Familie in der Walpole Street 12 in Chelsea zu begleiten. Ganz offensichtlich benutzten sie Lenin als lebenden Schutzschild, falls Ilich Widerstand leisten sollte. Mit gezogenen Pistolen betraten sie das Haus durch das Kellergeschoß. Inzwischen war es fast 22.00 Uhr; die vorausgegangene Durchsuchungsaktion und das Verhör am Earls Court Square hatten also recht lange gedauert. Daß die Polizei wußte, wo Lenin wohnte, deutet darauf hin, daß er, wie sein Bruder, beschattet worden war. Laut Carlos waren an der Razzia in Chelsea drei Gruppen von Beamten in sieben Fahrzeugen beteiligt – für damalige Verhältnisse ein gewaltiges Aufgebot.

Die Polizisten schwärmten im Kellergeschoß aus und begannen mit der Durchsuchung. Sie überraschten Carlos im Obergeschoß beim Fernsehen und zeigten ihm den Durchsuchungsbefehl. Zwei Beamte verhörten ihn, die anderen stellten systematisch das Haus auf den Kopf. Sie fanden nichts. Laut Carlos war sämtliches Belastungsmaterial an einem sicheren Ort versteckt. Schließlich bedankten sie sich bei der Familie und verschwanden. Wie mir Carlos sagte, wurde er daraufhin eine Woche lang Tag und Nacht beschattet. Dann verlor die Polizei das Interesse und gab auf. Die Beamten, von denen er bei der Aktion verhört worden war, hatten ihn in fließendem Spanisch über seine politischen Aktivitäten, seine Auslandsreisen, seine Lebensverhältnisse und seine Arbeit ausgefragt. Außerdem hatten sie auf dem Kaminsims im Wohnzimmer des Hauses in Chelsea ein Beweisstück gefunden: einen falschen italienischen Paß mit einem falschen Namen, aber mit einem Foto von Carlos. Carlos hatte ihnen erklärt, er gehöre einem Freund. Damit hatten sie sich zufriedengegeben.

Bevor ich Carlos Fragen zum nächsten Lebensabschnitt stellte, wartete er mit einer weiteren Überraschung auf. Er erklärte mir, daß der Anschlag des Schwarzen September auf den jordanischen Botschafter am 15. Dezember das zweite einer ganzen Serie von geplanten Attentaten auf jordanische Staatsbürger war. Sie waren als Vergeltungsschläge für das Massaker der jordanischen Armee an den Palästinensern gedacht und sollten vor allem das Umfeld des Königs treffen. Der erste Anschlag erfolgte in Kairo. Ziel war Premierminister Wasfi Tal, jener Mann, der über das Gemetzel in den Palästinenserlagern und die Vernichtung der Fedajin in Dscherasch und Adschlun gejubelt hatte.

Am 28. November wurde Wasfi Tal beim Betreten des Sheraton-Hotels in Kairo erschossen. Vier Palästinenser wurden sofort verhaftet und unter Mordanklage gestellt. Die Verantwortung übernahm eine bisher unbekannte Organisation: der Schwarze September. Die vier Verhafteten äußerten sich zufrieden über den Erfolg ihrer Mission. Ihr Anführer, Mansur Sulajman Chalifah, erklärte, daß die Gruppe seit sechs Monaten hinter Tal hergewesen sei.

Chalifah behauptete, er habe nach den Todesschüssen von Tals Blut getrunken, und Zeugen bestätigten seine Aussage. Der barbarische Akt löste auf der ganzen Welt Entsetzen aus; eine neue Terrorgruppe hatte die internationale Bühne betreten. Dies war die gängige Version der Ereignisse. Carlos hatte eine andere.

»Ja, der Schwarze September hat den Mordanschlag geplant. Das Attentat in London sollte am gleichen Tag stattfinden, wurde dann aber anscheinend um ein paar Wochen verschoben. Was den Anschlag in Kairo angeht, so war Wasfi Tal schon tot, bevor der Schwarze September auf ihn feuerte. Er wurde von seinem eigenen Leibwächter ermordet. Seine Auftraggeber waren gewisse Leute im Königspalast in Amman, Präsident Sadat und die CIA.«

Auf die Frage, welches Interesse die Genannten am Tod des jordanischen Premierministers gehabt haben könnten, antwortete Carlos: »Tal wollte mit der PLO eine Übereinkunft unterzeichnen, die ihr die Rückkehr nach Jordanien erlaubt hätte.«

»Aber doch nicht fünf Minuten nachdem er die Vernichtung der Fedajin in Jordanien gefeiert hatte.«

»Doch. In der arabischen Welt holt man den Feind zu sich, dann ist er weniger gefährlich.«

»Können Sie beweisen, daß der Premierminister von eigenen Leuten ermordet wurde und nicht von den Mitgliedern des Schwarzen September, die auf ihn geschossen haben?«

»Bitten Sie die Ägypter um den polizeilichen Untersuchungsbericht.«

»Einfach so?«

»Sicher. Wenn der Bericht bestätigt, daß es wirklich der Schwarze September war, was haben sie dann zu verlieren?«

»Warum sollten die Ägypter und die Amerikaner bei dem Mord mitgemacht haben?«

»Sadat hatte mit Kissinger bereits heimlich Verhandlungen aufgenommen. Es hätte nicht in die Pläne der beiden gepaßt, wenn die PLO in Jordanien wieder zu einer politischen Kraft geworden wäre. Sie wollten ihre Vernichtung, nicht ihre erneute Etablierung.«

»Den Schluß würde ich nicht ziehen, aber selbst wenn ...«

Er fiel mir ins Wort, zeigte mit dem Finger auf mich und wiederholte: »Holen Sie sich den Polizeibericht.«

Es war merkwürdig, warum in einer Story mit so vielen Toten gerade dieser eine so wichtig sein sollte. Aber so war das eben mit diesem Mann: In vielerlei Hinsicht weckte er meine Neugier eher, als daß er sie befriedigte.

Wadi Haddad arbeitete sehr gewissenhaft. Er führte über alles genauestens Buch, weil er glaubte, daß Israel nur mit einem nachrichtendienstlichen System zu schlagen sei, das den Mossad an Effizienz übertraf. Der israelische Geheimdienst hatte in der Vergangenheit jede Palästinensergruppe infiltriert und würde es auch in Zukunft tun. Doch nie war es ihm geglückt, Agenten in Haddads Operationszentrum im Nahen Osten einzuschleusen. Als Ilich Ramírez Sánchez über

PFLP-Kontaktleute in Paris Haddad davon informierte, daß die Polizei seine Wohnung in der Walpole Street durchsucht hatte, fällte der Doktor eine kluge Entscheidung: Sánchez wurde auf Eis gelegt und sollte vorläufig keinen weiteren Auftrag bekommen. Das gab Haddad die Möglichkeit festzustellen, wie die Briten auf Ramírez aufmerksam geworden waren. Bis dahin war jeder weitere Einsatz ein großes Risiko. Haddads Operationen waren zu kostspielig und zu heikel, um sie durch einen übereifrigen Venezolaner zusätzlich zu gefährden. Der pragmatische Arzt, der lautlos zwischen seinen Stützpunkten in Aden, Bagdad und Beirut hin und her pendelte, dachte vor allem an Sicherheit. Ramírez war entbehrlich. Er wurde angewiesen, Verbindung zu halten, während Haddads Gruppe und der Schwarze September um Schlagzeilen wetteiferten.

So kam es, daß Ilich Ramírez Sánchez erst im Sommer 1973 wieder nach Beirut flog.

Im Jahre 1972 eskalierte der israelisch-palästinensische Konflikt. Beide Seiten beschlossen, künftig keine Rücksicht mehr auf Grenzen und Zivilisten zu nehmen. Wörter wie »Tabu« wurden aus dem Sprachschatz gestrichen.

Im Februar entführte Haddads Sektion der PFLP einen Jumbo-Jet der Lufthansa nach Aden. Unter den 170 Passagieren war Joseph Kennedy, Robert Kennedys Sohn. Die Kidnapper verlangten und bekamen fünf Millionen Dollar Lösegeld – damit waren Haddads Finanzprobleme gelöst. Ebenfalls im Februar führte Mohammed Budia, der Kopf von Wadi Haddads Ableger in Europa, mit seiner Pariser Gruppe eine Terrorkampagne auf dem europäischen Festland. Sie sprengten Öltanks in Holland in die Luft, ermordeten fünf Jordanier in Westdeutschland, beschädigten eine Ölpipeline in Hamburg und jagten in der gleichen Stadt eine Fabrik in die Luft, die mit Israel Geschäfte machte. Eine Einheit des Schwarzen September entführte eine Boeing 707 der Sabena. Die Luftpiraten zwangen den Piloten zur Landung auf dem Flughafen Lod bei Tel Aviv und verlangten die Freilassung von 371 arabischen Gefangenen. Ein israelisches Kommando stürmte das Flugzeug. Dabei kamen zwei Entführer und ein weiblicher Passagier ums Leben.

Im Mai demonstrierte Wadi Haddad mit Hilfe seiner nichtarabischen Kontakte der Welt und den Rivalen vom Schwarzen September, daß der Flughafen Lod vor Terroranschlägen nicht sicher war. Unter den Passagieren einer aus Paris und Rom kommenden Maschine der Air

France befanden sich auch drei Japaner. Sie zogen Maschinenpistolen und Handgranaten aus ihren Taschen und feuerten in die Menge der Reisenden. Die Bilanz des Anschlags: 27 Tote und 69 Verletzte. Zwei Japaner begingen Selbstmord, der dritte, Kozo Okamoto, wurde überwältigt und zu lebenslänglicher Haft verurteilt. Israel reagierte auf den Terrorakt erneut mit Angriffen auf Guerillastützpunkte im Südlibanon, und wieder starben Unschuldige. In Lod hatten die Japaner auch Pilger aus Peru erschossen. Im Südlibanon töteten die Israelis libanesische Frauen und Kinder.

Der Terror ging weiter, und die Zahl der Toten und Verwundeten kletterte in die Höhe. Aber was tat Ilich Ramírez Sánchez in dieser Zeit? Jener Mann, den man zumindest hinter einigen, wenn nicht sogar hinter allen diesen Anschlägen vermutete?

»Im Februar 1972 hatte ich alle Hände voll zu tun. Ich half meiner Mutter beim Umzug in eine neue Wohnung. Wir zogen von der Walpole Street nach Phillimore Court in die Kensington High Street. Im September gab ich in Mayfair Spanischunterricht und belegte ein Seminar an der London School of Economics. Ich arbeitete auf einen Abschluß in ›International Economics‹ hin. Außerdem fuhr ich mit dem Rest der Familie in Urlaub. Wir verbrachten die Sommerferien in Spanien.«

»Aber einen jungen Mann konnte das wohl kaum ausfüllen.«

Wieder dieses Lachen. »Ich war vollauf damit beschäftigt, mich zu amüsieren. Vergessen Sie nicht, daß es das sogenannte *swinging London* gab.«

»Woher hatten Sie das Geld? Sie waren der älteste Sohn. Hat Ihre Familie nicht erwartet, daß Sie einer Ganztagsarbeit nachgehen?«

»Damals nicht. Ich war ja noch Student. Vielleicht studierte ich nicht so fleißig, wie man es erwarten sollte, aber ich studierte. Was das Geld angeht, so sorgte mein Vater für uns. Seine monatlichen Zahlungen an die Familie waren mehr als genug. Abgesehen von den erwähnten Aktivitäten ging ich mit Lenny auf Partys und erledigte Arbeiten für meine Mutter. Sie hatte es gerne, wenn ich sie begleitete.«

»Sie wissen doch bestimmt, daß zu den vielen Aktionen, für die man Sie mitverantwortlich macht, auch der Anschlag bei den Olympischen Spielen in München im September 1972 gehört?«

»Das ist auch so ein Hirngespinst. Ich habe Ihnen ja bereits gesagt, was ich im September 1972 gemacht habe. Ich habe am Langham Secretarial College in Park Lane Spanisch unterrichtet, am LSE studiert, meiner Mutter im Haus geholfen und mich ausgiebig amüsiert.«

»Für einige ihrer palästinensischen Freunde war das Leben weniger amüsant.«
»Wen meinen Sie?«
»Ich denke vor allem an Ghassan Kanafani und Bassam Abu Scharif.«
»Ja, Ghassan und seine Nichte kamen in Beirut um. Die Israelis hatten ihm eine Bombe in den Wagen gelegt. Bassam wurde beim Öffnen einer Paketbombe schwer verletzt. Kleines Präsent aus Tel Aviv. Was ist damit?«
»Die Anschläge auf Ihre Freunde wurden im Juli 1972 verübt. Als Sie davon erfuhren, haben Sie sich da über Ihre Lage noch einmal Gedanken gemacht?«
»Inwiefern?«
»Die beiden Männer waren die ersten gewesen, die Sie auf Ihrer ersten Reise in den Nahen Osten kennengelernt hatten. Jetzt war einer tot, der andere lebensgefährlich verletzt. Als die beiden Anschläge verübt wurden, saßen Sie im sicheren London. Hielten Sie es nicht für besser, in London zu bleiben, als im Nahen Osten den Krieg anderer Leute zu führen?«
Er überlegte sich die Antwort lange. Es war die längste Gesprächspause bisher.
»Das Jahr 1972 und das darauffolgende Jahr in London waren für mich eine merkwürdige Zeit. Irgendwie unwirklich. Zum Teil fühlte ich mich noch wie ein Junge, der den Wünschen der Familie gehorchen muß. Andererseits fühlte ich mich der Sache der Palästinenser tief verbunden. Ich habe Ihnen ja bereits gesagt, daß ich meinen Weg gefunden hatte und mich für diese Menschen und ihre Sache engagieren wollte. Wenn ich vom Tod eines Freundes erfuhr, wurde ich nur noch entschlossener, ihren Kampf, der jetzt auch mein Kampf war, zu unterstützen.«
»Haben Sie damals mit jemandem über Ihre Ansichten gesprochen?«
»Manchmal. Wenn ich jemandem traute, sprach ich schon mal über den Nahen Osten und die Situation dort. Natürlich waren die meisten Leute in London damals für die Israelis und gegen die Palästinenser. Das ist jetzt anders, glaube ich.«
Während Ramírez in London sein Alltagsleben führte, ging der Krieg, der keine Grenzen mehr kannte, weiter. Und Beirut war beileibe nicht die einzige Stadt, in der er Opfer forderte. Vertreter der PLO wurden in Algier, Tunis, Paris und Rom ermordet. Israelis starben in Madrid und London. Nach dem Attentat von München durch den Schwarzen September stimmte Ministerpräsidentin Golda Meïr dem Einsatz einer

speziellen Killertruppe zu, die die elf toten Israelis von München rächen sollte. Sie schlug auf der ganzen Welt zu. Am 21. Juli 1973 tötete eines ihrer Kommandos im norwegischen Lillehammer den marokkanischen Kellner Ahmed Buchiki. Die Mossad-Killer hatten ihn mit Ali Hassan Salameh verwechselt, einem mutmaßlichen Drahtzieher des Münchner Massakers. Wieder war ein Unschuldiger gestorben.
Die einzigen Ziele, auf die Ramírez Sánchez in dieser Zeit schoß, waren die Zielscheiben in einem Schießsportclub im Londoner Westen.
Ebenfalls in dieser Zeit lernte er eine Kolumbianerin kennen, die für ihn mehr werden sollte als nur eine Partnerin, mit der er über die Lage im Nahen Osten diskutieren konnte. Maria Nydia Romero de Tobón kam dem jungen Venezolaner so nahe wie sonst niemand. Sie lernte ihn Ende 1972 in London als Ilich Ramírez Sánchez kennen und war eine der wenigen, die ein Jahr später seine heimliche Verwandlung in den Terroristen Carlos miterlebte.
Nydias Großvater war Gründungsmitglied der Liberalen Partei Kolumbiens und eng mit jenem Mann befreundet gewesen, der Ilichs Vater so sehr beeinflußt hatte: dem Revolutionär Jorge Eliecer Gaitán. Ihr Vater war erfolgreicher Geschäftsmann in Bogotá, ihr Ehemann Rechtsprofessor an zwei Universitäten und ein renommierter politischer Autor. Wie ihr Ehemann Romero Buj vertrat Nydia extreme linke Positionen, aber sie hatte keine Probleme, ihre politische Einstellung mit einer Vorliebe für das bürgerliche Leben in Einklang zu bringen.
Sie studierte an der staatlichen kolumbianischen Universität und erwarb einen Abschluß in Jura und Politologie. Zwischen 1965 und 1970 machte sie sich an den Gerichten von Bogotá durch ihr soziales Engagement und ihren Kampf für eine Reform des Arbeitsrechts einen Namen. Anfang der siebziger Jahre existierte ihre Ehe, aus der drei Söhne hervorgegangen waren, nur noch auf dem Papier. Nydia beschloß, in Europa weiterzustudieren. Ihren jüngsten Sohn Alfonso nahm sie mit. Wie Ilich zog sie ein Studium an der Sorbonne in Erwägung, entschied sich dann aber für London.
Im Jahre 1972 unterrichtete sie Spanisch an einer Schule in Walten upon Thames. Zugleich ging sie mehreren Nebentätigkeiten nach, die mit ihrer kolumbianischen Herkunft zusammenhingen, inbesondere in der Abteilung Kultur des Kolumbianischen Zentrums in London. Dort lernte sie Carlos kennen – behauptet er jedenfalls. Zu der Zeit waren sie nur zwei Lateinamerikaner im Sog einer fremden Großstadt. Sie gaben ein seltsames Paar ab, der feiste 23jährige Ramírez mit sei-

nen spießigen Blazern und Flanellhosen und die kleine 39jährige Nydia, die sich abwechselnd in die Probleme der Weltpolitik vertiefte und dann wieder unbeschwert das Leben genoß. Man hätte sie eher für Bruder und ältere Schwester gehalten als für ein frisch verliebtes Paar. Beide bekannten sich zum Maoismus, gingen aber lieber zu Feten und sangen, wenn Lenin und seine Freunde mit Gitarre, Schlagzeug, Maracás und Flöte lateinamerikanische Folklore spielten. Der Kampf, zu dem sich Ramírez berufen fühlte, war weit weg. Während er und Nydia bis tief in die Nacht diskutierten und über die Revolution theoretisierten, forderte der gnadenlose Krieg vielerorts seine Opfer. Nehmen wir nur den 21. Februar 1973. An diesem Tag kamen im Luftraum über der Wüste Sinai und in ihren Hängen im Südlibanon mindestens 166 Menschen ums Leben.
Beim Anflug auf den Kairoer Flughafen war eine libysche Boeing 727 50 Meilen von ihrer Route abgekommen und über der Wüste Sinai von israelischen Kampfflugzeugen abgeschossen worden. Der Zwischenfall kostete 106 Menschen das Leben. General Mosche Dajan gab die Schuld dem getöteten Piloten der Verkehrsmaschine, Jacques Bourges, und befand, daß eine Untersuchung nicht nötig sei und Entschädigungszahlungen an die Hinterbliebenen der Opfer nicht in Frage kämen. Er und Ministerpräsidentin Golda Meïr rechtfertigten das Vorgehen ihrer Piloten mit der Bemerkung: »Sie haben nur ihre Befehle befolgt.« Erst 24 Stunden später, als deutlich wurde, wie die Welt auf den Vorfall reagierte, signalisierte Israel seine Bereitschaft, Entschädigungen zu zahlen.
Ungefähr zur gleichen Zeit, als israelische Kampfflugzeuge eine Verkehrsmaschine abschossen, rückte Israels Armee in den Südlibanon vor und griff Stellungen palästinensischer Guerillas an – nach offizieller Darstellung Trainingscamps des Schwarzen September, in denen auch die Kamikaze-Mörder vom Flughafen Lod und die Attentäter von München ausgebildet worden waren. Hinterher gaben die Israelis bekannt, daß sie »60 Terroristen« getötet hätten. In Wahrheit hatten sie unter anderem ein Krankenhaus und ein Lebensmittellager der Vereinten Nationen angegriffen. Unter den Toten war auch eine junge Schwesternschülerin.
Der Schwarze September schlug innerhalb einer Woche zurück. Allerdings wählte er diesmal kein Ziel in Israel. Ein Kommando des Schwarzen September stürmte einen diplomatischen Empfang im Sudan, nahm mehrere Gäste gefangen und verlangte die Freilassung von Gefangenen in aller Welt. Die Namensliste, die vorgelegt wurde,

enthielt eine merkwürdige Mischung. Freigepreßt werden sollten der in Kalifornien inhaftierte Mörder Robert Kennedys, Sirhan B. Sirhan, 60 Palästinenser, die in jordanischen Zuchthäusern schmorten, und führende Mitglieder der Baader-Meinhof-Gruppe, die in westdeutschen Gefängnissen saßen. Als die acht Geiselnehmer bemerkten, daß sich der deutsche Botschafter im Sudan gar nicht unter den Geiseln befand, strichen sie die Namen der Deutschen von der Liste. Keine ihrer Forderungen wurde erfüllt. Daraufhin ermordeten sie den amerikanischen Botschafter Cleo Noel, seinen Geschäftsträger Curtis Moore und den belgischen Diplomaten Gut Eid und ergaben sich der sudanesischen Armee.

In dem tödlichen Spiel, bei dem sich Schlag und Gegenschlag abwechselten, blieben die Israelis stets im Vorteil. Ihr Geheimdienst hatte inzwischen einen Mann auf der Abschußliste, den er für den Chef des Schwarzen September in Europa hielt: Mohammed Budia. Ein Irrtum. Budia war führendes Mitglied der Haddad-Gruppe.

Im Sommer 1973 verfügte Budia über eine stattliche Anzahl internationaler Kontakte. Mit Hilfe von Wadi Haddad und anderen Kampfgefährten überzog er ganz Europa auf beiden Seiten des Eisernen Vorhangs mit einem Netz palästinensischer Stützpunkte. Und das war erst der Anfang. Von weitaus größerer Bedeutung war für die Organisation, daß Budia Kontakte zu anderen Revolutionären knüpfte. Einige kamen über Wadi Haddad und die Ausbildungscamps im Nahen Osten zustande, andere über persönliche Empfehlungen oder diskrete Hinweise. Man hat dem Lebenswerk Budias viele Namen gegeben: »das Terrornetz«, »die Carlos-Connection«, ja sogar »Rußlands letzte Geheimwaffe«, um nur einige zu nennen. Dem journalistischen Hang zur Übertreibung schienen keine Grenzen gesetzt. Immer wieder wurde dem Leser suggeriert, daß hier ein von Moskau ferngesteuertes Eliteregiment, bestehend aus anarchistischen Killern, sein Unwesen treibe. Dieser Unsinn war für Budia sicher von Vorteil.

Da waren die Basken und Bretonen, die Korsen und Nordiren. Es gab die Roten Brigaden in Italien, die Baader-Meinhof-Gruppe und die Bewegung 2. Juni in Westdeutschland, die Japanische Rote Armee und die Türkische Volksbefreiungsfront. Einige kämpften für die Unabhängigkeit ihres Landes, andere für eine bestimmte politische Richtung. Manche, die an die Weltrevolution glaubten, schreckte der Nationalismus der Palästinenser. Viele, wenn nicht sogar alle, waren davon überzeugt, daß die Welt nur mit Gewalt verändert werden könne, hatten aber durchaus unterschiedliche Vorstellungen davon, wie diese Verän-

derungen auszusehen hatten. Wenn einige selbsternannte Terrorismusexperten glauben, daß dieses Aufgebot von Anarchisten von Moskau und der Sowjetunion aus gesteuert worden sei, so sind sie völlig auf dem Holzweg.
Wadi Haddad hatte an der Weltrevolution nie das geringste Interesse. Er hatte nur ein Ziel im Visier: Israel. Es ist völlig klar, daß seine Gruppe von Zeit zu Zeit auf der Basis eines Tauschhandels mit anderen zusammenarbeitete, doch für ihn und für Männer wie Budia diente alles nur dem einen Zweck, den Palästinensern bei der Rückeroberung ihrer Heimat zu helfen. Wenn sich Mitglieder der Japanischen Roten Armee im Nahen Osten ausbilden lassen wollten, so durften sie dies gerne. Als Gegenleistung mähten sie mit Gewehren, die Budia beschafft hatte, Unschuldige auf dem Flughafen Lod nieder. Hätte es sich tatsächlich um eine von Moskau gesteuerte internationale Verschwörung gehandelt, dann hätte nach dem Massaker von Lod wohl ein ähnlicher Anschlag auf japanischem Boden erfolgen müssen, verübt von Palästinensern. Doch dazu kam es nie.
Budia besaß die Fähigkeit, diese verschiedenen internationalen Gruppen, die oft widersprüchliche Ziele verfolgten, für seine eigenen Zwecke zu benutzen. Die Unterstützung französischer Extremisten brachte Handfeuerwaffen ein. Gestohlene Pässe der Roten Brigaden ließen sich gegen eine Kalaschnikow eintauschen. Handgranaten, die deutsche Terroristen gestohlen hatten, konnten gegen Informationen über potentielle Ziele eingetauscht werden. Bei näherer Betrachtung entpuppt sich »Rußlands letzte Geheimwaffe« als eine Art internationaler Tauschhandel. Im Frühling und Frühsommer 1973 jagten die Israelis Budia lautlos durch ganz Paris. Im Juni erwischten sie ihn.
Budia verbrachte die Nacht des 27. Juni mit einer Geliebten in einem Apartment in der Rue Boinod im 18. Arrondissement. Nach Sonnenaufgang fuhr er in die Rue des Fosses-Saint-Bernard zu einem seiner sicheren Schlupfwinkel. Kurz vor 11.00 Uhr kam er wieder heraus, schloß die Tür zu seinem Wagen auf und setzte sich ans Steuer. Als er sich nach vorn beugte, um den Zündschlüssel ins Schloß zu stekken, ging unter dem Fahrersitz eine Mine hoch. Mohammed Budias Tod führte in Carlos' Leben zu einer dramatischen Wende.
»Wenn die Israelis Budia nicht getötet hätten«, erzählte er mir, »dann hätte Haddad mich wohl für immer in London Däumchen drehen lassen. Im Juli 1973 flog ich wieder nach Beirut. Zuerst verbrachte ich einige Zeit mit verschiedenen Mitgliedern der Volksfront, dann traf ich erneut mit Wadi Haddad zusammen. Ich wollte seinen Kampf un-

terstützen und meine ganze Zeit dafür einsetzen, und sagte ihm das. Er war einverstanden.
Ich schrieb meinem Vater, daß ich mein Studium abgeschlossen hätte und jetzt reisen wolle, um meine Sprachkenntnisse zu erweitern. Natürlich versprach ich, möglichst oft nach London zu kommen. Ende September, kurz vor dem Oktoberkrieg, kehrte ich nach Europa zurück.
Ich war jetzt kein Student mehr, der einen Teil seiner Zeit einer Nebenbeschäftigung widmete. Von nun an setzte ich meine ganze Zeit, meine ganze Energie und alle Talente, die ich hatte, voll für meine Arbeit ein. Das war die Geburt des richtigen Carlos.«

Kommando Budia

Als wir endlich bei den »Anfängen des echten Carlos« anlangten, waren wir schon mitten in unserem zweiten Interview. Wir schrieben den September 1985. Seit unserer ersten Begegnung hatte ich versucht, die Ergebnisse des ersten Interviews aufzuarbeiten, um für das zweite gut vorbereitet zu sein. Eins war jetzt schon klar: Selbst wenn Carlos bereit war, erneut die ganze Nacht mit mir zu reden, würde noch ein drittes und letztes Interview nötig sein.

Unser zweites Gespräch fand wieder in der Nähe von Baalbek statt, nur an einem anderen Ort. Es lieferte ein anschauliches Beispiel für die Kluft zwischen der von Carlos behaupteten »Wirklichkeit« und den, sofern man ihm glauben konnte, fantastischen Legenden, die seine Person umgaben.

»Nach dem, was ich gelesen habe, haben Sie nach Mohammed Budias Ermordung dessen gesamte Organisation in Europa übernommen.«

Er zog an seiner dicken Zigarre, nahm sie aus dem Mund und betrachtete eingehend das glimmende Ende, ab ob er in der Glut eine Antwort suche.

»Glauben Sie etwa alles, was Sie lesen?«

»Natürlich nicht.«

»Glauben Sie, ich hätte Budias Gruppe übernommen?«

»Ich habe mir dazu noch keine feste Meinung gebildet. Wenn es stimmt, dann müßte Wadi Haddad ein ausgeprochen naiver Mensch gewesen sein. Was immer man von ihm behaupten mag, aber Naivität scheint nicht zu seinen Eigenschaften gehört zu haben.«

Er nickte zustimmend.

»Gut. Aber warum wäre es naiv von ihm gewesen, wenn er mir die Leitung übertragen hätte?«

»Eigentlich sollte ich doch die Fragen stellen.«
»Bitte sehr.«
Er bedeutete mir fortzufahren.
»Als Budia im Juni 1973 ermordet wurde, waren Sie noch ein unbeschriebenes Blatt. Bei Ihrem geplanten Attentat auf den jordanischen Botschafter war Ihnen der Schwarze September zuvorgekommen. Kampferfahrung auf dem Schlachtfeld in Jordanien ist, wie mir scheint, noch keine Gewähr dafür, daß sich jemand auch für Einsätze in der Großstadt eignet. Besonders für Einsätze, wie sie Haddad vorschwebten.«
Er hatte meine Ausführungen mit einem beifälligen Nicken begleitet. Für einen Moment kam ich mir vor wie der einzige Schüler in einem Kursus für Führungskräfte.
»Und deshalb übertrug er nach der Ermordung Budias durch die Israelis Michel Moukarbel die Leitung.«
»War Moukarbel denn die Nummer zwei nach Budia gewesen?«
»Ja. Haddad sagte mir, daß Moukarbel und seine Gruppe mich nicht so ohne weiteres als vollwertiges Mitglied akzeptieren würden. Ich müßte mich erst einmal bewähren.«
»Und was schlug Haddad als Bewährungsprobe vor?«
»Ich sollte Joseph Edward Sieff ermorden.«
Er sagte das ganz gelassen. Ich kenne Menschen, die mehr Unruhe zeigen, wenn sie sich etwas zu essen bestellen. Aber wir saßen hier und sprachen über die geplante Ermordung des Präsidenten der Einzelhandelskette Marks & Spencer, der gleichzeitig, wie Carlos sich beeilte hinzuzufügen, einer der führenden Zionisten in Großbritannien war. Ich verschob die nähere Erörterung dieses Attentats auf später, denn wie so oft hatten seine vorangegangenen Bemerkungen weitere Fragen aufgeworfen.
Im Januar 1973 hatte ein palästinensisches Kommando, das nach verbreiteter Ansicht unter der Gesamtleitung Mohammed Budias gestanden haben soll, einen Anschlag auf Schloß Schönau in Österreich versucht, das Durchgangslager für emigrierte Sowjetjuden.
Am 28. September desselben Jahres stiegen zwei Palästinenser in einen Zug, der vom tschechoslowakischen Bratislava in die österreichische Grenzstadt Marchegg fuhr, und nahmen unterwegs mehrere jüdische Geiseln. Nur wenig mehr als 24 Stunden später kapitulierte die Regierung unter Bruno Kreisky. Den Palästinensern wurde ein Leichtflugzeug zur Verfügung gestellt, Schönau wurde geschlossen.
Für die Palästinenser war es ein eindrucksvoller Sieg. Kein Blut war

vergossen worden, aber sie konnten einen Propagandaerfolg größter Tragweite verbuchen. Die beiden Palästinenser hatten sich selbst als »Adler der palästinensischen Revolution« bezeichnet. Eine Gruppe solchen Namens war bisher nicht in Erscheinung getreten. Der Name sollte, wie allgemein angenommen wurde, die wahre Identität der Hintermänner kaschieren. Keine andere Gruppe bekannte sich in der Folgezeit zu der Entführung, aber einige Autoren behaupteten, es habe sich um eine Operation der Volksfront gehandelt, die zunächst von Budia und später, nach seinem Tod, von Carlos geleitet worden sei.

Nach dem, was mir Carlos bis dahin über seine Anfänge bei der Pariser Gruppe erzählt hatte, schien er an dem Unternehmen in Österreich nicht beteiligt gewesen zu sein. Ich befragte ihn zu diesen Ereignissen. Doch wieder standen seine Antworten im krassen Widerspruch zu allem, was bisher darüber geschrieben worden war.

»Wann hat die Aktion in Schönau stattgefunden?« fragte er mich.

»Sie begann am frühen Morgen des 28. September 1973.«

»Ich bin nicht vor Ende September aus Beirut zurückgekommen.«

»Wann genau?«

Er zuckte mit den Schultern.

»Um den 25. September herum. Aber ich sagte Ihnen ja bereits, daß ich mich zuerst einmal bewähren mußte, und das wollte ich mit dem Attentat auf Sieff.«

»Wurde die Operation in Schönau von Moukarbel geleitet, von Paris aus?«

»Nein. Es könnte sein, daß Moukarbel den Männern in Paris einen sicheren Unterschlupf gewährt hat, aber mehr auch nicht.«

»Wer stand dann hinter der Geiselnahme?«

»Die Syrer.«

»Die Syrer?«

»Die beiden Männer waren Mitglieder der Gruppe el-Saika. Die Terroristen, die beim ersten Versuch im Januar gescheitert waren, gehörten ebenfalls zu dieser Gruppe, nicht zur Volksfront.«

»Dieser erste Versuch ist dem Schwarzen September zugeschrieben worden und somit auch Budia. Später, als die Täter vor Gericht standen, behaupteten die Österreicher, daß sie Mitglieder der el-Saika gewesen seien, aber ...«

»Sie gehörten zur el-Saika, wie auch die Genossen, die schließlich Erfolg hatten. Alles lief nach Plan.«

»Ja, ich weiß. Das Lager wurde geschlossen.«

»Das war nur ein Teilaspekt. Der Anschlag sorgte weltweit für Schlagzeilen. Israels Freunde protestierten, und Golda Meïr geriet genau zum richtigen Zeitpunkt in Rage. Erst ging sie in die Luft, dann nach Wien.« Er gluckste bei seinem Scherz. Offenbar erinnerte er sich gern an diese Ereignisse.

»Sie müssen sich das vorstellen: Die Araber stehen kurz davor, den Oktoberkrieg gegen Israel zu beginnen, und bringen die Ministerpräsidentin dazu, nach Österreich zu fliegen und Kreisky eine Szene zu machen. Ein paar Tage vor dem Krieg schaffen es zwei syrische Palästinenser mit links, die ganze israelische Nation abzulenken.«

Fast bedauerte ich, ihn in seiner guten Laune zu stören.

»Aber die Araber haben den Krieg doch verloren.«

»Nein! Die Ägypter und Amerikaner haben den Arabern den sicheren Sieg gestohlen.«

Das war ein interessanter Standpunkt für eine Debatte, aber die Zeit drängte.

»Sie wollten mir über Ihr erstes Attentat auf Joseph Edward Sieff berichten.«

»Moukarbel hat mir nur ein alte Pistole und fünf Patronen gegeben. Er behauptete, daß die französischen Sicherheitsorgane bei dem Einsatz gegen die Türken in Paris alle anderen Waffen sichergestellt hätten.«

Ich bat Carlos um nähere Erläuterungen.

»Die THKO [Türkische Volksbefreiungsarmee] plante eine größere Operation. Michel Moukarbel hatte ihnen ein ganzes Arsenal an Waffen und Geräten überlassen – Granaten, Schußwaffen, Sender und Empfänger. Mir gab er in Paris nur eine alte Beretta und fünf Schuß Munition.«

»Was für einen Anschlag bereiteten die Türken denn vor?«

»Sie wollten Henry Kissinger ermorden.«

»Aus welchem Grund?«

»Sie scherzen wohl.«

»Überhaupt nicht. Wer 1973 den Außenminister der Vereinigten Staaten beseitigen wollte, konnte dafür die unterschiedlichsten Motive haben. Ob sie gerechtfertigt waren, ist wieder eine ganz andere Frage.«

»Kissinger und Sadat trugen die Hauptschuld daran, daß die Araber den Krieg nicht gewonnen hatten. Nach dem Krieg bemühte sich Kissinger aktiv um Friedensverhandlungen. Egal, was bei diesen Gesprächen herauskam, im Interesse der Araber würde es mit Sicherheit nicht liegen.«

»Und aus welchem Grund wollten die Türken ihn beseitigen?«

»Sie wollten die amerikanische Vorherrschaft in ihrem Land brechen. Das war ihr Motiv. Und deswegen waren wir ihnen auch behilflich.«
Henry Kissinger flog nach Europa zu Nahost-Friedensgesprächen. Die türkische Untergrundgruppe hatte erfahren, daß er nach Paris und Genf kommen wollte. Sie plante daher, ihn in einer der beiden Städte mit Maschinenpistolen und Granaten anzugreifen. Die Gruppe wußte nicht, daß sie unterwandert worden war. Der französische Geheimdienst kannte die türkischen Pläne.
Am 20. Dezember 1973 stürmte eine Einheit der französischen DST eine Villa in Villiers-sur-Marne nahe Paris. Die Beamten verhafteten zehn Mitglieder der THKO und stellten ein umfangreiches Arsenal an Waffen und Geräten sicher.
Zum Zeitpunkt, als die DST die Villa aushob, war Carlos in London und observierte Edward Sieff, das von Haddad auserkorene Opfer.
Die Familie Sieff fühlte sich aus langer Tradition nicht nur Israel, sondern auch den Zielen des Zionismus verpflichtet. Edward Sieff war Vizepräsident der zionistischen Vereinigung Großbritanniens. Über Jahrzehnte hinweg hatte seine Familie mehrere Millionen Pfund für die Sache des Zionismus gestiftet.
Carlos schloß seine weitschweifigen Ausführungen über die Familie Sieff mit der Bemerkung: »Sie müssen nämlich wissen, daß ich nie Antisemit gewesen bin. Antizionist, ja. Aber kein Antisemit.«
»Ich dachte schon, Sie würden jetzt sagen, daß einige Ihrer besten Freunde Juden sind.«
Er deutete auf seine Adlernase. »Ich bin oft in meinem Leben für einen Juden gehalten worden.«
Die Ironie meiner Bemerkung war ihm entgangen.
»Wo haben Sie damals in London gewohnt?«
»An drei Orten. Bei meiner Familie am Phillimore Court und in den Wohnungen von Nydia und Angela.«
Angela war Maria Angeles Otaola Baranca, eine junge Baskin, die ihren Namen zu Angela Otaola verkürzt hatte, nachdem sie Anfang der siebziger Jahre nach England gekommen war. Die schlanke dunkelhaarige Angela hatte einen ausgeprägten Sinn für Humor. Sie war nach England gezogen, um ihre Sprachkenntnisse zu verbessern und etwas im *swinging London* zu erleben. Der Venezolaner war in beiderlei Hinsicht der passende Partner. Carlos erzählte mir, er habe sie erst kurz vor dem Anschlag auf Sieff kennengelernt. Aus der Bekanntschaft wurde bald eine Liebesaffäre. Angela hatte in der Hereford

Street im Londoner Westen eine kleine Wohnung, die der Venezolaner in mehrfacher Hinsicht nutzte.

»Meine Familie war zu der Zeit nicht in London, so daß mir die Wohnung am Phillimore Court allein zur Verfügung stand. Die Beretta und die Munition versteckte ich bei Angela. In der Woche nach Weihnachten 1973 war ich soweit. Da ich nur so wenig Munition besaß, konnte ich die Waffe nicht ausprobieren. Ich hatte mir das Auge mit Zielübungen in meinem Schießsportclub geschärft. Ich fuhr im Auto meiner Familie in den Norden Londons, wo Sieff wohnte. Mir war klar, daß ich schlechte Karten hatte. Keinen Fahrer. Keine Granaten. Nur eine Pistole und fünf Schuß Munition.«

»Dafür hatten Sie das Überraschungsmoment auf Ihrer Seite. Und Ihr Mann war unbewaffnet.«

»Das Überraschungsmoment schon, aber ich wußte nicht, ob er bewaffnet war oder bewaffnete Leibwächter hatte. Ich hatte vorher das Haus observiert und keine Sicherungsanlagen entdeckt, aber es hätten Wächter im Haus sein können. Damals erhielten Zionisten von der britischen Polizei oft Personenschutz. Ich läutete kurz vor 19 Uhr an Sieffs Tür. Auf der Straße war alles ruhig. Sein Butler öffnete, ich richtete die Waffe auf ihn und sagte: ›Führen Sie mich zum Hausherrn.‹ Oben auf der Treppe ging eine Tür auf. Eine Frau. Kaum hatte sie mich gesehen, warf sie die Tür wieder zu. Ich mußte schnell handeln. Sieff war im Badezimmer. Der Butler klopfte. Als Sieff öffnete, schob ich den Butler zur Seite. Der Lauf meiner Pistole berührte fast Sieffs Gesicht, als ich abdrückte. Der Schuß traf ihn genau unter der Nase. Ich wollte noch zweimal feuern, aber die Pistole hatte Ladehemmung. Drei Schüsse hätten ihn mit Sicherheit getötet. Dann hörte ich jemanden telefonieren. Ich mußte schnell weg. Ich rannte die Treppe runter und dann nach draußen. Das Auto hatte ich genau gegenüber geparkt. Ich fuhr in den Regent's Park und hielt an. Bei dem Anschlag hatte ich Hut und Mantel getragen. Ich legte die Sachen ab und warf sie auf den Rücksitz des Autos. Dann fuhr ich nach Hause.«

»Zum Phillimore Court?«

»Nein, zuerst fuhr ich zu Angela und versteckte bei ihr die Waffe. Dann fuhr ich zum Phillimore Court.«

»Wie fühlten Sie sich während des Anschlags?«

»Die Gedanken überschlugen sich in meinem Kopf. Ich war sehr aufgeregt. Als ich das Auto gegenüber Sieffs Haus abgestellt hatte, war keine Zeit mehr für Gefühle, jetzt mußte gehandelt werden. Alles ging sehr schnell. In einer Minute war alles vorüber. Danach empfand ich nur Ärger.«

»Ärger?«

»Ja. Hätte mir Moukarbel die Waffen gegeben, um die ich ihn gebeten hatte, dann hätte Sieff den Anschlag nicht überlebt. Sie wissen doch, daß er überlebt hat?«

»Ja. Es hieß, er habe wie durch ein Wunder überlebt. Anscheinend ist das Geschoß von seinen Zähnen abgelenkt worden.«

Carlos schnaubte verächtlich. »Es ist unglaublich, daß er überlebt hat, auch wenn ich nur einen Schuß abgeben konnte.«

Mit einemmal holte Carlos eine Pistole hervor. Sie lag in seiner Hand, der Lauf zeigte auf mich.

»Das ist eine Makarow. Wenn ich an dem Abend eine solche Waffe gehabt hätte, wäre Sieff jetzt tot.«

»Er ist tot. Er ist 1982 gestorben.«

Seine Reaktion auf meine Bemerkung erstaunte mich. Er wußte sehr viel über Edward Sieff, aber die Nachricht von Sieffs Tod war offensichtlich eine Neuigkeit für ihn. Ein Lächeln erschien auf seinem Gesicht. Er legte die Waffe auf den Tisch zwischen uns, sprang auf und rief etwas auf arabisch. Dann ging er zur Tür, öffnete sie und rief aufgeregt in den Flur hinaus. Ein arabischer Diener erschien und verschwand sofort wieder. Nach und nach fanden sich die Männer ein, die ich bei meiner Ankunft hier vorgefunden hatte. Die ganze Zeit über konnte ich den Blick nicht von der Waffe auf dem Tisch lassen.

Offenbar erzählte Carlos seinen Genossen die Neuigkeit, die er gerade von mir erfahren hatte. Der Diener kam zurück und brachte ein Tablett mit Gläsern und einer Flasche Champagner. Mittlerweile hatte sich der Raum gefüllt. Die Flasche wurde entkorkt, jedem wurde eingeschenkt. Carlos brachte einen Trinkspruch aus, und die Versammlung trank auf das, was er auf arabisch gesagt hatte. Einer drehte sich um und sah mich an. Ich saß immer noch auf dem Platz, wo ich von Anfang an gesessen hatte. Der Mann trat auf mich zu und sagte mit stark arabischem Akzent:

»Warum trinken Sie nicht?«

Ich bekam eine fürchterliche Wut. Ich nahm meine Brille ab, legte sie neben die Makarow und stand auf. Nicht ohne Mühe nahm ich mich zusammen und sagte:

»Erstens trinke ich keinen Alkohol, und zweitens verspüre ich keine Neigung, mich Ihrer Privatparty anzuschließen.«

Während der Mann noch über den Sinn meiner Worte grübelte, kam Carlos zu ihm herüber und sagte:
»Du hast doch gehört, er trinkt nicht.«
Dann, zu mir gewandt:
»Es wird nicht lange dauern. Sie haben mir so gute Nachrichten gebracht, das muß gefeiert werden. Ein Zionist weniger auf der Welt ist immer ein Grund zum Feiern.«
»Ihre Pistole. Sie haben Ihre Pistole vergessen.«
Er nickte und nahm sie vom Tisch. Als er das Jackett seines grauen Anzugs öffnete, sah ich zum erstenmal das Holster, das er über der Schulter trug. Einen Augenblick später waren Pistole und Holster verschwunden, und das Jackett wurde über einem runden Schmerbauch zugeknöpft.
Schließlich ließ Carlos das Zimmer räumen und setzte sich wieder.
»Entschuldigen Sie bitte die Unterbrechung unseres Gesprächs. Aber ich mußte die gute Nachricht mit meinen Genossen feiern. Im Januar 1974 plante ich einen zweiten Anschlag auf Sieff. Ich hatte mittlerweile von Michel Moukarbel alles bekommen, was ich brauchte – zuverlässige Waffen und vieles andere mehr –, aber Sieff war mit seiner Familie auf die Bermudas gereist. Als er zurückkehrte, war ich mit der Vorbereitung neuer Operationen beschäftigt.«
»Haddads Reaktion auf den Anschlag auf Edward Sieff war demnach positiv für Sie ausgefallen?«
»Ja, er war sehr zufrieden. Die Volksfront in Beirut bekannte sich zu dem Anschlag. Das war so verabredet worden. Es lenkte die Aufmerksamkeit von dem ab, was ich und andere im Auftrag von Wadi Haddad taten.«
Im Auftrag von Wadi Haddad. Sicherlich nicht im Auftrag von Dr. Georges Habaschs Flügel der Volksfront. Habasch hatte im Jahr 1972 mit Haddad gebrochen. Die ständigen Flugzeugentführungen, besonders wenn es dabei nur um Geld ging, paßten nicht zu Habaschs revolutionärer Philosophie. Die Gewalttätigkeit und die Art des Terrors, die Haddad praktizierte, hatten zum Bruch zwischen den beiden Doktoren der Medizin geführt. Es ist bezeichnend, daß Carlos in Haddads Gruppe blieb: Er verlor allmählich den Glauben an die revolutionären Ideale seiner Jugend. Seine Ziele und Ambitionen wurden immer verschwommener.
»Was taten Sie dann?«
»Zu den Dingen, die ich im Januar 1974 aus Paris mitbrachte, gehörten auch einige Sender und eine Menge Plastiksprengstoff.«

»Sind Sie im Umgang mit Plastiksprengstoff ausgebildet worden?«
»Ja, im Nahen Osten. Dort gab es Granaten mit Plastiksprengstoff.«
»Waren Ihre Mutter und Ihre Brüder inzwischen aus den Weihnachtsferien zurückgekommen?«
»Ja, aber die Waffen und anderes Gerät verwahrte ich in einer meiner geheimen Wohnungen.«
»Was verstehen Sie darunter genau?«
»Die Wohnungen von Angela oder Nydia. Später kamen natürlich noch weitere hinzu. Für die Meldebehörde wohnte ich in meiner Londoner Zeit bei meiner Mutter.«
»Wieviel wußten die beiden jungen Frauen von Ihren Aktivitäten?«
»Sie wußten einiges. Nydia mehr als Angela. Tatsächlich war Nydia ein tüchtiges Mitglied unserer Gruppe. Vor dem Anschlag auf Sieff nahm ich sie mit nach Paris und stellte sie Moukarbel vor. Sie war bereit, uns jede Unterstützung zu geben, um die wir sie baten. Es ist schon nützlich, wenn man in einer fremden Stadt mehrere Frauen hat.«
»Dieser Ansicht war wohl auch Mohammed Budia.«
Er nickte.
»Das nächste Ziel war eine zionistische Bank in der Londoner City, die Bank Hapoalim. Das war gegen Ende Januar 1974.«
»Wer hatte sie ausgewählt?«
»Ich hatte sie vorgeschlagen, und Wadi Haddad stimmte zu. Er gab Michel Bescheid, und der wiederum informierte mich. Ich legte nur eine Plastikgranate in einen Karton, öffnete die Türen der Bank und warf das Paket in Richtung Kassenschalter. Die Tür schwang aber zurück und traf meinen Arm genau in dem Augenblick, als ich das Paket warf. Es wurde vom Ziel abgelenkt. Die Bombe schlitterte auf dem Boden entlang, ehe sie explodierte. Niemand wurde getötet, aber ein Teil der Bank beschädigt. Die Zeitungen und das Fernsehen berichteten ausführlich darüber.«
So hätte ein Schauspieler über die Kritiken zu seiner letzten Vorstellung reden können.
»Hatten Sie denn keine Angst, daß man Sie am hellichten Tag in der City schnappen könnte?«
»Nein. Bei Einsätzen bin ich schnell. [Er klopfte mit der flachen Hand auf seinen Bauch.] Damals war ich schlanker und besser in Form. Außerdem hatte ich das Auto vor der Bank geparkt. Im Auto hatte ich das Funkgerät. Als ich nach dem Anschlag zurück nach Kensington fuhr, hörte ich den Polizeifunk ab. Ich war über alle Schritte der Polizei im Bilde.«

»Sie hatten nun zwei Anschläge verübt. Beide Male wurden Sie gesehen. Bei der Fahndung wurde eine Beschreibung von Ihnen herausgegeben, die genau Ihrem damaligen Aussehen entsprach. Hat Sie das denn gar nicht beunruhigt?«
»Überhaupt nicht. Die Polizei erklärte, sie fahnde nach einem Araber. Sehen Sie, als die Polizei mich 1971 zu Hause in Chelsea verhörte, fand sie einen falschen Paß, und trotzdem unternahm sie nichts. Und jetzt suchte sie einen Araber. Es war offensichtlich, daß die Polizei zwischen meinem Verhör von 1971 und den Anschlägen auf Sieff und die Bank keinen Zusammenhang sah.«
»Wie hätten Sie reagiert, wenn einer der Bankangestellten schwer verletzt oder getötet worden wäre?«
Er zuckte nur mit den Schultern. »Wer in einer zionistischen Bank arbeitet, muß dieses Risiko in Kauf nehmen.«
»Einfach so?«
»Ja. Der Krieg gegen die Zionisten darf nicht auf Israel begrenzt bleiben. Israel wird kräftig von Zionisten unterstützt, die nicht im Traum daran denken, dort zu leben. Auf die Art kaufen sie sich von ihrer Schuld los.«
Nachdem Carlos gezeigt hatte, daß er kein Mann von Schuldgefühlen ist, fuhr er mit seiner Erzählung fort. Er sei Anfang Februar nach Beirut geflogen. Dort habe sich Michel Moukarbel zu ihm gesellt, und gemeinsam mit Haddad hätten sie über die nächste Kampagne diskutiert.
Im Libanon stießen auch Mitglieder der Japanischen Roten Armee (JRA) zu ihnen. Sie hatten gerade einen erfolgreichen Anschlag auf die Raffinerien der Ölgesellschaft Shell in Singapur verübt. Nach Wadi Haddads Ansicht würden solche Operationen – die Japaner hatten 15 Öltanks in die Luft gejagt – die Angst im Westen noch verstärken, wenn man sie als gemeinsame Anschläge der PFLP und der JRA ausgab. In Wahrheit, so erläuterte Carlos, hatten die Japaner nicht vor Anfang 1972 als assoziierte Kampfgruppe fungiert. Von diesem Zeitpunkt an waren sie Haddads Flügel der Volksfront untergeordnet. Je mehr Leute aus unterschiedlichen Ländern zu seiner Verfügung standen, desto leichter wurde es für ihn, sein Operationsfeld auszudehnen.
Moukarbel erhielt seine neuen Ziele – drei Pariser Zeitungen, die prononciert für Israel eintraten. Diesmal sollte sich die Pariser Gruppe unter dem neuen Namen Kommando Budia zu den Anschlägen bekennen.
Für diese Anschläge erweiterte Moukarbel die Gruppe um Männer

und Frauen, die bereits in Paris lebten. Alle kamen vom äußersten linken Flügel. Unter ihnen waren auch einige politisch heimatlos gewordene Korsen, Algerier und Franzosen, die sich, ohne die nationalistischen Bestrebungen ihrer Genossen zu teilen, doch so bedingungslos in der Nahostfrage engagierten, daß sie keine Bedenken hatten, gegen die Gesetze zu verstoßen.
Die Ziele waren die Redaktionsbüros der Monatszeitschrift L'ARCHE, der Wochenzeitschrift MINUTE und der Tageszeitung L'AURORE. Die französischen Genossen, die bei dieser Anschlagserie mitmachen wollten, fragten, ob man nicht auch den ORTF, den staatlichen Rundfunk, in die Liste aufnehmen könne. Moukarbel war einverstanden.
Carlos mußte sich ranhalten. Wie bei einem Jongleur, der mit der einfachen Übung beginnt, zwei Objekte in der Luft zu halten, und deren Zahl dann langsam steigert, so wuchsen die Ansprüche an seine Fertigkeiten. Als er im März 1974 mit Moukarbel von den Besprechungen in Aden und Beirut zurückkam, war er der Meinung, daß er sich das Recht verdient habe, selbst die Operation in Paris zu leiten. Das ging aus seinen Bemerkungen klar hervor.
Ebenso klar war aber auch, daß Haddad, Moukarbel und andere diese Einschätzung nicht teilten. Ein mißlungenes Attentat, gefolgt von einem dilettantischen Bombenanschlag auf eine Bank waren in Wadi Haddads Augen kein Grund, Carlos in das höchste Gremium der terroristischen Aktion zu befördern. Dies war ein Punkt in seiner Beziehung zu Moukarbel, der ständig für Reibereien sorgen und letztendlich fatale Folgen haben sollte.
Nach einer Führungsaufgabe zu streben war nur eines der Probleme, die Carlos beschäftigten. Es gab genug andere: Er mußte die Anschlagserie in Paris planen, dafür sorgen, daß Waffen und Sprengstoff nach Paris beziehungsweise nach London geschafft wurden, und nebenbei noch eine wachsende Zahl von Geliebten halbwegs bei Laune halten. Obendrein tauchte im April noch ein weiteres Problem auf. Sein Vater José war von Caracas nach London gekommen. Von seiner Mutter vorgewarnt, rief er pflichtschuldigst in der Wohnung am Phillimore Court an und tat sehr überrascht, als sich sein Vater am anderen Ende der Leitung meldete.
Er flog sogleich nach London und spielte zwei Wochen lang den folgsamen Sohn. Ich befragte ihn hierüber genauer. Er versicherte mir, daß sein Vater erst im Juli 1975 die Wahrheit erfahren habe, zu einem Zeitpunkt, als schon die ganze Welt Bescheid wußte. Sein Bruder Lenin und seine Mutter Elba hätten nur gewußt, daß er nach seiner Re-

legation von der Patrice-Lumumba-Universität in den Nahen Osten gegangen war, sonst aber nichts.
Kaum saß sein Vater wieder im Flugzeug nach Venezuela, da eilte Carlos zurück nach Paris, um sich um seine anderen Probleme zu kümmern.
Im Juli schmuggelte ein japanisches Mitglied der Haddad-Gruppe, Takamoto Takahashi, ein ganzes Waffenarsenal durch den französischen Zoll. Moukarbel und Carlos machten sich an die Arbeit. Ein Teil davon wurde nach Genf verschoben. Noch mehr Waffen wurden in der Galerie Lignel deponiert, einer Kunstgalerie in der vornehmen Rue de Verneuil. Der Besitzer der Galerie war Jean-Charles Lignel, ein in Algier geborener Franzose und Sohn einer wohlhabenden und politisch einflußreichen Lyoner Familie. Er wußte nicht, daß der Geschäftsführer Mitglied des Kommandos Budia war. Wie Carlos verfügte auch er über viele Namen und viele Nationalitäten. Sein eigentlicher Name ist Antonio Expedito Carvalho Pereira, ein gebürtiger Brasilianer.
Allmählich nahm der Plan für die Bombenanschläge in Paris Gestalt an. Stück für Stück wurden die verschiedenen Elemente zusammengesetzt. Moukarbel verfügte, daß die Anschläge am 3. August 1974 stattfinden sollten.
Nur wenige Tage vor dem geplanten Einsatz sah sich das Kommando Budia einem weiteren Problem gegenüber. Am Abend des 26. Juli traf ein weiteres Mitglied der Haddad-Gruppe aus Beirut kommend auf dem Flughafen Orly ein. Der erste Fehler des Mannes, der später als Suzuki Furuya bekannt wurde, bestand darin, direkt aus Beirut einzureisen. Jahrelang hatte es Haddad seinen Leuten zur strengen Regel gemacht, niemals direkt aus Beirut in das jeweilige Bestimmungsland einzureisen. Jeder, erst recht jemand, der solchen Aktivitäten nachging wie die Mitglieder der Volksfront, wurde bei der Einreise aus Beirut eingehend kontrolliert und befragt. Entweder war Furuya sehr töricht oder arrogant, oder aber beides.
Ein Japaner, der aus Beirut kam und nur Handgepäck hatte, lud nachgerade zu einem Verhör ein. Und so geschah es auch. Als der Mann am Zoll seinen chromverzierten schwarzen Aktenkoffer öffnen mußte, bot sich dem Zöllner ein Blick wie in Aladins Schatzhöhle. Der Japaner hieß mit richtigem Namen Yoshiaki Yamada. An der nachfolgenden Verwirrung über seine wahre Identität war der Inhalt seines Koffers schuld. Obenauf lag ein amerikanischer Paß, der ihn als Furuya auswies, daneben ein taiwanesischer Paß, der auf den Namen Suzuki lautete; schließlich gab es einen dritten Paß, diesmal einen japanischen, der wieder auf den Namen Furuya ausgestellt war. Nach eingehender

Untersuchung entdeckte der Beamte in einem doppelten Boden des Koffers ein Geheimfach mit 10 000 Dollar. Die Banknoten waren ebenso gefälscht wie die Pässe. Yamada trug in dem Koffer mehrere verschlüsselte und auf Reispapier geschriebene Nachrichten bei sich. Eine dieser Nachrichten, die von dem japanischen Botschafter in Paris entschlüsselt wurde, lautete: »Kleines Fräulein Vollmond. Ich verzehre mich vor Sehnsucht nach Dir. Laß mich Deinen schönen Leib umarmen. Dein Dir in Liebe ergebener Sklave Suzuki!«
Yamadas Verhaftung wurde einige Tage lang geheimgehalten. Der französische Geheimdienst fand heraus, daß das »Kleine Fräulein Vollmond« Mariko Yamamoto hieß und in einem japanischen Laden in der Avenue de l'Opéra als Verkäuferin arbeitete. Allerdings war sie nicht nur Verkäuferin, sondern auch Mitglied der Japanischen Roten Armee. Sie fungierte vor allem als eine Art Briefkasten für Mitglieder der JRA, die mit anderen Personen von Haddads Pariser Gruppe Kontakt aufnehmen wollten.
Die DST observierte ihren Arbeitsplatz und ihre Wohnung. Innerhalb einer Woche wurden zehn Mitglieder der Roten Armee verhaftet. Zwei wurden wenig später wieder freigelassen. Sie hatten die französischen Sicherheitsbeamten davon überzeugen können, daß sie die Leute, in deren Wohnungen Treffen stattfanden, für Kunststudenten gehalten hätten.
Die französischen Behörden fragten die übrigen acht, wohin sie gern ausreisen würden. Der Leiter der JRA in Paris, Takamoto, der vorher genug Waffen und Munition durch den französischen Zoll geschmuggelt hatte, um einen kleinen Krieg zu führen, sagte, daß sein eigentliches Ziel zwar Polen sei, daß er aber nach Amsterdam ausgeflogen werden wolle. Einige Wochen später sollten sich Takamotos Wünsche als ausgesprochen peinlich für den französischen Geheimdienst erweisen. Die DST verkündete, sie habe alle Mitglieder der JRA in Paris verhaftet. Das muß eine erfreuliche Nachricht für die 23 Mitglieder gewesen sein, die von Moukarbel und Carlos in Paris versteckt gehalten wurden. Während der gesamten folgenden Ereignisse blieb der französische Geheimdienst ohne Kenntnis der Verbindungen, die zwischen der Japanischen Roten Armee und der Volksfront bestanden. Letztere hatten mit dem Countdown für ihre Anschlagserie begonnen.
Wie zu lesen war, sollen Haddads Leute bei dieser Operation gestohlene Autos verwendet haben. Ich fragte Carlos danach.
»Die vier Autos waren bei einer Pariser Autovermietung ordnungsgemäß gemietet. Wir nahmen zwei Estafette-Lieferwagen und zwei Re-

nault-Pkw. Ich habe sie selber gemietet und dazu einen gefälschten italienischen Führerschein vorgelegt. Gezahlt habe ich mit einem Postscheck.«

»Und wie wird aus einer Estafette oder einem Renault eine Bombe?«

»Man braucht nichts weiter als eine Flasche Campinggas, ein Kilo Sprengstoff und einen Wecker. Kurz bevor man den Wagen verläßt, muß man die Gasflasche aufdrehen. Das Gas breitet sich in dem Wagen aus, der vorher selbstverständlich sorgfältig abgedichtet werden muß. Zum geeigneten Zeitpunkt – in unserem Fall war das zwei Uhr morgens – löst der Wecker die Explosion aus und wumm! Wir hatten den Zeitpunkt mit Bedacht gewählt. Wir wollten sicher sein, daß alle Arbeiter die Gebäude verlassen hatten. Wir wollten nicht, daß ein Arbeiter zu Schaden kommt.«

»Bei Ihrem Bombenanschlag auf die Londoner Bank waren Sie noch anderer Meinung gewesen.«

»Nicht ich. Moukarbel war anderer Meinung. Die Wahl des Zeitpunkts in Paris hatte er getroffen.«

»Waren Sie damit einverstanden?«

»Ja. Während der Arbeitszeit mitten in Paris vier Autobomben vor solchen Gebäuden zu plazieren, besonders vor der gutbewachten staatlichen Fernsehanstalt, wäre für uns sehr gefährlich gewesen.«

»Es wäre auch für jeden vorüberkommenden Fußgänger sehr unbekömmlich gewesen.«

»Das Auto, das wir vor der Fernsehanstalt geparkt hatten, ging nicht in die Luft. Der Wecker blieb stehen. Die anderen drei waren ein voller Erfolg. Die Anschläge machten enormen Eindruck.«

»Ja, das sicherlich, aber sie hätten auch Passanten das Leben kosten können.«

»Und wie viele Menschen hätten umkommen können, als die Israelis um elf Uhr vormittags Mohammed Budia in die Luft sprengten?«

Wir gingen nun auf die Probleme ein, die sich aus der Verhaftung des sorglosen japanischen Kuriers Yamada ergaben. Das Kommando Budia war entschlossen, ihn freizubekommen. Wadi Haddad ließ wissen, daß die Befreiung Yamadas von größter Wichtigkeit sei. Außerdem gab er grünes Licht für zwei Anschläge, die Moukarbel in Deutschland plante, einen auf eine Fabrik in Mannheim, den anderen auf das staatliche israelische Reisebüro in Frankfurt. Beide Anschläge wurden in der letzten Augustwoche zu nächtlicher Stunde von Mitgliedern der deutschen Revolutionären Zellen verübt, die mit dem Kommando Budia in Paris kooperierten.

Unterdessen sann Carlos über das Problem nach, wie Yamada zu befreien sei. Er sollte die Operation leiten, wie zuvor schon die Anschläge mit den Autobomben. Der Student des Terrors erklomm rasch die Stufen zur Meisterschaft, doch wie tüchtig er sich auch in Disziplinen wie Schrecken verbreiten, Töten oder Verstümmeln erwies, solange Moukarbel noch am Leben war, würde er nie die Leitung des Kommandos Budia bekommen. Und da nach einer anderen strengen Regel Haddads der Gruppenleiter nie selbst an einer Operation teilnehmen durfte, war es mehr als wahrscheinlich, daß Carlos, der immer größere Risiken eingehen mußte, nicht mehr lange genug leben würde, um zum Gruppenleiter befördert zu werden.
Beide Männer dachten über den Fall Yamada nach und gingen verschiedene Lösungsmöglichkeiten durch. Schließlich beschlossen sie, eine französische Botschaft in Europa anzugreifen, den Botschafter als Geisel zu nehmen und die Freilassung Yamadas zu verlangen. Für den Fall, daß die französische Regierung hart blieb, sollte eine zweite Operation vorbereitet werden.
»Wir prüften eine Anzahl von Botschaftsgebäuden. Wir observierten auch verschiedene Wohnungen von Botschaftern und beschatteten die Botschafter, um ihre täglichen Wege kennenzulernen. Damit waren wir den ganzen August beschäftigt. Unsere Wahl fiel schließlich auf die französische Botschaft in Den Haag.«
»Welche anderen Botschaften hatten sie noch erwogen?«
»Die französischen Botschaften in England, Italien und Deutschland, an die anderen kann ich mich nicht mehr erinnern.«
»Was gab den Ausschlag für Den Haag?«
»Wenn es nötig werden sollte, die französische Regierung durch eine zweite Aktion noch mehr unter Druck zu setzen, dann mußte das unbedingt in Paris passieren, denn dort war die Wirkung am größten. Aus London schnell zurückzukommen hätte unter Umständen schwierig werden können, und die britische Regierung hätte sich möglicherweise stur gestellt. Möglicherweise hätte sie auch die Flughäfen und Seehäfen geschlossen. Die Italiener wären womöglich durchgedreht und hätten die französische Botschaft in Rom gestürmt und ein Blutbad verursacht. Die Deutschen wären nach den Bombenanschlägen Ende August sicherlich auf der Hut gewesen. Die Holländer sind immer schon ein vernünftiges Volk gewesen, und da es zum damaligen Zeitpunkt noch keine größere Operation in Holland gegeben hatte, mußte sie der Anschlag kalt erwischen.«
Er hatte die verschiedenen Länder abgehakt wie ein Kunde im Super-

markt, der prüft, ob er alle Vorräte für das Wochenende beisammenhat. Die Japanische Rote Armee wählte drei ihrer Männer für den Anschlag aus. Auf diese Weise blieb Carlos frei, falls eine zweite Aktion nötig wurde. An diesem Punkt trat eine weitere Komplikation auf. Wieder waren Japaner und falsche Pässe die Ursache.

Am 15. August verübten einige Japaner mit koreanischer Staatsbürgerschaft einen Mordanschlag auf den südkoreanischen Präsidenten Park. Zuerst versagten ihre Waffen. Als sie dann doch funktionierten, hatte sich Präsident Park hinter einem breiten Tisch auf der Rednertribüne geduckt. Die Geschosse, die für ihn bestimmt waren, trafen seine Frau. Sie starb auf dem Weg ins Krankenhaus.

Die Täter wurden verhaftet. Die Polizei entdeckte, daß sie gefälschte Pässe benutzten. Einer der JRA-Mitglieder, denen Moukarbel und Carlos in Paris Unterschlupf gewährten, besaß ebensolche falsche Papiere; Wadi Haddad hatte sie beschafft. Das Eingreifen der DST in Paris alarmierte Moukarbel. Bis auf die drei Japaner, die bei dem Anschlag auf die Botschaft eingesetzt werden sollten, brachte er alle anderen umgehend nach Zürich. Ihre Verlegung in die Schweiz fand am 3. September statt.

Am Donnerstag fuhren Carlos, der Brasilianer Antonio Pereira und zwei Japaner des Kommandos mit der Bahn von Paris ab. Pereira reiste allein, im Gepäck die M26-Granaten und die übrigen Waffen für den Anschlag auf die Botschaft.

Weder der französische noch der niederländische Zoll entdeckten die Waffen. Am Spätnachmittag desselben Tages traf sich die ganze Gruppe in einem Hotel in Amsterdam. Mit freundlicher Genehmigung der französischen Regierung war auch Takamoto mit von der Partie.

Am Freitag fuhren Carlos und Takamoto, der Anführer der Japaner, mit einem von Pereira gemieteten Auto zur französischen Botschaft nach Den Haag. Pereira blieb zurück und kümmerte sich um die beiden anderen Japaner. In Den Haag beobachteten sie, wann der französische Botschafter Jacques Senard in der Botschaft ankam und wann er gegen Mittag wieder wegfuhr. Laut Plan sollte Takamoto nach Amsterdam fahren, die anderen Kommandomitglieder samt den Waffen holen und sofort zur französischen Botschaft zurückkehren, damit sie rechtzeitig zur Stelle waren, wenn der Botschafter vom Essen kam, womit nicht vor 13.30 Uhr zu rechnen war. Man wollte ihn mit vorgehaltener Waffe gefangennehmen und in die Botschaft bringen. Dann konnten die Verhandlungen mit der niederländischen und französischen Regierung beginnen.

Der Plan verlangte ein präzises Timing. Alles kam darauf an, daß das Kommando rechtzeitig vor der Rückkehr des Botschafters an Ort und Stelle war. Da man die Umgebung vorher erkundet hatte, wußte man, daß die französische Botschaft in unmittelbarer Nähe zur Botschaft der Vereinigten Staaten lag. Dies beunruhigte Carlos und die Japaner, denn die Franzosen mochten bewaffnete Wachleute in der Botschaft haben oder auch nicht, die Amerikaner hatten mit Sicherheit welche. Rasches Handeln und das Moment der Überraschung sollten ihre stärksten Waffen sein. In der Umgebung der französischen Botschaft war nichts Auffälliges zu beobachten.

An dieser Stelle seiner Erzählung kam Carlos auf die erste Panne im geplanten Ablauf zu sprechen.

»Um dreizehn Uhr wartete ich draußen vor der französischen Botschaft. Um 16.30 Uhr stand ich immer noch da.«

»Was war mit den Japanern?«

»Sie hatten sich verfahren. Und dann streikte auch noch ihr Mietwagen.«

»Und der Brasilianer, Antonio Pereira?«

»Den ganzen Nachmittag habe ich versucht, ihn aus einer Telefonzelle anzurufen. Er war nicht zu erreichen.«

Auch auf den Verbindungsmann war kein Verlaß. Die Folge war, daß Carlos, der verantwortliche Leiter der Operation, in eine brenzlige Lage geriet.

»Um 16.30 Uhr wurden die Wachleute der amerikanischen Botschaft auf mich aufmerksam. Ich mußte aus der Gegend verschwinden.«

Kurz nachdem Carlos seinen Posten verlassen hatte, trafen die Japaner schließlich ein. Als sie sahen, daß Carlos nicht mehr da war, traten sie sofort in Aktion. Sie zogen den Fahrer des Botschafters aus dem Wagen und zwangen ihn mit vorgehaltener Waffe, zum Eingang der Botschaft zu gehen. Im gleichen Augenblick fuhr zufällig ein Streifenwagen vorbei. Sofort entwickelte sich ein Feuergefecht vor dem Botschaftseingang. Die Schüsse ließen Carlos zum Schauplatz des Geschehens zurückeilen.

»Ich hörte Polizeisirenen. Menschen rannten auf die Botschaft zu. Als ich näher kam, hörte ich Schüsse aus dem Innern des Gebäudes. Eine Polizeibeamtin wurde herausgetragen. Ich mischte mich unter die Menge und blieb in der Nähe, bis die Polizei die ganze Umgebung räumte. Dann ging ich wieder zur Telefonzelle und versuchte, eine Verbindung zu unseren japanischen Genossen in der Botschaft zu bekommen, aber die Polizei hatte bereits alle Leitungen gekappt.«

Als das Kommando in die Botschaft stürmte, saß Comte Jacques Senard gerade in einer Besprechung mit Managern der französischen Mineralölgesellschaft Total. Der Zufall hatte den Japanern elf Geiseln beschert. Drei Stunden nach Beginn der Belagerung teilten sie der holländischen Polizei ihre Forderungen mit: Die Franzosen sollten ihren Genossen Yamada aus dem Gefängnis freilassen und zur Botschaft bringen. Außerdem sollte auf dem Amsterdamer Flughafen Schiphol eine vollgetankte Boeing mit zwei Piloten für sie bereitgestellt werden. Am späten Abend schoben sie eine dritte Forderung nach: eine Million Dollar in bar.
Die JRA-Mitglieder fügten noch eine Warnung hinzu, die frösteln ließ: »Wenn unsere Forderungen bis drei Uhr morgens nicht erfüllt sind, wird in regelmäßigen Abständen eine Geisel hingerichtet. Jeder Versuch, sich dem Botschaftsgebäude zu nähern, wird als Akt der Aggression angesehen.«
Die drei Japaner verbarrikadierten sich mit ihren elf Geiseln im Büro des Botschafters im vierten Stock. Binnen weniger Stunden roch es in dem kaum 25 Quadratmeter großen Raum wie in einer Kloake. Die Geiselnehmer erlaubten niemandem, den Raum zu verlassen. Auch durfte keine chemische Toilette in die Botschaft gebracht werden. Ein Papierkorb mußte als Abtritt für alle dienen. Bei dem anfänglichen Schußwechsel war einer der Japaner am Arm getroffen worden. Als Stunde um Stunde verging und die Luft immer schlechter wurde, begann seine Wunde zu eitern. Während die Japaner darauf warteten, daß die niederländische und französische Regierung ihre Forderungen erfüllten, vertrieben sie sich die Zeit auf verschiedene Weise. Unter anderem benutzten sie ein Porträt des früheren Präsidenten Pompidou zu Schießübungen und gaben auch einen Schuß zwischen die Beine des Botschafters Senard ab.
Senard zeigte während der ganzen Nervenprobe ein souveränes Verhalten. Er bewies nicht nur Gefaßtheit und Mut, sondern auch Stil. Um den anderen über die Zeit des Wartens hinwegzuhelfen, riß er Büropapier in kleine Stücke und fertigte daraus improvisierte Spielkarten. Dann stellte er der Versammlung zahlreiche Bridgeprobleme zusammen, was die drei japanischen Gäste sehr amüsierte, die offenbar viel von einer Philosophie des Todes, aber wenig von einer Philosophie des Lebens verstanden.
Zuerst hatten die drei Terroristen angegeben, sie wollten nach Paris fliegen, zweifellos in der Absicht, die französische Regierung mit weiteren Forderungen unter Druck zu setzen. Die Franzosen kamen die-

ser Strategie zuvor, indem sie umgehend die notwendigen rechtlichen Schritte einleiteten, um Yamada außer Landes zu bringen. In Begleitung von 24 Mitgliedern der Brigade Anti-Command, einer Antiterrortruppe, der Killerinstinkte nachgesagt wurden, wurde er in einer Mystère 20 der französischen Luftwaffe nach Amsterdam geflogen. Mit an Bord des Flugzeugs war der Pariser Kripochef Jean Ducret.
In Schiphol wurde für Yamada ein direkter Funkkontakt mit seinen Terrorkollegen in der Botschaft hergestellt. In ihm besaßen die Terroristen ihr Pendant zu dem stets gefaßt bleibenden Botschafter Senard. Seine französischen Wächter sagten zu ihm, daß er sterben würde, wenn eine der Geiseln in der Botschaft erschossen werden sollte. Gelassen gab er diese Warnung an das Kommando weiter, wobei er von sich selber nur in der dritten Person sprach. Seine Genossen blieben genauso gelassen und fragten ihn, auf welchen Körperteil des Botschafters sie seiner Ansicht nach zielen sollten: Hand, Arm, Bein oder Fuß?
Die Franzosen beharrten darauf, daß der Mystère-Jet französisches Territorium sei, und weigerten sich, Yamada den Holländern zu übergeben. Der französische Innenminister Michel Poniatowski, ein für seine unnachgiebige Härte bekannter Mann, mußte einsehen, daß sich die Holländer von einem französischen Minister nicht beeindrucken ließen, der offenkundig nur auf einen Erfolg bei den Wählern schielte. Ihm ging es vor allem darum, sich mit einer Politik der Härte zu profilieren. Die Holländer hingegen wollten unter allen Umständen verhindern, daß jemand zu Tode kam. Plötzlich waren die elf Geiseln, Yamada und die drei Kommandomitglieder in ein politisches Kräftemessen zwischen zwei Staaten verwickelt.
Da der japanische Botschafter im Namen der niederländischen Regierung mit seinen drei Landsleuten verhandelte, wurden es drei Staaten. Nimmt man noch die nahe gelegene amerikanische Botschaft hinzu, die den Holländern als vorgerückter Befehlsstand diente, waren es sogar vier.
Die Franzosen weigerten sich, der Forderung nach zwei französischen Piloten nachzugeben. Erst sollten die Geiseln freigegeben werden, ehe sie Yamada freiließen. Das schien dem japanischen Kommando unannehmbar.
Die Holländer machten am Samstag morgen um 10 Uhr ein Gegenangebot. Sie erklärten sich bereit, der JRA eine KLM-Maschine und holländische Piloten zur Verfügung zu stellen, freilich nur unter der Bedingung, daß keine Geisel und keine Waffen mitgeführt wurden. Auch darauf gingen die Japaner nicht ein.

Die Belagerung der Botschaft dauerte bereits zwei Tage, als sich am Samstag abend ein weiterer Akteur anschickte, in das Geschehen einzugreifen. Sein Name war Carlos, seine Bühne Paris.

»Am Samstag abend begann ich, über einen zweiten Anschlag nachzudenken, der den Forderungen der Japaner Nachdruck verleihen sollte. Dabei gab es zwei Probleme. Ich mußte sie davor warnen, in der Nacht die Botschaft zu verlassen, ganz gleich, welche Vorschläge man ihnen machte. Das wäre viel zu gefährlich gewesen. Ich witterte eine Falle.«

»Und das zweite Problem?«

»Ich brauchte für die zweite Aktion Bomben und Schußwaffen.«

»Aber Sie konnten sich doch bestimmt aus dem riesigen Vorrat an Waffen bedienen, den die Japaner im Juli nach Frankreich gebracht hatten.«

»Nein. Es war mir nicht gelungen, Kontakt zu Personen herzustellen, die Zugang zu den Waffendepots hatten. Es war Wochenende.«

»Sagten Sie nicht, Sie hätten vor dem Anschlag in Den Haag daran gedacht, daß eine zweite Operation notwendig werden könnte?«

»Das schon. Aber wir hatten nichts Konkretes geplant. Am Sonntag morgen sprach der niederländische Präsident von ernsten Meinungsverschiedenheiten zwischen seiner Regierung und den Franzosen. Er sagte, daß die Franzosen den weiteren Verlauf der Geiselnahme zu verantworten hätten. Außerdem deutete er an, daß die diplomatischen Beziehungen zwischen seinem Land und Frankreich wegen der Lage in der Botschaft sehr angespannt seien.«

»Wie haben Sie den Hinweis verstanden, daß die Franzosen alles Weitere zu verantworten hätten?«

»Daß die Franzosen die Botschaft von ihrer Anti-Terror-Einheit stürmen lassen wollten. Sie hielten ihren Gefangenen im Flugzeug fest. Sie weigerten sich, eine Boeing 707 nach Holland zu schicken, mit der unsere Genossen in den Nahen Osten hätten fliegen können. Alles deutete darauf hin, daß sie ein Blutbad anrichten wollten. Moukarbel und ich konnten nicht begreifen, warum die Japaner nicht mit der Hinrichtung der Geiseln begannen.«

»Hätten Sie es denn getan, wenn Sie an jenem Wochenende in der Botschaft gewesen wären?«

»Natürlich.«

»Aber die Franzosen drohten doch, Yamada umzubringen, wenn die Japaner auch nur eine Geisel töteten.«

»Gewiß, aber sie hätten es nie gewagt, ihn kaltblütig umzubringen. Das hätte einen Aufschrei in der Weltöffentlichkeit provoziert.«

»Habe ich Sie richtig verstanden? Es ist völlig in Ordnung, wenn die Japaner ihre Gefangenen töten, aber es ist unannehmbar, wenn die Franzosen ebenso verfahren?«

»Aber nein. Ich will damit nur sagen, daß die Franzosen aus Angst vor den Folgen es nicht gewagt hätten. Was meinen Sie, wie viele Bomben nach so einer Aktion hochgegangen wären? Wie viele französische Staatsbürger hätten sterben müssen, wenn sie den Japaner getötet hätten? Nicht bei der Stürmung der Botschaft, sondern kaltblütig.«

»Wann haben Sie sich für die zweite Operation entschieden?«

»Sonntag nachmittag gegen zwei Uhr. Die Aktion in der Botschaft drohte zu scheitern. Alles deutete darauf hin, daß sich ein zweites ›München‹ anbahnte. Ein Massaker in der Botschaft.«

»Und um das zu verhindern, haben Sie beschlossen, ein Massaker in Paris anzurichten?«

»Ja, und es mußte sofort geschehen. Ich hätte damals eine Maschinenpistole und Plastikbomben gebraucht, aber wie ich bereits sagte, ging das am Wochenende nicht. Wir hatten nur meine eigene Waffe und zwei Handgranaten zur Verfügung.«

»Und Moukarbel?«

»Er war nie bewaffnet. Mir war klar, daß die Operation nach algerischer Art ausgeführt werden mußte. Terror aus heiterem Himmel. Zwei Handgranaten explodieren in einem Café mitten in Paris. Moukarbel überredete mich, nur eine zu werfen.«

»Um die Zahl der Verletzten zu begrenzen?«

»Um sicherzugehen, daß noch eine übrigblieb, falls eine weitere Aktion nötig wurde.«

»Das Café, das Sie für den Anschlag auswählten, war das Drugstore?«

»Ja.«

Mitte der siebziger Jahre war das Drugstore *das* Café, in dem man sich Sonntagnachmittags traf. Vor allem bei seiner vorwiegend jugendlichen Kundschaft galt der Ladenkomplex aus Chrom und Glas als schick und »in«.

Kurz nach 17 Uhr herrschte im Drugstore lebhafter Betrieb. Das Café im ersten Stock war überfüllt. Die Tische waren besetzt, viele Kunden standen an dem umlaufenden Messinggeländer und schauten hinab auf die Menge, die vor dem Zeitungskiosk Schlange stand oder vor den Schaufenstern bummelte.

Carlos betrat das Café vom Boulevard Saint-Germain aus und mischte sich unter die Menge. Augenblicke später ging er in den ersten Stock hinauf, näherte sich dem Geländer, zog eine M26-Granate ab und schleuderte sie in die Menge im Erdgeschoß. In den vier Sekunden, die ihm bis zur Explosion blieben, lief er die Treppe nach unten und auf die Straße hinaus.

Eine M26-Granate hat, wie es in der wehrtechnischen Literatur heißt, »eine Wirkungszone von 15 Metern«.

Wie mir Carlos gesagt hatte: Es wurde ein »Anschlag nach algerischer Art«. Terror aus heiterem Himmel.

Die Granate explodierte im Innenraum mit ohrenbetäubendem Lärm. Metallsplitter und Glasscherben flogen in alle Richtungen. Zwei Menschen starben, über 30 wurden verletzt.

Auch der französische Popsänger Jean-Jacques Debout wäre um ein Haar verletzt worden. Wenige Minuten vor dem Anschlag hatte er den Ladenkomplex betreten, um Zigaretten zu kaufen. Als er dann aber die lange Warteschlange sah, beschloß er, es an einem anderen Kiosk zu versuchen. Er verließ den Ladenkomplex nur wenige Augenblicke bevor die Granate explodierte.

»Ein blutüberströmtes kleines Kind lief nach draußen und stürzte auf dem Bürgersteig. Ich eilte ihm zu Hilfe. Einem anderen Kind war die Hand abgerissen worden. Überall lagen Menschen. Am Fuß der Treppe. Unter den Tischen. Andere lagen auf der verwüsteten Theke und sahen aus, als seien sie in zwei Teile zerrissen worden. Überall Blut und Scherben.«

Mehrere Überlebende gaben der Polizei eine Beschreibung des unbekannten Attentäters. »Ein junger Mann. Zwischen 25 und 30 Jahre alt. Langes Haar. Gut gekleidet. Europäischer Typ.« Bemerkenswert ist auch eine seitens der Polizei gemachte Feststellung: »Aus der Beschreibung geht klar hervor, daß es sich nicht um einen Fanatiker handelt.«

Als Carlos in seiner Erzählung den Punkt erreicht hatte, wo er auf dem Boulevard Saint-Germain verschwunden war, konnte ich nicht anders – ich mußte ihn unterbrechen.

»Wie ich aus zahlreichen Bemerkungen aus Ihrem Mund schließen darf, haben Sie Kinder sehr gern?«

»Ja, das stimmt. Ich mag Kinder anderer Leute gern. Eines meiner eigenen Kinder ist irgendwo auf Kuba. Ich vermisse es sehr.«

»Eines? Haben Sie mehrere?«

»Ja, aber zu diesem Thema erlaube ich keine Fragen.«

»Dennoch, obwohl Sie Kinder so sehr lieben, haben Sie einigen an jenem Nachmittag in Paris großes Leid zugefügt. Wie rechtfertigen Sie das? Wie stehen Sie heute dazu?«

»Es war Krieg. Im Krieg passieren eben solche Sachen. Das rechtfertigt sie nicht. Aber so ist es nun einmal. Was ist denn der Unterschied zwischen einem israelischen Piloten, der eine Bombe auf eine Schule im Libanon wirft, und dem, was ich im Drugstore getan habe?«

»Ich sehe da schon einige Unterschiede, vor allem aber den einen, daß Sie gerade dieses Ziel zu dieser Stunde ausgewählt haben. Und bei der Ausführung des Anschlags konnten Sie Ihren Opfern praktisch in die Augen schauen. Was ging in Ihnen vor, als Sie damals im ersten Stock im Drugstore standen, kurz bevor Sie die Granate warfen?«

Er dachte eine Weile über die Frage nach. Dann zuckte er leicht mit den Schultern, hob die Hände zum Himmel und sagte: »In solchen Augenblicken denkt man nicht, man handelt einfach.«

»Und danach?«

»Danach haben wir uns bei den Presseagenturen gemeldet und mitgeteilt, daß der Anschlag von der Japanischen Roten Armee ausgeführt worden sei, um die Lage in Den Haag zu klären. Und um dem Ganzen noch mehr Nachdruck zu verleihen, deponierte Moukarbel an mehreren Orten in Paris leere Granatenschachteln. Die Regierung sollte glauben, daß wir über viele Waffen verfügten. Wir teilten ihnen mit, wo die Schachteln lagen, und fügten hinzu: ›Das nächste Mal ist es ein Kino.‹«

»Wären Sie bereit gewesen, die letzte Granate in ein vollbesetztes Kino zu werfen?«

»Natürlich. Es hat doch keinen Sinn, leere Drohungen auszustoßen.«

»Aber was ist mit den unschuldigen Opfern? Einfache Leute ohne Macht und Einfluß?«

Er deutete mit dem Finger auf mich. »Hören Sie, Mister Yallop, diese einfachen Leute haben große Macht und viel Einfluß. Das zeigt sich in dem, was man öffentliche Meinung nennt. Mag sein, daß sie sich nicht für die Palästinenser interessieren. Und ganz sicher interessieren sie sich nicht für ein paar Kämpfer der Roten Armee. Aber wirft man eine Granate in ihre Mitte, sind sie plötzlich sehr interessiert.«

»Am Ende haben beide Regierungen, die niederländische wie die französische, Ihren Forderungen nachgegeben. Hat dieser Ausgang der Affäre die Mittel gerechtfertigt, zu denen Sie gegriffen haben?«

»Natürlich.«

Ich hatte nach einem Anknüpfungspunkt gesucht. Ich hatte versucht, eine gemeinsame Position zu finden, von der aus wir die ganze Affäre betrachten konnten. Es war mir nicht gelungen.

Carlos' folgende Bemerkungen zeigten, daß der Weg zu einem »erfolgreichen Abschluß« doch nicht ganz so eben gewesen war. Er schimpfte

über die damalige französische Regierung unter Premierminister Chirac und warf ihr zynische Vertuschung der Wahrheit vor. Nachdem sich Chirac und sein Kabinett zu einem Handel entschlossen hatten, taten sie seiner Meinung nach alles, um die französische Öffentlichkeit darüber im unklaren zu lassen, daß der Anschlag auf das Café Drugstore und die Ereignisse in Den Haag etwas miteinander zu tun hatten.
Zu den telefonischen Bombendrohungen und einer möglichen Verbindung zu der Geiselnahme in Den Haag gefragt, antwortete der Pariser Polizeichef Jean Paolini: »Nichts deutet darauf hin, daß diese beiden Ereignisse miteinander in Beziehung stehen.«
Für Carlos konnte das nur heißen, daß die französische Regierung bereit war, mit dem Leben einfacher Pariser Bürger zu spielen – was er selbst ja bereits tat. Er hatte den Sicherungsbügel der M26-Handgranate im Drugstore fallen lassen, und binnen Stunden hatte die französische Polizei das Teil identifiziert. Im vorausgegangenen Dezember, bei der Stürmung der Villa, die der Türkischen Volksbefreiungsarmee als Stützpunkt gedient hatte, hatte sie eine große Menge solcher Granaten sichergestellt. Damit war ziemlich klar, daß der Attentäter im Drugstore einer größeren Organisation angehörte und kein irregeleiteter Einzelgänger war. Im September 1974 hatte der französische Geheimdienst festgestellt, daß die Granaten zu einem umfangreichen Kontingent gehörten, das aus einer amerikanischen Kaserne in Westdeutschland gestohlen worden war. Nach dem Ende der Belagerung der französischen Botschaft wurden weitere, von der Japanischen Roten Armee zurückgelassene Granaten des gleichen Typs gefunden. Die Verbindung war nicht von der Hand zu weisen. Doch auch diese Information hielt die französische Regierung zurück.
Nicht nur die französische Öffentlichkeit war mangelhaft informiert. Hätte Moukarbels Geheimdienst auch nur halbwegs effizient gearbeitet, so hätten er und Carlos erfahren müssen, daß die französischen Behörden zum Zeitpunkt des Anschlags in Den Haag bereits planten, Yamada innerhalb weniger Wochen auszuweisen. Er hatte zwar falsche Ausweispapiere vorgelegt und Falschgeld bei sich geführt, aber sonst konnte ihm nichts vorgeworfen werden. Nachdem die Franzosen alles von ihm erfahren hatten, was aus ihm herauszubekommen war, wollten sie ihn außer Landes bringen, um ebensolche Anschläge zu vermeiden, wie sie dann zu seiner Befreiung verübt wurden. Selbst nach Carlos' eigenen Prinzipien waren beide Anschläge unnötig.
Während der Pariser Polizeichef noch die französische Öffentlichkeit beschwichtigte, hatte die Regierung, die sich über die wahre Bedeu-

tung des Anschlags auf das Café Drugstore im klaren war, schließlich der Forderung des japanischen Kommandos in der Botschaft nachgegeben und eine Boeing 707 nach Holland geschickt. Außerdem hatte sie sich bereit erklärt, alle in Yamadas Koffer gefundenen Ausweispapiere zurückzugeben. Natürlich hatte man Fotokopien hergestellt, aber anhand der Pässe konnte die Japanische Rote Armee feststellen, inwieweit ihre Pariser Organisation aufgedeckt worden war.
Was die beiden weiteren Forderungen betraf, eine Million Dollar in bar und die Erlaubnis, einige Geiseln in die Boeing mitzunehmen und sie erst auf dem Zielflughafen freizulassen, so blieben die Franzosen unnachgiebig. Yamada sollte nur im Tausch gegen alle Geiseln ausgeliefert werden. Außerdem waren die Franzosen nicht bereit, auch nur einen Cent zu zahlen.
Den ganzen Montag und bis in den Dienstag hinein zogen sich die Verhandlungen hin. Die niederländische Regierung handelte die geforderte Summe auf 300 000 Dollar herunter. Yamada prüfte die Banknoten, um sicherzugehen, daß es kein Falschgeld war. Dabei sprach er zum erstenmal seit seiner Verhaftung französisch. Er sagte: »Ich weiß alles über Falschgeld.«
Die Geiseln wurden schließlich am Dienstag gegen Yamada ausgetauscht, und eine aus drei Freiwilligen bestehende Crew flog das Kommando der Japanischen Roten Armee und Yamada in den Nahen Osten. Eigentlich wollten sich die Terroristen mit Wadi Haddad im Südjemen treffen, doch das Flugzeug erhielt keine Landeerlaubnis. Schließlich nahmen die Syrer das Flugzeug auf, beschlagnahmten aber sofort die 300 000 Dollar: Heroische Taten im Namen des palästinensischen Befreiungskampfes fanden Zustimmung, gemeine Verbrechen aber nicht. Das Geld wurde dem französischen Botschafter ausgehändigt und ging zurück nach Holland.
Eine abschließende ironische Bemerkung zum Verlauf der Geiselnahme stammt von einem der holländischen Unterhändler, die der Ministerpräsident Den Uyl ernannt hatte: »Die Verhandlungen mit den Franzosen waren schwieriger als die mit den Japanern.«
Carlos zufolge wurden aus den Anschlägen in Den Haag und Paris im September 1974 umgehend Konsequenzen gezogen. Unter anderem wurden die Mitglieder der Japanischen Roten Armee, die sich der Sache der Palästinenser verschrieben hatten, als potentielle Mitstreiter von Moukarbels Liste gestrichen.
Die JRA war ohnehin nie besonders groß gewesen. Sie hatte aus maximal 30 Aktivisten bestanden. Nach den Ereignissen in Den Haag wur-

den sie zu gezeichneten Männern und Frauen. Haddads Organisation hatte lange davon profitiert, daß Asiaten für Europäer alle gleich aussehen. Doch jetzt wurde aus diesem Vorteil ein Nachteil.

Selbst die lateinamerikanischen Mitglieder der Organisation Moukarbels bekamen die zunehmende Wachsamkeit der Franzosen zu spüren. Mehrere Brasilianer wurden ausgewiesen, aber der dickste Fisch, Antonio Expedito Carvalho Pereira, ging den Sicherheitsorganen nicht ins Netz. Carlos weigerte sich, über diesen Mann Auskünfte zu erteilen. Als ich ihn nach Einzelheiten fragte, lachte er nur.

»Ich sage Ihnen lediglich, daß Antonio Pereira verschwunden ist. Wenn Sie wissen wollen, wie, müssen Sie schon die DST fragen. Aber Sie würden sie damit in große Verlegenheit bringen.«

In bezug auf die damalige Situation in Europa sagte Carlos: »Sie war schwierig, sehr schwierig. Unsere damalige Arbeit stellte hohe Anforderungen. Mut war gefordert. Und körperliche Fitneß. Die Männer brauchten ein großes Fachwissen und noch mehr Erfahrung. Die Organisation in Paris mußte dringend verbessert werden. Ich machte dem Alten [Wadi Haddad] viele Vorschläge.«

»Welche zum Beispiel?«

»Zum Beispiel, daß wir gutausgebildete Soldaten brauchten. Daß wir die Schlagkraft erhöhen mußten. Daß wir mehr Geld und Waffen brauchten.«

Von einem Besuch bei Haddad im Südjemen im Herbst 1974 abgesehen, verbrachte Carlos die letzten Monate des Jahres in London und Paris. Dort traf er viele Freunde und Bekannte, die nichts von seinem gefährlichen anderen Leben wußten. In London lebten seine Mutter Elba Maria, die ihn liebte und verwöhnte, und seine beiden Brüder Vladimir und Lenin, die etwas ahnten. Dort lebte auch Angela Otaola, die schon etwas mehr wußte, und Nydia, die eine ganze Menge wußte. Die diplomatischen Kreise, in denen Carlos verkehrte, waren hingegen völlig ahnungslos.

Mohammed Budias Heldentaten im Bett und anderswo waren zu einer Legende geworden, die Carlos offensichtlich beeindruckte und der er nacheiferte. Seinem Bestreben, es dem Algerier auf allen Feldern der Ehre gleichzutun, fehlte zwar dessen Eleganz, doch der junge Venezolaner machte vieles durch Kühnheit und Eifer wett. Keine der Frauen in seinem Leben war wegen revolutionärer Abenteuer nach Europa gekommen. Wie andere Kinder aus großbürgerlichem Haus waren sie nach Europa geschickt worden, um sich dort weiterzubilden. Aber natürlich suchten sie auch ihren Spaß. Für einige war

Carlos eine interessante Abwechslung: so etwa für Nydia Tobón, die in der Grafschaft Surrey Spanisch unterrichtete und an der London School of Economics Verwaltungswissenschaften studierte, oder für Angela Otaola, die im Bistro 17 im Westen Londons als zweite Geschäftsführerin arbeitete.

Und was Paris anging, so wäre Budia sowohl mit der Quantität als auch mit der Qualität der Frauen zufrieden gewesen, zu denen sein Möchtegernnachfolger Beziehungen unterhielt. Da war zunächst Amparo Silva Masmela, eine stilvolle junge Kolumbianerin. Hinter Amparos geziertem Benehmen verbarg sich eine junge Frau, die, knapp über 20 Jahre alt, nicht klug, aber dafür um so öfter liebte. Manchmal war sie brünett, manchmal blond, und insgesamt wechselte sie die Männer ebensohäufig wie die Haarfarbe, aber der beharrliche Carlos schaffte es, einen privilegierten Platz in ihrem Herzen zu erobern. Als sie Ende 1974 nach Paris kam, um politische Ökonomie zu studieren, wohnte sie noch bei den Schwestern von der Auferstehung in einem Heim im 16. Arrondissement. Nach der Begegnung mit Carlos veränderte sich ihr Leben dramatisch. Sie fand eine Anstellung in der Korrespondenzabteilung der Lloyds Bank am Boulevard des Capucines und mietete ein Apartment in der Rue Amélie 11, nur ein paar Schritte von der nächsten Polizeiwache entfernt und vom Air Terminal »Les Invalides« aus leicht zu erreichen. Unter dem Bett, das sie regelmäßig mit Carlos teilte, lagerten genügend Plastiksprengstoff, Handgranaten und automatische Waffen, um einen kleinen Krieg zu beginnen.

Drüben in der Rue Toullier 9 wohnte die Venezolanerin Nancy Sánchez. Tagsüber studierte sie an der Sorbonne Anthropologie, nachts wetteiferte sie mit ihrer Mitbewohnerin Maria Teresa Lara, auch eine Venezolanerin, um Carlos' Gunst und Aufmerksamkeit. Beide wußten eine Menge über das, was sich hinter der Fassade des sonnigen Geschäftsmannes aus Peru mit Namen Carlos Martínez verbarg.

Die Wohnung in der Rue Toullier, mitten im Quartier Latin, war typisch für das Viertel. Kommilitonen kamen zum Duschen vorbei. Man trank gemeinsam eine Flasche Rotwein und diskutierte, wie die Welt zu verbessern sei. Es wurden häufig Parties gefeiert, ständig war Musik zu hören, und auch die Beziehungen untereinander waren sehr freizügig. Ein solches Leben sprach ganz offensichtlich den Hedonisten in Carlos an. Als sicherer Unterschlupf war diese Wohnung hingegen wohl alles andere als empfehlenswert. Es gab so gut wie keine Privatsphäre, und obendrein mußte man immer den Besuch der Polizei gewärtigen, weil die Nachbarn sich ständig über den Lärm beschwerten.

Weitere Besucher in der Rue Toullier waren die venezolanischen Kommilitoninnen Albaida Salazar und Leyma González Duque, kubanische Freunde aus der Botschaft und die gebürtige Südafrikanerin Angela Armstrong. Einige Monate später sollten es diese Leute bedauern, daß sie Carlos jemals kennengelernt hatten.
Von den anderen Personen, zu denen Carlos Kontakt hatte, ist vor allem sein Vorgesetzter Michel Moukarbel zu nennen, der die verschiedenen Stränge von Haddads Netz in Europa zusammenhielt. Über Moukarbel knüpfte Carlos Kontakte zu anderen Menschen und Organisationen, die zumindest teilweise mit Haddad und durch ihn mit dem Kampf der Palästinenser verbunden waren, genauer gesagt mit dem, was Haddad darunter verstand.
Diese Kontakte schlossen auch den kubanischen Geheimdienst ein. Die Kubaner interessierten mich besonders.
»Ihnen ist sicherlich bekannt, daß diejenigen, die Sie für einen KGB-Agenten halten, darauf verweisen, daß Sie in Paris mit kubanischen Geheimdienstleuten verkehrten. Sie behaupten, der kubanische DGI werde vom KGB kontrolliert.«
»Die Kubaner arbeiten noch ineffizienter als die Palästinenser. Ich habe Kubaner in Nancys Wohnung kennengelernt. Sie waren nur hinter Frauen her. Mir war sofort klar, daß sie zum kubanischen Geheimdienst gehörten. Das einzige, was ich von ihnen wollte, waren Nachrichten von Sonia und meiner Tochter. Aber nicht einmal damit konnten sie mir dienen. Ich habe nie mit den Kubanern oder für sie gearbeitet.«
»Ist Ihnen auch bekannt, daß nach der Affäre in der Rue Toullier Frankreich eine Anzahl kubanischer Diplomaten ausgewiesen hat?«
Er nickte.
»Irgend etwas mußte Poniatowski schließlich unternehmen. Die Kubaner waren der geeignete ...«
Er suchte nach dem passenden Wort.
»Sündenbock?«
»Genau das. Sie waren der geeignete Sündenbock. Die Sache in der Rue Toullier war in Frankreich ein Riesenskandal. Da machte es sich gut, ein paar Kubaner aus dem Land zu werfen. So konnte man von der Dummheit der DST ablenken.«
»Wie sah Ihre Beziehung zur DST aus? Ich meine vor der Affäre in der Rue Toullier.«
Er sah mich aufmerksam an.
»Beziehung?«

»Gab es eine Abmachung?«
Die Antwort ließ eine Weile auf sich warten, dann lächelte er und nickte.
»Können Sie mehr dazu sagen?«
»Das ist ein gefährliches Thema. Und zwar für uns beide.«
»Ich bin mir dessen bewußt, aber wenn Sie mit den Lügen und Legenden um Ihre Person aufräumen wollen, dann ist es wichtig, daß Sie mir soviel sagen, wie Sie können.«
»Manches bleibt lieber ungesagt.«
»Darf ich annehmen, daß diese Beziehung zum französischen Geheimdienst heute, im September 1985, immer noch besteht?«
»Sie besteht immer noch.«
»Wann hat sie begonnen?«
»Im Jahr 1973. Als Michel Moukarbel die Leitung des Kommando Budia übernahm. Doch jetzt muß ich Sie bitten, mir Fragen zu einem anderen Thema zu stellen.«
Es war, als erhasche man einen Blick in ein verführerisch dekoriertes Zimmer oder als stoße man plötzlich auf einen verwunschenen Garten. Carlos erinnerte mich an seine Warnung ganz zu Anfang unseres ersten Treffens. Damals hatte er gesagt, daß es Themen gebe, über die er nicht sprechen könne.
Ich verstand durchaus, warum er sich sträubte. Während ich ihn anschaute, spürte ich, daß es ihn wahrscheinlich schon reute, was er mir über seine »Abmachung« mit der DST gesagt hatte.
»Ich verstehe Ihr Widerstreben. Sie werden aber vielleicht auch verstehen, daß gerade dieser Aspekt Ihres Lebens von großem Interesse für mich ist.«
Seine Zähne strahlten, als er lächelte und gleichzeitig Luft holte. Sein Gebiß war tadellos.
»Und nicht nur für Sie. Sehen Sie, ich genieße das Leben. Früher oder später wird es zu Ende sein. Später wäre mir lieber.«
»Worüber reden wir hier eigentlich? Über Ihre Versicherungspolice?«
»Versicherungspolice? Was ist das?«
Wie passend. Der Mann, der allgemein als der »meistgesuchte Mann der Welt« galt, behauptete, nicht zu wissen, was eine Versicherung ist.
»Sagen wir eine Art Garantie, die Ihr Leben schützt.«
»Aha.«
»Darf ich annehmen, daß ähnliche Absprachen auch mit anderen Staaten bestehen.«
»Ja.«

Er hob warnend die Hand.
»Aber nun genug davon, Mister Yallop.«
Ich spürte, daß es bei ihm bestimmte Bereiche gab, für die galt: »Unbefugte werden erschossen.« Ich nickte zum Zeichen, daß ich verstanden hatte. Wir kehrten in die Zeit Ende 1974 zurück.
Im Dezember 1974 wurde Oberst Ramon Trabal, der uruguayische Militärattaché für Großbritannien und Frankreich, am hellichten Tag in Paris erschossen. Dieser Anschlag ist nur einer von vielen, die mit dem Namen Carlos in Verbindung gebracht wurden. Nach der Affäre in der Rue Toullier wurde berichtet, man habe in einer der von Carlos benutzten Wohnungen Beweise dafür gefunden, daß er mit dem Mord an Trabal etwas zu tun hatte.
»Das können nur Notizen von Moukarbel gewesen sein. Er machte sich zu allem Notizen. Mit dem Mord an Trabal hatten wir nichts zu tun. Nach der Geschichte in der Rue Toullier und nach Wien hat man mich für alles, was irgendwo auf der Welt passierte, verantwortlich gemacht. Das meiste war reiner Humbug. Aber ich habe jahrelang davon profitiert.«
»Inwiefern?«
»Je mehr sie mir in die Schuhe schoben, desto größer machten sie mich. Je größer sie mich machten, desto weniger suchten sie nach mir.«
»Wen meinen Sie denn mit ›sie‹?«
»Erstens die Medienleute – Presse, Fernsehen, Autoren – Leute wie Sie. Zweitens die Geheimdienste.«
Die Situation entbehrte für ihn nicht einer gewissen Ironie. Er vertrat die Ansicht, daß viele Märchen, die ihm angedichtet wurden, aus der Feder westlicher Geheimdienste stammten. Er nannte besonders die CIA und den MI 6.
In seinen Augen hatte man ihn als Propagandawaffe im Kalten Krieg benutzt. Immer wieder sei behauptet worden, er werde von Moskau gelenkt und der KGB ziehe die Fäden, an denen ein weites Netz von internationalen Terrorgruppen hänge.
Carlos hatte lange Jahre Zeit gehabt, über dieses Phänomen nachzudenken. Es sei, wie er nachdrücklich betonte, »eine weltweite Desinformationskampagne, die immer noch anhält«.
Wer nicht viele Stunden mit diesem Mann verbracht hat, könnte zu dem Schluß kommen, daß es sich hier entweder um die Sicht eines Paranoikers oder um den Versuch handelte, sich reinzuwaschen. Ich habe in meinem Leben viele Menschen getroffen, die an Selbsttäuschungen und Paranoia litten. Carlos gehörte nicht zu ihnen. Was

den Verdacht des Reinwaschens betrifft, so steht dem entgegen, daß er überraschend freimütig über jene Taten berichtete, zu denen er sich tatsächlich bekannte. Ich hielt mich mit meinem Urteil zurück und kehrte wieder ans Ende des Jahres 1974 zurück. Wenn er nicht in den Mordanschlag auf Oberst Trabal verwickelt war, was hatte er dann zu jener Zeit getan?

»Wir haben einen Raketenangriff auf eine El-Al-Maschine vorbereitet.«

»Auf ein Passagierflugzeug?«

»Natürlich.«

»Dabei konnten wieder einfache Leute ihre Gesundheit oder ihr Leben verlieren. Inwiefern sollte das der Sache der Palästinenser nutzen?«

»Diese Frage sollten Sie den Irakern stellen. Die haben den Anschlag nämlich angeordnet. Er sollte die Politik der Ablehnungsfront unterstützen.«

Carlos skizzierte in groben Zügen die politische Situation am Ende der Jahres 1974. Im Oktober verabschiedeten die beim Gipfeltreffen in Rabat versammelten arabischen Führer zwei wichtige Resolutionen. In der ersten Resolution wurde die PLO als alleinige legitime Vertreterin des palästinensischen Volkes anerkannt, womit die von Arafat geführte Organisation de facto den Status einer palästinensischen Exilregierung erhielt. Die zweite Resolution verpflichtete König Hussein, das Westjordanland, wenn es befreit war, an die PLO abzutreten. Es war ein klarer Sieg der Tauben innerhalb der palästinensischen Bewegung, der deutlich auf das Fernziel wies: ein Abkommen mit Israel, das zur Gründung eines palästinensischen Staates im Westjordanland und im Gazastreifen führte. Als Gegenleistung sollten die Palästinenser auf die übrigen umstrittenen Gebiete verzichten und Israel offiziell anerkennen.

Andere sahen darin keinen Sieg – weder für die Tauben noch für sonst jemanden – und stemmten sich gegen diese Entwicklung. Von Leuten wie Außenminister Henry Kissinger und führenden israelischen Politikern war nichts anderes zu erwarten. Bei anderen verwunderte es schon eher. Mehrere arabische Staaten gehörten dazu und folglich auch jene Palästinensergruppen, die unter ihrem Einfluß standen.

Im November hielt Arafat vor der Vollversammlung der Vereinten Nationen in New York eine Rede. Er sprach von seinen Wünschen für sein Volk: »[…] wir sind bereit, uns mit einer kleinen Heimstatt zu begnügen und mit Israel in Frieden zu leben, bis die Israelis eines Ta-

ges aus freiem Willen beschließen, mit uns gemeinsam einen demokratischen Staat zu schaffen, wie wir ihn uns erträumen.«
Er schloß seine Rede mit einem Ausspruch, der sich nicht nur den Versammelten, sondern überhaupt allen eingeprägt hat, die sich mit dieser Frage beschäftigen:
»Ich komme mit einem Ölzweig in der einen und mit dem Gewehr des Freiheitskämpfers in der anderen Hand. Laßt den Ölzweig nicht aus meiner Hand fallen.«
Zu den arabischen Staaten, die sich jeder palästinensischen Initiative, mit Israel zu einer friedlichen Lösung zu gelangen, widersetzten, gehörte der Irak. Die dort herrschende Baath-Partei sah die Lösung des Konflikts allein in der Zerstörung Israels und sprach daher ganz offen davon, die Juden ins Meer zu treiben. Doch sosehr sich die irakische Führung auch in Machtposen gefiel, die Ereignisse in Rabat und New York hatten sie verunsichert. Sollte Arafats Fatah, die in der PLO das Sagen hatte, ihren Traum von einem demokratischen Palästinenserstaat tatsächlich verwirklichen, so würde die nahöstliche Dominotheorie zum Tragen kommen: Schuf man nur einen wirklich demokratischen arabischen Staat, so würde auch unter den anderen arabischen Völkern, die unter Diktatoren oder Monarchen lebten, der Ruf nach mehr Demokratie laut werden.
Sechs Tage nach Arafats Rede unternahm die Ablehnungsfront erste Schritte, um das politische Klima zu verändern. Die Demokratische Volksfront (PDF), eine Splittergruppe der Volksfront unter Nadschif Hawatmeh, verübte einen Terroranschlag in Israel. Ziel des Anschlags war ein Wohnhaus in Beit Schean. Vier israelische Zivilisten kamen dabei ums Leben. Die PDF teilte mit, sie habe den Anschlag begangen, um zu zeigen, daß Arafat zwar einen Ölzweig in der Hand halte, in der anderen aber auch ein Gewehr.
Der Mann, der die vom Irak finanzierte PDF leitete, hieß Nadschif Hawatmeh und nicht Arafat, doch das wurde von Israel und seinen Freunden geflissentlich übersehen. Der Anschlag war für sie nur die Bestätigung dessen, was der israelische Botschafter bei den Vereinten Nationen gesagt hatte. Botschafter Tekoah hatte die Vereinten Nationen wegen der Einladung Arafats verurteilt und die PLO als »Mörderbande« beschimpft, vor der die Vereinten Nationen kapituliert hätten.
Ebenso geflissentlich übersehen wurde die Tatsache, daß nicht nur Hawatmehs Organisation, sondern auch die Volksfront selbst und Ahmed Dschibrils Ableger, das PFLP-Generalkommando, einen Monat

vor dem Gipfeltreffen von Rabat mit der PLO gebrochen hatten, weil diese zu »gemäßigt« sei. Im Verlauf der Jahre haben sich die extremeren Palästinensergruppen immer wieder als die besten Verbündeten Israels erwiesen.

So kam es also, daß der Irak Wadi Haddad den Befehl gab, Arafats Friedensinitiative mit einem Anschlag auf eine El-Al-Maschine zu sabotieren. Der Befehl war im Spätsommer 1974 an Moukarbel weitergegeben worden.

Das irakische Regime hätte es am liebsten gesehen, wenn der Anschlag kurz vor dem Gipfel in Rabat erfolgt wäre, um so die Resolutionen der Konferenz zur Palästinenserfrage wirksam zu hintertreiben. Doch die Verhaftung Yamadas und die Ereignisse in Den Haag und Paris hatten die Vorbereitungen in Verzug gebracht, auch wenn Carlos die geplante Operation nicht völlig vernachlässigt hatte.

»Ich hatte Heathrow und eine Reihe von Flughäfen auf dem Kontinent ins Auge gefaßt. Die Irakis hatten uns mit Panzerabwehrraketen des Typs RPG-7 ausgestattet. Da unser Hauptstützpunkt in Frankreich war, entschied Moukarbel, daß die Operation auf dem Flughafen Orly stattfinden sollte. Ich legte meinen Plan vor. Er wurde zuerst von Michel und dann von Wadi Haddad begutachtet. Jedes Detail des Anschlags mußte vom Alten abgesegnet werden.«

Haddad billigte den Plan. Der Anschlag sollte im Dezember erfolgen, doch Tarifauseinandersetzungen und ein anschließender Streik in Orly erzwangen eine nochmalige Verschiebung.

Im neuen Jahr wurde der Plan wieder aus der Schublade geholt. Zwei Mitglieder des Kommandos, die Haddad im Dezember nach Frankreich geschickt hatte, verließen am Montag, dem 13. Januar, eine der konspirativen Wohnungen Moukarbels.

Ihr Fahrer war Johannes Weinrich, der drei Tage zuvor mit einem falschen Paß auf den Namen Klaus Müller bei einer Autovermietung im Air Terminal »Les Invalides« einen weißen Peugeot 504 gemietet hatte. Carlos folgte ihnen in einem blauen Simca 110.

In der Nähe des Flughafens Orly stieg Weinrich in den Simca um. Er und Carlos fuhren zu einem Treffpunkt neben dem Friedhof von Thiasis, ein paar Kilometer vom Flughafen entfernt. Die beiden Kommandomitglieder, zwei libanesische Palästinenser, fuhren zum Flughafen und stellten ihr Fahrzeug praktisch auf dem Rollfeld ab. Angestellte der Swissair und Alitalia beobachteten zuerst erstaunt, dann mit wachsendem Entsetzen, wie ein Mann mit einem Gewehr in der Hand aus dem Auto stieg, während sein Kollege mit einem Raketenwerfer auf der Schulter seelenruhig zu einer kleinen Terrasse schritt, dort die Bazooka auf einem Geländer absetzte und auf eine Boeing 707 der El Al richtete, die gerade auf die Piste rollte. Die Maschine, in der sich 136 Passagiere und sieben Besatzungsmitglieder befanden, sollte nach Montreal und New York fliegen. Der Schütze korrigierte die Einstellung seines Raketenwerfers und feuerte. Doch er hatte zu hoch gezielt. Die Rakete flog über die Boeing hinweg und traf eine jugoslawische DC9. Als der El-Al-Pilot die Explosion hörte, ignorierte er die Anweisung aus dem Tower, seine Maschine zu stoppen, und ging auf volle Beschleunigung. Inzwischen hatte der Schütze erneut geladen und neben dem Peugeot Stellung bezogen. Er feuerte noch einmal. Der Rückstoß warf ihn so weit zurück, daß die Bazooka durch die Windschutzscheibe des Peugeot stieß. Auch die zweite Rakete verfehlte die El-Al-Maschine und schlug statt dessen in einem Verwaltungsgebäude ein. Die erste Rakete hatte nur ein leeres Flugzeug getroffen, doch die umherfliegenden Metallsplitter verletzten einen Polizisten, einen jugoslawischen Steward und einen Gepäckträger. Die zweite Rakete verursachte nur Sachschaden.

Während einer der Palästinenser noch die Reste der Windschutzscheibe aus dem Rahmen klopfte, setzte sich der andere ans Steuer. Dann fuhren sie mit hoher Geschwindigkeit zum Treffpunkt. Das folgende Umsteigen wurde von einem Polizisten beobachtet, der zufällig auf einem Fahrrad vorbeikam. Während der Simca mit Vollgas in Richtung Paris davonbrauste, lehnte der neugierige Gendarm sein Rad gegen eine Mauer und sah sich den verlassenen Peugeot genauer an.

Auf der Rückbank entdeckte er die Bazooka und zwei Raketen. Unterdessen stellte die Polizei am Tatort auf dem Flughafen eine Tokarew, Kaliber 7.62, sicher. Damit war das Kapitel der Mißgeschicke für Carlos und sein Kommando noch nicht abgeschlossen: Eine kroatische Exilgruppe bekannte sich zu dem »Anschlag« auf die jugoslawische DC9.

Die französische Polizei war nicht wenig verwirrt, als am späten Sonntag abend Carlos bei der Nachrichtenagentur Reuter in Paris anrief und im Namen des Kommandos Budia die Verantwortung für den Anschlag übernahm. Und noch später am Abend erhielt die Agence France-Presse in Beirut einen Telefonanruf, wonach der Anschlag vom Schwarzen September ausgeführt worden sei. Der Anrufer behauptete, der Anschlag sei eine Vergeltungsaktion für einen Raketenangriff auf das PLO-Büro in Beirut. Kurz darauf dementierte ein weiterer Anrufer, daß der Schwarze September den Anschlag begangen habe. Während

Jean Herranz, der Chef der Nahostabteilung der DST, aus dem Staunen nicht herauskam, hielt Michel Moukarbel eine Manöverkritik ab. Haddad hatte es zur strengen Regel gemacht, daß auf jede Operation eine ausführliche Manöverkritik folgte, um festzustellen, ob alles nach Plan abgelaufen war und ob Lehren für die Zukunft zu ziehen waren. Carlos deutete an, daß im vorliegenden Fall die Kritik, wie nicht anders zu erwarten, besonders ausführlich und heftig ausfiel. Er selbst beurteilte das Fiasko milder als Moukarbel. So sagte er zum Beispiel über den Schützen:

»Er hat zweimal geschossen und das Flugzeug verfehlt. Man kann das Irrtum oder menschliches Versagen nennen. Er war im Südjemen gut ausgebildet worden und galt als ein mutiger Kämpfer, der sich auf dem Schlachtfeld bewährt hatte. So etwas kommt eben vor. Wenn ich mich recht erinnere, wurde er genau in dem Moment, als er feuerte, abgelenkt.«

Ich verkniff mir die Frage, ob er zweimal abgelenkt worden sei.

»Wer kam eigentlich auf die Idee, nur eine Woche später an den Schauplatz zurückzukehren und einen zweiten Versuch zu unternehmen?«

»Michel. Er wollte es unbedingt noch einmal versuchen. Es war nicht bloß eine Idee, sondern ein Befehl.«

Wenn es in Frankreich einen Ort gab, der so kurz nach einem solchen Anschlag gut bewacht wurde, dann mit Sicherheit der Flughafen, auf dem er stattgefunden hatte.

In den Tagen nach dem Anschlag brachte die französische Presse eine ganze Reihe von Stellungnahmen.

Aus Sicht des irakischen Regimes hatte man mit der Operation doch einen gewissen Erfolg erzielt. Der israelische Informationsminister Aaron Jariv verkündete: »Dieser Anschlag sollte allen Ländern, die Terroristen bei sich aufnehmen, eine zusätzliche Warnung sein. Er bestätigt einmal mehr, was von dem Ölzweig, mit dem Arafat vor den Vereinten Nationen gewinkt hat, zu halten ist.«

Jariv erinnerte an eine Begegnung zwischen einem französischen Kabinettsmitglied und Jassir Arafat, die wenige Wochen zuvor stattgefunden hatte, und bezeichnete den Anschlag als »eine Folge dieser politischen Geste«. Daß die PLO das Attentat bereits als »einen kriminellen Akt und einen Schlag gegen das palästinensische Volk« verurteilt hatte, nahm Jariv nicht zur Kenntnis.

Während Vertreter der jugoslawischen Botschaft mit der französischen Regierung über die Konsequenzen diskutierten, die sich aus der Exi-

stenz einer kroatischen Separatistengruppe in Paris ergaben, machte sich Moukarbel an die Planung eines zweiten Attentatsversuchs.
Die Männer, die er mit dieser Operation betraute, mochten Fehler haben, aber an Kühnheit mangelte es ihnen nicht. Klügere Köpfe hätten wohl dafür plädiert, mehrere Wochen, wenn nicht gar Monate mit einem zweiten Versuch in Orly zu warten. Nicht so Moukarbel. Am selben Tag, an dem der mißlungene Anschlag stattgefunden hatte, waren Carlos und der palästinensische »Bazooka-Fachmann« wieder auf dem Flughafen.
Obwohl die Sicherheitskräfte in Orly um zusätzliche 750 Mann verstärkt worden waren, vorwiegend um schwerbewaffnete Angehörige der verhaßten Bereitschaftspolizei CRS, spazierten Carlos und sein Begleiter gelassen über das Flughafengelände, kundschafteten die Sicherheitsmaßnahmen aus und machten sich Notizen.
Sie kamen zu dem Schluß, daß der beste Platz für den zweiten Raketenanschlag die Besucherterrasse sei. Von dort hatte man einen freien Blick auf die startenden und landenden Flugzeuge. Allerdings brachte die Wahl dieses Platzes auch einige Probleme mit sich.
»Das Kommando hatte nach dem Anschlag nur dann eine Chance zur Flucht, wenn es Geiseln nahm. Außerdem war die Wahrscheinlichkeit groß, daß viele Menschen umkommen würden, und das wollten wir vermeiden.«
»Und was war mit den Menschen in der El-Al-Maschine, die Sie angreifen wollten? Deren Leben war doch auch bedroht.«
»Die Antwort darauf ist einfach – fliegen Sie nie mit El Al. Unsere Sorge galt nicht diesen Passagieren. Das waren Leute, die mit Israels Fluggesellschaft flogen und dadurch ihre Sympathie für das Land bekundeten, mit dem wir im Krieg stehen. Meine Sorge galt den normalen französischen Besuchern und natürlich auch unseren Männern. Vergessen Sie nicht, daß auch sie in Gefahr waren.«
Wieder hatte ich meine Schwierigkeiten, Carlos' Gedanken nachzuvollziehen. Ich stehe auf dem Standpunkt, daß alles menschliche Leben wertvoll und unantastbar ist. Im Nordlibanon war ich mit einem Mann konfrontiert, der an Menschen unterschiedliche Wertmaßstäbe anlegte. Diese Haltung ist beileibe nicht selten, viele machen sie sich zu eigen. Im israelisch-palästinensischen Konflikt findet man Menschen mit solchen Werten oder vielmehr mit einem Mangel an Werten auf beiden Seiten.
»Wir gingen am Freitag nochmals nach Orly. Diesmal machten wir eine Generalprobe, allerdings ohne Waffen.«

»Wie sah der Plan für den Anschlag aus?«
»Er war einfach. Der Angriff war für Sonntag vorgesehen. Diesmal sollte ihr algerischer Chef dabeisein. Ich sollte die drei Männer von Paris aus begleiten, mit den Waffen. Auf der Besucherterrasse sollten wir noch mal eine letzte Überprüfung vornehmen. Dann sollten sie in die Toiletten gehen, die Bazooka zusammensetzen und auf die Besucherterrasse zurückkehren. Sie sollten nur einmal auf die El-Al-Maschine feuern, und zwar in dem Moment, wenn sie den Abfertigungsbereich verließ. Der Schütze hatte Order, nur einen Schuß aus 25 Meter Entfernung abzugeben, damit er auch wirklich das richtige Ziel traf. Wir wollten nicht noch einmal unabsichtlich andere Flugzeuge beschädigen.«
Am Sonntag waren natürlich noch mehr Menschen in Orly zu erwarten. Familien mit Kindern, die dem eigentümlichen Vergnügen frönten, den startenden und landenden Flugzeugen zuzuschauen. Carlos war sich darüber durchaus im klaren.
»Ich wollte die Operation nicht am Sonntag durchführen. Abgesehen von den vielen Schaulustigen, ändert sich sonntags der Flugplan häufig sehr plötzlich. Ich hatte auch den Eindruck, daß wir noch mehr Zeit brauchten, um die Sicherheitsmaßnahmen der Polizei besser auszukundschaften. Doch Michel Moukarbel bestand darauf, daß der Anschlag an jenem Sonntag ausgeführt werden müsse. Die drei Kommandomitglieder stimmten ihm zu.«
Am Sonntag, dem 19. Januar, wiederholte sich die Anfahrt von Paris nach Orly. Carlos übernahm im Simca die Spitze. Das Kommando folgte in einem anderen Mietwagen, einem Citroën. Am Steuer saß der Deutsche Johannes Weinrich. Er hatte die Autos gemietet.
In Orly angekommen, begleitete Carlos die drei Attentäter auf die Besucherterrasse. Nachdem sie sich vergewissert hatten, daß dort alles normal war, gingen die vier wieder hinunter und holten die einzelnen Teile des Raketenwerfers sowie Pistolen und Handgranaten. Mit Ausnahme von Carlos lösten sie dann nochmals eine Eintrittskarte zu zwei Franc und kehrten auf die Besucherterrasse zurück.
Während Carlos und Weinrich die Autos vom Flughafenparkplatz fuhren, wurden die Kommandomitglieder plötzlich mit einem Problem konfrontiert, an das sie bei ihren diversen Observierungen nicht gedacht hatten. Die Toiletten waren alle besetzt, und nicht nur das, sogar eine Warteschlange hatte sich davor gebildet.
Bis die drei Männer endlich eine Kabine bekommen, den Raketenwerfer zusammengesetzt und geladen hatten und wieder auf der Ter-

rasse waren, rollte die El-Al-Maschine schon auf das Startfeld. Da sie vorigen Montag den RPG-7 im Fond des abgestellten Peugeot liegengelassen hatten, mußten sie diesmal mit einem RPG-2 vorliebnehmen, einer deutlich kleineren Waffe mit entsprechend geringerer Reichweite. Als der Schütze auf der Terrasse anlangte, mußte er feststellen, daß die Maschine schon 250 Meter entfernt war. Er konnte sie unmöglich treffen. Dennoch schulterte er die Bazooka – sehr zum Erstaunen eines CRS-Polizisten, der die Terrasse beobachtete. Ohne Rücksicht auf die zahlreichen Besucher auf der Terrasse gab der Polizist aus seiner Maschinenpistole einen Feuerstoß ab. Daraufhin warf einer der Terroristen Handgranaten. Der Wahnsinn des Nahen Ostens hatte wieder Orly erreicht.
Es kam zu einer wilden Schießerei zwischen den drei Palästinensern und einer wachsenden Zahl von CRS-Männern und einer Verfolgungsjagd quer durch die Wartehalle. Fluggäste, Besucher und Flughafenbedienstete gerieten in die Schußlinie. Zwanzig Personen wurden verletzt, darunter auch einer der Palästinenser und ein CRS-Mann.
Wie im ursprünglichen Plan vorgesehen, nahm das Kommando Geiseln und drängte sie in die Toiletten im ersten Stock. Als die anfängliche Panik sich legte, hatten die drei Männer zehn Geiseln in ihrer Gewalt, unter ihnen eine schwangere Frau und deren fünfjährige Tochter. Ihr unfreiwilliger Aufenthalt in den Toiletten sollte siebzehn Stunden dauern. Die meiste Zeit mußten sie stehen, weil die Geiselnehmer sie dazu zwangen. Die Verhandlungen begannen mit Zetteln, die unter der Tür des Waschraums hindurchgeschoben wurden. Aus einem dieser Zettel erfuhren die französischen Sicherheitsorgane, daß die drei Männer Mitglieder des Kommandos Budia waren.
Michel Poniatowski, der Minister, der sich während der Belagerung der Botschaft in Den Haag um eine möglichst harte Linie bemüht hatte, kam nach Orly und übernahm persönlich die Einsatzleitung. Die eigentlichen Verhandlungen führte ein mutiger ägyptischer Botschafter. Er riskierte in der ersten Phase des Geiseldramas sein Leben, denn als Ägypter war er für diese Männer von der Ablehnungsfront ein Feind, genau wie ein Israeli.
Mitten in der Nacht, als die Verhandlungen an einem toten Punkt angelangt waren, hörten die Männer, die die Toiletten umstellt hatten, plötzlich Schüsse von drinnen. Der ägyptische Botschafter befürchtete schon ein Blutbad und versuchte herauszufinden, was geschehen war. Die Geiselnehmer klärten ihn bereitwillig auf. Sie hatten nicht, wie befürchtet, eine Geisel erschossen, sondern lediglich in die Decke ge-

feuert, um die Franzosen nervös zu machen. Schließlich bekamen die Palästinenser für ihre zehn Geiseln eine Maschine der Air France und eine aus drei Mann bestehende Besatzung. Ihr Reiseziel nannten sie nicht.

In der Nacht, während sich die Verhandlungen hinzogen, warteten Carlos und Moukarbel in Paris. Sie versuchten, sich ein Bild von der Lage zu machen, doch das war schwierig, denn die Regierung hatte quasi eine Nachrichtensperre verhängt. Hätte Poniatowski seine anfänglich harte Linie beibehalten und einen Handel abgelehnt, wäre Carlos bereit gewesen, mit seinen Pistolen und Handgranaten für weiteren Terror in der Hauptstadt zu sorgen.

Die Kette der Fehler und Irrtümer, die von Carlos und dem Kommando begangen wurden, riß bis zum Ende der Operation in Orly nicht ab. Als er die Mietautos abstellte, versäumte er es, die Mietformulare und einen Parkschein aus den Wagen mitzunehmen. Diese Papiere waren Indizien für Herranz und seine Kollegen von der DST. Und sie waren der Grund für eine weitere Verschlechterung in der Beziehung zwischen Carlos und Moukarbel.

Carlos sprach nur widerwillig über ihre Beziehung, aber seine Kommentare ließen doch einiges durchblicken. Anfang 1975 war er wohl zu der Ansicht gelangt, daß er selbst und nicht Moukarbel Haddads Spitzenmann in Europa sein sollte. Außerdem handelte Moukarbel für seinen Geschmack zu impulsiv und setzte damit leichtfertig das Leben von Haddads Leuten in Europa aufs Spiel. Aus dem Interview von 1985 schloß ich, daß der 25jährige Venezolaner hart um die Position kämpfte, die der 34jährige Libanese innehatte. In der Wirtschaft wäre ein solches Verhalten ganz normal gewesen. Aber die beiden arbeiteten nicht in der Wirtschaft. Sie arbeiteten in einer Branche, in der Gewinn und Verlust gleichbedeutend waren mit Leben oder Tod.

Nach dem zweiten mißlungenen Anschlag in Orly gab es nicht nur scharfe Manöverkritik zwischen Carlos und Moukarbel. Auch viele andere zogen ihre Konsequenzen. Zu den ersten, die den Anschlag verurteilten, gehörten so gut wie alle Staaten der arabischen Welt. Die Folge war, daß die drei Attentäter und die französische Besatzung der Air-France-Maschine größte Schwierigkeiten hatten, ein Land zu finden, das ihnen eine Landeerlaubnis erteilte. Nach dem Start hatten die Terroristen dem Piloten befohlen, nach Beirut zu fliegen. Doch die Libanesen verweigerten die Landeerlaubnis. Daraufhin wichen sie nach Damaskus aus. Doch auch die Syrer erteilten ihnen eine Abfuhr. In Bagdad, dem Sitz der Regierung, die beide Anschläge in Auftrag gegeben hatte, durfte das Flugzeug nur zum Auftanken landen. Das Kommando mit offenen Armen aufzunehmen, noch dazu vor den Augen der Weltöffentlichkeit, schien dem irakischen Regime wohl doch zu kompromittierend. Kuwait, Saudi-Arabien, Ägypten und selbst der Südjemen weigerten sich, die Air-France-Maschine landen zu lassen. Der sagenumwobene Fliegende Holländer schien ein Pendant im 20. Jahrhundert bekommen zu haben, einen Fliegenden Franzosen in Gestalt eines Linienjets, der dazu verurteilt war, den Globus zu umkreisen. Aber Flugzeuge müssen von Zeit zu Zeit aufgetankt werden. Als die Treibstoffreserven wieder einmal bedenklich zur Neige gingen, appellierte der französische Botschafter in Bagdad an die irakische Regierung, dem Alptraum, der mittlerweile 17 Stunden dauerte, ein Ende zu setzen. Nach diesem Appell brauchten die Iraker nicht mehr zu befürchten, an den Pranger gestellt zu werden. Während sie die Anschläge von Orly weiterhin verurteilten, konnten sie geltend machen, aus reiner Menschlichkeit zu handeln. Der Air-France-Maschine wurde Landeerlaubnis erteilt. Das Kommando wurde sofort verhaftet und von der Polizei abgeführt. Danach war nie wieder etwas von ihnen zu hören. Ich fragte Carlos, was denn nach der Landung mit den Attentätern geschehen sei. Wieder zeigte er dieses schiefe Grinsen.

»Sie blieben ein paar Tage als Gäste der irakischen Regierung in Bagdad. Noch in der gleichen Woche wurden sie in den Südjemen geflogen, wo sie mit Wadi Haddad zusammentrafen.«

Die offizielle Verlautbarung der irakischen Regierung hörte sich etwas anders an: »Dem Flugzeug ist aus humanitären Gründen und mit Rücksicht auf die französisch-irakischen Beziehungen die Landung erlaubt worden.«

Der eigentliche Lohn für die Iraker ließ nicht lange auf sich warten. Nach einer scharfen Verurteilung der Anschläge richtete die französische Presse heftige Attacken gegen Jassir Arafat. Sie beschuldigte ihn, die Täter nicht zurückgehalten zu haben, und machte ihn für das Verhalten von rund vier Millionen Palästinensern verantwortlich, eine Strategie, die von der israelischen Regierung und von einigen anderen Ländern übernommen wurde. Wie allerdings Arafat die gesamte palästinensische Bevölkerung in Schranken halten und gleichzeitig als Richter, Geschworener und Henker fungieren sollte, wurde nicht erklärt. Präsident Sadat, der Arafat ebenfalls scharf kritisierte, behauptete, Zweck der Anschläge sei es gewesen, seinen bevorstehenden Staatsbesuch in Frankreich zu sabotieren.

Diese ganze Kampagne fand vor dem Hintergrund der erbittert geführten Friedensgespräche statt, die sich seit dem Oktoberkrieg 1973 hinzogen. Die Stimmung in jener Zeit läßt sich am besten aus den Kommentaren Kissingers ablesen, der die Ansicht äußerte, daß die USA bei einem neuerlichen Ölembargo der arabischen Ölstaaten die Anwendung von Gewalt nicht ausschließen könnten. Die Kanonenbootdiplomatie des 19. Jahrhunderts war für das Weiße Haus durchaus noch nicht tot.

Die beiden Anschläge hatten nicht nur Schrecken verbreitet und menschliches Leid verursacht, sondern Carlos und seinem Kommando auch einen großen Propagandaerfolg beschert. Wie Carlos formulierte: »Die beiden Anschläge waren, was die angestrebten Ziele anging, totale Mißerfolge. Doch das war schnell vergessen. Die Iraker waren über das Ergebnis hoch erfreut. Die PLO hatte viel von dem politischen Gewinn, den sie in Rabat und New York errungen hatte, über Nacht wieder verloren.«

Nur LE MONDE brachte am 23. Januar einen der bedeutsamsten Aspekte der Anschläge in Orly zur Sprache. Reporter der Zeitung hatten die französische Besatzung der Boeing bei ihrer Rückkehr nach Orly interviewt. Der Pilot, Flugkapitän Jean Vignau, sagte: »Die Terroristen verurteilten Jassir Arafat und Ägypten aufs schärfste. Selbst als ein arabischer Flughafen nach dem anderen geschlossen wurde, wollten sie in Ägypten nicht landen.«

Im März 1975 planten Moukarbel und Carlos die nächste von Wadi Haddad befohlene Operation. Wie einige frühere und auch spätere Operationen sollte sie allein der Erpressung von Lösegeldern dienen. Der Tatort war London, das Ziel der Botschafter der Vereinigten Arabischen Emirate in Großbritannien, Muhammed Mahdi el-Tadschir.

Für Wadi Haddad war el-Tadschir ein typischer Vertreter der herrschenden arabischen Oberschicht, die allen möglichen kostspieligen Launen frönte, der Misere der heimatlosen Palästinenser gegenüber aber gleichgültig blieb. Auch der Botschafter war reich, steinreich. Er hatte in der Preston Grammar School Englisch gelernt, dann als Angestellter in der britischen Brokerfirma Gray Mackenzie in Bahrain gearbeitet und schließlich dank der Protektion von Scheich Raschid bin Said, dem Herrscher von Dubai, kräftig in die eigene Tasche gewirtschaftet. Im Jahr 1966 wurden im Scheichtum Ölvorkommen entdeckt. Das Öl wurde Tadschirs Haupteinnahmequelle. Er war an allen Verkäufen mit einem halben Prozent Provision beteiligt. Als er 1972 zum Botschafter in Großbritannien ernannt wurde, galt er bereits als einer der reichsten Männer der Welt. Die Schätzungen schwankten zwischen zwei Milliarden bis zehn Milliarden Pfund. Er machte keine Anstalten, seinen Reichtum zu verbergen, sondern protzte damit. Er kaufte eine ganze Reihe herrschaftlicher Anwesen in Südengland. Nach Angaben von Kunstexperten besaß er die größte Sammlung an Kunstgegenständen in Gold und Silber auf der ganzen Welt. Im selben Jahr, als Wadi Haddad sich persönlich für ihn interessierte, wurde Tadschir nach der Höhe seines Vermögens gefragt. Er antwortete: »Eine Milliarde, zwei Milliarden, aber ich bin viel mehr wert. Mit diesem Telefon hier kann ich mir jede beliebige Summe beschaffen.«

Ich fragte Carlos, welche Summe Tadschir nach seiner Entführung am Telefon hätte abrufen sollen.

»50 Millionen Dollar.«

Nach dem Fiasko in Orly wollte Haddad nichts dem Zufall überlassen. Die Anweisungen, die er Moukarbel gab, waren detailliert und präzise. Um ein Höchstmaß an Sicherheit zu gewährleisten, sollten zwei neue konspirative Wohnungen beschafft werden. Was die Waffen betraf, so hatte Carlos im Frühjahr 1975 in London bereits ein reichhaltiges Arsenal zusammengetragen und in Nydias Wohnung in Knightsbridge und Angelas Wohnung in Bayswater deponiert: Handgranaten, ein Sortiment Faustfeuerwaffen, darunter ein Browning-Revolver, eine Beretta, eine Mauser Automatik, eine Browning-Pistole und eine tschechische Vzor Automatik mit Schalldämpfer, außerdem Plastiksprengstoff, Stangen Gelantinedynamit, eine Gaspistole, um das potentielle Opfer vorübergehend bewußtlos zu machen, und zu guter Letzt noch ein paar Gummiknüppel. Haddad wollte unter allen Umständen vermeiden, daß sich der gleiche Planungsfehler wie an jenem Septemberwochenende in Paris wiederholte, als Carlos nur mit zwei Handgranaten dastand.

Carlos mietete für die Kommandomitglieder ein möbliertes Einzimmerapartment in der Chesterton Road in Notting Hill im Londoner Westen. Am 7. April unterschrieb er den Vertrag. Zur gleichen Zeit mietete er sich auch in den Comeragh Mews 12 ein, ebenfalls im Westen. Dabei gab er sich als ein Ecuadorianer namens Anton Bouvier aus und stellte Nydia als seine französische Frau Françoise vor. Ich wollte ihn bei der Schilderung dieser Operation eigentlich nicht unterbrechen, aber als der Name Anton Bouvier fiel, blieb mir keine Wahl. Alle, die in einiger Ausführlichkeit über Carlos geschrieben haben, kommen unweigerlich auf Anton Bouvier zu sprechen. Sie beschreiben ihn ausnahmslos als einen hohen KGB-Offizier, der 1966 in Kuba für Carlos' Ausbildung verantwortlich gewesen sei. Außerdem soll er sein KGB-Führungsoffizier gewesen sein. In der Literatur heißt es, Bouvier habe in Paris und London von Anfang bis Mitte der siebziger Jahre ständig mit Carlos zusammengearbeitet. Wie bereits erwähnt, hatte Carlos die Berichte über seine Ausbildung in Kuba samt und sonders zurückgewiesen. Nun war der Name Bouvier über seine Lippen gekommen.

Wieder behauptete er, nie in Kuba ausgebildet worden zu sein, weder von Bouvier noch von sonst jemandem. Und wer war Bouvier? Carlos tippte sich an die Brust und sagte: »Ich bin Anton Bouvier. So wie ich viele andere Namen hatte.«

Darüber bestand kein Zweifel: Er hatte viele Identitäten angenommen, und jede hatte ihren eigenen Paß und ihre eigenen Papiere. Er war Cenon Clarke, ein Amerikaner aus New York; Hector Hugo Dupont, ein Anglo-Franzose, und noch ein weiterer Amerikaner namens Glenn Gebhard. Er war auch Adolfo Bernal aus Chile und Carlos Martínez Torres, ein Volkswirt aus Peru. Er hörte auch auf die Namen Johnny und Salim und mindestens noch sechs andere. Er war wirklich der Mann für jede Gelegenheit, doch der Name Anton Bouvier ragte heraus. Um ihn rankte sich die Legende einer russischen Intrige. Ich fragte Carlos, aus welchem Grund er Bouvier ins Leben gerufen habe.

»Als ich das Apartment in der Chesterton Road mietete, benutzte ich Namen und Paß von Adolfo Bernal aus Chile. Soll auch er KGB-Offizier sein? Als Nydia und ich die Wohnung in den Comeragh Mews anmieteten, gaben wir uns als Herr und Frau Bouvier aus, und ich legte einen meiner ecuadorianischen Pässe vor. Daran war nichts Besonderes. Falls etwas schiefging und wir schnell aus London verschwinden mußten, hätten die Engländer nach einem Chilenen und einem ecuadorianischen Paar gesucht, die es überhaupt nicht gab. Sie glauben doch wohl nicht, daß ich solche Mietverträge mit dem Namen Ilich Ramírez Sánchez unterschrieben habe, oder?«

In der Chesterton Road richtete Carlos einen kleinen Abstellraum als Dunkelkammer ein. Das Haus in den Comeragh Mews war ganz für sich abgeschlossen und besaß für diese spezielle Operation einen großen Vorzug: Das Erdgeschoß war ursprünglich ein Pferdestall gewesen, der nun in eine Garage umgebaut war. Das war sehr praktisch, wenn man die Entführung eines Botschafters plante – der bewußtlose Tadschir konnte direkt in die Garage gefahren und hinter den verschlossenen Toren aus dem Wagen geholt werden. Anschließend konnte man ihn über die Innentreppe in ein Schlafzimmer bringen und dort fotografieren. Die Fotos sollten in der Chesterton Road entwickelt und dann an die Botschaft geschickt werden, als Beweis, daß Carlos und seine Männer Tadschir in ihrer Gewalt hatten. Natürlich sollte mit der Ermordung Tadschirs gedroht werden, falls die Polizei eingeschaltet würde. Die 50 Millionen Dollar sollten auf ein Schweizer Nummernkonto eingezahlt und von dort sofort auf ein Konto in Aden transferiert werden. Sobald aus dem Südjemen die Bestätigung über den Eingang des Geldes vorlag, wollte man Tadschir mit verbundenen Augen eine Stunde lang quer durch London fahren, damit er die Orientierung verlor, und dann unversehrt in den Kensington Gardens absetzen, die nicht nur in der Nähe seiner Residenz und seiner Botschaft lagen, sondern auch unweit der beiden konspirativen Wohnungen.

Als die Mietverträge abgeschlossen waren, versammelte sich das Kommando in London. Moukarbel und Carlos leiteten die Gruppe, obwohl Moukarbel wie üblich nicht selbst an der Entführung teilnehmen durfte. So lautete Haddads Anweisung. Carlos leitete die aktiven Mitglieder der Gruppe, zu denen vier Deutsche gehörten: Hans-Joachim Klein, Wilfried Böse, Brigitte Kuhlmann und ein Mitglied der Revolutionären Zellen, der ein ausgezeichneter Fotograf war. Nydia sollte den Haushalt führen und für el-Tadschirs Verköstigung sorgen.

Planung und Logistik waren ausgezeichnet, aber die Entführung fand nie statt.

»Es bestand eine Absprache, wonach ein Angehöriger des irakischen Botschaftspersonals uns Informationen über Tadschirs tägliche Wege zuspielen sollte. Sie kamen nie. Ich behielt die ganze Gruppe fast drei Wochen in London. Die ganze Zeit über observierten wir Tadschirs Botschaft und sein Haus. Einmal bekamen wir ihn zu Gesicht. Er hatte zwei Leibwächter bei sich. Alles kam darauf an, ein genaues Bild über seine täglichen Wege zu bekommen. Entweder hatten die Iraker kalte Füße bekommen, oder sie hatten es sich anders überlegt. Dic Enttäuschung war groß.«

Nur nicht für Tadschir.

»Eine der Wohnungen, die Sie als Waffendepot benutzt haben, war doch Angela Otaolas Apartment in Bayswater, oder?«

»Ja, das sagte ich Ihnen bereits.«

»Aber Sie haben nicht erwähnt, daß Angela im April 1975 einen neuen Freund hatte, der auch bei ihr wohnte.«

»Barry Woodhams?«

»Ja. Solange Sie mit Moukarbel in London die Operation vorbereiteten, mag es ja noch verständlich gewesen sein, daß Sie Pistolen, Bomben und was sonst noch alles in der Wohnung einer Frau deponierten, zu der sie Vertrauen hatten. Aber die Waffen dort zu lassen, nachdem Sie wußten, daß ihr neuer Freund bei ihr eingezogen war? Wie konnten Sie so etwas tun?«

Er zuckte nur die Schultern und grinste.

»Wieso nicht? Ich hatte Barry ein paarmal zusammen mit Angela gesehen, bevor er zu ihr zog. Er schien in Ordnung zu sein. Er hatte keine Veranlassung, in einem Koffer zu stöbern, den ich dort irgendwann einmal abgestellt hatte.«

Tatsächlich hatte Woodhams Angela schon gekannt, bevor sie Carlos getroffen hatte. Sie waren Anfang 1972 Nachbarn in der nahe gelegenen Garway Road gewesen. Die beiden Männer hatten einiges gemeinsam. Sie interessierten sich für Waffen, standen politisch links und hatten ein Auge auf dieselbe attraktive Frau geworfen. Auch lebten beide fern ihrer ursprünglichen Heimat.

Woodhams, der zwei Jahre älter als Carlos war, hatte seine Kindheit im früheren Nordrhodesien verbracht. Bevor er mit 14 Jahren auf eine weiterführende Schule nach England geschickt wurde, hatte er seinen Vater, einen Beamten, auf zahlreichen Jagdausflügen begleitet und beträchtliche Kenntnisse von Schrotflinten und Gewehren gesammelt. Anders als viele weiße Rhodesier jener Zeit tendierte er politisch deutlich nach links.

Als Carlos seine Bekanntschaft machte, arbeitete Woodhams als Biochemiker an der Universität London. Davor war er an der geheimen und äußerst umstrittenen staatlichen Forschungseinrichtung in Porton Down in Wiltshire beschäftigt gewesen.

Möglicherweise lag es an dem Schreck über die Entdeckung, daß Angela einen neuen Freund hatte, der obendrein auch noch bei ihr wohnte: Jedenfalls kam Carlos mit seiner Nationalität durcheinander, als er sich Barry Woodhams vorstellte. Er sagte, er sei Carlos Martínez aus Chile. Angela schwieg dazu, obwohl er sich ihr als Carlos Martínez aus Peru vorgestellt hatte. Bei einer solchen Fülle von Namen und Nationalitäten wuchs unvermeidlich die Gefahr, sich auch einmal zu irren.

Carlos fand sich damit ab, daß ihn ein anderer aus Angelas Bett verdrängt hatte. Statt aber seinen kompromittierenden Koffer zu nehmen und sich still davonzustehlen, zog er es vor, sich mit Woodhams anzufreunden. Sie unterhielten sich oft bis spät in die Nacht, zu lange für Angelas Geschmack, die häufig nicht durchhielt und allein ins Bett ging. Carlos erzählte Geschichten über seine heißen Nächte in

Clubs wie dem Churchill's in der Bond Street oder über Pokerpartien mit hohen Einsätzen. Er redete über eine ganze Reihe von Themen, sei es nun die Unfähigkeit der politischen Linken in Großbritannien, die richtige Handhabung von Gewehren oder die Unzulänglichkeit von Sicherheitsvorkehrungen auf Flugplätzen. Wie unzulänglich diese Sicherheitsvorkehrungen waren, hatte er nur wenige Monate zuvor am Beispiel Orly der ganzen Welt demonstriert. Er behielt einen Schlüssel für das Zimmer, in dem sein Koffer stand. Oft wartete er schon auf Angela und Barry, wenn sie heimkamen. Er hatte dann stets zollfreien Brandy und Zigaretten von seinem letzten Parisflug für sie mitgebracht. Zu dritt gingen sie dann in ein nahe gelegenes Restaurant oder zu Angelo's, einem Lokal mit Nachtlizenz, das nicht nur bei den ansässigen Ausländern beliebt war, sondern auch bei Kriminalbeamten aus der nahen Paddington-Polizeiwache, die nach ihrem Dienst hier vorbeischauten.

Solche Männer erkannte man auf den ersten Blick.

»Wußten Sie, daß im Angelo's eine Menge Kriminalbeamte in Zivil verkehrten?«

»Aber sicher.«

»Und das hat Sie gar nicht beunruhigt? Haben Sie nicht das Lokal gewechselt?«

»Nein.«

»Hatten Sie nie ein mulmiges Gefühl wegen des Koffers, den Sie in Angelas Wohnung gelassen hatten? Immerhin war er voll mit Waffen, gefälschten Papieren, Handgranaten und anderen Sachen, die man in Ihrem Metier braucht.«

»Nein, ich hatte ihr Nydias Telefonnummer gegeben, falls mir irgend etwas zustoßen sollte. Sie hätte nur Nydia anzurufen brauchen, und die hätte den Koffer dann abgeholt.«

»Wenn wir schon dabei sind: Haben Sie über solche Abmachungen eigentlich mit Moukarbel gesprochen?«

»Nein, warum hätte ich das tun sollen?«

»Nun, immerhin war er Ihr Chef. Der Kopf von Haddads Organisation in Europa.«

»Sicher. Aber das waren Dinge, die ihn nichts angingen.«

Neben Waffen barg der Koffer auch Unterlagen, aus denen hervorging, daß die Tadschir-Entführung zwar gescheitert war, aber viele andere geplant und noch mehr erwogen wurden. Mögliche Ziele wurden diskutiert und Todeslisten erstellt. Vieles davon war nur provisorisch – alle Operationen mußten Wadi Haddad in Aden zur Entscheidung vor-

gelegt werden. Doch obwohl diese Attentate über das erste Planungsstadium nicht hinauskamen, schaudert einem bei der Lektüre.
Die provisorischen Todeslisten, die Carlos erstellt hatte, umfaßten nicht nur Zionisten oder Juden, die keine Zionisten waren. Auch Nicht-Juden waren darunter, ja sogar einige Araber.
Die Listen waren nicht nur grauenvoll, sie waren auch absurd lang. Hunderte von Personen waren da aufgeführt: der Präsident des Afar- und Issa-Territoriums; Präsident Sadats Gattin; Scheich Jamani. Daneben standen die Namen von Vera Lynn, John Osborne und dessen damaliger Ehefrau Jill Bennett, Yehudi Menuhin, Lord Drogheda. Insgesamt über 500 Namen – ein regelrechtes Who's who berühmter Persönlichkeiten. Viele hatten mit dem israelisch-palästinensischen Konflikt überhaupt nichts zu tun. Sie standen nur auf der Liste, weil sie berühmt waren. Eine solche Person zu ermorden verschafft dem Attentäter und seiner Sache zweifellos das, was Andy Warhol »fünfzehn Minuten Berühmtheit« genannt hat. Und wer mehrere umbringt, wird auf Jahrzehnte hinaus bekannt bleiben. Die außergewöhnlich lange Liste, die Carlos erstellt hatte, verweist indes ins Reich der Phantasie.
Andere Ziele wurden ernsthafter ins Auge gefaßt. So bestanden Pläne, bei einem Botschafterempfang in Westdeutschland eine größere Anzahl von Diplomaten zu entführen. Ziel war, die damals inhaftierten Mitglieder der Baader-Meinhof-Gruppe freizupressen. Für den Fall, daß die Aktion nicht das gewünschte Resultat brachte, sollten sechs Geiseln erschossen werden. Außerdem sollte ein zweites Kommando in der Tiefgarage der Frankfurter Dependance der Chase Bank einen mit Sprengstoff beladenen VW-Bus zur Explosion bringen. Würden die Baader-Meinhof-Gefangenen daraufhin immer noch nicht freigelassen, sollte ein drittes Kommando in einem großen Hamburger Hotel eine Zwanzigkilobombe hochgehen lassen. Die erste Operation, die Geiselnahme, sollte am Nationalfeiertag eines bestimmten Landes stattfinden, wenn alle anderen in Deutschland akkreditierten Botschafter zu den Feierlichkeiten kamen. Aus Carlos' Ausführungen ging hervor, daß die Pläne für diese Serie von Gewalttaten schon ziemlich weit gediehen waren.
»Die Pläne für diese Operationen wurden im Februar 1975 bis ins Detail durchdiskutiert. Die Besprechungen fanden in Paris statt. Michel und ich diskutierten diese Angelegenheit mit mehreren unserer deutschen Genossen.«
»Hatten Sie die Zustimmung Wadi Haddads?«

»Für die Grundidee, ja. Es war klar, daß viele Einzelheiten noch ausgearbeitet werden mußten. Wir kamen überein, daß noch weitere Treffen nötig waren, ehe man dem Alten die endgültigen Pläne vorlegen konnte.«

»Sie waren damals also bereit, im Verlauf dieser Operationen zahlreiche Menschen zu töten?«

»Ja.«

»Nur um die Freilassung von knapp einem halben Dutzend Gefangener zu erreichen, die, wie Sie mir erzählt haben, im Sommer 1970 in Jordanien keinen besonders großen Eindruck auf Sie gemacht hatten.«

»Im Jahr 1975 waren diese Leute für Haddad sehr wichtig geworden. Wir hatten ein sehr gutes Verhältnis zu unseren deutschen Genossen. Sie leisteten gute Arbeit für die Palästinenser. Sie wollten Ulrike Meinhof, Andreas Baader und die übrigen freibekommen, und Haddad maß der Sache großen Wert bei.«

»Propagandawert?«

»Natürlich, aber darüber hinaus wollte er auch weitere Europäer für seinen Kampf gewinnen. Nach der Affäre um die Japanische Rote Armee in Frankreich war Haddad der Ansicht, daß unsere japanischen Genossen durch Europäer ersetzt werden müßten.«

»Aber der Plan wurde nie ausgeführt. Warum nicht?«

»Wegen der Geschichte in der Rue Toullier.«

Wir hatten eine entscheidende Phase im Leben dieses Mannes erreicht. Nach den Vorfällen in der Rue Toullier sollte er für den Rest seines Lebens das schützende Dunkel der Anonymität verlieren. Er war kein Unbekannter mehr, sondern klar identifiziert. Sehr viele Menschen und sehr viele Geheimdienste sollten sich an seine Fersen heften.

Zwei Ereignisse, die Affäre in der Rue Toullier und der Wiener OPEC-Anschlag, sorgten Ende 1975 dafür, daß Ilich Ramírez Sánchez zum meistgesuchten Mann auf der ganzen Welt wurde.

Anfang Juni 1975 erwartete Carlos in Paris die Rückkehr Moukarbels aus Beirut. Der Chef der europäischen Gruppe war in den Nahen Osten gereist und hatte sich zu Besprechungen mit Haddad und anderen Kadern der Organisation getroffen. Unter anderem war auch über die Anschlagserie in Westdeutschland gesprochen worden. Die Pläne hatten bereits sehr konkrete Formen angenommen. Bei seiner Rückreise nach Paris beging Moukarbel einen Fehler, der fatale Folgen für ihn haben sollte. Er setzte sich über Haddads strikte Regel hinweg, daß kein Mitglied der Organisation direkt von Beirut aus an seinen Bestim-

mungsort reisen durfte, und buchte einen Direktflug nach Orly. Die Geheimdienste der ganzen Welt wußten genau, daß Beirut eines der Hauptzentren jener Aktivitäten war, denen Haddad und andere nachgingen. Hinzu kam, daß in den vorangegangenen zwölf Monaten mehrere Aktionen für Aufsehen gesorgt hatten: die Anschläge in Orly, der Anschlag auf das Café Drugstore, die Geiselnahme in Den Haag und die Explosion dreier Autobomben in Paris. Vor diesem Hintergrund war es mehr als leichtsinnig von Moukarbel, direkt nach Frankreich fliegen zu wollen. Wie nicht anders zu erwarten, wurde er an der Paßkontrolle in Beirut etwas eingehender als sonst gefilzt. Er mußte seinen Aktenkoffer öffnen, und dabei zeigte sich, wie sorglos Haddads Spitzenmann in Europa inzwischen geworden war. Der Zollbeamte fand mehrere Pässe. Als er daraufhin das übrige Handgepäck durchsuchte, kamen detaillierte Unterlagen über Moukarbels Planungsbesprechungen zum Vorschein. Es war wie eine Neuauflage der Yamada-Affäre.
Moukarbel wurde verhaftet und zur Vernehmung fortgebracht. Der libanesische Geheimdienst war von den Franzosen aufgebaut worden und bereicherte die französische Ausbildung mit einigen arabischen Finessen. Dazu gehörten auch eigene Methoden der physischen und psychischen Folter. Am dritten Tag seines Martyriums in den Händen der Libanesen bemerkte Moukarbel ein neues Gesicht im Raum, einen Zivilisten, der wenig sprach und süßlich duftenden Tabak in der Pfeife rauchte. Aus den wenigen Worten und Gesten, die dieser Mann mit den libanesischen Geheimdienstleuten austauschte, schloß Moukarbel, daß der Fremde, ein Amerikaner, ein hoher CIA-Beamter sein müsse.
Moukarbel beteuerte später, er habe nichts preisgegeben. Der libanesische Geheimdienst hingegen behauptete, er habe »wie ein Kanarienvogel gesungen«. Wer nun die Wahrheit sagte, kann aus den nachfolgenden Ereignissen geschlossen werden. Der libanesische Geheimdienst setzte Moukarbel in das nächste Flugzeug nach Orly und informierte die DST in Paris über Tag und Stunde seiner Ankunft.
In Orly passierte ein verstörter und verängstigter Michel Moukarbel ohne Schwierigkeiten den Zoll. Die Geheimdienstoffiziere in Beirut hatten ihm die falschen Pässe und belastenden Papiere wieder ausgehändigt, nachdem sie das ganze Material heimlich kopiert und fotografiert hatten. Was nun begann, war ein Katz-und-Maus-Spiel. Die Maus war selbstverständlich Moukarbel, und die Rolle der Katze übernahm Jean Herranz, Leiter der Nahostabteilung B2 der DST. Als Moukarbel für eine Busfahrkarte nach Paris anstand, reihten sich auch zwei DST-Beam-

te in die Schlange ein. Man schrieb den 13. Juni. Michel Moukarbel hatte noch 14 Tage zu leben.
Die DST jagte das Kommando Budia nunmehr seit fast einem Jahr und hatte bei ihren Ermittlungen einen Fehler nach dem anderen gemacht. Jetzt beschattete sie den Kopf des Kommandos und wußte es noch nicht einmal. Hinzu kamen die Fehler der libanesischen Kollegen: Statt Kopien des Materials, das man in Moukarbels Gepäck gefunden hatte, per Kurier nach Paris zu schicken, nahmen sie es lediglich zu den Akten. Moukarbel hatte nicht gesungen. Was er genau gesagt hat, bleibt ein Geheimnis. Aber nach dem zu schließen, was nach seiner Ankunft in Frankreich geschah, war es ihm zweifellos gelungen, seine Rolle als Chef der Haddad-Gruppe in Europa geheimzuhalten. Zwar empfahlen die Libanesen ihren französischen Kollegen, Moukarbel zu beobachten, also zu beschatten, doch sie ahnten nicht, daß dieser unscheinbare Mann mit dem schmalen Schnurrbart, der einem müden Kellner nicht unähnlich sah, für einen Großteil des blutigen Terrors verantwortlich war, der seit fünf Jahren Frankreich und andere Teile Europas erschütterte.
Die DST-Beamten beobachteten, wie Moukarbel seinen Wohnblock in der Avenue Claude Vellefaux 25 betrat. Sie setzten sich in ein nahe gelegenes Café, bestellten Kaffee und beobachteten den Eingang des Hauses. Währenddessen dachte Moukarbel in seiner Wohnung über die Situation nach.
Er wollte Carlos anrufen und ihn warnen. Er wollte auch einen Verbindungsmann in Venedig anrufen, der Wadi Haddad benachrichtigen sollte. Von der Wohnung aus zu telefonieren war undenkbar, auch aus einem Café anzurufen war gefährlich. Vielleicht hatte man ihn auf dem Weg vom Flughafen nach Hause beschattet. Er kam zu dem Ergebnis, daß es das beste sei, sich ruhig zu verhalten und für ein paar Tage erst einmal gar nichts zu tun. Wenn er tatsächlich beschattet wurde, dann würde die DST bald die Lust verlieren und ihre Leute wieder zurückpfeifen.
Zur gleichen Zeit lebte Carlos noch recht unbekümmert. Moukarbel war zwar schon seit fast einer Woche überfällig, doch seine Besuche in Beirut oder Aden hatten sich in letzter Zeit immer etwas in die Länge gezogen, was eine Folge der chaotischen, schlecht organisierten Welt der palästinensischen Politik war.
Im übrigen gab es angenehme Ablenkungen.
Maria Lara war aus der Wohnung in der Rue Toullier ausgezogen. Daß Carlos mit ihr und ihrer Mitbewohnerin Nancy Sánchez eine Liaison

unterhielt, hatte selbst im sexuell freizügigen Milieu des Quartier Latin zu Spannungen geführt. Carlos setzte beide Affären fort, aber an verschiedenen Orten. In Marias Zimmer war nun Albaida Salazar eingezogen. Die nächtlichen Parties mit Wein und lauter Musik gingen weiter. Wenige Autominuten entfernt, in der Rue Amélie, bot Amparo Masmela in ihrem Apartment Abwechslung von dem Treiben in der Rue Toullier.

In London wartete die treue Nydia, die immer noch als Frau Bouvier in dem entzückenden Haus in den Comeragh Mews wohnte. Carlos hatte den Mietvertrag weiterlaufen lassen in der Erwartung, daß der Plan zur Entführung Tadschirs in naher Zukunft ausgeführt würde. Nur ein paar hundert Meter weiter wohnten Angela und Barry, bei denen sein Koffer stand. Ein Stück die Straße hinunter wartete in der konspirativen Wohnung in der Chesterton Road der Deutsche Wilfried Böse auf den Beginn der Entführungsaktion.

Am Sonntag, dem 15. Juni, begann Carlos' scheinbar wohlgeordnete Welt zusammenzubrechen. Es geschah gleichzeitig in London und Paris.

An diesem Morgen begann Barry Woodhams mit der Renovierung der Vierzimmerwohnung in Bayswater, in der er mit Angela zusammenlebte. Als er die Kommode in der Kaminecke wegrückte, fand er unter ihr einen Paß, ausgestellt auf den Namen Adolfo Bernal. Daneben auf dem Boden lag ein kuwaitischer Führerschein. Die Einträge waren auf arabisch, der Besitzer hieß Bernard Muller. In beiden Papieren klebte das Foto von Ramírez. Woodhams schaute durch das Wohnzimmer zu dem schwarzen Lederkoffer hinüber. Der Reißverschluß war mit einem Schloß versehen. Er wollte noch mehr wissen. Das billige Vorhängeschloß stellte kein Problem dar. Das erste, was ihm in die Augen sprang, war eine tschechische Vzor Automatik, Kaliber 7,36 mm; der Lauf hatte ein Gewinde, um den Schalldämpfer aufzunehmen, der gleich daneben lag. Außerdem war da noch ein Ersatzmagazin mit 15 Schuß. Darunter lagen eine Anzahl versiegelter Patronenpackungen. Eine weitere Untersuchung hätte ergeben, daß er auf den Koffer gestoßen war, der hier als »Waffenlager« diente. Barry Woodhams legte alle Gegenstände wieder an ihren Platz zurück und dachte nach.

Er beschloß, Angela seine Entdeckung mitzuteilen und ein Wörtchen mit Carlos zu reden, wenn er wieder aus Paris zu Besuch kam. Eines war freilich merkwürdig: Als er mit Angela über die Sache sprach, schien sie überhaupt nicht erstaunt zu sein.

Sein Handeln, oder sein unterlassenes Handeln, an jenem Sonntag hatte erhebliche Auswirkungen auf die folgenden Ereignisse und das Leben zahlreicher Personen. Ein Gang zur Polizeiwache Paddington Green an jenem Tag, eine geheime Aktion der Special Branch, hätte vieles verhindern können.
Auf der anderen Seite des Ärmelkanals bekam der sorglose Carlos, der Gegenstand von Woodhams lebhaftem Interesse an diesem Tag, überraschenden Besuch, als er gerade mit seinen Geliebten Nancy und Maria zu Mittag aß.
»Michel war bereits seit zwei Tagen aus dem Libanon zurück, als er um die Mittagszeit plötzlich in der Rue Toullier auftauchte. Ich begrüßte ihn herzlich und schenkte ihm ein Glas Wein ein, aber er machte einen sehr nervösen und unruhigen Eindruck. Offensichtlich stimmte irgend etwas nicht. Er konnte aber nicht darüber sprechen. Er hatte einen Koffer bei sich und bat mich, ihn in seine Wohnung in der Avenue Claude Vellefaux zu bringen. Wenn ich mich recht erinnere, sollte ich ihm den Koffer gegen sechs Uhr abends bringen.«
»Wann kam er zu Besuch?«
»So gegen zwei, halb drei. Es war ganz normal, daß er bei den Mädchen in der Rue Toullier Kontakt mit mir aufnahm.«
»War das der erste Kontakt mit ihm, seit er nach Beirut geflogen war?«
»Ja. Ich brannte darauf zu erfahren, was man in Beirut und Aden beschlossen hatte. Aber er wollte zu dem Zeitpunkt nicht darüber reden.«
»Wollte er nicht, weil die Frauen dabei waren?«
Er machte ein erstauntes Gesicht. »Nein, natürlich nicht. Michel sagte nur, daß er am Nachmittag noch ein Treffen habe und den Koffer nicht durch die Stadt schleppen wolle. Deswegen bat er mich um den Gefallen, ihn gegen Abend in seine Wohnung zu bringen.«
»Was haben Sie geantwortet?«
»Ich habe abgelehnt. Schließlich hatte ich Wichtigeres zu tun, als für ihn den Gepäckträger zu spielen.«
»Was war denn nun in dem Koffer, das Moukarbel so beunruhigte?«
»Dasselbe wollte ich auch wissen. Schließlich öffnete er ihn und zeigte mir einige Unterlagen. Sie stammten von Wadi Haddad. Es waren Pläne für künftige Operationen und ausführliche Angaben darüber, wie Waffen und Geld nach Europa geschleust werden sollten. Genauer gesagt handelte es sich um Pläne für Operationen in Westdeutschland und für ein Attentat auf Natan [Ascher Ben Natan, der israelische Botschafter in Frankreich]. Michel hätte solche Papiere niemals in Paris herumtragen dürfen. Als er mir dann eingestand, daß er die Unterla-

gen aus Beirut mitgebracht habe und daß er auf dem Beiruter Flughafen verhaftet und verhört worden sei, wurde ich wütend.«
»Wie hätte er sie denn nach Frankreich bringen sollen?«
»Als Diplomatengepäck. Das war der übliche Weg.«
»Welche Staaten boten solche Dienste an?«
Carlos zuckte mit den Schultern. »Irak. Jemen. Saudi-Arabien. Kuwait. Syrien. Viele sympathisierten mit uns.«
»Hat er Ihnen erzählt, was während der Verhöre in Beirut geschehen war?«
»An dem Nachmittag nicht. Ich sollte ihm den Koffer bringen, dann wollte er mir alles erzählen. Er beteuerte aber, daß die Libanesen nichts aus ihm herausbekommen hätten.«
»Glaubten Sie ihm?«
»Ich wußte nicht, was ich glauben sollte. Aber ich war überzeugt, daß sie ihn nur hatten gehen lassen, um zu sehen, zu wem er gehen würde. Ich bestürmte ihn, sofort Kontakt mit der Zentrale aufzunehmen und sie über alles, was geschehen war, zu unterrichten.«
»Was ist die Zentrale?«
»Wadi Haddads Kommandostellen. Damals gab es drei: eine in Beirut, eine in Aden und eine in Bagdad.«
»Waren Sie nun, nachdem Ihnen Moukarbel alles erzählt hatte, bereit, ihm den Koffer in die Wohnung zu bringen?«
»Natürlich. Ich wollte nicht, daß er mit so brisanten Unterlagen in Paris verlorenging.«
Was Moukarbel und Carlos nicht wußten: Eifrige DST-Beamte waren dem besorgten Moukarbel durch ganz Paris bis ins Quartier Latin gefolgt. Der Libanese hatte recht gehabt mit seiner Vermutung, daß man ihn von dem Augenblick an beschatten würde, in dem er in Paris aus dem Flugzeug stieg. Doch er hatte sich geirrt, als er annahm, daß die DST nach zwei Tagen des Stillhaltens von seiner Seite die Lust an dem Spiel verlieren würde. Der französische Geheimdienst wußte zwar immer noch nichts über Moukarbels Rolle, aber er blieb neugierig.
Ein nun gleichfalls beunruhigter Carlos trat mit einem Koffer in der Hand aus dem Haus Nummer 9 in der Rue Toullier und spähte die Straße aus. Ein DST-Mann machte aus gebührendem Abstand eine Serie von Aufnahmen mit einem Teleobjektiv. Eines der Fotos zeigt einen nachdenklichen, aber sich unbeobachtet glaubenden Carlos.
Kommissar Jean Herranz studierte die Berichte, die ihm seine Leute lieferten. Sie ergaben keinen Sinn. Bislang lagen keine Hinweise darauf vor, daß Moukarbel Verbindungen zu irgendeiner bekannten Or-

ganisation hatte. Der Besuch des Libanesen in der Rue Toullier war ohne Bedeutung. In dieser Gegend waren keine Aktivisten bekannt. Da Herranz mit einem sehr schmalen Etat auskommen mußte, beschränkte er die Observierung auf Moukarbels Wohnung in der Avenue Claude Vellefaux.

Ohne zu ahnen, daß sie in der DST-Abteilung von Herranz bald auf der Liste der meistgesuchten Männer stehen sollten, entwickelten Moukarbel und Carlos Züge von Verfolgungswahn.

Am Abend des 15. Juni war endlich ein Kontakt zu Wadi Haddad hergestellt worden. Das Verfahren war kompliziert. Der Verbindungsmann, ein Volksfrontmitglied in Venedig, telefonierte nach Beirut, und von dort aus wurde Haddad in Aden verständigt. Als der Mann in Venedig schließlich zurückrief, berichtete er Moukarbel von fieberhaften Aktivitäten. Haddad hatte die Brisanz der Lage erkannt.

»Der Alte befahl, das gesamte Agentennetz in Paris vorübergehend aufzulösen. Jeder, der mit uns direkt in Verbindung stand, wurde sofort in ein anderes Land geschickt. Die Genossen verstreuten sich über ganz Europa. Gewehre, Granaten und übriges Gerät wurde aus der Wohnung in der Rue Toullier geschafft. Haddad vermutete, daß man Moukarbel bis dorthin gefolgt war. Wir verfrachteten das ganze Zeug in die Rue Amélie, wobei wir darauf achteten, daß uns niemand folgte. Der Kontakt mit Moukarbel wurde auf ein Minimum beschränkt. Ich mußte mit ihm zu einer Bank gehen und wichtige Planungsunterlagen aus einem Tresorfach holen.«

Gegen Mitternacht des 15. Juni rief Carlos Nydia an. Er berichtete ihr von Moukarbels Verhaftung und Verhör in Beirut. Da Moukarbels Adreßbuch in die Hände des libanesischen Geheimdienstes gefallen war, mußten alle darin verzeichneten Kontakte als gefährdet angesehen werden. Dies galt auch für das entzückende Haus von Herrn und Frau Bouvier in den Comeragh Mews. Herr Bouvier, in Gestalt von Carlos, hielt sich zwar in Paris auf, aber Frau Bouvier [Nydia Tobón] wohnte immer noch dort. Trotz der mitternächtlichen Stunde bestand Carlos darauf, daß Nydia sofort Wilfried Böse verständigen solle, der immer noch in der Chesterton Road wohnte. Moukarbel hatte Ende April und Anfang Mai nicht nur im Churchill's Hotel gewohnt, sondern auch in der Wohnung in der Chesterton Road. Also war es auch dort nicht mehr sicher.

Daß der Streß nun auch Carlos zusetzte, kann aus dem Umstand abgelesen werden, daß er Nydia bedrängte, von einer gefährdeten Wohnung in eine andere, nicht weniger gefährdete Wohnung zu wechseln.

Am frühen Morgen des 16. Juni rief Carlos nochmals aus Paris an. Diesmal sprach er mit Böse und Nydia in dem Apartment in der Chesterton Road. Er sagte Böse, er solle nach Paris kommen, und verabredete mit ihm ein Treffen am folgenden Tag um elf Uhr vormittags am Nordbahnhof. So wie er mir diese Ereignisse zehn Jahre später aus der Erinnerung schilderte, konnte ich mir gut vorstellen, wie ihn im späten Juni 1975 allmählich die Angst gepackt haben muß.
Am nächsten Tag traf sich Carlos mit Böse und unterrichtete ihn über die Lage. Er versprach, neue falsche Pässe für Böse und Moukarbel zu besorgen. Böse sollte einen Paß auf den Namen Axel Claudius bekommen. Wie sehr die Panik das Urteilsvermögen der Akteure trübte, zeigt ein weiterer Umstand: Moukarbel bestand darauf, daß Böse bei ihm wohnen solle, solange er noch keinen neuen Paß habe. Böse wurde also aus seinem Londoner Unterschlupf, für den sich damals weder der britische noch der französische Geheimdienst interessierte, nach Paris in eine konspirative Wohnung beordert, die von der DST observiert wurde. Am 21. Juni riefen Carlos und Moukarbel Nydia an. Der tief verunsicherte Moukarbel wollte nach London kommen. Es wurde verabredet, daß sich Nydia um ihn kümmern sollte. Carlos brachte seinen Chef zum Air Terminal »Les Invalides« in Paris. Es war das letzte Mal, daß er ihn vor dem Abend des 27. Juni sah.
Nydia wartete mehrere Stunden am Air Terminal in Kensington West, aber Moukarbel kam nicht – er war verschwunden. Als Carlos davon erfuhr, geriet er noch mehr in Panik. Tatsächlich wurde Moukarbel von der britischen Polizei festgehalten und eingehend vernommen. Hätte eine auch nur halbwegs funktionierende Zusammenarbeit zwischen dem britischen und dem französischen Geheimdienst bestanden, so hätte man Moukarbel nach England einreisen lassen, um ihn dann zu beschatten. Doch wie sich später herausstellen sollte, kam eine Zusammenarbeit in dieser Affäre erst zustande, als sie kaum noch von Nutzen war.
Am 23. Juni rief Carlos abermals Nydia an. Noch immer gab es kein Lebenszeichen von Moukarbel. Nun verließ Carlos auch noch der letzte Rest seines gesunden Menschenverstandes: Er ließ Nydia Tobón nach Paris kommen. Statt Haddads Anweisung zu befolgen und das Pariser Netz vorübergehend aufzulösen, beorderte er Schlüsselfiguren der Gruppe in ein Minenfeld.
Die DST tappte also weiter blind durch Paris, ohne recht zu wissen, was sie eigentlich suchte, während praktisch mit jeder Fähre und jedem Flugzeug ein Mitglied der Volksfront ankam und den Chef von

Haddads Organisation in Europa suchte, der sich anscheinend in Luft aufgelöst hatte. Das Ganze war eine Farce. Doch sie sollte ein bitteres Ende nehmen.

Michel Moukarbel war von der britischen Polizei abgeschoben und gleich darauf am 23. Juni von der DST verhaftet worden. Davon wußte Carlos nichts, als er am folgenden Tag Böse traf und ihm neue falsche Pässe für ihn selbst und Moukarbel überreichte. Nach dem Treffen mit Böse ging er zu Nydia. Ihr Hauptgesprächsthema war Moukarbel, der immer noch nicht aufgetaucht war. Nydia bat Carlos, mit ihr nach London zurückzukehren. Doch entgegen Haddads Weisung, Paris zu verlassen, und trotz aller Warnzeichen, die zu sofortiger Flucht mahnten, ging Carlos nicht darauf ein. Zu mir sagte er: »Ich hatte damals das Gefühl, ich sollte in Paris bleiben und mich um alles kümmern.«

Carlos war seit über einem Jahr überzeugt, daß er und nicht Moukarbel Haddads europäische Gruppe führen sollte. Nun war er, wenn auch nur vorübergehend und unter den denkbar mißlichsten Umständen, zur Nummer eins aufgestiegen. Durch seine folgenden Maßnahmen fügte er den bereits begangenen Fehlern nur noch weitere hinzu. Statt Böse sofort außer Landes zu bringen, erlaubte er ihm, Moukarbels Wohnung als Unterschlupf zu nutzen. Am 25. Juni, wenige Stunden, nachdem sich Carlos ein weiteres Mal mit Nydia Tobón getroffen hatte, wurde Wilfried Böse von der DST in Michel Moukarbels Wohnung verhaftet. Carlos wußte nichts davon, doch als Böse später nicht am vereinbarten Treffpunkt in einem Café am Boulevard Saint-Germain auftauchte, hätten bei Carlos eigentlich die letzten Alarmglokken schrillen müssen. Doch Carlos lehnte es weiterhin ab, das Land zu verlassen. Sein Versagen als selbsternannter Chef wurde nur noch durch die Unfähigkeit der DST übertroffen. Böse tischte den Geheimdienstleuten eine Lügengeschichte auf. Er behauptete, er trage deshalb falsche Pässe und einen falschen Personalausweis bei sich, weil er im Spanien Francos der Verhaftung von Gewerkschaftern und linken Oppositionellen nachgehen wolle. Die DST-Beamten waren naiv genug, die Geschichte zu glauben, und übergaben Böse am Grenzübergang Saargemünd der deutschen Polizei. Auf diese Weise taten sie das, was eigentlich Carlos' Aufgabe gewesen wäre, nämlich Wilfried Böse aus Paris fortzubringen. Nun waren bereits zwei Männer spurlos verschwunden, aber Carlos hatte nichts Besseres zu tun, als Angela Otaola in London anzurufen und sich dafür zu entschuldigen, daß er am Abend nicht zu ihrer Geburtstagsparty kommen könne.

Am Freitagmorgen, dem 27. Juni, herrschte geschäftiges Treiben in der Wohnung in der Rue Toullier. Nancy Sánchez, die noch am Abend nach Venezuela zurückkehren wollte, um dort ihr Studium fortzusetzen, bereitete ihre Abschiedsparty vor. Ihre Nebenbuhlerin Maria Lara war zum Glück nicht da. Sie machte Urlaub in Algerien. Nancy würde Carlos an ihrem letzten Tag also ganz für sich allein haben.
Zufällig trafen die beiden im Postamt in der Rue Cujas Angela Armstrong und luden sie zu einem Aperitif am frühen Abend ein. Doch Angela hatte zu viel zu tun und sollte später dem Himmel danken, daß sie der Einladung nicht gefolgt war. Außerdem sollte sie nach den folgenden Ereignissen sagen, daß Nancy schon bei ihrer Begegnung im Postamt einen demoralisierten und erschöpften Eindruck gemacht habe, »als ob sie die Wahrheit über Carlos erfahren habe«. Angela Armstrong ist nicht die einzige, der im nachhinein alles wie Schuppen von den Augen fiel.
Das Postamt war überfüllt, die Luft heiß und stickig. An der nahe gelegenen Sorbonne war Semesterschluß, und alles drängte in die Ferien. Carlos, der sich verständlicherweise Sorgen machte, war gereizt, weil er warten mußte. Er versuchte Haddads Verbindungsmann in Venedig zu erreichen. Keine Antwort. Er probierte es bei Nydia, die bereits wieder in London war. Keine Antwort. Nancy hatte unterdessen mehr Erfolg und telefonierte mit ihrer Familie in Caracas. Und auch Angela sprach mit ihrer Familie und mit Freunden, um Reisepläne abzustimmen. In ihrem Fall ging es um ihre kleine Tochter, die tags darauf ohne Begleitperson nach England in die Ferien fliegen sollte. Für alle schien die Zeit des Aufbruchs gekommen, nur nicht für den einen, der doch das erstbeste Flugzeug hätte nehmen sollen.
Ich fragte Carlos, welcher Teufel ihn geritten habe, damals in Paris zu bleiben, obwohl alle Umstände zum raschen Aufbruch drängten. Er zuckte die Schultern und machte eine hilflose Geste.
»Ich war durcheinander und unsicher. Ich hatte das Bedürfnis, mit dem Alten zu sprechen, aber ich bekam keine Verbindung zu ihm.«
Diese Unentschlossenheit sollte einige Menschen das Leben kosten.
Während Carlos und Nancy Sánchez die Party in der Rue Toullier vorbereiteten, stand Michel Moukarbel bereits den vierten Tag seines Dauerverhörs in der DST-Zentrale durch.
Allen Ängsten und Befürchtungen zum Trotz, die er vor seiner Verhaftung geäußert hatte, hielt er sich erstaunlich gut. Moukarbel besaß eine Widerstandskraft und innere Stärke, die er sich in den langen Jahren des Untergrundkampfs erworben hatte. Sein Mentor und be-

ster Freund, Mohammed Budia, hatte in ihm einen Mann gefunden, der ebenso findig und gewitzt war wie er selbst. Zusammen hatten sie viele Aktionen im Auftrag ihrer Genossen im Nahen Osten geplant und ausgeführt. Welche wirklichen oder nur eingebildeten Schwächen Carlos auch in seinem Chef sah, vor Kommissar Jean Herranz gab sich Moukarbel keine Blöße.
Moukarbel legte Papiere vor, aus denen hervorging, daß er mit persischen und kurdischen Teppichen handelte – daher seine häufigen Reisen in den Nahen Osten. Was die verschiedenen Pässe und Ausweispapiere betreffe, zu denen Herranz einen sehr summarischen Bericht von seinen Kollegen in Beirut erhalten hatte, so habe er sie in Beirut auf der Straße gefunden. Da solche Papiere offenkundig für die DST von Interesse sein würden, habe er vorgehabt, sie nach seiner Rückkehr aus Beirut in der DST-Zentrale abzugeben. Als libanesischer Staatsbürger kenne er die Unfähigkeit der Sicherheitsorgane seines Landes. Er habe sicherstellen wollen, daß die Papiere in die Hände eines wirklich effizienten Geheimdienstes kämen. Und zum Dank dafür, daß er sich vom Gedanken an das Gemeinwohl habe leiten lassen, werde er nun wie einer dieser Terroristen behandelt, die das Leben der Bürger in Gefahr brachten.
Man fragte ihn nach Wilfried Böse. Er antwortete, Böse sei ein deutscher Rechtsanwalt, ein guter sogar, allerdings mit einer Schwäche für politische Fälle. Es sei typisch für ihn, daß er sich der unterdrückten Gewerkschafter in Spanien annehme.
Soweit im großen und ganzen Moukarbels Antworten auf die vielen Fragen, die ihm Herranz und seine Kollegen stellten. Am Nachmittag des 27. Juni war Herranz überzeugt, daß der Libanese die Wahrheit sagte. Nur eines störte ihn. Was hatte Moukarbel nach seiner Rückkehr nach Paris am 13. Juni mit den Papieren gemacht? Zur DST hatte er sie jedenfalls nicht gebracht.
Auch dafür hatte Moukarbel eine Erklärung: Er habe befürchtet, daß die Franzosen ihn genauso behandeln würden wie die libanesischen Sicherheitsleute. Und darauf sei er nicht erpicht gewesen. Deshalb habe er die Papiere einem Freund zur Verwahrung gegeben.
An dieser Stelle wartete Herranz mit einer dieser kleinen Überraschungen auf, die alle Polizeibeamten so lieben. Er holte ein Foto hervor: Es zeigte Carlos vor der Wohnung in der Rue Toullier, in der Hand Moukarbels Koffer. Neben ihm stand Moukarbel.
Moukarbel blieb kaum eine andere Wahl: Er mußte zugeben, daß dies der Freund war, dem er den Koffer anvertraut hatte. Auf weitere

Fragen gab er an, daß der Mann Carlos Martínez heiße, ein Peruaner, Sohn reicher Eltern, ein Playboy und Spieler. Bestimmt kein Mann, der sich auf krumme Sachen einlasse. Nur ein Freund, dem er einen Koffer zur Verwahrung gegeben habe, um in Ruhe darüber nachdenken zu können, was mit seinem Inhalt geschehen solle. Moukarbel schlug vor, mit Maria Lara, der »Freundin des Playboys«, zu sprechen. Sie könne einen Kontakt zu ihm herstellen.
Das alles erschien Herranz durchaus plausibel. Wenn Moukarbel ihn tatsächlich zur Wohnung der Frau begleitete, ihn mit diesem Carlos bekannt machte und bestätigte, daß der Koffer samt Inhalt ihm gehörte, dann wäre die Angelegenheit damit erledigt. Moukarbel würde auf freien Fuß gesetzt, und die DST müßte ihm für seinen Beitrag im Kampf gegen den Terrorismus danken.
Hätte ihn die DST tatsächlich laufenlassen und ihm damit die Möglichkeit gegeben, mit Carlos in Verbindung zu treten und ihn in die Geschichte einzuweihen, die er der DST erzählt hatte, dann wäre ihm ein famoser Bluff gelungen. Aber Herranz brannte darauf, den Inhalt dieses mysteriösen Koffers kennenzulernen, und das lieber heute als morgen. Er war schon lange hinter der Gruppe von Mohammed Budia her und erhoffte sich vom Inhalt des Koffers wichtige Hinweise. War es doch ein seltenes Glück, daß nicht irgendein anderer Passant die Papiere in einer staubigen Beiruter Straße gefunden hatte, sondern ausgerechnet dieser unscheinbare Libanese, der trotz der schlechten Behandlung in Beirut den Koffer nach Paris gebracht hatte.
Moukarbel wußte, daß Maria Lara bereits in die Ferien gefahren war, und nahm offensichtlich an, daß Carlos in der Rue Toullier nicht anzutreffen sein würde.
Nach einem Umtrunk für einen Kollegen, der in Pension ging, machte sich Kommissar Herranz mit Moukarbel auf den Weg in die Rue Toullier. Er nahm zwei Kollegen mit: Oberinspektor Raymond Doubs und Inspektor Jean Donatini. Sie überquerten die Seine und fuhren auf dem Boulevard Saint-Germain mitten ins Quartier Latin. Es war einer der heißesten Abende des Jahres, und Lärm drang aus den offenen Fenstern und Türen der Kneipen und Cafés. Paris genoß die sommerliche Hitze.
In der Wohnung in der Rue Toullier Nr. 9 ging die Party ihrem Ende zu. Es war gegen halb neun. Nancy war schon zum Flughafen gefahren. Um Viertel vor neun waren nur noch fünf Personen anwesend. Die DST-Beamten hatten bereits eine falsche Klingel gedrückt und eine Gesellschaft beim Abendessen gestört, als sie endlich an der richtigen

Wohnungstür klopften. Über das, was dann geschah, ist viel spekuliert worden. Carlos gab mir folgende Darstellung:
»Jemand klopfte an die Tür und öffnete. Die Tür war nicht verschlossen. Zwei Männer kamen herein und sagten ›Polizei‹. Es waren Herranz und sein Assistent Doubs. Sie wollten Maria Lara sprechen. Ich sagte ihnen, sie sei vor ungefähr einer Woche in Urlaub in den Süden gefahren.
Ich bat sie, Platz zu nehmen und etwas zu trinken. Als sie auftauchten, war die Stimmung locker, und ich sorgte dafür, daß es auch so blieb. Ich hatte zwar schon am frühen Nachmittag angefangen zu trinken, aber das war egal. Ich vertrage eine Menge. Herranz wollte unsere Pässe sehen. Wir gaben sie ihm. Ich gab ihm meinen peruanischen auf den Namen Carlos Andreas Martínez Torres. Herranz machte sich Notizen und bestritt den größten Teil der Unterhaltung. Er fragte mich über Michel Moukarbel aus. ›Kennen Sie diesen Libanesen? In welchem Verhältnis stehen Sie zu ihm?‹ Ich antwortete, daß mir der Name nichts sage, aber Herranz lächelte und sagte: ›Aber Moukarbel kennt Sie. Er hat uns diese Adresse gegeben.‹«
Das entsprach natürlich nicht der Wahrheit. Die DST war bei der Beschattung Moukarbels auf die Adresse gestoßen, aber das konnte Carlos nicht wissen, als er sich mit Herranz unterhielt. Es war der erste Schachzug des Kommissars. Weitere sollten folgen, und sie sollten tödlich enden.
»Der Kommissar holte ein Foto hervor, auf dem Michel und ich zu sehen waren. Es war in der Nähe der Wohnung in der Rue Toullier aufgenommen worden. Ich hätte nie gedacht, daß dieser Ort observiert werden könnte. Ich mußte sie hinhalten, also begann ich, ihnen Fragen zu stellen: ›Was ist denn mit diesem Libanesen? Geht es vielleicht um Rauschgift oder Terrorismus? Die Zeiten sind ja so unsicher.‹ So in der Art. Ich fragte sie auch nach ihren Dienstausweisen. Sie zeigten sie mir. Sie waren tatsächlich von der DST. Zu dem Zeitpunkt sagte ich dann, ich wolle mich rasieren.«
Als Carlos mein erstauntes Gesicht sah, brach er in Gelächter aus.
»Ich dachte, wenn ich mich ganz natürlich und normal benehme, wird der Kommissar denken, daß er einen normalen Geschäftsmann vor sich hat. Ich ging mich also rasieren und schenkte vorher noch einmal nach. Am Anfang, als die Polizei hereingeplatzt war, hatte ich nur ein Hemd angehabt. Nach dem Rasieren zog ich mein Jackett an. Keinem fiel es auf. Im Jackett hatte ich eine Pistole, eine Tokarew mit vollem Magazin. Die Party war zu diesem Zeitpunkt mehr oder

weniger vorbei. Ich fragte Herranz, wo dieser Libanese jetzt sei, und als Inspektor Doubs sagte, er sitze in einem der Autos, mit denen sie hergekommen seien, schlug ich vor, sie sollten ihn doch heraufbringen, dann werde sich schnell herausstellen, ob mir dieser Mann bekannt sei oder nicht.
Mein Vorschlag schien sie zu überraschen. Herranz und Doubs traten kurz beiseite und tuschelten miteinander. Dann wies Herranz seinen Kollegen an, Michel heraufzuholen. Er blieb eine ganze Weile fort.«
Carlos hielt einen Augenblick inne und nahm einen Schluck aus seinem Glas, das auf dem Tisch stand. Er starrte nachdenklich auf die Wand gegenüber. Für einen Moment saß er nicht mehr in einer weißgetünchten Villa in Baalbek, wo in der Morgendämmerung fernes Hundegebell zu hören war. Er war wieder in Paris, und es war der 27. Juni 1975, Freitag abend gegen 21.30 Uhr.
»Ich merkte, daß ich in der Falle saß, deshalb bereitete ich mich auf einen Kampf vor. Ich trank noch ein Glas und schenkte auch Herranz nach. Etwa eine Viertelstunde später traten Doubs, Donatini und Michel zusammen ein. Herranz und ich hatten dagesessen und geplaudert. Als die anderen hereinkamen, standen wir auf. Michel hatte sich dramatisch verändert. Er machte einen völlig gebrochenen Eindruck. Er sah aus, als sei er physisch und psychisch gefoltert worden. Er war nur noch ein Schatten seiner selbst. Herranz zeigte auf Michel und fragte mich, ob ich ihn kenne. Ich antwortete, daß ich diesen Mann noch nie im Leben gesehen hätte. Dann stellte Herranz Michel die gleiche Frage. Michel hob ganz langsam den rechten Arm und sagte mit krächzender Stimme: ›Das ist der Mann, dem ich den Koffer gegeben habe.‹ Bei diesen Worten deutete er auf mich. Das war für mich der Augenblick zu handeln.
Ich zog meine Pistole. Ich schoß zuerst auf Donatini, weil er als schneller Schütze galt. Ich war schneller. Ich traf ihn in die linke Schläfe. Dann schoß ich Doubs zwischen die Augen. Ich drehte mich um und zielte auf Herranz. Eine der Frauen, Albaida, geriet in die Schußlinie. Ich stieß sie zur Seite und traf Herranz oben in den Hals. Michel war jetzt der einzige, der noch stand. Er duckte sich zur Seite und hielt sich die Hände vors Gesicht. Seine Angst machte mich wütend. Er hatte keinen Versuch unternommen, mir zu helfen. Er hatte mich verraten. Ich ging auf ihn zu und schoß ihm zwischen die Augen. Dann packte ich den Koffer, und ehe ich den Raum verließ, schoß ich nochmals auf den am Boden liegenden Michel. Diesmal traf ich ihn in die linke Schläfe.

Ich rannte aus der Wohnung, nahm aber nicht den Gang, der zur Vorderseite von Nummer 9 führte, sondern sprang in den Hof von Nummer 11. Ich hatte noch drei Schuß im Magazin und ein Ersatzmagazin. Ich steckte die Pistole hinten in meine Jeans und trat durch die Haustür von Nummer 11 hinaus auf die Straße. Ich hatte Glück. Im Viertel gab es einen Stromausfall, alle Straßenlaternen waren erloschen. Ich wußte, daß die Polizeiwagen von mir aus gesehen rechts stehen mußten. Als ich auf die Straße kam, bog ich daher links ab und ging ganz ruhig weiter. Als ich am Ende der Straße ankam, hörte ich Schüsse. Ich drehte mich nicht um. Von dem Zeitpunkt, als ich meine Pistole zog, bis zu dem Zeitpunkt, als ich die Straße hinunterging, waren nur sechs Sekunden vergangen.«

Als Carlos in der Dunkelheit verschwand, hing noch der beißende Geruch von Kordit in dem kleinen Wohnzimmer. Langsam kam Bewegung unter die entsetzten Partygäste. Drei der vier am Boden liegenden Männer waren tot, nur der schwerverwundete Herranz atmete noch. Er wurde in höchster Eile ins Hôpital Cochin gebracht und überlebte. Später mußte er sich den bohrenden Fragen seiner Vorgesetzten stellen und die vernichtende Kritik der französischen Medien einstecken.

Als sich Carlos mit einem Sprung nicht nur in Sicherheit, sondern auch weltweit in die Schlagzeilen brachte, war das wie die Bestätigung der prophetischen Worte eines früheren Bewohners dieses Hauses in der Rue Toullier, durch die der Todesschütze mit rasendem Herzschlag und noch warmem Pistolenlauf in die Nacht entfloh. In den ersten Jahren dieses Jahrhunderts hatte Rainer Maria Rilke ein schäbiges Zimmer im Haus Nummer 11 bezogen. Was er in seiner Umgebung beobachtete, gab ihm folgende Zeilen ein: »So, also hierher kommen die Leute, um zu leben, ich würde eher meinen, es stürbe sich hier ... Die Gasse begann von allen Seiten zu riechen. Es roch, soviel sich unterscheiden ließ, nach Jodoform, nach dem Fett von Pommes frites, nach Angst.«*

Obwohl Kommissar Herranz überlebte, gab es doch einen vierten Toten in jenem Raum – Ilich Ramírez Sánchez. Von nun an konnte er nie mehr seinen richtigen Namen benutzen oder sich offen mit seiner Familie oder Freunden treffen. Ein Leben in konspirativen Wohnungen, mit falschen Papieren und mehreren Identitäten sollte von nun an zur Regel werden. Lauf, Carlos, lauf.

* Rilke: *Die Aufzeichnungen des Malte Laurids Brigge,* Frankfurt/M. 1973, S. 7

»Nachdem Herranz Ihnen das Foto, auf dem Sie und Moukarbel zu sehen waren, gezeigt hatte, haben Sie weiter beteuert, ihn noch nie in Ihrem Leben gesehen zu haben. Warum?«
»Nun gut, das war ein Fehler.«
»Wenn Sie heute, zehn Jahre später, zurückblicken, finden Sie dann nicht, daß es auch ein Fehler war, die DST-Beamten und Michel zu erschießen?«
»Das nicht. Damals hieß es: entweder ich oder sie.«
»Ich kann nachvollziehen, wie Sie damals zu dieser Einschätzung gekommen sind. Aber die Polizeibeamten trugen keine Waffen, und Moukarbel hatte Sie nicht verraten. Hätte er es getan, dann wäre die DST nicht einfach so in die Wohnung spaziert und hätte über eine halbe Stunde mit Ihnen zusammengesessen und getrunken. Diese Männer waren ihrer Aufgabe in keiner Weise gewachsen, aber Selbstmordabsichten hatte wohl keiner von ihnen.«
Carlos nahm die Hornbrille ab, die er bisher getragen hatte, und schaute mich mit unerschrockenen dunkelbraunen Augen an. Dann senkte er den Blick und rieb sich mit der rechten Hand nachdenklich das Kinn.
»Wer sagt denn, daß die DST-Leute nicht bewaffnet waren?«
»In der ganzen französischen Presse hagelte es Kritik, weil Herranz und seine Kollegen unbewaffnet in die Rue Toullier gegangen waren. Die damalige französische Regierung räumte ein, daß sie die Lage völlig falsch eingeschätzt hatten.«
Er breitete vor mir die Arme aus und zeigte damit, daß er diesen Punkt für bewiesen hielt.
»Stellen Sie sich aber einmal vor, welchen Aufschrei es gegeben hätte, wenn die französische Regierung zugegeben hätte, daß die drei Beamten doch bewaffnet waren und von mir überwältigt wurden. Und was Michel betrifft: Die Männer wären nie in die Rue Toullier gekommen, wenn er nicht so viele Fehler gemacht hätte.«
»Ich dachte, Sie hätten ihn nicht wegen des Verrats erschossen, sondern weil er Ihnen bei der Schießerei nicht geholfen hatte.«
»Das ist richtig.«
»Aber er war nicht bewaffnet.«
»Er hätte sich einen von ihnen greifen können. Er aber stand bloß da. Wadi Haddads Nummer eins in Paris. Bibbernd vor Angst, stand er in der Ecke.«
Diese Bemerkung schien mir besonders bezeichnend. Noch zehn Jahre nach den Ereignissen brach sich der Zorn, den Carlos gegen den

Mann an der Spitze der Pariser Organisation gehegt hatte, ungezügelt Bahn. Der Ärger über dessen vermeintliche Fehler und Schwächen. Der Neid des Jüngeren auf den Älteren. Anmaßung und Eitelkeit. Fehlende Anerkennung für gute Arbeit und erfolgreich gelöste Aufgaben. Im Sommer 1970 war Carlos mit idealistischen Zielen zu einer Entdeckungsreise in den Nahen Osten aufgebrochen. Seitdem mußte eine grundlegende Verwandlung mit ihm stattgefunden haben. Er hatte davon geträumt, zu Douglas Bravo und den Guerillas in den Bergen um Caracas zu stoßen, doch statt dessen war er in die Hauptstädte Europas gereist und hatte dort Schrecken, Leid und Tod verbreitet. Und im Sommer 1975 hatte er dann wie viele vor ihm erkennen müssen, daß jeder, der sich auf ein solches alptraumhaftes Abenteuer eingelassen hat, auf seinem Weg vorwärts nur Blut und nochmals Blut vergießen kann. Deswegen mußten in einer schmuddeligen Zweizimmerwohnung im Quartier Latin drei Männer ihr Leben lassen, während ein vierter nur durch ein Wunder überlebte, nur weil sich der Groll in Carlos zu mörderischer Wut gesteigert hatte.
Dr. José Luis González Duque hatte gerade Nancy Sánchez zum Flughafen Charles de Gaulle gebracht und kehrte in die Rue Toullier zurück, um seine Frau Leyma und Albaida Salazar zum Abendessen abzuholen. Als er das Haus Nummer 9 betrat, mußte er entdecken, daß drei Männer tot am Boden lagen und seine Frau und Albaida in Haft genommen waren. Die französische Polizei verhaftete vorsorglich auch den Doktor. Alle drei waren vollkommen unschuldig, aber an jenem Abend und auch noch in den folgenden Tagen verhaftete und verhörte die geschockte DST jeden, der diesen Mann, der sich Carlos Martínez nannte, auch nur flüchtig kannte. Carlos eilte mit raschen Schritten, so schnell es eben ging, ohne aufzufallen, den Boulevard Saint-Germain entlang und begab sich in Amparo Silva Masmelas Wohnung in der Rue Amélie. Nach dem, was er mir über das weitere Geschehen berichtete, wurde sein Verhalten immer sprunghafter. Er dachte nicht daran, das umfangreiche Waffenlager aus der Wohnung zu schaffen. Er verschwendete keinen Gedanken daran zu retten, was von dem Kommando Budia noch zu retten war. Vielmehr schien er sich einreden zu wollen, daß das von ihm mutwillig angerichtete Blutbad und die Zerstörung von Haddads Pariser Organisation gerechtfertigt gewesen seien. Mehrmals verließ er in jener Nacht die Wohnung in der Rue Amélie, um Nydia in London anzurufen. Als er sie endlich erreichte, wies er sie an, zahlreiche belastende Unterlagen zu verbrennen. Andere Papiere, darunter den auf den Namen Anton

Bouvier ausgestellten Paß, sollte sie Freunden zur Verwahrung zustellen. Er sagte ihr, er habe Moukarbel wegen seines Verrats erschossen. Wieder in der Rue Amélie, begann er eine Reihe von Briefen zu schreiben.

Zwei Briefe gingen an Angela Otaola in London. Zu Moukarbel schrieb er ihr: »... den habe ich zum Dank für seinen Verrat in eine bessere Welt geschickt.« Hätte Moukarbel seinen Kollegen wirklich verraten, dann wäre die DST nicht nur bewaffnet und in angemessener Stärke in die Rue Toullier gekommen, sondern sie hätte auch von dem Unterschlupf in der Rue Amélie gewußt, wo Carlos saß und seine Rechtfertigungsbriefe schrieb.

Am Morgen des 28. Juni, als die französische Presse erste Einzelheiten über das Blutbad in der Rue Toullier brachte, schlenderte Carlos von der Wohnung zum nahen Air Terminal. Dort saß Angela Armstrong mit ihrer kleinen Tochter und wartete.

»Carlos! Carlos!« rief sie durch die überfüllte Wartehalle. Es war wieder ein drückend heißer Tag, und sie stand in einer langen Warteschlange. Da war auch ein Plausch mit jemandem, den sie eigentlich nicht mochte, eine willkommene Abwechslung. Sie wartete schon fast eine Dreiviertelstunde, um den Flug ihrer Tochter zu buchen. Obwohl die gesamte französische Polizei, die DST und der SDECE (der französische Auslandsgeheimdienst) nach dem Mörder aus der Rue Toullier fahndeten und alle Ausreisemöglichkeiten aus Frankreich überwachten, war es Carlos eingefallen, ausgerechnet jetzt durch den Air Terminal zu bummeln wie ein harmloser Spaziergänger.

Carlos hörte Angelas laute Begrüßung und ging lässig zu ihr hinüber. Er legte ihr den Arm um die Schulter, was er sonst nie getan hatte. Nachdem er auch die achtjährige Nina begrüßt hatte, nahm er Angela etwas beiseite.

»Ich bin in Schwierigkeiten.«

»Geht es um Peru? Versuchst du ein Flugticket dorthin zu bekommen?«

»Hast du schon die Nachrichten gehört?«

Er sprach spanisch und sehr schnell. Zu schnell für Angela.

»Carlos, sprich langsamer oder sprich englisch.«

Er wechselte ins Englische. »Ich habe gerade zwei Männer erschossen, und den dreckigen Araber, der mich verraten hat. Ich bringe alle um, die mich verraten. Luis und seiner Frau ist nichts passiert. [Damit meinte er Dr. José Luis Gonzáles Duque und seine Frau, die beide in Haft saßen.] Schreib an Nancy. Sag ihr, sie soll in Venezuela

bleiben. Dort kann ihr nichts geschehen. Zu ärgerlich: Wir brauchen neue Papiere. Ich gehe jetzt in den Nahen Osten. Auf Wiedersehen.«
Lässig schlenderte Carlos, den allein die Sorge drückte, wie er an einen neuen Paß kam, auf den Ausgang zu.
Bestürzt über diese seltsame Begegnung, stellte sich Angela wieder in die Schlange. Carlos war ihr nicht betrunken vorgekommen. Nachdem sie ihre Tochter in den Bus zum Flugzeug gesetzt hatte, strebte sie dem Ausgang zu. An der nahen Métro-Station fiel ihr Blick auf eine fette Zeitungsschlagzeile: SCHIESSEREI IN DER RUE TOULLIER.
Selbst nach Carlos' eigenen Maßstäben, der ihm eigenen Mischung aus Arroganz, Begriffsstutzigkeit und Gleichmut, war es ein starkes Stück. Welcher Teufel hatte ihn geritten, daß er ausgerechnet an einem Ort spazierenging, der für ihn an diesem Morgen so gefährlich wie kaum ein anderer war?
»Hätte es eine bessere Methode gegeben herauszufinden, wie effizient die französische Polizei arbeitet?«
»Hatten sie nicht Ihr Foto?«
»Ja, das schon. Aber es war Samstag morgen, und wir waren in Frankreich. Weder die DST noch irgendeine andere Behörde in Frankreich arbeitet so zügig, wie Sie, Ihrer Frage nach zu urteilen, voraussetzen. In keinem Staat der Welt funktioniert das so zügig. Langfristig greifen solche Maßnahmen. Aber nicht in so kurzer Zeit.«
Darüber, wie Carlos in jenem heißen Sommer des Jahres 1975 aus Paris entkam, gibt es zwei bekannte Versionen. Beide sehen seine Flucht im Zusammenhang mit seinen kubanischen Bekannten in Paris. Die eine Theorie besagt, daß Carlos mit Hilfe von DGI-Agenten Kontakt zu algerischen Diplomaten aufnahm, die ihn dann nach Lyon und von dort aus nach Marseille brachten. Da die Polizei alle Flughäfen überwachte, soll er auf einem Frachter nach Algier gefahren sein. Auch nach der zweiten Theorie spielte der kubanische Geheimdienst eine entscheidende Rolle. Danach fuhr Carlos mit einem kubanischen Diplomatenpaß quer durch Europa, ehe er in Ostdeutschland ein Flugzeug in den Nahen Osten bestiegen haben soll.
Ich gab dem Mann, der mir gegenübersaß, eine Darstellung beider Versionen. Während ich sprach, nickte er immer wieder. Als ich fertig war, fragte ich ihn, wie es denn tatsächlich gewesen sei. Seine Antwort war so überraschend wie alles, was er mir in jener Nacht anvertraute.
»Ich habe ein Flugzeug nach London genommen und dazu meinen eigenen venezolanischen Paß benutzt. Ich bin fast einen Monat in London geblieben.«

Wenn es schon an Wahnsinn grenzte, wenige Stunden nach dem Blutbad in der Rue Toullier am Air Terminal »Les Invalides« spazierenzugehen, dann zeugt es von völligem Realitätsverlust und pathologischem Leichtsinn, in dieser Situation auch noch ein Flugzeug nach London zu nehmen. Wäre er in Frankreich gefaßt worden, hätte ihn die Guillotine erwartet. Wäre ihm das gleiche in London passiert, so hätte er mit einer langen Zuchthausstrafe rechnen müssen, und danach, wenn er dann noch am Leben war, mit einer Auslieferung an Frankreich und einem neuerlichen Prozeß.

Gewiß, Nydia, Angela Otaola und Barry Woodhams waren in London. Aber wie lange würden sie ihm Unterschlupf bieten, nachdem er mit ihnen in Verbindung getreten war?

Die Flucht hatte begonnen. Für den Rest seines Lebens würde er nie wieder nach draußen gehen können, ohne vorher die Straße auszuspähen. Etwas spontan zu unternehmen war nicht mehr möglich. Und nie wußte er, ob der Augenblick des Verrats gekommen war. Kein Wunder, daß er so schlecht schlief. Ich fragte ihn, was ihn denn dazu gebracht habe, sich mit einem Direktflug nach London solcher Gefahr auszusetzen. Er äußerte sich dazu nicht verbindlich. Darauf fragte ich ihn, ob er beweisen könne, daß er tatsächlich nach London geflogen sei. Er nahm die Brille ab und lehnte sich in die weiße Ledercouch zurück.

»Wenn Sie wirklich so gut sind, wie man Ihnen nachsagt, werden Sie selbst einen Beweis finden.«

»Aber warum gerade London?«

»Ich brauchte einen sicheren Unterschlupf, damit ich mit dem Alten Verbindung aufnehmen und einen Aktionsplan ausarbeiten konnte. Außerdem brauchte ich neue Papiere. An jenem Samstag suchten die französischen Sicherheitsorgane einen Peruaner namens Carlos Andreas Martínez Torres. Von einem Venezolaner mit Namen Ilich Ramírez Sánchez hatten sie nie gehört. Mit etwas Glück würde das auch in Zukunft so bleiben.«

»Und die Verbindung zu den Kubanern?«

»Ich sagte es Ihnen bereits. Es gab keine solche Verbindung. Ein paar Angehörige der kubanischen Botschaft wurden von ihren Freundinnen in die Rue Toullier mitgebracht. Wenn man das als Verbindung ansehen will, bitte. Diesen ganzen Unsinn hat die französische Regierung in die Welt gesetzt.«

»Um die Kubaner als Sündenböcke zu benutzen?«

»So ist es.«

Nachdem er sich über die verschiedenen Flüge nach London informiert hatte, kehrte Carlos in Amparo Masmelas Wohnung in der Rue Amélie zurück. Wenn er wirklich von Moukarbels Verrat überzeugt war, so hätte er niemals die Waffen oder Amparo in der Wohnung zurücklassen dürfen. Und doch tat er es. Er packte eine Reisetasche – weitere Kleidung würde er in London kaufen –, nahm Reservemunition für seine Tokarew Automatik aus dem Waffendepot, steckte die Waffe wieder ein und gab Amparo einen Abschiedskuß.

Zur gleichen Zeit wurde Wilfried Böse in Saarbrücken dem Haftrichter vorgeführt. Die Anklage lautete auf Mitführen falscher Ausweispapiere. Ein weiterer Hinweis auf die mangelnde Organisation der DST ist aus der Tatsache abzulesen, daß keiner daran dachte, die Deutschen über die Ereignisse zu informieren. Eine rasche Antwort hätte genügt, und zumindest eine Schlüsselfigur der Moukarbel-Gruppe wäre hinter Schloß und Riegel geblieben. Böse wiederholte seine Geschichte, er habe falsche Papiere benötigt, weil er der Verhaftung linker Oppositioneller in Spanien nachgehe. Er wurde auf freien Fuß gesetzt und tauchte sofort unter. Er hatte noch zwei Begegnungen mit dem Schicksal, eine in Wien und eine letzte in Entebbe.

Auch die Arbeit der deutschen Abwehr ließ zu wünschen übrig. Im März war eine Schlüsselfigur des Kommandos Budia, Johannes Weinrich, in Frankfurt verhaftet worden. Die belastenden Indizien, die er und Carlos nach dem Fiasko in Orly im Mietwagen zurückgelassen hatten, führten schließlich zu seiner Ergreifung. Da die ersten Vernehmungen ohne Ergebnis verlaufen waren, blieb Weinrich zwar in Untersuchungshaft, wurde aber nicht weiter mit Fragen behelligt. Im Oktober klagte er über eine Blasenentzündung, wurde gegen Kaution aus der Untersuchungshaft entlassen und tauchte unter.

Während die deutschen Behörden einen Mann auf freien Fuß setzten, der, sofern er gewollt hätte, den Franzosen wichtige Informationen über Carlos hätte liefern können, und einen anderen schlichtweg verkannten, hätte eine dritte Person der französischen Polizei den genauen Aufenthaltsort des Flüchtigen nennen können, doch sie blieb stumm. Angela Armstrong hatte inzwischen die wirren Berichte in der französischen Presse gelesen und wußte nun, daß Carlos' Bemerkungen am Air Terminal die schreckliche Wahrheit waren. Carlos scheint in der Wahl seiner Freunde und Bekannten ein unverschämtes Glück zu haben. Ein Mann, der zufällig auf einen Koffer voller Pistolen und falscher Pässe stößt, ihn dann aber wieder sorgfältig verschließt und sich vornimmt, bei einem gelegentlichen Besuch des Besitzers das The-

ma zur Sprache zu bringen. Eine Frau, die auch nach der Begegnung mit einem dreifachen Mörder nicht sofort zur Polizei geht, sondern lediglich ins Grübeln kommt und den Entschluß faßt, übers Wochenende nach London zu fliegen. Angela Armstrong wollte Carlos und sein Treiben weit hinter sich lassen. Doch wie der Zufall es wollte, flog sie ausgerechnet in die Stadt, in der auch er Unterschlupf suchte.
Unterdessen brachten die französischen Medien die Story groß heraus. Die Zeitung LIBERATION schreckte nicht davor zurück, die Affäre wie das terroristische Gegenstück zu einem Fußballspiel zu präsentieren. Ihre Schlagzeile zwei Tage nach der Ermordung dreier Beamter lautete: CARLOS – DST 3:0. Die »Affäre Rue Toullier« löste allerhand Spekulationen aus. Man vermutete Verbindungen zur Baader-Meinhof-Gruppe, zu türkischen Dissidenten, zu südamerikanischen Guerillas, zur ETA, zur Japanischen Roten Armee, zu den italienischen Roten Brigaden und zu bretonischen Separatisten. Die Geschichte wurde zu einem Dauerbrenner.
Als herauskam, daß Herranz und seine Kollegen unbewaffnet in die Rue Toullier gegangen waren, fiel die Kritik vernichtend aus. Es kam zu einer seltsamen Akzentverschiebung. Weil Presse, Rundfunk und Fernsehen Carlos als Schlüsselfigur und Anführer dieser verwirrend konturlosen internationalen Terrororganisation hingestellt hatten, ließen sie nun kein gutes Haar an der DST, da sie Carlos nur für eine unbedeutende Randfigur gehalten habe. Die Wahrheit lag ziemlich genau in der Mitte.
Am Montag, dem 30. Juni, flog Angela Armstrong zurück nach Paris. Ihre Tochter Nina ließ sie in der Obhut der Pateneltern – »nur für ein paar Tage«. Aus den paar Tagen sollten Monate werden.
Sie ging ihrer Arbeit als Sekretärin am Collège de France nach und grübelte weiter darüber nach, was sie tun solle. Die französische Polizei löste das Problem für sie. Am Mittwoch, dem 2. Juli, wurde sie verhaftet und der Komplizenschaft mit Carlos und anderen Terroristen angeklagt, die als Agenten einer ausländischen Macht Frankreich in diplomatischer und militärischer Hinsicht Schaden zugefügt hätten.
Wer eines solchen Vergehens überführt wird, muß mit einer 20jährigen Zuchthausstrafe rechnen. Angela Armstrong wurde nach 25 Tagen Untersuchungshaft gegen Kaution auf freien Fuß gesetzt, mit der Auflage, Frankreich nicht zu verlassen. Die Anklage wurde später in aller Stille fallengelassen.
Am Dienstag, dem 1. Juli, also 24 Stunden vor Angela Armstrongs böser Überraschung in Paris, hatte Barry Woodhams ein ähnliches Er-

lebnis in London. Als er den GUARDIAN durchblätterte, erregte eine kurze Meldung über die Schießerei in der Rue Toullier seine Aufmerksamkeit. Darin stand, daß die französische Polizei nach einem Mann namens Carlos Martínez fahnde.
Die Meldung ging ihm den ganzen Tag über nicht mehr aus dem Sinn. Als er am Abend in seine Wohnung in Bayswater zurückkehrte, nahm er noch einmal den Inhalt von Carlos' Koffer in Augenschein und legte nacheinander jeden Gegenstand auf den Teppich.
Einige Dinge kannte er bereits: die tschechische Automatik, den chilenischen Paß, den kuwaitischen Führerschein, den Schalldämpfer und die Vzor. Doch es kam noch mehr zum Vorschein: Plastiksprengstoff, einige Stangen Gelatinedynamit, Stempel für britische Einreisevisa und eine Browning, Kaliber 9 mm. Schließlich fand er noch einen grünen verschlossenen Metallkasten. Da er ihn nicht öffnen konnte, blieb er über seinen Inhalt im ungewissen.
Woodhams zündete sich eine Zigarette an und überlegte. Zur Polizei hatte er kein Vertrauen. Das hatte er noch nie gehabt. Angenommen, er ging mit dem Koffer zur nächsten Wache: Wie sollte er seine erste Entdeckung vom Juni erklären? Er beschloß, den GUARDIAN anzurufen.
In der Mittwochsausgabe brachte die Zeitung den Knüller auf der ersten Seite: WAFFENLAGER IN WOHNUNG GEFUNDEN. Zur gleichen Zeit saßen Woodhams und Angela Otaola auf der Polizeiwache Paddington Green, wo sie »der Polizei bei den weiteren Ermittlungen behilflich waren«. Der Artikel im GUARDIAN schloß mit dem Hinweis, daß das Waffenlager hinter einem Bücherregal in der Wohnung entdeckt worden sei. Im Regal stand, zwischen anderen Taschenbüchern, auch Frederick Forsyths Roman *Der Schakal*. Daß dieses Buch Barry Woodhams gehörte, spielte keine Rolle, denn nun hatte die Presse ein Etikett, sogar ein sehr verkaufsförderndes, für den geheimnisvollen Carlos gefunden. Es gab Waffen, Morde, eine internationale Intrige, in die auch hübsche Mädchen in London und Paris verwickelt waren, und nun gab es auch noch ein Etikett. Der fiktive Möchtegernattentäter General de Gaulles aus Forsyths Thriller hatte Fleisch und Blut angenommen und war sehr lebendig. Die Story und der Mythos waren geboren. Binnen weniger Stunden ging die Schlagzeile durch die Weltpresse: DER SCHAKAL AUF DER FLUCHT.
Um nicht ganz ausgestochen zu werden, machte auch die französische Polizei dramatische Entdeckungen. Der Kontrollstreifen in einem Scheckheft, das Moukarbel bei sich trug, führte die Fahnder schließ-

lich in die Rue Amélie zu Amparo Silva Masmelas Wohnung, an deren Eingangstür eigentlich eine Nachricht an die DST hätte hängen müssen: »Alles, was Sie schon immer über das Kommando Budia wissen wollten«.

Moukarbel und Carlos waren zweifellos ein tolles Gespann, und das nicht nur beim Planen und Ausführen von Terrorakten. Ebenso bemerkenswert war, aus Wadi Haddads Sicht, ihr Talent, atemberaubende Dummheiten zu begehen. Moukarbel hätte die Verhaftung auf dem Beiruter Flughafen leicht vermeiden können. Und er hätte nie und nimmer belastendes Material so sorglos mit sich herumtragen dürfen. Beides führte geradewegs zur Verhaftung des Kopfes der Pariser Organisation. Carlos, der vor, während und nach den Ereignissen in der Rue Toullier immer mehr in Panik geriet, hatte mutwillig die gesamte Infrastruktur des Kommandos Budia zerstört. Er hatte den Fehler begangen, Paris nicht vor jenem verhängnisvollen Freitagabend zu verlassen. Er hatte nicht nur seinen Chef, sondern auch drei Beamte der DST erschossen. Es war ihm nicht eingefallen, das belastende Beweismaterial in der Rue Amélie fortzuschaffen, so wie er es auch versäumt hatte, den Koffer aus Angela Otaolas Wohnung in Bayswater zu holen, bevor Barry Woodhams dort auftauchte. Er hatte gleich nach dem dreifachen Mord einen Brief an Angela geschrieben und sich im Air Terminal auf ein Gespräch mit Angela Armstrong eingelassen – die Reihe seiner Irrtümer und verhängnisvollen Fehler wurde immer länger.

Unter den Gegenständen, die von der französischen Polizei in Amparo Masmelas Wohnung sichergestellt wurden, befanden sich: 2 Skorpion-Maschinenpistolen, 10 Pistolen, 15 Stangen Dynamit, 6 Kilogramm Plastiksprengstoff, 3 zündfertige Bomben, 33 Ersatzmagazine Munition, 30 elektrische Zünder, 28 M26-Granaten, Fälscherwerkzeug und ein ganzes Sortiment an Ausweispapieren und Paßstempeln aus vielen Ländern, ein ganzer Stapel falscher ecuadorianischer Blankopässe sowie weitere falsche Pässe mit Carlos' Foto, die ihn als Staatsbürger der Vereinigten Staaten, Perus, Chiles und einiger anderer Staaten auswiesen.

Die Handgranaten des Typs M26 stammten aus einem großen Kontingent, das von der Baader-Meinhof-Gruppe aus einem Munitionsdepot der Vereinigten Staaten in Westdeutschland gestohlen worden war. Sie brachten das Kommando Budia in direkte Verbindung mit der Geiselaktion der Japanischen Roten Armee in Den Haag. Die Spur führte auch direkt zu dem Anschlag auf das Café Drugstore und zu der Gruppe der JRA, die von La Porte Maillot aus operierte. Die elektrischen Zünder waren Beweis für die Beziehung zu der türkischen Extremistengruppe, die im Dezember 1973 ausgehoben und aus Frankreich abgeschoben worden war, als sie, wie Carlos mir berichtete, einen Mordanschlag auf den amerikanischen Außenminister Henry Kissinger plante.

Die französische Polizei fand in der Wohnung auch Unterlagen, aus denen hervorging, daß die Gruppe eine Todesliste zusammengestellt hatte, die nicht nur führende französische Politiker von der äußersten Rechten bis zur äußersten Linken umfaßte, sondern auch zahlreiche Persönlichkeiten des öffentlichen Lebens. Ferner fand die Polizei Pläne für die Ermordung des israelischen Botschafters in Paris. Schließlich fand sie auch noch Moukarbels Tagebuch. Mit großem Fleiß hatte Moukarbel darin die verschiedenen Kommandoaktionen, die entstandenen Kosten und die Termine für die Planungsbesprechungen notiert.

Als diese Entdeckungen an die Öffentlichkeit getragen wurden, stießen sie bei den französischen Medien auf zynische Skepsis. Kaum jemand wollte glauben, daß die Männer, die das Kommando Budia leiteten, solche Stümper gewesen sein sollten und derartig erdrückende Beweise in einer Wohnung hatten liegenlassen, in der sie früher oder später entdeckt werden mußten.

Jede neue Enthüllung schmälerte nicht etwa Carlos' geheimnisvolle Größe, sondern ließ seinen Ruhm nur noch wachsen. Buchstäblich über Nacht hatte man einen unbekannten, übergewichtigen südamerikanischen Macho zu einem lebensechten James Bond erhoben. Der Leser hatte die Wahl unter einer ganzen Reihe von Auftraggebern für diesen Mann, der plötzlich in 20 verschiedenen Städten gleichzeitig gesehen wurde. Er arbeitete für den Mossad, die Araber, die CIA, für Chile oder die Sowjetunion. Wie seine vielen falschen Pässe glauben machten, war er ein Mann, der überall zu Hause und nun ins Nichts verschwunden war.

An dem Mythos wurde emsig weitergesponnen. Die bunte Flora exotischer Frauen paßte genau ins Bild. Jede Entdeckung, die dank seiner Unfähigkeit gemacht wurde, trug das Ihre dazu bei. Auch sein neuer Name, der Schakal, war nicht ohne Einfluß.

Wenn Carlos wirklich nach London geflohen war, wie er mir gegenüber beteuerte, dann war er sicherlich erpicht darauf, nicht nur anderen, sondern auch sich selbst das Leben schwerzumachen. Die britische Polizei und der MI 5 waren noch mit der Vernehmung von Barry

Woodhams und Angela Otaola beschäftigt, als Carlos seinen nächsten hilfreichen Beitrag zu ihren Ermittlungen leistete. Als wollte er vermeiden, daß seine Nachricht an der Polizei vorbeigehen könnte, hatte er freundlicherweise gleich zwei Briefe geschrieben.

Liebe Angela,
wie Du weißt, ist die Lage hier brenzlig geworden, und ich bin abgehauen. Ich habe Dich nicht angerufen, weil ich Deine Postkarte zerreißen mußte. Diesen Brief schicke ich Dir in zweifacher Ausführung, einen ins Bistro und einen zu Dir nach Hause. Falls mir irgend etwas zustoßen sollte oder ich die Adresse falsch geschrieben habe, wird Dich auf jeden Fall einer erreichen. Ruf bitte meine Freundin noch nicht an. Ich weiß nicht, wie lange ich fortbleibe, aber ich hoffe, daß ich bald zurück bin. Was den »Chiquitin« betrifft, den habe ich für seinen Verrat in eine bessere Welt geschickt.

Küsse, Carlos.

Spanischkundige Mitarbeiter der Special Branch übersetzten den »Chiquitin« mit »unser Kleiner«, was eindeutig als ironische Anspielung auf den verstorbenen Michel Moukarbel zu verstehen war. Wer jedoch, fragten sie Angela, mochte die Freundin sein?
Die zutiefst schockierte Baskin erinnerte sich an eine Telefonnummer, die Carlos ihr gegeben hatte, »für den Fall, daß du mich einmal ganz schnell erreichen mußt«. Sie hatte sie in der Wohnung in einem Gefäß mit bunten Glasmurmeln aufgehoben. Es war Nydia Tobóns Nummer.
Am Montag, dem 30. Juni, einen Tag vor Erscheinen der Zeitungsmeldung, die Barry Woodhams veranlaßte, das Vorhängeschloß an Carlos' Koffer ein zweites Mal zu öffnen, soll der Venezolaner zweimal in der Nähe der Wohnung in Bayswater gesehen worden sein. Um die Mittagszeit wollte der Besitzer des Waschsalons unter Angelas Wohnung gesehen haben, wie Carlos »um den Wohnblock herumstrich. Er kam mir verdächtig vor, und ich habe ihn im Auge behalten. Ich habe ihn mehrmals den Korridor zu Angelas Wohnung entlanggehen sehen. Mit ihm geredet habe ich nie, aber ich bin mir sicher, daß er es war«.
Auch der Besitzer von Angelo's, dem Lokal, in dem Carlos früher verkehrt hatte, wollte eine ähnliche Beobachtung gemacht haben: »Carlos kam ein paar Minuten vor der Sperrstunde kurz herein. Er war allein und wirkte nervös.« Als diese Aussagen auf Titelseiten der Zeitungen erschienen, enthielt sich die Polizei jeden Kommentars. Wenn die Zeugen recht hatten, dann tat Carlos offensichtlich alles, um seinen Kopf

in die Schlinge zu legen – den Strick hatte er sich schon gedreht. Binnen zwei Tagen war ihm der Zugang zu den Wohnungen von Angela Otaola und Nydia Tobón verbaut. Nydia, die Carlos durch seine Briefe an Angela belastet hatte, wurde verhaftet. Sie beteuerte ihre Unschuld und sagte der Polizei, sie habe geglaubt, Carlos arbeite für Exilanten im Ausland, und das klang in Anbetracht der Millionen von Palästinensern, die in aller Welt verstreut leben, durchaus plausibel.
Mit Angela Otaolas Aussage konfrontiert, sie, Nydia, sei die Frau gewesen, die auf Carlos' Anweisung im Jahr zuvor einen Metallkasten von ihr abgeholt habe, geriet sie allerdings in die Enge.
Der fragliche Metallkasten war in dem größeren Koffer in Angelas Wohnung gefunden worden. Über seinen Inhalt ist nie etwas bekannt geworden. Ich habe nachgewiesen, daß er die Beretta enthielt, mit der Carlos den Mordversuch an Edward Sieff unternommen hat, eine Gaspistole, zwei russische Granaten, eine M26-Granate der gleichen Serie wie diejenige, die er in das Pariser Café Drugstore geworfen hat, und ein paar Gummiknüppel.
Nydia Tobón kam noch mehr in Bedrängnis, als ihr ein Paß auf den Namen Anton Bouvier vorgelegt wurde. Sie hatte sich an Carlos' Anweisungen gehalten und den Paß einer kolumbianischen Freundin, Anna Pugsley, geschickt. Pech nur, daß sie das Kuvert nicht richtig adressiert hatte. Die Post hatte die Sendung geöffnet und, weil sich ein ecuadorianischer Paß darin fand, an die ecuadorianische Botschaft weitergeschickt. Dort hatte man schnell festgestellt, daß es sich um eine Fälschung handelte, und Scotland Yard verständigt.
Während die polizeilichen Ermittlungen weitergingen, bestätigte Scotland Yard, daß zwei von Carlos benutzte konspirative Wohnungen in London entdeckt worden seien. Die Adressen wurden nicht bekanntgegeben, tatsächlich aber handelte es sich um das Haus in den Comeragh Mews, in dem der arabische Botschafter Tadschir in Geiselhaft gehalten werden sollte, und um die Wohnung in der Chesterton Road 23.
Am 2. Juli hatte Scotland Yard herausgefunden, daß Carlos in Wirklichkeit der venezolanische Staatsbürger Ilich Ramírez Sánchez war. Unbeeindruckt von diesen Erkenntnissen, nannte ihn ein Großteil der internationalen Presse auch weiterhin Carlos, den Schakal, und erging sich in Spekulationen über seine wahre Nationalität.
In der zweiten Juliwoche berichtete die Presse von einem weiteren Zeugen, einem nicht genannten »Freund der Familie Ramírez«, der Carlos in der Gegend um Knightsbridge gesehen haben wollte. Zuerst dementierten Mitarbeiter von Scotland Yard diese Meldung, doch ein paar Ta-

ge später gaben sie zu, daß sie zutreffend war. Ob die Zeugenaussagen nun stimmten oder nicht, jedenfalls wurde Carlos von der britischen Polizei nicht gefaßt. Wenn es tatsächlich zutrifft, daß er einen Tag nach dem Blutbad in der Rue Toullier von Paris nach London geflogen und einen ganzen Monat dort geblieben ist, so haben sich die britische Polizei und der Geheimdienst unglaublicher Nachlässigkeit schuldig gemacht. Die Beweise, über die ich zum Zeitpunkt meines zweiten Interviews mit Carlos verfügte, waren nicht eindeutig. Daß drei Zeugen behaupteten, sie hätten ihn an drei verschiedenen Orten gesehen, schien ein stichhaltiger Beweis zu sein, aber zur gleichen Zeit wollten ihn auch viele andere Personen in anderen Ländern gesehen haben. Und konnte die britische Polizei wirklich so unfähig sein?
Nicht nur die britischen, auch die Sicherheitsorgane in Frankreich, Deutschland, den Niederlanden, Belgien und Italien behaupteten just zu dem Zeitpunkt, als Carlos im Londoner Westen gesehen wurde, daß er mit einem falschen chilenischen Paß mit der Nummer 035857, ausgestellt auf den Namen Hector Hugo Dupont, unterwegs sei. Dupont – da haben wir einen schönen alten chilenischen Namen. Weiterhin erklärten sie gegenüber der Presse, es lägen Hinweise vor, wonach Carlos bereits einen sicheren Unterschlupf in Beirut gefunden habe.
In der Zwischenzeit war Barry Woodhams ohne Anklage aus der Untersuchungshaft entlassen worden. Seine Freundin Angela Otaola hatte weniger Glück. Sie wurde des unerlaubten Waffenbesitzes in drei Fällen angeklagt. Wegen der Anklage zerbrach ihre Beziehung zu Woodhams, da sie ihn, und nicht so sehr Carlos, für ihre Lage verantwortlich machte. Später wurde sie zu einer einjährigen Gefängnisstrafe verurteilt. Nach ihrer Entlassung aus der Haft wurde sie nach Spanien abgeschoben.
Auch Nydia Tobón wurde zu einer Gefängnisstrafe von einem Jahr verurteilt. Sie wurde für schuldig befunden, einen italienischen Blankopaß angenommen zu haben, der zu einer ganzen Serie gehörte, die von den Roten Brigaden gestohlen worden war. Auch sie wurde nach Verbüßung der Haftstrafe abgeschoben. Nydia erlangte im Gefängnis ihr Diplom der London School of Economics. Möglicherweise bestärkt durch dieses Erfolgserlebnis, focht sie die Abschiebung an und bezichtigte die britische Justiz, sie unmenschlich behandelt zu haben. Nach dem Stand meiner Recherchen zum Zeitpunkt des zweiten Interviews mit Carlos durfte sie sich freilich glücklich schätzen, nicht unter eine viel schwerere Anklage zu fallen und eine viel längere Haftstrafe verbüßen zu müssen.

Unterdessen hatte man in Frankreich einige Sündenböcke gefunden. Minister Poniatowski berief eine Pressekonferenz ein und verkündete die Ausweisung dreier kubanischer Diplomaten, denen er vorwarf, Mitglieder der DGI, des kubanischen Geheimdienstes, zu sein, was sie sicherlich auch waren. Weiterhin beschuldigte er sie, »mehrere Treffen mit Carlos gehabt zu haben«, was wohl ebenfalls zutraf, wenn man darunter die Parties in der Rue Toullier verstand. Er konnte allerdings nicht den Hauch eines Beweises dafür liefern, daß diese Treffen einem konspirativen Zweck gedient hatten. Dies war im Jahr 1975, als nach weitverbreiteter Meinung die Sowjetunion noch bei jedem Terrorakt auf dem Globus die Fäden zog. Poniatowski tat alles, um die Sowjets in diese Affäre hineinzuziehen.
Damals wurde gemunkelt, Präsident Giscard d'Estaing habe ihm untersagt, die Sowjets als Verantwortliche zu nennen, da er unmittelbar vor einer Staatsvisite in Moskau stand und seine Gastgeber nicht in Verlegenheit bringen wollte. Auch dafür gab es keine Beweise. Poniatowski mag in seinem Urteil und seinen Verlautbarungen verständlicherweise durch die Tatsache beeinflußt worden sein, daß sein eigener Name auf der Todesliste aus der Rue Amélie stand.
Zur gleichen Zeit, als der Minister die Ausweisung der drei Kubaner bekanntgab, erklärte er: »Gewisse ausländische Geheimdienste unterstützen internationale Terrororganisationen.«
Die Behörden in Paris fuhren eifrig damit fort, Freunde und Bekannte von Carlos entweder einzusperren oder abzuschieben. Amparo Silva Masmela kam ins Gefängnis, Albaida Salazar und Leyma Duque wurden nach Venezuela abgeschoben. Maria Teresa Lara zog es vor, ihren Ferienaufenthalt in Algier zu verlängern. Doch der jedoch, der alles ausgelöst hatte, blieb spurlos verschwunden.
Eine Woche nach Poniatowkis Erklärung antworteten die Sowjets. Es muß festgehalten werden, daß dies die einzige öffentliche Verlautbarung ist, die sie jemals über den meistgesuchten Mann der Welt abgegeben haben. Ihre Antwort auf die Frage »Wem nützt die Affäre Carlos?« wurde am 16. Juli von Radio Moskau in einer französischsprachigen Sendung ausgestrahlt.

> Die französische Presse hat ausgiebig über die sogenannte Affäre Carlos berichtet. Unseren Hörern ist der Fall wohlbekannt, so daß auf Einzelheiten nicht eingegangen werden muß. Nun ist aber ein gewöhnliches Verbrechen von Poniatowski als eine internationale Verschwörung hingestellt worden, in die bestimmte

ausländische Staaten verwickelt sein sollen. Dies ist eine unmißverständliche Anspielung auf die sozialistischen Länder und insbesondere die Sowjetunion.

In ihrer Stellungnahme zur Affäre Carlos hat die kommunistische Fraktion in der französischen Nationalversammlung deutlich gemacht, daß bestimmte Kreise in Frankreich dem Fall diese Wendung geben wollen, um die französischen Kommunisten als geheime Komplizen dieser Terroristengruppe hinzustellen.

Es ist offensichtlich, daß jene, die die Affäre Carlos zu einer internationalen, von den sozialistischen Ländern unterstützten Verschwörung aufbauschen, genau dieses Ziel verfolgen ... Zu einer Zeit, da die friedliche Koexistenz zwischen den Staaten in Ost und West zur Normalität geworden und ein grundlegender Wandel zur Entspannung in Gang gekommen ist, gibt es in Frankreich immer noch Politiker, die diesen Fortschritt aufhalten und zur Epoche des Kalten Krieges zurückkehren wollen. Um dieses Ziel zu erreichen, ist ihnen jedes Mittel recht. Man erinnere sich nur an die provokative, aber erfolglose Kampagne, im QUOTIDIEN DE PARIS antisowjetische Artikel zu veröffentlichen.

Heute ist es die Affäre Carlos. Man kann mit Sicherheit voraussagen, daß das Ergebnis dieser Affäre ebenso skandalös sein wird.

Die Franzosen heizten den Konflikt weiter an, indem sie versuchten, die öffentliche Meinung in ihrem Sinne zu steuern und damit die britische Regierung in Zugzwang zu bringen. Sie denunzierten einen in London akkreditierten kubanischen Diplomaten, Angel Dalmau, von dem sie behaupteten, er habe regelmäßige Kontakte zu Nydia Tobón unterhalten. Mit diesem durchsichtigen Manöver sollten die Briten veranlaßt werden, nicht nur Dalmau, sondern weitere Angehörige der kubanischen Botschaft auszuweisen: »In Paris blieb nicht unbemerkt, daß kürzlich aus London mehrere Mitarbeiter des kubanischen Geheimdienstes DGI unter ungewöhnlichen Umständen fortbeordert wurden.«

Das britische Außenministerium gab dazu keinen öffentlichen Kommentar ab und unternahm nach außen hin nichts. Gleichwohl war man empört, und bei inoffiziellen Begegnungen war zu hören, daß an den Vorwürfen gegen Dalmau oder irgendeinen anderen Angehörigen der kubanischen Botschaft kein wahres Wort sei.

»Wohin sind Sie gereist, als Sie London verlassen haben?«

»Ich habe gegen Ende Juli London verlassen und bin nach Algier geflogen. Ich blieb einige Wochen in der algerischen Hauptstadt und flog dann weiter nach Aden.«

»Zu Wadi Haddad. War das eine schwierige Begegnung?«

Er lächelte.

»Das liebe ich an der englischen Sprache. Ihr ›understatement‹. Schwierig.«

Ein Lachen brach aus ihm hervor.

»Ja, es war schwierig.«

Ich wartete still ab, bis er weitersprach.

»Der Alte befragte mich stundenlang. Er stellte mir Fragen über Fragen, genau wie Sie. Warum ich Paris nicht früher verlassen hätte. Warum ich Michel erschossen hätte. Warum ich nach London gegangen sei. Warum ich nicht den vereinbarten Fluchtweg genommen hätte.«

»Wie sah der aus?«

»Nach Algier und von dort in den Nahen Osten.«

»Was die spätere Operation in Wien anging, konnten Sie ihm aber doch befriedigende Antworten geben, oder?«

»Ganz und gar nicht. Er sagte, ich sei erledigt. Ich sei ein für allemal raus aus der Volksfront.«

»Dann hat er seine Meinung später aber gründlich geändert.«

Er nickte.

»Was hat ihn veranlaßt, seine Entscheidung noch einmal zu überdenken?«

Seine Antwort offenbarte einen der vielen widerwärtigen Aspekte in der Geschichte des Ilich Ramírez Sánchez.

»Nach der Affäre in der Rue Toullier wurden eine Menge Artikel über mich geschrieben. Ich wurde berühmt. Auf der ganzen Welt kannte man Carlos, den Schakal. Viele Operationen, mit denen ich gar nichts zu tun hatte, wurden mir als Verdienst angerechnet. Dadurch machten mich die Journalisten berühmt.«

Er hatte das mit ruhiger Stimme gesagt, ohne einen Anflug von Arroganz. Doch das Wort »Verdienst« empörte mich. Waren das verdienstvolle Taten? Der Mord an unschuldigen peruanischen Pilgern in Lod? Das Massaker in Rom, wo über 30 Menschen verbrannten? Wenn solche Taten irgendwo auf der Welt als verdienstvoll angesehen werden, dann muß die Welt verrückt geworden sein.

»Und diese Geschichten über Sie, die in keiner Weise den Tatsachen entsprachen, haben Wadi Haddad beeindruckt?«

»In erster Linie amüsierten sie ihn. Der kannte ja die Wahrheit, wie andere Palästinenser auch. Die Sache auf dem Flughafen Lod wurde von Wadi Haddad geleitet. Und hinter dem Attentat bei den Olympischen Spielen in München stand Abu Ijad. Ich hatte damit nichts zu tun.«

»Es amüsierte ihn also, daß die Briten, Franzosen, Italiener, Deutschen und Amerikaner Ihnen die Verantwortung zuschoben?«

»Ja, sehr sogar. Wadi Haddad glaubte nämlich an den Nutzen des Terrors, müssen Sie wissen. Das war ein wesentlicher Bestandteil seiner Weltanschauung. Diese Lektion hatte er von den Briten und Juden gelernt. Er hatte selbst erlebt, wie wirkungsvoll die Anwendung von Terrormethoden sein konnte. Damals waren die Palästinenser die Opfer.«

»Glaubte er, Nutzen aus der Tatsache ziehen zu können, daß die Medien Sie zum Superterroristen aufgebaut hatten?«

»Ja, und deswegen hat er sich anders besonnen und mich nicht aus der Volksfront verbannt.«

»Was hielten Sie eigentlich davon, daß die Medien Sie so berühmt gemacht hatten?«

»Mir hat das sehr gefallen. Ich war entzückt. Es hat mir bei dem Alten den Kopf gerettet. Und je größer mich die Presse machte, desto weniger würde die Polizei nach mir suchen. Ich wurde zum meistgesuchten Mann der Welt, und es gab nur sehr wenige, die ernsthaft nach mir suchen wollten.«

Er erzählte mir, wie er während seines einmonatigen Aufenthalts in London nach den Morden in Paris regelmäßig zu den Zeitungshändlern in Soho gegangen war, die auch ausländische Blätter im Sortiment hatten, eifrig alle Zeitungen und Zeitschriften durchgeblättert und jeden Artikel über sich ausgeschnitten und gesammelt hatte. Später hatte er sie in Aden stolz Wadi Haddad vorgelegt. Besonders an den Artikel in der TIMES mit der Überschrift IST DER SCHAKAL EIN VON MOSKAU AUSGEBILDETER TERRORIST, DER AUSSER KONTROLLE GERATEN IST? konnte er sich gut erinnern. Der hatte ihm besonders gut gefallen. Er beteuerte mir, daß er seit seiner Relegation von der Patrice-Lumumba-Universität für die Sowjets nicht mehr viel übrig habe. Wenn der Westen die Verantwortung für den Terroristen Carlos dem KGB zuschieben wolle, so tue er ihm damit zuviel Ehre an. Superterrorist, KGB-Koryphäe, Geheimagent der Superlative, ihm war das alles recht. Er hatte nun seine Viertelstunde Berühmtheit. Und mit etwas Glück würde sie eine ganze Stunde anhalten.

Wadi Haddad erkannte die enormen Möglichkeiten, die in diesem Mythos steckten, einem Mythos, der dadurch entstanden war, daß bestimmte Geheimdienste unkritischen Publizisten und Meinungsmachern klug ausgewählte Falschinformationen mundgerecht serviert hatten.
»Der Anschlag auf die OPEC und die Entführung der Ölminister, wessen Idee war das eigentlich?«
Carlos schien fast überrascht über meine Frage.
»Gaddafis natürlich.«
Nach Meinung vieler war der libysche Revolutionsführer Muammar el-Gaddafi nicht nur der Drahtzieher des Anschlags auf die Wiener OPEC-Zentrale im Dezember 1975, sondern auch vieler anderer Gewalttaten, doch an stichhaltigen Beweisen hatte es immer gefehlt. Ebendiesen Beweis lieferte nun der Mann, der den Anschlag geleitet hatte.
Carlos machte diese Enthüllung am Ende meines zweiten Interviews mit ihm. Er erzählte mir nicht nur Einzelheiten über den Anschlag auf die OPEC, sondern auch über seine darauf folgenden Aktivitäten. Dennoch sollte noch ein drittes und letztes Interview erforderlich werden, ehe ich die ungewöhnliche Lebensgeschichte dieses Mannes bis in die Gegenwart nachzeichnen konnte. Er war bereit, mich im Oktober wiederzusehen. Bei unserem zweiten Treffen hatten wir die ganze Nacht hindurch geredet. Diese Interviews hatten ihre Höhen und Tiefen. Auf Phasen offenkundiger Erschöpfung und Müdigkeit folgten Phasen starker Erregung und hoher geistiger Aktivität. Zum Beispiel war Carlos sehr lebhaft geworden, als wir über die Ereignisse sprachen, die zur Ermordung Moukarbels und der drei DST-Beamten führten. Als ich ihn dann nach Einzelheiten seines darauf folgenden Aufenthalts in London fragte, wirkte er müde, ja beinahe gelangweilt. Offensichtlich bekam dieser Mann nur dann Adrenalinstöße, wenn er sich an Gewalttaten erinnerte.
Nachdem wir uns noch ein wenig über seine Aktivitäten in den zehn Jahren nach dem OPEC-Anschlag unterhalten hatten, reckte er sich und stand auf, womit er mir zu verstehen gab, daß wir in dieser Nacht nicht weiterkommen würden.
»Bis Oktober.«
Wenig später hatte er den Raum verlassen. Als ich mich vorbeugte und die Unterlagen und vielen Blätter mit Notizen zusammenraffte, kam Samir herein.
»War es gut?«
»Ja, Samir. Danke, es war gut. Schukran.«

Verabredung in Beirut

Als ich mich auf meine dritte und letzte Reise nach Beirut vorbereitete, ertappte ich mich mehrmals dabei, wie ich meiner verstorbenen Mutter im stillen dankte. Ich hatte ihr für vieles zu danken, nicht zuletzt für das Geschenk, das sie mir über das Grab hinaus gemacht hatte – das Recht auf einen irischen Paß. Obwohl in London geboren, besaß ich die doppelte Staatsangehörigkeit, weil Una Nora in Cork geboren war. Diese Tatsache und meine beiden britischen Pässe gaben mir bei der Planung dieses letzten Fluges ein beruhigendes Gefühl. Meines Wissens war in Westbeirut bislang nur ein Ire namens Aidan Walsh entführt worden. Walsh, stellvertretender Direktor der UN-Hilfsorganisation UNRWA, war am 15. Mai 1985 verschleppt worden, kurz nach meinem ersten Besuch in dieser Stadt, die durch Anarchie in Verruf geraten ist. Er wurde bereits am nächsten Tag wieder freigelassen, nachdem die Entführer seine Identität festgestellt hatten.

In Irland waren keine Araber inhaftiert, die man freipressen konnte, und von früheren Reisen wußte ich, daß sich viele Araber stark mit jenem Teil der irischen Gesellschaft identifizierten, der die Vereinigung mit Ulster anstrebt. Reisende klammern sich hoffnungsvoll an solche Strohhalme.

Doch es gab noch andere, handfestere Gründe, optimistisch zu sein, und andere Faktoren, die mich davon überzeugten, daß auch beim drittenmal alles gutgehen würde – ich hatte es geschafft, der Erfolg überstieg meine kühnsten Erwartungen. Zu Beginn meiner Arbeit hatte ich mir vorgenommen, den meistgesuchten Mann der Welt zu finden und, wenn möglich, zu interviewen. Jetzt, nach diesem dritten Interview und nach einigen weiteren Nachforschungen, würde ich mich endlich hinsetzen und das Buch schreiben können, das ich Ende 1983 zum erstenmal konzipiert hatte. Mit ein wenig Glück würde es 1986 erscheinen.

Anfang Oktober, ein paar Tage vor meinem Abflug, traf aus Beirut eine Nachricht ein, die mir das Blut in den Adern gefrieren ließ. Vier sowjetische Diplomaten waren in der Stadt entführt worden. Zwei Tage später war einer von ihnen tot: Konsularattaché Arkady Katkow. Seine Leiche wurde auf einer Müllkippe in der Nähe des zerstörten Stadions gefunden. Das Schicksal seiner drei Freunde und Kollegen war ungewiß. Die Islamische Befreiungsorganisation hatte sich zu der Entführung und zu dem Mord bekannt und drohte mit der Ermordung der restlichen sowjetischen Geiseln, falls Moskau die syrischen Truppen nicht stoppte, die in der nordlibanesischen Stadt Tripolis gegen sunnitische Milizen kämpften.

Wenn »sie« sogar bereit waren, sowjetische Diplomaten zu entführen und zu töten, dann war niemand mehr sicher. Aufgrund der engen Beziehungen der Sowjetunion zu mehreren Ländern in der Region, insbesondere zu Syrien, und in der Annahme, die UdSSR lasse sich nicht erpressen, war man lange Zeit davon ausgegangen, daß nicht nur Diplomaten, sondern auch gewöhnliche Sowjetbürger ihre russische Heimat verlassen und ungehindert in der Welt herumreisen konnten. Für viele, die an der Theorie festhielten, daß die Sowjets letztlich für alle terroristischen Gewalttaten verantwortlich waren, war dies ein aufschlußreicher Faktor.

Ich dachte noch einmal über das Land nach, das ich besuchen wollte. Allein die Ereignisse dieses Jahres wären Grund genug gewesen, die Koffer wieder auszupacken.

Da waren zum einen die Entführungen, für die »sie« verantwortlich waren. Wer »sie« genau waren, wechselte von Fall zu Fall – im Libanon des Jahres 1985 zählten dazu Gruppen wie der Islamische Dschihad, die Bewaffneten Kampfzellen, die Arabischen Kommandozellen, die Islamische Befreiungsorganisation, die Revolutionäre Organisation Sozialistischer Moslems und die Rachepartei. Es gab Sunniten, die einen verschwinden lassen konnten, und Schiiten, die das Verschwinden arrangierten. Man konnte aber auch von den bewaffneten Revolutionären Brigaden entführt werden. Die Liste war scheinbar endlos, ebenso wie die Zahl der Opfer. Hunderte und Aberhunderte von Libanesen, die für die westlichen Medien so uninteressant waren, daß weder ihr Fall noch ihr Name jemals in einer Zeitung auftauchten.

Mit den Entführungen des Schweizer Geschäftsträgers in Westbeirut am 3. Januar und des amerikanischen katholischen Priesters Lawrence Jenco am 8. Januar hatte das Jahr für libanesische Verhältnisse einen normalen Anfang genommen. Ein holländischer Priester war entführt und später auf abscheuliche Weise zu Tode gefoltert worden. Weitere Opfer waren der amerikanische Journalist Terry Anderson, der französische Vizekonsul Marcel Fontaine und der britische Journalist Alec Collett. Lehrer, Ärzte, Agrarwissenschaftler, iranische Fotografen, kanadische Sozialarbeiter, Mitarbeiter des Roten Kreuzes – keiner war sicher, keiner war dagegen gefeit. Welche Torheit, nach Sicherheit zu streben. Welche Dummheit, sich von einem irischen Paß Schutz zu erhoffen.

Daneben gab es die privaten Kriege. Am 1. März wurden 36 amerikanische Angehörige der UN-Interimsstreitkräfte im Libanon (UNIFIL) aus dem Südlibanon abgezogen. Beobachter meinten, ihr Abzug sei eine Reaktion auf die wachsenden anti-amerikanischen Gefühle im Libanon. Man wolle Entführungen oder Angriffen durch militante schiitische Gruppen vorbeugen. Für mich besteht kein Zweifel, daß der wahre Grund für ihren Abzug der Weltöffentlichkeit genau eine Woche später offenbar wurde, als in dem von Schiiten bewohnten Beiruter Vorort Bir Al-Abed eine Autobombe explodierte. Mindestens 80 Menschen kamen dabei ums Leben, weitere 200 wurden schwer verletzt. Fast alle Opfer waren Zivilisten. Eine Stunde nach dem Anschlag pflanzten Überlebende auf den Trümmern des zerstörten Gebäudes ein großes Transparent auf mit der Aufschrift »Made in USA«. Und sie hatten recht: Der Mann, der den Anschlag geplant hatte, war William Casey, der Direktor der CIA. Es war ein Racheakt für drei Bombenanschläge auf amerikanische Einrichtungen in Beirut. Mit finanzieller Unterstützung der Saudis und mit tatkräftiger Hilfe von Libanesen hatte sich Casey den fundamentalistischen Moslemführer Scheich Mohammed Fadlallah als Zielscheibe ausgewählt. Nach Ansicht des CIA-Chefs steckte Fadlallah hinter den Anschlägen auf das Hauptquartier der US-Marines in Beirut und auf das Hauptquartier des französischen Bataillons, denen insgesamt 300 Menschen zum Opfer gefallen waren. Die Autobombe, die im März 1985 vor Fadlallahs Haus explodierte, sollte ihn töten, so wie er zuvor die 300 getötet hatte. Aber Fadlallah blieb unverletzt.

Der Südlibanon war von israelischen Truppen und der mit ihnen verbündeten südlibanesischen Armee besetzt. Die Siebte Panzerbrigade zeigte, daß sie doch nicht so gut war wie ihr Ruf. Anfang 1985 rissen

die Berichte über Disziplinlosigkeit innerhalb der israelischen Armee nicht ab; die Liste der Verfehlungen reichte von Folterungen bis hin zur Ermordung von Zivilisten. Und Agenten des israelischen Geheimdienstes Schin Beth waren anscheinend vollauf damit beschäftigt, sich im Süden ein privates Lehen zu schaffen. Da die Bewohner des Libanon den israelischen Besatzern erbitterten und zunehmend auch erfolgreichen Widerstand leisteten, griff das Land, das sich fortwährend rühmte, die einzige Demokratie im Nahen Osten zu sein, zu immer undemokratischeren Mitteln.
Wie vorauszusehen, brach nach dem Rückzug der israelischen Truppen ein weiterer kleiner Privatkrieg aus. Diesmal bekämpften sich Christen und Moslems.
Als ich 1985 zum erstenmal in den Libanon reiste, wurden westliche Reporter und Fernsehteams gerade in aller Eile aus dem Libanon evakuiert, besonders aus Westbeirut. Der Grund war Angst – Angst, der nächste zu sein, der auf den Straßen der Hauptstadt entführt wurde, oder das Schicksal jener Reporter zu teilen, die im Süden von israelischen Soldaten getötet worden waren.
Ebenfalls im April kämpften in den Straßen Beiruts Sunniten gegen Schiiten. Schüsse in Westbeirut wurden zu einem alltäglichen Ereignis im Leben der Stadt.
Es gab noch mehr Privatkriege – die palästinensischen Flüchtlinge in den Lagern Sabra, Schatilla und Bourj el-Barajneh lieferten sich einen erbitterten Kampf mit der schiitischen Amal-Bewegung. Die drei Lager befanden sich in ständigem Belagerungszustand. Wer sich auf die Straße wagte, um Nahrungsmittel, Wasser oder Medikamente zu besorgen, wurde beschossen.
Anfang Herbst wütete nördlich von Beirut, in der Umgebung der Stadt Tripoli, ein weiterer Privatkrieg. Hier prallten von den Syrern unterstützte libanesische Splittergruppen und sunnitische Milizen aufeinander.
Im Verlauf des Jahres wurde eine beträchtliche Anzahl von Flugzeugen gekapert und zur Landung in Beirut gezwungen. Einige hätten die Stadt ohnehin planmäßig angeflogen – fast hatte es den Anschein, als sei den Luftpiraten Mitte der achtziger Jahre keine andere Stadt außer Beirut bekannt, so wie die Revolutionäre in den sechziger Jahren nur das Wort Havanna gekannt hatten.
Das spektakulärste Ereignis, das die Reporter und Journalisten in die Stadt zurücklockte, aus der sie geflohen waren, war die Entführung der Boeing 727 der Fluggesellschaft TWA durch libanesische Schiiten

am 14. Juni. Die Luftpiraten ermordeten einen Passagier und warfen seine Leiche in Beirut aufs Rollfeld. Sein Name war Robert Stetham, ein amerikanischer Marinetaucher, der sterben mußte, weil er einen amerikanischen Paß bei sich trug. Die anderen Passagiere wurden nach Beirut gebracht und dort versteckt, am Ende aber unversehrt freigelassen.

Was in jenem Jahr passierte, ist leicht zu erzählen. Nicht aber, warum es passierte. Und bei Gott: Es ist keine Geschichte, die ich gern erzähle. In all den Jahren wurde sehr viel über die Tragödie im Libanon geschrieben, über die Geschichte des Landes, die kriegführenden Länder, die verfeindeten Gruppen. Wenn ich gefragt werde, wer im Libanon eigentlich auf wessen Seite steht, gebe ich stets dieselbe Antwort: »Meinen Sie vor oder nach dem Kaffee?«

Ich brütete ein paar Tage vor mich hin und versuchte vergeblich, Samir telefonisch zu erreichen. Schließlich klingelte mitten in der Nacht das Telefon, und ich hörte seine Stimme am anderen Ende der Leitung, schwach nur, aber unverkennbar.

»Mr. David. Wie geht es Ihnen?«

»Mir geht es gut, Samir. Aber wie geht es Ihnen und Ihrer Familie?«

»Gut, danke. Es ist die passende Zeit für einen Besuch. Alles ist ruhig.«

Samirs Auffassung von »Ruhe« hatte sich von meiner schon immer ein wenig unterschieden.

»Sind Sie sicher?«

»Ja, es wird keine Probleme geben. Wann kommen Sie?«

Ich teilte ihm alle Einzelheiten über meinen Flug mit und wiederholte vorsichtshalber meine Ankunftszeit in Beirut. Samir war meine eigentliche Versicherung, nicht mein irischer Paß. Solange Samir da war und mich in der Ankunftshalle abholte, war alles in Ordnung. Er war mein Schutzengel.

Als ich in Samirs zerbeultes Auto stieg, gab er mir ein Drusen-Käppchen und bat mich, es aufzusetzen. Das war nicht unbedingt dazu angetan, mich zu beruhigen.

Wie bei meinen vorangegangenen Reisen quartierte mich Samir bei Verwandten in Westbeirut ein. Sie wohnten in einem Hochhaus nahe am Meer.

Als wir allein waren, teilte mir Samir alle Einzelheiten mit. Er wollte noch am gleichen Tag wiederkommen und mit mir in Richtung Nordosten fahren. Dort sollte ich zum dritten- und letztenmal den Mann treffen, der mich veranlaßt hatte, in das Tollhaus Libanon zurückzukehren, in dieses wunderschöne Land, in dem die häßlichsten Dinge

passierten. Kurz bevor Samir ging, betete er mir in gewohnter Manier die ganze Litanei des Überlebens vor.
»Bitte, Mr. David, gehen Sie nicht allein aus. Am besten, Sie gehen überhaupt nicht aus. Wenn Sie etwas brauchen, wenden Sie sich an meinen Bruder Baschir. Er wird es Ihnen gerne besorgen.«
Ich versicherte ihm, daß ich nicht die geringste Lust verspürte, ohne seine Begleitung das Haus zu verlassen.
Nachdem er mich allein gelassen hatte, traf ich die letzten Vorbereitungen für mein Interview mit Carlos. Die Angst, die mich auf der Fahrt vom Flughafen fast verzehrt hatte, war mittlerweile der Aufregung gewichen. Mein Adrenalinspiegel stieg. In 24 Stunden würde alles vorbei sein.
Ein paar Stunden später hatte ich meine Vorbereitungen abgeschlossen und trat von meinem Zimmer hinaus auf den kleinen Balkon. Draußen dämmerte es bereits. Zu meiner Rechten, nicht weit entfernt, glitzerte das Mittelmeer. Unter mir und zu meiner Linken legte sich die Dunkelheit über die Bombenkrater und hüllte die zerschossenen Fassaden der Häuser ein. Für ein paar Stunden machte die Nacht eine zerstörte Stadt wieder ganz. Bald würde Samir kommen und mich abholen. Ich beobachtete eine Meute streunender Hunde von unterschiedlicher Farbe, Gestalt und Größe, die auf der Straße nach etwas Eßbarem suchten, und sann über ihr Leben nach. Vermutlich hatten sie früher einmal als Haustiere in Familien gelebt, obwohl das schwer vorstellbar war. Ich hatte in dieser Stadt noch nie jemanden einen Hund streicheln sehen, nicht einmal einen Christen. Ich weiß nicht, wie lange der Lärm hinter mir in der Wohnung schon gedauert hatte, ich erinnere mich nur, daß ich ihn plötzlich zur Kenntnis nahm. Zuerst dachte ich, ein Familienkrach, und hielt es für diskreter, auf dem Balkon zu bleiben. Aber dann hörte ich aus dem Lärm einen bestimmten Ton heraus. Arabisch war für mich eine unverständliche Sprache. Aber Trauer war etwas Vertrautes. Trauer kennt nur eine Sprache.
Ich eilte ins Wohnzimmer. Baschir, seine Frau und mehrere Männer und Frauen, die ich noch nie gesehen hatte, waren dort versammelt. Die Männer ließen ihren Tränen freien Lauf. Sie unternahmen nicht den leisesten Versuch, ihre Trauer zu verbergen. Die Frauen jammerten und schluchzten. Einige schrien. Offenbar war ein furchtbares Unglück geschehen. Ich wollte Trost spenden, mein Mitgefühl ausdrükken. Baschir bemerkte mich und kam zu mir herüber. Ich legte meinen Arm um ihn und führte ihn in das kleine Schlafzimmer. Weinend setzte er sich auf die Bettkante. Ich sprach ebensowenig arabisch

wie er englisch. Jeder kannte nur ein paar Worte aus der Sprache des anderen, aber diese wenigen Worte reichten für einen Augenblick wie diesen nicht aus.
Baschir redete arabisch auf mich ein, während ich meinen arabischen Sprachführer durchblätterte. Er war nützlich, wenn man einen Kaffee bestellen oder jemandem für eine Freundlichkeit danken wollte. Aber dann wurde das Bedürfnis, die passende Formulierung zu finden, plötzlich bedeutungslos.
»Mr. David, Samir ist tot.«
Ganz allmählich und auf groteske Weise, mit Hilfe des Sprachführers und einiger englischer, französischer, spanischer und italienischer Brocken, begriff ich, was los war.
Samir war zu mir unterwegs gewesen, als sein Wagen bei Schatila von einer Granate getroffen wurde. Er war in einen kleinen Privatkrieg zwischen der Amal-Miliz und den Palästinensern geraten. Dieser Mann, der nicht nur Beirut, sondern das ganze Land so gut kannte wie die geheimen Winkel seines Herzens, dieser Mann, der stets wußte, wer auf wessen Seite stand, war mitten in ein Gefecht geraten. Was war nur in ihn gefahren, eine derart gefährliche Route zu wählen? Samir, der Überlebenskünstler. Der Mann, der mir jedesmal, wenn wir uns am Flughafen trafen, gelassen einen Stapel Pässe zusteckte. Pässe, mit denen wir ungehindert durch die unzähligen Kontrollen kamen. Der Mann, der mich zweimal bei Nacht aus Beirut herausgebracht hatte – zuerst in Richtung Jounieh, dann landeinwärts, immer bergauf in Richtung Baalbek, damals für zwei Fremde eine der gefährlichsten Gegenden der Welt –, dieser Mann hatte nun mitten in seiner Heimatstadt den Tod gefunden. Und das am hellichten Tag. Es war unfaßbar.
Später bestand ich darauf, mit Baschir und seiner Familie Samirs Frau und Kinder zu besuchen. Samir hatte mir auf unseren langen nächtlichen Autofahrten voller Stolz von seiner Familie erzählt. Seine Frau sprach fließend englisch, er hatte es ihr beigebracht.
Ich hatte damals tiefe Schuldgefühle. Hätte mich Samir nicht abholen müssen, wäre er nicht auf dieser Straße außerhalb der Stadt in Richtung des Palästinenserlagers Schatila gefahren. Ich fühlte und fühle mich noch immer verantwortlich. Seine Angehörigen sind libanesische Christen. Vielleicht war es dieses geistige Band, das die Begegnung ein wenig erleichterte. Eine Familie, deren Glauben im griechischen Katholizismus wurzelte, und der Engländer mit dem irischen Paß, der tief in seinem Innern immer noch den römisch-katholischen

Glauben seiner Kindheit bewahrte. Geschenke aus der Vergangenheit, abgestaubt und wieder in Gebrauch genommen.
Erstaunlicherweise war Samirs Frau mehr um mich besorgt als um sich selber. Selbst der verschwiegenste Mann wird im Bett gesprächig, und daher wußte sie, warum ich in Beirut war und wen ich treffen wollte. Vielleicht half ihr mein Dilemma, zumindest für eine Weile ihren schrecklichen Verlust zu vergessen. Ich weiß es nicht, aber ich war häufig erstaunt, welche Kraft manche Menschen entfalten, wenn sie mit dem Schlimmsten konfrontiert werden. Sie war der Meinung, daß »der Mann, den Sie treffen wollen« und den wir versetzt hatten, sich melden werde. Wir beschlossen, daß ich in Baschirs Wohnung bleiben und warten sollte.
Nach einer Woche hielt ich es für sinnlos, noch länger zu warten. Samir war unter der Erde, und ich fühlte mich schrecklich allein und hilflos. Ich hatte die Wohnung kein einziges Mal verlassen. Vielleicht war es das Eingesperrtsein, das mir zu schaffen machte. Leben und Sterben gingen weiter in der Stadt, aber ich nahm daran keinen Anteil. Ich war hoch droben in den Wolken, losgelöst von allem. Ich bekam einen flüchtigen Eindruck vom Leben einer Geisel. Carlos hatte sich nicht gemeldet. Als Samir und ich nicht auftauchten, hatte er vermutlich die konspirative Wohnung verlassen, in der wir uns hatten treffen wollen. Das war klüger, als Kontakt zu uns aufzunehmen, wie Samirs Frau naiverweise angenommen und wie auch ich, der ich mich an jeden Strohhalm klammerte, geglaubt hatte. Durch sein Verschwinden stellte er sicher, daß er der meistgesuchte Mann blieb. Zu bleiben und Kontakt aufzunehmen, wenn ein so zuverlässiger Mann wie Samir nicht erschien, war für einen Mann wie Carlos ein zu großes Risiko gewesen. Ich erinnerte mich an seine Worte, als ich ihn um seine Fingerabdrücke gebeten und er sich schließlich bereit erklärt hatte, sie mir bei unserem letzten Treffen zu geben.
»Wenn ich sie Ihnen vor unserem letzten Treffen gebe – und bitte, seien Sie jetzt nicht gekränkt –, dann weiß ich nicht, wen Sie mitbringen.«
Jetzt, wo Samir tot war, konnte ich mich erst wieder mit Carlos treffen, wenn er den Kontakt herstellte. Samirs Frau bestand darauf, daß mich einige Frauen aus ihrer Verwandtschaft zum Flughafen begleiteten.
»Wenn wir dabei sind, wird es keiner wagen, Sie aus dem Wagen zu zerren.«
So gering der Schutz auch war, ich wußte genau, daß ich jede Hilfe brauchte, die ich bekommen konnte. Als ich auf dem internationalen

Flughafen aus dem Wagen stieg, merkte ich plötzlich, daß ich schweißgebadet und meine Kleidung völlig durchnäßt war. Ich verabschiedete mich und reichte der Witwe die Drusen-Kappe.
»Samir hat sie mir gegeben. Bitte, nehmen Sie sie.«
Einen Moment lang dachte ich, sie würde die Fassung verlieren, aber dann umklammerte sie die Kappe mit beiden Händen und küßte sie.
»Ich werde Sie wiedersehen. Bald.«
»Inschallah.«
Ja, Inschallah. Es sollte mehr als drei Jahre dauern, ehe wir uns wiedersahen.

Teil 2

»Carlos ist tot«

In der letzten Oktoberwoche brachte der DAILY EXPRESS einen zweiseitigen Bericht. Die Überschrift lautete: DIE ZEHN MEISTGESUCHTEN KRIMINELLEN. Und darunter stand: »An der Spitze – Carlos, der Schakal.« Aus der Zeitung starrte einem wieder dieses Gesicht entgegen. Es spielte kaum eine Rolle, daß meinen eigenen Recherchen zufolge praktisch alle biographischen Angaben falsch waren. Was eine Rolle spielte, war, daß meine Jagd nach diesem Mann Samir das Leben gekostet hatte. Wichtig war auch, daß ich wieder Kontakt zu ihm aufnehmen mußte.

Wie konnte ich den Namenlosen in Algier ausfindig machen? Oder René oder Gustavo? Sollte ich auf dem Flughafen Charles de Gaulle herumlaufen und nach einem Fahrer namens Louis suchen? Oder sollte ich Daniellis Telefonnummer in Mailand anrufen, obwohl sie wahrscheinlich zu einem öffentlichen Anschluß in einem Café gehörte? Ich rief in Mailand an, und ich erreichte den Mann, den ich suchte. Mit großer Erleichterung vernahm ich seine leise, fast feminine Stimme am anderen Ende der Leitung.

Seit Beginn der siebziger Jahre wurde mein Telefon gelegentlich abgehört. Unter diesem Aspekt hat es gewisse Vorteile, mit jemandem wie Danielli zu telefonieren. Ein Mann, der bei den Roten Brigaden war und überlebt hat, kennt zahlreiche nützliche Tricks. Zum Beispiel kann er verschlüsselte Telefongespräche führen.

»Hallo. Ich wollte Sie einfach mal anrufen, um Ihnen zu sagen, wie sehr ich unseren gemeinsamen Abend genossen habe. Ich sagte Ihnen ja, daß man in ganz Italien keine bessere Pasta bekommt.«

Er lachte leise. Offenbar erinnerte er sich an unser gemeinsames Essen und an die Komplimente, die ich seiner Frau gemacht hatte.

»Für Londoner Verhältnisse war sie ausgezeichnet, David. Und wie geht es so?«
»Ich war beim Bergsteigen. Ich wollte drei Gipfel erklimmen. Die ersten beiden habe ich geschafft, aber dann fehlte mir der Führer.«
»Eine ziemlich anstrengende Betätigung für einen Mann Ihres Alters.«
In diesem Stil ging es noch eine Weile weiter. Falls tatsächlich jemand mitgehört hat, so muß er mich für einen Fitneßfanatiker gehalten haben. Schließlich sagte ich: »Ich werde am nächsten Mittwochabend wieder in dieses Restaurant gehen, Danielli. Ich werde Ihre Komplimente an den Küchenchef weitergeben.«
Wir vereinbarten, in Kontakt zu bleiben, und verabschiedeten uns. Ich starrte auf das Telefon und dachte nicht zum erstenmal daran, daß es einen einfacheren Weg geben mußte, ans Ziel zu gelangen. Dann hob ich erneut den Hörer ab und buchte für den kommenden Mittwoch einen Flug nach Mailand.
Ich hatte Danielli gleich nach meiner Ankunft anrufen wollen, aber das war nicht nötig. Er war pünktlich zur Landung der Frühmaschine am Flughafen gewesen. Er öffnete den Kofferraum seines Wagens und warf meinen Koffer hinein. Später, nach dem Abendessen, als wir allein waren, erzählte ich ihm, was seit unserer letzten Begegnung passiert war. Er sagte kaum etwas, nickte oft und stellte hin und wieder eine Frage. Die Umstände von Samirs Tod interessierten ihn besonders. Ich sagte ihm alles, was ich wußte, aber offenbar war er immer noch beunruhigt.
»Sind Sie sicher, daß der Tod dieses Mannes nur Zufall war? Nur ein unglücklicher Zufall?«
»Im Libanon sterben täglich Männer, Frauen und Kinder. Das Land ertrinkt im Blut. Halten Sie es denn für möglich, daß mehr dahintersteckt?«
Er zuckte die Achseln. »Möglich wär's. Vielleicht wollte jemand dieses dritte Treffen mit Carlos verhindern.«
»Warum waren sie dann nicht hinter mir her?«
»Dazu bestand kein Grund. Wie sollten Sie zu Carlos gelangen, wenn Ihr Freund Samir tot war?«
Ja, wie? Ich wollte unbedingt eine Antwort auf diese Frage finden, die mich zurück nach Mailand und zu Danielli geführt hatte, und genau das sagte ich ihm. Er klammerte dieses Thema zunächst aus und wollte ganz genau von mir wissen, was Carlos über seine Verbindungen und Kontakte zu den Roten Brigaden erzählt hatte. Schließlich war er zufrieden.

»Warum all die Fragen?«
»Ich wollte absolut sicher sein, daß der Mann, den Sie interviewt haben, auch wirklich Carlos war.«
Seine Worte versetzten mir einen Schock. Nachdem ich zwei ganze Nächte mit Carlos geredet hatte, zweifelte ich nicht an seiner Identität. Die Fülle von Einzelheiten, die Details aus seinem Leben, die er mir offenbart hatte, hatten mich davon überzeugt, daß er tatsächlich Ilich Ramírez Sánchez war. Obwohl ich keine Fingerabdrücke von ihm hatte, gab es für mich keinen Zweifel an seiner Echtheit. Zu meiner Erleichterung konnte ich Daniellis Zweifel ausräumen, indem ich ihm einige Details erzählte.
Aber das änderte nichts an meinem Problem, wie ich den Kontakt wiederherstellen sollte. Danielli war optimistisch. Um die Verbindungen in den Libanon via Algier zu reaktivieren, genüge es, Gustavo in Paris die Situation zu erklären. Es werde zwar eine Weile dauern, aber Gustavo werde die Sache schon erledigen.
Im Januar 1986 brachte mir Danielli schlechte Nachrichten. Anscheinend war es dem Mann, den ich den Namenlosen genannt hatte, nicht gelungen, Kontakt aufzunehmen. Er habe sich alle Mühe gegeben, erklärte Danielli, aber Carlos sei verschwunden.
»Das hat er schon früher immer getan«, versicherte mir Danielli. »Er bleibt nirgends lange. Nach dem, was in Beirut passiert ist, mußte er auf der Hut sein. Denken Sie daran, daß er von Wadi Haddad ausgebildet wurde. Keine Sorge, sie werden es weiter versuchen. Früher oder später werden sie den Kontakt wiederherstellen.«
Im Monat darauf, im Februar 1986, traf eine weitaus schlimmere Nachricht ein. Carlos war tot.
Zuerst berichtete die israelische Zeitung DAVAR darüber. Danach wurde die Geschichte von der internationalen Presse aufgegriffen und ging um die ganze Welt. Wenn die Geschichte stimmte, so hatte ich endlich eine plausible Erklärung, warum Daniellis Freunde den Mann nicht aufspüren konnten. *Wenn* sie stimmte.
Bei meinen Nachforschungen hatte ich festgestellt, daß seit über zehn Jahren in verschiedenen Zeitungen und Zeitschriften immer wieder Berichte über seinen Tod aufgetaucht waren. Der erste war im Dezember 1975 in der französischen Presse erschienen, genau zu dem Zeitpunkt, als unter Carlos' Führung der Anschlag auf die Wiener OPEC-Zentrale verübt wurde. Ich hatte herausgefunden, daß die damalige französische Regierung durch ihre Geheimdienste absichtlich Falschinformationen verbreiten ließ. Während die Medien in al-

ler Welt über die Identität der Wiener Geiselnehmer spekulierten und in vielen Fällen zu Recht vermuteten, daß Carlos dahintersteckte, erfuhren französische Leser aus ihren Zeitungen, daß es sich nicht um Carlos handeln könne, weil er nach dem Massaker in der Rue Toullier im Jahr 1975 »von seinen Auftraggebern im Nahen Osten« ermordet worden sei. Mit dieser Lüge wollte die französische Regierung verhindern, daß sie in die möglicherweise peinliche und politisch verheerende Lage kam, bei den Österreichern um Carlos' Auslieferung nachsuchen zu müssen. Bei einem anschließenden Prozeß gegen Carlos in Paris wäre die ganze Unfähigkeit der DST ans Licht gekommen, und diese Aussicht gefiel der Regierung überhaupt nicht. Noch viel weniger behagte ihr der Gedanke an die Folgen der langjährigen Gefängnisstrafe, zu der Carlos ohne Frage verurteilt werden würde. Wenn Carlos im Gefängnis saß, würden seine Freunde alles tun, um ihn herauszuholen. Sie würden Frankreich so lange in Angst und Schrecken versetzen, bis er wieder frei war. Als zweifelsfrei feststand, daß Carlos hinter dem Anschlag steckte, war er bereits in Algerien untergetaucht.

Der Bericht in der Zeitung DAVAR war beunruhigend anders. Er basierte auf einer guten Quelle. Zwar wurde die Identität des Informanten nicht preisgegeben, doch laut Artikel handelte es sich um einen »führenden Kopf des Geheimdienstes, der vor kurzem in Pension gegangen« sei. Wenn sich ein ehemaliger Chef des Mossad, wenn auch ohne Preisgabe seines Namens, an die Öffentlichkeit wandte, dann mußte der Bericht meines Erachtens ernst genommen werden.

Die Erfahrung hat mich gelehrt, mich nicht auf Berichte aus zweiter Hand zu verlassen, schon gar nicht in Zeitungen. Also besorgte ich mir die fragliche Ausgabe von DAVAR. Kostete mich das schon einige Mühe, so war es noch viel schwieriger, den hebräischen Originaltext übersetzen zu lassen. Es handelte sich um drei längere Artikel, in denen gegen die Palästinenser im allgemeinen und gegen bestimmte Personen im besonderen gehetzt wurde. Es war viel die Rede von Abu Nidal, Georges Habbasch, Wadi Haddad und Abu Ibrahim – alles Männer, die für die Israelis Terroristen und für die Palästinenser mutige Freiheitskämpfer waren. Was die Aufmerksamkeit der Weltpresse erregt hatte, war nicht die Geschichte von Carlos, die, wie ich erleichtert feststellte, eine Reihe leicht nachzuweisender Fehler aufwies, sondern die Einleitung, der Aufhänger der Serie.

»Wir wären nicht überrascht, wenn sich herausstellen sollte, daß Carlos unter dem Sand der libyschen Wüste begraben liegt«, erklärte ein führender Kopf des Geheimdienstes, der kürzlich in Pension gegangen ist. »Er wußte zu viel. Deshalb wurde er offenbar umgebracht. Seine aktuelle Kenntnis von den Plänen der arabischen Führer und ihrer Sicherheitssysteme im internationalen Terror erschien ihnen zu gefährlich. Immer wenn Carlos gebraucht wurde, wurden seine Dienste in Anspruch genommen. Aber nachdem eine neue Generation von professionellen Terroristen die Bühne betreten hatte, wurden keine einsamen Wölfe mehr gebraucht. Anscheinend wurde er deshalb ermordet.«

Der Text enthielt fast nur Spekulationen und leere Phrasen, aber so gut wie keine Fakten. Mich interessierte das Warum. Warum jetzt? Warum hatte ein israelischer Geheimdienstchef, ob pensioniert oder nicht, das traditionelle Schweigen gebrochen und war mit einer Geschichte an die Öffentlichkeit gegangen, von der er gewußt haben mußte, daß sie international für Aufsehen sorgen würde? Warum gerade jetzt, im Februar 1986?

Mir gingen bestimmte Ereignisse durch den Kopf. Im Oktober 1985 wird mein drittes und letztes Treffen mit Carlos durch Samirs Tod verhindert; im Januar 1986 versucht der Algerier, der mit Carlos in direktem Kontakt gestanden hat, vergeblich, ihn aufzuspüren; im Februar 1986 wird Carlos von einem israelischen Geheimdienstchef für tot erklärt. Und ich saß da mit diesen einzigartigen Informationen, die ich im Verlauf eines nahezu zwanzigstündigen Interviews von Carlos erhalten hatte und die angesichts dieses Berichts jetzt von noch größerer Bedeutung waren. Was sollte ich also tun? Natürlich kam mir nur eine Antwort in den Sinn: so schnell wie möglich das Buch schreiben und veröffentlichen. Aber angenommen, fragte ich mich, nur mal angenommen, du bist reingelegt worden? Die Geheimdienste in aller Welt sind sehr clever, wenn es darum geht, westliche Journalisten auszutricksen. Sie spielen mit ihnen wie Menuhin auf seiner Stradivari. Was, wenn dieses dritte Treffen verhindert worden war, weil es verhindert werden mußte? Eine unglaubliche Vorstellung. Warum in aller Welt sollte sich jemand soviel Mühe machen? Wer würde sich soviel Mühe machen? Wenn man mich tatsächlich reingelegt hatte, so durfte ein drittes Interview, bei dem mein Gesprächspartner mir seine Fingerabdrücke geben wollte, nicht stattfinden. Die Fingerabdrücke von Ilich Ramírez Sánchez waren aktenkundig: beim venezolanischen Geheimdienst, bei Interpol, bei der Special Branch in Großbritannien, bei der CIA in Washington und bei zahlreichen europäischen Geheimdiensten. Wenn das Ganze eine abgekartete Sache war, so war der Verantwortliche davon ausgegangen, daß ich mir irgendwie eine Kopie der echten Fingerabdrücke besorgen würde.

Mich beschlich das seltsame Gefühl, daß Carlos noch am Leben war. Wenn es mir gelang, die Identität dieses geheimnisvollen Geheimdienstchefs festzustellen, so konnte mir das möglicherweise helfen, aus dem Dilemma herauszukommen. Ich tröstete mich mit dem Gedanken, daß auch die Männer vom Mossad sich gelegentlich irrten und daß der DAVAR-Bericht so ein Fall sein könnte.

Nur wenige Wochen zuvor, am 4. Februar 1986, hatten israelische Jagdflugzeuge eine libysche Verkehrsmaschine zur Landung in Israel gezwungen. Aufgrund von Informationen des Mossad war die israelische Regierung, insbesondere Außenminister Jizchak Schamir, davon überzeugt gewesen, daß Abu Nidal in der Maschine saß und gerade von einer Konferenz in Libyen zu seinem Stützpunkt in Damaskus zurückkehrte. Schamir hatte außerdem Georges Habasch in dem Flugzeug vermutet. Viele Länder verurteilten Israels Aktion als »Luftpiraterie«. Andere hielten es grundsätzlich für gerechtfertigt, ein unbewaffnetes Passagierflugzeug im internationalen Luftraum abzufangen und zur Landung zu zwingen, wenn ein Mann wie Abu Nidal an Bord war. Aber in diesem Fall saßen weder er noch Habasch in der Maschine.

Wenn der Mossad sich in bezug auf den Aufenthaltsort von Abu Nidal und Habasch irren konnte, dann konnte er sich genauso auch in bezug auf den Verbleib von Carlos irren, ob er nun tot war oder nicht.

Wenn es sich um ein Desinformationsmanöver handelte, dann legte der Verantwortliche jetzt die Hände in den Schoß und wartete darauf, daß ich das Buch schrieb und veröffentlichte. Je mehr Zeit verging, desto wahrscheinlicher wurde es, daß er sich durchschaut fühlte, und desto gefährlicher und prekärer wurde meine eigene Lage. Infolgedessen lauerte ich bei meinem nächsten Treffen mit Danielli auf die geringste Andeutung von ihm, mich nicht um ein drittes Interview zu bemühen, sondern mein Buch zu veröffentlichen und basta.

»David, unsere Freunde suchen immer noch.«

»Was halten Sie von der Geschichte der Israelis, daß er tot ist?«

Er lachte. »Carlos war schon oft ›tot‹. Natürlich müssen wir alle irgendwann sterben, und vielleicht stimmt die Geschichte diesmal. Was werden Sie tun?«

»Ich werde weiter nach Carlos suchen.«
Er nickte beifällig.
»Und wenn er wirklich tot ist?«
»Dann möchte ich seinen Leichnam sehen.«
»Wenn der israelische Bericht stimmt, werden ihn die Libyer nie bestätigen. Damit würden sie ja zugeben, daß sie enge Beziehungen zu Carlos hatten.«
»Die menschliche Natur, Danielli, ist etwas Seltsames. Die Versuchung zu reden, damit zu prahlen, derjenige zu sein, der den berüchtigten Carlos getötet hat, ist sehr groß.«
»Nicht so groß wie die Angst, daß man wie Carlos enden könnte, wenn man darüber redet oder damit prahlt. David, es kann Jahre dauern, bis Sie die Wahrheit herausfinden.«
»Dann meinen Sie also, ich sollte Schluß machen? Mich hinsetzen und das Buch schreiben?«
Ich hatte die Frage so unbefangen wie möglich gestellt. Seine Antwort konnte sich auf viele Dinge auswirken, besonders auch auf unser Verhältnis.
»Glauben Sie denn, daß Sie mit Ihrer Arbeit fertig sind? Daß Ihre Nachforschungen abgeschlossen sind?«
»Nein, es gibt noch mehr zu tun. Viel mehr.«
»Dann müssen Sie natürlich weitermachen. Ich werde Ihnen helfen, so gut ich kann. Und das gilt auch für meine Freunde in Paris und ihren Verbindungsmann in Algier. Wenn Carlos noch lebt, werden wir ihn auch finden.«
Ihn zu finden wurde immer unwahrscheinlicher. Kontaktmänner in mehreren Ländern gaben mir immer dieselbe Antwort, wenn ich ihnen sagte, daß ich auf der Suche nach Carlos sei. »Er ist doch tot, oder?«
Allmählich hatte ich das Gefühl, einem Geist nachzujagen.

Im Frühjahr 1986 ereigneten sich Dinge, die meinen weiteren Nachforschungen eine völlig neue Richtung gaben.
Am 28. März wurden in West-Beirut die britischen Lehrer Philip Padfield und Leigh Douglas entführt.
Am 11. April wurde Brian Keenan entführt. Keenan hatte wie ich die doppelte Staatsangehörigkeit und besaß einen irischen und einen britischen Paß.
Am 16. April gab die Revolutionäre Organisation Sozialistischer Moslems in Beirut die Hinrichtung des britischen Journalisten Alec Collett

bekannt. Armer Collett, sein einziges »Verbrechen« war gewesen, daß er am falschen Kontrollpunkt den falschen Paß vorgezeigt hatte.
Am 17. April wurde der britische Journalist John McCarthy auf der Zufahrtsstraße zum Flughafen südlich von Beirut entführt. Am gleichen Tag wurden die beiden britischen Lehrer Philip Padfield und Leigh Douglas und der amerikanische Bibliothekar Peter Kilburn erschossen aufgefunden.
Auch die letzte Illusion, daß ein Paß Schutz bieten konnte, war nun dahin. Es grenzte an Selbstmord, sich als hellhäutiger Europäer auf die Straßen West-Beiruts zu wagen. Doch es gab noch mehr Aufregung. Am 17. April versuchte ein gewisser Nedschar Hindawi, ein Palästinenser aus Jordanien, eine Bombe an Bord einer El-Al-Maschine zu schmuggeln, die von London nach Tel Aviv fliegen sollte, und machte dabei seine schwangere Freundin zur ahnungslosen Komplizin. Diesmal wiesen die Spuren nicht nach Libyen, sondern nach Syrien. Noch im selben Jahr wurde Hindawi von einem Gericht für schuldig befunden und zu 45 Jahren Haft verurteilt. Wenig später brach Großbritannien seine diplomatischen Beziehungen zu Syrien ab.
Für einen Mann, der hinter Carlos her war, wurde das Leben mit jedem Tag schwieriger. Die diplomatischen Beziehungen zu Libyen, zum Iran und zu Syrien waren abgebrochen. Und in den Libanon reiste nur, wer lebensmüde war. Dutzende von Ländern, insbesondere im Nahen Osten, wurden von einer Welle antiamerikanischer und antibritischer Gefühle erfaßt. Und doch hatte es im Sommer 1986 den Anschein, als sollte sich das Blatt zu meinen Gunsten wenden. Innerhalb einer Woche boten sich mir gleich zwei Chancen.
Auf einer Party lernte ich einen österreichischen Diplomaten kennen. Karl ist klein und rundlich, mit einer Nickelbrille auf der Nasenspitze. Wir sprachen über Bücher, und er fragte mich, woran ich gerade arbeiten würde. Wie gewöhnlich antwortete ich: »An einem Buch über den Nahen Osten.«
»Nun«, meinte er höflich, »wenn ich Ihnen bei Ihren Recherchen irgendwie behilflich sein kann, will ich es gerne tun.«
Das ließ ich mir nicht zweimal sagen.
»Nur zwei Dinge. Ich bräuchte einen österreichischen Paß, und ich würde gern Bruno Kreisky interviewen.«
Karl überlegte eine Weile und sagte dann: »Einen Paß kann ich Ihnen nicht besorgen, aber mit Dr. Kreisky könnte ich Sie zusammenbringen.«
Andere Partygäste gesellten sich zu uns, und wir wechselten das The-

ma. Bevor ich ging, tauschten wir unsere Telefonnummern aus, und er versprach, sich bei mir zu melden.

Zwei Tage später ergab sich ein neuer Lichtblick. Aber war es wirklich einer?

Ich hatte endlich die Identität des pensionierten Geheimdienstchefs ermittelt, der behauptet hatte, daß Carlos tot sei. Der Name kam mir bekannt vor: General Jehoshua Saguy, ehemaliger Direktor von Israels militärischem Nachrichtendienst. Irgendwo in der Masse von Informationen, die ich während meiner Nachforschungen gesammelt hatte, war ich auf diesen Namen gestoßen. Ich arbeitete mich durch zahllose Aktenordner und Dutzende von Büchern.

Dann klingelte das Telefon. Karl rief aus der österreichischen Botschaft an.

»Dr. Kreisky würde sich sehr gern mit Ihnen unterhalten.«

Im November flog ich nach Wien, um mit dem ehemaligen österreichischen Bundeskanzler einen Abend zu verbringen. Ich holte die Akte hervor, die ich über Kreisky angelegt hatte, und studierte sie. Zum Zeitpunkt des Anschlags auf Schloß Schönau im Jahr 1973, hinter dem angeblich Carlos gesteckt hatte, war Kreisky Bundeskanzler gewesen. Und in der gleichen Eigenschaft hatte er 1975 beim Überfall auf die Wiener OPEC-Zentrale mit Carlos verhandelt. Doch es gab noch einen zwingenderen Grund, warum ich ihn treffen wollte. Dr. Kreisky war der Mann, der mir die Tür zu Muammar el-Gaddafis Allerheiligstem in Libyen aufstoßen konnte. Mir lag viel daran, mit dem Obersten zu sprechen. Ich bereitete meine Fragen an Dr. Kreisky vor.

Da ich wußte, daß er fließend englisch sprach, reiste ich allein nach Wien. Die Stadt war Schauplatz eines der aufsehenerregendsten Anschläge gewesen, an denen Carlos mitgewirkt hatte. Deshalb flog ich absichtlich ein paar Tage früher. Ich schlenderte durch die touristenfreien Straßen, sah mir die Gegend an, in der sich früher die OPEC-Zentrale befunden hatte, und wurde die ganze Zeit über den Eindruck nicht los, als sei der Film *Der dritte Mann* über mich gedreht worden. Sosehr ich mich auch bemühte, meine Augen konnten sich einfach nicht auf die Farben konzentrieren. Ich sah die Stadt nur in Schwarzweiß. Ich fand sogar heraus, daß der Film in einem kleinen Kino gespielt wurde, und hielt es für einen herrlichen Zufall, bis man mir sagte: »Oh, der Film läuft dort schon seit Jahren.« Elf Jahre zuvor hatte die Stadt den Hintergrund für ein anderes Drama gebildet – mit einem stämmigen Venezolaner in der Hauptrolle, in dessen Händen das Leben einiger der einflußreichsten Männer der Welt gelegen hatte.

Im Laufe der langen und gefährlichen Verhandlungen mit der österreichischen Polizei hatte Carlos erklärt: »Hier gibt nur einer Befehle, und das bin ich! Ich allein entscheide, wer geht und wer bleibt.«
Und später meinte er: »Sagen Sie Kreisky, daß er sich vorsehen soll. Ich kenne alle Tricks.«
Carlos dachte, daß er nicht nur über das Schicksal der 70 Geiseln, sondern über ganz Österreich gebiete, und daß der Mann, der tatsächlich die Macht innehatte, Bundeskanzler Kreisky, sich seinen Launen beugen müsse.
Bereits wenige Minuten nach meiner Ankunft vor Kreiskys Haus in einem ruhigen Wiener Vorort bedauerte ich es, daß ich keinen Dolmetscher mitgenommen hatte. Im Haus war alles dunkel, die Fensterläden waren geschlossen. Nach wiederholtem Klingeln erschien endlich ein Sicherheitsbeamter, freilich nicht aus dem Haus, sondern aus einem nahe gelegenen Gebüsch. Als er näher kam, sah ich, daß er eine Pistole auf mich gerichtet hatte, und dies hatte zur Folge, daß unsere anschließende Unterhaltung, die in furchtbarem Deutsch und ebenso furchtbarem Englisch geführt wurde, ziemlich verkrampft war. In diesem Moment fuhr Dr. Kreiskys Wagen vor. Im Nu war das Haus mit Licht und Leben erfüllt. Einige bewaffnete Sicherheitsbeamte tauchten auf. Anscheinend hatten sie mich alle in der Dunkelheit beobachtet. Besonders einer wollte mich nur höchst ungern mit dem Exkanzler allein lassen. Als wir dann endlich allein waren, machte ich ein paar Bemerkungen über die ungewöhnlichen Sicherheitsvorkehrungen. Ungewöhnlich deshalb, weil er 1983 als Bundeskanzler zurückgetreten war und sich schon halb aus dem politischen Leben zurückgezogen hatte. Zunächst entschuldigte er sich für sein Zuspätkommen – er hatte seinen Chauffeur unterwegs anhalten lassen, um bei einem Verkehrsunfall Erste Hilfe zu leisten –, und dann gab er mir eine Erklärung.
»Ich fürchte, die Sicherheitsbeamten neigen zu Überreaktionen. Es liegen Hinweise vor, wonach ich ermordet werden soll.«
Er sagte das ganz gelassen.
Offenbar hatte jemand auf einem Dach, von dem aus man in Kreiskys Garten blicken konnte, längere Zeit auf der Lauer gelegen. Wer immer es gewesen sein mochte, er war ein starker Raucher. Und er rauchte arabische Zigaretten. Dies war ein passender Einstieg in unser Gespräch.
Im Laufe seiner langen politischen Karriere hatte sich Kreisky nicht nur den Zorn Abu Nidals, sondern auch mehrerer israelischer Regierungschefs zugezogen. Seine Karriere war in vielerlei Hinsicht einma-

lig. Wie viele Staatsmänner, die von den Nazis eingesperrt und von den Israelis verdammt wurden, sind ebenfalls Juden?

Bruno Kreisky, engagierter Sozialist seit frühester Jugend, wurde 1935 unter der faschistischen Regierung Dollfuß in Wien verhaftet und des Landesverrats bezichtigt. Er verteidigte sich mit viel Courage gegen ein Regime, das die SPÖ und die Gewerkschaften verboten hatte. Möglicherweise fiel das Urteil deshalb verhältnismäßig milde aus – ein Jahr Gefängnis –, weil sein Auftritt vor Gericht von der internationalen Presse verfolgt wurde. Am 14. März 1938, einen Tag nach dem »Anschluß« Österreichs an das Deutsche Reich, wurde er abermals verhaftet – diesmal von der Gestapo. Nach mehrmonatiger Haft wurde er des Landes verwiesen. Vielleicht half ihm später diese Vertreibung aus seinem Geburtsland, die Wünsche und Bestrebungen des palästinensischen Volkes besser zu verstehen. Ein Jude, der erkannte, daß die Palästinenser auch unter einer Diaspora gelitten hatten.

Im Hinblick auf seinen Gefängnisaufenthalt vor dem Krieg meinte er: »Das einzige, was ich dabei gelernt habe, war, wie man mit Leuten auskommt, die man nicht mag.«

Während seiner 13jährigen Amtszeit als österreichischer Bundeskanzler hatte er reichlich Gelegenheit zu zeigen, daß er die Lektion beherzigt hatte.

Über Präsident Reagan und den sowjetischen Generalsekretär Tschernenko sagte er: »Es ist erstaunlich, daß zwei so beschränkte Männer theoretisch die Führer zweier Supermächte hätten sein können. Natürlich nur theoretisch. Beide waren nur Galionsfiguren, aber selbst als Galionsfiguren legten sie eine atemberaubende Dummheit an den Tag. Ich habe beide kennengelernt. Keiner hat mich beeindruckt.«

Über die israelische Ministerpräsidentin Golda Meïr sagte er:

»Sie kam in mein Büro gestürzt und fing an, mit der Faust auf den Tisch zu schlagen. Offenbar wollte sie etwas von mir. Aber sie machte einen solchen Lärm, daß ich nicht recht verstehen konnte, was es genau war. Allmählich begriff ich, was sie von mir verlangte: Ich sollte in Schönau wieder ein Durchgangslager für jüdische Flüchtlinge aus der UdSSR eröffnen. Ich lehnte ab, versicherte ihr aber, daß Österreich weiterhin Flüchtlinge aufnehmen werde. Ich glaube, an dieser Stelle nannte sie mein Verhalten antisemitisch. Und dann schlug *ich* mit der Faust auf den Tisch. Ich weiß noch, wie ich sagte: ›Es sind drei Juden in diesem Raum.‹ Der israelische Botschafter Jizchak Patisch und der österreichische Innenminister Rosch waren ebenfalls anwesend.

Zum erstenmal, seit sie mein Büro betreten hatte, schwieg sie. Meine engsten Angehörigen wurden von Hitler umgebracht. Vierzehn allein in Auschwitz. Das war allgemein bekannt, ebenso wie mein Gefängnisaufenthalt und die anschließende Ausweisung durch die Gestapo. Ich kannte Golda Meïr seit einigen Jahren. Es war ausgeschlossen, daß sie nichts über meine Vergangenheit wußte. Schönau blieb zwar geschlossen, aber wir nahmen weiterhin sowjetische Juden auf, wie ich es Frau Meïr versprochen hatte. In dem Jahr nach dem Anschlag auf Schönau waren es über 20 000. Interessanterweise wollte die Mehrheit der Juden aus der Sowjetunion gar nicht nach Israel. Immer mehr wollten lieber in die USA, nach Kanada und Westeuropa, überallhin, nur nicht nach Israel.«

Im Laufe unseres Gesprächs wurde deutlich, daß der agnostische Jude Kreisky ein entschiedener Antizionist war. Und er war ein Mann, der sich der Ironie der modernen Geschichte durchaus bewußt war.

»Israel ist das Ergebnis von Hitlers Politik. Ohne Hitler hätte es in Palästina nur eine Gruppe von Ansiedlern gegeben, die zwar gern dort gelebt, aber nie Erfolg gehabt und nie den Status einer Nation erlangt hätten. Hitler hat Israel geschaffen.«

Ebenso war Kreisky davon überzeugt, daß Israel die moralische Grundlage, auf der es errichtet worden war, durch seine »kriegerische und faschistoide Politik« zerstört habe.

»Man muß sich nur die Politik Begins und Schamirs anschauen, dann merkt man, daß diese Politik faschistische Züge aufweist. Sie richtet sich gegen die Palästinenser in ihrem Herrschaftsbereich.

Die Palästinenser in Israel und in den besetzten Gebieten sind Opfer einer Apartheid-Politik. Sie haben keinerlei Rechte und stehen wirtschaftlich und politisch im Abseits. Ihr Leben wird völlig von der israelischen Armee kontrolliert. Faschismus ist nicht die Art, wie Hitler mit den Juden umging. Faschismus ist brutale Gewalt. Israel prahlt immer damit, das einzige demokratische Land im Nahen Osten zu sein. Das ist der reinste Hohn, wenn man bedenkt, wofür der Begriff Demokratie wirklich steht! Solange Männer wie Begin und Schamir Israel regieren, wird es ein faschistischer Staat bleiben.«

Wenn ein Nichtjude so etwas sagt, wird er sofort gebrandmarkt und des Antisemitismus bezichtigt. Wenn ein Jude so etwas sagt, wird ihm unterstellt, er hasse sich selbst. Dr. Bruno Kreisky fiel meines Erachtens überhaupt nicht unter diese seltsame und fragwürdige Kategorie. Er hatte bereits als junger Mann aufgehört, seinen Glauben zu praktizieren, aber ich konnte bei ihm keinerlei Ressentiments gegenüber dem Judentum feststellen. Vor dem Krieg hatte er in Österreich hautnah einige der schlimmsten Exzesse des Nationalismus miterlebt, und wenn er die Verhältnisse im Staat Israel betrachtete, so fühlte er sich an diese Exzesse erinnert. Er beklagte den Tod der Männer und Frauen, die diesen Staat gegründet hatten.

»Wie können Männer wie Begin und Schamir überhaupt an die Macht gelangen? Vor 40 Jahren war für solche Leute noch kein Platz an der Spitze. Israel bezog seine Stärke weitgehend von Menschen mit europäischem Erbe. Aber weil Juden und Araber nicht in der Lage waren, ihre Streitigkeiten friedlich beizulegen, wandten sich mehrere Länder in der arabischen Welt gegen ihre jüdischen Minderheiten. Und die Juden, die bereits in Israel lebten, unterstützten sie dabei nach Kräften. Sie übten jeden nur erdenklichen Druck auf die arabischen Juden aus, damit diese ihre Heimat verließen und sich in Israel ansiedelten. Und so kamen sie – Juden aus dem Irak, aus Marokko, aus Tunesien, aus der gesamten arabischen Welt. Diese Menschen haben nie in einer Demokratie gelebt. Deshalb unterstützen sie bereitwillig die Begins und Schamirs in Israel.«

Die Juden, die ihre arabische Heimat verlassen hatten, waren nach Bruno Kreiskys Ansicht nicht nur eine potentiell empfängliche Klientel für die Parolen der israelischen Rechten, sie veranschaulichten auch das fragwürdige Selbstverständnis des israelischen Staates.

»Der Staat Israel beruht auf der Idee, daß alle Juden aus Palästina ausgewandert seien. Das stimmt einfach nicht, und es ist auch nicht wahr, daß alle von den israelitischen Stämmen abstammen. Die Juden sind keine Rasse. Sie kommen nicht ausschließlich aus Palästina. Das Judentum ist als Religion in vielen Ländern verbreitet. Juden kamen aus dem Kaukasus und aus Libyen. Es gibt riesige Volksstämme schwarzer Juden, dreißig-, vierzigtausend Menschen. In Äthiopien leben über fünfzigtausend Juden, die nicht einmal eine semitische Sprache haben. Im Gegensatz zum eigentlichen Judentum haben sie Mönche und Nonnen, und sie richten sich nach der Bibel, nicht nach dem rabbinischen Gesetz. Nach dem israelischen Rückkehr-Gesetz gehören diese Äthiopier derselben Rasse an wie die russischen, polnischen und amerikanischen Juden. So flexibel ist das Gesetz.«

Wir kamen wieder auf die Ereignisse zu sprechen, die Golda Meïr veranlaßt hatten, nach Wien zu reisen und mit der Faust auf den Schreibtisch des Bundeskanzlers zu schlagen.

Carlos hatte mir gegenüber behauptet, er sei an dem Anschlag auf das Durchgangslager Schönau im Jahr 1973 nicht beteiligt gewesen.

Es interessierte mich, ob der frühere Bundeskanzler etwas darüber wußte.

»Golda Meïr war nicht die einzige, die Ihre Entscheidung, Schloß Schönau zu schließen, verurteilt hat. Nimmt man einmal die arabische Welt aus, so muß man fairerweise sagen, daß die Presse weitgehend feindselig reagierte.«

»Das stimmt. Aber stellen Sie sich vor, wie die Presse reagiert hätte, wenn ich mit den Palästinensern nicht verhandelt hätte, wenn wir mit Waffengewalt vorgegangen wären. Im Jahr davor war ich in München bei den Olympischen Spielen gewesen. Ich war dort, als das Massaker auf dem Flughafen Fürstenfeldbruck stattfand. An diesen Vorfall mußte ich 1973 denken, als ich überlegte, wie ich auf die Geiselnahme in dem Zug reagieren sollte. Wenn ich Verhandlungen abgelehnt hätte, und daran habe und hatte ich nicht den geringsten Zweifel, wären mindestens sechs Menschen ums Leben gekommen – die beiden Araber und ihre vier Geiseln. Und die Zahl der Opfer hätte noch viel höher sein können. Man darf nicht mit dem Leben anderer Menschen spielen. Meine Regierung wußte seit vielen Monaten, daß Schönau ein potentielles ›München‹ war. Wie Ihnen sicher bekannt ist, war der Anschlag der Palästinenser im September 1973 nicht der erste. Wir hatten bereits *vor* dem Anschlag im September entschieden, das Lager zu schließen. Durch die Schließung haben wir mindestens sechs Menschenleben gerettet. Und auch danach haben wir weiterhin alle Flüchtlinge aufgenommen – das darf man nicht vergessen. Zu keiner Zeit, weder vor noch während der Sache in Schönau, hat Österreich seine Grenzen für Flüchtlinge geschlossen, egal ob Juden oder Nichtjuden. Und nun sagen Sie mir: Wer hat dabei gewonnen?«

»Ich glaube, beide haben dabei gewonnen, die Israelis und die Araber. Die Araber konnten einen Propagandasieg verbuchen, und die Israelis nahmen via Österreich weiterhin russische Juden auf.«

»Genau. Die Kunst des Kompromisses muß man in Israel erst noch lernen. Vorher wird es in der Region keinen dauerhaften Frieden geben.«

»Golda Meïr schrieb später*, sie sei entsetzt gewesen über Ihre Äußerung: ›Sie und ich kommen aus zwei verschiedenen Welten.‹«

»Was ich wirklich gesagt habe, und ich bin sicher, Sie werden es auch so zitiert finden, war: ›Wir kommen aus zwei verschiedenen Welten,

* Golda Meïr *My Life,* 1975

Sie kommen aus einer Welt des Krieges, und ich komme aus einer Welt des Friedens.‹ Im Gegensatz zu Golda Meïr habe ich nie geglaubt, daß Terror durch Gegenterror gestoppt werden kann.«

»Konnten Sie je eindeutig feststellen, wer hinter dem Überfall auf den Zug und der Entführung der Flüchtlinge gesteckt hat?«

»Ja, es war dieselbe Gruppe, die im Januar 1973 einen Anschlag auf das Schloß verüben wollte. Eine syrische Gruppe.«

»El-Saika?«

»Ja, so hieß sie.«

Das war ein Punkt für Carlos. Seine Version von den Ereignissen war jetzt nicht nur von einer unabhängigen, sondern auch äußerst zuverlässigen Quelle bestätigt worden. Eine weitere Bestätigung folgte.

»Ich erfuhr von ägyptischer Seite, daß der Anschlag in Damaskus geplant worden war. Das eigentliche Ziel war, die Israelis abzulenken, während die Syrer und die Ägypter ihre letzten Vorbereitungen für den Jom-Kippur-Krieg trafen.«

»Der Anschlag hat Israel erschüttert und Ministerpräsidentin Meïr veranlaßt, nach Wien zu kommen. Insofern scheinen die beiden Palästinenser Erfolg gehabt zu haben.«

»Zweifellos. Aber die Sache hat noch ein kleines ironisches Nachspiel. Als ich nämlich einige Zeit später nach Israel reiste, lobte mich Golda Meïr in einer Rede für all das, was ich für die russischen Juden getan hatte.«

»War Carlos in irgendeiner Weise an dem Anschlag von 1973 beteiligt?«

»Carlos? Überhaupt nicht. Nur syrische Palästinenser. Carlos stellte bis zu dem OPEC-Anschlag hier in Österreich kein Problem dar.«

Wir sprachen ausführlich über das »Problem«, das Carlos an Weihnachten 1975 in Wien dargestellt hatte. Von Zeit zu Zeit frischte Kreisky seine Erinnerung an jene Ereignisse wieder auf, indem er verschiedene Aufzeichnungen und Dokumente zu Rate zog, obwohl er mir an diesem Abend wiederholt demonstrierte, daß er tatsächlich »ein Gedächtnis wie ein Elefant« hatte, wie er von sich behauptete. »Nur manchmal stellen mir eben auch Elefanten Fragen.«

Er beleuchtete die ungewöhnlichen Ereignisse des OPEC-Anschlags von verschiedenen Seiten und dachte über die möglichen Hintergründe nach.

Ich wollte von ihm wissen, wer den Überfall und die Entführung der OPEC-Minister geplant hatte. Wer genau steckte hinter dem Anschlag, und was hatte er mit ihm bezweckt?

»Ich glaube, der Anschlag diente nur einem Zweck. Carlos wollte Geld. Viel Geld. Weder ich noch meine Geheimdienstleute konnten ein politisches Motiv entdecken.«
»Sie wissen sicher, daß praktisch jeder Journalist, der über die Sache geschrieben hat, Muammar el-Gaddafi für den Schuldigen hält.«
»Ja, ich weiß. Ich weiß aber auch, daß dieser Vorwurf Unsinn ist. Weder Gaddafi noch irgendein anderer Libyer hatte bei dem OPEC-Anschlag die Hand im Spiel.«
»Sind Sie sicher?«
»Ganz sicher. Diese Behauptungen kursierten bereits kurz nach dem Anschlag und wurden von den österreichischen Sicherheitsorganen sorgfältig überprüft. Sie hielten der Überprüfung nicht stand. Einigen Ländern hat es genützt, Gaddafi die Schuld zuzuschieben. Fragen Sie sie nach den Beweisen. Wir haben es getan. Ich warte noch heute auf die Antwort. Im Jahr 1982 lud ich Oberst Gaddafi in dieses Land ein. In diese Stadt. Bevor ich diese Einladung aussprach, wußte ich ganz genau, daß ich mich damit erheblicher internationaler Kritik aussetzen würde. Hätte es auch nur den geringsten Anhaltspunkt dafür gegeben, daß er oder einer seiner Landsleute an dem Anschlag beteiligt gewesen war, so hätte ich ihn nie in diese Stadt gelassen, in ebenjene Stadt, in der der Anschlag stattgefunden hatte und in der Menschen ermordet worden waren.«
Die Logik des früheren österreichischen Bundeskanzlers war unangreifbar. Was mich am meisten beunruhigte, war die Tatsache, daß Carlos mir gegenüber behauptet hatte, die Idee zu dem OPEC-Anschlag habe von Muammar el-Gaddafi gestammt.

»Der gefährlichste Mann der Welt«

Kreisky war zwar nicht mehr österreichischer Bundeskanzler, als ich ihn interviewte, doch ich wußte, daß er gute Beziehungen zu mehreren arabischen Führern unterhielt. Ich hatte ihn unter anderem deshalb kennenlernen wollen, weil er mir helfen sollte, an Oberst Gaddafi heranzukommen. Kreisky versprach, sein möglichstes zu tun.

Ich kehrte nach London zurück und ließ die Tonbänder meines Interviews mit Kreisky abtippen. Als ich die fertigen Abschriften las, war ich beeindruckt von der Offenheit des Mannes. Er mochte zwar aussehen wie ein ältlicher Koalabär, aber er war ein Bär mit klaren Ansichten. Außerdem hatte er im Herbst seines Lebens denselben Mut bewahrt, den er gegenüber dem Dollfuß-Regime und der Gestapo bewiesen hatte. Anfang der achtziger Jahre hatte Abu Nidal damit gedroht, ihn zu ermorden. Mitte der achtziger Jahre hatte sich Kreisky in aller Ruhe mit führenden Mitgliedern der Abu-Nidal-Gruppe zusammengesetzt und über Politik diskutiert. Kreisky war der erste, der mich auf etwas aufmerksam machte, für das ich später stichhaltige Beweise finden sollte: Seit vielen Jahren hat der Mossad Abu Nidals Gruppe infiltriert, und bei mehreren Gelegenheiten haben Mossad-Agenten, als loyale Mitglieder getarnt, sogar die politische Marschroute der Gruppe festgelegt. Ich hatte Kreisky auch gefragt, wo sich Carlos seiner Meinung nach aufhalten könnte. Zu meiner Erleichterung glaubte er nicht, daß der Mann, nach dem ich suchte, tot war.

»Ich glaube, er hält sich im Nahen Osten auf. Wahrscheinlich am Mittelmeer.«

Nun, da war er gewesen, als ich mit ihm gesprochen hatte.

Während ich darauf wartete, daß der gute Dr. Kreisky Kontakt zu den

Libyern aufnahm, studierte ich eingehend die Akte, die ich über Oberst Gaddafi angelegt hatte, jenen Mann, den Präsident Reagan den »gefährlichsten Mann der Welt« nannte und einmal sogar (am 9. April 1986) als »tollwütigen Hund des Nahen Ostens« beschimpft hatte.
Mit den Jahren haben auch andere Staatschefs ihre Meinung über Gaddafi geäußert. Der ägyptische Präsident Sadat nannte ihn einen »gefährlichen Kriminellen, der zu hundert Prozent krank und von einem Dämon besessen ist«, und der sudanesische Präsident Numeiri erklärte: »Er hat eine gespaltene Persönlichkeit – aber beide sind böse.«
Das war nicht gerade das, was man eine gute Presse nennen würde.
Als der 27jährige Oberst Muammar Abumeniar el-Gaddafi mit Unterstützung von elf Offizierskollegen am 1. September 1969 König Idris stürzte und in Libyen die Macht an sich riß, stellten Presse, Rundfunk und Fernsehen in aller Welt die gleiche Frage: »Oberst wer?« Zumindest vier westliche Regierungschefs hätten diese Frage erschöpfend beantworten können, wenn sie sich die Mühe gemacht hätten, ihre jeweiligen Geheimdienste zu konsultieren. In den folgenden zehn Jahren ergänzten die Geheimdienste auf beiden Seiten des Eisernen Vorhangs die vorhandenen Informationen mit Tausenden von Berichten über den jungen Offizier, der nach Ansicht Präsident Reagans der gefährlichste Mann der Welt war. Was genau hatte Gaddafi getan, um diesen ungewöhnlichen Titel zu rechtfertigen?
Als Gaddafi im Frühjahr 1942 in einem Beduinenzelt rund 30 Kilometer südlich der libyschen Stadt Sirte das Licht der Welt erblickte, tobte auch in Nordafrika der Zweite Weltkrieg. Im Oktober desselben Jahres kam es zur entscheidenden Schlacht: Die britische 8. Armee unter General Montgomery schlug die Truppen der Achsenmächte unter Führung von Feldmarschall Rommel. Das Ende Libyens als italienische Kolonie war in Sicht. Für das libysche Volk konnte dieser Tag nicht früh genug kommen.
Die Italiener, die Libyen als ihre »vierte Küste« betrachteten, hatten 1911 mit ihrer ungeheuer grausamen und repressiven Kolonisation Libyens begonnen. Im Ersten Weltkrieg taten sich libysche Widerstandskämpfer mit den Türken und Deutschen zusammen und kämpften gegen die Briten und Italiener. Sie bezahlten einen furchtbaren Preis dafür, daß sie auf die späteren Verlierer gesetzt hatten.
Als im Jahr 1922 in Italien der faschistische Diktator Benito Mussolini an die Macht kam, weitete er Italiens Herrschaft über die libyschen Küstenstädte auf das ganze Land aus. »Italien schafft an der vierten

Küste unseres Meeres eine Zivilisation«, erklärte er. »Eine westliche Zivilisation im allgemeinen und eine faschistische Zivilisation im besonderen.«

Libyens Geschichtsarchive sind voll von Material über Mussolinis »Zivilisierung« des Landes; dazu zählen auch ausführliche Filmdokumente über Bombenangriffe auf Zivilisten, die Vergewaltigung libyscher Frauen, denen anschließend der Bauch aufgeschlitzt wurde, die Zerstörung von Moscheen, Koranverbrennungen und öffentliche Massenexekutionen von Widerstandskämpfern. Wer nicht aufgehängt wurde, mußte in ein Flugzeug steigen und wurde in der Luft aus der Maschine gestoßen. Jedes Jahr wurden zwischen zehn- und zwanzigtausend Libyer hingerichtet. Nomaden wie die Beduinen wurden mit Gewalt in Konzentrationslager getrieben, wo sie zu Zehntausenden starben. Entlang der Grenze zu Ägypten errichteten die Besatzungstruppen einen 300 Kilometer langen Stacheldrahtzaun, um die Libyer an der Flucht zu hindern. Gaddafis Großvater mütterlicherseits wurde ermordet, und Hunderte von Angehörigen seines Stammes mußten im benachbarten Tschad Zuflucht suchen.

Bei Kriegsende im Jahr 1945 zählte Libyen zu den ärmsten und unterprivilegiertesten Ländern der Erde. Über 93 Prozent der Bevölkerung waren Analphabeten. Im ganzen Land gab es nur vier Hochschulabsolventen.

Wie nach dem Ersten Weltkrieg teilten auch diesmal die Gewinner die Beute unter sich auf. Die Franzosen ließen sich in der südlichen Provinz nieder. Die Vereinigten Staaten erhielten fünf Stützpunkte, darunter die Luftwaffenbasis Wheelus östlich von Tripolis, die sich praktisch zu einer selbständigen Stadt entwickelte. Und die Briten bekamen Militärbasen in Tobruk und El Adem. Über 100 000 italienische »Siedler« blieben im Land – sie behielten viele Schlüsselpositionen in der verbliebenen Infrastruktur des Landes und beanspruchten für sich einen Großteil des Landbesitzes. Das Bankwesen wurde von ausländischen Gesellschaften beherrscht, wobei Barclays der unumstrittene Marktführer war.

In einem Beschluß der UN-Vollversammlung von 1949 wurde das Land zu einem »unabhängigen, souveränen Staat« erklärt, und im Dezember 1951 gelangte durch einen Entscheid der Nationalversammlung König Idris auf den Thron, ein ältlicher und schwacher Monarch, der sich mit korrupten Ministern und Beratern umgab. Wie es allerdings um die »Unabhängigkeit« dieses Landes bestellt war, verdeutlichen die oben beschriebenen Machtverhältnisse.

Abdul Hamid Bakusch, der spätere Ministerpräsident, lieferte eine präzise Beschreibung der Verhältnisse: »Im Jahr 1951 war Libyen nur eine Schale voll Sand. Das jährliche Einkommen betrug drei Millionen Pfund, und dabei handelte es sich um die Pacht für die britischen und amerikanischen Stützpunkte auf libyschem Boden.«
Sieben Monate nach der Inthronisation von König Idris war ein korrupter arabischer König von einer Gruppe junger Armeeoffiziere gestürzt worden – König Faruk von Ägypten. Zu den Offizieren, die für seinen Sturz verantwortlich waren, gehörte ein verwegener Oberst namens Gamal Abd el-Nasser.
Auf der Grundschule in Sirte lauschte der junge Gaddafi hingerissen den Worten Nassers auf der Wellenlänge der »Stimme von Kairo«. Täglich las er in ägyptischen Zeitungen Berichte über die Taten Nassers und seiner Offizierskollegen. Noch Jahre später konnte er ganze Passagen aus Nassers Reden wörtlich zitieren. Der zehnjährige Gaddafi lernte die Realität seines eigenen Landes kennen und begann zu träumen.
Im Jahr 1958 wurde in Libyen Erdöl entdeckt. Dieses arme und rückständige Agrarland, dessen Aussichten auf eine wirtschaftliche Entwicklung bis dahin düster gewesen waren, hätte sich nun eigentlich verändern müssen. Doch es kam anders. Das einzige, was sich veränderte, waren die Kontostände der königlichen Familie und ihrer Minister und Ratgeber. Die Armen wurden noch ärmer, und die Reichen bekamen ihre Cadillacs.
In den folgenden zehn Jahren erinnerte die Situation in Libyen an den Goldrausch am Klondike. Scharenweise strömten Männer aus der Ölbranche ins Land. Im Jahr 1969 wurden über 90 Prozent des libyschen Erdöls von 38 ausländischen Firmen gefördert. Von Zeit zu Zeit beklagte sich der König über die niedrigen Abgaben an die Krone, und nach langem Zögern setzten die Ölgesellschaften den libyschen Anteil an dem neugewonnenen Reichtum herauf. Im Jahr 1969 lieferte Libyen ein Viertel des westeuropäischen Öls. Das Öl war von hoher Qualität und enthielt kaum Schwefel, ein Faktor, der zunehmend an Bedeutung gewann, als man im Westen das Problem der Umweltverschmutzung erkannte. Libyen lag nahe bei Europa und westlich des Suezkanals, der seit dem Sechstagekrieg 1967 geschlossen war. Da sich Nigeria mitten im Biafrakrieg befand, war Libyen nicht nur der geographisch am günstigsten gelegene Öllieferant, sondern auch der billigste. Solange der Suezkanal geschlossen war, war es für die Ölgesellschaften erheblich lukrativer, ihre Märkte mit libyschem Öl zu

versorgen anstatt mit Öl aus Saudi-Arabien, dem Iran und den Golfstaaten. Dennoch waren sie nicht bereit, für diesen Vorteil mehr zu bezahlen. Die große Mehrheit der Ölexperten war der Ansicht, daß Libyen ausgeplündert werde und daß es nur noch eine Frage der Zeit sei, bis die Libyer selbst zu dieser Einsicht gelangten. Im Jahr 1969 lagen die Öleinnahmen des Landes bei etwas über 400 Millionen Pfund pro Jahr, während die Ölgesellschaften Profite in Milliardenhöhe machten. Am 1. September desselben Jahres kam das Erwachen.

Im November 1959 tauchte Muammar el-Gaddafis Name erstmals in den Akten des libyschen Sicherheitsdienstes auf. Laut einer Mitteilung, die an alle Polizeiposten in und um Sirte ging, war der 17jährige ein »gefährlicher Student ... ein junger Mann mit nonkonformistischen Ideen und vermutlich ein Unruhestifter«. Was dem libyschen Sicherheitsdienst vor allem Sorge bereitete, waren Gaddafis »beunruhigende politische Aktivitäten«. Diese Aktivitäten waren allerdings kaum dazu angetan, eine Revolution auszulösen. Gaddafi scharte gelegentlich ein paar Studienkollegen um sich und analysierte die aktuelle Lage in Libyen.

Im Oktober 1961 gewann Gaddafis Akte etwas an Umfang, als er eine Demonstration organisierte, um gegen die Entscheidung Syriens zu protestieren, die Vereinigte Arabische Republik aufzulösen. Die Demonstration konnte auf allen Seiten als Erfolg gewertet werden. Die Schar der Studenten löste sich nach einem langen Marsch und viel Geschrei auf, es gab 42 Festnahmen, und Gaddafi flog von der Zentralschule von Sebha.

Nach seinem Hinauswurf und weiteren Schuljahren in Tripolis und Misurata schrieb sich Gaddafi 1963 an der Königlich-Libyschen Militärakademie von Bengasi ein.

Die Tatsache, daß Gaddafi nicht nur an der Akademie studieren durfte, sondern auch in die Cyrenaika aufgenommen wurde, die Elitetruppe, die den König bewachte und beschützte, zeigt, welch gravierende Fehler der Polizei und den libyschen Sicherheitsdiensten unterliefen. Das waren nur die ersten von vielen Fehlern.

Die jungen Offiziersanwärter hatten britische Ausbilder. Der Kommandeur, Oberst Lough, beschreibt Gaddafi rückblickend als »unseren schwächsten Kadetten ... Wahrscheinlich war er gar nicht so dumm, wie ich damals dachte. Seine Probleme hingen damit zusammen, daß er nicht Englisch lernen wollte. Ich mochte ihn nicht, und er machte meinen Offizieren und Leuten das Leben schwer, weil er sich ständig danebenbenahm und unverschämt zu ihnen war«.

Im Jahr 1966 gestatteten die Briten Gaddafi die Teilnahme an einem viermonatigen Lehrgang in England. Er erhielt in Dorset eine Ausbildung zum »Truppenführer«. Seinen späteren Äußerungen ist zu entnehmen, daß er von *swinging London* nicht beeindruckt war. Noch im gleichen Jahr sollte ein junger Venezolaner namens Ilich Ramírez Sánchez die Stadt erkunden. Ganz gewiß hatte Carlos viel mehr Spaß in der britischen Hauptstadt als der enthaltsame, fromme Moslem Gaddafi. Wie enthaltsam er lebte, läßt sich daran ermessen, daß nach den Regeln seiner geheimen revolutionären Zelle unter anderem Trinken, Frauen und Kartenspielen verboten waren.

Im Jahr 1969 gab es in Libyen fast ebenso viele Leute, die den König stürzen wollten, wie Männer aus der Ölbranche. Der Stabschef der Armee, Abdul Asis al Schehli, hatte ebenso ein Komplott geschmiedet wie ein von der irakischen Regierung unterstützter libyscher Oberst (nicht Gaddafi) oder der frühere Ministerpräsident Abdul Hamid Bakusch, der inzwischen als libyscher Botschafter in Frankreich einen ruhigen Posten innehatte. Viele glaubten, der alte König habe die Machenschaften um ihn herum satt und wolle abdanken. Das Problem war, daß jeder nur mit seinem Plan beschäftigt war und keiner Zeit hatte, dem König zuzuhören.

Nach Gaddafis Machtübernahme im September beteuerte das amerikanische State Department zwar, daß es nichts von diesem speziellen Plan gewußt habe, doch es gibt Hinweise darauf, daß die US-Regierung schon frühzeitig stichhaltige Hinweise erhalten hatte. Einige dieser Hinweise stammen vom früheren Ministerpräsidenten Bakusch.

»Zwei Monate vor dem Staatsstreich erfuhr ich von Gaddafis Plan. Ich kannte die Namen von fünf oder sechs Beteiligten. Ich ging zur amerikanischen Botschaft in Paris, um darüber zu reden. Ich sprach vor allem mit dem dortigen Stationschef der CIA. Das war fast zwei Monate vor dem Staatsstreich, und ich sagte ihnen alles. Ich suchte auch Idris in der Türkei auf und sprach mit ihm. Er weigerte sich, nach Libyen zurückzukehren.«

Der frühere Ministerpräsident behauptet, daß er nicht der einzige Informant der Amerikaner gewesen sei. »Die Amerikaner hatten über ihre Botschaft in Tripolis Kontakt zu Gaddafi. Sie ermutigten ihn sogar, die Macht an sich zu reißen. Damals gab es in Libyen Dutzende von CIA-Agenten, und die wußten, was vor sich ging.«

Nach Bakuschs Ansicht fürchteten die Amerikaner einen Putsch hoher Offiziere, die nach der Machtübernahme enge Beziehungen zu Nasser knüpfen und von den Vereinigten Staaten nicht mehr kontrolliert werden könnten.

»Deshalb wurden sie auf diese Gruppe junger unerfahrener Offiziere aufmerksam, die von Gaddafi angeführt wurden und die kein Mensch kannte. Sie waren offenbar schwach, wurden weitgehend von persönlichem Ehrgeiz getrieben und waren nach Ansicht der Amerikaner leicht zu kontrollieren.«

Die offizielle Erklärung, die das State Department auf Anfrage des Senats abgab, widerspricht eindeutig den Behauptungen, die USA hätten von dem Staatsstreich gewußt. Es wurde sogar beklagt, daß vor Ort von seiten des Geheimdienstes Fehler gemacht worden seien.

»In der US-Botschaft in Tripolis hatte man den Staatsstreich nicht vorhergesehen. Die jungen Offiziere [die das Komplott schmiedeten] waren den amerikanischen Regierungsbeamten nicht bekannt. Daher sah die US-Regierung die radikalen Veränderungen nach dem Staatsstreich nicht voraus.«

Wie so manche Erklärung des State Department wird auch diese durch die Fakten widerlegt.

Was Präsident Nixon und Außenminister Kissinger auch immer von dem geplanten Staatsstreich gewußt haben mögen, jedenfalls leisteten sie weit mehr als nur stillschweigende Unterstützung, damit Gaddafi auch an der Macht blieb. Zunächst hatte Kissinger mehrere Studien erstellen lassen, um andere Optionen zu prüfen. Eine Studie stammte vom Verteidigungsministerium, eine andere von der CIA. Auszüge daraus wurden mir von CIA-Mitarbeitern zur Verfügung gestellt. Das Papier des Verteidigungsministeriums enthielt eine Beurteilung der Schlagkraft der libyschen Armee. Es kam zu dem Schluß, daß zwei Marineinfanteriedivisionen völlig ausreichen würden, um Gaddafi und seine Mitstreiter zu stürzen und die Ölfelder vor möglichen Sabotageakten zu schützen.

Die CIA war noch optimistischer. Sie hielt den Einsatz der Marines für unnötig, da es ihrer Ansicht nach eine einfache Sache sei, Gaddafi zu stürzen und durch einen Mann zu ersetzen, der den Vereinigten Staaten wohlwollender gegenüberstand. Dieser Bericht stützt sich auf Material, das ursprünglich vom früheren Ministerpäsidenten Bakusch stammte, und macht den offiziellen Standpunkt des State Department daher unhaltbar.

Nixon und Kissinger überlegten, wie verdeckte oder sonstige Maßnahmen zum Sturz Gaddafis gerechtfertigt werden könnten. Ein Plan wurde entworfen, nach dem die gerade erst abgesetzte libysche Regierung

von der US-Regierung heimlich instruiert werden sollte, Amerika um Unterstützung beim »Sturz eines Usurpators« zu bitten.
Der Verfasser der Studie des Verteidigungsministeriums hatte mit dieser Möglichkeit gerechnet und empfahl, den Stützpunkt Wheelus für eine mögliche Invasion zu benutzen und, falls sich die Briten beteiligten, deren Luftwaffenbasis El Adem mit ins Spiel zu bringen.
Präsident Nixon, der noch zu den echten kalten Kriegern zählte und von dem gleichgesinnten Kissinger eifrig unterstützt wurde, war der Meinung, daß zwei wichtige Argumente für Muammar el-Gaddafi sprachen – das lybische Erdöl und Gaddafis große Abneigung gegen den gottlosen Kommunismus. Wenn er die Marines nach Libyen schickte und das neue Regime absetzte, so hatte er keine Garantie dafür, daß Gaddafis Nachfolger ebenso moskaufeindlich war wie dieser fromme Moslem. Der Präsident kam zu dem Schluß, daß Libyens neuer Führer ein Mann war, mit dem er »Geschäfte machen« konnte. Der Plan zur Invasion in Libyen verschwand in der Schublade.
Unterdessen machten sich Libyens neue Führer an die Arbeit, und zwar ohne vorher den Präsidenten oder seinen Außenminister zu konsultieren.
Der Staatsstreich selbst war praktisch ohne Blutvergießen vonstatten gegangen. Es hatte nur einen Toten und elf Verletzte gegeben. Wie bei einem Staatsstreich üblich, ließ man gegen das alte Regime Milde walten. Niemand wurde hingerichtet, und einige Inhaftierte lebten in einem Stil, der so manchem Hotel zu Ehre gereichen würde. Bakusch zum Beispiel berichtete: »Ich wurde sehr gut behandelt. Ich hatte Fernsehen, Radio, Bücher und gutes Essen. Sogar Freunde durften mich besuchen.«
Andere erhielten nicht gerade eine Vier-Sterne-Behandlung. Die Nummer drei in der libyschen Armee unter König Idris, Oberst Asis Schenib, wurde in das größte Gefängnis von Tripolis gesperrt. Später wurde er allerdings wieder freigelassen und bekam mehrere Botschafterposten.
Bereits nach wenigen Tagen hatten sich Gaddafi, sein engster Mitarbeiter Jallud und die zehn anderen jungen Offiziere wichtigeren Problemen zugewandt.
Gaddafi war davon überzeugt, daß, wie er es nannte, ein zweites Unternehmen »Schweinebucht« bevorstand. Aber anders als bei Präsident Kennedys Invasionsversuch in Kuba rechnete er diesmal mit einer sorgfältig vorbereiteten Operation. Er ging davon aus, daß die Amerikaner und Briten ihre Stützpunkte in Libyen benutzen und zu-

sätzlich die sechste US-Flotte und die Royal Navy einsetzen würden. Es hatte fast den Anschein, als sei Gaddafi dabeigewesen, als sich Nixon und Kissinger im Weißen Haus berieten. Er verbot umgehend sämtliche Übungsflüge von britischen und amerikanischen Stützpunkten aus. Und er ging sogar noch weiter. Er forderte Briten und Amerikaner auf, ihre Stützpunkte zu räumen. Bei seinen Verhandlungen mit dem britischen Botschafter Donald Maitland erklärte Gaddafi: »Solange auch nur ein einziger fremder Soldat in unserem Land ist, wird Libyen nie ganz frei sein. Großbritannien herrscht nicht länger über ein Reich, in dem die Sonne niemals untergeht, und Libyen ist kein Marionettenstaat mehr wie 1953, als das Schutzabkommen unterzeichnet wurde.«

Großbritannien und die Vereinigten Staaten gehorchten ohne Murren, und nur wenige Monate nach der Machtübernahme Gaddafis waren alle ausländischen Truppen aus Libyen abgezogen. Der Besitz der Italiener und der wenigen Juden, die in Libyen lebten, wurde beschlagnahmt. Der Schleier wurde abgeschafft, die Emanzipation der Frauen verkündet. Alle Mieten wurden um 30 Prozent gesenkt, und ein gesetzlicher Mindestlohn wurde eingeführt. Zwei Monate nach der Machtübernahme verstaatlichte die neue Regierung sämtliche ausländischen Banken.

In einem seltenen Akt der Selbsterhöhung beförderte sich Gaddafi vom Hauptmann zum Oberst. Als Nasser am ersten Tag des Putsches seinen Abgesandten Mohammed Heikel zu den neuen Machthabern schickte, war der listige Zeitungsredakteur entsetzt über Gaddafis Naivität, Aufrichtigkeit und Heftigkeit. »Wir haben die Revolution durchgeführt«, meinte Gaddafi. »Nun liegt es bei Nasser, uns zu sagen, was wir tun sollen.«

Während Nasser überlegte, wie er seinen leicht erregbaren Schützling einigermaßen ruhig halten konnte, vor allem in Hinblick auf seinen Traum von einer baldigen Vereinigung der arabischen Staaten im gesamten Nahen Osten, zeigten Gaddafi und seine Mitstreiter, daß sie ein volles Programm hatten. Nachdem er sich mit den britischen, amerikanischen, italienischen und jüdischen Einwohnern seines Landes befaßt hatte, wandte er seine Aufmerksamkeit dem libyschen Öl zu. In den ersten drei Monaten nach dem Putsch war es unberührt von den Ereignissen weiter außer Landes geflossen. Jetzt, nach der Schließung der ausländischen Militärbasen und Banken, konzentrierte sich Gaddafi auf das flüssige Kapital der Ausländer.

Wie vollkommen der libysche Sieg über die sieben Ölmultis war, zei-

gen folgende Zahlen: In dem Jahr, als König Idris gestürzt wurde, beliefen sich die libyschen Öleinnahmen auf 400 Millionen Pfund. Zwei Jahre später waren es 2 Milliarden Pfund. Dieser Sieg hatte weitreichende Folgen. Libyen wies den Weg, und bald folgten die übrigen OPEC-Länder seinem Beispiel. Das Machtverhältnis auf diesem speziellen Schlachtfeld hatte sich verschoben.
Während Gaddafi, wie vorauszusehen, unter den Ölförderländern im Nahen Osten rasch Freunde gewann, erhielt das neue Regime auch von einer anderen Seite Unterstützung, mit der man nicht unbedingt gerechnet hätte.
Im Januar 1970 waren zwei Mitglieder von Gaddafis geheimer Zelle, die beide bei dem Staatsstreich eine wichtige Rolle gespielt hatten, zu dem Schluß gekommen, es sei Zeit für eine Konterrevolution. Oberst Adam Hawaz und Oberst Musa Ahmed waren beunruhigt wegen Gaddafis unkritischer Verehrung für Nasser und für alles, was er repräsentierte. Aber bevor sie ihren Plan zum Sturz Gaddafis in die Tat umsetzen konnten, wurde Gaddafi von der CIA und vom ägyptischen Geheimdienst über ihre Aktivitäten unterrichtet. Beide wurden umgehend verhaftet. Gaddafi ignorierte die Tatsache, daß eine seiner Quellen die CIA gewesen war, und warf den Verschwörern vor, sie wollten in Libyen dem »Imperialismus« wieder zur Macht verhelfen. Er benutzte dieses Argument als weitere Rechtfertigung seiner Forderung, daß alle ausländischen Stützpunkte geräumt werden sollten.
Im Juni 1970 wurde ein weiteres Komplott aufgedeckt. Diesmal war ein Mitglied aus Idris' königlicher Familie beteiligt, Prinz Abdullah al Abid. Der Prinz wollte mit 5000 Söldnern vom Tschad aus in Libyen einfallen. Wieder erhielt Gaddafi einen Tip, diesmal vom französischen Geheimdienst. Angeblich soll auch die CIA dabei eine maßgebliche Rolle gespielt haben, doch für diese Behauptung fand ich keine stichhaltigen Beweise. Paradoxerweise verkündete die neue Führung einen Monat nach der Verhaftung einiger Verschwörer: Einer der Festgenommenen habe »zugegeben«, daß die 5000 Mann »von der CIA bewaffnet« werden sollten.
Im März 1971 vereitelten der britische und der italienische Geheimdienst mit vereinten Kräften Bestrebungen, den ehemaligen Berater von König Idris auf den libyschen Thron zu setzen. Natürlich hatte Gaddafi in den ersten Jahren nach seiner Machtergreifung viele Freunde in den unglaublichsten Positionen. Aber er hatte auch eine beträchtliche Anzahl von Feinden. Daß er eine so mächtige Lobby wie das Ölkartell brüskierte, brachte ihm dauerhafte Feindschaft ein. Und daß

er die weltweite israelische Lobby brüskierte, sollte ihn auf ewig zum Bösewicht stempeln.

Von Anfang an hatte Gaddafi gegenüber Israel eine unversöhnliche Feindseligkeit an den Tag gelegt. Er erklärte sich solidarisch mit der palästinensischen Sache und rief zum totalen Krieg gegen den Staat Israel auf. Für Gaddafi gab es keine Halbheiten und keine faulen Kompromisse. Gaddafi hatte eine einfache Lösung für das Palästinenserproblem: »Wir werfen alle Juden ins Meer.« Empört über König Husseins Massaker an den Palästinensern im Schwarzen September 1970, schlug er Präsident Nasser auch für dieses Problem eine dramatische Lösung vor:

»Sie sollten auf einem öffentlichen Platz einen Galgen errichten und König Hussein aufhängen.«

Auf der Konferenz von Kairo, die von Präsident Nasser einberufen wurde, um das Blutvergießen in Jordanien zu beenden, kam es am 22. September 1970 laut Mohammed Heikel zu folgendem Meinungsaustausch.

König Faisal von Saudi-Arabien: »Ich stimme mit Eurer Exzellenz [Präsident Nasser] überein, daß all das [die Kämpfe in Jordanien] offenbar dem Zweck dient, die Widerstandsbewegung zu zerschlagen.«

Gaddafi: »Ich bin mit Ihren Bemühungen nicht einverstanden. Ich meine, wir sollten Streitkräfte nach Amman entsenden, Streitkräfte aus dem Irak und aus Syrien.«

Faisal: »Sie wollen, daß unsere Armeen in Jordanien kämpfen? Das ist unmöglich.«

Nasser: »Ich denke, wir sollten Geduld haben.«

Faisal: »Wenn wir unsere Armeen irgendwo hinschicken, dann nur, um sie gegen die Juden kämpfen zu lassen.«

Gaddafi: »Was Hussein tut, ist schlimmer als die Juden. Sie unterscheiden sich nur durch die Namen.«

Nasser: »Wenn wir unsere Truppen nach Jordanien schicken, hat das nur die Liquidierung der übrigen Palästinenser zur Folge. Das ist das Problem. Ich möchte, daß Sie sich den Inhalt einer Mitteilung anhören, die ich heute morgen aus der Sowjetunion erhalten habe. Die Sowjets bitten uns, größte Zurückhaltung zu üben, da die internationale Lage außerordentlich schwierig ist und jede Fehleinschätzung dazu führen kann, daß die Araber das Ansehen, das sie in den vergangenen drei Jahren zurückgewonnen haben, wieder verlieren.«

Faisal: »Sie sollten einen arabischen König nicht als Irren bezeichnen, der in eine Anstalt gehört.«

Gaddafi: »Aber seine ganze Familie ist verrückt. Das ist eine Tatsache.« (Ein Hinweis auf die Geisteskrankheit von Husseins Vater und Bruder.)
Faisal: »Vielleicht sind wir alle verrückt.«
Nasser: »Wenn ich mir manchmal ansehe, was in der arabischen Welt vor sich geht, halte ich das durchaus für möglich, Majestät. Ich schlage vor, wir beauftragen einen Arzt, uns regelmäßig zu untersuchen und herauszufinden, wer verrückt ist.«
Von diesen drei arabischen Politikern lebt heute nur noch Gaddafi. In den vergangenen 21 Jahren hat es viele gegeben, die Muammar el-Gaddafi auch ohne ärztliches Gutachten für »verrückt« erklärten.
Mein eigenes Interesse an Muammar el-Gaddafi beruht auf der Tatsache, daß er immer wieder mit Carlos in Verbindung gebracht wird. Es wird behauptet, daß Carlos seine erste Ausbildung in Libyen erhielt und später auf Anordnung des Revolutionsführers damit begann, eine ganz spezielle Form von Außenpolitik zu betreiben – mit Mord, Verstümmelung, Angst und Terror.
Es gilt als unbestreitbare »Tatsache«, daß Gaddafi den von Carlos angeführten OPEC-Anschlag im Jahr 1975 finanziert und geplant hat. Carlos bestätigte mir das. Nun, nach den Ereignissen in Beirut im Oktober 1985, war es unbedingt erforderlich geworden, die Wahrheit dieser Affäre aufzudecken.
Nachdem Carlos im Januar 1976 von Journalisten und Regierungen erstmals mit Gaddafi in Verbindung gebracht worden war, brach der Damm. Von da an arbeitete er angeblich ständig mit dem libyschen Führer zusammen. Nur drei Monate später, im März 1976, erklärten die Ägypter, die Gaddafi als erste beschuldigt hatten, den Anschlag gegen die OPEC geplant zu haben, daß Carlos der eigentliche starke Mann in Libyen sei und daß Gaddafi nur noch pro forma regiere.
Als ich die Fragen auflistete, die ich dem libyschen Führer stellen wollte, erinnerte ich mich an eine Äußerung, die Bruno Kreisky über Gaddafi gemacht hatte. Kreisky war über zehnmal mit Gaddafi zusammengetroffen. Er hätte zu Recht von sich behaupten können, Gaddafi besser zu kennen als jeder andere im Westen.
»Sicher werden Sie feststellen, daß viele Behauptungen über ›den Terroristen Gaddafi‹ ganz einfach falsch sind. Die Ironie dabei ist, daß Gaddafi den Terror mehr als alles andere fürchtet. Er ist stets auf der Hut vor Anschlägen von Extremisten innerhalb der palästinensischen Bewegung.«
Im Januar 1987 erhielt ich einen Anruf von Dr. Kreisky. Es gab ein Problem hinsichtlich meiner Reise nach Libyen. Nach meinen bishe-

rigen Erfahrungen hätte es mich auch sehr überrascht, wenn kein Problem aufgetaucht wäre. Es ging um den Überfall der Vereinigten Staaten auf Libyen im April des vorangegangenen Jahres, einen Überfall, bei dem die Briten assistiert hatten. Wie es schien, hatte Gaddafi dem Interview zwar zugestimmt, doch seine Berater mochten sich nicht mit der Tatsache anfreunden, daß ich mit einem britischen Paß nach Libyen reisen wollte. In Libyen war man noch immer sehr aufgebracht wegen des Überfalls. Wieder einmal kam mir das Erbe meiner Mutter zu Hilfe.

»Gibt es auch Probleme, wenn ich mit einem irischen Paß reise, Doktor?«

»Nein, gar keine.«

Da Großbritannien keine diplomatischen Beziehungen zu Libyen unterhielt, mußte ich unterwegs irgendwo zwischenlanden, um mir ein Visum zu besorgen. Ich wählte Malta. Auf der Insel gab es ein oder zwei Leute, die ich interviewen wollte, unter ihnen Ministerpräsident Mifsud Bonnici. Ende Februar saß ich in einer Maschine, die mich zum Flughafen Luka brachte.

Ich hatte Angst. Meine Besorgnis war noch gewachsen, als ich kurz vor meiner Abreise mein Ankleidezimmer betrat und sah, wie meine Frau Anna heimlich das amerikanische Sternenbanner von einem Freizeitjackett abtrennte, das ich mitnehmen wollte. Das Jackett war ein Andenken an die Olympischen Spiele 1984 in Los Angeles. Die Maßnahme meiner Frau hatte mir noch einmal vor Augen geführt, daß dies eine Reise in Feindesland war.

Nach meiner Ankunft in Malta vereinbarte ich zunächst mit Mifsud Bonnici, auf dem Rückweg von Libyen ein Interview mit ihm zu machen. Anschließend fuhr ich mit einem Taxi zur libyschen Botschaft (oder, wie die Libyer sagen, zum »Volksbüro«), um mein Visum abzuholen. Ich hatte für den nächsten Tag einen Flug von Luka nach Tripolis gebucht.

Das Büro war geschlossen, und die Jalousien waren heruntergelassen. Nach mehrmaligem Klingeln erschien endlich ein Sicherheitsbeamter. Wie sich herausstellte, sprach er nur maltesisch. Doch glücklicherweise sprach Joe, mein Taxifahrer, beide Sprachen fließend.

»Er sagt, die Botschaft sei geschlossen.«

»Ja, das sehe ich, Joe. Würden Sie ihn bitte fragen, wann das Konsulat wieder aufmacht.«

»Er sagt, es macht nicht wieder auf. Nicht vor neun Uhr morgen früh.«

Gut, ich würde also noch genug Zeit haben, das Flugzeug zu erwi-

schen. Am nächsten Tag erschien Joe um 8.30 Uhr in meinem Hotel, und wir fuhren erneut zur libyschen Botschaft. Die Tür war immer noch verschlossen, und die Jalousien waren dicht. Nach mehrmaligem Klingeln erschien wieder derselbe Sicherheitsbeamte.
»Er sagt, die Botschaft sei geschlossen.«
»Ich glaube, wir drehen uns im Kreis, Joe. Gestern sagte er, sie würde heute morgen um neun aufmachen. Jetzt ist es neun.«
»Er sagt, sie sei heute geschlossen, weil Feiertag ist.«
»Aber sie sind Moslems. Warum feiern sie einen katholischen Feiertag?«
»Er sagt, sie tun das aus Achtung vor Malta.«
Am nächsten Tag versuchten wir es wieder. Die Botschaft war immer noch geschlossen.
»Er sagt, heute sei Freitag.«
»Würden Sie ihm bitte sagen, ich sei ihm außerordentlich dankbar für diese Information, die angesichts der Tatsache, daß ich schon so lange in Malta bin und jedes Zeitgefühl verloren habe, ein großer Schock für mich ist.«
Anscheinend fanden das beide lustig.
»Er sagt, die Libyer arbeiten freitags nicht.«
»Fragen Sie ihn bitte, ob am Samstag morgen jemand da ist.«
»Er sagt, manchmal ja, manchmal nein.«
Am Samstag fuhren Joe und ich – wir waren mittlerweile gute Freunde – wieder zur libyschen Botschaft. Zu meiner großen Erleichterung war die Tür diesmal offen. Der Sicherheitsbeamte wartete freudestrahlend auf der Treppe. Stolz zeigte er auf die offene Tür. Offenbar wollte er das Verdienst für diese Meisterleistung ganz für sich in Anspruch nehmen. Während Joe draußen mit dem Sicherheitsbeamten in Erinnerungen schwelgte, betrat ich die Botschaft.
»Wir haben weder aus Wien noch aus Tripolis Anweisungen erhalten. Ich schlage vor, Sie kehren nach London zurück.«
Ich sagte dem Konsul, was er mit diesem Vorschlag tun könne. Ich sagte ihm auch, was ich von den Öffnungszeiten der Botschaft hielt, und schließlich gab ich ihm den Rat, Oberst Gaddafi anzurufen und sich über mich zu erkundigen, denn schließlich habe mich der Oberst nach Libyen eingeladen. Bei diesem Vorschlag wurde er blaß. Er rief tatsächlich in Tripolis an – nicht Gaddafi, sondern das Ministerium für auswärtige Angelegenheiten. Man bestätigte ihm, daß ich erwartet wurde. Genauer gesagt, daß man mich bereits vor einigen Tagen erwartet hatte. Ich dachte, damit seien alle Probleme beseitigt, aber

kleinliche Bürokratie gibt es überall, und engstirnige Bürokraten lassen sich nicht gerne drängen. Er spielte einen Trumpf aus.
»Ich brauche drei Fotos.«
»Hier ist mein Leserausweis für das British Museum. Genügt das?«
Mit ausdruckslosem Gesicht prüfte der Konsul den Ausweis, in dem ein Foto von mir klebte. Dann nahm er eine große Schere, schnitt den Ausweis in der Mitte durch und heftete das Foto an den Visumantrag. Nachdem der Antrag mit mehreren Stempeln versehen worden war und ich sieben maltesische Pfund bezahlt hatte, bekam ich endlich mein Visum.
Ich war der einzige Europäer in dem Flugzeug. Ich bekam es wieder mit der Angst zu tun. Ich reiste in eine Stadt, die erst vor zehn Monaten von amerikanischen F-111-Flugzeugen bombardiert worden war. Einige der Maschinen waren von meinem Land aus gestartet. Es hatte viele Tote und Verletzte gegeben. Wenn amerikanische Touristen aus Angst vor libyschen Vergeltungsschlägen nicht einmal nach Großbritannien kommen wollten, warum mußte ich dann ausgerechnet nach Libyen fliegen?
Der Sicherheitsbeamte, der mich in die Ankunftshalle begleitete, war erstaunt, daß vor dem Flughafengebäude kein Wagen der Regierung auf mich wartete. Er sagte, er werde das Außenministerium anrufen. Knapp zwei Stunden später fuhren die Beamten des Ministeriums in einem zerbeulten Pontiac vor, den man in Großbritannien für ein Sammlerstück gehalten hätte.
Während der Fahrt wurde offensichtlich, daß die Regierungsbeamten weder über mich Bescheid wußten noch darüber, was Bruno Kreisky mit ihrem Wiener Büro vereinbart hatte. Sie brachten mich zum Hotel Al Wahat, wechselten mit dem Mann am Empfang ein paar Worte und verschwanden.
Ungefähr vier- oder fünfhundert Meter vom Hotel entfernt lag das Mittelmeer: Aus dieser Richtung waren im Vorjahr die amerikanischen Flugzeuge gekommen, die in Tripolis Tote und Verletzte, Zerstörung und Schrecken hinterlassen hatten: die Antwort des Präsidenten auf die, wie er behauptete, »unanfechtbaren Beweise« für den libyschen Terrorismus.
Innerhalb eines Jahres nach seinem Einzug ins Weiße Haus hatte Präsident Ronald Reagan eine Zwangsvorstellung entwickelt, die ihn bis zum Ende seiner zweiten Amtsperiode nicht mehr loslassen sollte. Diese Zwangsvorstellung hatte einen Namen: Oberst Muammar el-Gaddafi.

Anfang 1986 sah der Präsident eine Gelegenheit, sich ein für allemal der Probleme zu entledigen, für die Gaddafi seiner Ansicht nach verantwortlich war. Zweifellos fühlte sich der ehemalige Hollywood-Schauspieler dabei an einige wirklich gräßliche Filme erinnert, die er gedreht hatte, bevor ihn sein Land zu Höherem berief. Und nun war der Moment des Showdowns gekommen. Gaddafi hatte er erklärt, daß er Libyens Hoheitsgewässer im Gebiet der Großen Syrte über die international anerkannte Zwölfmeilenzone hinaus ausdehnen werde, und eine »Todeslinie« gezogen, die an einigen Stellen fast 120 Meilen vor der libyschen Küste verlief.

Schon im August 1981 hatte die Reagan-Regierung auf Gaddafis »Todeslinie« reagiert. Am Morgen des 19. August näherten sich Düsenflugzeuge der libyschen Luftwaffe zwei F-14-Bombern der US-Marine, die sich auf einem Patrouillenflug befanden – nach Angaben des libyschen Führers über 30 Meilen innerhalb der libyschen Hoheitsgewässer. Zwei libysche Maschinen wurden abgeschossen. Anschließend wurde die »nicht provokative Übung der US-Marine« abgebrochen.

Anfang März 1986 führte die sechste US-Flotte in derselben Region ein Manöver mit Namen »Präriefeuer« durch. Wieder diente die Übung nur einem Zweck – den libyschen Führer zu provozieren. Reagan mimte den Westernhelden, denn er wußte genau, daß der Held den Schurken stets vor dem Ende des letzten Akts zur Strecke bringt. Dem Kommandanten der sechsten Flotte wurde zwar nicht freie Hand gelassen, doch er erhielt weitreichende Vollmachten. In seinen Instruktionen hieß es unter anderem: »Ist auf amerikanischer Seite auch nur ein einziges Opfer zu beklagen und vorausgesetzt, der Präsident gibt seine Zustimmung, bombardieren Sie fünf militärische Ziele ... Sollte Gaddafi erneut aggressive Schritte unternehmen, bombardieren Sie, vorausgesetzt, der Präsident gibt seine Genehmigung, Ziele im Landesinneren wie Ölpumpstationen und andere industrielle Einrichtungen.«

Das »Flottenmanöver« begann am 23. März und endete am 26. März. Nach Schätzungen des amerikanischen Geheimdienstes wurden in diesen drei Tagen 72 Libyer getötet. Die libyschen Behörden bezifferten die Zahl der Toten auf über 200. Auf amerikanischer Seite gab es keine Verluste.

Am 5. April explodierte in der West-Berliner Diskothek La Belle eine Bombe. Ein amerikanischer Soldat und eine Türkin kamen bei dem Anschlag ums Leben.

Die CIA teilte dem Präsidenten mit, daß vor und nach dem Anschlag Telefongespräche abgehört worden seien, die »unwiderlegbar« bewiesen, daß Libyen für die Tat verantwortlich sei.
In den frühen Morgenstunden des 15. April wurden auf Anweisung Präsident Reagans die Städte Tripolis und Bengasi bombardiert. Über 30 Bomber von Air Force und Navy griffen die beiden Städte um zwei Uhr morgens an. Einige Flugzeuge waren von Großbritannien aus gestartet. Meine nachfolgende Untersuchung wird zeigen, daß der Angriff in Wirklichkeit nur einem Ziel galt – Gaddafi selbst. Mehr als 200 Zivilisten kamen ums Leben, weitere 160 wurden verletzt. Muammar el-Gaddafi blieb unversehrt.
Später berief sich Reagan im amerikanischen Fernsehen auf »unwiderlegbare« Beweise für die libysche Beteiligung an dem Anschlag von West-Berlin, erwähnte drei der abgefangenen Meldungen und erklärte, bei der Maßnahme habe sich um einen Akt der »Selbstverteidigung« gehandelt.
»Heute«, verkündete er aus dem Oval Office, »haben wir getan, was wir tun mußten. Wenn nötig, werden wir es wieder tun.«
Wie meine eigenen Nachforschungen in zufriedenstellender Weise ergaben, war Reagan völlig falsch unterrichtet, wenn er meinte, er habe mit der Bombardierung libyscher Städte und dem Mordversuch an Gaddafi Vergeltung für den Anschlag auf die Diskothek La Belle geübt. Er hatte das falsche Land bombardiert und den falschen Führer zu töten versucht.
Die Bombardierung, so hatte der Präsident erklärt, sei nichts anderes als eine »maßvolle Reaktion« gewesen. Ich wollte gerne die Folgen dieser maßvollen Reaktion sehen, aber offensichtlich war dies nur unter Aufsicht des Ministeriums möglich. Ich wollte es lieber ohne Aufpasser tun. Bevor ich die Viertel aufsuchte, in denen die Bomben gefallen waren, erkundete ich den Rest der Stadt.
Was mir als erstes auffiel, waren die Schulkinder. Die Schule beginnt in Libyen sehr früh, und um die Mittagszeit befanden sich die Kinder, von denen viele nicht älter als vier oder fünf waren, bereits auf dem Heimweg. Ohne Begleitung und überaus fröhlich, gingen sie durch die belebten Straßen der Stadt. Deshalb war der Eindruck so nachhaltig. Diese kleinen Kinder – viele mit Köfferchen und Schultaschen, die fast so groß waren wie sie selbst – zeigten bei ihrem Gang durch die Hauptstadt nicht die geringste Angst. Viele kamen zu mir herüber und plapperten etwas auf arabisch. Offenbar weckte mein fremdes weißes Gesicht ihre Neugier. Im freiheitsliebenden Großbritannien oder im

demokratischen Amerika wäre es unvorstellbar, daß so kleine Kinder ohne Begleitung durch eine Großstadt dieser Größe liefen.
Später entdeckte ich eine beträchtliche Anzahl zerstörter und von Bomben beschädigter Gebäude. Offensichtlich hatte man sie nach dem Abtransport der Toten, Sterbenden und Verletzten absichtlich unverändert gelassen. Man hatte mir gesagt, daß man auch Gaddafis Haus so gelassen habe, wie es die Amerikaner zugerichtet hätten.
Da die Briten und Amerikaner behauptet hatten, daß nur militärische Ziele getroffen worden seien, war ich begierig darauf, diese Ziele zu sehen. Bei denen, die ich ohne Zutun des Ministeriums entdeckte, handelte es sich ausnahmslos um Wohnungen von Zivilisten oder um ausländische Botschaften. Noch eine Ironie des Schicksals: Die französische Regierung hatte den F-111-Flugzeugen, die von England aus gestartet waren, die Überflugrechte verweigert – und die französische Botschaft in Tripolis hatte praktisch einen Volltreffer erhalten.
Bei diesem Teil der »maßvollen Reaktion« des Präsidenten war offenbar das Maßband verlorengegangen. Die Wohnhäuser und Botschaften hatten den amerikanischen Flugzeugen auf ihrem Weg zum eigentlichen Ziel – Gaddafis Privatresidenz inmitten der riesigen Kaserne Babal-Asisija – offenbar als letzte Anflugziele gedient. Wenn man die Strecke zwischen den bombardierten Gebäuden abschritt, wurde offensichtlich, daß mehrere Flugzeuge ihre Bomben nur wenige Augenblicke zu früh abgeworfen hatten.
Obwohl Interviews mit Überlebenden des Bombenangriffs auf dieser Reise nicht möglich waren, war ich neugierig, ob das Ministerium mir Zugang zu den beschädigten Gebäuden verschaffen würde. Wie bereits erwähnt, hatte ich heimlich eine Reihe von Häusern untersucht und fotografiert. Ich wollte sehen, ob ein offizieller Rundgang dieselben Gebäude umfaßte, die ich bereits entdeckt hatte. Das war der Fall.
Ich habe bereits mehrmals die Überzeugung geäußert, daß die Bombenangriffe auf Tripolis und Bengasi im April nur einem Zweck dienten – Gaddafi zu töten. Ich werde zu gegebener Zeit meine Gründe dafür nennen. Aber wenn ein Skeptiker in den Trümmern von Gaddafis Haus stünde und dennoch nicht zu dem Schluß käme, daß es sich bei dieser ganzen Affäre schlicht um den Racheakt eines Präsidenten an dem libyschen Revolutionsführer gehandelt hatte, so wäre ich schon überrascht.
Die Kaserne hat die Form einer riesigen Birne und erstreckt sich über eine Länge von zehn Kilometern. Ich sah mir alles genau an. Es gibt dort Tennis- und Fußballplätze, Gärten, viele Unterkünfte und mehre-

re Fernmeldezentralen, von denen eine einen bunkerähnlichen Komplex und die gesamten militärischen Anlagen beherbergt, die man auch in ähnlichen Einrichtungen im Westen findet. Eher ungewöhnlich ist ein freistehendes zweistöckiges Haus. Dort wohnte bis zu jener Nacht des 15. April 1986 Gaddafi mit seiner Frau und den Kindern. Gaddafis Haus war das einzige Gebäude in diesem riesigen Komplex, das beschädigt war. Selbst das berühmte Beduinenzelt, in dem der libysche Führer häufig offizielle Gäste empfing, war nicht beschädigt, obwohl es ganz in der Nähe seines Hauses steht. Im Hof lag das Wrack einer F-111. Man hatte es 15 Kilometer weiter gefunden, sorgfältig geborgen und dort abgeladen, wo sich einmal die Stufen zu Gaddafis Haus befunden hatten.

Mit der gleichen Sorgfalt war im Empfangsbereich ein Buch zum Gedenken ausgelegt worden. Kaputte Möbel und Kinderspielzeug aus billigem Plastik, das aus Malta stammte, weckten in mir Kindheitserinnerungen an die deutschen Luftangriffe auf London im Zweiten Weltkrieg.

Schließlich suchte mich ein gewisser Professor Abdullah von der Universität Tripolis im Hotel auf und setzte mich davon in Kenntnis, daß er als mein Dolmetscher fungieren werde. Sein Englisch war ausgezeichnet, und den Rest des Tages unterhielten wir uns, während wir auf Anweisungen warteten. Ich war neugierig, wo das Interview stattfinden sollte, und dem Professor ging es offenbar ähnlich. Es gab mehrere Möglichkeiten: Tripolis oder Sirte, vielleicht auch Bengasi oder Sebha. Vielleicht fuhren wir mit dem Auto, vielleicht nahmen wir auch ein Flugzeug. Es sah ganz danach aus, als sollten wir der lebenden Zielscheibe tatsächlich einen Besuch abstatten. Bruno Kreisky hatte mir von seiner ersten Begegnung mit Gaddafi erzählt: Er wurde zu ihm in die libysche Wüste geflogen, und dann mußte er über eine Stunde in der glühenden Sonne warten. Als er sich anschließend beschwerte, war Gaddafi zunächst überrascht, entschuldigte sich dann aber. Der Staatsmann Kreisky mußte eine Stunde warten, ich neun Tage – die Größenordnung kam so ungefähr hin.

Während unseres Gesprächs entschuldigte sich der Professor von Zeit zu Zeit und ging zum Telefon. Gegen 17.30 Uhr schlug er mir eine Fahrt in seinem Wagen vor. Wenig später trafen wir in der Asisija-Kaserne ein. Wenn Gaddafi wirklich dort war, so ließen die Sicherheitsvorkehrungen einiges zu wünschen übrig. Ein einzelner Soldat auf einem Wachtturm winkte uns in Richtung des Hauptverwaltungsgebäudes. In der Empfangshalle plauderte ein junger Beamter ein paar

Minuten mit Professor Abdullah. Anschließend führte er uns in einen großen Warteraum. Die Einrichtung erinnerte mich an die in Gaddafis Haus – billige Möbel in italienischem Stil und Vorhänge, die in einem drittklassigen Motel behaglich gewirkt hätten. Nirgends ein Hauch von Pomp. Man servierte uns Kaffee, dann führte man uns durch einen langen Korridor in einen Raum, der aussah wie der erste. Für eine Sekunde dachte ich, wir befänden uns wieder im selben Raum, aber dann sah ich aus dem Fenster und stellte fest, daß man einen anderen Blick auf die Asisija-Kaserne hatte. Bei einer zweiten Tasse Kaffee ging ich im Geist meinen Schlachtplan für das Interview mit Gaddafi durch. Zu gegebener Zeit wollte ich auf meine Suche nach Carlos zu sprechen kommen. Ich hatte allerdings nicht die Absicht, unsere Treffen nördlich von Beirut zu erwähnen. Immerhin unterhielt Gaddafi nach Meinung vieler Geheimdienste enge Beziehungen zu dem Venezolaner. Eine Erwähnung der Treffen konnte unabsehbare Folgen für mich haben und mich vielleicht sogar der Möglichkeit berauben, Libyen wieder zu verlassen. Da die diplomatische Vertretung Großbritanniens lediglich aus einem jüngeren Beamten bestand, der sein Büro gleich neben den Mülltonnen der italienischen Botschaft hatte, konnte meine Regierung in einem solchen Fall nur wenig für mich tun, selbst wenn sie wollte, was ich freilich nicht annahm. Was die Iren betraf, so war ich sicher, daß sie den Ball wieder an Whitehall zurückspielen würden, wenn sie von meiner doppelten Staatsangehörigkeit erfuhren. Das war die schlimmste Vorstellung. Aber es gab noch andere Probleme. Wenn ich durch meine Fragen zu verstehen gab, daß ich die angebliche Verbindung zu Carlos als Tatsache akzeptierte, konnte dies das Ende des Interviews bedeuten. Es hatte also den Anschein, daß ich ein wenig pokern mußte. Wieder mußten der Professor und ich umziehen, diesmal in einen kleineren Raum. Als wir eintraten, lächelte mein Dolmetscher: »Aha, wir werden also in Tripolis mit ihm sprechen.«

Offensichtlich war nach dem Vorspiel alles möglich. Man hätte uns auch in einen Wagen oder in ein Flugzeug nach Sebha setzen können. Aber jetzt entnahm ich der Reaktion des Professors, daß der libysche Führer ganz in der Nähe war. Wenige Augenblicke später waren wir ihm noch näher. Wir wurden in ein kleines Büro geführt. Dort saß, wie ein Büroangestellter in seine Arbeit vertieft, Oberst Gaddafi. Er erhob sich. Ich wurde ihm vorgestellt, und wir gaben uns die Hand. Kaum hatte er mir einen Platz angeboten, da fing mein Dolmetscher auch schon an zu reden.

»Und wie geht es unserem lieben Freund Kreisky?«
Gaddafi hatte so leise gesprochen, daß ich ihn nicht verstanden hatte. Ich schob mein Tonbandgerät näher zu dem libyschen Führer und zu dem Professor hin und begann, nachdem ich meine Fassung wiedergefunden hatte, mit dem Interview.
Zuerst sprachen wir über das Thema, das den Kern dieser Arbeit bildet und das mich so viele Jahre beschäftigt hat – nicht Carlos und meine ständige Suche nach ihm, sondern etwas viel Wichtigeres: die Palästinenserfrage.
»Oberst Gaddafi. In vielen Ländern herrscht die Ansicht vor, daß bestimmte arabische Staaten meinen, ihren Interessen sei am besten gedient, wenn sie die Lösung der Palästinenserfrage hinauszögern, anstatt sie mit Entschlossenheit voranzutreiben. Gibt es solche arabischen Staaten?«
»Ja, natürlich. In der Golfregion. Die Führer Saudi-Arabiens, Jordaniens und anderer Staaten sind dieser Meinung. Das zeugt von einer gewissen Ignoranz und Kurzsichtigkeit, denn eine längere Besetzung arabischen Grund und Bodens stellt eine Gefahr für alle arabischen Gebiete dar. Dadurch können die Zionisten den arabischen Staaten sehr gefährlich werden. Sie werden zu einer Gefahr für alle Araber, ganz gleich, ob sie dem rechten oder dem linken Flügel angehören, denn auch sie werden in einen Existenzkampf verwickelt. Die Zionisten streben nach Vorherrschaft, und sie werden versuchen, die ganze arabische Welt zu beherrschen, ohne Rücksicht darauf, ob ein bestimmtes arabisches Land nach rechts oder nach links tendiert. Jeder, der versucht, die Befreiung Palästinas auf diese Weise hinauszuzögern, läuft Gefahr, daß er von den Zionisten, denen er standzuhalten versucht, überrollt wird.«
»Warum wurde das Öl nicht als Waffe eingesetzt, um das Palästinenserproblem zu lösen?«
»Über einen Großteil des Öls können die Araber nicht frei verfügen. Das gilt für Gebiete, in denen amerikanische Interessen vorherrschend sind. Obwohl ich sicher bin, daß man den Bewohnern der Halbinsel nichts von dieser Vorherrschaft gesagt hat. Die Saudis zum Beispiel können sich in der Palästinenserfrage nicht frei entscheiden. Gefühlsmäßig stehen sie vielleicht auf der Seite der Palästinenser, aber praktisch werden sie von Gesellschaften wie Aramco beherrscht.«
Ich war neugierig zu erfahren, ob er mit den Jahren reifer geworden war und ob er sich mittlerweile eine gütliche Einigung mit Israel vorstellen konnte. Ich fragte ihn, unter welchen Umständen er eine

politische Lösung anstreben würde. Seine Antwort hätte auch aus jenen Tagen der Begeisterung im September 1969 stammen können. »So etwas ist undenkbar. Es kann nur eine Lösung geben. Die Juden, die Israelis, müssen Palästina verlassen und in ihre Länder zurückkehren. Deshalb ist Krieg die einzige Lösung.«

Ich wandte mich einem Ereignis zu, das bei mir einen tiefen Eindruck hinterlassen hatte: die Belagerung der libyschen Botschaft und die Ermordung der Polizistin Yvonne Fletcher. Ich fragte Gaddafi, ob er den Tod dieser jungen Frau bedaure.

»Ja, natürlich.«

»Viele Leute in Großbritannien waren damals sehr verärgert, und sind es heute noch, daß ihr Mörder das Land ungestraft verlassen konnte.«

»Er wurde hingerichtet.«

»Wann?«

»Vor einiger Zeit. Die Komitees können Ihnen Einzelheiten nennen.«

Bisher war Muammar el-Gaddafi ruhig und entspannt gewesen. Heiter ist vielleicht ein merkwürdiges Wort für einen Mann, der im Westen als der größte Bösewicht gilt, aber er war tatsächlich heiter. Meine nächste Frage trieb die Quecksilbersäule so dramatisch in die Höhe, daß das Glas zerbrach.

»Im Jahr 1978 erließ Präsident Carter eine Verordnung, die Attentate verbot. Meine Nachforschungen, mit denen ich, wie ich hinzufügen sollte, vor über drei Jahren begonnen habe, deuten darauf hin, daß Präsident Reagan zusammen mit der CIA und anderen Regierungsbehörden Pläne billigte, die darauf abzielten, Sie zu stürzen. Auch gewaltsam, wenn nicht anders möglich. Und mit gewaltsam meine ich Ihren Tod. Es ist bewiesen, daß diese Pläne auf das Jahr 1981 zurückgehen. Meine Nachforschungen lassen außerdem darauf schließen, daß Sie schon sehr lange von Reagans 1981 gegebener Zustimmung wissen und daß Ihre Quelle der russische Geheimdienst ist. Sind meine Informationen korrekt?«

Heiterkeit und Ruhe verschwanden, nachdem Professor Abdullah meine Frage übersetzt hatte. Gaddafi schlug mit der Handfläche auf ein Exemplar meines letzten Buches, das auf seinem Schreibtisch lag.

»Zuallererst einmal brauchen Sie die Pläne und das Beweismaterial im Zusammenhang mit den Mordversuchen, die Reagan gegen mich unternommen hat. Sie sollten die Einzelheiten in dem Buch bringen, an dem Sie gerade arbeiten.«

Gaddafi langte mit der Hand in eine Schublade seines Schreibtisches, kramte eine Weile darin herum und zog schließlich einen Ordner heraus. Danach legte er noch vier oder fünf Videokassetten auf den Tisch. System Betamax, Sony L-500. Gaddafi fuchtelte mit einer Kassette vor meinem Gesicht herum.

»Und nachdem alle Komplotte fehlgeschlagen waren, haben sie mein Haus angegriffen. Haben Sie das Haus gesehen?«

»Ja. Es ist das einzige Gebäude auf dem gesamten Gelände, das getroffen wurde. Das verleiht der Ansicht zusätzliches Gewicht, daß der Angriff hauptsächlich darauf abzielte, Sie zu töten.«

»Bei der Bombardierung sollte als erstes Gebäude entweder mein Haus in Bengasi oder in Tripolis getroffen werden. Als *erstes* Gebäude.«

»Was sind das für Videos, Oberst?«

»Die CIA und andere Leute der Reagan-Administration haben sie gemacht, um Reagan davon zu überzeugen, mich aus dem Weg zu räumen. Sie sollten dem Geheimdienst, dem Außenminister und dem Weißen Haus gezeigt werden. Die CIA hat ein Buch mit dem Titel ›Nieder mit Gadaffi‹ verfaßt. G, A, D, A, F, F, I. Sie können nicht einmal meinen Namen richtig buchstabieren. Außerdem haben sie einen Film gedreht mit dem Titel ›Die Entführung des Präsidenten‹, und noch einen mit dem Titel ›Der fliegende Wolf‹. Sie wollten damit zeigen, wie ich angegriffen werden konnte.«

Ich wußte, daß die CIA praktisch seit Beginn der Reagan-Ära auch einen psychologischen Krieg gegen den libyschen Führer geführt hatte, um ihn aus dem Gleichgewicht zu bringen und bei ihm eine akute Paranoia hervorzurufen. In diesem Augenblick fragte ich mich, ob sie damit nicht über Erwarten Erfolg gehabt hatte. Aber mir blieb kaum Zeit zum Nachdenken. Gaddafi war schwer in Fahrt.

»Sie haben noch ein Buch geschrieben, ›Der Provokateur‹. Der Zweck des Buches war, auf einer meiner Auslandsreisen jemanden anzuwerben, einen Agenten. Während meines Frankreichbesuchs sollte ein Anschlag auf mich verübt werden. Sie fragten mich nach den Buchstaben meines Namens, weil sie einen Apparat konstruieren wollten, ein Gerät, das scharf gemacht werden konnte. Nach dem Erscheinen des Buches. Tatsächlich sollte ein solcher Apparat dazu benutzt werden, mich zu töten. Bei anderer Gelegenheit wurde unter meinem Wagen Sprengstoff angebracht. Bei einem weiteren Versuch wurde Sprengstoff unter Möbeln und Stühlen angebracht. Aber wir entdeckten ihn. Wir haben die Möbel noch. Sie können Fotos davon machen.«

Gaddafi nahm eine Videokassette in die Hand. »Diese hier wurde 1981 von der CIA gemacht. Reagans Berater erklärten der CIA: ›Macht es

kurz, der Präsident kann sich nicht so lange konzentrieren.‹ Der Film dauert 15 Minuten.«
»Sie scheinen über diese Dinge bemerkenswert gut unterrichtet zu sein. Gehe ich recht in der Annahme, daß Ihre russischen Freunde Ihnen die Informationen geliefert haben?«
Gaddafi lachte. »Wir haben viele Informanten. Viele Freunde.«
»Sind diese Informanten, diese Freunde, mit denen vergleichbar, die mehrere Jahre in engem Kontakt zu Präsident Mitterrand standen?«
Er hörte auf zu lachen.
»Woher wissen Sie das?«
»Von einem *meiner* Freunde.«
Gaddafi nickte, aber zu diesem Thema konnte ich ihm nichts mehr entlocken. Der »Freund«, den ich erwähnt hatte, war ein Mitglied des französischen Geheimdienstes. Er hatte mir erzählt, daß sie in Mitterrands Kabinett einen libyschen Spion, oder besser gesagt, einen von Libyen bezahlten Spion, entdeckt hatten, einen Mann, der seinen Geldgebern in Tripolis jahrelang überaus brisante Informationen hatte zukommen lassen.
Ein Militärberater betrat den Raum. Für einen Moment dachte ich, das Interview sei beendet, noch ehe ich zu dem wichtigsten Punkt meines Interviews gekommen war. Gaddafi gab ihm durch einen Wink zu verstehen, daß er störte. Ich hatte ihn zum Reden gebracht, und ich sollte noch mehr erfahren.
»Den amerikanischen Geheimdiensten war jedes Mittel recht, um Präsident Reagan davon zu überzeugen, daß ich ausgeschaltet werden mußte. Im Jahr 1981 erfanden sie meine ›Killerkommandos‹. Noch ehe Reagan Präsident wurde, hatten sie geheime Berichte über mich verfaßt, in denen stand, daß ›Gaddafi nur durch ein Attentat gestürzt werden kann‹.«
Er schlug den Aktenordner auf seinem Schreibtisch auf und blätterte darin.
»Reagan scheint Blumen zu lieben.«
»Wie bitte?«
»Seine Leute geben ihren Berichten immer so kindische Namen. ›Blume‹ ist das Codewort, das sie für ihre Operationen gegen mich verwenden. ›Tulpe‹ ist das Codewort für die Komplotte und Pläne gegen mich, an denen Verräter und Ägypter beteiligt sind. ›Rose‹ ist das Codewort für ihre geplanten militärischen Anschläge gegen mich, wozu auch gemeinsame Aktionen mit den Ägyptern zählen. Mubarak ist ihr Partner. Der Anschlag auf den Nachtclub in Berlin – der Präsident

weiß so gut wie ich, wer dafür verantwortlich war. Es war nicht Gaddafi. Nicht Libyen.«

»War es Assad? War es Syrien?«

Für einen Moment dachte ich, er würde mein Urteil bestätigen, aber er wollte nicht näher auf dieses Thema eingehen. Er sah wieder in seine Akte.

»Später kamen sie hierher, um mich zu töten, aber statt dessen töteten sie viele Männer, Frauen und Kinder. Sie schmiedeten weiter Komplotte. Sie verbreiteten in der amerikanischen Presse noch mehr Lügen über mich. Diesmal hatten sie ein neues Codewort für ihre Pläne.«

Er sah in seiner Akte nach und sagte dann ein englisches Wort – Veil.

»Und trotzdem bin ich es, und nicht Reagan, der als ›Terrorist‹ bezeichnet wird.«

Bevor wir dieses Thema abschlossen, erwähnte Gaddafi noch die »Operation Ramadan« von 1985, ein Komplott zwischen den Vereinigten Staaten und Ägypten, das auch den Einsatz von amerikanischen B-52-Bombern und ägyptischen Landstreitkräften vorsah. Das Ziel: die Ermordung Gaddafis.

Was mich ungeheuer erstaunte, mehr noch als der Inhalt der Informationen, die er an mich weitergab, war die Tatsache, daß er sie überhaupt hatte. Wenn das Material echt war – an jenem Abend in Tripolis hatte ich nicht die Möglichkeit, das nachzuprüfen –, so ließ das nur einen Schluß zu: Die CIA, das State Department, das Pentagon und der ganze übrige Haufen waren infiltriert. Ich wußte, daß eine bedeutende Anzahl von Topanalytikern der CIA seit langem davon überzeugt waren, daß sich in ihrer Mitte oder im Mitarbeiterstab eines der verschiedenen Aufsichtskomitees, die im Auftrag des Präsidenten die Tätigkeit der CIA überwachten, ein sowjetischer Spion befand. Ich hatte das immer für eine Wahnvorstellung aus der Zeit des Kalten Krieges gehalten – bis ich mit Gaddafi sprach.

»Präsident Reagan hat Sie ›den gefährlichsten Mann der Welt‹ genannt. Was sagen Sie dazu?«

Gaddafi deutete auf die Videokassetten und den Aktenordner und lächelte. »Vielleicht hält er die Ideen in meinem Grünen Buch für gefährlich.«

Wir sprachen nicht nur über Präsident Reagans Zwangsvorstellung, sondern auch über die fixen Ideen anderer Männer. Von Präsident Kennedy und seinen Bemühungen, Fidel Castro ermorden zu lassen. Von Premierminister Anthony Eden und seinem Auftrag zur Ermor-

dung Nassers. Schließlich wandten wir uns Carlos zu. Bei unserer Unterhaltung im Hotel hatte ich Professor Abdullah genaue Anweisungen gegeben. Ich gab ihm zu verstehen, daß jetzt der geeignete Zeitpunkt war, Gaddafi meine Überlegungen auseinanderzusetzen.
Kurz gesagt, ich war der Ansicht, daß ein Buch, das sich mit dem Palästinenserproblem beschäftigt, einen größeren Leserkreis erreicht, wenn das Problem in einem bestimmten Rahmen behandelt wird. Da das Terrorismusproblem von globalem Interesse war, war ich zu dem Ergebnis gelangt, daß es einen ausgezeichneten Rahmen für die Geschichte abgab. Immerhin war Carlos, der meistgesuchte Mann der Welt, durch seinen Einsatz für die Palästinenser berühmt geworden. Schließlich erklärte mir der Professor, Gaddafi habe verstanden und pflichte mir bei, daß meine Methode recht wirkungsvoll sein könne.
Ich holte tief Luft.
»Ich bin auf der Suche nach Carlos.«
Gaddafi sah mich einen Moment lang prüfend an, drehte sich dann halb zur Seite und starrte durch ein kleines Fenster hinaus auf die Baracken. Seine Augen blickten scheinbar verträumt in die Ferne. Er rührte sich nicht, als er antwortete.
»Lebt er überhaupt noch?«
Es war ein langer Tag und ein langer Abend gewesen. Ich hatte das Gefühl, daß es eine noch längere Nacht werden würde. Gaddafi starrte immer noch aus dem Fenster.
»Carlos kommt nie hierher.«
»Nun, ich möchte gerne dorthin gehen, wo er ist.«
»Das wäre das beste, aber wir wissen nicht, wo er ist. Lebt er überhaupt noch?«
Das war eine komische Frage, besonders wenn sie von einem Mann kam, der, laut Aussage eines ehemaligen israelischen Geheimdienstchefs, Carlos hatte umbringen und in der libyschen Wüste verscharren lassen.
Ich ging behutsam einige der Informationen durch, die ich gesammelt hatte, einschließlich der Gespräche, die ich in eigener Sache mit Carlos' Vater geführt hatte.
»Dann kennen Sie ihn schon länger als wir.«
Ich gab nicht auf. »Ich denke, es liegt in Ihrer Macht, Oberst, einen Weg zu finden, wie ich an diesen Mann herankommen kann.«
»Aber er ist schon seit langem verschwunden, und wir haben nichts mehr von ihm gehört. Keiner spricht von ihm.«
Ich legte los, so gut ich konnte. Anscheinend hatten ihn die Argumen-

te, warum ich Carlos finden und mit ihm sprechen mußte, mehr als überzeugt.

»Wir hätten Carlos gern in diesem Land.«

»Warum?«

»Wir würden ihn gern vor Gericht stellen. Er hat in Wien einen Libyer umgebracht.«

»Halten Sie ihn für einen Kriminellen?«

»Ja. Für einen ganz gewöhnlichen Kriminellen. Als die Maschine mit den Ölministern an Bord in Tripolis landete, wollte ich Carlos und seine Bande verhaften lassen. Aber meine Sicherheitsbeamten rieten mir davon ab, die Maschine von unseren Leuten stürmen zu lassen. Sie sagten, daß alle dabei umkommen würden. Und wie die Schlagzeilen im Westen dann ausgesehen hätten, können Sie sich ja vorstellen: GADDAFI ERMORDET ÖLMINISTER. Wir mußten sie nach Algier zurückfliegen lassen.«

»Wer steckte hinter dem Anschlag auf die OPEC, Oberst?«

»Wadi Haddad, aber der ist tot.«

»Ja, aber wer stand hinter Wadi Haddad? Welches Land? Welcher arabische Führer?«

»Ich glaube, um diese Frage beantworten zu können, müssen Sie sich Wadi Haddads Verbindungen näher betrachten.«

Als ich wieder im Al-Wahat-Hotel war, dachte ich darüber nach, welche neuen Erkenntnisse das Interview gebracht hatte. Wenn das, was Muammar el-Gaddafi über die Reagan-Administration gesagt hatte, der Wahrheit entsprach und wenn es stimmte, daß er keine Ahnung hatte, wo Carlos sich aufhielt und ob er überhaupt noch lebte, dann war das ein seltsamer Widerspruch. Hatte er in bezug auf Reagan die Wahrheit gesagt und in bezug auf Carlos gelogen? Es würde mich viel Zeit und viel Arbeit kosten, die Antwort zu finden.

Nach meiner Rückkehr nach London blieb mir kaum Zeit, über die Ergebnisse meiner verschiedenen Interviews in Malta oder Libyen nachzudenken. Ich tauschte die Akten in meinen Koffern gegen zahlreiche andere aus, und einen Tag später saß ich schon im Flugzeug nach Caracas in Venezuela. Auch wenn andere Autoren 17 andere Städte oder Länder angegeben haben: Carlos ist in Caracas geboren.

Halte nicht an der Ampel!

Im vorigen Dezember hatte ich herausgefunden, wo Carlos' Vater, José Altagracia Ramírez Navas, wohnte, jener Mann, der in allen Büchern und Artikeln über Carlos als »Millionär und revolutionärer Marxist« bezeichnet wurde. Der Mann, mit dem ich im Libanon zwei Nächte lang gesprochen hatte, ließ allerdings eine bescheidenere Kinderstube vermuten. Samirs Tod in Beirut hatte eine Unterhaltung mit Señor Navas und Nachforschungen in Lateinamerika unerläßlich gemacht.

Leider war der Vater anderer Ansicht. Ich trat über eine spanische Dolmetscherin in telefonischen Kontakt mit ihm. Die Gespräche mit seinem Sohn im Libanon erwähnte ich nicht, doch ich erklärte ihm das zentrale Anliegen des Buches. Er lehnte ein Interview ab. Ich schickte ihm eine spanische Übersetzung meines letzten Buches und ein ausführliches Begleitschreiben, erhielt aber keine Antwort. Im Januar trat ich durch meine Dolmetscherin Maria erneut in telefonischen Kontakt zu ihm: Wieder hieß es, die Familie sei zu keiner Zusammenarbeit bereit. Ende März, ich hatte Maria schon Anfang des Monats vorausgeschickt, flog ich nach Venezuela: Ich hoffte, auf unwiderlegbare Fakten über Carlos zu stoßen. Mit etwas Glück würde ich dann die Glaubwürdigkeit des Mannes einschätzen können, denn ich getroffen hatte. Leider erfuhr ich von Maria bei meiner Ankunft in Caracas am 22. März, daß mir das Glück nicht hold war.

Wenige Tage vor meiner Ankunft hatte sich ein Student, der dringend eine Toilette brauchte, neben einem geparkten Auto erleichtert. Ein Polizist sah es. Statt dem Studenten eine Strafpredigt zu halten oder eine Geldbuße aufzuerlegen, hatte er seine Pistole gezogen und ihn erschossen. Ich nahm mir fest vor, bei meinen Nachforschungen stets

darauf zu achten, daß eine Toilette in der Nähe war. Nach Studentenkrawallen in der ganzen Stadt hatte die Regierung den Ausnahmezustand verhängt. Wenige Tage nach meiner Ankunft wurde bekanntgegeben, daß Jugendliche unter 21 Caracas nicht mehr verlassen durften. Für Reisen ins Ausland oder ins Landesinnere brauchten sie eine Sondergenehmigung. Überall patrouillierten Soldaten, und Polizei und Armee hatten an allen Ausfallstraßen mehrere Straßensperren mit gepanzerten Fahrzeugen errichtet. Carlos hätte sich wie in alten Zeiten gefühlt.
Vor diesem Hintergrund hatte Maria versucht, eine Reihe von Interviews für mich zu arrangieren, unter anderem mit Präsident Jaime Lusinchi und dem Innenminister. Alles war glatt gegangen, bis der schießwütige Polizeibeamte das Land ins Chaos gestürzt hatte. Aber jetzt hatten die Mitglieder der Regierung andere Sorgen, als mit mir über die politischen Unruhen der fünfziger und sechziger Jahre zu sprechen. Präsident Lusinchi machte für die Unruhen nicht Studenten, sondern »subversive Elemente und Drogenschmuggler« verantwortlich. Er und seine Minister hatten nicht die geringste Lust, die Erinnerung an einen längst vergangenen Bürgerkrieg in ihrem Land heraufzubeschwören.
Maria hatte mich vom Flughafen abgeholt und fuhr mich nach Caracas. Unterwegs schilderte sie mir aufgeregt die Lage und hielt unwillkürlich an einer roten Ampel an. Ein Freund von ihr, der mit uns im Wagen saß, rief ihr etwas auf spanisch zu. Maria trat aufs Gas und raste bei Rot über die Kreuzung. Der Freund hatte ihr gesagt, daß nach Einbruch der Dunkelheit in Caracas kein Mensch an einer roten Ampel anhalte. Aus Angst vor Überfällen. Tatsächlich kann man das vor dem Verkehrsrichter geltend machen.
Ich dachte über den Unterschied zu dem Land nach, das ich eben verlassen hatte. Keine patrouillierenden Soldaten, keine Straßensperren, nur gewöhnliche Verkehrspolizei, eine Hauptstadt, in der man sich zu jeder Tages- und Nachtzeit frei bewegen konnte. Tripolis erschien mir in dem Moment geradezu anziehend.
Ich schlug mein Basislager im Hotel Ávila im Stadtteil San Bernardino auf, nahe dem Ort, wo Ilich und Lenin nach der Rückkehr der Familie 1961 eingeschult worden waren. Neben den Unruhen, die bis zu meiner Abreise andauern sollten, wären Carlos hier noch andere Dinge vertraut erschienen. Caracas liegt in einem breiten Tal. Je mehr Geld man hat, desto tiefer unten wohnt man. Oben um die Hänge herum blinken und glitzern nach Einbruch der Dunkelheit

Tausende kleiner Lichter. Es ist, als feiere das Tal das ganze Jahr über Weihnachten. Die Sonne bringt die Wahrheit um diese Lichtquellen an den Tag: die *barrios,* ein dichtes Gewirr von Hütten, in denen Arme ums Überleben kämpfen. Ich hatte immer gedacht, daß sich das gesunde Leben hoch oben über Lärm und Hitze abzuspielen hätte. Nicht so in Caracas. Wenn die Wolkenbrüche kommen, sind die *barrios* die ersten, die weggespült werden. Einmal während meines Aufenthaltes durchstreifte ich ein solches Elendsviertel, begleitet von einer ziemlich nervösen Maria. Schmutzige Stoffetzen bedeckten die Löcher, die als Fenster dienten. Menschliche Fäkalien wälzten sich in einem Rinnsal davon, und überall lag Müll. Diese heruntergekommene Ansiedlung lag nur wenige Meter vom Panteón Nacional entfernt, wo Soldaten ständig die sterblichen Überreste des *Libertadors* Simón Bolívar bewachen.

Einige Bewohner wandten sich hilfesuchend an uns. Der Fernseher funktioniere nicht. Höflich versprach ich, ein völliger Ignorant in technischen Dingen, mir das Gerät anzusehen.

Man führte uns vorbei an verschreckten Hühnern und kläffenden Hunden in eine finstere Wohnstube. Stolz zeigte der Mann in der Hütte auf seinen neuen Fernseher, den er während der letzten Unruhen »organisiert« hatte. Trotz fehlenden Sachverstands erkannte ich die Ursache für den ausbleibenden Empfang sofort: Das neu erworbene Gerät war der Monitor eines Computers. Mühselig erklärten wir ihm, worin die Funktion eines solchen Bildschirms bestand. Schließlich schien er zu begreifen, dankte überschwenglich für die technische Expertise und bestand darauf, daß wir eine Tasse Tee mit ihm tranken, eine sehr großzügige Geste in Anbetracht der Tatsache, daß die Flasche Milch in Venezuela siebenmal soviel kostet wie der Liter Benzin.

Am Tag nach meiner Ankunft, als das Thermometer auf über 35° C kletterte, sprach ich mit Maria das weitere Vorgehen durch. Zunächst gab sie mir einen kurzen Überblick über die erotischen Verhältnisse des Präsidenten und seines Kabinetts. Die Männer hielten die Macht in Händen, die Frauen die Terminkalender, und nach meinen ersten Eindrücken beherrschten weibliche Hintern und Schenkel das Stadtbild von Caracas. Die langen seitlichen Schlitze in den hautengen Kleidern sollten bei der Hitze vermutlich für eine gewisse Belüftung sorgen.

Während Maria versuchte, den Kontakt zu Carlos' Vater wiederaufzunehmen, beschloß ich, einen mitgebrachten Trumpf auszuspielen: die

Telefonnummer eines Coronel vom militärischen Geheimdienst. Ein Freund vom deutschen Geheimdienst hatte mir versichert, der Coronel sei ein ehrlicher Mann und völlig integer. Ich hoffte aufrichtig, daß die Beurteilung zutraf, denn ich hatte einige Fragen an ihn. Wenn meine Informationen stimmten, dann hatte er zumindest einen Vorzug: Er sprach passabel englisch. Ich wollte Maria nicht schon in die Eröffnungspartie mit hineinziehen. Ich wählte die Nummer, und als ich, spanische Brocken stammelnd, immer wieder den Namen des Coronel wiederholte, hatte ich ihn schließlich in der Leitung. Ich nannte den Namen unseres gemeinsamen Freundes.

»Ach ja. Er hat mich angerufen und mir von Ihnen erzählt. Ich habe natürlich Ihre Bücher gelesen. Sie sind hervorragend. Hervorragend.«

Ich war geschmeichelt.

»Seien Sie vorsichtig, was Sie am Telefon sagen. Die Vermittlungsanlage im Hotel und mein Apparat sind verwanzt.«

Ich war verwirrt. »Woher wissen Sie das, Coronel?«

»Weil ich die Wanzen selbst angebracht habe.«

»An Ihrem eigenen Telefon?«

»Ja, zur Sicherheit.«

Ich war seit langem der Ansicht gewesen, daß Geheimagenten in einer anderen Welt leben als gewöhnliche Sterbliche. Der Coronel war ein lebender Beweis. Und er war erstaunlich gut informiert.

»Ich hoffe, die zweistündige Verspätung bei Ihrem Flug gestern hat Ihnen keine ernsten Unannehmlichkeiten bereitet.«

Ich war versucht zu fragen, was ich zum Frühstück gegessen hatte, hielt mich aber zurück, denn womöglich hätte er es mir gesagt. Wir verabredeten uns zu einem Gespräch unter vier Augen in meinem Hotel.

Ich spazierte durch die Parkanlagen des Hotels, während ich auf Maria wartete, und sah mir die tropischen Blüten an, die so farbenfroh leuchteten, daß es fast in den Augen schmerzte. Von ihren Düften hatte ich allerdings nichts. In einer Passage über Kipling hatte T. S. Eliot einmal geschrieben: »Die erste Voraussetzung, ein Land zu verstehen, ist es zu riechen.« Wenn das stimmte, arbeitete ich unter denkbar schlechten Voraussetzungen. Aus irgendeinem Grund, an dem die Ärzte immer noch herumrätseln, habe ich nämlich vor ein paar Jahren meinen Geruchs- und Geschmackssinn verloren. Und zu allem Übel war ich in diesem Land auch noch zum Schweigen verurteilt, weil ich seine Sprache nicht konnte. So war ich auf die Hilfe einer jungen Frau angewiesen, der ich aus verschiedenen Gründen nicht immer alles sagen konnte.

»Maria, wonach riecht Caracas?«
»Wonach es riecht?«
Sie sog Luft durch die Nase ein.
»Nach Benzin und reifen Früchten.«
Die Neuigkeiten vom Patriarchen der Familie Ramírez waren nicht gut. Er wollte mir kein Interview geben, solange sein Sohn Lenin nicht einverstanden sei. In Abwesenheit des Ältesten, der vollauf damit zu tun hatte, einen Beitrag zum Chaos in der Welt zu leisten, traf Lenin offenbar die Entscheidungen. Seltsamer Rollentausch: Der Sohn war Vater, der Vater Sohn.
Noch am gleichen Tag telefonierten wir mit Lenin. Wie er uns versicherte, hatte die Familie meinen Brief und meine Bücher erhalten und sich anschließend beratschlagt. Sie habe beschlossen, mich nicht zu unterstützen. »Aus Höflichkeit« sei er aber zu einem Treffen bereit. Während Maria übersetzte, wurde mir klar, daß Lenin und sein Vater ihr Spielchen mit mir trieben: Sie schoben sich gegenseitig die Schuld zu, damit ich am Schluß in die Röhre guckte. Lenin hatte widerwillig einem Treffen zugestimmt, vorausgesetzt ich war bereit, in drei Tagen nach Valencia zu fahren. Das waren nur 150 Kilometer mit zahlreichen Straßensperren. Wie um mir deutlich zu machen, daß ich weit von zu Hause weg war, gab die Regierung später bekannt, daß in der gesamten Hauptstadt für mindestens 72 Stunden das Wasser abgestellt werden müsse. Bei Temperaturen von fast 40 Grad war der Zeitpunkt für Wartungsarbeiten an den städtischen Wasserleitungen sicher gut gewählt. Ich kaufte an der Hotelbar zwei Dutzend Flaschen *Bernardo Agua de Mesa*. Ein anderes *agua mineral* gab es nicht. Natürlich war es mit Kohlensäure versetzt.
Einige Tage später, ich hatte geduscht, mich rasiert und mir mit Bernardos Blubberwasser die Zähne geputzt, bereiteten wir das erste Interview nach. Maria war verblüfft, als ich darauf bestand, täglich einen Stapel Lokalblätter zu kaufen. Ich könne sie ja doch nicht lesen. Das stimmte zwar, aber ich wartete auf eine Nachricht, die ich auch ohne Spanischkenntnisse begriff: die Verhaftung eines Mannes, der bei meinem Essen mit dem Coronel wichtigster Gesprächsgegenstand gewesen war: Stefano Delle Chiaie.
Im August 1980 war auf dem Hauptbahnhof im italienischen Bologna eine Bombe hochgegangen. An jenem Samstag, dem ersten Tag nach Ferienbeginn, war das Bahnhofsgebäude überfüllt. Bei der Explosion starben 85 Menschen, über 200 wurden verletzt. Die Täter waren nie gefaßt worden.

Bei den Nachforschungen für mein Buch *Im Namen Gottes?...* hatte ich auch zu diesem heimtückischen Anschlag recherchiert. Im Jahr 1982 stellte der zuständige Untersuchungsrichter Aldo Gentile in diesem Zusammenhang einen internationalen Haftbefehl für fünf Männer aus. Zu Journalisten sagte Gentile: »Unter diesen fünf ist auch der Mann, der den Koffer getragen hat.« Ganz oben auf der Liste der Gesuchten stand Stefano Delle Chiaie, Neofaschist und Mitglied der verbotenen italienischen Freimaurerloge P2. Ich bin nach wie vor davon überzeugt, daß Mitglieder dieser Loge eine Verschwörung angezettelt und Papst Johannes Paul I. ermordet haben. Wie meine Recherchen zudem ergaben, ist die P2 für zahlreiche weitere Verbrechen verantwortlich, darunter der heimtückische Anschlag von Bologna. Und alles deutet darauf hin, daß Delle Chiaie maßgeblich daran beteiligt war.

Als ich bei einem Aufenthalt auf Malta mit einem Parlamentsmitglied über mein letztes Buch sprach, fragte er mich unweigerlich nach Stefano Delle Chiaie. Er kam auf den Namen, nachdem ich gesagt hatte, daß ich auf dem Weg nach Caracas sei. Der Abgeordnete wollte wissen, ob ich Delle Chiaie interviewen wolle, und sagte, daß der Mann unter dem Namen Alfredo de Mauro im Stadtteil Chacaito der venezolanischen Hauptstadt wohne. Er sagte das ganz beiläufig, als sei die Sache nur von geringer Bedeutung, und wir kehrten zu unserem Gespräch über die Ermordung des Papstes zurück.

Ich mußte feststellen, daß der maltesische Abgeordnete über gute Kontakte nach Italien verfügte. Sein Vorschlag, mit Delle Chiaie, der auf der Fahndungsliste von Interpol ganz oben stand, ein Interview zu machen, war keineswegs abwegig. Obwohl auf der Flucht, hatte er schon mehrere gegeben. Ich selbst wollte nicht mit ihm reden, ging aber davon aus, daß der Bologneser Untersuchungsrichter Fragen an ihn hatte.

In einem passenden Augenblick fragte ich den Coronel beim Essen, ob ihm der Name Stefano Delle Chiaie etwas sage. Wie jeder gute Geheimdienstler – und ich mußte feststellen, daß der Coronel ein sehr guter war – hielt er sich so bedeckt wie möglich.

»Ja, ich habe von ihm gehört. Warum?«

»Ich habe gehört, daß er hier in der Stadt leben soll. Da er der Hauptverdächtige für den Sprengstoffanschlag von Bologna ist, habe ich mir gedacht, daß Sie ihn gerne verhaften und nach Italien verfrachten würden.«

»Caracas ist riesengroß. Wo soll man einen solchen Mann suchen?«

Ich verriet ihm den Stadtteil und den falschen Namen. Er nickte, zündete eine sehr dicke Zigarre an und blickte mir ins Gesicht.
»Er wird schon beschattet.«
»Aber bitte, Coronel. Seien Sie doch nicht so undankbar.«
»Ich versichere Ihnen, daß ich die Wahrheit sage.«
»Und warum ist er noch nicht verhaftet? Oder ist er als Gast des Innenministers hier?«
»Er wird noch im Laufe der Woche verhaftet.«
»Im Laufe der Woche?«
»Ja.«
Seitdem waren zwei Tage vergangen, und ich hatte ein ungutes Gefühl. Ich fand in den Zeitungen nicht den kleinsten Hinweis auf eine Verhaftung. In der Zwischenzeit stand ein Interview mit einem weiteren Mann an: Eduardo Machado.
Ich suchte Eduardo Machado zu Hause auf. Als ich mich mit ihm unterhielt, war ich mir bewußt, daß der beleibte 85jährige mit dem vollen schlohweißen Haar ein Stück lateinamerikanischer Geschichte verkörperte. Ich wollte vor allem etwas über Carlos' früheres Leben und über die Art und Weise erfahren, wie er an die Patrice-Lumumba-Universität in Moskau gekommen war. Trotz seines Alters machte Eduardo im Gespräch mit mir einen sehr regen und hellen Eindruck. Offenbar erinnerte er sich noch genau an jede Einzelheit aus seinem ungewöhnlichen Leben. Zusammen mit seinem verstorbenen Bruder Gustavo hatte er seit Beginn des Jahrhunderts unermüdlich für die Interessen der Arbeiterklasse gekämpft. Dieser Kampf, der an vielen Fronten geführt worden war, hatte ihm unter anderem Arrest und Gefängnis eingebracht.
Während Eduardo sich an längst vergessene Schlachten erinnerte, konnte ich mir ein Bild von der Welt machen, in die Ilich Ramírez Sánchez in den späten vierziger Jahren hineingeboren wurde. Sein Vater, etwa im gleichen Alter wie die Brüder Machado und eng mit ihnen befreundet, war von dem gleichen Kampf geprägt worden, hatte die gleichen politischen Ziele verfolgt.
Eduardo Machado konnte mir auch etwas zu Carlos' Moskauer Zeit sagen, auch zu seinem Verhalten an der Universität und zu den Gründen seiner Relegation. Obwohl diese Informationen vielem widersprachen, was über Carlos geschrieben worden ist, war ich am Ende des Interviews mit Machado doch erleichtert. In einem oder zwei Punkten wich seine Version zwar von der Darstellung ab, die mir Carlos gegeben hatte, aber im Grunde sagte er nichts, was mich nach dem ge-

platzten dritten Treffen im Libanon hätte mißtrauisch machen müssen. Das kleine, aber sehr lebendige Porträt, das Machado von Ilich Ramírez Sánchez zeichnete, stimmte weitgehend mit den Aussagen des Betroffenen überein. Die Jagd nach der Wahrheit und nach dem Menschen ging weiter.
Am nächsten Tag traf ich mich mit Lenin Ramírez Sánchez in einem Café in Valencia zu einem ersten Gespräch. Daß er einer Zusammenarbeit der Familie Ramírez mit mir nicht zugestimmt hatte, machte ihn mir natürlich nicht sympathisch, aber ich mochte ihn auch aus anderen Gründen nicht. Dieser Mann war eigennützig und zynisch. Mein Anliegen, die Wahrheit über das Leben seines Bruders zu erfahren, beeindruckte ihn überhaupt nicht. Er stimmte zu, daß fast alles, was man über ihn geschrieben hatte, ein Geflecht aus Irrtümern, Lügen und bewußten Falschinformationen war, aber das störte ihn nicht. Für einen Mann, der eigentlich mit einer marxistischen Sicht der Dinge groß geworden sein mußte, zeigte er eine erstaunliche Unfähigkeit zur historischen Betrachtung. Wenn in ihm je eine revolutionäre Flamme gelodert hatte, so mußte sie lange vor unserem Gespräch ausgeblasen worden sein.
Ohne es zu wollen, wurde Lenin gesprächiger. Ich lockte ihn mit Lügen aus der Reserve, die über Carlos verbreitet worden waren und die Fakten berührten, die ihm bekannt sein mußten. Wir sprachen über die angeblichen Verbindungen seines Bruders zum KGB. Damit entlockte ich ihm eine sehr wichtige Information: Carlos war noch am Leben. Er schickte der Familie von Zeit zu Zeit eine Postkarte, ganz offen, wie Lenin sarkastisch bemerkte. »Er sagt, daß er dem venezolanischen Geheimdienst damit die Mühe erspart, Briefe zu öffnen und wieder zu versiegeln.«
Daß er in der Gegenwart sprach, war beruhigend. Die Karten wurden zweifellos nicht von Orten abgeschickt, an denen Carlos sich aufhielt. Lenin erwähnte unter anderem Brüssel. Ganz offenbar hatte sein Bruder erst kürzlich geschrieben. Und mit Sicherheit lange nachdem der Mossad das Gerücht über seinen Tod in die Welt gesetzt hatte.
Im Verlauf des Abends erklärte er sich bereit, mir bis zu einem gewissen Grad weiterzuhelfen. Er wollte Fragen über sich und seinen Bruder beantworten. Im Gegenzug mußte ich versprechen, seinen Vater in Ruhe zu lassen. Mit diesem Handel konnte ich leben. Wir verabredeten uns für den folgenden Tag bei mir im Hotel in Caracas.

Am nächsten Tag war eine Stunde nach der vereinbarten Zeit von Lenin immer noch nichts zu sehen. Am Sonntag morgen kam endlich etwas Bewegung in die Dinge. Da ich das Interview mit Douglas Bravo erst für den Abend vorgesehen hatte, war ich überrascht, schon am Vormittag Marias Stimme am Telefon zu hören. Einen Augenblick lang dachte ich, Bravo sei mit Lenin und anderen von einem venezolanischen Schwarzen Loch verschluckt worden oder im Caracas-Dreieck verschollen.
»Mehrere Zeitungen bringen was über Sie.«
»Und was, Maria?«
»Sie zitieren aus Ihrem letzten Buch. Es geht um den Mann, der gestern in Caracas verhaftet wurde. Er heißt Stefano Delle Chiaie.«

Im Interview mit Douglas Bravo glomm wie ein Leuchtfeuer eine wichtige Erkenntnis auf: Wenn Carlos unbedingt den Guerillakrieg hatte proben wollen, so waren seine Streifzüge in den Nahen Osten eher eine Ablenkung von dem Krieg vor seiner Haustür gewesen.
In den sechziger Jahren bot Venezuela alles, was das Herz eines jungen Revolutionärs begehrte. Wenn das Land zu der Zeit einen Fidel Castro oder einen Che Guevara hervorbrachte, dann war es Douglas Bravo, auch wenn er selbst der letzte wäre, der einen solchen Vergleich akzeptieren würde. Anders als Castro oder Guevara war Douglas Bravo nicht im Triumph in eine Hauptstadt eingezogen. Dafür gab es viele Gründe, nicht zuletzt die endlosen Fraktionskämpfe innerhalb der Venezolanischen Kommunistischen Partei, den Mangel an logistischer Unterstützung und die gute Kriegsmaschinerie des Regimes.
Als ich ihn in Caracas kennenlernte, war er Mitte Fünfzig, wirkte aber 20 Jahre jünger. Er hatte volles Haar und die Figur eines Tänzers: drahtig und kaum ein Gramm Fett zuviel. Der lange Überlebenskampf unter schlimmsten Bedingungen in den Bergen hatte allerdings andere Spuren hinterlassen. Bravo war einer der stillsten und introvertiertesten Menschen, denen ich je begegnet bin. Es war fast unvorstellbar, daß dieser wortkarge Mensch fast zwei Jahrzehnte lang auf den Fahndungslisten seines Landes ganz oben gestanden hatte und auf seinen Kopf ein Vermögen an Bolívares ausgesetzt gewesen war. Ich sprach auch mit seiner Frau Argelia, die aktiv am Guerillakampf teilgenommen hatte. Trotz stundenlanger Folterungen mit Elektroschocks hatte sie das Basislager ihres Mannes nicht verraten. Beide waren ihren Überzeugungen treu geblieben. Beide waren sich bewußt, daß Betrug und Verrat beiderseits des Eisernen Vorhangs zu Hause waren.

Im Jahre 1961 war Bravo mit einer kleinen Gruppe in die Berge gezogen. Nach der Gefangennahme und Inhaftierung gelang ihm im gleichen Jahr die Flucht aus dem Gefängnis. Bis 1974 führte er den Guerillakrieg gegen eine erdrückende Übermacht weiter, und bis 1979 lebte er im Untergrund. In diesen 18 Jahren hatte sich das Land praktisch im Ausnahmezustand befunden.
Dieser Mann hatte Ilich Ramírez Sánchez tief beeindruckt. Ohne es zu wissen, hatte er den jungen Studenten auf einen Weg gebracht, den er selbst, soviel wurde mir klar, ganz sicher nicht guthieß. Der Grund lag auf der Hand: Auf Berufssoldaten schießen ist eine Sache, Handgranaten in vollbesetzte Pariser Cafés werfen eine andere.
Anders als Carlos glaubte Douglas Bravo, daß die Revolution wie die Nächstenliebe vor der eigenen Haustür beginnt. Was er damit meinte, wurde klar, als er auf einige Tatsachen aus dem venezolanischen Alltag verwies.
In den letzten Jahren war oft von den *desaparecidos,* den »Verschwundenen« in Argentinien und Chile, die Rede. Wenig nur hat man von den Tausenden Verschwundener im demokratieliebenden Venezuela gehört, von den Zehntausenden, die ohne Urteil oft jahrelang in Gefängnissen schmachten, in denen Folter noch immer weit verbreitet ist. Liest man den jährlichen Bericht des State Department über die Lage der Menschenrechte in Venezuela und vergleicht ihn mit den tatsächlichen Verhältnissen, die seit Jahrzehnten im Land herrschen, dann wird klar, daß dieses Druck-Erzeugnis in die Fantasyregale der Buchläden gehört. An demselben Tag, an dem ich das erste Interview mit Douglas Bravo führte, zogen über 50 000 Demonstranten durch die Straßen der Hauptstadt. Die Proteste hatten sich an der Ermordung eines Studenten durch einen Polizisten entzündet. Aus ähnlichem Anlaß und ähnlichen Motiven hatte Bravo in den sechziger Jahren beschlossen, in den Bergen einen Guerillakampf zu führen. Die Venezolanische Kommunistische Partei war damals strikt der Moskauer Linie gefolgt: Sie verurteilte Bravos Aktion, verweigerte ihm die Unterstützung und beharrte darauf, daß der richtige Weg der legale sei. Für viele im Westen wurden die Guerillakriege letztlich von Moskau gesteuert: Sie witterten eine globale kommunistische Verschwörung. Andere Erklärungen brachten unbequeme Fragen mit sich. Die Sowjets zu beschuldigen war seit jeher bequemer.
Douglas Bravo war Carlos niemals wissentlich begegnet, doch sie hatten Briefe ausgetauscht. Was mir Bravo im einzelnen erzählte, bestätigte erneut die Informationen, die ich bei meinen Interviews im Nahen Osten

erhalten hatte, brachte mich dem Menschen, den ich suchte, aber keinen Schritt näher. Der letzte Briefwechsel hatte im Jahre 1981 stattgefunden.
Einige Tage nach Abschluß der Interviews mit Bravo hatte ich eine Begegnung mit einem der Männer, die Carlos ein Jahrzehnt zuvor gejagt hatten: mit dem Coronel.
Im Licht der Ereignisse vom vorangegangenen Wochenende überraschte es mich nicht, daß er mit sich und der Welt ganz zufrieden schien.
»Sehen Sie? Ich hatte es Ihnen doch versprochen. Im Laufe der Woche.«
»Ja, ich bin Ihretwegen schon ins Grübeln gekommen.«
»Und worüber haben Sie nachgegrübelt?«
»Ob Sie nicht für Delle Chiaie arbeiten. Kollegen von Ihnen haben das sicher getan. Wie ich höre, hat er über drei Jahre hier gelebt. Ich bin mir bewußt, daß die Uhren in diesem Land langsamer gehen als in Europa, aber drei Jahre, Coronel ... Und die ganze Zeit beschattet, was?«
Der Coronel hatte wenigstens den Anstand zu lachen, ließ aber die Frage, ob es in der venezolanischen Polizei Korruption gebe, unbeantwortet.
»Ich nehme an, daß jetzt ein endloses Tauziehen um seine Auslieferung nach Italien beginnt?«
Er warf einen Blick auf die Uhr.
»In ein paar Stunden trifft er an Bord einer Maschine der Luftwaffe auf dem Militärflughafen Ciampino bei Rom ein. Grund der Abschiebung: Gebrauch eines gefälschten Passes. Auf die Art wird vermieden, daß der Anschlag von Bologna und andere Affären in diesem Land hohe Wellen schlagen.«
»Ich bin beeindruckt. Ich wünschte, man würde mich in diesem Land auch so prompt bedienen.«
»Vielen Dank für Ihre Mithilfe. Ich bin Ihnen wirklich sehr dankbar.«
»Ganz ehrlich, Coronel, es war mir ein Vergnügen. Ich hole Ihnen noch ein Bier.«
Als ich mit den Getränken zurückkehrte, lag eine blaßgelbe Mappe an meinem Platz auf dem Tisch. Ich blickte den Coronel fragend an.
»Ich dachte mir, die Information könnte Ihnen nützen.«
Ich öffnete die Mappe. Sie enthielt einen kompletten Satz Fingerabdrücke von Ilich Ramírez Sánchez. Zudem fand ich in ihr eine vollständige Liste seiner Ein- und Ausreisen und Kopien verschiedener Rapporte ausländischer Geheimdienste.

Ich hatte den Coronel bei der ersten Begegnung über meine momentanen Nachforschungen informiert und ihm gesagt, daß ich auf der Suche nach Fakten sei, um mit den Mythen um Carlos aufzuräumen. Aber ich hatte um nichts gebeten. Offenbar hatte er meine Gedanken gelesen. Oder eine Wanze an meinem Telefon im Hotel angebracht.

»Jetzt muß ich mich bedanken.«

»Keine Ursache. Wie sagten Sie? War mir ein Vergnügen. Kann ich sonst noch etwas für Sie tun?«

Ich gabe ihm meinen Wunschzettel. Er war sehr kurz, aber jeder einzelne Punkt war sehr wichtig. Er notierte sich ruhig meine Bitten und fragte: »Wissen Sie, wo er jetzt ist?«

»Nein.«

»Wie lange werden Sie ihn suchen?«

»Bis ich ihn gefunden habe, Coronel.«

Wie vorauszusehen, erschien Lenin Ramírez wieder nicht zum Treffen. Er meldete sich auch nicht auf die Nachricht hin, die wir bei seiner Sekretärin hinterlassen hatten. Ich fragte mich, ob diese Fähigkeit, sich in Luft aufzulösen, wohl in der Familie lag.

Wir verabredeten uns für Donnerstag, den 2. April. Wieder sollte er mich im Hotel aufsuchen. Am vereinbarten Tag rief er mich frühmorgens an. Er könne nicht kommen, schlage aber ein Treffen zum Mittagessen vor. Die Unterredung, die auf elf Uhr gelegt wurde, sollte nicht in der ruhigen Atmosphäre des Hotels Ávila, in dem ich wohnte, stattfinden, sondern in einem überfüllten Restaurant. Und um der Sache noch mehr Würze zu geben, wollte Lenin seine Frau mitbringen.

Als ich Maria von der Verabredung berichtete, rasselte sie mehrere Minuten lang ohne eine einzige Wiederholung eine eindrucksvolle Tirade spanischer Flüche herunter. Während sie versuchte, mit Nydia Tobón, die wir in Kolumbien ausgemacht hatten, Kontakt aufzunehmen, begab ich mich zum Arbeitsessen mit dem Ehepaar Ramírez.

Als ich den Knopf meines Kassettenrecorders gedrückt und die erste Frage gestellt hatte, sorgte Lenin für eine nette Überraschung:

»Ich will nicht, daß Sie mich aufnehmen.«

»Wie soll ich Sie dann interviewen?«

»Stellen Sie ihn an, wenn Sie etwas sagen. Stellen Sie ihn ab, wenn ich etwas sage.«

Ich fing ganz vorn an, fragte nach Geburtsdaten und tastete mich langsam und zuweilen zähneknirschend voran.

Kleine Teile fügten sich in mein Puzzle ein. Die Antworten stimmten vollkommen mit dem überein, was mir der Mann im Nordlibanon gesagt hatte: die Zeit- und Ortsangaben der ersten Reisen in der Karibik, die behütete Kindheit eines verwöhnten Knaben. »Als wir 1966 nach London kamen, mußten wir zum erstenmal unsere Betten selbst machen.«

Natürlich hatte ich weder Lenin noch sonst jemandem in Venezuela verraten, daß ich mit Carlos 1985 schon zwei Interviews gemacht hatte. Ich konnte mich bei meinen Vorabinformationen auf eine zuverlässige Quelle berufen: 1979 hatte der Schriftsteller Assem el-Jundi, ein geborener Syrer, Carlos bereits befragt und eine Serie von drei Interviews in dem in Paris erscheinenden arabischen Nachrichtenmagazin AL WATAN AL ARABI veröffentlicht. Der Ort der Interviews blieb geheim, müßte meinen Nachforschungen nach aber nahe Beirut gelegen haben. Zusammen mit umfangreichem anderem Material hatten mir diese Interviews als Grundlage für meine eigenen Fragen an Carlos gedient. So war ich denn auch nicht überrascht gewesen, daß er mir ähnliche Antworten gegeben hatte wie seinerzeit Assem el-Jundi.

Jetzt aber bestritt Lenin einige Fakten, die der syrische Schriftsteller von seinem Bruder erfahren haben wollte. Und ohne es zu wissen, stellte er damit auch einiges von dem in Abrede, was Carlos mir gegenüber geäußert hatte.

Lenin bestritt entschieden, daß sein Bruder während ihrer Zeit am Colegio Fermín Toro in Caracas politisch aktiv gewesen sei. Ilich, so hob er hervor, habe weder an einem Anschlag auf die Büros der Pan Am noch an Bravos Guerillakampf teilgenommen. Das war ein interessanter Widerspruch, aber mir persönlich erschien er nicht wichtig. Carlos war nicht der erste, der Jugenderlebnisse dramatisierte und sich dabei in ein besseres Licht rückte.

Im Verlauf des Essens beantwortete Lenin meine Fragen allmählich bereitwilliger. Mein Kassettenrecorder surrte leise ohne Unterbrechungen dahin. Er spottete über die weitverbreitete Annahme, Carlos sei von den Kubanern oder vom KGB ausgebildet worden. Er versicherte nachdrücklich, daß sein Bruder bis 1973, als er ihn das letzte Mal gesehen habe, niemals in Kuba gewesen sei.

In unserem fast fünfstündigen Interview bestätigte er unwissentlich viele meiner Informationen über Ilich Ramírez Sánchez und fügte weitere hinzu. Allerdings räumte er zahlreiche Gedächtnislücken ein. Wir vereinbarten, daß ich ihm Fragen zu den Bereichen, an die er sich mo-

mentan nicht erinnerte, schicken sollte, und er versprach, mir die Antworten vor der Rückreise nach London zukommen zu lassen.
Nydia Tobón, Carlos' einstige Genossin, Lehrerin, Geliebte, Zahlmeisterin und Beschafferin konspirativer Wohnungen (je nach dem, welche Zeitung man liest), war zunächst genauso unkooperativ wie Lenin Sánchez. Widerwillig ließ sie sich schließlich zu einem Gespräch in Bogotá überreden. Einige Tage später flogen Maria und ich in die kolumbianische Hauptstadt.
Wenn Nydia Tobón in den frühen siebziger Jahren eine Schlüsselrolle in der europäischen Organisation der PFLP spielte, so wundert es einen nicht, warum die Palästinenser bis heute keine Heimat haben. Bei unserem Gespräch machte sie auf mich einen ausgesprochen verwirrten Eindruck. Wenn Nydia an der Planung der Gruppe beteiligt war, dann ist mir schleierhaft, wie Carlos, Michel Moukarbel und andere sich auch nur eine Woche, geschweige denn mehrere Jahre lang der Verhaftung hatten entziehen können.
Es ist möglich, daß die ständige Wiederholung von Sätzen wie »ich weiß nicht«, »ich bin nicht sicher« und »ich kann mich nicht erinnern« Teil einer brillant gespielten Komödie war. Aber ich glaube es nicht. Meine Nachforschungen waren mittlerweile so weit gediehen, daß ich häufig sehr viel mehr wußte als meine Interviewpartner und sie möglicherweise unbewußt in eine bestimmte Richtung drängte, eine Gefahr, die mir stets bewußt war. So mußte ich Nydia mühsam und vorsichtig auf ihre sachlichen Fehler aufmerksam machen. Natürlich war es durchaus möglich, daß sie gewisse Ereignisse bewußt aus dem Gedächtnis gestrichen oder sie mit anderen durcheinandergebracht hatte. Außerdem hatte sie Angst davor, sich selbst, Carlos oder andere zu belasten.
Doch dann kam Zug um Zug der eigentliche Grund für ihre Verwirrtheit zum Vorschein. Die Festnahme und Gefängnishaft in London hatten in ihr eine tiefe Verbitterung hinterlassen. Sie beschuldigte Carlos, sie beschuldigte Moukarbel, und sie beschuldigte die britische Polizei. Sie beschuldigte die britische Justiz. Die einzige, die sie nicht beschuldigte, war Nydia Tobón.
Nachdem wir soviel therapeutische Arbeit geleistet hatten, wie die Zeit erlaubte, entkrampfte sich die Situation, und die Informationen begannen zu fließen. Sie fing an, ein faszinierendes Bild von ihren Beziehungen zu Moukarbels Gruppe zu zeichnen. Sie verabreichte mir mehrere kleine Schocks: Ihre Darstellung widersprach in einigen Punkten den Angaben, die Carlos mir gegenüber gemacht hatte. Zu-

nächst waren es nur Kleinigkeiten, doch was Nydia dann sagte, drohte die ganze Arbeit, die ich seit 1983 geleistet hatte, zunichte zu machen.
»Erzählen Sie von Antonio Bouvier«, bat ich.
Ich erwartete ein Lächeln und den Hinweis, daß Carlos und Bouvier ein und derselbe seien. Soweit meine Erwartung.
»Ich traf ihn zum erstenmal im April 1975. Moukarbel bat mich, ihn zum Air Terminal zu begleiten. Er erwartete einen Genossen.«
»Zum Air Terminal in der Cromwell Road?«
»Ja. Ich sollte raten, welcher Passagier es war. Aber mir fiel niemand auf. Schließlich trat ein Mann auf uns zu, der mir als letzter aufgefallen wäre. Dem Aussehen nach war er um die Vierzig. Vom Typ her ein honoriger Professor. Er trug sogar Regenschirm und Aktentasche.«
»Können Sie ihn beschreiben?«
»Er hatte eine seltsame Ähnlichkeit mit Carlos. Ein rundes Gesicht, schmale Lippen, eine dunkle Brille und volles, dunkles Haar.«
»Das war Antonio Bouvier?«
»Ja.«
»Woher kam er?«
»Aus Frankreich.«
»Und was war nach der Ankunft in London?«
»André flog nach Paris, und Carlos kam nach London zurück.«
»Von woher?«
»Aus Paris.«
»Welche Nationalität hatte dieser Antonio Bouvier?«
»Ecuadorianer.«
»Bestimmt?«
»Ja.«
»Sein ecuadorianischer Paß war gefälscht. Woher stammte er wirklich?«
»Soweit ich weiß, war er Ecuadorianer.«
»Haben Sie Carlos und Bouvier jemals zusammen gesehen?«
»Ja, sogar mehrmals.«
Nach dem, was Carlos mir erzählt hatte, war das physisch unmöglich. Er hatte beteuert, er sei Bouvier. Aber jetzt behauptete Nydia Tobón, sie habe Bouvier bei sich aufgenommen, sich als seine Frau ausgegeben, für ihn eine weitere konspirative Wohnung in den Comeragh Mews angemietet, mit ihm eingekauft und mit ihm gesprochen. Entweder log Nydia, oder Carlos hatte in den Nächten, in denen wir im Libanon miteinander gesprochen hatten, die Unwahrheit gesagt. Ich war mir bewußt, daß es noch eine dritte, schreckliche Möglichkeit gab.

Möglicherweise sagte Nydia die Wahrheit, und möglicherweise hatte ich Carlos durch meine Fragen so in die Enge getrieben, daß er irgendwann nicht mehr wußte, was er sagen sollte, und sich deshalb eine Blöße gab. Wenn diese Interpretation stimmte, dann stellte sich eine Frage: War der Mann, den ich interviewt hatte, ein Betrüger? Das war die bittere Entdeckung in Kolumbien.

Wie sich herausstellte, hatte sich Bouvier kaum einen Monat, nachdem Nydia ihn kennengelernt hatte, in Luft aufgelöst. Einen Monat später, im Juni 1975, geschahen die Morde in der Rue Toullier, und kurz darauf wurde Nydia Tobón festgenommen und inhaftiert. Angeblich hatte sie seit damals nichts mehr von Carlos gehört.

Ich fragte sie über ihre Beziehung zu Carlos aus, die von Oktober 1972 bis Juni 1975 gedauert hatte, und zog ihr halb vergessene Vorfälle und verdrängte Ereignisse aus der Nase. Stunden später, kurz vor dem Ende unseres Gesprächs, tauchte ein weiterer Widerspruch auf. Diesmal ging es um den Fluchtweg, den Carlos nach dem Mord an den drei Männern genommen hatte. Er hatte mir versichert, daß er von Frankreich aus nicht – wie weithin angenommen – nach Algier, sondern – überraschenderweise – nach London geflohen sei. Nydia hingegen sagte, er habe bei der Flucht aus Frankreich den Weg über das europäische Festland genommen. Ich fragte sie, ob er nicht möglicherweise nach London geflohen sei. Sie verneinte entschieden. »Er wäre nicht nach London gereist, ohne Kontakt zu mir aufzunehmen. Er ist nie in London aufgetaucht.«

Ich hatte von Nydia vieles erfahren, und wenn sie recht hatte, was Bouvier und die Flucht nach dem Mord in der Rue Toullier anging, dann stand ich vor einer wahrhaft ungewöhnlichen Situation. Wenn Carlos mich, egal aus welchem Grund, diesbezüglich angelogen hatte, dann unterstrich das nur die Notwendigkeit, auch alle anderen Angaben, die er gemacht hatte, genauestens nachzuprüfen. Warum aber sollte er in diesen Punkten gelogen haben, wenn er, wie meine anschließenden Nachforschungen ergaben, in vielen anderen die Wahrheit gesagt hatte?

Vor dem Abschied überreichte mir Nydia ein Buch, das sie selbst geschrieben hatte: *Carlos, Terrorist oder Guerilla?* Ich dürfe gerne alles benutzen.

Auf dem Rückflug nach Caracas gab ich es Maria.

»Maria, würden Sie mir das bitte übersetzen?«

»Alles?«

»Alles von A bis Z.«

»Suchen Sie etwas Bestimmtes?«
»Ach, bloß die Wahrheit, mein Schatz.«
Zurück in Caracas, war ich keineswegs überrascht, daß die ausstehenden Antworten, die Lenin versprochen hatte, nicht eingetroffen waren. Ich rief ihn an. Drei Tage und viele Anrufe später hatte ich ihn schließlich in der Leitung.
»Ja. Tut mir leid, David. Habe viel zu tun. Ich lasse Sie Ihnen noch vor ihrer Abreise zukommen. Wann fliegen Sie übrigens?«
Ich sagte es ihm. Bis dahin waren es nur noch ein paar Tage. Ich ging zum Colegio Fermín Toro und streifte durch leere Klassenzimmer. Vor langer Zeit hatte ein übergewichtiger Schulbub namens Ilich in diesen Räumen gesessen. Jetzt gab das schmuddelige, heruntergekommene Schulgebäude, eines von vielen in den unterprivilegierten Städten der Welt, nichts mehr preis.
Es war klar, daß auch ich in diesem Land noch viel auszugraben hatte. Vor meinem Rückflug stand ein weiteres Interview an. Nach den Unruhen und Demonstrationen der jüngsten Zeit war an die politischen Größen, die ich hatte interviewen wollen, einfach nicht mehr heranzukommen. Allerdings war einer von Andrés Perez' politischer Mannschaft zu einem Gespräch bereit. Die Präsidentschaftswahlen 1988 standen vor der Tür. Nie zuvor hatte ich einen Kandidaten für ein Präsidentenamt gesehen, der so siegesgewiß war wie Perez. Seine Pressekampagne leitete Pastor Heydra. Ich wollte mit diesem Mann nicht über die Erfolgsaussichten seines Chefs sprechen. Er sollte sich nur an einen Klassenkameraden am Colegio Fermín Toro erinnern.
»Ja, ich erinnere mich an ihn. Wir waren auf dem Fermín Toro in einer Klasse.«
»Was für ein Typ war er als junger Bursche?«
»Er war der Klassenclown. Ich war damals Führer der Kommunistischen Jugend und Generalsekretär der Schülerunion. Teil meiner Aufgabe war es, die Fähigkeiten anderer Schüler zu beurteilen.«
»Und wie haben Sie Ilich eingestuft?«
»Als Idioten. Ich habe die Mythen, die man über ihn geschrieben hat, nie geglaubt. Er war ein fürchterlicher Trottel.«
Das Bild des jungen Guerillakämpfers – Führer der Kommunistischen Jugend, der das herrschende Regime piesackte, und Verbindungsmann zu Bravos Guerillas – wurde plötzlich völlig zerstört. Pastor Heydra tat es in aller Ruhe und ohne Haß.
»Er war sehr schüchtern und introvertiert. Sie haben sich alle über

ihn lustig gemacht. Mädchen? Vor Mädchen hatte er Angst und ging ihnen aus dem Weg.«

Er sprach vom bewaffneten Guerillakrieg und schilderte mir, wie sich die Schüler für diesen, wie sie meinten, heroischen Kampf engagierten und begeisterten. Pastor Heydra betonte, daß er und nicht Ilich der Führer der Kommunistischen Jugend an der Schule geworden sei. Zum Brandanschlag auf das Gebäude der Pan Am meinte er: »Der hat nie stattgefunden. Es gab Streiks, Kundgebungen und Protestmärsche. Aber einen Anschlag auf die Pan Am? Das ist lächerlich. Ilich nahm wohl an den Demonstrationen teil, aber immer nur ganz hinten. Den hätte man nie etwas machen lassen. Er war der passivste Militante, den ich je gesehen habe. Das einzige, was ich ihm zutraute, war Flugblätter verteilen. Aber die hat er dann meistens im Klo abgelegt.«

Es war durchaus möglich, daß Carlos seine jugendlichen Aktivitäten etwas ausgeschmückt hatte. Aber wenn andere Zeitzeugen Pastor Heydras Aussagen bestätigen konnten, dann hatte mir Carlos die reinsten Märchen aufgetischt.

Nach Heydras Schilderungen war der junge Carlos eine absolute Null gewesen. Er nahm kaum Anteil an den politischen Aktivitäten, die das Leben an seiner Schule bestimmten. Er trieb keinen Sport und hatte außer seinem Bruder Lenin keine wirklichen Freunde. Er las viel über die Ideologie und Geschichte des Kommunismus, nahm aber nach Heydras Meinung nur »auf intellektueller Ebene« am Kampf teil. Er war ein Salonrevolutionär.

Als ich im April 1987 meine Maschine zurück nach London bestieg – natürlich ohne die versprochenen Antworten von Lenin Ramírez –, hatte sich ein früherer Verdacht erhärtet. Einige von Carlos' Behauptungen waren zweifelhaft. Ich hatte schon lange den Punkt überschritten, an dem die Fragen die Antworten überwogen. Meine Reise durch diesen Dschungel verschiedener Darstellungen hatte mehr als einmal der Illusionswelt in Carrolls *Alice im Spiegelreich* geglichen.

Waren Antonio Bouvier und Carlos zwei verschiedene Personen? Wenn ja, hatte der eine den anderen dann Mitte der sechziger Jahre in Kuba kennengelernt und militärisch ausgebildet? Wenn Carlos nach dem dreifachen Mord in Paris tatsächlich nach London gegangen war, wie konnte ich das beweisen? »Wenn Sie tatsächlich so gut sind, wie es heißt, dann finden Sie den Beweis«, hatte er mir gesagt. Tatsächlich? Von der britischen Polizei durfte ich keinen solchen Beweis erwarten, denn er hätte eine sehr peinliche Frage aufgeworfen: Wenn er nach

London ging und die Polizei davon wußte, wie kam er dann wieder aus der Stadt heraus?
Die Paukschulen, die Carlos im Londoner Westen besucht haben wollte, waren längst geschlossen. Wo waren die Akten? Wo die früheren Lehrer? Wo war der Schießsportclub, dem Carlos beigetreten sein wollte? Der Club, in dem er angeblich zum erstenmal in seinem Leben ein Gewehr in die Hand genommen und erste Lektionen im Umgang mit Waffen erhalten hatte. Wenn es mir gelänge, die Akten der Paukschulen beizubringen und den Club zu ermitteln, wäre die Behauptung, Carlos sei vom KGB in Kuba und Moskau ausgebildet worden, als Unsinn entlarvt. Wenn.
Carlos hatte mir versichert, er sei im Winter 1969/70 in keinem Londoner Krankenhaus behandelt worden. In diesem Punkt deckte sich seine Aussage zwar mit dem, was andere geschrieben hatten. Aber entsprach sie der Wahrheit? Wie kam man, ohne Arzt zu sein, an die Unterlagen eines Krankenhauses heran?
Carlos hatte über das Mordkomplott gegen Außenminister Henry Kissinger im Dezember 1973 in Paris gesprochen. Und er hatte mir berichtet, wie der geplante Anschlag durch eine Razzia der französischen DST in einer Villa in einem Pariser Vorort und die Verhaftung von zehn Mitgliedern der türkischen THKO vereitelt worden war. Die Razzia und die Verhaftungen sind belegt. Was die türkische Terroreinheit genau plante, kam nie an die Öffentlichkeit. Konnten vielleicht meine Freunde vom militärischen Geheimdienst Carlos' Behauptungen bestätigen? Es gab viele Fragen. Manche berührten zentrale Punkte, andere nebensächliche Details. Aber wichtig waren sie alle. Oft hat die Erfahrung gezeigt, daß in Antworten auf scheinbar nebensächliche Fragen der Schlüssel zu weitaus größeren Problemen liegt.
Im Oktober 1985, bei meinem dritten Besuch in Beirut, hatte ich feststellen müssen, daß die Arbeit an diesem Buch noch lange nicht abgeschlossen war.
Jetzt, 17 Monate später, ging mir allmählich auf, daß ich noch ganz am Anfang stand.

Eine Regierung im Exil

Nach meiner Rückkehr aus Lateinamerika, wo ich nach den Wurzeln gesucht hatte, beschloß ich, daß es an der Zeit sei, einige andere Aspekte im Leben dieses Mannes genauer zu untersuchen, besonders seine Beziehung zu den Palästinensern. Ich mußte unbedingt mit Jassir Arafat, Georges Habasch, Abu Ijad, Abu Dschihad, Bassam Abu Scharif, kurzum mit der ganzen Führung der PLO sprechen. Warum also nicht gleich bei der Nummer eins anfangen, bei Arafat? Dem Chef der Exilregierung.

Dr. Bruno Kreisky bot mir erneut freundlicherweise seine Hilfe an und teilte mir im April 1987 mit, daß ich in Kürze mit einer Einladung Arafats rechnen könne. In welchem Land der Erde dieses Treffen stattfinden sollte, blieb jedoch ein Geheimnis.

In Frage kamen Tunesien, der Irak, Algerien oder Ägypten, vielleicht auch Jordanien. Warum sich die Palästinenser nicht genauer festlegen wollten, erklärte mir der damalige palästinensische »Botschafter« in Österreich, Daud Barakat, so: »Die Israelis versuchen schon seit Jahren, ihn umzubringen. Er muß daher öfter umziehen und diese Ortswechsel geheimhalten.«

Während der vergangenen 20 Jahre haben die Israelis in der Tat des öfteren versucht, den Palästinenserführer umzubringen. Bei vorsichtiger Schätzung etwa fünfzigmal. Aber auch jeder andere Palästinenserführer auf meiner Interviewliste hatte schon einige Attentatsversuche überlebt. Der heimliche Krieg, der keine Grenzen kennt, dauert bis zum heutigen Tag an.

Ich erklärte den Palästinensern in Wien, daß ich bereit sei, in jedem Land der Erde mit Arafat zusammenzutreffen, bat aber darum, mir rechtzeitig Bescheid zu sagen. Unmöglich, lautete die Antwort. »Sie müssen bereit sein, jederzeit an jeden beliebigen Ort zu reisen.« Ganz offensichtlich war der palästinensischen Führung bei ihrer rastlosen Reise rund um die Erde entgangen, wie wichtig so unscheinbare Dinge wie ein Visum sein können.

Im Frühsommer 1987 warf mir Nydia Tobón zum drittenmal einen Knüppel zwischen die Beine. In Bogotá hatte sie steif und fest behauptet, Carlos und Anton Bouvier seien zwei verschiedene Personen. Seit meiner Rückkehr arbeitete Maria an der Übersetzung von Nydia Tobóns Buch über Carlos. Zu diesem Zeitpunkt wußte sie nichts von meinem Interesse an Bouviers Identität, aber natürlich hatte sie an meinem Gespräch mit Nydia als Dolmetscherin teilgenommen. Als sie sich nun durch Nydias unsterbliche Prosa quälte, kam ihr eine Sache komisch vor.

»Es geht um diesen Bouvier.«

»Was ist mit ihm?«

»Bei dem Interview in Bogotá hat sie behauptet, daß Bouvier und Carlos zwei verschiedene Leute seien.«

»Ja, und?«

»In ihrem Buch schreibt sie, daß es sich ohne jeden Zweifel um ein und dieselbe Person handelt. Carlos ist oder war Bouvier.«

Mitte des Sommers kam ich zu dem Schluß, daß Lenin Ramírez ernsthafte Verdauungsstörungen haben mußte. Jedesmal, wenn ich in Venezuela anrief, war er gerade auf der Toilette. Er hatte mir versprochen, meine Fragen zu beantworten, wenn ich dafür seinen Vater nicht behelligte. Jetzt betrachtete ich diese Abmachung für null und nichtig. Da ich in London unabkömmlich war, weil ich immer noch auf eine Nachricht von Jassir Arafat wartete, erklärte ich Maria alles Wesentliche und setzte sie in ein Flugzeug nach Caracas. Meine Beharrlichkeit gegenüber der PLO wurde schließlich belohnt. Der Leiter der palästinensischen Gesandtschaft, Faisal Aweidah, erteilte mir folgenden vielsagenden Rat:

»Ich glaube, Sie sollten Anfang Oktober in Tunesien sein.«

Wenige Tage später wurde er verbindlicher. »Arafat wird sich am Sonntag, dem 4. Oktober, in Tunis mit Ihnen treffen.«

Ich nahm aus zwei Gründen die ungewöhnliche Route über Mailand: Ich hatte mich bereit erklärt, an einer Fernsehdebatte zum Tod von Papst Johannes Paul I. teilzunehmen, und ich wollte mit Danielli sprechen. Ich hatte seit Monaten erfolglos Versucht, Kontakt zu ihm aufzunehmen, und hoffte, daß er gerade an diesem Freitag vor dem Fernseher sitzen würde.

Der Flug nach Mailand am Donnerstag war wahrscheinlich der schönste meines Lebens. Das lag nicht an dem guten Service während des Fluges, sondern einzig und allein an dem Lesestoff, den ich eingepackt hatte. Ein Kontaktmann in Washington hatte mir ein Vorabexemplar von Bob Woodwards neuestem Buch *Geheimcode Veil: Reagan und die geheimen Kriege der CIA* zukommen lassen. Seit meiner Rückkehr aus Lateinamerika hatte ich versucht, die Behauptungen von Oberst Gaddafi zu verifizieren. Insbesondere beschäftigten mich seine Auskünfte über die angeblichen Komplotte Präsident Reagans und zweier amerikanischer Regierungen gegen Libyen im allgemeinen und seine Person im besonderen. Woodwards Buch lieferte mir nun, wonach ich gesucht hatte.

Woodwards Informanten, namentlich der damalige CIA-Chef William Casey, schildern die Dinge aus der anderen Perspektive, der amerikanischen. Doch ich fand jeden Aspekt, den Gaddafi mir gegenüber erwähnt hatte, bestätigt – Reagans fast schon pathologisches Verhältnis zu dem libyschen Staatschef, die Desinformationskampagne, die Lügen, die tödlichen Spiele, die der Präsident und sein Kabinett gespielt hatten. Und die Namen dieser Spiele – *Rose, Tulpe, Veil.* Gaddafi hatte von allen gewußt und mir die Namen genannt. Und er war praktisch von Anfang an unterrichtet gewesen. Das läßt weitreichende Schlüsse zu. Wie kam Gaddafi an diese Informationen? Auf diese Frage gibt es nur eine Antwort. Während der gesamten achtjährigen Amtszeit Präsident Reagans müssen Spitzel im innersten Heiligtum des Weißen Hauses, der CIA und des State Department gesessen haben. Vielen konnte eine solche Infiltration nützen, aber nur wenige waren in der Lage, sie auch zu bewerkstelligen. Doch wohl nicht der libysche Geheimdienst? Der sowjetische vielleicht? Wann begann die Infiltration? Wann hörte sie auf? Hat sie überhaupt jemals aufgehört?

Während ich Woodwards Buch las, mußte ich immer an das denken, was der Starreporter der WASHINGTON POST als besondere Ironie des Schicksals empfunden haben dürfte. Der Mann, dem es zusammen mit seinem Kollegen Carl Bernstein gelungen war, den Watergate-Skandal aufzudecken, hatte sich eine viel größere Story durch die Lappen gehen lassen und war ihr doch so dicht auf der Spur gewesen.

Kurz nachdem ich von meinem Fernsehauftritt in mein Hotel in Mailand zurückgekehrt war, klingelte das Telefon.

»David?«

»Ja.«

»Vor dem Dom in einer Viertelstunde?«

»Abgemacht.«
Es war Danielli.
Mein Hotel war nur wenige Minuten zu Fuß vom Mailänder Dom entfernt. Ich wartete und beobachtete das immer noch pulsierende Nachtleben Mailands. Exakt 15 Minuten nach seinem Telefonanruf hielt Danielli mit seinem Wagen vor dem Dom, ließ mich einsteigen und raste mit quietschenden Reifen davon. Ich sagte: »Ich hatte schon angenommen, Sie seien wie Carlos verschwunden.«
»Nein, ich kann nur die Wohnung nicht mehr benutzen.«
Wie sich herausstellte, war es gar nicht Daniellis Wohnung gewesen, wie ich fälschlicherweise angenommen hatte. Er hatte sie für unsere erste Begegnung nur ausgeliehen, genauso wie seine bezaubernde »Frau«. Eine Vorsichtsmaßnahme für den Fall, daß ich nicht der war, der ich vorgab zu sein – ein Autor auf der Suche nach der Wahrheit. Die Telefonnummer, die er mir gegeben hatte, gehörte auch nicht zu der Wohnung, sondern zu einer anderen Adresse, die er gelegentlich benutzte. Da beide jetzt überflüssig waren, konnte er mir das sagen, ohne ein Risiko einzugehen. Ein vorsichtiger Mann, dieser Danielli. Er hatte noch ein paar Neuigkeiten für mich. Allesamt unangenehm.
»Gustavo und René sind aus Paris verschwunden?«
»Wann?«
»Kurz nachdem sie mir gesagt haben, daß der Mann, den Sie in Algier getroffen haben, tot ist.«
»Wie ist er gestorben, Danielli?«
»Nicht an Altersschwäche. Es wird allmählich gefährlich, Sie zu kennen.«
Ein gewaltsamer Tod mochte noch als tragischer Zufall gelten, aber gleich zwei auf einmal? Und dazu noch zwei verschwundene Männer? Das war denn doch des Guten zuviel. Alle Fäden, die mich mit Carlos verbunden hatten, waren säuberlich einer nach dem anderen durchtrennt worden. Ich war mir über eines im klaren: Wenn es sich bei all diesen Vorkommnissen nicht um bloße Zufälle handelte, so würde Danielli der nächste sein.
Daniellis Neuigkeiten stürzten mich in stille Verzweiflung. Allen Widrigkeiten zum Trotz hatte ich gehofft, daß es Danielli und seinen Freunden in Paris und Algier doch noch gelingen würde, mich mit Carlos zusammenzubringen. Dieser Weg war jetzt offensichtlich versperrt.
»Danielli, ich halte es für das Beste, wenn wir uns nicht mehr treffen. Sie müssen Ihr eigenes Leben leben, und mir wäre es ehrlich gesagt lieber, wenn Sie eines Tages an Altersschwäche sterben würden.«

»Ich bin bereit, es weiter zu versuchen und Ihnen zu helfen.«
»Das glaube ich Ihnen gern. Aber es ist besser, wenn Sie es bleibenlassen.«
Einen Moment lang zögerte er. Vielleicht wollte er mir widersprechen. Aber dann nickte er mit dem Kopf.
»Gut, ich fahre Sie zurück in Ihr Hotel.«
»Nein, ich gehe zu Fuß. Es ist eine laue Nacht.«
Wir gaben uns die Hand, und ich stieg aus.
»Was werden Sie jetzt tun, David?«
Ich sah ihn einen Moment lang an. Ich wunderte mich über ihn.
»Ich werde weitersuchen, bis ich den Kerl gefunden habe. Passen Sie auf sich auf!«
»Sie auch. Ciao.«
Einen Augenblick später war er verschwunden.

Faisal Aweidah hatte mir in London versichert, daß ich in Tunis vom Flughafen abgeholt werden würde. Das war nicht der Fall. Er hatte mir außerdem mitgeteilt, daß das Treffen mit Arafat noch am selben Tag stattfinden würde. Auch das war nicht der Fall.
In meinem Hotel hängte ich mich erst mal ans Telefon. Ich rief in London an. Faisal Aweidah war nicht da. Ich versuchte mein Glück in Wien, Paris und mehreren anderen Städten. Wo immer die PLO-Führer an diesem Samstagabend waren, an ihren Schreibtischen saßen sie jedenfalls nicht. Am nächsten Tag setzte ich mich nach einer Reihe weiterer Telefongespräche mit Chalid in Verbindung. Chalid, ein junges PLO-Mitglied, war für mich unter anderem deshalb besonders nützlich, weil er hervorragend englisch sprach. Bei unzähligen Kaffees im Hotel erklärte ich Chalid, der in Arafats persönlichem Stab arbeitete, aus welchem Grund ich nach Tunesien gekommen war. Er hörte mir aufmerksam zu, führte eine Reihe von Telefonaten und teilte mir mit, daß mich um 19 Uhr ein Wagen abholen und zu dem Interview mit dem PLO-Chef bringen würde. Er ging. Ich wartete. Das Auto kam nicht.
Nach drei Tagen interviewte ich mit Chalids Hilfe zuerst eines der Gründungsmitglieder der Fatah, Salah Chalaf, besser bekannt unter seinem Decknamen Abu Ijad.
Chalaf, 1933 in Jaffa als Sohn eines Lebensmittelhändlers geboren, war Arafat zum erstenmal 1951 in Kairo begegnet, nur drei Jahre nachdem seine Familie Palästina hatte verlassen müssen.
Er studierte an der Universität Dar el-Ulum in Kairo Philosophie und Literatur, verzichtete jedoch trotz glänzender Aussichten auf eine aka-

demische Karriere. Statt dessen ging er Anfang der fünfziger Jahre nach Gaza, wo seine Familie inzwischen lebte, und arbeitete unter schwierigsten Bedingungen in den Flüchtlingslagern als Lehrer. Nachts absolvierte er bei einer Kommandoeinheit, die der ägyptischen Armee angegliedert war, eine militärische Ausbildung.

Im März 1968 nahm er an der Schlacht von Karameh teil. Erst nach dieser Schlacht wurde die PLO zu einer Kraft, mit der man rechnen mußte. Doch es war nicht die Schlacht von Karameh, die die Aufmerksamkeit der nichtarabischen Welt auf die Palästinenser lenkte, ja nicht einmal die mehrfachen Flugzeugentführungen, die in Dawson's Field endeten. Aus dem Gemetzel in Jordanien ging eine Organisation hervor, deren Name – der Schwarze September – zum Synonym für Terror wurde und für immer mit den schrecklichen Ereignissen bei den Olympischen Spielen von 1972 verbunden bleiben wird.

Jetzt, im Oktober 1987, saß ich dem Mann gegenüber, der als Chef der Sicherheits- und Nachrichtendienste von Fatah und PLO die Verantwortung für Planung und Organisation dieser Operation des Schwarzen September übernommen hatte.

Chalid erklärte Abu Ijad Hintergrund und Absicht meines geplanten Buches.

»Würden Sie gerne mit einem der Männer sprechen, die an der Operation in München beteiligt waren?«

»Ja, sehr gern.«

»Er ist nicht in Tunesien, aber in drei Tagen kann ich ein Treffen mit ihm arrangieren. Er ist einer der drei Überlebenden. Er heißt Samir.

»Gehe ich richtig in der Annahme, daß der Schwarze September nur drei Jahre lang existierte?«

»Ja, von 1971 bis 1974. Drei, vielleicht dreieinhalb Jahre.«

Abu Ijad zündete sich eine weitere Zigarette an (im Verlauf unseres Gesprächs rauchte er ein ganzes Päckchen) und erklärte mir, daß »viel von dem, was über den Schwarzen September geschrieben wurde, einer genaueren Überprüfung nicht standhält. Das gilt auch für vieles, was über den israelisch-palästinensischen Konflikt geschrieben wurde«. In Anbetracht meiner eigenen Untersuchungen fand ich, daß er damit sogar noch untertrieb. Ich lenkte das Gespräch auf eine weitere Schöpfung Abu Ijads: Sabri el-Banna, oder um den Decknamen zu benutzen, unter dem er auf der ganzen Welt bekannt ist, Abu Nidal.

Abu Ijads Verbindung zu dem einzigen Mann, der mit Carlos ernsthaft um den Titel des meistgesuchten Mannes der Welt konkurrieren kann, begann Ende 1967 zur Zeit des Sechstagekrieges.

»Ich traf ihn damals in Amman. Zuvor hatte er in der Bauindustrie in Dschidda gearbeitet. Er schloß sich einer Geheimzelle der irakischen Baath-Partei an, während er für Aramco arbeitete. Diese Kombination muß man sich mal vorstellen! Als der saudische Geheimdienst dahinterkam, wurde er gefeuert. Die Saudis steckten ihn ins Gefängnis, folterten ihn und wiesen ihn schließlich aus. Das und der Krieg führten ihn zu uns nach Amman.«

»Stimmt es, daß Sie sein Gönner wurden?«

»Das stimmt für die Zeit von 1967 bis Anfang der siebziger Jahre. Aber als klar wurde, daß er sich nicht länger der Fatah unterordnete, sondern für den irakischen Geheimdienst arbeitete, entzog ich ihm meine Unterstützung.«

»Wenn ich mich nicht irre, kam es im März 1974 zum Bruch zwischen Abu Nidal und der Fatah.«

»Da haben wir ihn offiziell bekanntgegeben, aber stattgefunden hat er im Jahr zuvor. Im September 1973 schickte Nidal im Auftrag der Iraker eine Gruppe nach Paris, die ein Dutzend Saudis als Geiseln nahm. Die ganze Welt machte den Schwarzen September verantwortlich. Aber das stimmte nicht. Es war ein Terrorakt, den Nidal im Auftrag der Iraker durchführte.«

»Welches Ziel verfolgte er damit?«

»Zwei Ziele. Einmal wollte er der PLO politisch schaden, außerdem wollte er die Saudis einschüchtern.«

Das war eine interessante Bestätigung dessen, was Carlos mir über die zwei Anschläge in Orly 1975 gesagt hatte. Die Iraker hatten Carlos damals dazu benutzt, um die politischen Initiativen Arafats zu stoppen.

»Im April 1980, kaum sieben Jahre nachdem Sie Abu Nidal Ihre Unterstützung entzogen hatten, versuchte er Sie zu töten. In Belgrad wurde Ihr Wagen in die Luft gejagt. Was dachten Sie nach diesem Attentatsversuch über Ihre frühere Unterstützung Abu Nidals?«

Abu Ijad hörte aufmerksam zu, während Chalid übersetzte, dann brach er in schallendes Gelächter aus. Vielleicht überwinden die Ironien des Lebens manchmal auch Sprachbarrieren.

»Oh, das war ja nicht der erste Versuch dieser Art. Er hatte es schon vorher versucht, so ungefähr zwanzigmal. Und auch nach Belgrad etwa zehnmal.«

Wieder lachte er.

»Dafür, daß Abu Nidals Männer rund 30 Attentatsversuche gegen Sie unternommen haben, scheinen Sie ihn nicht sehr ernst zu nehmen.«

»So viele Operationen. So viele Fehlschläge. Wir schnappen uns seine Leute jedesmal.«
»Und dann werden sie vor Gericht gestellt und exekutiert?«
»Ganz sicher nicht. Einen Moment bitte.«
Abu Ijad griff zum Telefon und gab einen kurzen Befehl. Gleich darauf trat ein Leibwächter ins Zimmer, ein Mann Mitte Zwanzig, in Khakiuniform, eine Kalaschnikow in der Hand. Abu Ijad fragte ihn etwas. Der Mann antwortete. Das ging ein paarmal hin und her, dann schickte Abu Ijad den Mann aus dem Zimmer und bedeutete Chalid, er solle übersetzen.
»Abu Ijad forderte den Mann auf zu erzählen, wie es kam, daß er heute sein Leibwächter ist. Der Leibwächter antwortete, Abu Nidal habe ihn geschickt, um Abu Ijad zu töten.«
Ich hatte schon oft davon gehört, daß man in der arabischen Welt seine Feinde eng an sich zu binden versucht, aber dies schien mir doch ein sehr extremes Beispiel zu sein.
Abu Ijad fuhr fort. »Das ist meine Antwort auf Abu Nidal.«
»Sie machen sie alle zu Ihren Leibwächtern?«
»Die meisten. Unter strenger Beobachtung selbstverständlich.«
Selbstverständlich.
Wir kamen darauf zu sprechen, daß Abu Nidals Organisation seit vielen Jahren vom israelischen Mossad unterwandert sei. Abu Ijad, als Chef des PLO-Geheimdienstes auch mit Gegenspionage befaßt, erklärte mir gegenüber, er sei davon überzeugt, daß die Ziele für Abu Nidals Terroranschläge häufig vom Mossad ausgesucht worden seien. Und wenn nicht vom israelischen Geheimdienst, dann oft von Abu Nidals irakischen und später von seinen syrischen Auftraggebern. Er nannte mir auch ein Beispiel für ein vom Mossad ausgesuchtes Opfer: Said Hammami, Arafats PLO-Vertreter in London.
»Said Hammami führte zum Zeitpunkt seiner Ermordung im Januar 1978 streng geheime Verhandlungen mit Vertretern der israelischen Regierung. Verhandlungen ist vielleicht nicht das richtige Wort, nennen wir es lieber einen fortgesetzten Dialog. Seine Botschaft an die Israelis läßt sich so zusammenfassen: ›Wir wollen öffentliche und offizielle Verhandlungen, die zur Schaffung eines palästinensischen Kleinstaates im Westjordanland und im Gazastreifen führen. Als Gegenleistung verpflichten wir uns, Israel anzuerkennen.‹ Nun darf man nicht vergessen, daß Hammami diese Weisung bereits Ende 1973 erhalten hatte. Seit damals waren wir bereit, den Israelis das zu geben, was sie immer verlangt haben.«

»Wahrscheinlich mußte dieser Dialog Hammamis mit den Israelis deshalb so geheimgehalten werden, weil viele Palästinensergruppen ihn entschieden abgelehnt hätten. Sie hielten immer noch an der Rückkehr zu den Grenzen von 1947 fest.«
»Das ist richtig. Arafat brauchte Zeit, um unser Volk für diese Idee zu erwärmen. Und selbstverständlich hätte es ihm die Aufgabe erheblich erleichtert, wenn er auf die Unterstützung der Israelis hätte zählen können.«
»Deshalb widmete sich Said Hammami vier oder fünf Jahre lang dieser geheimen Aufgabe. Mit wem führte er seine Gespräche?«
»Vorwiegend mit Uri Avneri, der wiederum mit Ministerpräsident Rabin sprach. Wir boten ihnen das an, was sie unserer Meinung nach immer haben wollten.«
»Warum haben sie nicht angebissen?«
»Rabin mußte es zunächst einmal selbst schlucken und dann seinem Volk schmackhaft machen, genauso wie Arafat. Es war klar, daß so etwas nicht von heute auf morgen ging. Im Januar 1978 hatten wir das Gefühl, daß wir Fortschritte gemacht hatten. Dann wurde Said Hammami ermordet. Zwischen 1978 und 1983 fielen noch weitere 20 unserer Männer solchen Mordanschlägen zum Opfer. All diese Männer waren sorgfältigst ausgesucht worden, viele von ihnen hatten vor ihrem Tod ähnliche Gespräche geführt, und nicht nur mit den Israelis, sondern auch mit einer ganzen Reihe anderer Regierungen. Sie alle wurden von Abu Nidals Organisation umgebracht.«
»Aber dazu brauchte die Gruppe nicht vom Mossad infiltriert zu sein. Nidal lehnt Gespräche doch ebenso entschieden ab wie die israelischen Falken.«
»Lange vor seinem Tod wurde Said von der britischen Special Branch gewarnt, daß er auf der Todesliste des Mossad stehe. Angeblich stammte die Information von der CIA. Außerdem ließ man Said wissen, daß die britische Regierung der israelischen Botschaft mit der Ausweisung aller bekannten Mossad-Agenten gedroht habe, falls es zu gewaltsamen Aktionen von seiten der Israelis kommen sollte.«
Was das bedeutete, war klar. Von den Briten daran gehindert, den Job selbst zu erledigen, hatte der Mossad Abu Nidal ins Spiel gebracht.
Abu Ijad erzählte mir, wie der Mossad eine Organisation infiltriert habe, die theroetisch nicht nur Israel, sondern auch die Vereinigten Staaten und viele andere Länder zu vernichten trachtete.
»Wir müssen davon ausgehen, daß Abu Nidals Gruppe 1976 bereits vom Mossad infiltriert war. Und von der CIA. Der Plan, Agenten in

seine Gruppe einzuschleusen, stammte ursprünglich von der CIA und vom marokkanischen Geheimdienst. Ich bin sicher, daß auch Sie inzwischen wissen, daß bestimmte Teile der CIA eine besondere Verbindung zum Mossad haben. Diese Elemente unterrichteten den Mossad von dem marokkanisch-amerikanischen Plan, die Abu-Nidal-Gruppe zu infiltrieren.«

»Welches Interesse verfolgten die Marokkaner dabei?«

»Ihr Geheimdienst unterhält enge Kontakte zur CIA. König Hassan ist seit vielen Jahren ein CIA-Informant. Seit Beginn seiner Operationen rekrutiert Abu Nidal seine Leute vorwiegend in Marokko und anderen nordafrikanischen Staaten. Im Jahr 1981 übergab mir der marokkanische Geheimdienst eine Liste von 19 in Spanien stationierten Mitgliedern von Abu Nidals Gruppe. Diese Liste hatte ihnen der Mossad zugespielt.«

»Der, wenn er gewollt hätte, wahrscheinlich die gesamte Nidal-Gruppe in Spanien hätte ausschalten können.«

»Selbstverständlich. Letztes Jahr [1986] traf ich Abu Nidal in Algerien. Zum erstenmal seit 14 Jahren.«

»Hat er sich verändert?«

»Ja, zum Schlechteren. Ich sprach mit ihm über die Liste mit den 19 Angehörigen seiner Gruppe. Eine Liste, die nur deshalb in meinem Besitz war, weil der Mossad seine Gruppe infiltriert hatte.«

»Was hat er geantwortet?«

»Er sagte: ›Hätte es Abu Nidal nicht schon gegeben, so hätte ihn der Mossad für solche Aktionen erfunden. Sie brauchen Abu Nidal. Irgendeinen Abu Nidal.‹«

»Im Jahr 1975 verurteilte die Fatah Abu Nidal in Abwesenheit zum Tode. Die Tatsache, daß er letztes Jahr an der Sitzung des Palästinensischen Nationalrats in Algerien teilnehmen durfte, zeigt doch, daß Verfahren und Verurteilung nur Augenwischerei waren. Ist die PLO inzwischen soweit wie der Mossad? Braucht auch sie einen Abu Nidal?«

»Es war nicht meine Entscheidung, die über ihn verhängte Todesstrafe aufzuheben. Andere argumentierten, wir müßten ihn am Leben lassen, damit wir auch weiterhin an Informationen über den wahren Feind herankommen könnten.«

»Zu einem schrecklichen Preis. Man denke nur an die Anschläge auf die Flughäfen in Rom und Wien. Die Entführung der Egypt-Air-Maschine. Es fällt mir schwer zu verstehen, wie Sie sich mit so einem Mann an einen Tisch setzen konnten.«

»Fällt es Ihnen auch schwer zu verstehen, warum die CIA und der Mossad Abu Nidal auch weiterhin solche Operationen durchführen lassen? Ihre Agenten, die seine Organisation unterwandert haben, könnten ihn doch jederzeit töten, wenn sie nur wollten.«
»Ja, auch das fällt mir schwer.«
»Im Februar 1986 erklärte Jizchak Schamir: ›Israel wird Abu Nidal schnappen.‹ Vielleicht wird Schamir Ihnen sagen, warum Israel ihn bis heute nicht geschnappt hat. Abgesehen von den vielen anderen Diensten, die Abu Nidal den Israelis erwiesen hat, hat er ihnen 1982 den Vorwand für den Einmarsch im Libanon geliefert. Und dafür schulden sie ihm großen Dank.«
»Spielen Sie auf den Mordversuch seiner Gruppe an Botschafter Argov in London an?«
»Genau. Meines Erachtens besteht überhaupt kein Zweifel daran, daß der Mossad schon vor der Tat von dem Plan wußte. Er hätte Nidals Leute in London aufhalten und die Schüsse auf Argov verhindern können. Sie haben es nicht getan.«
»Wollen Sie damit sagen, daß der Mordversuch an Argov vom Mossad geplant war?«
»Nein, das nicht. Ich sage nur, sie hätten ihn verhindern können.«
»Wer steckte hinter der Operation?«
»Der Irak.«
Diese Antwort kam unerwartet. Dann breitete Abu Ijad ein außergewöhnliches Szenario vor mir aus: Im Krieg zwischen dem Iran und dem Irak hatte sich 1982 das Blatt zugunsten der Iraner gewendet. Die Iraker hatten ihre anfänglichen Gewinne wieder verloren. Sie standen einem Feind gegenüber, der davon überzeugt war, daß die gefallenen Soldaten als Märtyrer starben und ins Paradies eingingen. Die Verluste der Iraker stiegen, und ihre Kampfmoral erreichte einen Tiefpunkt. Zum erstenmal lag ein entscheidender Sieg des Iran im Bereich des Möglichen. In Teheran wurden sogar Forderungen laut, man solle gegen Bagdad vorrücken. Im Jahr zuvor hatte Saddam Hussein fünf Mordanschläge überlebt. Nach einem gescheiterten Staatsstreich hatte er Hunderte von Offizieren und Soldaten ins Gefängnis geworfen. Der Iran hatte im November 1981 ein Waffenstillstandsangebot abgelehnt. Doch am meisten fürchtete Saddam Hussein einen Angriff auf seiner Westflanke durch Syrien, den Verbündeten des Iran und langjährigen Feind des Irak.
Es ist eine unbestreitbare Tatsache, daß die israelische Führung, allen voran Verteidigungsminister Scharon, seit vielen Monaten den Ein-

marsch in den Libanon vorbereiteten, ja die Vorbereitungen bereits abgeschlossen hatten. Was noch fehlte, war ein Vorwand, ein Vorfall, der so ernst war, daß ihn die Reagan-Regierung und der amerikanische Außenminister Alexander Haig als Begründung für ein Eingreifen der Israelis akzeptierten. Am Donnerstag, dem 3. Juni 1982, wurde ihnen dieser Vorwand geliefert: Mitglieder der Gruppe Abu Nidals verübten vor dem Hotel Dorchester in London ein Attentat auf Schlomo Argov.
Abgesehen von den nachrichtendienstlichen Erkenntnissen Abu Ijads, hatten mich meine eigenen Nachforschungen davon überzeugt, daß Abu Nidal und seine Organisation von 1973 bis Ende 1982 für Saddam Hussein arbeiteten. Ende 1982 wechselte er die Seite und setzte auf Syrien und Präsident Assad. Doch im Juni 1982 stand er noch unter dem Schutz Husseins und erhielt von ihm Unterstützung. Nidal provozierte den israelischen Einmarsch in den Libanon und bannte so die Gefahr einer syrischen Invasion im Irak. Israels Angriff begann binnen 24 Stunden nach dem Attentat auf Botschafter Argov. Eine der ersten Maßnahmen der Israelis bestand darin, die syrische Kriegsmaschinerie zu neutralisieren. Sie zerstörten das gesamte syrische Luftverteidigungssystem im Libanon und schossen nahezu 100 syrische Kampfflugzeuge ab. Saddam Hussein war die Sorge um seine Westflanke los und konnte sich auf seinen Krieg mit dem Iran konzentrieren. Bezeichnenderweise bot Saddam Hussein den Iranern einen weiteren Waffenstillstand an mit der Begründung, man solle nun mit vereinten Kräften gegen den gemeinsamen Feind Israel kämpfen. Die Iraner lehnten das Angebot ab, aber wenn Abu Ijads Analyse stimmte, dann hatte Hussein mit Hilfe Abu Nidals einen sehr mächtigen Feind vom Schlachtfeld ferngehalten. Und er hatte im Libanon einen Krieg ausgelöst, der Tausende das Leben kosten sollte, einen Krieg, der in den Gemetzeln von Sabra und Schatila seinen schrecklichen Höhepunkt finden sollte.
Nachdem ich mit Abu Ijad über Abu Nidal gesprochen hatte, einen Mann, der von sich sagt, daß die Israelis ihn erfunden hätten, wenn es ihn nicht schon gegeben hätte, brachte ich das Gespräch auf Carlos. Abu Ijad beschrieb den Carlos der siebziger und achtziger Jahre genau so, wie Pastor Heydra den Carlos der sechziger Jahre beschrieben hatte.
»Carlos ist eine leere Trommel.«
»Wie meinen Sie das?«
»Er hat nichts zu sagen. Bis auf ein oder zwei Operationen hat er mit unserem Kampf nichts zu tun.«
»Kennen Sie ihn persönlich?«

»Ja, ich habe ihn ein paarmal in Beirut und dann einmal in Deutschland getroffen.«
»Wissen Sie, wo er sich im Moment aufhält?«
Die entscheidende Frage. Ich bekam eine unerwartete Antwort.
»Er ist in Rumänien. Im Moment ist er dort.«
Aus dem Munde des Mannes, der die Geheimdienste der PLO leitete, mußte ich diese Information sehr ernst nehmen, nicht zuletzt deshalb, weil der KGB beim Aufbau von Abu Ijads Geheimdienstapparat mitgeholfen hatte.
Wir unterhielten uns längere Zeit über Carlos. Da Abu Ijad seit vielen Jahren Verbindungen zu den Sowjets unterhielt, insbesondere zu ihren Geheimdienstbehörden, war seine Meinung im Hinblick auf einen Aspekt besonders bedeutsam.
»Carlos hat keinerlei Verbindungen zum KGB. Er hat nie welche gehabt. Er ist nicht mal ein Linker, er tut nur so.«
Ein paar Tage später interviewte ich Abu Ijad nochmals. Im Laufe eines langen Interviews, bei dem wir viele Themen streiften, kamen wir erneut auf den Mann zu sprechen, hinter dem ich her war.
»Für wie zuverlässig halten Sie die Informationen, wonach sich Carlos in Rumänien aufhalten soll?«
»Für sehr zuverlässig.«
»Ich muß mit ihm sprechen.«
»Ich glaube, das dürfte sehr schwierig werden. Wahrscheinlich ist es sogar unmöglich, ihn einfach so zu einem persönlichen Gespräch zu treffen. Sie müssen es über die rumänische Regierung versuchen. Ich rate Ihnen, sich an die rumänische Regierung zu wenden.«
»Ich habe dort keinerlei Kontakte. Ein offizielles Gesuch würde, da bin ich mir ziemlich sicher, eine offizielle Ablehnung nach sich ziehen.«
Der kleine, feiste Kettenraucher mir gegenüber lächelte.
»Ja, davon bin ich überzeugt.«
»Können Sie mir da nicht eine Tür öffnen, Abu Ijad?«
»Ich werde es versuchen, aber es wird ein wenig dauern. Ich werde es auch bei Abu Nidal versuchen, aber nicht gleich. Wir bleiben in Kontakt, und ich werde die Sache in die Wege leiten.«
Auf dieses zweite Treffen mit Abu Ijad folgten Interviews mit Abu Daud und Georges Habasch. Von beiden bekam ich Informationen aus erster Hand über die Operationen des Schwarzen September und der Volksfront, über Wadi Haddad und einen gewissen Venezolaner. Interessanterweise hatte Dr. Georges Habasch eine ganz andere Meinung von Carlos als Abu Ijad.

»Er war ein guter Kämpfer. Ein sehr guter Kämpfer. Ich war voller Bewunderung für seine Fähigkeit, sich dem harten Leben eines Kämpfers in Jordanien zu stellen.«
Habasch sagte mir, daß er Carlos seit acht Jahren nicht mehr gesehen habe, versprach aber, Erkundigungen einzuholen. Wir unterhielten uns des längeren über sein eigenes Leben und seine Kämpfe. Habasch ist ein kranker Mann und nach einer verpfuschten Operation teilweise gelähmt, doch er verfügt nach wie vor über einen scharfen Verstand und ein gutes Gedächtnis. Ich wußte von meinen bisherigen Nachforschungen, daß Carlos große Stücke auf Habasch hielt. Wenn es dem Arzt gelang, Kontakt zu ihm aufzunehmen, dann bestand durchaus die Möglichkeit, daß ich eine positive Antwort von ihm erhalten würde. Habasch und ich verabredeten uns zu einem weiteren Interview, diesmal in Damaskus, der Stadt, in der er lebte, wenn er nicht auf einer seiner unzähligen Reisen war.
Nach einer Woche in Tunesien hatte ich einen Großteil meiner Ziele erreicht. Abgesehen von zwei langen Interviews mit Abu Ijad und einem etwas kürzeren mit Georges Habasch, hatte mir die Reise zusätzlich zwei völlig unerwartete Gesprächspartner beschert. Dies war in vielerlei Hinsicht bemerkenswert, nicht zuletzt deshalb, weil beide Männer nie zuvor interviewt worden waren. Abu Ijad hatte die Sache eingefädelt und die beiden aus ihren jeweiligen Verstecken gelockt. Den einen hätten die Israelis liebend gern in ihre Gewalt bekommen, den anderen der Wiener Polizeichef Liebhardt.
Ihre Decknamen lauteten Samir und Chalid. Samir hatte dem Terrorkommando des Schwarzen September angehört, das 1972 den Anschlag bei den Olympischen Spielen von München verübt hatte. Der andere war beim Anschlag auf die Wiener OPEC-Zentrale im Dezember 1975 die rechte Hand von Carlos gewesen. Beide sprachen offen über ihre Beteiligung an den Anschlägen und brachten dadurch viel Licht in das Dunkel, das diese beiden Operationen immer noch umgibt.
Ich erzählte Chalid nichts davon, daß ich Carlos getroffen hatte; ihre beiden Schilderungen des OPEC-Anschlags waren in vielem identisch, aber es gab auch bedeutsame Unterschiede. Der wichtigste betraf den Namen des Mannes, der die Idee zum Anschlag und zur Entführung der Ölminister gehabt hatte. Carlos hatte behauptet, es sei Gaddafi gewesen. Chalid nannte einen anderen Namen. Während er mir ruhig die Situation und die Begleitumstände schilderte, enthüllte er mir gleichzeitig ein äußerst überzeugendes Motiv für den Anschlag. Wenn Chalid die Wahrheit sagte, und seine Ausführungen waren sehr über-

zeugend, dann saß der für den Anschlag verantwortliche Mann nicht in Tripolis, sondern in einer anderen arabischen Hauptstadt.
Nach meinem Gespräch mit Chalid wanderte ich durch verschiedene Palästinenser-Enklaven. Meine Gedanken wirbelten durcheinander. Wenn das, was Chalid sagte, stimmte, dann hatte Carlos unrecht. Entweder hatte er mir absichtlich etwas Falsches gesagt, oder er wußte nicht, wer der Drahtzieher des OPEC-Anschlags gewesen war. Und wenn er es nicht wußte, dann gab es dafür nur eine logische Erklärung – er war ein Betrüger, ein Doppelagent. Wer würde sich soviel Mühe machen, mich auf eine falsche Fährte zu locken? Und warum?
Ich fragte mich, aus welchem Grund mir Carlos die Interviews gewährt hatte. Ich war überzeugt, daß hier der Schlüssel zu der ganzen Angelegenheit lag. Und nun sollte ich mit einer Woche Verspätung doch noch den Mann treffen, der vielleicht in der hintersten Ecke seiner Seele die Wahrheit kannte.
Carlos hatte in den beiden langen Sommernächten neben vielen anderen eine bestimmte Behauptung vorgebracht, die mich besonders interessierte. Wenn sich Beweise für diese Behauptung finden sollten, dann würde ich in Kürze einen Mann treffen, der sich selbst nach den Maßstäben des Nahen Osten solcher Verbrechen schuldig gemacht hatte, daß es fast einer Verharmlosung gleichkäme, sie lediglich als verwerflich zu bezeichnen. Carlos hatte behauptet, daß der PLO-Vorsitzende Jassir Arafat an der Ermordung Tausender von Palästinensern in den Beiruter Flüchtlingslagern Sabra und Schatila im Spätsommer des Jahres 1982 beteiligt gewesen sei.
Daß das Gespräch mit Arafat schließlich doch noch zustande kam, verdankte ich übrigens keinem seiner persönlichen Mitarbeiter. Es war ein purer Zufall. Ich traf mich mit Basel Akl, einem in London lebenden einflußreichen Palästinenser. Basel versprach mir, daß er sich unverzüglich für mich einsetzen werde und daß ich Arafat noch am selben Abend sprechen könne. Um 23 Uhr hatte ich das Warten satt und ging ins Bett. Gegen Mitternacht klingelte das Telefon. Basel war am Apparat. Man werde mich gleich abholen. Sobald ich da sei, könne das Interview beginnen.
Wir fuhren nach Mensah, einem Vorort von Tunis, und hielten vor einer bescheidenen, weißgetünchten Villa. Neben bewaffnetem Wachpersonal saßen und standen ungefähr 30 bis 40 Palästinenser um das Haus und unterhielten sich.
Die Villa war hell erleuchtet, und im Innern herrschte geschäftiges Treiben. Ich wurde ins Untergeschoß geführt, vorbei an Räumen, in

denen Männer an den unterschiedlichsten Sende- und Empfangsgeräten ihre Nachtschicht verrichteten. Kaum war ich in einem sehr großen, schön eingerichteten Raum im Keller angelangt, als der alte Mann, wie ihn seine engsten Vertrauten nennen, voller Elan das Zimmer betrat und mir die Hand schüttelte. Er hatte einen kräftigen Händedruck, ein nasses Lächeln und wäßrige Augen. Er trug die wohlvertraute olivgrüne Uniform, die schwarzweiß karierte *Kouffiya* auf dem Kopf und das ebenso vertraute Halfter mit einer Pistole an der Hüfte. Was im Fernsehen wie ein modischer Dreitagebart aussieht, ist in Wirklichkeit ein ganz normaler Bart.

Wir saßen uns in bequemen Sesseln gegenüber, und ich befragte den Mann, bei dessen Tod der Champagner in den Straßen Israels in Strömen fließen würde. Die Beschuldigungen, die Carlos gegen Arafat vorgebracht hatte, waren mir noch frisch im Gedächtnis. Arafat mit dieser wichtigen Frage zu konfrontieren wäre unklug gewesen, aber ich beschloß, es mit einem Trick zu versuchen.

»Ich möchte zurück nach Beirut, besonders in die Lager Sabra und Schatila, um mit einigen Überlebenden des Massakers zu sprechen. Außerdem möchte ich in den Südlibanon. Ich bin mir der Gefahren durchaus bewußt, die mir besonders wegen meiner Hautfarbe drohen. Können Sie mir dabei behilflich sein?«

»Der Südlibanon ist kein Problem. Wir können Sie über Zypern reinbringen. Das läßt sich machen.«

»Und wie steht's mit Beirut und den Flüchtlingslagern Sabra und Schatila?«

»Beirut nein. Davon rate ich Ihnen dringend ab.«

»Was ist mit dem Roten Halbmond [dem palästinensischen Roten Kreuz]? Ich könnte mich doch als Arzt tarnen.«

»Ich rate Ihnen davon ab. Schauen Sie sich doch an, was in Beirut los ist. Die Stadt ist ein Schlachthaus. Als wir noch dort waren, gab es keine Entführungen, keine Besetzungen von Botschaftsgebäuden, keine Geiselnahmen, und die dort lebenden Ausländer waren sicher. Wir haben zwei Evakuierungen für die Amerikaner organisiert, eine über die Berge, die andere über das Meer. Wenn Sie sich heute nach Beirut und in die Lager hineinwagen, sind Sie binnen weniger Stunden verschwunden.«

Arafat sagte mir damit nichts Neues. Ich war nur neugierig gewesen, wie er auf die Namen Sabra und Schatila reagieren würde.

Wo immer sich bei meinen Nachforschungen die Gelegenheit ergab, brachte ich das Gespräch auf die Geiseln – Terry Anderson, Terry Wai-

te, John McCarthy, Brian Keenan und die vielen anderen, die tatsächlich »binnen weniger Stunden verschwunden waren«. Gaddafi hatte etwas sehr Interessantes gesagt: Seines Wissens arbeite Terry Waite möglicherweise für einen britischen oder amerikanischen Geheimdienst. Man habe nach seiner Entführung einen Sender bei ihm entdeckt. Das warf natürlich die Frage auf, woher Gaddafi wußte, was *nach* der Entführung bei Waite gefunden worden war. Gaddafi hatte mir auf diese Frage eine, wie ich fand, wenig überzeugende Antwort gegeben: »Das habe ich eben gehört.« Ich hatte ihn gedrängt, sich für die Geiseln einzusetzen, ihm vorgerechnet, daß es seinem Ansehen im Westen nur nutzen konnte, wenn es ihm gelänge, einige oder auch nur eine einzige Geisel freizubekommen. Ich wußte, daß sein Einfluß im Libanon beschränkt war, fand aber, daß auch die kleinste Anstrengung unternommen werden sollte, um diese Männer aus der Hölle zu befreien. Er hatte versprochen, alles in seiner Macht Stehende zu tun.
Auch gegenüber Arafat brachte ich nun das Thema »Geiseln« zur Sprache.
»Glauben Sie, daß Terry Waite noch am Leben ist?«
»Ja.«
»Wo, glauben Sie, wird er gefangengehalten?«
»Im Libanon. Er befindet sich in der Beka-Ebene, im höheren Abschnitt, wie sie es nennen. Manchmal werden er und die anderen in den südlichen Abschnitt gebracht, nach Südbeirut.«
»Und die anderen?«
»Sie befinden sich alle im gleichen Gebiet.«
»Warum hält man sie fest? Es wurden doch keinerlei Forderungen gestellt.«
»Doch, sie haben Forderungen gestellt.«
»Aber nicht öffentlich?«
»Nein, aber im geheimen.«
»Geld?«
»Nein, kein Geld. Es geht um Kopplungsgeschäfte mit dem Iran. Mehr Waffen, Handel.«
Ich kehrte wieder zu dem Thema zurück, das mich bezüglich Jassir Arafat am meisten interessierte.
»Soviel ich weiß, gibt es einen internen PLO-Bericht über die Massaker von Sabra und Schatila. Ihre Organisation hat entweder einen Bericht erstellt oder eine Analyse vorgenommen. Ich bin im Besitz des israelischen Berichtes und habe Informationen von einer Reihe anderer Quellen eingeholt. Ich hätte gern eine Kopie Ihres Berichts.«

»Vielleicht können Sie ihn bekommen. Er hat innerhalb der PLO jedoch noch keine breite Zustimmung gefunden, deshalb sind unsere Akten diesbezüglich noch geschlossen, aber ich will wenigstens versuchen, Ihnen einen Teil der Akten zugänglich zu machen.«
Das war seltsam. Wir schrieben immerhin Oktober 1987. Seit jenem Massenmord, der weltweit Empörung ausgelöst hatte, waren fünf Jahre vergangen. Selbst in Tel Aviv waren über 400 000 Israelis auf die Straße gegangen und hatten die Einsetzung einer offiziellen Untersuchungskommission gefordert. Ministerpräsident Menachem Begin mußte von seiner Position »Gojim töten Gojim und schieben es dann den Israelis in die Schuhe« abgehen und sich den Forderungen der Demonstranten beugen. Im Februar 1983 veröffentlichte die eingesetzte Untersuchungskommission, die sogenannte Kahan-Kommission, nach teils öffentlichen, teils geheimen Sitzungen einen Teil ihrer Erkenntnisse, während ein anderer der Öffentlichkeit vorenthalten blieb.
Einige Beobachter sahen in dem Bericht den Versuch, Israel von allen Vorwürfen reinzuwaschen, andere sahen Israels Beteiligung an dem Massaker darin bestätigt. Wie auch immer: Trotz aller Mängel des Berichts hatte Israel zumindest den Versuch unternommen, die Wahrheit herauszufinden. Warum dann diese Zurückhaltung von seiten der palästinensischen Führung? Hatte Carlos mit seinen furchtbaren Anschuldigungen vielleicht recht?
Ohne mir meine innere Unruhe anmerken zu lassen, machte ich Arafat klar, warum ich den PLO-Bericht unbedingt einsehen mußte. Ich zog eine Parallele zu dem Massaker an Palästinensern in Deïr Jassin 1948. Ein Massaker, an das sich viele Israelis nur ungern erinnern. Ein Massaker, von dem die jüngeren Generationen im Westen nicht einmal Kenntnis haben.
Wer sich seiner Geschichte nicht erinnert, ist dazu verdammt, sie noch einmal zu erleben. Die Juden wissen das. Mußten die Araber diese Lektion erst noch lernen?
Ich erklärte Arafat, daß dank der israelischen Propaganda das Wort »Palästinenser« für viele im Westen zum Synonym für »Terrorist« geworden sei. Und daß durch eine lückenlose Aufdeckung der Ereignisse in Sabra und Schatila das Synonym »Terrorist« durch ein anderes ersetzt werden könne: »Opfer«.
Jassir Arafat hatte mich lang auf das Interview warten lassen, aber jetzt nahm er sich viel Zeit für mich. Wir unterhielten uns in dieser Samstagnacht bis zum Morgengrauen.

Wir sprachen über eine Vielzahl von Themen. Über die Ursachen des israelisch-palästinensischen Konflikts, das Erdöl als Waffe, das Vermögen der PLO, den Terrorismus, Geiselnahmen. Am Ende des Interviews kam ich noch einmal auf die Massaker in Sabra und Schatila zu sprechen. Wir diskutierten, ob und inwieweit die israelischen Truppen, die damals Beirut besetzt hielten, mit den tatsächlichen Mördern zusammengearbeitet hatten.

»Sie müssen nachlesen, was Elie Hubeika gesagt hat. Er hat einer arabischen Zeitschrift ein Interview gegeben. Er war der Anführer der Gruppen, die an den Massakern beteiligt waren. Später entkam er aus Ostbeirut. Jetzt arbeitet er für die Syrer. Er war der ›Held‹ dieses Massakers, weil er die Gruppe der Falangisten befehligte, die mitmachte.«

»Ich habe die Absicht, Hubeika zu interviewen.«

»Das werden die Syrer niemals erlauben. Er steht unter ihrer Kontrolle.«

Das war der passende Moment, um auf Carlos zu sprechen zu kommen. Jassir Arafat war wie Abu Ijad und andere Palästinenser mit Ausnahme von Georges Habasch wenig beeindruckt von Carlos.

»Wie reagierten Sie auf den von Carlos angeführten Anschlag auf die OPEC?«

»Ich war überrascht. Das war keine palästinensische Operation, in keinerlei Hinsicht.«

»Haben Sie sie gutgeheißen?«

»Überhaupt nicht. Aus Sicht der Palästinenser hatte sie meiner Meinung nach keinerlei politische Zielsetzung. Die Operation diente ganz anderen Zwecken.«

»Und die wären?«

»Geld.«

»Aber Carlos gehörte zum Zeitpunkt des Anschlags doch der Volksfront an.«

»Nein. Ganz und gar nicht. Er hatte Kontakte zu einigen arabischen Geheimdiensten und hatte Abmachungen mit ihnen getroffen, aber nicht mit uns.«

»Haben Sie eine Ahnung, wo er sich momentan aufhält?«

»Nein. Ich habe ihn vor vielen Jahren zum letztenmal in Beirut gesehen.«

»Viele vermuten Wadi Haddad hinter dem OPEC-Anschlag.«

»Nein, nein. Da bin ich mir ganz sicher. Ich habe ihn vor seinem Tod noch getroffen und ihm viele Fragen bezüglich dieses Anschlags gestellt. Er hat mir versichert, daß er nichts damit zu tun hatte.«

Jassir Arafat wurde schon häufig politisch totgesagt. Wie jene Leute in Israel, die wiederholt versucht haben, ihn zu ermorden, haben auch politische Beobachter immer wieder seine Überlebensfähigkeit unterschätzt. Im Lauf der vergangenen 30 Jahre hat er viele Fehler begangen. Manchmal hatte er einfach schlechte Karten. Manchmal hatte er überhaupt keine. Doch er kann auch auf außerordentliche Leistungen verweisen. Er hat es geschafft, die verschiedenen politischen Fraktionen innerhalb der PLO zusammenzuhalten und sogar die renitente Volksfront und ihren Chef Georges Habasch in den Schoß der Bewegung zurückzuführen. Er hat sich geschickt einen Weg durch die verwickelte Politik im Nahen Osten gebahnt und sich dabei, wie er seinem Biographen Alan Hart reumütig gestand, zuweilen wie der einzige Besucher in einem Bordell gefühlt. Sein Balanceakt ist bei weitem nicht perfekt gewesen, und mehrere Male ist er sogar vom Hochseil gestürzt, aber bislang hat ihn noch immer ein Netz aufgefangen.
Die Tatsache, daß jetzt, über 40 Jahre nach Gründung des Staates Israel, die Palästinenserfrage immer noch der Schlüssel zu einem dauerhaften Frieden im Nahen Osten ist und daß die Hoffnungen seines Volkes nicht auf den Regalen der Geschichte verstauben, ist seine größte Leistung. Und das genau ist auch der Grund, warum die Israelis es immer noch strikt ablehnen, mit Arafat und anderen PLO-Führern direkt zu verhandeln. Ministerpräsident Schamir nennt Arafat und seine Kollegen Terroristen. Vielleicht sind sie das. Oder, was weit wichtiger ist, sie waren es. Das sollte niemanden von Friedensverhandlungen abhalten. Schließlich waren auch Schamir und sein Vorgänger Menachem Begin Terroristen. Männer, an deren Händen viel Blut klebt. Männer, die von Interpol nach wie vor wegen terroristischer Akte gesucht werden. Aber, wie bereits gesagt, die Geschichte wird von den Siegern geschrieben.
Nach meinem Interview mit Arafat sprach ich in Tunis nochmals mit Abu Ijad und mit Abu Dschihad. Der einzige, den ich auf meiner Liste noch nicht abgehakt hatte, war Bassam Abu Scharif, der sich immer noch in seinem vorübergehenden Exil in Algier aufhielt. Er war bei meiner Suche nach Carlos wichtig. Er hatte den Venezolaner sicherlich gut gekannt, als dieser zum erstenmal in den Nahen Osten gekommen war. Außerdem enthielt das Interview, das Carlos Ende 1979 gegeben hatte und das in der AL WATAN AL ARABI abgedruckt worden war, einen Hinweis darauf, daß Abu Scharif bei dem Interview anwesend gewesen war.
Ich beschloß, daß er bis zum nächstenmal würde warten müssen, und flog zurück nach London.

Überall und nirgends

Manchmal schreibt das Leben selbst die schönsten Geschichten. Ich selbst sollte das kurz nach meiner Rückkehr aus dem Nahen Osten erfahren: Es war ein Samstag, und mein Sohn hatte einen Freund zu Besuch. Als dieser Freund von seinem Vater abgeholt wurde, fiel mir ein, daß ich vom österreichischen Innenminister einen Brief zu dem OPEC-Anschlag erhalten hatte, der noch übersetzt werden mußte. Ich wußte, daß die Mutter des Jungen mehrere Sprachen konnte.

»Tony, würden Sie Susan bitten, mir diesen Brief zu übersetzen. Aus dem Deutschen.«

»Kein Problem. Ich mache es selbst. Ich spreche Deutsch.«

Tony übersetzte mir den Brief flüssig ins Englische und fragte:

»Der OPEC-Anschlag, das war doch Carlos, oder?«

»Ja.«

»Er war mit mir in einem Abendkurs für Russisch.«

»Wann war das?«

»Anfang der siebziger Jahre.«

»Wo haben Sie diesen Kurs belegt?«

»Am Red Lion Square.«

Unglaublich: Nach jahrelangen kostspieligen Nachforschungen und vielen Reisen, auf denen ich Fakten ausgegraben und meine Schlüsse gezogen hatte, bekam ich jetzt vom Vater des besten Freundes meines Sohnes diese Information. Sie belegte, daß Carlos mindestens ein volles Jahr lang regelmäßig die Londoner Innenstadt aufgesucht hatte. Und das zu einer Zeit, als er, je nach Quelle, angeblich an den verschiedensten Operationen in unterschiedlichsten Ländern beteiligt gewesen war.

Ich war durch puren Zufall auf diese Informanten gestoßen und fragte mich, ob es nicht besser war, auf Nachforschungen in aller Welt zu verzichten und statt dessen mit einem Megaphon auf dem Wagen durch Londons Straßen zu kurven.
Nach mehreren Anläufen fand ich heraus, daß sich Ilich Ramírez tatsächlich im September 1972 am Central London Polytechnic eingeschrieben hatte. Er hatte ein staatliches Stipendium beantragt und bekommen.
Es kam noch besser. Tonys Frau Susan war mit Larissa Kowaljowa, die an der Schule Russisch unterrichtet hatte, eng befreundet gewesen. Als ich Larissa befragte, erfuhr ich, daß sie auch an der Patrice-Lumumba-Universität gelehrt hatte, und zwar zum gleichen Zeitpunkt, als Lenin und Ilich dort eingeschrieben gewesen waren. Sie erinnerte sich noch genau an die jungen Männer und die Umstände, die zu ihrem Ausschluß geführt hatten.
Im April 1988 wurde wieder ein Mann ermordet, der mir auf der Suche nach Carlos weitergeholfen hatte. Allerdings hatte sein Tod nichts damit zu tun, daß er mich unterstützt hatte.
In den frühen Morgenstunden des 16. April wurde die Villa von Chalil el-Wassir, besser bekannt unter seinem Kriegsnamen Abu Dschihad, zum Schauplatz des heimlichen Krieges zwischen Israel und dem breiten Spektrum der palästinensischen Aktivisten. Sein Körper wurde von über 70 Kugeln durchsiebt, ehe die Killer wieder verschwanden.
Für den Mordanschlag hat nie jemand die Verantwortung übernommen. Das war auch nicht nötig. Das Verbrechen trug so eindeutig die Handschrift der Israelis, das niemand daran zweifelte: Die Männer, die in der tunesischen Villa, in der ich fünf Monate zuvor mit Abu Dschihad gesprochen hatte, einen blutbespritzten Raum hinterlassen hatte, waren vom israelischen Kabinett ausgesandt worden. In den Tagen nach dem Mord konnten es sich Mitglieder des Kabinetts nicht verkneifen, einigen Reportern ihre Schadenfreude mitzuteilen, inoffiziell, versteht sich. Es wurde bekannt, daß die Regierung Schamir den Mord angeordnet hatte und daß man Abu Dschihad, Arafats Nummer Zwei neben Abu Ijad, mit einer konzertierten Aktion aus dem Weg geräumt hatte, an der neben dem Mossad und dem militärischem Geheimdienst ein 30köpfiges Kommando sowie Angehörige von Luftwaffe und Marine mit Schnellbooten und einer Boeing 707 beteiligt gewesen waren.
Die Medien hoben hervor, daß Dschihad hauptsächlich wegen seiner Schlüsselrolle bei der Organisation der Intifada liquidiert worden sei.

Die Intifada, der Aufstand der Palästinenser in den besetzten Gebieten, war am 9. Dezember 1987 ausgebrochen. An diesem Tag waren vier Palästinenser getötet und sieben weitere verletzt worden, als ein israelischer Lastwagen zwei Fahrzeuge mit palästinensischen Arbeitern rammte, die gerade aus Israel zurückkehrten. Seit der israelischen Besetzung dieser Gebiete nach dem Sechstage-Krieg von 1967 hatte es schon weitaus schlimmere Zwischenfälle gegeben, aber diesmal brach spontan ein Aufstand aus. Die Inifada kam für die Israelis ebenso überraschend wie für die PLO. Seit damals versuchen die einen, den Aufstand niederzuschlagen, und die anderen, ihn unter ihre Kontrolle zu bringen. Abu Dschihad hätte dabei eine führende Rolle spielen sollen. Doch dies war nicht der Grund, warum er sterben mußte.

Andere Beobachter erklärten Dschihads Ermordung mit seinen jüngsten Erfolgen als militärischer Befehlshaber der PLO. Die spektakulärste Aktion hatte ein palästinenischer Drachenflieger durchgeführt: Er segelte über die libanesische Grenze, tötete sechs israelische Soldaten und verwundete zwölf weitere, bevor er selbst erschossen wurde. Aber auch dieser und andere Anschläge auf israelische Ziele, hinter denen Dschihad gestanden hatte, waren nicht der Grund für seine Ermordung.

Die WASHINGTON POST überschrieb die Meldung von Dschihads Tod auf der ersten Seite mit der Schlagzeile »Höchste Stellen unterstützen Mordanschlag«. Dies war völlig richtig. Allerdings ging die Zeitung in ihrem Artikel lediglich auf den Beschluß des israelischen Kabinetts ein, Dschihad beseitigen zu lassen, und das war nur die halbe Wahrheit.

Zu den »höchstern Stellen« gehörten auch der tunesische Präsident Ben Ali und die Regierung der Vereinigten Staaten, vor allem das State Department.

Im Jahre 1987 hatte Abu Dschihad die Hoffnung auf eine friedliche Lösung des Palästinenserproblems endgültig aufgegeben. Dschihad, Mitbegründer der Fatah, hatte genug politische Erfahrung gesammelt, um zu wissen, daß die Palästinenser keinen Fingerbreit von ihrem Land wiedersehen würden, solange die USA ihre seit vier Jahrzehnten verfolgte Politik nicht radikal änderten. Da die israelischen Lobby die Politik der amerikanischen Präsidenten von jeher stark beeinflußt hatte, stand für Dschihad fest, daß das Weiße Haus nur durch eine spektakuläre Aktion zu einem Kurswechsel zu bewegen war. Er begann zu überlegen, wie eine solche Aktion auszusehen hätte.

Als erstes dachte er über eine Ermordung des saudischen Königs Fahd nach. Fahd war Staatsoberhaupt eines prowestlichen und proamerikanischen Landes, und sein Tod hätte den führenden Politikern in Amerika zu denken gegeben. Dschihads Kampfgenossen, mit denen ich gesprochen habe, redeten ihm dieses Vorhaben aus. Jassir Arafat selbst wurde an diesen Gesprächen nicht beteiligt.

Dann brachte Dschihad in Erfahrung, daß Außenminister George Schultz mehrere Reisen in den Nahen Osten unternehmen und der Region eine Reihe von Friedensvorschlägen unterbreiten wollte. Schultz war das ideale Opfer für den geplanten Anschlag. Ein Attentat auf den zweitmächtigsten Politiker der Vereinigten Staaten bei einem Staatsbesuch in Israel würde den Nahen Osten in den Brennpunkt des internationalen Interresses rücken.

Dschihad nahm Kontakt zu Abu Nidal auf und traf sich mit ihm. Der Gedanke, der hinter den mehrfachen Flugzeugentführungen zum jordanischen Behelfsflugplatz Dawson's Field und dem Anschlag auf die israelische Olympiamannschaft in München gestanden hatte, wurden wieder lebendig. Die Philosophie, nach der man nur dann ernst genommen wird, wenn man vitale Interessen des Gegners verletzt, erlebte eine Renaissance.

Dschihad war Abu Nidal bereits mehrere Jahre zuvor wiederbegegnet. Bei dem Versuch, die zerstrittenen Palästinensergruppen, Habasch, Abu Musa und andere, miteinander auszusöhnen, nahm Dschihad damals in Tripolis an einem Teffen mit Gaddafi und einigen verfeindeten Fraktionen teil. Während der Sitzung holte Gaddafi wie ein Magier, der ein Kaninchen aus dem Hut zaubert, Abu Nidal in den Raum. Da die PLO schon Jahre zuvor alle Beziehungen zu Nidal abgebrochen und ihn in Abwesenheit zum Tode verurteilt hatte, beschimpfte Dschihad Gaddafi und verließ das Treffen. Und doch war dies der Beginn einer neuen, dauerhaften Beziehung zu Nidal gewesen.

Ende 1987 schmiedeten Dschihad und Nidal in Algier einträchtig Pläne. Am 4. März 1988 parkte ungefähr 250 Meter vom Jersusalemer Hotel des amerikanischen Außenministers entfernt ein Wagen mit TNT-Sprengstoff und Zeitzünder. Laut Plan sollte die Bombe in dem Augenblick explodieren, wenn George Schultz das Hotel verließ. Zwei Stunden vor der Zeit wurde das präparierte Fahrzeug von der israelischen Polizei »entdeckt«.

Ob der israelische Geheimdienst von dem geplanten Anschlag vorher gewußt hatte, ist umstritten. Einige Leute haben es mir versichert, aber Beweise dafür gibt es meines Wissens nicht. Der Mossad, der Abu Nidals Organisation seit langem infiltriert hatte, ermittelte sofort Abu Dschihad als Drahtzieher des mißglückten Attentats. Vier Tage später trat das israelische Kabinett zusammen. Die zehnköpfige Ministerriege beschloß nur gegen den Widerstand der Mitglieder der Arbeitspartei Peres, Weitzman und Navon, Dschihad ermorden zu lassen. Wegen der Einwände sicherte sich Ministerpräsident Schamir ab: Er unterbreitete der Reagan-Administration die israelischen Pläne und bat um grünes Licht für die Aktion. Das State Department stimmte dem Mord unter einer Bedingung zu. Außenminister Schultz plante für Anfang April eine weitere Reise nach Israel; die amerikanischen Verbündeten ließen die Israelis wissen, daß Abu Dschihads Liquidierung erst erfolgen dürfe, wenn Schultz wieder aus der Gefahrenzone sei. Am Ende der ersten Aprilwoche 1988 war Schultz wieder abgereist, und die Israelis hatten freie Hand.

In der Nacht des 15. April herrschte reges Leben auf dem hell erleuchteten amerikanischen Friedhof nahe der US-Botschaft. Sonst völlig im dunkeln und höchstens von zwei Mann bewacht, standen dort jetzt 30 Militärpolizisten und ein Aufgebot Marineinfanteristen bereit. Als Teil der amerikanisch-israelischen Gemeinschaftsaktion sollte der Friedhof dem israelischen Kommando als Rückzugsort dienen, falls es bei dem Einsatz auf größeren Widerstand stieß. Aus späteren Berichten war zu erfahren, daß ein weiteres israelisches Kommando den Auftrag hatte, die Telefonleitungen in der Gegend zu kappen. Es dürfte den Mossad überrascht haben, daß diese Gruppe ihre Aufgabe nicht erfüllte und die Telefone weiterhin funktionierten. Mindestens zweimal rief eine Nachbarin Dschihads die Polizei an, zuerst, um Einbrecher auf seinem Grundstück zu melden, und dann, weil sie Schüsse gehört und Mündungsfeuer gesehen hatte. Dennoch schickten die Tunesier keinen Streifenwagen. Die Schüsse hatten Dschihads Gärtner und einen älteren Diener getötet, keine Leibwächter, wie von der Presse behauptet. Ein seltsamer Zufall wollte es, daß an diesem Abend zwischen 21 Uhr und Mitternacht fast alle Beamten der tunesischen Polizei an einer großen Übung teilnahmen. Als sie gegen Mitternacht zu Ende war, trafen sich alle Beteiligten zu einem gemeinsamen Essen. Dschihad wurde gegen 1.30 Uhr ermordet. Die israelischen Killer trugen die Uniformen der tunesischen Nationalgarde.

Dschihads Ermordung ging nicht so glatt über die Bühne, wie die Mythen um den Mossad vielleicht erwarten lassen. Die Unterbrechung der Telefonleitungen war fehlgeschlagen, und ohne Mitwirkung der Tunesier wäre die ganze Operation mißglückt.

Die Mörder versäumten es in der Aufregung sogar, streng geheime Akten mitnehmen, die auf Dschihads Schreibtisch lagen – Dokumen-

te, die für den Mossad viel wertvoller gewesen wären als die Ermordung dieses Mannes. Sie enthielten eine Fülle von Einzelheiten über die gesamte Organisation des palästinensischen Widerstandes im Westjordanland und Gaza-Streifen und Zukunftspläne für die Intifada. Ein Mörder verlor nach den Schüssen seinen Ohrhörer. Dies und einige andere Indizien deuten darauf hin, daß das Kommando während des Einsatzes in ständigem Funkkontakt mit der Boeing stand, die zur gleichen Zeit im tunesischen Luftraum kreiste. Im Flugzeug saßen unter anderem der stellvertretende Oberbefehlshabers der israelischen Streitkräfte Generalmajor Ehud Barak, Generalstabschef Dan Schomron, der Befehlshaber der Luftwaffe Avihu Bin-Nun und der Chef des militärischen Geheimdienstes Amnon Schahak.
Beim Rückzug zu ihren Schlauchbooten am tunesischen Strand nahm eine der Einheiten eine falsche Abzweigung und hatte einen Unfall, bei dem der Boden ihres Fahrzeugs aufgerissen wurde. Wieder hätte das ganze Unternehmen ohne tunesische Rückendeckung leicht auffliegen können.
Ministerpräsident Schamir erklärte später, er habe von Dschihads Tod erst aus dem Radio erfahren. Allerdings vergaß er hinzuzufügen, daß er mit dem Radio das Funkgerät in seinem Arbeitszimmer meinte, mit dem er in ständigem Kontakt zu der Boeing gestanden hatte. Er verschwieg zudem, daß er dem Kommando bei seiner Rückkehr am Strand entgegengegangen war, um die Männer zu begrüßen und zu beglückwünschen. Vermutlich fühlte er sich an alte Zeiten erinnert, als er Mordanschläge noch nicht an Jüngere delegieren mußte.
Auf diese Art, so haben meine Recherchen ergeben, haben sich die demokratischen Staaten Israel und USA mit tunesischer Hilfe und Deckung das Problem Abu Dschihad vom Halse geschafft.
Nach Abu Dschihads Tod war ich bei meiner Jagd nach Carlos noch stärker als bisher auf die Unterstützung seines PLO-Mitstreiters Abu Ijad angewiesen. Im Juni ließ mir Abu Ijad durch einen Freund in London mitteilen, es sei inzwischen sicher, daß Carlos unter dem direkten Schutz von Staatspräsident Ceauşescu in Rumänien lebe. Das war die gute Nachricht. Die schlechte lautete, daß Ceauşescu, wie Ijad in einem persönlichen Gespräch mit Carlos erfahren hatte, seinem Schützling jedes Gespräch mit Ausländern untersagte. Ich reagierte sofort.
»Ich sehe da kein Problem. Bitten Sie Abu Ijad um einen rumänischen Paß und Papiere für mich.«
Das war anscheinend nicht möglich. Über den Mittelsmann bekam ich mitgeteilt, Abu Ijad werde Carlos in ein paar Wochen erneut kon-

taktieren und ihn zu einer Reise nach Algier überreden. Dort könne ich ihn sprechen. Der vorgeschlagene Ort für die Zusammenkunft war nicht zuletzt deshalb interessant, weil er mich an mein Treffen mit dem Mann ohne Namen erinnerte, ein weiterer Unglücklicher auf einer länger werdenden Liste von Leuten, über die man seit meinen Nachforschungen von 1983 nur noch in der Vergangenheit reden konnte.

Algier.

Vielleicht war der Mann, den ich im Libanon kennengelernt hatte, doch der richtige gewesen. Nach diesen beiden Begegnungen hatte ich im Hinblick auf seine Echtheit erst der einen und dann der gegenteiligen Meinung zugeneigt. Hatte zunächst alles darauf hingedeutet, daß es tatsächlich Carlos gewesen war, so hatte später alles nach einem abgekarteten Spiel ausgesehen.

Im Juni kehrte unser gemeinsamer Freund von einer Reise nach Tunesien und mehreren Treffen mit führenden Vertretern der PLO zurück. Er hatte meine Jagd nach Carlos nicht vergessen.

»Ich fürchte, ich habe schlechte Neuigkeiten.«

»Und welche?«

»Als ich im Juni von London aus mit Abu Ijad sprach, war ich am Telefon natürlich diskret. Er war ebenso diskret. Als ich ihn an Ihren Wunsch erinnerte, mit Carlos zu reden, habe ich den Namen am Telefon nicht gesagt.«

»Sehr klug, wenn Sie keinen Besuch der Special Branch wollen.«

»Abu Ijad ging davon aus, daß ich Abu Nidal meinte.«

»Dann ist Nidal in Rumänien, und wo Carlos ist, wissen wir nicht?«

»Genau.«

Abu Nidal stand auch auf meiner Liste. Allerdings nur deshalb, weil ich glaubte, er könnte mir eventuell den Aufenthaltsort des übergewichtigen Venezolaners verraten. Ich überlegte erneut, wie ich an einen rumänischen Paß und Papiere kommen konnte. Dann versicherte mir der gemeinsame Freund, dies sei überflüssig.

»Ich bin sicher, daß Abu Nidal in nächster Zukunft nach Nahost reist. Dort läßt sich viel leichter ein Treffen arrangieren.«

Im Juli schickte ich Maria zu weiteren Nachforschungen nach Venezuela. Ich selbst flog nach Deutschland. Ich hatte Kontakt mit Gabriele Kröcher-Tiedemann aufgenommen, die an dem Überfall auf die OPEC-Zentrale in Wien beteiligt gewesen war. Es war nicht allzu schwierig gewesen, Frau Kröcher-Tiedemann zu finden. Nach Wien hatte sie sich nicht auf ihren zweifelhaften Lorbeeren ausgeruht. Nach der erfolgreichen Entführung eines österreichischen Industriellen, der gegen ein fettes Lösegeld freigekommen war, hatte sie den weniger erfolgreichen Versuch unternommen, sich an der Schweizer Grenze den Weg freizuschießen. Mitte 1988 wartete sie auf das Ende ihrer 14jährigen Haftstrafe wegen versuchten Mordes.

Es gibt zwei Tiedemanns. Die eine ist eine kaltblütige Killerin, die mit der Beiläufigkeit, mit der andere nach einem Keks greifen, ihre Opfer tötet; die andere ist eine Mischung aus Jungfrau Maria und Mutter Teresa, die personifizierte Unschuld. Als wir miteinander korrespondierten, durchlebte sie ihre Unschuldsphase – Berufsverbrecher nennen ein solches Verhalten »auf die Entlassung hinarbeiten«. Mein Interesse an ihr galt nicht nur ihrem Beitrag zum Anschlag auf die OPEC. Weitaus mehr interessierte mich ihre Beziehung zu Carlos. Da sie so viel Zeit in seiner Gesellschaft verbracht hatte, konnte sie mir vielleicht helfen, das Rätsel um die Authentizität jenes Mannes zu lösen, mit dem ich zwei Nächte lang gesprochen hatte.

Ihre ängstlichen Briefe an mich verrieten eine ausgesprochene Abneigung, sich an die Vergangenheit zu erinnern. Unwillkürlich fiel mir ein Mann ein, der an diese Frau so nahe herangekommen war wie sonst niemand: Pfarrer Heinrich Albertz.

In Westdeutschland gab es zwei weitere Männer, die ich unbedingt sprechen wollte. Im politischen Spektrum des Staates verkörperten sie völlige Extreme. Der eine war Staatsfeind, der andere Staatsschützer. Sie kannten sich sehr gut, obwohl sie sich niemals begegnet waren.

Peter-Jürgen Boock, Mitglied der zweiten RAF-Generation, war ein Schützling der Gründungsmitglieder Andreas Baader, Gudrun Ensslin und Ulrike Meinhof.

Im Mai 1984 wurde Boock wegen Teilnahme an einer Anzahl von Anschlägen der RAF, darunter dem Mord an Jürgen Ponto, dem mißglückten Raketenanschlag auf das Gebäude der Bundesanwaltschaft in Karlsruhe und der Entführung und Ermordung von Arbeitgeberpräsident Hanns-Martin Schleyer verurteilt. Boock bekam dreimal »lebenslänglich« plus 15 Jahre.

Nach meinen Nachforschungen hatten sich Boock und Carlos aller Wahrscheinlichkeit nach sehr gut gekannt. Ich war auf die Verbindung rein zufällig gestoßen, aber sie schien mir so wichtig, daß ich Boock, der seine Haftstrafe in einem Hamburger Gefängnis absaß, aufsuchen wollte.

Eine Spezialität von Christian Lochte, dem Chef des Bundesamtes für Verfassungsschutz in Hamburg, war Spionageabwehr. Er war der zweite

Mann, den ich treffen wollte. Meine Nachforschungen über ihn ergaben, daß er für einen Verfassungsschützer recht ungewöhnliche Auffassungen vertrat. So war er der Ansicht, daß die Computer der deutschen Polizei zu viele Daten gespeichert hätten und mindestens ein Drittel der Einträge in den Rechnern der Hamburger Verfassungsschützer gelöscht werden müsse. Zudem war er der Meinung, daß viele Häftlinge, die zu langen Strafen verurteilt worden waren, ohne Gefahr für die Allgemeinheit sofort auf freien Fuß gesetzt werden könnten. Meine Kontaktleute vom italienischen und französischen Geheimdienst hatten ihn mir wärmstens empfohlen.
Ich hatte gerade gefrühstückt und wollte mit dem Dolmetscher das Hotel in Bremen verlassen, als Pfarrer Albertz anrief. In der Nacht sei ein guter Freund gestorben. Er wisse, daß ich seinetwegen extra nach Bremen geflogen sei, wolle das Treffen aber auf einen späteren Zeitpunkt im gleichen Jahr verschieben. Ich stimmte der Verschiebung zu und fuhr mit George, meinem Dolmetscher, nach Hamburg.
Trotz anfänglicher Widerstände hatte ich der Gefängnisleitung die Erlaubnis zu einem Besuch im Hochsicherheitstrakt der Hamburger Haftanstalt abgerungen. Vor dem Interview mit Peter-Jürgen Boock sprach ich ausführlich mit Christian Lochte. Groß, blond, braungebrannt, erinnerte er eher an einen deutschen Olympiaveteranen als an einen Verfassungsschützer. Zum Schutz vor möglichen Anschlägen arbeitet Lochte in Büros, die stark an den Hochsicherheitstrakt erinnern, in dem Boock einsitzt. Das Interview mit ihm war faszinierend und berührte viele Themen: den Anschlag auf die Diskothek La Belle, den die USA mit der Bombardierung Libyens beantwortet hatten, den Einfluß der Journalistin Claire Sterling auf Männer wie den verstorbenen William Casey, die erfolgreichen Desinformationskampagnen des Mossad, das Massaker bei den Olympischen Spielen in München, den Anschlag auf die OPEC und natürlich Carlos. Christian Lochte bestätigte viele meiner Vermutungen und gab mir in anderen Bereichen neue wertvolle Hinweise. Nur in Sachen Carlos wußte er nichts Neues. Lochte stellte die Frage, die ich immer öfter zu hören bekam.
»Keiner weiß, wo er ist. Lebt er noch?«
»Ja, ganz bestimmt.«
»Ist er in Rente gegangen?«
Der Gedanke, daß sich der meistgesuchte Terrorist der Welt aufs Altenteil zurückgezogen habe, war ebenso abenteuerlich wie verfrüht. Zum Zeitpunkt meines Gesprächs mit Lochte hatte er die Vierzig noch nicht überschritten.

Wenn mir Christian Lochte keine neuen Informationen oder Hinweise zu Ilich Ramírez Sánchez geben konnte, so wurde ich von Peter-Jürgen Boock mehr als entschädigt. Meine Vermutung erwies sich als richtig. Boock war in den siebziger Jahren eng mit Wadi Haddad befreundet gewesen, jenem Mann, der Carlos von 1971, als der Venezolaner erstmals in den Reihen palästinensischer Guerillas auftauchte, bis zu seinem Tod 1978 geführt hatte. Für Carlos war dieser Lebensabschnitt entscheidend. Vor dem OPEC-Anschlag war Boock mit Haddad im Südjemen und im Irak gewesen, und auch noch nach der Operation waren sie lange gemeinsame Wege gegangen. So war er Carlos unweigerlich begegnet und hatte ihn kennengelernt.

Und Boock selbst? Er war ungewöhnlich mager. Der jahrelange Drogenmißbrauch hatte seine Spuren hinterlassen. Sehr lange Haare verrieten, daß dieser Mann in einer Zeit des modischen Umbruchs gefaßt worden war. Er war hochintelligent und trotz der langen Haft über die politische Entwicklung in Europa und Nahost bestens auf dem laufenden. Dank seiner bevorzugten Stellung bei Haddad war er in die geheimsten Details vieler Operationen eingeweiht gewesen. Ohne es zu wissen, bestätigte Boock haargenau das, was mir Chalid, Carlos' Stellvertreter bei dem OPEC-Anschlag, im Nahen Osten erzählt hatte. Doch auf meine Genugtuung folgte Bestürzung: Die Aussagen beider Männer widersprachen dem, was mir Carlos über die Wiener Operation erzählt hatte. Entweder hatte mich Carlos angelogen, oder der Mann, mit dem ich gesprochen hatte, war ein Betrüger gewesen.

Ich interviewte Peter-Jürgen Boock im Hochsicherheitstrakt insgesamt dreimal und holte bei jedem Gespräch neue Einzelheiten und Fakten aus ihm heraus. Zu manchen Fragen lehnte er eine Antwort kategorisch ab, da er niemanden belasten wollte. Besonders schmerzlich war für mich die Tatsache, daß er auch Auskünfte über Antonio Bouvier verweigerte, über den Mann, der nach Meinung von Experten Carlos' Führungsoffizier vom KGB gewesen ist. Als ich Boock ein Foto Bouviers zeigte, war aus seiner Reaktion ersichtlich, daß er ihn kannte. Er bestätigte mir dies auch mündlich. Er kannte auch seinen richtigen Namen, wollte ihn aber trotz meines Drängens nicht preisgeben. Er sagte lediglich, daß »Bouvier« ein Palästinenser sei, den er »nur im Nahen Osten« getroffen habe. Immerhin wurde soviel deutlich, daß der Unbekannte und Carlos verschiedene Personen waren, auch wenn der »Carlos« im Libanon das Gegenteil behauptet hatte. Außerdem versicherte mir Boock, daß Carlos niemals KGB-Agent gewesen sei, eine Auskunft, die der Expertenmeinung widersprach, mich aber beim augenblicklichen Stand meiner Nachforschungen nicht mehr überraschte und sich mit den Angaben des angeblichen Carlos deckte. Alles andere waren Ammenmärchen.

Allmählich kamen Informationen herein. Aus Venezuela, Deutschland und Brasilien. Der Coronel in Caracas überbot sich selbst und trumpfte mit Kontakten zur DDR-Stasi auf. Im Oktober, als ich schließlich Pfarrer Albertz interviewte, erfuhr ich nichts über Carlos, aber viel über Gabriele Tiedemann. In London sprach ich mit Cheryl Drew, dem Anwalt, der Nydia Tobón nach ihrer Verhaftung im Juli 1975 verteidigt hatte. Zugleich öffneten mir in dieser Stadt die Zauberworte des venezolanischen Botschafters Fransisco Kerdal-Vegas zahlreiche Türen von Lateinamerikanern.

Im November flog ich erneut nach Algier, wo mir die Behörden diesmal einen Stempel in den Paß drückten.

Es gab mehrere Gründe für diese Reise. Mitte des Jahres hatte ich den Hinweis erhalten, daß die Palästinenser auf einer Sondersitzung des Nationalrates einen unabhängigen Staat ausrufen wollten. Dabei sollte die palästinensische Führung einige Resolutionen des UN-Sicherheitsrats billigen und damit erstmals das Existenzrecht des Staates Israel anerkennen. Die Ambitionen der palästinensischen Führung erstreckten sich jetzt nur noch auf das Westjordanland, den Gaza-Streifen und Jerusalem. Um die immense Bedeutung dieses Schrittes zu begreifen, muß man sich eine Karte mit der Aufteilung zwischen Palästina und Israel ansehen, wie sie die Vereinten Nationen am 29. Oktober 1947 vorgeschlagen hatten. Verglichen mit ihr sind die Forderungen, die ich in der Erklärung in Algier gehört habe, lächerlich gering. Trotzdem ging das Töten weiter.

Ich führte in Algier ausgiebige Interviews mit Jassir Arafat und Abu Ijad, und schließlich erwischte ich auch noch Bassam Abu Scharif. Leider beschränkte er sich in der Unterhaltung darauf, die politische Bedeutung der palästinensischen Erklärung hervorzuheben. »Über Carlos sprechen wir ein andermal«, vertröstete er mich. Ihn auf einen konkreten Termin festzunageln, erwies sich als unmöglich.

Ein anderer, mit dem ich auf dieser Reise sprach, war ein Clown namens Abu Abbas. Abbas hatte mit der Kaperung des italienischen Kreuzfahrtschiffs »Achille Lauro« international Aufsehen erregt. Bei der Entführung war ein alter kranker Mann namens Leon Klinghoffer in seinem Rollstuhl ermordet und anschließend über Bord geworfen worden. Sein Verbrechen hatte darin bestanden, daß er Jude war.

Abbas war an der Entführung zwar nicht aktiv beteiligt gewesen, doch hatte er für seine syrischen Auftraggeber die Planungen durchgeführt.

Die Entführung war zu einem für die PLO sehr ungünstigen Zeitpunkt erfolgt. Zwei Mitglieder ihres Exekutivkomitees wurden damals mit einer jordanisch-palästinensischen Delegation zu Gesprächen mit dem britischen Außenminister Geoffrey Howe in London erwartet. Das Treffen war von Premierministerin Margaret Thatcher angeregt worden und hätte für die Palästinenser einen großen politischen Durchbruch bedeutet. Wenn der Weg ins gelobte Land tatsächlich durchs Weiße Haus führte, wie viele glaubten, dann hielt Frau Thatcher den Schlüssel in Händen. In Damaskus verfolgten Präsident Assad und seine Geheimdienstchefs die Vorgänge mit großer Sorge. Verhandlungen über die Unabhängigkeit der Palästinenser ohne syrische Beteiligung waren ganz und gar nicht in Assads Sinn. So etwas hatte es nie gegeben und sollte es auch nie geben. So ergingen an Abu Abbas, der in Damaskus seinen Stützpunkt hat und dem syrischen Geheimdienst untersteht – und nicht der PLO – entsprechende Instruktionen oder, besser gesagt, Befehle. Zudem bekam er Waffen und Geld.

Die Londoner Gespräche hätten Mitte Oktober 1985 beginnen sollen. Am 7. Oktober wurde die »Achille Lauro« entführt. Kurz darauf wurden die Gespräche unter fadenscheinigen Gründen abgesagt. Dann wurde Leon Klinghoffer ermordet. Abu Abbas hatte für seine syrischen Auftraggeber ganze Arbeit geleistet. Ich wollte ihn ausführlich interviewen und etwas über die Rolle der Syrer in der Affäre erfahren, aber es kam anders. Vielleicht lag es an der Hitze, vielleicht auch an der algerischen Version von Montezumas Rache, die mir zu schaffen machte. Jedenfalls verlor ich meine sonstige Objektivität.

»Können wir jetzt über die ›Achille Lauro‹ sprechen?«

»Was ist damit?«

»Ich hätte gerne einen vollständigen Bericht darüber, warum dieses Schiff gerade damals gekapert wurde. Und ich wüßte gerne, warum Leon Klinghoffer ermordet wurde.«

»Wer sagt, daß er ermordet wurde?«

»Selbstverständlich wurde er das.«

»Keineswegs. Er ist vielleicht zum Schwimmen ins Wasser gesprungen, und der Rollstuhl hat ihn in die Tiefe gezogen.«

»Sie Schwein!«

»Was?«

»Sie Schwein. Sie Scheißkerl.«

»Wo gehen Sie hin?«
»Hinaus. Mit Ihnen bleibe ich nicht in einem Raum.«
»Und das Interview?«
»Ich scheiße auf das Interview.«
Nach meiner Rückkehr nach London fand ich eine Zusage für eine Begegnung vor, auf die ich lange gewartet hatte. Oberst Gaddafi gewährte mir ein zweites Interview.
In Tripolis gab es noch einen weiteren Mann, der auf meiner Liste stand. Abu Ijad hatte mir beim Interview in Algier verraten, daß Abu Nidal im Aufbruch begriffen sei. In Juni hatte er mir prophezeit, daß Nidal bald aus Rumänien in den Nahen Osten zurückkehren werde. Im November konnte er bestätigen, daß Nidal nach einem Abstecher nach Damaskus nach Tripolis geflogen sei. Wenn er eine Zeitlang dort blieb, hatte ich gute Chancen, mit ihm zu reden.
Ich hatte mit Abu Ijad auch ausführlich über den verschwundenen Carlos gesprochen. Er war betreten. »Wie ich Ihnen beim ersten Gespräch sagte, hielt er sich nach meinen damaligen Informationen in Bukarest auf. Erst als ich Kontakt zu ihm aufnehmen wollte, erfuhr ich, daß die Information falsch war. Sie kam aus zuverlässigen Quellen. Carlos ist bestimmt in Rumänien gewesen, aber wo er jetzt ist, kann mir keiner sagen.«
Diese Auskunft war ich inzwischen gewohnt.
Im November 1988 interviewte ich erneut Nydia Tobón, diesmal in Paris. Sie blieb dabei, daß Antonio Bouvier und Carlos zwei verschiedene Personen seien. Sie schilderte mir Situationen, in denen sie beide zusammen gesehen hatte: eine Einkaufsfahrt mit Bouvier zum Supermarkt, Gespräche mit und ohne Carlos.
Warum hatte sie dann in ihrem Buch behauptet, beide seien ein und dieselbe Person?
»Ich wollte die Briten verwirren.«
Im gleichen Monat bereitete ich eine größere Reise vor: Ich wollte über Malta nach Libyen fliegen, dort mit Nidal und Gaddafi sprechen, dann für weitere Interviews nach Malta zurückkehren und mich schließlich nach Beirut wagen. Im Libanon herrschte noch immer eine gefährliche und chaotische Situation. Über den Verbleib der zahlreichen Geiseln gab es kaum zuverlässige Informationen. Immerhin hatte mir Samirs Witwe am Telefon ein kleines Versprechen gegeben für den Fall, daß ich nach Beirut käme: »Ich mache Sie mit jemandem bekannt, der Ihnen helfen kann.« Aus dem vorangegangenen Gespräch war klargeworden, daß sich diese Bemerkung auf meine Suche

nach Carlos bezog. Ich knüpfte an dieses Versprechen keine großen Hoffnungen, aber in der augenblicklichen Situation klammerte ich mich an jeden Strohhalm. Von Beirut aus wollte ich weiter nach Israel, ins Westjordanland und in den Gazastreifen. Dieser Abstecher in die israelisch-palästinensische Realität war wichtig für meine Recherchen und längst überfällig.

Die Formalitäten in der libyschen Botschaft in Valetta waren diesmal schnell erledigt, und ich flog weiter nach Tripolis. Da ich mich vor der ersten Begegnung mit Gaddafi eine Woche hatte gedulden müssen, richtete ich mich diesmal auf eine ähnliche Wartezeit ein. Ich rief sofort den Mann an, dessen Telefonnummer ich von Abu Ijad erhalten hatte: Mustafa Murad, den stellvertretenden Führer des Revolutionsrates der Fatah, einer Organisation, die besser bekannt ist unter dem Namen Abu-Nidal-Gruppe. Man hatte meinen Anruf erwartet. Das Interview mit Nidal sollte am nächsten Tag stattfinden.

Abu Ijad hatte mir gesagt, daß das Interview wahrscheinlich in einem Ausbildungslager in Asswani stattfinden werde. In diesem Stadtteil von Tripolis waren mehrere hundert Anhänger Sabra el-Bannas, so Abu Nidals augenblicklicher Name, stationiert. Ich schlief schlecht in dieser Nacht.

Am nächsten Tag holte mich ein verbeulter Wagen am vereinbarten Treffpunkt ab. Wir fuhren in eine Vorstadt westlich von Tripolis, wohin genau, konnte ich nicht feststellen. Jedenfalls war es eine Gegend, die ich bei meinem ersten Besuch nicht gesehen hatte. Das Gebäude, das ich betrat, sah von außen so heruntergekommen aus wie der Wagen, der mich hergebracht hatte. Ich ging über eine Treppe ins Untergeschoß. Was hatten die Palästinenser nur? Fürchteten sie Bombenangriffe? Die meisten ihrer Führer hatten eine Vorliebe für Souterrainwohnungen.

Nidal war keine imposante Erscheinung. Auf der Straße hätte man ihn ohne weiteres für einen Nachtwächter im Ruhestand gehalten. Er war klein und für einen Mann, der nur ein paar Monate jünger war als ich (damals 51), in einem erschreckenden körperlichen Zustand. Er hatte mindestens 30 Pfund Übergewicht, ein aufgedunsenes Gesicht und eine Glatze. Er rauchte eine Zigarette nach der anderen und hatte eine weitere höchst unangenehme Eigenschaft: Er war betrunken.

Der Raum war so schäbig wie die Fassade des Hauses. Nidal stand unsicher auf und begrüßte mich hinter dem Schreibtisch hervor. Dann deutete er auf einen Stuhl in seiner Nähe und ließ sich wieder zurücksinken. Es war zehn Uhr morgens. Auf einem Tischchen neben ihm standen verschiedene Flaschen mit hochprozentigen Getränken. In den folgenden zwei Stunden trank er ununterbrochen Chivas Regal und Brandy. Für einen Betrunkenen war Abu Nidal erstaunlich klar bei Verstand. Wir begannen typisch arabisch: Wir sprachen über alles mögliche, nur nicht über das eigentliche Thema.

»Und wie geht es meinem guten Freund Salah Chalaf?«

Die Eröffnung kam überraschend für mich. Abu Ijad wird selbst von engen Vertrauten mit seinem Kriegsnamen bezeichnet. Was mich befremdete, war allerdings eher der Zusatz »guter Freund«. Der Leser erinnere sich an mein erstes Interview mit Abu Ijad: Nidal hatte ihm in Belgrad immerhin eine Bombe ins Auto gelegt und ihn, so Ijad, insgesamt dreizehnmal zu ermorden versucht. Wenn Nidal schon einem »guten Freund« nach dem Leben trachtete, mochte ich mir gar nicht erst vorstellen, was er seinen Feinden anzutun bereit war.

Über seinen Dolmetscher, dessen Englisch zu wünschen übrigließ, teilte ich Nidal mit spöttischem Unterton mit, Salah sei bei »bester Gesundheit«. Nidal schien über die Nachricht erfreut.

Nidals sture Kompromißlosigkeit war hinlänglich bekannt. Deshalb konnte ich mir leicht ausrechnen, wie er auf die Resolutionen reagieren würde, die der Palästinensische Nationalrat im Vormonat in Algier verabschiedet hatte.

»Arafat ist ein Verräter an der palästinensischen Sache. Seine Anhänger und Helfer sind ebenfalls Verräter.«

»Land gegen Frieden gefällt Ihnen also nicht?«

»Meine Familie war die reichste in Palästina. Mein Vater war der reichste Mann. Er besaß 2500 Hektar Land. Es reichte vom Süden Jaffas bis zum Gazastreifen. Das alles gehörte ihm. Und die Juden haben das ganze Land beschlagnahmt. Sie haben gut reden. Wieviel von meinem Land sollte ich von dem Diebsgesindel in der israelischen Regierung dafür verlangen, daß ich Frieden mit ihnen schließe? Wo früher unsere Obstplantagen waren, leben jetzt jüdische Emigranten. In dem Haus, in dem ich aufgewachsen bin, ist jetzt ein Bezirksgericht der israelischen Armee untergebracht. Was sollte ich dafür nehmen, daß ich mit diesen Leuten Frieden schließe? Das Erdgeschoß?«

»Also keinen Kompromiß.«

Er schlug mit der Hand auf den Tisch.

»Keinen!«

»Seit 1973 hat ihre Organisation nach meinen Berechnungen weltweit über hundert Anschläge verübt. Stimmt meine Zahl?«

»Ja.«
»Bei den Anschlägen kamen mehrere hundert Menschen ums Leben. Außerdem entstanden große Sachschäden, zum Beispiel an Botschaftsgebäuden, Flugzeugen, Flughäfen und Synagogen. Es ist jetzt 15 Jahre her, daß Sie mit diesen Aktivitäten begonnen haben. Sie haben von dem Haus, in dem Sie aufgewachsen sind, nicht einen Raum wiederbekommen. Was sagt Ihnen das im Hinblick auf Ihre Taktik?«
Der Dolmetscher druckste herum. Ich war mir nicht klar, ob seine Schwierigkeiten sprachlicher oder diplomatischer Art waren. Schließlich hatte er meine Frage an Abu Nidal weitergeleitet.
»Es sagt mir, daß mein Feind mächtig ist und daß er sehr mächtige Freunde hat, vor allem die Amerikaner, die Briten und die PLO.«
»Es wird also weitere Anschläge geben? Weitere Operationen?«
»Ja. Aber im Augenblick begnüge ich mich damit zuzuschauen, wie sich Arafat mit seiner sogenannten gemäßigten Haltung und seinen Friedensbemühungen das Grab schaufelt.«
»Geben sich Syrien und der Irak auch damit zufrieden, daneben zu stehen und zuzuschauen?«
Er lachte: »Nein, sie wollen so schnell wie möglich weitere Operationen. Im Augenblick müssen sie sich dafür aber nach einem anderen umsehen.«
»Also muß der Westen in naher Zukunft mit Aktionen rechnen.«
»Ja, das muß er.«
Zu diesem Zeitpunkt meines Interviews mit Abu Nidal waren nur wir drei im Raum. Der Augenblick schien günstig, sich auf ein Terrain vorzuwagen, das noch viel gefährlicher gewesen wäre, wenn sich weitere Mitglieder seiner Organisation im Raum befunden hätten.
»Ich habe von vielen Seiten gehört, daß ihre Organisation vom Mossad unterwandert sei.«
Er drohte mir mit dem Finger. »Jede Organisation kann unterwandert werden. Die einzige, der das meines Wissens nicht passiert ist, war die von Wadi Haddad.«
»Ja, da stimme ich zu. Mich beschäftigt jedoch die Frage, ob der Mossad Ihre Organisation nicht nur unterwandert, sondern auch manipuliert hat. Wer in Abu Nidals Organisation entscheidet über die Ziele der Anschläge? Sind es immer nur Ziele, die Sie und nur Sie ausgewählt haben?«
»Natürlich nicht. Wir sind eine demokratische Organisation. Auch andere machen Vorschläge, bringen Ideen ein.«
Die Vorstellung, daß Abu Nidal ein Demokrat sei, erschien mir so gro-

tesk, daß ich eine Pause einlegen und mich bei einem zweiten arabischen Kaffee wieder sammeln mußte.

»Sprechen wir über den Anschlag auf den israelischen Botschafter Argov in London. Können Sie mir sagen, von wem die Idee stammte?«

Er schüttelte den Kopf.

»Kam sie aus Bagdad?«

Er hielt inne.

»Salah sollte vorsichtiger sein.«

Ich wußte, daß ich mich jetzt aufs Glatteis wagte, aber wenn ich danebengetippt hatte, warum hatte er dann nicht einfach verneint?

»Die Anschläge auf die Flughäfen von Rom und Wien. Wer hat diese Ziele vorgeschlagen?«

»Mitglieder der Organisation.«

»Im Januar 1978 sollen Sie ein Treffen in Bagdad gehabt haben. Nach meinen Informationen sollen auch Wadi Haddad und Carlos daran teilgenommen haben.«

»Ich habe mich oft mit ihnen getroffen. Ich hatte damals gute Beziehungen zur Volksfront.«

»Aber das war ein ganz besonderes Treffen. Das Treffen war von hochrangigen KGB-Leuten einberufen worden. Die Sowjetunion war sehr beunruhigt über Sadats Auftritt in Jerusalem.«

»Ja.«

»Ich habe gehört, daß der KGB Ihnen und den beiden anderen viel Geld und umfangreiche Waffenlieferungen angeboten hat.«

»Wer hat Ihnen das gesagt?«

»Mehrere Leute. Haben sie recht?«

»Ja, sie haben recht.«

Ich wußte, warum dieses Angebot unterbreitet worden war, wollte es aber von einem der drei Betroffenen hören. Ich setzte darauf, daß Nidal inzwischen soviel getrunken hatte, daß er gesprächiger wurde.

»Warum haben sie Ihnen dieses Angebot gemacht?«

»Um den Kampf gegen Israel zu unterstützen. Um alle anderen Führer in der arabischen Welt daran zu hindern, den gleichen Weg wie Sadat zu gehen.«

»Und was sollte mit diesen Führern passieren, die Sadat folgten?«

Er zog einen Finger waagrecht über seine Kehle.

»Liquidierung?«

Er nickte.

»Und wie reagierte Carlos auf das Angebot?«

Er lächelte, als sei er einen Augenblick lang wieder in Bagdad.

»Er stand auf, sagte, damit wolle er nichts zu tun haben, und verließ das Treffen.«
»Aber Sie und Wadi Haddad waren einverstanden?«
»Allerdings. Wadi Haddad starb wenige Monate später, aber sagen Sie mir: Wie viele arabische Führer haben seitdem eine Einigung mit Israel erzielt?«
»Keiner.«
Er nickte lächelnd.
»Und Carlos? Wo ist er jetzt?«
»Keine Ahnung. Ich habe lange nichts von ihm gehört. Vielleicht ist er tot.«
»Wie Sie, nach dem, was der Mossad behauptet.«
»Nein, der Mossad weiß es besser.«
»Ja, allerdings.«
Wir sprachen über allerlei andere Themen, wobei er wieder die nervtötende Fähigkeit zeigte, mich durch unpassende Einwürfe aus dem Konzept zu bringen, so zum Beispiel am Ende der Unterhaltung.
»Wo wohnen Sie?« fragte er mich.
»In London.«
»Ach, ich kenne London gut. Ich war schon mehrmals dort.«
Einzelheiten zu der ungewöhnlichen Äußerung konnte ich ihm nicht entlocken. Anschließend ließ er ein gewaltiges Sortiment an Fleisch, Salaten und anderen Leckereien auffahren. Ich lehnte ab, dankte ihm für die Zeit, die er mir geopfert hatte, und ging.
Auf der Rückfahrt zum Hotel ging mir dauernd das Interview und seine Bedeutung durch den Kopf. Obwohl es einige geradezu sensationelle Fakten bestätigt hatte, war ich alles andere als optimistisch. Ich war niedergeschlagen über die moralische Verkommenheit eines Menschen wie Abu Nidal. Niedergeschlagen, weil ich zuversichtlich darauf gehofft hatte, daß mir Abu Nidal die allerwichtigste Frage würde beantworten können: Wo war Carlos?
In den nächsten beiden Tagen bereitete ich mich in aller Ruhe auf mein zweites Interview mit Oberst Gaddafi vor. Dann wurde mir vom Ministerium mitgeteilt, daß das Interview am gleichen Abend stattfinden werde. Eine Stunde später rief ich meine Frau Anna in London an. Sie versuchte schon seit mehreren Tagen verzweifelt, mich zu erreichen. Ihre Nachricht war nicht an mich weitergeleitet worden. Ihr Vater war bei Gartenarbeiten von einer Leiter gestürzt und hatte einen Schädelbruch erlitten. Er rang in einem Krankenhaus im neuseeländischen Wellington mit dem Tod.

Am nächsten Tag wollte Anna nach Neuseeland fliegen. Mit tränenerstickter Stimme bat sie mich, bis zum Abschluß meiner Arbeit im Nahen Osten zu bleiben. Für unsere beiden Kinder sei gesorgt, Freunde würden sich bis zu ihrer Rückkehr um sie kümmern. Ich versuchte, sie zu beruhigen, so gut das eben bei einem internationalen Ferngespräch ging. Sie brauche die Freunde nicht zu bemühen, ich würde vor ihrem Abflug irgendwie nach Hause kommen. Gaddafi, Carlos und alles andere schienen plötzlich völlig unwichtig.

Am Tag nach meiner Rückkehr flog meine Frau in ihre Heimat. Bei ihrer Abreise traf die Nachricht vom Tod ihres Vaters ein. Es gab viel zu tun in den paar Tagen, bis ich mit den Kindern nachkam. Ich mußte nicht nur packen, sondern auch die Kleinigkeit erledigen, mir von der neuseeländischen High Commission im Eilverfahren Pässe für die Kinder ausstellen zu lassen. Obwohl ich ganz mit dem tragischen Todesfall beschäftigt war, dachte ich immer auch an meine Arbeit, denn möglicherweise bahnte sich in diesem Augenblick eine andere Tragödie an. Im Gespräch mit Abu Nidal hatte ich Informationen erhalten, die ich bei erster Gelegenheit an den Geheimdienst weiterleiten wollte.

Ich rief Brian Crozier an, einen kalten Krieger par excellence. Aus Recherchen und meinem Interview mit ihm wußte ich, daß er jahrelang ausgezeichnete Beziehungen zum MI 6 und zur CIA gehabt hatte. Ich sagte Crozier, daß ich ihn, obwohl ich in Privatangelegenheiten alle Hände voll zu tun hatte, unbedingt noch vor meinem Abflug nach Neuseeland sprechen müsse. Ich bat ihn, zu unserem Treffen auch einen Mann vom MI 6 einzuladen.

Zwei Tage später suchte ich Crozier in seinem Büro in Piccadilly auf. Bei ihm war ein ungewöhnlich kleiner Mann vom MI 6. Ich werde ihn Frank nennen.

Ich bemühte mich schon seit geraumer Zeit darum, Einblick in die Akten zu erhalten, die von der Polizei und anderen Sicherheitsbehörden über Carlos angelegt worden waren. Im Rahmen dieser Bemühungen hatte ich Crozier und folglich auch den britischen Geheimdiensten angeboten, bei meinen Interviews mit Abu Nidal und Oberst Gaddafi Fragen für sie zu stellen. Jetzt hatte ich einige Antworten für Crozier und seine Freunde und weit mehr als das: Ich hatte zusätzliche Informationen, die ich unbedingt loswerden wollte.

Vor dem Treffen hatte ich einen achtseitigen Bericht zu meinen Interviews getippt. Er umfaßte die verschiedensten Themen: die Entführung der Achille Lauro und die Rolle, die die Syrer dabei gespielt hatten; die undichten Stellen innerhalb der CIA im Zusammenhang mit dem israelischen Luftangriff auf das Hauptquartier der PLO in Tunis; Gaddafis Aussagen über die Infiltration der verschiedenen Reagan-Administrationen durch den sowjetischen Geheimdienst. Ich konnte sogar berichten, daß die Sowjets selbst ins State Department und die CIA Agenten eingeschleust hatten. Weiterhin stand in meinem Bericht zu lesen, daß der russische Geheimdienst schon vorher von dem Angriff der Vereinigten Staaten auf Libyen im April 1986 gewußt, seine Informationen im diesem Fall aber nicht an Gaddafi weitergeleitet hatte.

Das Dokument war auch den verschiedenen Fragen gewidmet, die ich für Crozier und seine Freunde gestellt hatte. Der Hauptgrund, warum ich auf dieses Treffen gedrängt hatte, war allerdings nicht schriftlich niedergelegt. Ich war fest davon überzeugt, daß für die nähere Zukunft mit einem größeren Terroranschlag auf ein amerikanisches Ziel gerechnet werden mußte. In meinem Bericht hatte ich darauf hingewiesen, daß Syrien und der Irak Abu Nidal zu weiteren Terroranschlägen drängten und daß beide Länder ein großes Interesse am Scheitern von Arafats Bemühungen hätten, das Palästinenserproblem durch eine gemäßigte Politik zu lösen. Des weiteren erwähnte ich, daß Abu Nidals Organisation in erheblichem Maße vom Mossad unterwandert sei.

Ich gab Crozier und dem Agenten des MI 6 ein Exemplar des Berichts und fügte eine Erläuterung hinzu. Ich warnte sie, daß für die nähere Zukunft ein größerer Anschlag auf ein amerikanisches Ziel bevorstehe und daß dieser Anschlag von Damaskus ausgehen werde. Doch zu meinem Erstaunen schien sich Frank vom MI 6 weitaus mehr für Nidals Eß- und Trinkgewohnheiten zu interessieren. Er fragte, was mir Nidal zum Essen serviert habe. Ich sagte es ihm. Als er dann auch noch Näheres über das Haus erfahren wollte, in dem ich mit Nidal gesprochen hatte, riß mir fast der Geduldsfaden. Dafür hatte ich nicht meine Zeit geopfert. Ich kenne die Ermittlungsmethoden von Polizei und Geheimdienst genau. Fünfundzwanzig Jahre Recherchen auf der ganzen Welt haben mich mit vielem vertraut gemacht. Wenn dieser Mann wissen wollte, wo ich gewesen war, so brauchte er bloß die entsprechenden Passagierlisten zu überprüfen oder mich bitten, ihn einen Blick in meine Pässe werfen zu lassen.

Verblüfft widmete ich mich wieder meinen Reisevorbereitungen. Zwei Wochen später erreichte mich in Neuseeland die befürchtete Nachricht. Der Jumbo-Jet »Maid of the Seas« der Pan Am war auf dem Flug von London nach New York über dem Städtchen Lockerbie in Schottland in der Luft explodiert und hatte alle 259 Passagiere und

Besatzungsmitglieder in den Tod gerissen. Elf Bewohner von Lockerbie waren im Inferno der herabregnenden Trümmer umgekommen. Wie sich herausstellte, waren der Katastrophe neun Warnungen vor einem Anschlag vorangegangen. In einer Warnung war von einem Radiorecorder mit eingebauter Bombe die Rede gewesen, den man im Wagen eines Mitgliedes der Volksfront für die Befreiung Palästinas gefunden hatte. Eine ähnliche Höllenmaschine hatte die »Maid of the Seas« auf ihrem Flug 103 zerrissen. Wie weiterhin verlautete, hatte die US-Botschaft in Helsinki Anfang Dezember einen anonymen Telefonanruf erhalten. Der Anrufer hatte gesagt, daß noch im selben Monat zwischen Frankfurt und den Vereinigten Staaten eine Bombe an Bord einer Maschine der Pan Am geschmuggelt werde. Flug 103 war in Frankfurt gestartet. Die amerikanische Luftfahrtbehörde FAA gab die Warnung in einer Mitteilung weiter, die am 9. Dezember allen US-Botschaften zugestellt wurde. Nur das Personal der Moskauer Botschaft wurde per Aushang am Schwarzen Brett vor Flügen mit Pan Am gewarnt.

Schon Stunden nach der Katastrophe, lange bevor irgendein gerichtlicher Beweis vorlag, deutete alles darauf hin, daß eine palästinensische Splittergruppe für den Anschlag verantwortlich war: das PFLP-Generalkommando. Die Gruppe untersteht dem uneingeschränkten Befehl des syrischen Regimes. Ihr Chef ist Ahmed Dschibril, ein ehemaliger syrischer Offizier. Ihr Hauptquartier liegt in Damaskus. Sie kämpft seit jeher erbittert gegen jeden Versuch der PLO, eine Übereinkunft mit Israel zu erzielen.

Ein Hinweis wie den, den ich dem britischen Geheimdienst gegeben hatte, ist selten genug. Noch seltener, wenn überhaupt, stammen alle Teile eines Puzzles aus einer Quelle, von einem Informanten. Ich hatte eben mehrere Stunden mit Abu Nidal verbracht, der für viele der meistgesuchte Terrorist überhaupt war. Zusammen mit den Informationen, über die der Geheimdienst bereits verfügte, hätten meine Hinweise eigentlich genügen müssen, um das Lockerbie-Desaster zu verhüten. Wenn Frank einst in den Ruhestand tritt, wird er für seine Dienste an diesem Land sicher gebührend geehrt. Vielleicht wird er sogar zum Ritter geschlagen.

Die Affäre hatte ein Nachspiel. Als ich mich nach der Katastrophe von Lockerbie mit Brian Crozier in Verbindung setzte, meinte er: »Wenigstens haben Sie ihnen die richtige Richtung gewiesen.« Die Tatsache, daß ich dies vor dem Anschlag getan hatte, überging er geflissentlich. Er versicherte mir, daß meine Informationen an die CIA weitergeleitet worden seien. Später verriet er mir noch etwas: »Sie gehen davon aus, daß Sie der dortigen Propaganda aufgesessen sind.« Daß dies gerade von einem Menschen kam, der fast das ganze Leben mit Propaganda hausieren gegangen war, war ein starkes Stück. Daß es von der CIA und vom MI 6 kam, die sich für diese »Propaganda« nicht interessiert und so das Lockerbie-Desaster erst ermöglicht hatten, fand ich einfach unverschämt.

Im Januar 1989 machte ich mich daran, die Scherben meiner mißglückten Nahostreise aufzulesen. Ich hatte allmählich Übung darin, auf Gaddafi zu warten. Es konnte Monate dauern, bis ich einen neuen Termin für ein Interview bekam. Bei einem Anruf in Beirut tat sich allerdings eine Alternative auf – Samirs Witwe wollte mit ihren Kindern Verwandte im südlibanesischen Tyrus besuchen und den ganzen Februar über dort bleiben. Der Südlibanon war zwar noch immer ein heißes Pflaster, doch verglichen mit Beirut beinahe ein verlockendes Reiseziel. Aber eben nur beinahe. Wenn ich von den israelischen Behörden die Erlaubnis erhielt, von Israel aus in den Libanon einzureisen, würde ich relativ sicher nach Tyrus kommen.

Die israelische Botschaft in London teilte mir mit, daß die Regierung mich nach anfänglichem Zögern schließlich doch von Israel aus in den Südlibanon einreisen lasse.

Einige Tage vor meinem geplanten Abflug erhielt ich eine Einladung zum Essen. Sie kam von Basel Akl, dem charmanten Palästinenser, der dafür gesorgt hatte, daß ich in Tunis nicht umsonst auf Arafat gewartet hatte. Im Rahmen einer Kampagne, die darauf abzielte, das Palästinenserproblem an ein breites Publikum heranzutragen, gab Basel einen Lunch für Journalisten. Wie bereits erwähnt, meide ich Journalisten, wenn ich tief in Recherchen stecke. Ich war drauf und dran, die Einladung höflich abzulehnen, als er den Namen eines Mannes erwähnte, der sich auf der Veranstaltung den Fragen der Presse stellen wollte. Ich sagte sofort zu. Der Betreffende war Bassam Abu Scharif, der Mann, hinter dem sich Jassir Arafat am liebsten versteckte.

Bassam zu einem Gespräch über Carlos zu bringen entwickelte sich zu einem Geduldsspiel. Ich war überzeugt, daß er bei rechter Gelegenheit und in richtiger Stimmung das Rätsel, von dem ich besessen war, lösen konnte. War der Mann, dem ich im Nordlibanon zweimal begegnet war, der richtige Carlos? Ein Essen mit einer Meute von Reportern war sicher nicht der rechte Zeitpunkt, aber vielleicht fand sich doch eine passende Gelegenheit.

Bassam Abu Scharif war zu Geheimgesprächen mit Vertretern des britischen Außenministeriums nach London gekommen. Wenn die positiven Elemente der Erklärung von Algier auch noch keine Früchte trugen, so begannen sie doch immerhin zu knospen.
Peter Snow von der BBC und mehrere andere bekannte Journalisten nahmen am Lunch teil. Es wurde zwanglos über die Friedensaussichten in Nahost gesprochen. Am Ende des exzellenten, aber frustrierenden Essens bot sich mir schließlich die Gelegenheit zum Gespräch mit Scharif. Er wollte ins Außenministerium zurückkehren. Draußen warteten schon seine Aufpasser von der Special Branch. Ich nötigte ihn in ein leeres Empfangszimmer. Rasch berichtete ich von meinen beiden Begegnungen mit Carlos und schilderte mein wachsendes Mißtrauen. Nach aufmerksamem Zuhören fragte er:
»Wo genau haben diese Begegnungen stattgefunden?«
»Schwer zu beschreiben. Es ging in den Norden von Beirut, fast bis Dschunija, dann fuhren wir etwa 50 Minuten ins Landesinnere Richtung Baalbek weiter.«
»Dann war der Mann, mit dem Sie gesprochen haben, nicht Carlos.«
Ich starrte ihn an.
»Ich weiß, wo Carlos ist. Und ich weiß auch, daß er diesen Ort seit fünf Jahren nicht verlassen hat.«
»Wo ist er, Bassam?«
Er lächelte und ging, gedrängt von Basel, mit seinen Leibwächtern von der Special Branch fort.
Ich fühlte mich wie ein Ertrinkender, der von einer großen Welle ans rettende Ufer gespült und ebenso plötzlich ins Meer zurückgezogen wurde.

Unter den Auserwählten Gottes und anderen Sterblichen

In den ersten Tagen meines Aufenthaltes in Israel knüpfte ich Kontakte und verabredete Termine für Interviews. Doch daneben blieb mir noch genügend Zeit, über die Wurzeln des »Problems« nachzudenken, über die Fragen, um die alle Friedensbemühungen in dieser Region kreisen. Während ich durch Tel Aviv und Jerusalem schlenderte, reiste ich in Gedanken in die Vergangenheit. Wer die Gegenwart verstehen will, muß sich die Vergangenheit bewußtmachen. Eine der Folgen des Ersten Weltkriegs war der Zusammenbruch des Osmanischen Reiches, das über vier Jahrhunderte lang den östlichen Mittelmeerraum, den Balkan und weite Teile Nordafrikas beherrscht hatte. Sein Zusammenbruch schuf die Voraussetzung für die Bildung von Einzelstaaten in vielen arabischen Ländern. Vierzig Jahre zuvor waren zwei Ideologien entstanden, die später erschreckend ähnliche Züge annehmen sollten und sich beide durch ihre unwiderstehliche Anziehungskraft und starre Zielsetzung auszeichneten: der Zionismus und der arabische Nationalismus. Beide strebten danach, den nationalen und religiösen Hoffnungen ihrer jeweiligen Völker praktischen Ausdruck zu verleihen. Die jüdische Bewegung strebte die Errichtung eines jüdischen Staates in einem Gebiet an, das die Heimat der Palästinenser war. Und die arabische Bewegung wollte ihren Völkern Selbstbewußtsein und Nationalstolz einimpfen, damit sie sich gegen die Türken erhoben und das verhaßte Joch der Fremdherrschaft abschüttelten.

Im Jahr 1878 wurde die erste zionistische Kolonie Petah Tikva in Palästina nördlich von Jaffa gegründet. Zu dieser Zeit lebten im ganzen Land nur 24 000 Juden und annähernd eine halbe Million palästinensischer Araber.

Die Araber ersuchten ihre türkischen Herrscher, die massenhafte Einwanderung von Zionisten zu stoppen. Die türkischen Behörden erließen daraufhin eine ganze Reihe entsprechender Gesetze. Unterdessen forcierten die zionistischen Führer ihre Politik, zu weit über dem damaligen Marktwert liegenden Preisen Land aufzukaufen. Männer wie der deutsche Millionär Baron Maurice de Hirsch und der französische Millionär Baron Edmond de Rothschild verwendeten große Sorgfalt darauf, die neuen Gesetze zu umgehen. Im Jahr 1914 war die jüdische Bevölkerung Palästinas bereits auf 80 000 angewachsen.

Eine der Allianzen, die im Ersten Weltkrieg geschlossen wurden, war die zwischen Großbritannien und jenen Arabern, die das türkische Joch abschütteln wollten. So hoffte etwa Scharif Hussein von Mekka, die Einheit und Unabhängigkeit der Araber dadurch erreichen zu können, daß er sich mit Großbritannien und den westlichen Alliierten gegen Konstantinopel verbündete. Hussein schloß ein Abkommen mit dem britischen Hochkommissar von Ägypten, Sir Henry McMahon, das aus arabischer Sicht die Gewähr dafür bot, daß nach dem Krieg alle neuen Siedlungen auf arabischem Gebiet die Unabhängigkeit eines vereinigten arabischen Staates anerkennen würden. Dieser arabische Staat sollte alle arabischen Provinzen des Osmanischen Reiches umfassen, also auch Palästina. Was Hussein und seine Anhänger nicht wußten: Großbritannien, Frankreich und Rußland hatten im Mai 1916 ein Geheimabkommen getroffen, nach dem der größte Teil Palästinas internationalisiert werden sollte.

Die Araber ahnten von dieser Perfidie nichts, doch die Zionisten waren mit ziemlicher Sicherheit unterrichtet. Gut ein Jahr nach Unterzeichnung des Geheimabkommens kamen sie der Verwirklichung ihre Träume und Pläne ein gutes Stück näher: Sie trafen eine weitere geheime Abmachung, die in einem Schreiben des britischen Außenministers Arthur James Balfour an den britischen Zionisten Baron Lionel Walter von Rothschild schriftlich formuliert wurde. Dieser Brief, der als Balfour-Erklärung in die Geschichte einging, wurde am 2. November 1917 mit Billigung des britischen Kabinetts und der USA veröffentlicht. Die entscheidende Passage lautet:

> Die Regierung Ihrer Majestät befürwortet die Errichtung einer nationalen Heimstätte für das jüdische Volk in Palästina und wird sich nach Kräften darum bemühen, zur Verwirklichung dieses Zieles beizutragen, wobei natürlich nichts unternommen werden

> soll, was die zivilen und religiösen Rechte existierender nichtjüdischer Gemeinschaften in Palästina oder die Rechte und den politischen Status, die Juden in irgendeinem Land genießen, beeinträchtigen könnte.

Die in der Erklärung enthaltenen beiden Zusagen, von denen eine an die Zionisten, die andere an die Palästinenser gerichtet ist, widersprechen sich eindeutig. Das Rätsel klärt sich auf, wenn man untersucht, welche Absichten die britische Regierung damals tatsächlich verfolgte: Sie hatte nie vor, ihr Versprechen gegenüber den Palästinensern einzulösen. Zwar bezog Großbritannien zu diesem Thema nie öffentlich Stellung, doch aus einem von Balfour verfaßten Memorandum vom 11. August 1919 geht klar hervor, welche Politik die Briten verfolgten:

> Wir haben in Palästina nicht die Absicht, die gegenwärtigen Bewohner des Landes auch nur der Form halber nach ihren Wünschen zu fragen ... Die vier Großmächte stehen klar auf der Seite des Zionismus. Der Zionismus, sei er nun richtig oder falsch, gut oder schlecht, gründet sich auf jahrhundertealte Traditionen, auf aktuelle Erfordernisse und auf Zukunftshoffnungen, die von viel tieferer Bedeutung sind als die Wünsche und Vorurteile der 700 000 Araber, die gegenwärtig in diesem alten Land leben.

Zu der Zeit, als dies geschrieben wurde, hatte sich das Osmanische Reich bereits aufgelöst, und ganz Palästina war seit elf Monaten von den alliierten Streitkräften unter dem Kommando von General Allenby besetzt.

Spätere britische Regierungen verfolgten zwar die Linie Balfours, doch auch andere Meinungen wurden laut. Ein Brief des für die Kolonien zuständigen Ministers William Ormsby Gore an Premier Neville Chamberlain vom 9. Januar 1938 enthält folgende Passage:

> Die Araber sind hinterhältig und unzuverlässig; die Juden habgierig und, sobald sie nicht verfolgt werden, aggressiv ... Ich bin davon überzeugt, daß man den Arabern die Regierung über die Juden ebensowenig anvertrauen kann wie den Juden die Regierung über die Araber.

In der darauffolgenden Woche, am 14. Januar 1938, schrieb George William Rendel, Leiter der Nahostabteilung im Außenministerium, an Ormsby Gore: »[...] Alle Informationen, die im Außenministerium eingegangen sind, sprechen dafür, daß die Araber unendlich viel lieber auf unbestimmte Zeit unter britischer Herrschaft blieben, als mit anzusehen, wie in einem Teil Palästinas ein jüdischer Staat errichtet wird.« Die Saat für das Nahostproblem war nun gelegt, und sie sollte bittere Früchte hervorbringen.

Nach den Verfolgungen durch die Nazis in den dreißiger und vierziger Jahren wurde aus dem Rinnsal jüdischer Einwanderer eine wahre Flut. Das Blut der sechs Millionen Juden, die im Dritten Reich ermordet wurden, war der Dünger, der diese Saat aufgehen ließ.

In der ersten Woche dieser besonderen Israelreise besuchte ich die Gedenkstätte Jad Vaschem in den Bergen westlich von Jerusalem. Diese Gedenkstätte erfüllt mehr als nur eine Funktion. Einmal gemahnt sie an den Holocaust. Zweitens erinnert sie daran, daß aus diesem Holocaust der Staat Israel hervorging. Drittens werden hier, durch die Auswahl der ausgestellten Objekte, alle Gegner des Staates Israel zu Nazis erklärt. Das Dritte Reich, seine Führer und seine Mitläufer, sind nicht die einzigen, die hier verewigt sind. Die Israelis haben auch Bilder von Briten aufgehängt. Fotografien von SS-Offizieren mit ihren Opfern in den Konzentrationslagern hängen unter demselben Dach wie Aufnahmen britischer Fallschirmjäger, die Überlebende des Holocaust von der Küste Palästinas abweisen. Im selben Ausstellungsraum finden sich auch Fotografien von Arabern. Eines zeigt den Großmufti Hadsch Amin, wie er in Deutschland von Heinrich Himmler empfangen wird. Daneben sind die Worte des Muftis festgehalten, mit denen er die deutsche Regierung aufforderte, die Auswanderung europäischer Juden nach Palästina zu verhindern. Es ist in der Tat eine unbestreitbare Tatsache, daß der Großmufti voll auf das Dritte Reich setzte. Er mißtraute den Briten und war überzeugt, daß Palästina für die Araber nur zu retten war, wenn Deutschland und seine Verbündeten die Briten besiegten. Die historische Anklage in Jad Vaschem weist allerdings Lücken auf. Es fehlt jeder Hinweis auf tatsächliche und versuchte jüdische Kollaboration mit dem Dritten Reich. Auch nach Abraham Stern sucht man vergeblich, den Führer einer Gruppe jüdischer Terroristen, die unter dem Namen Sternbande operierte. Ebenso fehlt jeder Hinweis auf einen Mann, der ab 1939 Mitglied der Sternbande war und ab 1942 ihre Operationen leitete: Jizchak Schamir. Diese Männer müßten in Jad Vaschem ebenfalls am Pranger stehen. Nicht wegen ihrer Aktionen gegen die Briten (darunter die Ermordung von Lord Moyne, dem britischen Ministerresidenten für den Nahen Osten, am 6. November 1944 oder das Attentat auf Graf Folke Bernadotte, den UN-Beauftragten in Palästina, am 17. September 1948), sondern wegen weit schlimmerer Vergehen. Abraham Stern und seine Organisation strebten eine Einigung mit Hitler-Deutschland an. Sie sahen in Hitler lediglich den jüngsten Peiniger in einer langen Reihe von Peinigern. Der Feind, in ihren Augen der wahre Feind, waren die Briten, die Besatzungsmacht in Palästina.

Im September 1940 traf die Gruppe um Stern mit einem italienischen Unterhändler in Jerusalem eine Vereinbarung: Danach sollte Mussolini als Gegenleistung für Sterns Kollaboration mit der italienischen Armee nach deren Einmarsch in Palästina einen zionistischen Staat anerkennen. Als Stern und seinen Mitstreitern klar wurde, daß es mit einer italienischen Invasion so schnell nichts werden würde, wandten sie sich an das Naziregime. Nach Ende des Zweiten Weltkriegs wurde eine Kopie von Sterns Angebot bezüglich einer Allianz mit dem Dritten Reich in den Akten der deutschen Botschaft in der Türkei entdeckt. Das Dokument ist keine Fälschung, seine Echtheit wird von Historikern anerkannt. Es datiert vom 11. Januar 1941. Zu dieser Zeit beanspruchte die Sternbande noch den Titel »Militärische Nationale Organisation« oder Irgun Zwai Leumi. Die Irgun war die erste jüdische Terrororganisation. Ihre Entstehung erinnert an die Zersplitterung der verschiedenen palästinensischen Fraktionen in den späten sechziger und frühen siebziger Jahren. Innerhalb von drei Jahren nach Abfassung des erwähnten Dokuments kam es zum endgültigen Bruch zwischen der Irgun und der Sternbande, und die Kontrolle über die Mordkommandos der Irgun übernahm ein Mann namens Menachem Begin, der spätere israelische Ministerpräsident und Friedensnobelpreisträger. Doch all das lag noch in weiter Ferne; im Januar 1941 verstanden sich Stern und seine Anhänger als die wahre Militärische Nationale Organisation, die MNO:

> ›Vorschlag der Nationalen Militärischen Organisation (Irgun Zwai Leumi) bezüglich der Lösung der Judenfrage in Europa und der Beteiligung der MNO am Krieg auf der Seite Deutschlands.‹
> Die Evakuierung der jüdischen Massen aus Europa ist eine Vorbedingung für die Lösung der Judenfrage; aber sie ist nur zu bewerkstelligen durch die vollständige Ansiedlung dieser Massen in der Heimat des jüdischen Volkes, Palästina, und durch die Errichtung eines jüdischen Staates in seinen historischen Grenzen …

Die MNO, der die wohlwollende Haltung der deutschen Reichsregierung und ihrer Behörden gegenüber zionistischen Aktivitäten in Deutschland und zionistischen Auswanderungsplänen bekannt ist, vertritt folgende Auffassung:

1. Es könnten gemeinsame Interessen bestehen zwischen den deutschen Bestrebungen, in Europa eine Neue Ordnung herzustellen, und den wahren nationalen Bestrebungen des jüdischen Volkes, wie sie durch die MNO verkörpert werden.
2. Eine Zusammenarbeit zwischen dem neuen Deutschland und einem erneuerten völkisch-nationalen Hebrium ist möglich.
3. Die Errichtung des historischen jüdischen Staates auf einer nationalen und totalitären Basis, gebunden durch einen Vertrag mit dem Deutschen Reich, wäre im Interesse einer gesicherten und gestärkten künftigen Machtposition Deutschlands im Nahen Osten.

Ausgehend von diesen Überlegungen und unter der Bedingung, daß die oben erwähnten nationalen Bestrebungen der israelischen Freiheitsbewegung durch das Deutsche Reich anerkannt werden, bietet die MNO in Palästina an, an der Seite Deutschlands in den Krieg einzutreten.

Dieses Angebot der MNO ... könnte mit der militärischen Ausbildung und dem Aufbau jüdischer Verbände in Europa unter der Anleitung und dem Kommando der MNO verbunden werden. Diese militärischen Verbände würden sich an der Eroberung Palästinas beteiligen, falls eine solche Front eröffnet werden sollte.

Die indirekte Beteiligung der israelischen Freiheitsbewegung an der Neuen Ordnung in Europa, die sich bereits im Vorbereitungsstadium befindet, könnte mit einer positiv-radikalen Lösung des europäischen Judenproblems gemäß den oben erwähnten nationalen Bestrebungen des jüdischen Volkes verbunden werden. Dies würde die moralische Grundlage der Neuen Ordnung in den Augen der gesamten Menschheit außerordentlich stärken.*

* Ich bin dem jüdischen Schriftsteller Lenni Brenner zu Dank verpflichtet, der dieses Dokument entdeckt und in seinem Buch *Zionism in the age of Dictators* zitiert hat.

Als Menachem Begin 1977 Ministerpräsident wurde und Schamir zum Außenminister ernannte, ehrte er Abraham Stern durch die Ausgabe von Briefmarken mit dessen Porträt.
Die Zionisten erhielten »die nationale Heimstätte für das jüdische Volk in Palästina«. Und die Araber erreichten im Irak, in Syrien, im Jemen, in den Vereinigten Arabischen Emiraten und in anderen Ländern ihre Unabhängigkeit, wobei sich allerdings darüber streiten läßt, wie unabhängig diese Staaten wirklich sind. Viele haben etwas hinzugewonnen, nur die Palästinenser haben jeden Quadratmeter des Landes verloren, das einmal ihnen gehört hat.
Bereits 1947 hatten die Briten nicht mehr das Bestreben, ein Problem zu lösen, das sie großteils selbst verursacht hatten. Unter ihrem Mandat war in Palästina eine Situation entstanden, die sie nicht mehr in den Griff bekamen. Sie reichten das Problem an die Vereinten Nationen weiter, die an ihrer Stelle eine Lösung finden sollten. Das Ergebnis war die Errichtung eines eigenen jüdischen Staates (Israel), während andere Teile Palästinas dem sogenannten Transjordanien eingegliedert wurden. Der schmale Gazastreifen fiel an Ägypten. Palästina hatte faktisch aufgehört zu existieren und lebte nur noch in den Herzen und Köpfen der Menschen weiter. In den Jahren 1948, 1956 und 1967 entbrannten Kriege zwischen Israel und den Arabern. Aus allen ging Israel als Sieger hervor, und alle Gebiete, die einst zu Palästina gehört hatten, fielen unter iraelische Herrschaft. Im Jahr 1970 waren aus den 24 000 Juden von 1878 annähernd drei Millionen geworden. Eineinhalb Millionen Palästinenser lebten nun unter der absoluten Herrschaft der Israelis. Eine weitere Million war aus ihren angestammten Gebieten vertrieben worden. Massaker wie das in Deïr Jassin führten 1948 zum ersten Massenexodus. Eine zweite Auswanderungswelle setzte nach dem Sechstagekrieg von 1967 ein.
Aller Propaganda zum Trotz stellten die Palästinenser, die immer noch in Israel, im Westjordanland und im Gazastreifen lebten, für die Besatzungsmacht nur eine geringe Bedrohung dar. Nicht sie, sondern die Palästinenser und ihre Verbündeten, die nicht in ihrem Herrschaftsbereich lebten, sollten den verschiedenen israelischen Regierungen später Kopfzerbrechen bereiten.
Zwischen 1948 und 1967 konnte sich die arabische Welt zu keiner Entscheidung durchringen, was Vorrang haben sollte: der Kampf um Palästina oder die revolutionären Ziele ihrer jeweiligen nationalen Ideologien. Das änderte sich nach der vernichtenden Niederlage im Sechstagekrieg von 1967. Einige arabische Länder erklärten die Rück-

eroberung Palästinas und der im Krieg verlorenen Gebiete zum vordringlichsten Ziel ihrer Politik. Eigennutz ist eine mächtige Antriebskraft. Die Tatsache, daß auch einige arabische Staaten wichtige Gebiete verloren hatten, spielte bei diesem Sinneswandel zweifellos eine entscheidende Rolle.

Ägypten verlor die gesamte Sinaihalbinsel mit all ihren Ölfeldern sowie den Gazastreifen, der seit dem Krieg von 1948 unter seiner Verwaltung gestanden hatte. Die israelische Armee errichtete am Ostufer des Suezkanals Verteidigungsstellungen und zerstörte anschließend mit Artillerie- und Luftangriffen die ägyptischen Ölraffinerien in Suez und in den anderen ägyptischen Städten am Westufer des Kanals.

Syrien verlor die Golanhöhen, auf denen es zuvor sein lebenswichtiges südliches Abwehrsystem errichtet hatte. Die israelischen Streitkräfte stoppten ihren Vormarsch erst bei Kuneitra, nachdem die Supermächte interveniert hatten. Von Damaskus trennten sie damals nur noch rund 80 Kilometer ebener Fläche.

Jordanien verlor die Gebiete westlich des Jordans einschließlich der Altstadt von Jerusalem. Der Verlust dieser Stadt wog für die gesamte arabische Welt besonders schwer. Jordanien büßte praktisch alle Einkünfte aus dem Tourismus ein und mußte obendrein weitere 350 000 palästinensische Flüchtlinge aus dem Westjordanland aufnehmen.

Israels Sieg an allen Fronten stürzte die Araber in Verzweiflung. Die Enttäuschung war groß. Man hatte voll darauf vertraut, daß man mit den Waffen, die Syrien und Ägypten von den Sowjets erworben hatten, wenigstens in der Lage sei, weitere Gebietsverluste zu verhindern. Doch hochmodernes Kriegsgerät allein ist noch kein Garant für den Sieg. Man muß es auch bedienen können.

Die Verlierer waren zu großen Zugeständnissen bereit. Doch die Sieger zeigten, nicht zum ersten- und nicht zum letztenmal, keine Spur von Großmut. Der ägyptische Präsident Nasser und der jordanische König Hussein hatten sich in einen Krieg hineinziehen lassen, von dem sie gewußt hatten, daß er für sie nicht zu gewinnen war. Und hinterher demonstrierten sie durch ihr Verhalten, daß ein Mangel an Mut und Entschlossenheit den Frieden ebenso gefährden kann wie ein Krieg. Als Gegenleistung für die Rückerstattung ihrer verlorenen Gebiete waren beide arabischen Führer bereit, den Staat Israel und sein Existenzrecht anzuerkennen, ihm darüber hinaus das Recht einzuräumen, den Suezkanal und die Straße von Tiran zu benutzen, und im übrigen die Ansprüche des palästinensischen Volkes auf sich beruhen zu lassen.

Ihre Hoffnungen und Erwartungen wurden in der UN-Resolution 242 festgehalten, in der gleichzeitig auch die Notwendigkeit »einer gerechten Lösung des Flüchtlingsproblems« bekräftigt wurde. Palästina und sein Volk waren auf ein Wort reduziert worden: »Flüchtlingsproblem«. Nicht nur den Palästinensern in Israel und in den besetzten Gebieten, sondern auch den Palästinensern überall auf der Welt war inzwischen klargeworden, daß der Spruch »Hilf dir selbst, dann hilft dir Gott« wohl mehr als nur ein Körnchen Wahrheit enthielt.

Aus dieser Einsicht heraus gelangten viele palästinensische Gruppen zu der Vermutung, daß die Westmächte einen weiteren Krieg zwischen Israel und der arabischen Welt hauptsächlich, oder vielleicht sogar ausschließlich, nur deshalb verhindern wollten, weil sie fürchteten, ein solcher Krieg könnte ihre Erdölversorgung gefährden, die Ölpreise in die Höhe treiben und die Welt in eine Wirtschaftskrise stürzen. Über 55 Prozent des weltweit benötigten Öls kamen aus dieser Region, und, was noch wichtiger war, über 62 Prozent der bekannten Erdölreserven der Welt lagerten hier. Im Vergleich zu der Krise, die bei einem kriegerischen Konflikt drohte, war die Palästinenserfrage für viele westliche Beobachter das kleinere Übel.

Des einen Terrorist ist des anderen Freiheitskämpfer, das ist allgemein bekannt. Israelis betrachten die palästinensische Befreiungsorganisation (PLO) als Terrororganisation. Diese erstmals 1964 geäußerte Einschätzung hat sich mittlerweile nicht nur bei der Mehrheit der Israelis durchgesetzt, sondern auch in weiten Teilen der Welt. Die Tatsache hingegen, daß einige israelische Spitzenpolitiker ihren Aufstieg in nicht geringem Maß Taten verdanken, die viele Menschen ebenfalls als Terrorakte bezeichnen würden, wird nur selten erwähnt. Die Sprache ist im Nahen Osten ebensowenig vor Diebstahl geschützt wie das Land. Die PLO ist in Wirklichkeit keine geschlossene Organisation mit einem einzelnen Mann namens Jassir Arafat an der Spitze. Sie besteht vielmehr aus einer ganzen Reihe von Organisationen, die jeweils eine eigene Führung haben. Die PLO ist nur eine Dachorganisation, unter der mehrere Gruppen zusammengefaßt sind. Sollten die Palästinenser eines Tages ihre Heimat zurückerhalten, dann droht bestimmt kein Einparteienstaat. Im Gegenteil, die Wähler werden die Qual der Wahl haben.

Die PLO versteht sich zu Recht als legitime Vertreterin des palästinensischen Volkes. Und als solche wird sie auch in vielen Ländern anerkannt. Aber sie hat viele Gesichter. Als Ilich Ramírez Sánchez Mitte 1979 im Libanon eintraf, bestand für einen jungen Mann, der

die palästinensische Bewegung kennenlernen und sich zum Guerilla ausbilden lassen wollte, eine große Auswahl. Die Fedajin, die palästinensischen Guerillagruppen, hatten viele verschiedene Namen.
Da gab es zum Beispiel die Fatah, die größte und einflußreichste Organisation innerhalb der PLO. Ihr Anführer und ihre Politik waren eher gemäßigt.
Dann war da noch die marxistisch-maoistisch orientierte Volksfront zur Befreiung Palästinas (PFLP). Ihre Anführer waren Dr. Georges Habasch und Dr. Wadi Haddad.
Eine weitere kommunistisch orientierte Gruppe war die von Najef Hawatmeh geleitete Demokratische Volksfront zur Befreiung Palästinas (PDFLP). Das PFLP-Generalkommando unter Ahmed Dschibril war eher der gemäßigten Mitte zuzurechnen.
Daneben gab es viele andere Gruppen, die teils eine Versöhnung mit Israel anstrebten, teils einen unerbitterlichen Konfrontationskurs verfolgten. Kurzum, das Spektrum der Meinungen war sehr breit.
Es war schon immer schwierig, die Größe und Mitgliederzahl der verschiedenen Gruppierungen einigermaßen exakt zu bestimmen. Viele Interessengruppen im Westen, wie etwa die israelische Lobby in den USA, haben Größe und Schlagkraft der Palästinensergruppen meistens übertrieben und verzerrt dargestellt, während die israelische Führung sie häufig als unbedeutend abtat. Einige israelische Spitzenpolitiker gingen sogar noch weiter: Ministerpräsidentin Golda Meïr sagte in einem Interview mit Alan Hart: »Die Palästinenser gibt es nicht.«*
In der Zeit zwischen dem Ende des Sechstagekriegs 1967 und der Ankunft von Ramírez Sánchez 1970 wurden bei Guerillaaktionen der »nicht existenten« Palästinenser mindestens 150 israelische Soldaten getötet und weitere 600 verletzt. Viele davon starben im »Volksbefreiungskrieg«, den die Fatah im Westjordanland und im Gazastreifen führte. Die Verluste, die die Palästinenser den Israelis zufügten, waren zwar groß, doch der Preis, den ihre Kommandos und ihre Zivilbevölkerung dafür zahlten, war um einiges höher. Von September 1967 bis Anfang Januar 1968 wurden viele hundert Angehörige der Fatah-Kommandos getötet und über 1000 Kämpfer gefangengenommen. Doch wie in vielen anderen Kriegen zahlte die Zivilbevölkerung den höchsten Preis: In den besetzten Gebieten im Westjordanland und im Gazastreifen gab es Ausgangssperren, permanente Hausdurchsuchungen, Inhaftierungen ohne Gerichtsverhandlung, Deportationen und

* In einer Sendung der BBC vom 9. August 1971

kollektive Bestrafungen wie die Schließung von Geschäften, Schulen und Büros. Häuser wurden zerstört, weil ihre Besitzer Aktivisten der Fatah Unterschlupf gewährt hatten oder einer solchen Tat verdächtigt wurden. Die Angaben über die Anzahl der zerstörten Wohnhäuser gingen weit auseinander. Mosche Dajan bezifferte ihre Zahl mit 516, die TIMES mit 7000. Folterungen waren an der Tagesordnung. Es kam sogar zu einer aktiven Zusammenarbeit zwischen Israel und der Bundesrepublik Deutschland: Man erinnerte die Deutschen an den Holocaust und erreichte mit dieser moralischen Erpressung, daß sie dem Mossad biographische Angaben und Fotos von jedem palästinensischen Studenten in Deutschland lieferten. Viele kehrten nach dem Studium in ihr Land zurück, um in diesem »Volkskrieg« mitzukämpfen. Von 500 Studenten, die vor ihrer Rückkehr ins Westjordanland und in den Gazastreifen in Algerien eine Ausbildung erhielten, wurden über 450 mit Hilfe der aus Deutschland erhaltenen Informationen eliminiert.
In Anbetracht der Schikanen, denen die Bevölkerung der besetzten Gebiete permanent ausgesetzt war, überrascht es wenig, daß dieser »Volkskrieg« beim normalen Volk äußerst unpopulär war. Der Metzger in der Stadt Gaza und der Bäcker in Ramallah hatten selbst miterlebt, wie eine Armee, die nach Ausbildung und Ausrüstung zu den besten der Welt zählte, den arabischen Streitkräften eine vernichtende Niederlage beigebracht hatte. Sie sahen keinen Sinn mehr darin, einen Krieg zu unterstützen, in dem die eigene Seite nur mit ein paar hundert Mann vertreten war. Außerdem glaubten sie, daß eine dauerhafte Lösung und eine Befriedung der Region nur möglich waren, wenn folgenden Vorausetzungen erfüllt wurden: Anerkennung Israels; Rückzug der Israelis hinter die Grenzen vor dem Sechstagekrieg von 1967; Errichtung eines unabhängigen Palästinenserstaates im Westjordanland und im Gazastreifen. Eine solche Lösung würde vielen Palästinensern große Opfer abverlangen – sie würde ihnen ein für allemal die Rückkehr in ihre Heimat im heutigen Israel verbauen. Aber die einfachen Leute orientierten sich an den realen Gegebenheiten. Damit waren sie den Vorstellungen ihrer Führer um Jahre und den Vorstellungen aller bisherigen israelischen Regierungschefs um Lichtjahre voraus.
Anfang 1968 hatten sich die Überreste der Fatah in Jordanien neu formiert. Um blutigen Zusammenstöße mit der jordanischen Armee zu vermeiden, operierten sie ohne feste Stützpunkte und trafen sich statt dessen in Höhlen oder konspirativen Wohnungen. Die Einheiten waren klein und äußerst mobil. Zur damaligen Zeit hatten Arafat und seine Mitstreiter kaum mehr als 400 Fedajin unter ihrem Kommando.

Syrien war nicht bereit, als Sprungbrett für ihre Blitzüberfälle zu fungieren. Der Libanon kam aus verschiedenen, sehr triftigen Gründen ebenfalls nicht in Frage. Binnen weniger Jahre sollten all diese Gründe bei der Fatah wie auch bei anderen palästinensischen Gruppen in Vergessenheit geraten.

Deshalb beschloß die Fatah, allen Widrigkeiten zum Trotz, Jordanien als Sprungbrett für ihre Angriffe gegen Israel zu benutzen. Das hieß aber auch, daß sie das Land der ständigen Gefahr massiver israelischer Vergeltungsschläge aussetzte. Diese Bedrohung hätte viele andere arabische Führer abgeschreckt, doch König Hussein stand vor einer anderen Situation: außer den 350 000 palästinensischen Flüchtlingen, die Jordanien 1967 nach dem Sechstagekrieg aufgenommen hatte, lebten in seinem Land noch weitere 1,8 Millionen Palästinenser. Viele dienten in der jordanischen Armee, einige sogar als hochrangige Offiziere. Dies zwang den König zu einem Balanceakt. Im Bemühen, einen Ausweg aus der prekären Lage zu finden, kündigte er im Februar 1968 »entschlossene und wirkungsvolle Schritte« gegen die Fedajin an. Jordanien, so der König, werde es als ein »beispielloses Verbrechen« betrachten, falls palästinensische Gruppen von seinem Boden aus nach Israel vordringen sollten. Dies war ein klares Signal an Israel. Innerhalb eines Monats reagierte es mit dem Einmarsch in Jordanien.

Am 18. März wurden mehrere israelische Kinder verletzt, als ihr Schulbus auf eine Mine fuhr. Ein Arzt, der ebenfalls im Bus saß, wurde getötet. Nach Angaben der Israelis war dies der 37. Terroranschlag, den Palästinenser von Jordanien aus verübt hatten. Insgesamt waren bei diesen Anschlägen sechs Menschen getötet und 44 verletzt worden. Ein Racheakt, beziehungsweise eine »Vergeltungsmaßnahme«, wie es im Sprachgebrauch der Israelis heißt, war unvermeidlich. Rundfunk und Presse kündigten offen einen baldigen Angriff »auf terroristische Stellungen in Jordanien« an. Dies war eine deutliche Warnung an König Hussein: »Wir kommen, um die Fatah zu vernichten. Bleiben Sie aus der Schußlinie, oder Sie werden verletzt.« Vor der Invasion sagte Mosche Dajan zu Journalisten, daß der Kampf nach wenigen Stunden beendet sein werde und daß er die »gefangenen Terroristenführer in Jerusalem öffentlich vorführen« werde.

Es gehört zu den hinlänglich bekannten Tatsachen des Krieges, daß eine Guerillaarmee niemals gewinnen kann, wenn sie sich dem Kampf stellt und konventionelle Kampftaktiken anwendet. Nur blitzartige Überfälle und sofortige Flucht bringen Erfolg. Doch in diesem Fall beschloß die Fatah, zu bleiben und zu kämpfen. Der öffentliche Rum-

mel im Vorfeld hatte weltweit Aufmerksamkeit erregt. Ein Überfall und ein sofortiger Rückzug hätten viele als eine weitere arabische Niederlage interpretiert. Arafat und seine Mitstreiter hielten die Zeit für gekommen, sich dem Kampf zu stellen und zu sterben. Der Ort, den sie für ihre letzte Schlacht auserkoren hatten, war ein Flüchtlingslager in der Nähe der kleinen Stadt Karameh, zu deutsch »Würde«.
Im vorangegangenen November waren in diesem Lager mehrere Kinder von israelischen Granaten und Splitterbomben getötet worden. Westliche Militärattachés, die den Schauplatz später besuchten, bezeichneten die Morde als einen »Vergeltungsangriff«, bei dem das vorgesehene Ziel mit »wissenschaftlicher Präzision« getroffen worden sei. Die Granaten hatten in einer Polizeistation, einem Versorgungszentrum und einer Mädchenschule eingeschlagen.
Am Abend des 20. März hielt Arafat seinen Leuten eine Ansprache. Um ihn versammelt waren 297 Kämpfer, viele noch halbe Kinder. Arafat sollte später Alan Hart* von diesem Augenblick berichten:

> Einer der halbwüchsigen Kämpfer fragte mich, ob sie die Israelis besiegen könnten. Ich versuchte zu lachen, aber in Wirklichkeit war mir zum Heulen zumute. Ich antwortete: »Nein, mein tapferer Junge, wir können sie nicht besiegen. Wir sind nicht einmal 300 Mann, und sie werden zu vielen Tausenden anrükken, ausgerüstet mit den modernsten amerikanischen Panzern und Waffen. Wir können sie nicht besiegen, aber wir können ihnen eine Lektion erteilen. Die Augen der arabischen Nation sind auf uns gerichtet. Wir müssen mannhaft unsere Verantwortung tragen, mit Mut und Würde. Wir müssen unserer Nation zeigen, was Standhaftigkeit ist. Wir müssen den Mythos der unbesiegbaren Armee zerstören.«

Am Morgen nach ihrem Einmarsch in Jordanien starteten die Israelis mit Infanterie, Panzern, Artillerie und Flugzeugen einen Großangriff auf Karameh. Hubschrauber setzten Fallschirmspringer hinter der Stadt ab. Von ihrem militärischen Nachrichtendienst wußten die Israelis, daß sich die gesamte Fatah-Führung in der Stadt aufhielt. Ziel des Angriffs war nicht, die gefangenen Anführer durch Jerusalems Straßen zu führen, wie Dajan vor Reportern behauptet hatte. Ziel war, die 300 Mann in Karameh zu liquidieren. Im ersten Moment hatten die israe-

* *Arafat – Terrorist or Peacemaker,* 1987

lischen Soldaten das Gefühl, sie hätten eine Geisterstadt betreten. Über Lautsprecher forderten sie die Bewohner auf, mit erhobenen Händen aus den Häusern zu kommen und sich auf dem Platz vor der Moschee zu versammeln. Doch alle Warnungen verhallten in den leeren Straßen. Plötzlich tauchten wie aus dem Nichts die Männer und Kinder der Fatah auf. Einige kletterten auf die Panzer und warfen Handgranaten hinein. Andere hatten sich Dynamit um den Körper geschnallt und warfen sich gegen die Panzer. Dann geschah das Unglaubliche: Israelische Soldaten sprangen aus den getroffenen Panzern und rannten um ihr Leben. Natürlich erholten sie sich wieder von dem Schock und formierten sich neu. Ihre zahlenmäßige und technische Überlegenheit war erdrückend. Um elf Uhr, nach sechsstündigem Kampf, war ein Drittel der Fatah-Guerillas gefallen. Bis dahin hatten die Jordanier dem Kampfgeschehen nur zugeschaut. Doch jetzt griffen sie in die Schlacht ein. Ihre Intervention brachte die Wende. Am späten Nachmittag zogen sich die Israelis zurück. Die Bilanz: 28 Tote, 90 Verwundete und 18 zerstörte Panzer. Für ein Land, in dem das Leben eines einzigen Israelis oft ebensoviel gilt wie das Leben von hundert Arabern, kam dies einer demütigenden Niederlage gleich. Die Fatah hatte 93 Gefallene und »viele« Verwundete zu beklagen. Die jordanischen Verluste wurden mit 128 Toten und Verletzten beziffert. Die Tatsache, daß die Israelis der Gegenseite so schwere Verluste zugefügt hatten und dennoch zum Rückzug bliesen, machte ihre Niederlage fast noch schlimmer.
Wie wichtig dieser arabische Erfolg in einer kleinen arabischen Stadt war, zeigen die nachfolgenden Ereignisse. Bei einer Niederlage Arafats und seiner Fedajin in Karameh, daran besteht kein Zweifel, wäre die palästinensische Sache verloren gewesen.
So aber wurden die siegreichen Fedajin in der arabischen Welt als Helden gefeiert. Eine unbesiegbare Armee war, wie schon so viele unbesiegbare Armeen vor ihr, geschlagen worden. Zwar machte der Sieg die Niederlagen nicht wett, die man 1948, 1956 und 1967 erlitten hatte, doch auf den einfachen Araber hatte er eine ähnliche Wirkung wie der Erfolg von Entebbe 1976 auf den einfachen Juden.
Das positive Echo hatte für die Fatah sofort spürbare Auswirkungen. Am Ende der Schlacht hatte sie gerade noch 200 Mann gezählt. Doch innerhalb von drei Tagen meldeten sich über 5000 Freiwillige, und im Verlaufe der folgenden 18 Monate stießen weitere 25 000 Kampfeswillige zu ihr. Außerdem trafen schon wenige Tage nach der Schlacht im neuen Hauptquartier der Fatah in Salt zahlreiche Autos und Lastwa-

gen ein, beladen mit Decken, Kleidung und Lebensmitteln, die Palästinenser aus aller Welt geschickt hatten. Und nun floß auch Geld in die Kassen. Ganz allmählich begriffen die Palästinenser, die es nach der Gründung des Staates Israel in alle Welt verschlagen hatte, die Bedeutung dieser Schlacht. Sie schöpften neue Hoffnung und begannen, sich zu organisieren. Palästinensische Schulen, Kliniken und Waisenhäuser wurden gegründet. Eine Infrastruktur wurde aufgebaut. Ein Volk im Exil wagte zu träumen.

Einige Tage nach meiner Ankunft hatte ich im Pressezentrum der Armee, das selbst nur ein Teil des Pressezentrums der Regierung ist, ein ausführliches Gespräch mit Major Mosche Fogel. Was dieser kluge, außerordentlich intelligente Mann vor mir ausbreitete, entsprach der offiziellen Position der israelischen Armee im Februar 1989. Seitdem ist nichts geschehen, was darauf hinweist, daß die Militärs ihre Position grundlegend revidiert hätten.

Sie läßt sich wie folgt zusammenfassen: Die Palästinenser in den besetzten Gebieten, vor allem im Westjordanland und im Gazastreifen, stehen keineswegs geschlossen hinter der PLO. Es gibt Spaltungen und Zerwürfnisse, und im großen und ganzen sind die Palästinenser »glücklich, unter der Besatzung zu leben«.

»Allerdings«, so Fogel, »bringt uns die Intifada in ein Dilemma: Die israelische Armee betrachtet den Aufstand als Sicherheitsproblem, das wir auf die eine oder andere Art und Weise intern regeln müssen. Für die Palästinenser hingegen sind die Vorgänge in den besetzten Gebieten nur Teil eines umfassenderen Problems. Und mit Palästinensern meine ich solche, die in der Welt verstreut leben, wie auch einige von denen, die unter der Besatzung leben. Sie sehnen sich nach einem unabhängigen Staat Palästina, einem Staat, der kaum größer sein würde als die besetzten Gebiete.«

Der Major breitete Landkarten und Luftaufnahmen auf dem Tisch aus und wies mich auf die Bergkette hin, die Israel von Norden nach Süden durchzieht und Jerusalem von Tel Aviv trennt. Diese Berge, so Mosche Fogel, garantierten eine hervorragende Rückzugsmöglichkeit für den Fall, daß vom Westjordanland oder von Jordanien aus ein Angriff auf Israel erfolgen sollte.

Würde Israel jedoch einen Teil dieses Gebiets abtreten und aus dem Westjordanland abziehen, dann würde es diese Ebene mit ihren strategisch lebenswichtigen Punkten verlieren. Deshalb sei die israelische Armee strikt dagegen, das Westjordanland jemals aufzugeben. Fogel betonte, daß er lediglich vom militärischen Standpunkt aus spreche. »Was die Politiker dazu sagen, hängt ganz davon ab, mit wem sie sprechen.«

Am Tag nach meinem Gespräch mit Major Fogel fuhr ich mit dem Taxi nach Norden zur israelisch-libanesischen Grenze. Dabei kam mir zu Bewußtsein, wie klein dieses Land ist. Nach einer knapp zweistündigen Fahrt – Kostenpunkt 100 Dollar – erreichten wir die Grenze. Doch obwohl Israel so klein ist, war das Land zu beiden Seiten der Straße kaum besiedelt.

Am nächsten Morgen sollte ich um acht Uhr den israelischen Grenzposten und Zoll passieren und in den Libanon einreisen. Ich war mit UN-Leuten verabredet. Ich überquerte die Grenze eine Stunde früher. Vor meiner Verabredung wollte ich noch eine Privatangelegenheit erledigen und Samirs Frau in Tyrus besuchen. Bei unserem letzten Telefongespräch hatte sie gesagt, daß ich nach dem Besuch bei ihr in die südlibanesische Stadt Chebaa nahe der syrischen Grenze fahren müsse. Ausgestattet mit dieser Information, hatte ich in der Woche zuvor bei meinem ersten Gespräch mit Timor Goksell, dem UN-Vertreter im Südlibanon, um die Erlaubnis gebeten, dieses Gebiet betreten zu dürfen. Ich wußte, daß dort norwegische Soldaten der UN-Friedenstruppen stationiert waren. Zu meiner Erleichterung hatte Goksell keine Einwände gehabt.

Während ich in der Morgensonne stand und auf ein Auto in Richtung Norden wartete, unterhielt ich mich mit dem Grenzbeamten. Nebenan parkten einige große Lastzüge, die Zitrusfrüchte geladen hatten. Ich wunderte mich darüber, daß sie offensichtlich nach Norden, also in ein arabisches Land, unterwegs waren. Auf die Lastzüge deutend, fragte ich:

»Handel mit dem Libanon?«

Der Mann zeigte ein schiefes Grinsen.

»Nicht mit dem Libanon. Mit Saudi-Arabien und anderen Golfstaaten.«

»Aber die haben doch ein totales Handelsembargo über Israel verhängt.«

»Gewiß. Die Lastzüge, die hier auf ihre Abfertigung warten, sind auf dem Weg nach Nâqoura. In Nâqoura werden die Früchte auf Schiffe verladen, die sie nach Beirut bringen. Dort werden sie neu verpackt, als libanesische Ware deklariert und dann zu den Arabern verfrachtet.«

»Ein schönes Handelsembargo.«

Er schaute mich forschend an.

»Sind Sie Journalist?«
»Nein.«
»Gut.«
Nach Tyrus zu trampen war eine aufschlußreiche Erfahrung. Die erste Etappe durch den Südlibanon verlief problemlos. Das Gebiet wurde von den Israelis und der mit ihnen verbündeten Südlibanesischen Armee (SLA) kontrolliert. Nachdem ich in der Nähe des UNIFIL-Stützpunkts (Interimsstreitkräfte der Vereinten Nationen im Libanon) in Nâqoura herausgelassen worden war, setzte ich meine Reise nach Norden fort. Ich befand mich jetzt in einer Zone, in der die UNIFIL ihr Mandat ausübte, näherte mich aber dem Banditenland. Drei Lifts später – ein Auto gehörte einem Angehörigen des Fidschibataillons – war ich in Tyrus. Ich hielt mich genau an die Wegbeschreibung von Samirs Witwe und gelangte schließlich zu einem arabischen Café. Die Kundschaft des Cafés bestand offensichtlich ausschließlich aus Mitgliedern der Amal-Miliz, die den Auftritt des bleichgesichtigen Europäers mit großem Interesse verfolgten. Ich hoffte inbrünstig, daß dies auch wirklich der Ort war, an dem ich erwartet wurde. Ich wandte mich an den Wirt und wiederholte wie ein Papagei immer wieder den arabischen Satz, den mir Samirs Witwe gesagt hatte. Der Wirt gab mir kein Zeichen, daß ich willkommen sei. Er wies lediglich auf einen leeren Tisch. Ich setzte mich, trank Kaffee und versuchte, mich unsichtbar zu machen. Zu meiner großen Erleichterung ging wenig später die Tür auf, und einer von Samirs Söhnen trat ein.
Kurz darauf trank ich in einer freundlicheren Umgebung Kaffee, wenngleich die anwesenden männlichen Verwandten der Witwe mir immer wieder skeptische Blicke zuwarfen. Es war mehr als drei Jahre her, daß ich mich von Samirs Witwe am Flughafen von Beirut verabschiedet hatte. Ich hatte damals die Spur von Carlos verloren, aber sie hatte etwas viel Wichtigeres verloren. Seit der Zeit nagten immer wieder tiefe Schuldgefühle an mir. Wenn ich an diesem Tag nicht in Beirut gewesen wäre, wenn Samir nicht nach Hause geeilt wäre, um diese letzte Fahrt mit mir zu machen ... Ja, wenn! Ich hatte damals nicht den leisesten Hauch eines Vorwurfs gespürt, und auch jetzt spürte ich keinen. Wir sprachen über dies und das, über ihre Kinder, über meine Familie. Ich ließ durchblicken, daß ich mich wenn schon nicht schuldig, so doch in gewisser Weise verantwortlich fühlte. Sie lächelte nur und sagte: »Inschallah« – ein Wort, das alles ausdrückt.
Gerne wäre ich noch länger geblieben, aber ich hatte bereits einen Termin mit den UNIFIL-Leuten an der israelischen Grenze verpaßt

und mußte jetzt versuchen, sie in Nâqoura einzuholen. Ich schilderte ihnen mein Problem, das – wie schon so viele zuvor – von dieser Familie in kürzester Zeit aus der Welt geschafft wurde. Einer der Verwandten bot mir an, mich ins UNIFIL-Hauptquartier zurückzubringen, und Samirs Witwe gab mir ein Empfehlungsschreiben für den Muchtar oder Ortsvorsteher von Chebaa mit. Sie nannte mir auch den Namen des Mannes, mit dem ich dort reden sollte, hielt es aber für ratsamer, wenn der Muchtar das Treffen mit dem Mann arrangierte. »Dieser Mann wird Ihnen sagen, wo Carlos ist«, sagte sie.
Einfach so. Nach einer Jagd, die Jahre gedauert hatte, sollte ich die Antwort auf meine Fragen in einem Städtchen im Südlibanon finden. Es schien so einfach zu sein.
Kaum in Nâqoura angekommen, packte ich meine kleine Reisetasche und eilte zu Timor Goksell ins UNIFIL-Hauptquartier. Am Straßenrand vor dem Gebäude lungerten ungefähr ein Dutzend Reporter und Kameraleute herum. Es war ein schlechter Moment, und es sollte noch schlimmer kommen.
»Sind Sie David Yallop?«
»Ja.«
»Wir haben an der Grenze auf Sie gewartet. Was war los?«
»Das Taxi hatte Verspätung.«
»Aber Sie kommen doch aus dem Norden.«
Schlaues Köpfchen. Zeit, das Thema zu wechseln.
»Und wohin wollen Sie?«
»In die norwegische Zone, wie Sie.«
»Warum?«
»Mann, aus demselben Grund wie Sie. In Chebaa geht es ab.«
Seit voriger Woche, als ich in aller Stille die Vorbereitungen für meinen Abstecher in den entlegenen Ort am Berg Hermon getroffen hatte, war Chebaa plötzlich in den Blickpunkt der internationalen Medien gerückt. Ich war so sehr mit Interviews und Recherchen beschäftigt gewesen, daß mir dieses unerwartete Interesse völlig entgangen war.
Am 11. März 1978 war in der Nähe von Tel Aviv ein Anschlag verübt worden, für den die PLO die Verantwortung übernommen hatte. Die Israelis bezifferten die Zahl der Opfer mit 37 Toten und 76 Verletzten. Ihre Antwort ließ nicht lange auf sich warten. Noch in derselben Woche marschierte die israelische Armee im Libanon ein und besetzte mit Ausnahme der Stadt Tyrus und ihrer unmittelbaren Umgebung das gesamte Gebiet südlich des Litani-Flusses. Nur vier Tage später verabschiedete der Sicherheitsrat der Vereinten Nationen die Resolution

425, in der die strikte Respektierung der territorialen Integrität, Souveranität und politischen Unabhängigkeit des Libanon innerhalb seiner international anerkannten Grenzen verlangt wurde. Israel wurde aufgefordert, die Militäraktion sofort einzustellen und seine Truppen von libanesischem Gebiet abzuziehen. Auf Ersuchen der libanesischen Regierung entsandte die UN außerdem eine Interimstruppe in den Südlibanon, die sich aus Soldaten verschiedener Mitgliedsländer zusammensetzte.

Die UN-Truppen sollten den Rückzug der israelischen Streitkräfte überwachen, den internationalen Frieden wiederherstellen und der libanesischen Regierung dabei helfen, die Kontrolle über das Gebiet zurückzugewinnen. Ursprünglich war ihr Mandat auf ein halbes Jahr begrenzt. Elf Jahre später versuchten sie immer noch, das Unmögliche zu vollbringen.

Handlungsunfähig gemacht durch Richtlinien, die ihnen die Anwendung von Gewalt außer zum Zwecke der Selbstverteidigung verbieten und jede Einmischung in die inneren Angelegenheiten des Libanon untersagen, erhielten sie nach der israelischen Invasion von 1982 die zusätzliche Aufgabe, die einheimische Bevölkerung zu beschützen und humanitäre Hilfe zu leisten.

Nur einen Monat zuvor hatten die Südlibanesische Armee (SLA), eine Christenmiliz unter Führung des Libanesen Major Haddad, und der ihr angeschlossene Geheimdienst GSS, die beide von Israel kontrolliert werden, in dem von den Norwegern überwachten Gebiet mit einer Serie von Deportationen begonnen. Zivilisten, in der Mehrzahl Frauen und Kinder, darunter auch geistig Behinderte, wurden aus ihren Häusern geholt, aus dem Südlibanon fortgekarrt und mit der Anweisung, niemals in ihre Dörfer oder Städte zurückzukehren, irgendwo an einer Straße abgesetzt. Als Begründung wurde angegeben, sie seien Verwandte oder Sympathisanten libanesischer Widerstandskämpfer.

Besonders hart traf es die Bewohner von Chebaa, die sich seit langem israelischen Plänen widersetzten, im Herzen der Stadt ein Rekrutierungsbüro der SLA zu eröffnen. In den frühen Morgenstunden des 25. Januar verschleppte die GSS in einer Nachtundnebelaktion 37 Einwohner, wieder vorwiegend Frauen und Kinder. Die norwegischen UNIFIL-Soldaten standen machtlos daneben. Alles, was sie tun konnten, war, der UNO in New York von den Vorgängen zu berichten.

Die Deportationen aus Chebaa gingen weiter. An dem Wochenende, bevor ich in den Libanon fuhr, waren allein aus Chebaa bereits 70

Menschen verschleppt worden. Den Norwegern waren die Hände gebunden. Libanesische Frauen und Kinder flehten sie an, die Abschiebungen zu verhindern. Doch sie mußten ohnmächtig zusehen. Dann, bei einem Treffen mit israelischen Offizieren, verlor der norwegische Kommandeur, Oberst Jan-Erik Karlsen, die Beherrschung:
»Ich bin nicht bereit, mit der IDF [der Israelischen Verteidigungsarmee] eine Vereinbarung zu treffen. Im Zweiten Weltkrieg opferten meine Landsleute ihr Leben im Kampf gegen die Nazis, die Juden aus Norwegen verschleppen wollten. Und heute verhalten Sie sich im Südlibanon ganz genauso wie die Nazis damals.«
Das war es, was die Reporter in den Libanon gelockt hatte. Doch Chebaa war abgeriegelt. Niemand durfte hinein, niemand durfte hinaus. Dennoch mußte ich jetzt versuchen hineinzugelangen, denn wenn Samirs Witwe recht hatte, dann hielt sich dort ein Mann auf, der wußte, wo Carlos steckte.
Wir verließen Tyrus, die Stadt, die Alexander der Große gebaut hatte, eine Stadt mit römischen Säulen und zerstörten Wohnhäusern aus den sechziger Jahren, und flogen, der italienischen Luftwaffe sei gedankt, über den Südlibanon hinweg. Das Gebiet zwischen dem Litani und der israelischen Grenze ist hügeliges Flachland, durchzogen von relativ tief eingeschnittenen Tälern. Je mehr wir uns der syrischen Grenze näherten, desto bergiger wurde es. Der Berg Hermon, über 2800 Meter hoch, wuchs am Horizont immer höher. Das Operationsgebiet der UNIFIL-Bataillone und ihrer Versorgungseinheiten verfügt über keine Flughäfen und keine Schienenwege. Das Straßennetz ist dicht, aber in sehr schlechtem Zustand. Hier leben mehr als eine halbe Million Menschen, ein Fünftel davon in der Region um Tyrus, der Rest verstreut über das Land. Nur knapp 6000 UN-Soldaten aus so verschiedenen Ländern wie den Fidschiinseln, Finnland, Irland, Ghana und Norwegen schützen sie vor der absoluten Anarchie. Wir landeten in der Nähe des Hauptquartiers des norwegischen Bataillons.
»Oberst, ich würde gerne nach Chebaa gehen.«
»Ist Ihnen bewußt, daß SLA und GSS den Ort total abgeriegelt haben?«
»Ja, ich weiß. Ich hoffte, Sie könnten dieses Problem lösen.«
Er lachte.
»Dazu brauchen Sie mindestens einen gepanzerten Mannschaftswagen. Und Sie müssen eine Uniform tragen.«
»Ich würde das als eine Ehre betrachten.«
»Sie sind sehr freundlich. Ich werde Sie und Ihre Freunde morgen kurz nach Tagesanbruch mitnehmen.«

Ich hatte zwar mit meinen »Freunden« nicht abgemacht, daß ich sie mitnehmen würde, aber wenigstens war eine weitere Hürde überwunden.
Kurz nach unserer Ankunft in Ebel el-Saki trafen wir die Dorfältesten. Es war offensichtlich, daß die Norweger zu den Einheimischen ein ausgezeichnetes Verhältnis aufgebaut hatten. Dazu hatte auch die Entscheidung von Oberst Karlsen beigetragen, seine Männer nicht in einer Kaserne unterzubringen, sondern auf das ganze Gebiet zu verteilen.
Man steht früh auf in der norwegischen Armee. Um sechs Uhr hatten wir bereits geduscht, gefrühstückt und norwegische Uniformen angezogen. Kurz darauf fuhren wir mit drei gepanzerten Mannschaftswagen los, in denen wir bei jedem Schlagloch kräftig durchgerüttelt wurden. Kritisch wurde es nur einmal, als uns der SLA-Wachtposten am Eingang nach Chebaa stoppte. Die Norweger gaben an, daß wir lebenswichtige Medikamente geladen hätten, und das war nicht einmal gelogen. Bevor wir losgefahren waren, hatte ich einen der norwegischen Offiziere gefragt, was passieren würde, wenn die SLA auf einer Durchsuchung unserer Fahrzeuge bestehen sollte.
»Wir werden uns weigern.«
»Und wenn sie darauf bestehen?«
»Dann werden wir Widerstand leisten.«
Als sich der Aufenthalt an dem Kontrollpunkt hinzog, schoben die Soldaten in meinem Fahrzeug seelenruhig die Magazine in ihre Gewehre und legten die Sicherungshebel um. Der einzige Vertreter der Weltpresse in unserem Mannschaftswagen lag ausgestreckt da. Er schlief fest und schnarchte. Die norwegische Gastfreundlichkeit war wohl zuviel für ihn gewesen. Wenn es hier zu einer Schießerei kam, dann würden die ersten Absätze seines Berichts wohl etwas an Genauigkeit zu wünschen übriglassen. Nach etwa 20 Minuten legte der Fahrer den Gang ein, kurz darauf erreichten wir Chebaa.
Scheich Raschid Abu Sahui, der Muchtar, empfing uns in seinem Haus. Neunzig Jahre alt, saß er kerzengerade im Lotussitz auf dem teppichbedeckten Fußboden, sein Geist klar wie die Bergluft des Ortes. Sahui war von entwaffnender Offenheit.
»Wie rechtfertigen SLA und GSS die Abriegelung der Stadt?« wollte ich wissen. »Womit legitimieren sie die Aktion?«
»Sie behaupten, daß sie uns am Schmuggeln hindern wollen.«
»Gibt es denn in diesem Ort Leute, die schmuggeln?«
»Ja natürlich. Der Schmuggel ist unsere Haupteinnahmequelle.«
»Seit wann?«
»Schon bevor ich geboren wurde. Schon lange davor.«

»Was schmuggeln Sie?«
»Eisen oder Rauch [Zigaretten] aus Beirut und aus der Beka-Ebene. Wir schmuggeln es mit Packeseln durch die Berge nach Syrien.«
»Und deshalb wird der Ort belagert?«
»Nein, der wahre Grund ist der, den sie jetzt angeben. Der wahre Grund ist, daß wir hier im Ort kein Rekrutierungsbüro der SLA haben wollen. Anfang Dezember kam ein israelischer General hierher. Sein Name war Seb Sakrin. Er sagte zu mir: ›Ich möchte ein Rekrutierungsbüro in diesem Ort haben.‹ Ich lehnte ab, genauso wie ich vor ein paar Jahren den Palästinensern verboten habe, ein Rekrutierungsbüro aufzumachen, und davor schon den Syrern. Außerdem habe ich verboten, daß in diesem Ort Waffen getragen werden. Nur die UNIFIL oder die von meiner Regierung in Beirut geschickte libanesische Armee dürfen hier Waffen tragen.«
Für den alten Mann war diese Stadt ganz offensichtlich ein Teil des Libanon, nicht mehr und nicht weniger. Im Norden, nicht weit vom Ort entfernt, beginnt das Beka-Tal, das fest in der Hand der Hisbollah ist. Auf der anderen Seite der Gebirgskette liegt Syrien, im Süden Israel. Der Muchtar und seine Leute, vorwiegend sunnitische Moslems, fühlten sich nur ihrer rechtmäßig gewählten Regierung in Beirut verpflichtet. Wer das war, konnte sich Anfang 1989 immer noch von einem Tag auf den anderen ändern.
Als die anderen draußen auf die Suche nach Augenzeugen gingen, die die Nachtundnebelaktion der GSS, bei der über 100 Menschen verschleppt worden waren, miterlebt hatten, schnappte ich mir den Einheimischen, der für den Muchtar übersetzt hatte.
»Ich habe ein Schreiben für den Muchtar. Würden Sie es ihm bitte geben und seine Antwort übersetzen?«
Der Mann nickte und reichte den Brief, den Samirs Witwe mir gegeben hatte, an den Muchtar weiter. Der Muchtar betrachtete einen Moment lang den Umschlag, dann zog er ein uraltes Paar Augengläser hervor, öffnete den Brief und las. Erleichtert beobachtete ich, wie er beim Lesen nickte. Dann gab er dem Übersetzer den Brief zurück und sagte etwas zu ihm.
»Der Muchtar sagt, daß der Mann, denn Sie sehen möchten, nicht hier ist.«
»Warum nicht? Wurde er von der GSS verschleppt?«
»Nein, er ist nicht im Libanon.«
»Wo denn?«
»In Gaza.«

Während ich versuchte, diese Neuigkeit zu verdauen, sprach der Muchtar weiter. Der Übersetzer nickte.
»Der Muchtar sagt, daß Sie nach Gaza gehen sollen. Ins Haus Marna. Alja Schawa wird ihn für Sie finden.«
»Sind Sie sicher, daß er in Gaza ist? Wie lange wird er noch dort sein?«
Erneut tauschten die beiden Männer Worte aus.
»Ja, der Muchtar ist sicher, daß er dort ist. Er wird bis Ende des Monats in Gaza bleiben.«
Ich wandte mich direkt an den alten Mann:
»Schukran jasilan Muchtar.«
Er grinste, ergriff meine Hand und sagte etwas. Ich schaute den Übersetzer fragend an.
»Hüte dich vor den Israelis.«
Ich beeilte mich, die anderen einzuholen, bevor sie neugierig wurden. Samirs Witwe, da war ich mir sicher, hätte mich niemals auf eine wilde, hoffnungslose Jagd quer durch den Libanon geschickt. Die Antwort, die ich suchte, schien immer knapp außerhalb meiner Reichweite zu liegen, sozusagen hinter der nächsten Ecke. Ich brauchte ein bißchen Zeit, um in Ruhe über diese Angelegenheit nachzudenken.
Ein paar Tage später – ich war inzwischen nach Israel zurückgekehrt – versuchte ich immer noch aus der Tatsache schlau zu werden, daß der Mann, der eigentlich in Chebaa hätte sein sollen, sich im Gazastreifen aufhielt. Erst bei einem Interview mit Uri Lubrani stieß ich ganz unverhofft auf eine mögliche Erklärung.
Lubrani weiß mehr über den Libanon als die meisten anderen. Er ist der Libanon-Berater der israelischen Regierung. Während unserer Unterhaltung brachte ich die Sprache auch auf Chebaa, das zu diesem Zeitpunkt immer noch unter Belagerung stand. Uri Lubrani distanzierte sich von der Vorgehensweise der SLA und ihres Kommandeurs, Generalmajor Antoine Lahd, und berichtete mir, daß er Lahd auf die Vorfälle in Chebaa angesprochen habe.
»Ich wollte von ihm wissen, warum er einen 80jährigen Mann, Kleinkinder und all die anderen Leute aus Chebaa deportiert hatte. Lahd antwortete: ›Nach solchen Tumulten und Demonstrationen, wie sie in Chebaa vorgekommen sind, wären diese Leute normalerweise nicht mehr am Leben. Die Hisbollah und die Amal hätten ihr Leben nicht geschont. Das müssen Sie zugeben. Diese Leute sind Angehörige bestimmter Familien. Wenn ein Mitglied der Familie sich etwas zuschulden kommen läßt, dann muß die gesamte Familie damit rechnen, daß ihr etwas zustößt.‹«

»Herr Lubrani, was Lahd getan hat, ist mit nichts zu rechtfertigen, egal, welche rechtlichen oder moralischen Maßstäbe man anlegt. Unter den Deportierten waren geistig behinderte Kinder.«
»Ich ... ich weiß es nicht. Ich habe sie nicht gesehen. Ich weiß es nicht.«
»Während wir uns hier in Tel Aviv unterhalten, ist die Stadt immer noch von der Außenwelt abgeriegelt. Nur den Norwegern ist es zu verdanken, daß lebenswichtige Medikamente hineinkommen.«
»Ich weiß. Ich weiß, aber dieser Ort ist ein Zentrum für den Schmuggel nach Syrien und nach Israel.«
»Und was bringen sie herüber? Ich weiß, daß sie Eisen nach Syrien schaffen, aber was schmuggeln sie nach Israel? Tabak?«
»Wie wär's mit Drogen?«
»Was für Drogen? Kokain? Heroin?«
»Was Sie wollen. Ich hoffe, keine harten Drogen, aber ganz bestimmt Haschisch und Kokain. Lahd sagte zu mir: ›Wie soll ich die Angelegenheit denn regeln, wenn ich mich nach Ihren Wertvorstellungen richte? Wenn wir das Problem auf libanesische Art anpacken, haben wir es bald aus der Welt geschafft. Schauen Sie mir in die Augen und versprechen Sie mir, daß Sie kein Wehgeschrei anstimmen werden, und ich regele die Sache.‹ Aber wir haben nein gesagt.«
»Nicht gerade der ideale Verbündete für Israel?«
»Das ist sehr zurückhaltend formuliert.«
Nach der israelischen Invasion im Libanon von 1982 und dem späteren Teilrückzug brachten die Truppen nicht nur ihre Toten und Verwundeten mit zurück, viele Soldaten brachten auch eine ›schlechte Angewohnheit‹ mit. Das war nicht anders als bei den Amerikanern in Vietnam. Bei den einen war es Haschisch, bei den anderen Opium. Und Sucht braucht Stoff. Viele Jahre lang war der Libanon der größte Haschischproduzent im Nahen Osten. Seit einigen Jahren bewachte die syrische Armee die Felder in der Beka-Ebene, während die Bauern ihre überaus lukrative Ernte, bestehend aus dunkelgrünen Hanfpflanzen und Mohn, aus dem Opium gewonnen wird, einbringen. Die Invasion von 1982 eröffnete ihnen einen neuen Markt: Israel.
Wenn man den israelischen Drogenfahndern zuhörte, wurde einem schnell klar, warum ein Libanese aus Chebaa oder jedem anderen Teil des Landes bereit war, die riskante Reise über die Grenze im Süden auf sich zu nehmen.
Ein Kilo Heroin einer guten, unverschnittenen Qualität bringt an der Quelle in der Beka-Ebene etwa 12 000 Mark. Wenn es Beirut erreicht,

ist es bereits das Doppelte wert. In Chebaa, der Gegend um Chebaa und der sogenannten israelischen Sicherheitszone liegt der Kilopreis schon bei 70 000 Mark. Es über die Grenze zu schaffen genügt, um den Preis abermals zu verdoppeln. Und zwei Autostunden weiter in Tel Aviv bekommt man dafür zwischen 190 000 und 220 000 Mark. Die Drogenkartelle von Tel Aviv geben sich mit dieser riesigen, quasi garantierten Gewinnspanne häufig nicht zufrieden und strecken das Heroin, indem sie dem hochgradig reinen libanesischen Produkt Traubenzucker, Soda und andere Zutaten beimengen. Das erhöht die Quantität um 50 bis 100 Prozent. Ein »Schuß« wird dann auf den Straßen von Tel Aviv, Jaffa oder Jerusalem für rund 300 Mark verkauft. Der Kilopreis ist also von 12 000 Mark zu Beginn auf 1,9 Millionen Mark gestiegen.
Ich hatte keine Möglichkeit herauszufinden, ob der Mann, den ich in Chebaa gesucht hatte, in dieses Geschäft verwickelt war oder nicht. Ich wußte nur, daß es illegale Grenzübergänge nach Israel, eine sogenannte »grüne Grenze«, gab und daß sie auch wiederholt benutzt wurden. Mit etwas Mut, Geschick und Glück konnte ein Mann also nach Israel gelangen, ohne die Ruhe der israelischen Zollämter zu stören.
Am Freitag, dem 10. Februar, hatte ich ein erneutes Treffen mit Major Mosche Fogel. Ich teilte ihm mit, daß ich den Gazastreifen besuchen wollte. Da die Intifada noch immer tobte, war er keineswegs begeistert von der Aussicht, daß ein weiterer westlicher Autor eigene Erfahrungen über den palästinensischen Aufstand sammelte. Ich wußte, daß die Israelis des öfteren das gesamte Gebiet abriegelten. Also hatte ich beschlossen, den offiziellen Weg zu beschreiten und so sicherzustellen, daß ich tatsächlich hineinkam. Ich erhielt eine Erlaubnis für die nächste Woche. Unter keinen Umständen, so teilte Fogel mir angesichts des bevorstehenden Wochenendes mit, dürfe ich das Gebiet vor dem 14., dem kommenden Dienstag, betreten. Also vereinbarten wir, daß ich mich am Morgen des 14. am israelischen Kontrollpunkt einfinden sollte. Zufrieden fuhr ich weiter nach Jerusalem, wo ich über meine palästinensischen Mittelsmänner unverzüglich alle Vorkehrungen traf, um noch am Wochenende mit einem Übersetzer nach Gaza zu reisen. Eine von den Israelis organisierte Tour sollte nicht mein einziger Eindruck von dieser Region sein.
Es goß in Strömen, als ich und Mahmud in Jerusalem in den Kleinbus stiegen. Die übrigen zehn Fahrgäste waren Einwohner von Gaza. Mit etwas Glück würden die israelischen Grenzposten kein großes Interes-

se an unserem zerbeulten Bus zeigen. Für den Fall, daß ich aus dem Bus herausgezogen werden sollte, erteilte ich Mahmud Anweisung, mir auf gar keinen Fall zu folgen, sondern eine Stunde am Omar-Muchtar-Platz zu warten und dann ins Hotel Colony nach Jerusalem zurückzukehren. Als wir uns dem Kontrollposten näherten, drückten die neben mir sitzenden Araber ihre Zigaretten aus.

Der arabische Fahrer hielt an dem Kontrollposten an. Ein israelischer Soldat warf einen kurzen Blick auf die Papiere des Fahrers, dann winkte er ihn durch. Kein Köpfezählen, keine Durchsuchung.

Mein Ziel, das Haus Marna, war ein kleines Hotel. Die Besitzerin hieß Alja Schawa. Am Abend zuvor hatte ich sie angerufen und zwei Zimmer reserviert, ohne aber ein Wort darüber zu verlieren, weshalb ich nach Gaza kam. Der Kleinbus hielt auf dem Hauptplatz, und wir stiegen aus. An den Marktbuden herrschte trotz des Regens reges Treiben. Während Mahmud versuchte, in dem Chaos – ein, wie ich später begriff, praktisch niemals endender Verkehrsstau – ein freies Taxi aufzutreiben, blieb ich stehen und sah mich um. Eselkarren versuchten, sich einen Weg durch das Gewühl zu bahnen. Ich kam mir vor wie an einem Rallye-Treffpunkt für alle zerbeulten Taxis und Autos des Nahen Osten. Fliegende Händler priesen ein Sammelsurium billiger Waren an, von Haarsprays und billigem Schmuck bis hin zu Orangen und Kartoffeln. Am Eingang zu Radschab M. Kalafs »Großfabrik für Korbmöbel« wurde ich auf einen Mann aufmerksam. Ohne auf den Verkehr zu achten, drängte er sich zu mir herüber.

»Britischer Reporter?«

Mein Gott, war meine Nationalität so offensichtlich?

»Nein, britischer Schriftsteller.«

»Kennen Sie David Hirst vom GUARDIAN?«

»Vom Namen her, ja.«

»Ein guter Freund von mir. Sind Sie hier, um über Gaza zu schreiben?«

»Ja.«

»Gut. Ich sehe Sie im Presseclub. In einer Stunde. Ich heiße Hassan Abu Schahan.«

Im nächsten Moment war er verschwunden. Mahmud kehrte zurück, mit einem Taxi.

»Mahmud, wissen Sie vielleicht, wo der Presseclub ist?«

»Natürlich.«

»Gut, aber zuerst ins Haus Marna.«

Kurze Zeit später stellte ich mich Alja vor. Respekteinflößend ist das Wort, das mir zuerst einfällt, wenn ich an diese Frau zurückdenke. Ihr

Alter war undefinierbar. Sie konnte 35, genausogut aber auch 55 sein. Der Typ von Frau war sie. Ich berichtete ihr von meiner Unterhaltung in Chebaa und nannte ihr den Namen des Mannes, der nach den Angaben des Muchtars in Gaza war. Ihre Augen wurden hart, ihre Stirn legte sich in Falten.

»Ich kenne ihn nicht.«

»Sind Sie sicher? Scheich Raschid Abu Sahui schien davon überzeugt zu sein, daß Sie Carlos für mich finden könnten.«

Der Name des Scheichs schien sie umzustimmen.

»Einen Moment.«

Sie nahm das Telefon vom Tisch, wählte eine Nummer und unterhielt sich eine Zeitlang auf arabisch. Ich beobachtete sie aufmerksam, zu meiner großen Erleichterung lächelte sie. Sie stellte das Telefon zurück, schwang ihren Stuhl herum und sagte:

»Er ist im Westjordanland.«

War das ein Grund zum Lächeln?

»Nur für ein paar Tage. Er kommt am Montag abend zurück nach Gaza.«

»Gut. In diesem Fall würden wir gerne bis Dienstag morgen bleiben. Ist das ein Problem?«

»Nein, überhaupt nicht. Ich habe zur Zeit keine anderen Gäste. Für später haben sich zwar ein paar angemeldet, aber wir haben viel Platz. Ich werde Mahmud sagen, wo Sie am Montag abend Ihren Freund treffen können.«

»Ich bin Ihnen sehr dankbar.«

»Wir sind es, die Ihnen danken müssen. Wenn Sie hierhergekommen sind, um darüber zu schreiben, was hier vor sich geht, dann stehen wir in Ihrer Schuld. Wo werden Sie anfangen?«

»Ich habe eine Verabredung mit Hassan Abu Schahan im Presseclub.«

»Ah, ein Lehrer. Ein guter Mann.«

Langsam verstand ich, warum der Scheich sie mir empfohlen hatte. Die Frage nach dem Mann aus Chebaa hatte sie zwar für einen Moment aus der Fassung gebracht, aber eben nur für einen Moment. Nach vielen weiteren Gesprächen mit ihr kam ich zu dem Schluß, daß sie in ihrem Kopf wahrscheinlich ein Archiv hatte, in dem alle Bewohner der Stadt gespeichert waren.

Als ich in den Presseclub kam, arbeitete Hassan gerade. Ich setzte mich zu ihm, wir tranken süßen Tee und plauderten über Ereignisse, die zum normalen Alltag dieser Stadt gehörten, Ereignisse wie die Festnahme und Inhaftierung seines Bruders.

»Er ist Anwalt. Die Israelis haben ihn verhaftet und ohne Verhandlung sechs Monate eingesperrt. Dann haben sie ihn in das Gefängnis Ketziot in der Negevwüste gebracht. Sie zwangen ihn, sich in den Sand zu knien, fesselten ihm mit Handschellen die Hände auf den Rücken und drückten ihm den Kopf zwischen die Knie. Dann steckten sie ihm ein Plastikrohr in die Nase und zogen seinen Kopf nach oben. Jedesmal, wenn er seinen Kopf hob, schlugen sie ihm mit Knüppeln auf den Schädel und befahlen ihm, den Kopf unten zu lassen.«

»Was wirft man ihm vor?«

»Das hat man ihm noch nicht gesagt.«

»Diese Woche hat das State Department seinen Jahresbericht 1988 über die Lage der Menschenrechte in aller Welt veröffentlicht. Unter anderem heißt es darin über Israel, daß Folter und andere grausame, unmenschliche oder entwürdigende Behandlungen vom israelischen Gesetz ganz klar verboten werden.«

»Mein Bruder wird sich freuen, das zu hören. Zweifellos steht in diesem Bericht auch, daß hier keine Menschen verschwinden?«

»Ja, in der Tat.«

»Hier, diese Zeitung habe ich gerade eben gekauft.«

»Was ist damit?«

»EL-FADSCHR. Sie wurde 1972 von Jusif Nasr gegründet, der das Blatt auch bis 1974 herausgegeben hat. Dann wurde er von der Schin Beth entführt. Seitdem wurde er nie mehr gesehen. Einfach verschwunden. Viele verschwinden so. Manchmal, wenn sie mit ihnen fertig sind, tauchen ihre Leichen wieder auf. Hassan Abdul Halim, ein Journalist, war einen Monat lang verschwunden, dann wurde bei Ramallah seine Leiche gefunden. Aber ich muß jetzt gehen. Ich habe Unterricht, die Kinder warten auf mich. Vielleicht treffen wir uns später noch.«

Mahmud gab mir ein Zeichen. Während ich mit Abu Schahan gesprochen hatte, war eine junge, attraktive Frau eingetreten. Da ich Mahmuds Hilfe nicht gebraucht hatte, weil der Lehrer fließend englisch sprach, hatte er sich mit ihr unterhalten. Jetzt schlug er mir vor, dasselbe zu tun.

»Ist sie Journalistin?«

Schließlich befanden wir uns in einem Presseclub, und ich war nicht ganz sicher, was Mahmud von mir wollte. Sollte ich sie interviewen, oder sollte ich ihr ein Interview geben? Eigentlich war ich ziemlich beschäftigt, und außerdem wollte ich nicht allzusehr auffallen. Ich dachte kurz nach, und dann schämte ich mich zutiefst. Wildfremde Menschen faßten nach wenigen Augenblicken Vertrauen zu mir. Dabei hätte ich ebensogut ein ganz anderer sein können als der, für den ich mich ausgab, zum Beispiel ein als Reporter getarnter Angehöriger der Schin Beth. Der israelische Geheimdienst wandte diese Methode immer öfter an, um an Informationen heranzukommen oder Palästinenser zu kompromittieren und schließlich zu verhaften und einzusperren.

»Nein, sie ist keine Journalistin. Aber ihr Ehemann, der im Gefängnis sitzt, ist einer.«

»Könnten Sie ihr erklären, wer ich bin und was ich hier tue? Daß ich ein Buch schreibe, das sich zum Teil mit dem israelisch-palästinensischen Konflikt befaßt?«

Sie kam zu uns herüber und setzte sich. Ein Tablett mit süßem Tee wurde serviert.

»Erzählen Sie mir von Ihrem Mann«, bat ich sie.

»Er wurde am 28. Februar 1987 verhaftet. Er saß sechs Monate in einem Jerusalemer Gefängnis und in vielen anderen Gefängnissen im Westjordanland. Es war schwer, herauszufinden, wo er festgehalten wurde. Immer, wenn wir es herausgefunden hatten und ihn besuchen wollten, verlegten sie ihn wieder.«

»Wurde er in diesen sechs Monaten wegen irgendeines Verbrechens angeklagt?«

»Nein, nach sechs Monaten brachten sie ihn hierher nach Gaza. Am 7. September 1987 hat ihn ein Militärgericht zu zweieinhalb Jahren Gefängnis verurteilt.«

»Sie sind erstaunlich präzise mit den Daten.«

»Ich hatte genügend Zeit, mich an sie zu erinnern.«

»Was soll Ihr Mann verbrochen haben?«

»Anstiftung zum Aufruhr, Verteilen von Flugblättern, Mitgliedschaft in der Fatah.«

»War er in der Fatah?«

»Sie haben es behauptet.«

»Ja, aber war er Mitglied?«

»Nein, aber so lautete die Anklage. Bei der Verhandlung vor dem Militärgericht wurde kein einziger Beweis vorgebracht, der diese Beschuldigung belegt hätte. Mein Mann ist Journalist.«

»Wo ist er jetzt?«

»Hier in Gaza, im Zentralgefängnis.«

»Und wie heißt er?«

»Dawfik Mohammed Abu Chusa.«

»Wie lange waren sie miteinander verheiratet, als er verhaftet wurde?«

»Vier Monate.«
»Nur vier Monate?«
»Ich hatte Glück. Immerhin hatten wir vier Monate nach unserer Hochzeit. Manche Männer werden unmittelbar nach der Hochzeitsfeier verhaftet, manche sogar während der Trauung. Said el-Aide zum Beispiel wurde während seiner Hochzeit verhaftet und sechs Monate in Sicherungsverwahrung genommen. Vergangenen September wurde er wieder entlassen.«
»Ohne Verhandlung?«
»Ohne Verhandlung. Bei Sicherungsverwahrung gibt es keine Verhandlung.«
»Weshalb wurde Said verhaftet?«
»Man warf ihm vor, für die Intifada im Gebiet von Tal Essultan verantwortlich zu sein. Das liegt an der ägyptischen Grenze.«
»Und auf diese Anklage folgte keine Verhandlung?«
»Nein, aber das ist hier normal.«
Worte wie »Normalität« oder »Grundrechte« haben in verschiedenen Gegenden verschiedene Bedeutungen. Ich mußte feststellen, daß sie in Gaza und im Westjordanland keine Bedeutung hatten, die ich verstehen, an die ich mich halten und mit der ich mich identifizieren konnte.
Es gab noch mehr Begriffe, die hier anders definiert wurden. Die israelische Regierung hat eine Unzahl von Militärverordnungen erlassen, die sicherstellen, daß sie in den besetzten Gebieten nach Gutdünken regieren kann. Viele dieser Verordnungen verstoßen gegen Artikel 64 der Genfer Konvention. Artikel 64 grenzt die Befugnisse einer Besatzungsmacht, die bestehenden Gesetze in einem besetzten Gebiet wesentlich zu verändern, ein. Viele dieser Verstöße stellen gleichzeitig schwere Verstöße gegen fundamentale Menschenrechte dar. Militärverordnung Nr. 424 definiert ein »Kind« als eine Person, die das zwölfte Lebensjahr noch nicht vollendet hat; als »Jugendlicher« gilt jeder zwischen 12 und 14 Jahren und als »Heranwachsender« jeder zwischen 14 und 16 Jahren. Die Militärgerichte haben unter Mißachtung ihrer eigenen Gesetze selbst diese Kriterien neu definiert. Für sie sind alle Personen, die 14 oder älter sind, »Erwachsene«.
Die Militärverordnung Nr. 62 über »feindliche terroristische Aktivitäten« ermächtigt die Militärbehörden oder den Geheimdienst, *ohne Rücksicht auf das Alter* jeden Bewohner der besetzten Gebiete zu verhaften, der Parolen an Wände schreibt, nationalistische Lieder singt, nationalistische Literatur besitzt, eine Flagge aufzieht, mit den Fin-

gern das »Victory«-Zeichen macht, die Farben der palästinensischen Flagge zeigt, Halsschmuck oder anderen Schmuck in der Form des palästinensischen Staates trägt oder solcher Vergehen verdächtigt wird.

Im Jahr 1987 reagierte die israelische Regierung auf die zunehmende Kritik aus dem Ausland und setzte eine richterliche Untersuchungskommission unter Vorsitz des ehemaligen Präsidenten des Obersten Gerichtshof Landau ein. Die Untersuchung bestätigte, daß beispielsweise Israels geheime Sicherheitspolizei Schin Beth seit vielen Jahren in gesetzwidriger Weise physische oder psychologische Druckmittel eingesetzt hatte, um Personen, die feindlicher terroristischer Aktivitäten verdächtigt wurden, Geständnisse abzupressen. Es gab die unterschiedlichsten Methoden, die bei Kindern, Jugendlichen, Heranwachsenden und Erwachsenen gleichermaßen angewandt wurden.

Bei der »Stuhl«-Methode verbindet man dem Gefangenen mit einem Tuch die Augen oder stülpt ihm eine Kapuze über den Kopf. Die Hände werden so hinter dem Rücken gefesselt, daß das Opfer weder sitzen noch stehen kann, was schwere Krämpfe und vorübergehende Lähmungen zur Folge hat. Bei der »Haube« werden Kopf und Schultern des Gefangenen mit schweren Stofftüchern bedeckt, die zuvor in Wasser, Urin oder Exkremente getaucht wurden. Andere Methoden: Gefangene werden an den Handgelenken aufgehängt, mit brennenden Zigaretten verbrannt oder mit kochendem Wasser verbrüht; sie werden für längere Zeit in extrem enge Metallkäfige gesperrt, müssen stunden- und teilweise sogar tagelang mit ausgestreckten Armen in ihrer Zelle stehen oder abwechselnd kalt und heiß duschen. Sie werden mit Elektroschocks und Schlafentzug gequält, bekommen keine ausreichende Nahrung und keine warme Kleidung, dürfen keine sanitären Einrichtungen benutzen oder werden medizinisch nicht versorgt. Und sie werden auch geschlagen und mit Knüppeln, Drähten, Fäusten und Füßen malträtiert.

Die Landau-Kommission fand ferner heraus, daß Schin-Beth-Agenten jahrelang regelmäßig Meineide geleistet hatten, um Verurteilungen zu erreichen. In einem geheimen Zusatz zu dem Bericht empfahl sie, den Einsatz begrenzter und klar definierter »physischer und psychologischer Druckmittel« – die wiederum in einem Geheimpapier erklärt wurden – unter bestimmten Umständen zuzulassen. Die Kommission sprach die Militärgerichte von dem Vorwurf frei, 16 Jahre lang vorsätzlich falsche Aussagen anerkannt zu haben, und empfahl, daß niemand für die in den zurückliegenden 16 Jahren begangenen Folterungen und Brutalitäten, die sie selbst unwiderlegbar nachgewiesen hatte, zur Rechenschaft gezogen werden sollte.

Am 8. November 1987 nahm das israelische Parlament die Empfehlungen der Landau-Kommission an. Ein Land, das sich ständig vor der Welt damit brüstet, die einzige Demokratie im Nahen Osten zu sein, hatte also mit einer demokratischen Abstimmung Folter und brutale, unmenschliche Methoden legalisiert. Jetzt, 15 Monate später, erfuhr ich, wie das Leben in den besetzten Gebieten nach der Landau-Kommission aussah.

Was mich bei diesen Interviews immer wieder erstaunte, war die Gefaßtheit meiner Gesprächspartner. Nur der Lehrer hatte schwache Anzeichen von Wut gezeigt. Die anderen, mit denen ich sprach, blieben sehr beherrscht. Die Unmenschlickeit und Brutalität, die sie erfahren hatten, hatte sie nicht negativ beeinflußt. Sie waren liebenswürdige und gutmütige Menschen. Und diese Charaktereigenschaften zeigten sich immer wieder, nicht nur an diesem ersten Morgen, sondern in jeder Minute, die ich in Gaza verbrachte. Zweifellos hat die Intifada einen tiefsitzenden Haß freigesetzt. Wir alle haben die Bilder von Demonstranten gesehen, die Steine warfen und Reifen anzündeten. Ich aber durfte die andere Seite dieses Aufstands sehen. Und es ist diese Seite, nicht die andere, die wir aus dem Fernsehen kennen, die sich am Ende als unbesiegbar erweisen wird.

Bei meinen Gesprächen mit israelischen Drogenfahndern und Militärs über das Drogenproblem hatten sich mehrere Kernprobleme herauskristallisiert. Da waren zunächst einmal die riesigen Profite der Schieber und Händler, von denen bereits die Rede war. Ein anderes Problem war die Zahl der Drogenabhängigen in Israel. Niemand wollte sich offiziell auf eine Zahl festlegen, aber es war klar, daß wir nicht über Hunderte, sondern über Tausende von Abhängigen sprachen. Doch es gab noch einen weiteren, möglicherweise sehr viel ernsteren Aspekt. Als ich auf ihn stieß, war ich überzeugt, eine mögliche Antwort auf die Frage gefunden zu haben, warum der Mann, den ich in Chebaa gesucht hatte, quer durch Israel ins Westjordanland und nach Gaza gereist war. Drogen wurden nicht nur gegen Geld gedealt, sondern wechselten auch gegen Waffen – israelische Waffen – den Besitzer. Ranghohe Offiziere der israelischen Verteidigungsarmee gaben zu, daß meine Erkenntnisse zutreffend waren. Verständlicherweise waren sie über diese Entwicklung sehr beunruhigt.

In Gaza fragte ich ein Mitglied der verbotenen Hamas-Organisation danach.

»Natürlich passiert das. Das gehört zu unserem Krieg, zu unserem Kampf gegen Israel. Wenn ihre Soldaten ihre Körper vergiften wollen, nur zu. Wir geben ihnen den Stoff. Nicht gegen Geld, gegen Waffen.«
»Können Sie mir ein Beispiel nennen?«
»Im Oktober 1987 wurden hier vier Leute vom Islamischen Dschihad ermordet. Bei dieser Gelegenheit fand die israelische Armee ein paar von diesen Waffen, ungefähr 14 M16-Gewehre und Uzis.«
»Wo war das?«
»Im Gazastreifen, in Assaghira. In der israelischen Presse wurde behauptet, die Waffen seien aus Waffendepots der Armee gestohlen worden. Aber das stimmt nicht. Sie waren gegen Drogen eingetauscht worden.«
»Glauben Sie, daß diese Waffen, die von der israelischen Armee stammen, eines Tages aus ihren Verstecken geholt und gegen die Israelis eingesetzt werden?«
Er zuckte mit den Schultern.
»Das hängt ganz von den Israelis ab. Trotz allem, was sie uns angetan haben, reden unsere Führer immer noch vom Frieden und bestehen darauf, daß diese Waffen in ihren Verstecken bleiben. Aber Arafat wird nicht ewig leben. Wenn er tot ist, sehen wir weiter.«
Um 14 Uhr am nächsten Tag besuchte ich ein arabisches Krankenhaus. Ich hatte seit dem frühen Morgen ohne Unterbrechung Interviews geführt und war überhaupt nicht darauf vorbereitet, was ich hier zu hören und zu sehen bekommen sollte.
Ich betrat die erste Station. Einem Messingschild an der Wand entnahm ich, daß die Station im November 1917 dem Ehepaar Schofield aus Oaklands, Greenfield in Yorkshire, zum Andenken gewidmet worden war, von ihrem Sohn Captain G. A. Schofield. Der Inhalt der Station schien jedoch etwas ganz anderem gewidmet zu sein.
Die Station war klein. Von den fünf Betten waren vier belegt. Es war Besuchszeit, und Familienangehörige hatten sich um die Patienten versammelt. Ich weiß aus eigener Erfahrung, wie wertvoll diese kurze Zeit der Liebe und Zuneigung ist, und so zögerte ich, mich aufzudrängen. Als Mahmud erklärte, warum ich hier war, baten mich ausnahmslos alle Familien, mich zu ihnen zu setzen.
»Mahmud, könnten Sie diesen jungen Mann fragen, wie er zu seinen Verletzungen gekommen ist?«
»Er heißt Said Sadani und ist 19 Jahre alt. Letzten Donnerstag hat ihm ein israelischer Soldat im Stadtteil el-Taradsch ins Bein geschossen. Mit einer Plastikkugel.«

»Ging den Schüssen eine Demonstration voraus?«
»Die Israelis haben Kontrollpunkte in diesem Viertel. Letzten Donnerstag gab es eine Demonstration. Die Demonstranten blockierten die Straße und steckten Reifen in Brand. Said kam zufällig vorbei. Er hatte nichts damit zu tun. Plötzlich fuhr ein Armeejeep an ihm vorüber, auf die Barrikade zu. Der Jeep hielt an. Zwei Soldaten schossen in die Luft, der dritte blieb sitzen. Er drehte sich um, sah, daß Said ihn anschaute, und schoß.«
»Hat er davor jemals an Demonstrationen teilgenommen?«
»Ja, an mehreren. Letztes Jahr am 28. Juli wurde er verhaftet und in Sicherungsverwahrung genommen. Er saß fünf Monate in Ansar drei* und kam erst am 27. Dezember wieder frei.«
»Ohne Anklage? Ohne Verhandlung?«
»Nein, nichts, keine Begründung. Das ist so üblich.«
»Und jetzt, kaum zwei Monate später, liegt er im Krankenhaus. Könnten Sie ihn nach den Haftbedingungen in Ansar drei fragen?«
»Sie waren schlecht. Zum Beispiel wurden er und die anderen oft gezwungen, drei Stunden am Stück in der prallen Sonne zu stehen. Das Essen war sehr schlecht. Sie mußten häufig sehr lange am Stück in den Zellen bleiben. Im August wollten die Soldaten die Gefangenen zwingen, für die Armee zu arbeiten. Sie weigerten sich mit der Begründung, daß in Sicherungsverwahrung genommene Häftlinge nicht zur Arbeit gezwungen werden könnten. Also sperrten die Soldaten sie wieder in die Zellen. Einer der Wärter schlug einen Häftling. Es kam zu Protesten. Der Gefängnisdirektor, er hieß Semar, befahl, die Gefangenen in die Zelte anstatt in ihre Zellen zurückzubringen. Es war sehr heiß, und sie bekamen kein Wasser. Ein paar wehrten sich. Sie verlangten, in ihre Zellen gebracht zu werden. Einer von ihnen hieß Assad Schawa. Semar drohte ihm: ›Wenn du nicht sofort in das Zelt gehst, lasse ich dich erschießen.‹ Assad erwiderte: ›Erschießen Sie mich ruhig, ich werde nicht in dieses Zelt gehen.‹ Der Gefängnisdirektor befahl einem der Offiziere, es war Hauptmann Tsemah, zu schießen. Tsemah gehorchte. Er schoß Assad in die Brust und tötete ihn.«
»Kann er sich an das Datum erinnern?«
»Es war der 16. August 1988. Hauptmann Tsemah wurde in ein anderes Gefängnis versetzt. Damit wollte man möglichen Zusammenstößen vorbeugen. Die Gefängnisverwaltung setzte eine Kommission

* Ansar drei ist der von den meisten Palästinensern verwendete Name für das Ketziot-Gefängnis in der Negevwüste.

ein, die den Vorfall untersuchen sollte. Die Untersuchungskommission war eine Farce, sie war an der Wahrheit gar nicht interessiert. Zu den Tatzeugen gehörte auch Abdullah Jaghi. Er war Gefangenensprecher und ein verantwortungsbewußter Mann. Vor der Kommission sagte er aus, er habe gesehen, wie der israelische Hauptmann Assad Schawa erschossen habe. Daraufhin wurde seine Haftzeit um fünf Monate verlängert. Man sagte ihm, daß man ihn erst freilassen werde, wenn er seine Aussage zu dem Vorfall zurückziehe. Jaghi weigerte sich. Er sitzt immer noch in Ansar drei.«
Im nächsten Bett lag Hassan Abu Hamdi, ein 13jähriger Junge. Seine Beine war dick bandagiert.
»Ist auf ihn auch geschossen worden?«
»Nein, er nahm an einer Demonstration teil. Die Demonstranten blockierten die Straße und zündeten Reifen an. Soldaten kamen und sprachen ihn auf hebräisch an. Er verstand kein Wort von dem, was sie sagten. Nicht ein Wort. Sie redeten einfach weiter. Aber er verstand immer noch nicht. Da packten sie ihn, stellten ihn in die brennenden Reifen und fuhren davon. Hassan konnte sich nicht selbst befreien, seine Beine fingen an zu brennen. Ein paar Passanten retteten ihn und brachten ihn hierher. Das war am 3. Januar. Seitdem liegt er hier.«
Ein Bett weiter lag der 18jährige Mahmud Abu El Char. Er sah hundeelend aus. Ich wollte ohne ein Wort an dem Bett vorübergehen, aber seine Mutter bedeutete mir, mich neben sie zu setzen.
»Soldaten haben ihn brutal in den Bauch geschlagen.«
»Womit haben sie ihn geschlagen?«
»Mit Stöcken. Außerdem haben sie ihn mit den Stiefeln getreten. Seitdem funktioniert eine seiner Nieren nicht mehr. Der Chirurg wollte sie entfernen, aber er wehrt sich gegen die Operation. Er kommt aus dem Strandlager. An dem Tag, als Arafat in Genf sprach, gab es dort eine Demonstration.«
»Es ist doch verboten, für die PLO zu demonstrieren.«
»Natürlich.«
»Aber die Israelis behaupten doch ständig, daß Arafat und die übrige PLO-Führung von den Leuten, die hier leben, nur wenig Unterstützung bekommen?«
»Das ist eine Lüge. Sie haben alle Demonstrationen für die PLO verboten. Nur so können sie dieser Lüge wenigstens ein bißchen Glaubwürdigkeit verleihen.«
Im letzten Bett lag Mahmud Ahmed Alian, ein 15jähriger Junge aus dem Sabra-Viertel. Er war ebenfalls am Donnerstag von einer Kugel

ins Bein getroffen worden. Die Kugel steckte noch in seinem linken Schenkel. Die Ärzte hatten die Familie vor einer Operation gewarnt. Sein Bein könnte für immer gelähmt bleiben. Die Alternative war, die Kugel steckenzulassen. An dem besagten Donnerstag hatten die Anführer der Intifada anläßlich des 15. Monats des Aufstands zu einem Generalstreik aufgerufen. Mahmud war bei einer der vielen Demonstrationen mitmarschiert, die an diesem Tag stattfanden. Wir sprachen mit seinen Eltern. Sie machten einen total erschöpften Eindruck. Wir fanden bald heraus, warum.

»Sie sagen, daß letzte Nacht Soldaten in ihr Viertel kamen. Kurz vor Mitternacht. Die Soldaten drangen in viele Häuser ein und verprügelten jeden, den sie dort vorfanden: Männer, Frauen und Kinder. Sie zerschlugen die Möbel. Dann zwangen sie alle Bewohner, die zwischen 15 und 40 Jahren alt waren, sich hinaus in den Regen zu stellen.«

»Hat es nicht die ganze Nacht durchgeregnet? Wie lange mußten die Leute so stehenbleiben?«

»Gegen zwei Uhr hörten die Soldaten auf, die Leute zu schlagen, und zwangen sie mit vorgehaltener Waffe, in den Regen hinauszugehen. Dort mußten sie bis fünf Uhr stehenbleiben.«

Mein Übersetzer machte eine kleine Pause, dann sagte er zu mir: »David, was diese Leute erzählen, ist keineswegs ungewöhnlich. So etwas passiert immer wieder. Die Mutter sagt, daß sie und die anderen Frauen gezwungen wurden, palästinensische Fahnen abzuhängen und Parolen von den Wänden zu entfernen.«

»Wie viele Soldaten haben an der Aktion teilgenommen?«

»Etwa 200 Soldaten mit 20 Militärfahrzeugen. Sie sagt, daß über das gesamte Viertel eine Ausgangssperre verhängt wurde. Sie ist immer noch in Kraft. Keiner darf hinein, keiner hinaus. Rund 150 Soldaten sind dabei, die Gegend mit heißem und gefärbtem Wasser abzuspritzen.«

»Es war also sehr riskant, die Ausgangssperre zu brechen und ihren Sohn zu besuchen.«

»Ja, wenn die Soldaten sie gesehen hätten, hätten sie auf sie geschossen.«

Hier wie im Presseclub, es war überall das gleiche: Ruhig erzählte Geschichten, vorgetragen von Menschen, die bemerkenswert gefaßt blieben. Die Nachdenklichkeit und Besonnenheit, mit der sie mir von ihren Erfahrungen berichteten, machten einen tiefen Eindruck auf mich. In Israel dagegen begegnete ich vor und nach meinem Aufenthalt in Gaza immer wieder einer arroganten und aggressiven Haltung.

Ständig war von einer Endlösung die Rede, die in nichts anderem bestand, als alle Palästinenser gewaltsam aus dem Westjordanland und dem Gazastreifen zu vertreiben. Den Bewohnern von Gaza schwebte eine andere Lösung vor. Sie wollten Frieden und eine gerechte Beilegung des Konflikts, zum Schutz von Juden und Arabern. Wer also sind die wahren Terroristen?

Wir verließen das Krankenhaus und fuhren in einen anderen Teil der Stadt, zu einer Adresse, die wir am Morgen bekommen hatten. Amin, ein Bekannter der Familie, die ich besuchen wollte, begleitete uns. Es war gut, daß wir ihn dabeihatten. Zuerst wollte die Familie unter keinen Umständen mit mir sprechen. Doch Amin gelang es, sie umzustimmen. Wenig später begriff ich, warum sie so abweisend gewesen waren.

Der Vater der Familie, Schaban Hassan Dalul, war Bauer gewesen. Die Betonung liegt auf »war gewesen«. Im Jahr 1948 waren die Israelis gekommen und hatten das Land besetzt, das er, sein Vater und mehrere Generationen vor ihnen bestellt hatten. Die Israelis hatten es ihnen einfach weggenommen, ohne dafür zu bezahlen. Jetzt verdiente der 58jährige Schaban seinen Lebensunterhalt mit dem Kauf und Verkauf von Zitrusfrüchten. Er erinnerte sich noch gut an das Leben unter dem britischen Mandat. Er und seine Frau hatten elf Kinder gehabt. Die Betonung liegt auf »hatten gehabt«. Ein Sohn, der 20jährige Raschad, saß zur Zeit in einem israelischen Gefängnis, wo er auch den überwiegenden Teil der letzten fünf Jahre verbracht hatte, meistens in Sicherungsverwahrung. Ohne Anklage, ohne Verhandlung.

Ein anderer Sohn, Musbah Schaaban Hassan Dalul, war mit 18 Jahren gestorben. Mitte Dezember waren gegen 23 Uhr israelische Soldaten und Sicherheitskräfte vor ihrem Haus vorgefahren und hatten nach Musbah verlangt. Musbah war nicht zu Hause, und sein Vater, der wußte, daß Musbah mit dem militanten Islamischen Dschihad sympathisierte, versuchte, die Soldaten auf eine falsche Spur zu lenken. Er sagte, daß Musbah in Israel arbeite und nur unregelmäßig nach Hause komme. Sie nahmen ihn mit in ihr Hauptquartier und ließen ihn, nach einem weiteren Verhör, den Rest der Nacht im strömenden Regen stehen. Am nächsten Morgen warfen sie ihn hinaus auf die Straße. Als er nach Hause kam, erzählte er Musbah, was geschehen war. Er riet ihm, gleich zu den Israelis zu gehen und zu fragen, was sie von ihm wollten. Aber Musbah hatte große Angst und zog zu Freunden, die etwa zwei Kilometer entfernt wohnten. Gegen Mitternacht des 29. Dezember holten die Israelis zum entscheidenden Schlag gegen Musbah und seine Freunde aus, die ihm Unterschlupf gewährt hatten.

Der Vater konnte später lediglich in Erfahrung bringen, daß Sicherheitskräfte das Versteck der jungen Männer umstellt hatten und Musbah und seinen Freund Sami mit mehreren Schüssen getötet hatten. Musbahs Leiche wurde nach Tel Aviv gebracht und dort einer Autopsie unterzogen, dann erst wurde sie der Familie übergeben. Ein israelischer Offizier sagte zu Musbahs Vater:
»Das ist dein Sohn. Er ist tot.«
Er erteilte strenge Auflagen für die Beerdigung. Sie mußte um 23.30 Uhr stattfinden und durfte nicht länger als 20 Minuten dauern. Außerdem verbot er der Familie, mehr als zehn Trauergäste einzuladen.
Später versuchte Schaban Hassan Dalul, die näheren Umstände des Vorfalls in Erfahrung zu bringen. Die Militärbehörden in Gaza verweigerten ihm jede Auskunft und drohten damit, ihn zu verhaften und einzusperren, falls es keine Ruhe gab.
Unmittelbar nach dem Begräbnis – die Familie war gerade heimgekehrt – tauchten Armee- und Sicherheitskräfte auf, zerstörten das Haus und bedrohten die Familie. Der israelische Offizier, der die Aktion leitete, warnte die Eltern:
»Wenn ihr versucht, wegen dem Tod eures Sohnes etwas zu unternehmen, werden wir noch mal 20 von eurer Sorte umbringen.«
Dieser Drohung wegen hatten sie gezögert, mit mir zu sprechen. Amin hatte sie schließlich davon überzeugt, daß sie ihr Schweigen brechen mußten.
Es dämmerte bereits, als wir das Haus von Schaban Hassan Dalul wieder verließen. Nachdenklich blieb ich vor dem Auto stehen. Amin sah mich an.
»Amin«, sagte ich, »gleich beginnt die Ausgangssperre. Wir sollten längst zu Hause sein.«
»Ja.«
»Die andere Familie, die einen Sohn verloren hat, als Musbah umgebracht wurde, Samis Familie …«
»Ja?«
»Ich würde sie gerne interviewen. Jetzt gleich. Ist das möglich?«
Amin lächelte.
»Ich hatte gehofft, daß Sie das fragen.«
Ganz offensichtlich wußte Amin, was passiert war. Aber mit seiner typisch arabischen Zurückhaltung wollte er mir die Führung überlassen. Ich sollte die Fragen stellen und selbst nach der Wahrheit suchen.
»Bevor wir zum Haus der Familie fahren, zeige ich Ihnen, wo die beiden erschossen wurden.«

Manche Straßen, die wir nehmen wollten, waren durch den Dauerregen unpassierbar geworden. Schon das Wort Straße vermittelt eine falsche Vorstellung: das waren keine Straßen, das waren schlammige Schneisen zwischen Flüchtlingscamps und Barackensiedlungen. In den Außenbezirken von Gaza, im Gebiet von Zeitin, fuhren wir an Kohlfeldern vorbei. An einem Schuppen hielten wir an. In der Nähe hatten Beduinen ihre Zelte aufgeschlagen, und zwar auf Dauer: Für Nomaden gab es in dieser am dichtesten besiedelten Gegend der Erde keinen Ort mehr, wo sie hätten hinziehen können.
Der Schuppen bestand aus zwei Räumen, in denen irgendwann vor langer Zeit die Ernte eingelagert worden war. Jetzt standen sie leer. Am 29. Dezember hatten in dem einen Raum fünf junge Männer geschlafen, in dem anderen eine ältere Frau, die Mutter von zwei der jungen Männer.
»Was ist damals passiert?«
»Das sollen sie Ihnen selbst erzählen.«
Nach einer kurzen Fahrt saßen wir im Haus der Familie Erheim. Außer Amin, Mahmud und mir selbst hatte sich eine Gruppe junger Männer in dem bitterkalten Raum versammelt. Und noch eine weitere Person war anwesend: die Mutter, Frau Erheim. Am späten Abend des 29. Dezember hatte sie den fünf jungen Männern das Essen in den Schuppen gebracht. Ihr Mann war 1973 an einem Herzanfall gestorben. Vier Jahre zuvor, 1969, war Mahar, einer ihrer Söhne, »von den Israelis umgebracht worden«. In der Nacht, als sie das Essen in den Schuppen brachte, starb ein weiterer ihrer Söhne, Sami. Ein dritter, Hani, wurde gegenwärtig im Zentralgefängnis von Gaza festgehalten. Ein vierter Sohn, Maschadi, lebte im Ausland. Die anderen beiden, Midal und Jasser, saßen bei der Gruppe, mit der ich mich unterhielt. Ich fragte, warum sie sich in dem Schuppen versteckt hatten. Jasser erklärte es mir.
»Seit Beginn die Intifada im Dezember 1987 wurden Sami, Hani und ich regelmäßig von Soldaten aus dem Haus geholt, in die Zitronenhaine geschleppt und dort zusammengeschlagen. Wir alle mußten deswegen schon ins Krankenhaus.«
»In welches?«
»Ins El-Schifa, in der Nähe vom Strandlager. Hani wurde immer am übelsten zugerichtet.«
»Warum gerade Hani?«
»Hani ist sehr religiös. Er gilt als ein Führer des Islamischen Dschihad. Als er aus dem Krankenhaus entlassen wurde, kamen sie zurück, schleppten ihn in die Felder und richteten ihn erneut übel zu. Er wur-

de wieder ins El-Schifa eingeliefert. Dann kamen Soldaten ins Krankenhaus und fielen dort nochmals über ihn her. Viermal wurde er in den Feldern so übel zugerichtet, daß er ins Krankenhaus mußte. Dreimal kamen Soldaten – und die Schin Beth – ins Krankenhaus und verprügelten ihn dort.«

Jasser zeigte mir Krankenberichte und Unterlagen, die bewiesen, daß Hani verschiedenartigste Verletzungen davongetragen hatte und in der Tat ins Krankenhaus eingeliefert worden war. Er zeigte mir auch Krankenberichte über die Verletzungen, die er und Sami erlitten hatten. Abgesehen von den sonstigen Umständen, lieferten ihre mündlichen Berichte und die Papiere, die sie mir vorlegten, eine mehr als hinreichende Erklärung dafür, warum sie es vorzogen, lieber in einem Schuppen zu schlafen, als das Wagnis einzugehen, nachts aus den Betten gezerrt und irgendwo in den Feldern, fernab von neugierigen Journalisten oder Fernsehteams, zusammengeschlagen zu werden.

Wie sich im Verlauf des Gesprächs herausstellte, hatten es die Israelis keineswegs speziell auf die Erheims abgesehen.

»Diese Prügelaktionen sind nichts Ungewöhnliches. Viele Männer und jungen Burschen in Gaza fallen ihnen zum Opfer, immer wieder.«

»Womit schlagen sie, mit Stöcken?«

»Mit Stöcken, Knüppeln, mit den Kolben ihrer Gewehre. Aber sie treten auch mit ihren schweren Stiefeln. Dutzende von Soldaten und Sicherheitsleuten stürmen in die Häuser, schleppen die Männer und Jungen in die Zitronenhaine und fallen dort über sie her. Auf mich, meinen Bruder und meine Vettern haben sie so hemmungslos eingeprügelt, daß ihre Knüppel und Stöcke aneinanderprallten. Wie bei einem Wettkampf. Sie schlugen regelrecht um die Wette.«

»Habt ihr versucht, euch zu wehren?«

»Sie haben uns mit Handschellen die Hände auf den Rücken gefesselt. Außerdem haben sie uns geknebelt und uns die Augen verbunden.«

Am Abend des 29. Dezember, gegen 21.30 Uhr, statteten die Israelis den Erheims erneut einen Besuch ab. Da niemand zu Hause war, setzten sie ihre Suche fort. Auch das Haus eines Verwandten, den sie als nächsten aufsuchten, fanden sie verlassen vor. Im nächsten Haus, das den Eltern der Vettern gehörte, wurden sie fündig. Sie zerrten die männlichen Familienmitglieder auf die Straße und schlugen sie zusammen. Dann nahmen sie sich den Schuppen in den Kohlfeldern vor. »Die Soldaten kannten alle diese Plätze bereits«, bemerkte Jasser. Die Soldaten wurden von einem Hauptmann befehligt, der den Palästinensern gut bekannt war und den falschen Namen Abu Salim benutzte. Wie ich während meines Aufenthalts in Gaza feststellen sollte, benutzen Agenten der Schin Beth häufig falsche Namen. Es war jetzt zwischen 23 Uhr und Mitternacht. Sogar ein Hubschrauber nahm an dem Einsatz teil, und weitere Armeekräfte wurden vor dem Schuppen zusammengezogen.

»Abu Salim ließ eine Sirene heulen. Das war das Signal. Die Soldaten eröffneten sofort das Feuer auf die Baracke.«

»Nidal, haben sie euch vorher aufgefordert, euch zu ergeben?«

»Nein. Wir hatten überhaupt keine Waffen. Weder Pistolen noch Gewehre. Als die ersten Schüsse fielen, rannten Sami und Musbah nach draußen. Aber es wurde weitergeschossen. Meine Mutter schlief in dem anderen Raum. Sie wachte auf und schrie und weinte. Abu Salim kam herein, riß mich an den Haaren hoch und sagte mir, daß ich einen Toten identifizieren müsse. Man verband mir die Augen, schleifte mich ein kurzes Stück über den Boden, stellte mich auf die Beine und riß mir die Augenbinde herunter. Neben einem Militärfahrzeug sah ich zwei Männer liegen, und nicht nur einen. Der eine war mein Bruder Sami, der andere Musbah Dalul. Ich erlitt einen Schock und konnte nicht mehr sprechen. Abu Salim schlug auf mich ein und sagte, ich solle mich beeilen und die beiden identifizieren. Sami und Musbah hatten nur noch ihre Hosen an. Sie waren von oben bis unten blutverschmiert. Die Soldaten hatten ihnen bis auf die Hosen alle Kleider ausgezogen.«

»Hast du ungefähr eine Vorstellung, wie viele Schüsse abgefeuert worden waren?«

Jasser stand auf und ging zu einer kleinen Kommode hinüber. Er öffnete eine Schublade, zog eine Dose heraus und gab sie mir. Ich zählte 58 Kugeln.

»Ich habe sie am nächsten Tag im Schuppen und in der unmittelbaren Umgebung aufgelesen. Wie viele Kugeln in ihren Körpern steckten, das wissen nur die Israelis. Nidal sagt, daß am Anfang schnell und viel geschossen wurde. Dann fielen nur noch vereinzelte Schüsse, später aber wieder mehr. Ich glaube, die vereinzelten Schüsse stammten aus Pistolen. Ich glaube, daß Musbah und Sami von Geheimdienstleuten erschossen wurden. Nach dem, was mir Nidal erzählt hat, sind in jener Nacht bei dem Schuppen mindestens 80 Schüsse gefallen.«

Ich wandte mich wieder an Nidal.

»Was ist passiert, nachdem du Sami und Musbah identifiziert hast?«

»Sie brachten mich zum Schuppen zurück, fesselten mich und verbanden mir die Augen. Drei oder vier Schüsse fielen, und dann hörte ich meinen Bruder Hani schreien. Ich dachte, sie hätten ihn umgebracht, und schrie. Da begannen die Soldaten, mit Stöcken auf mich einzuschlagen und nach mir zu treten. Ich wurde zu Boden gestoßen, und dann fingen sie wieder an, mich zu treten. Ich blutete stark aus der Nase und im Gesicht. Dann brachten sie mich zurück zu dem Militärfahrzeug, auf dem auch die Leichen von Sami und Musbah lagen. Es war ein großer Jeep.«

»Wie lange hat die Aktion insgesamt gedauert?«

»Ich bin mir nicht sicher. Ich glaube, so um die 20 Minuten.«

»Und wo war deine Mutter?«

»Mutter blieb in der Hütte. Die Soldaten hatten sie brutal geschlagen.«

Ich schaute die alte Frau an. Seit ich hier war, hatte sie kein Wort gesprochen. Jasser und Nidal hatten mir erklärt, daß sie seit dem Morgen nach dem Überfall nicht mehr gesprochen hatte. Sie war eine gesunde, energische Frau gewesen – bis zu dem Überfall. Die Schläge hatten bei der 74jährigen Frau einen schweren seelischen Schock ausgelöst und sie allem Anschein nach in eine Art katatonischen Zustand versetzt. Aus ihrem Zustand und den wenigen Worten, die sie am nächsten Morgen herausgebracht hatte, hatte Jasser schließen können, was passiert war. Seitdem hatte sie kein Wort mehr gesprochen. Ich fragte die beiden, was die Ärzte über den Zustand ihrer Mutter sagten.

»Die Ärzte können ihr auch nicht helfen. Sie kann nicht sprechen. Sie ist sehr schwach und wird wohl nie wieder sprechen können.«

»Was genau fehlt ihr nach Meinung der Ärzte?«

»Sie sagen, Mutter ist nicht bei Bewußtsein. Sie kann nicht sprechen, sich kann sich an nichts erinnern. Sie ist nicht bei Bewußtsein.«

Ein sehr einfacher Ausdruck, um einen komplexen Zustand zu beschreiben – und ein unzutreffender obendrein. Was ihr auch immer gefehlt haben mag, sie nahm ihre Umgebung durchaus noch wahr. Ihre Augen folgten mir, und durch ihre dünnen Arme lief gelegentlich ein Zittern. Sowohl an diesem Abend als auch am nächsten Morgen, als wir mit den Interviews fortfuhren, fragte ich immer wieder, ob es nicht besser sei, in einem anderen Zimmer weiterzureden und ihre Mutter allein zu lassen. Doch ihre Söhne bestanden darauf, daß sie bei uns blieb. Gott allein weiß, was sie mit unseren Gesprächen anfing, wieviel sie davon verstand. Aber noch bevor ich am Sonntagmorgen das zweite Interview beendet hatte, beantwortete sie selbst diese Frage, zumindest teilweise.

Immer mehr Details dieser abstoßenden Geschichte wurden vor mir ausgebreitet. Wenn das, was mir die jungen Männer über die Vorgänge in der Nacht vom 29. auf den 30. Dezember berichteten, der Wahrheit entsprach, dann hatten israelische Armeeangehörige und Sicherheitsleute wahrhaft schreckliche Verbrechen begangen. Sie hatten zwei junge Männer kaltblütig ermordet, einem dritten, Nidal, *nach* der Festnahme ins Bein geschossen und eine alte Frau so brutal zusammengeschlagen, daß sie jetzt in einer Zwischenwelt dahinvegetiert. Und es liegen in der Tat überzeugende Indizien vor, die für die Richtigkeit dieser Version sprechen.

Als wir am Sonntag morgen – in Gaza ein ganz normaler Werktag – zu der schäbigen, fensterlosen, aus Ytongblöcken gefertigten Hütte, die die Erheims ihr Heim nannten, zurückkehrten, konnten wir uns unterwegs auf der Fahrt ein plastisches Bild vom diesem Stück Land machen, an dem die israelische Regierung so verzweifelt festhält.

Der ständige Regen hatte die Straßen der Stadt, die offenbar über keine Kanalisation verfügte, in die nahöstliche Ausgabe der Everglade-Sümpfe Floridas verwandelt. Auf der Suche nach weniger schlüpfrigem Untergrund schlingerte das Auto hin und her wie ein Motorboot. Der Schmutz und die Armut um uns herum ließen die Barrios von Caracas im Vergleich geradezu liebenswert erscheinen. Vor Karren gespannte Esel mühten sich ab, festen Boden unter die Füße zu bekommen, und Dutzende von Hühnern kämpften darum, einen trockenen Fleck zu erreichen. Kleine Kinder pinkelten in das frei dahinfließende Dreckwasser, das an manchen Stellen metertief war und ungeklärte Abwässer enthielt. Trotz der Kälte planschten mehr oder weniger nackte Kinder in der Brühe. Wie verzweifelt müssen die Palästinenser sein, daß sie diesen Ort in ihren Besitz bringen wollen? Und wie verzweifelt die Israelis, daß sie ihnen das verwehren?

Auf der Fahrt von dem Schuppen zum Gefängnis von Gaza hatte der Armeejeep mit den fünf jungen Männern unterwegs angehalten. Farid, in Handschellen und mit einer Kapuze über dem Kopf, hörte, wie Soldaten sich unterhielten. Er hatte einige Zeit lang in Israel gearbeitet und konnte deshalb Hebräisch. Er sprach es zwar nicht fließend, doch das meiste von dem, was sie sagten, verstand er.

»Einer der Soldaten drängte: ›Schnell, wir müssen ihn retten. Bringt ihn ins Krankenhaus.‹ Ein anderer Soldat antwortete: ›Wozu denn beeilen? Laß ihn doch sterben.‹ Der Jeep blieb eine Weile stehen. Die Soldaten rauchten. Nach einer Weile untersuchten sie Sami noch einmal. Einer der Soldaten sagte: ›Gut, er ist tot. Fahren wir weiter.‹«

Die grausige Geschichte ging noch weiter. Die Überlebenden erhielten im Zentralgefängnis von Gaza und in Ansar weiterhin Schläge. Beim

Verhör mußte Hani stehen, obwohl immer noch Blut aus den Schußwunden an seinen Beinen sickerte. Grausamkeit über Grausamkeit. Endlich war der gespenstische Bericht vorbei. Ich wandte mich an Nidal und sagte, dies sei eine ganz ungewöhnliche Geschichte.
»Nein, nein. Das ist eine ganz alltägliche Geschichte. Das passiert hier vielen Leuten.«
Es war mir schwergefallen, bei dieser »alltäglichen Geschichte« ruhig sitzen zu bleiben und meine Fragen zu stellen. Und den jungen Männern war es schwergefallen, sie mir zu erzählen. Besonders Nidal war immer wieder in Tränen ausgebrochen. Er erzählte, wie sie ihn an den Haaren gepackt und immer wieder von ihm verlangt hatten, Musbah zu identifizieren. Sie hatten ihn mehrmals mit dem Gesicht so weit zu dem toten Musbah hinuntergedrückt, daß er mindestens sieben Einschußlöcher im Kopf und Gesicht seines toten Freundes zählen konnte.
Der überzeugendste Beweis für die Richtigkeit der Berichte ergab sich gegen Ende des zweiten Interviews, obwohl ich schon viel früher darauf gekommen war. Ich hatte mich über die Anwesenheit von Nidal und Farid im Haus der Erheims gewundert. Wenn sie so gefährliche Verbrecher waren, wie konnten sie dann hier sitzen und mit mir reden?
Nidal war nach 18 Tagen freigelassen worden. Nach den Schlägen und Vernehmungen der ersten Nacht hatten sie nichts mehr von ihm wissen wollen. Niemand hatte Anklage gegen ihn erhoben.
Dasselbe galt für Farid: Auch er war nach 18 Tagen wieder freigekommen. Auch gegen ihn hatte man keine Anklage erhoben.
Hani war Anfang Februar 1989, als ich diese Interviews führte, immer noch in Haft. Auch ihm wurde kein Verbrechen zur Last gelegt.
Gegen Ende des zweiten Interviews schaute ich zu der alten Frau hinüber. Sie hatte sieben Stunden lang neben uns gesessen, ohne ein Wort zu sagen. Jetzt, als ich sie anschaute, sprach sie. Aber nicht mit dem Mund. Sie hatte keine Worte mehr, nur noch Tränen. Sie liefen ihr über die faltige, zerfurchte Haut.
Nach der offiziellen Version der israelischen Armee wurden Musbah und Sami erschossen, »als sie sich der Festnahme widersetzten«. Wie sich die beiden unbewaffneten und von über 100 Soldaten sowie einer unbekannten Zahl von Agenten der Schin Beth umzingelten Jugendlichen der Festnahme widersetzt haben sollen, muß die israelische Armee erst noch erklären. Ebenfalls erklärungsbedürftig ist, warum den beiden mehrmals aus kürzester Entfernung in den Kopf geschossen

worden war. Im Gazastreifen, im Westjordanland und in den anderen von den Israelis mit Gewalt besetzten Gebieten ist das israelische Militär nicht nur Richter, sondern auch Henker.
Noch am selben Morgen sprach ich mit Mitgliedern der Anwaltskammer von Gaza über den Zustand des Rechtssystems, oder besser das Fehlen eines solchen Systems, in den besetzten Gebieten. Es war ein sehr aufschlußreiches Gespräch.
Die Richter der Militärgerichte sind ausnahmslos Offiziere der israelischen Armee, manche ohne jede juristische Ausbildung. Das Präzedenzfallprinzip, das einen Richter verpflichtet, im Rahmen des Gesetzes zuvor gefällten Entscheidungen zu folgen, wird im Gazastreifen und im Westjordanland oft nicht angewandt. Die Richter neigen dazu, sich lediglich auf Urteile zu berufen, die sie selbst gefällt haben. Israel hat den Internationalen Pakt über bürgerliche und politische Rechte noch immer nicht ratifiziert und fühlt sich an die darin verankerten Rechtsprinzipien nicht gebunden. Ebensowenig fühlen sich die Militärgerichte der Allgemeinen Erklärung der Menschenrechte oder dem IV. Genfer Abkommen über den Schutz von Zivilpersonen in Kriegszeiten verpflichtet. Die israelischen Offiziere, die über Palästinenser zu Gericht sitzen, sprechen buchstäblich ihr eigenes Recht. Und niemand kann dagegen Berufung einlegen.
Die Intifada begann im Dezember 1987. Ein Jahr später hatte man 432 Tote und 46 000 Verletzte zu verzeichnen; 33 Palästinenser waren ausgewiesen worden, und rund 5000 saßen in Sicherungsverwahrung, ohne Anklage, ohne Verfahren. Über 2000 Tage Ausgangssperre wurden verhängt, über 1000 Oliven- und Obstbäume gefällt und 560 Gebäude, in der Mehrzahl Wohnhäuser, zerstört. Anfang 1988 wurden alle Schulen im Westjordanland geschlossen und bis zum Jahresende nicht wieder geöffnet; im Gazastreifen wurde der Schulbetrieb immer wieder zwangsweise eingestellt; auch viele Pressebüros und Zeitungen mußten ihre Arbeit einstellen. Über 150 Städte, Dörfer und Flüchtlingscamps waren für längere Zeiträume von der Außenwelt abgeschnitten gewesen. Und der Zermürbungskrieg ging weiter.
Am Sonntag nachmittag bot sich mir als männlichem Europäer eine seltene Gelegenheit. Ich durfte ohne arabische Männer als Aufpasser, meinen Dolmetscher Mahmud ausgenommen, in einem Flüchtlingslager mit einer Gruppe von Frauen sprechen. Frauen nahmen in der arabischen Gesellschaft immer eine besondere Stellung ein, aber das Leben dieser Frauen hatte sich durch die Intifada dramatisch verändert. Die Mitglieder der palästinensischen Frauenbewegung, die ich

an diesem Tag traf, legten eine Militanz an den Tag, die ich außer bei den Mitgliedern der Hamas bei keinem palästinensischen Mann angetroffen habe. So wie die beiden Weltkriege Millionen von Frauen aus den Küchen und Schlafzimmern befreit hatten, so hatten auch diese Frauen neue Interessen und neue Betätigungsfelder entdeckt. Sie erzählten mir, wie sie in Eimern Steine für die Jugendlichen und die Männer sammelten, die sie dann auf Israelis warfen; wie sie dafür zusammengeschlagen und einige andere sogar eingesperrt worden waren oder mit ihrem Leben dafür bezahlt hatten; wie sie für sich selbst und für Familien, deren Männer tot oder eingesperrt waren, Unterstützungsgruppen aufbauten. Sie berichteten von der Heimindustrie, die überall entstand – kleine Fabriken, Spinnereien, Töpfereien –, und von ihrer Hoffnung, daß das gesamte palästinensische Volk eines Tages wie eine große Familie zusammenleben würde. Durch die Intifada hatten sie Freiheiten gewonnen, die ihnen neue Perspektiven eröffneten. Es ist schwer vorstellbar, daß diese Frauen wieder zu ihrer stillen Unterwürfigkeit zurückkehren werden, wenn dem palästinensischen Volk endlich eine Heimat gegeben wird.
Eine der Frauen hatte Schwierigkeiten zu sprechen. Sie litt noch unter den Folgen eines Gewehrkolbenhiebs, der ihr den Kiefer gebrochen hatte. Sie sagte: »Wir haben unseren Platz gefunden. Wir sind den Männern ebenbürtig.«
Was ich bisher gesehen und gehört hatte, hatte einen tiefen Eindruck auf mich gemacht. Ich war wie vor den Kopf geschlagen. Ich war hierhergekommen, um einen Mann zu suchen, der, wenn Samirs Witwe recht hatte, mir sagen konnte, wo Carlos war. Statt dessen entdeckte ich Wahrheiten, die sehr viel wichtiger waren. Keine dieser Wahrheiten rechtfertigte es, an einem Sonntagnachmittag eine Handgranate in ein gut besuchtes Pariser Café zu werfen, aber vielleicht konnten sie mir Einblicke in das Denken des Mannes verschaffen, der die Handgranate geworfen hatte. Wenn der junge Venezolaner im Jahr 1970, als die Palästinenser brutal aus Jordanien vertrieben worden waren, von ähnlichen Akten der Unmenschlichkeit gehört oder sie sogar selbst miterlebt hatte, dann war vielleicht sogar nachzuvollziehen, was ihn zum Haus von Edward Sieff und von dort zu seinem zweifelhaften Ruhm getrieben hatte. Wer einen Mann brutal behandelt, darf nicht überrascht sein, wenn er brutal zurückschlägt.
Eine der Behauptungen, die die Frauen, mit denen ich sprach, aufstellten, schien mir so unwahrscheinlich, daß ich der Sache unbedingt nachgehen mußte. Zurück im Haus Marna, erklärte ich Alja meinen

Wunsch. Sie hörte zu und griff zum Telefon. Nach einem kurzen Gespräch wandte sie sich wieder an mich:
»Ich habe jemanden, der Ihre Fragen beantworten kann. Wollen Sie sich heute abend mit ihm treffen?«
»Ja, Alja. Vielen Dank.«
»Stellen Sie sich nicht so an. Ich habe es Ihnen bereits gesagt: Wir haben Ihnen zu danken.«
Der Mann, mit dem ich mich an diesem Abend traf, hieß Haider Abed El Schafi. Er war 1919 in Gaza geboren und Arzt von Beruf. Er benötigte keinen Dolmetscher.
Die Stadt, in der er aufgewachsen war, hatte mit dem Gaza von heute nichts gemein. Gaza war damals eine mittelgroße, agrarisch geprägte Stadt gewesen, deren Bevölkerung hauptsächlich die Felder im Bezirk Gaza bestellte, der sich im Norden bis Aschdod und im Osten bis Beerscheba erstreckte. Zu der Zeit machten die Juden kaum zehn Prozent der Bevölkerung aus und besaßen nur drei Prozent des Landes. Als die Vereinten Nationen nach dem Zweiten Weltkrieg die Grenzen neu zogen, verlor die Mehrheit der Stadtbevölkerung auf einen Schlag ihre Lebensgrundlage. Heute erinnert die Stadt eher an ein von Hieronymus Bosch gemaltes und Realität gewordenes Bild der Hölle.
Schließlich lenkte ich das Gespräch auf den Gegenstand, der mich bei dem Treffen mit den palästinensischen Frauen so betroffen gemacht hatte.
»Dr. El Schafi, heute nachmittag habe ich mit ein paar Palästinenserinnen gesprochen. Sie haben behauptet, daß sie nach dem Einatmen von Tränengas, das israelische Soldaten auf sie abgefeuert hatten, Fehlgeburten erlitten hätten. Ist an diesen Anschuldigungen etwas dran?«
»Sehr viel sogar. Unsere Ärzte stellten fest, daß die Zahl der Fehlgeburten stieg. Zuerst bemerkten es die Ärzte im Krankenhaus el-Schifa, dann auch immer mehr Kollegen in anderen Kliniken, vor allem in solchen, die auf Gynäkologie und Geburtshilfe spezialisiert sind.«
»Können Sie Angaben machen, wann Ihnen dieser Anstieg zum erstenmal auffiel?«
»Ja. Es war knapp einen Monat nach Beginn der Intifada, Anfang Januar 1988. In Anbetracht der unerklärlich hohen Fehlgeburtenrate fingen unsere Ärzte an nachzuforschen. Zuerst stellten sie fest, daß die Zahl der Fehlgeburten und Abgänge gegenüber dem vergleichbaren Zeitraum im Vorjahr um 20 bis 30 Prozent gestiegen war. Zweitens

fanden sie heraus, daß die meisten Fälle in den Flüchtlingslagern auftraten. Drittens fiel ihnen auf, daß die meisten betroffenen Frauen Tränengas ausgesetzt gewesen waren. Außerdem beobachteten die Ärzte, daß die meisten Frauen unter psychischem Streß litten.«

»Können Sie mir ein paar Beispiele dafür nennen, wodurch dieser psychische Streß ausgelöst wurde?«

»Entweder waren Soldaten in ihre Häuser eingedrungen und hatten sie zerstört, oder ihre Kinder waren mitten in der Nacht von Soldaten abgeholt und eingesperrt worden. Zum Teil hatten sie auch Schießereien in ihren Camps miterlebt. Diese Beobachtungen wurden während der ganzen Zeit gemacht, in der die Soldaten besonders häufig Tränengas einsetzten, also von Ende Dezember 1987 bis März 1988.«

»Soweit ich weiß, hat die israelische Regierung dementiert, daß die Zahl der Fehlgeburten gestiegen sei. Sie hat behauptet, daß sich die Zahlen gegenüber dem Vergleichszeitraum im Vorjahr nicht verändert hätten.«

»In meiner Eigenschaft als Vorsitzender des arabischen Ärzteverbandes versichere ich Ihnen, daß die israelische Regierung herzlich eingeladen ist, unsere Schlußfolgerungen und die Daten, auf denen sie basieren, zu prüfen.«

»Verstehe ich Sie richtig? Die Israelis haben ein Dementi herausgegeben, ohne sich die relevanten Daten vorher anzuschauen?«

»So ist es. Unsere Ärzte haben fieberhaft versucht, die Zusammensetzung des Tränengases zu analysieren, um ein wirksames Gegenmittel herzustellen. Unser Problem dabei war, daß wir nur leere Behälter und Patronen hatten. Außerdem verfügten wir weder in Gaza noch im Westjordanland über ein Labor, in dem wir die Wirkungen dieses Gases analysieren konnten. Wir baten den Chef der israelischen Zivilverwaltung um Auskunft. Er wimmelte uns ab und sagte, das sei Sache der Sicherheitsbehörden. Wir fragten dort nach, aber sie ignorierten unsere Bitte um Informationen einfach. Schließlich ließen sie uns wissen, daß diese Informationen geheim seien und daß sie nicht befugt seien, uns irgendwelche Details mitzuteilen.«

»Von wie vielen solchen Fehlgeburten im Gazastreifen wissen Sie?«

»Meinen Sie Fälle, die unter die Kategorien fallen, über die wir gerade gesprochen haben? Zwischen 90 und 105. Wegen der Zahlen für das Westjordanland müßten Sie mit meinen dortigen Kollegen sprechen.«

»Die Intifada hat vor 15 Monaten begonnen. Ist es Ihnen eigentlich inzwischen gelungen, von den Israelis die chemische Zusammensetzung des Tränengases zu erfahren?«

»Nein, sie beharren darauf, daß es ein militärisches Geheimnis sei. Ich weiß noch, wie uns am 10. Januar letzten Jahres nach einer Demonstration ein leerer Tränengasbehälter in die Hände fiel. Darauf stand das Herstellungsdatum: ›Januar 1988. Made in USA.‹«

»Und abgefeuert im Januar 1988, in Gaza.«

»Stimmt. Vor Ablauf der zweiten Januarwoche.«

»Haben Sie versucht, über die amerikanische Ärztekammer Druck auf den Hersteller in den Staaten auszuüben, damit er offenlegt, woraus sich das Gas zusammensetzt?«

»Ja. Viele Amerikaner haben uns hier besucht. Besonders gut erinnere ich mich an den Besuch eines schwarzen Senators im letzten Februar. Mit Hilfe dieser Leute haben wir alles versucht, um die Sache an die Öffentlichkeit zu bringen. Wir haben zwar die gewünschten Informationen nicht erhalten, aber der öffentliche Druck hat die Israelis veranlaßt, ihre Taktik zu ändern. Zuerst schossen sie wahllos mit scharfer Munition auf uns. Als es Proteste hagelte, schränkten sie das ein und setzten eine Zeitlang vorwiegend Tränengas ein. Als auch das auf internationale Kritik stieß, verlegten sie sich darauf, den Leuten die Knochen zu brechen. Im März und April letzten Jahres hatten wir, soweit ich mich erinnere, knapp 500 Fälle mit einfachen und eine Reihe mit mehrfachen Brüchen. Wie Sie sich vielleicht erinnern werden, war Herr Rabin ein besonderer Freund dieser Methode. Ab Ende April wurde es für mich dann schwierig, das weitere Vorgehen der Israelis zu verfolgen.«

»Warum das?«

»Weil ich am 29. April verhaftet und für sechs Monate in Sicherungsverwahrung genommen wurde. Ohne Angabe von Gründen, versteht sich.«

»Vielleicht haben Sie für ihren Geschmack zuviel Wirbel um ihre neue Taktik gemacht?«

Der Arzt lachte laut los.

»Natürlich waren ihnen meine ständigen Beschwerden über die Wirkungen des Tränengases lästig. Außerdem hatte ich mich in Israel mit vielen Israelis getroffen, vor allem mit Aktivisten der Bewegung ›Frieden jetzt‹, Vertretern von Linksparteien und Akademikern. Diese Leute waren über das, was sie in unseren Krankenhäusern gesehen hatten, tief betroffen, vor allem über die verletzten Kinder. Die meisten Verletzten und fast die Hälfte aller Todesopfer waren noch keine 15 Jahre alt. Einige verletzte Kinder wurden aus den Krankenhäusern geholt und erneut verprügelt. Man holte sie aus der Aufnahme, aus der Am-

bulanz, manchmal sogar aus dem Operationssaal und aus der Chirurgie. Ich habe das in el-Schifa selbst erlebt. Aber es passiert auch woanders.«
»Sie wurden auch vom Operationstisch heruntergeholt?«
»Ja.«
»Direkt vom Operationstisch?«
»Ja.«
»Hatten Sie Fälle, wo die Leute mit zusätzlichen Verletzungen ins Krankenhaus zurückkamen?«
»Ja.«
»Gibt es denn nichts mehr, das heilig ist? Wenn die Besatzungsmacht schon in die Operationssäle eindringt, ist dann überhaupt noch etwas jenseits der Grenzen des Erlaubten?«
»Nein, anscheinend nicht. Selbst Säuglinge wurden geschlagen. Manche starben in den Armen ihrer Mütter. Hochschwangere Frauen mit blauen Flecken auf dem ganzen Unterleib. Ich habe Fotografien, die Sie gerne haben können. Auch Alter bietet keinen Schutz. Eine 85jährige Frau, die seit Jahren halbseitig gelähmt ist, wurde brutal in die Rippen und den Unterleib geschlagen. Ein Militärsprecher behauptete später, die Frau habe Soldaten angegriffen, die ihren Neffen verhaften wollten. Eine Greisin, die seit vielen Jahren nur unter größten Anstrengungen von einem Ende des Zimmers zum anderen gehen konnte!«
Später fragte ich den Arzt nach seinen Zukunftserwartungen.
»Ich bin optimistisch. Ich glaube, daß wir Frieden bekommen werden. Nicht in nächster Zukunft. Der Weg zum Frieden ist nicht leicht, er ist schwierig, schwieriger jedenfalls als der Weg in den Krieg. Aber ich glaube, wir sind auf dem richtigen Weg. Es ist nur eine Frage der Zeit. Wir brauchen Geduld, und wir Palästinenser sind sehr geduldig. Ich hoffe aus tiefstem Herzen, daß der Radikalismus nicht alles zunichte macht und die Oberhand gewinnt. Ich wünsche mir einen gerechten und dauerhaften Frieden im Nahen Osten, einen Frieden, in dem die Rechte der Palästinenser und der Israelis respektiert werden.«
Wir fuhren mit einem Taxi zum Haus der Familie Tarrasi im 15. Bezirk von Gaza.
Ein Bild eines jungen Mannes beherrschte das hübsch eingerichtete Wohnzimmer. Es zeigte den 19jährigen Chader Elias Tarrasi. Er war der erste christliche Palästinenser, der seit Ausbruch der Intifada ums Leben gekommen war.
Am 8. Februar 1988 hatte die Mutter Chader auf den Markt vor der griechischen Kirche geschickt. Während er Lebensmittel für die Fami-

lie einkaufte, kam es in der Nähe zu einer Demonstration. Als die Soldaten eintrafen, hatte Chader seine Einkäufe erledigt und wollte mit seinem Fahrrad, das mit zwei Tüten beladen war, die Straße überqueren. Die Jugendlichen, die an der Demonstration beteiligt gewesen waren, rannten in alle Richtungen davon. Ein paar Soldaten griffen sich Chader und prügelten mit ihren Schlagstöcken auf ihn ein. Vom Markt rannten Leute herbei und versuchten, die Soldaten zurückzuhalten. Sie riefen ihnen zu, daß Chader an der Demonstration gar nicht teilgenommen hatte. Die Soldaten beachteten sie nicht und schlugen weiter auf Chader ein. Sie brachen ihm ein Bein, dann einen Arm, aber sie hörten nicht auf. Drei Kameraden, die in einem Jeep saßen und zusahen, riefen ihnen etwas zu. Darauf packten die neun Schläger Chader und warfen ihn auf die Motorhaube des Jeeps. Sie spreizten seine Beine und Arme weit auseinander und ketteten ihn an das Fahrzeug. Dann fuhren sie die Hauptstraße hinunter, bremsten ab und zu scharf ab und rasten, immer noch mit dem Jungen auf der Motorhaube, davon. Bei dieser Fahrt erlitt Chader weitere schwere Verletzungen an Kopf und Rücken. Immer wieder schlug er mit dem Gesicht gegen die Motorhaube.
Der israelische Arzt im Militärgefängnis von Gaza weigerte sich, Chafer zu behandeln und sich um seine Verletzungen zu kümmern. Chafer, so der Arzt, sei in einem sehr kritischen Zustand, und ohne die notwendigen Papiere wolle er die Verantwortung für den Fall nicht übernehmen.
Der bewußtlose Chader wurde daraufhin ins Gefängnis Ansar zwei gebracht und dort in eines der Zelte, in dem sich bereits zwischen 30 und 40 Gefangene drängten, geworfen. Als die Gefangenen sahen, in welchem Zustand sich Chader befand, protestierten sie. Sie riefen, daß man ihn sofort in ein Krankenhaus bringen oder wenigstens einen Arzt rufen müsse. Das ganze Zelt wurde dafür bestraft. Sie mußten sich alle nackt ausziehen und vor dem Zelt Aufstellung nehmen. Es war Februar. Fast auf den Tag genau ein Jahr später spürte ich die Kälte bis auf die Knochen, und ich trug einen Ledermantel, einen Pullover und darunter noch ein T-Shirt. Um 23 Uhr wurde Chader endlich ins Soroka-Krankenhaus in Beeshaev gebracht. Bei seiner Einlieferung konnte man nur noch seinen Tod feststellen. Gestorben war er wohl schon in dem Zelt in Ansar zwei.
Da Chader am späten Nachmittag noch immer nicht nach Hause zurückgekehrt war, machte sich seine Mutter auf die Suche nach ihm. Als Augenzeugen des Vorfalls Frau Nawal Tarrasi erzählten, was sich

vor der griechischen Kirche abgespielt hatte, war sie sicher, daß diese Leute sich irrten. Es mußte irgendein anderer Bursche gewesen sein, den die Soldaten mitgenommen hatten, dachte sie. Aber die Augenzeugen beteuerten ihr, daß es ihr Sohn gewesen sei. Als sie in Ansar zwei vorsprach, verneinten die israelischen Beamten zunächst, einen Häftling dieses Namens zu haben. Schließlich gaben sie es doch zu und sagten, daß der Junge aber sehr krank gewesen sein müsse, als sie ihn mit dem Fahrrad einkaufen geschickt habe. Chaders Mutter wartete bis 18 Uhr vor dem Gefängnis, nicht ahnend, daß hinter den Mauern 35 nackte Männer in der Kälte standen und das Leben ihres Sohnes langsam dahinschwand.
Drei Tage lang verweigerten ihr die Israelis jede Auskunft. Dann sagte der Militärgouverneur von Gaza-Stadt zu einem Verwandten der Familie, einem Ingenieur: »Sagen Sie Ihren Verwandten, daß ihr Sohn tot ist.« So überbrachte Hassim, der Ingenieur, der Familie Tarrasi die Nachricht vom Tod ihres Sohnes.
Inzwischen war Chaders Leichnam ins Abu-Kabir-Krankenhaus überführt worden, nach offiziellen Angaben zur Durchführung einer Obduktion. Nawal Tarrasi äußerte mir gegenüber den Verdacht, daß man dem Leichnam ihres Sohnes bei dieser Gelegenheit ohne Erlaubnis innere Organe entnommen habe. Das sei bei einer medizinischen Untersuchung vor dem Begräbnis festgestellt worden. Auf Anordnung der israelischen Behörden sollte Chader mitten in der Nacht beerdigt werden, ähnlich wie Sami, Musbah und viele andere. Diesmal aber hatten es die Behörden mit gläubigen Katholiken zu tun, die hartnäckig auf einem christlichen Begräbnis zu einer christlichen Uhrzeit bestanden. Am Ende setzten die Tarrasis ihren Willen durch. Falls der Tod Chaders jemals Gegenstand einer offiziellen Untersuchung war, so hat seine Familie niemals etwas davon erfahren. Tatsächlich hatten die Tarrasis den Behörden geschrieben und eine Untersuchung verlangt. Die Soldaten, die für den Tod ihres Sohnes verantwortlich waren, sollten ermittelt und vor Gericht gestellt werden. Die herrschenden Militärs ignorierten die Forderungen der Tarrasis und gaben ihnen zu verstehen, daß sie noch mehr Ärger bekommen würden, wenn sie weiterhin eine Untersuchung verlangten. Doch sie ließen nicht locker. Rund sieben Monate nach dem Vorfall statteten Soldaten und Agenten der Schin Beth den Tarrasis einen mitternächtlichen Besuch ab. In der Nacht vom 12. auf den 13. Juli 1988 drangen sie in das Haus der Familie ein und schlugen Kamal, Chaders älteren Bruder, zusammen. Als Kamals Vater versuchte, sie daran zu hindern, wurde er ebenfalls

verprügelt. Die Israelis zogen, den bewußtlosen Kamal im Schlepptau, wieder ab. Kamal sitzt seit Juli 1988 im Gefängnis Ansar drei. Eine Verhandlung hat es nie gegeben.
Bei der UNRWA, dem UN-Hilfswerk für Palästinaflüchtlinge, zeigte man mir die Waffensammlung vor, die man im Laufe der Zeit zusammengetragen hatte. Zum Beispiel ein Gewehr, das 15 Gummigeschosse auf einmal verschoß; damit traf man nicht nur den anvisierten Steinewerfer, sondern garantiert auch noch eine ganze Reihe unbeteiligter Zuschauer. Oder Tränengasgranaten, die nach dem Abfeuern wie Knallfrösche umhersprangen und zehn Minuten brauchten, bis sie das Gas freigesetzt hatten. Man zeigte mir große Steine, die nicht etwa von palästinensischen Kindern geworfen worden waren, denn dazu waren sie viel zu schwer. Israelis hatten sie aus Hubschraubern abgeworfen oder mit schweren Maschinen geschleudert. Außerdem gab es noch einen Fiberglasknüppel, der ungefähr drei Kilogramm wog, Munition für eine M16, Dumdum-, Plastik- und Gummigeschosse. Die Litanei der Gewalt und ihrer Requisiten schien kein Ende zu nehmen.
Am Montag abend saß ich im Haus Marna. Ich konnte hören, wie sich im Raum nebenan ein paar Neuankömmlinge unterhielten, aber ich war nicht in der Stimmung, Visitenkarten oder andere Nettigkeiten auszutauschen. Auf die eine oder andere Weise interviewte ich nun seit 25 Jahren die verschiedensten Menschen: Kardinäle und Kriminelle, Staatschefs und Mafiabosse, Lieblinge der Massen und Massenmörder. Ich habe viel Gutes und viel Schlechtes gesehen. Die Sehnsucht nach Gerechtigkeit hat mich manchmal unerbittlich angetrieben: Gerechtigkeit für einen dicken Filmkomiker, für einen naiven Teenager, für einen weltfremden Farmer aus Neuseeland. Ich habe gesehen, daß die Unmenschlichkeit in vielen Verkleidungen auftritt und viele Rollen beherrscht. Mir fehlt jene schützende zynische Schale, die viele Journalisten und Reporter auszeichnet, besonders die Auslandskorrespondenten. »Wer hier englisch spricht, wird beklaut«, ist ein Satz, der mir niemals über die Lippen kommen wird.
Nichts in meinem bisherigen Leben hatte mich auf die letzten drei Tage hier in Gaza vorbereitet. Kein Wunder, daß selbst erfahrene, abgebrühte Politiker, die den Gazastreifen und das Westjordanland besuchten, einfach handelten, als sie sahen, was hier los war. Ich frage mich, wie sie reagiert hätten, wenn sie auch zugehört hätten.
»Ich habe mit Ihrem Freund gesprochen. Er erwartet Sie.«
Ich starrte Mahmud verständnislos an.

»Ich meine den Mann, über den Sie mit Alja Schawa gesprochen haben.«
Meinte er den Doktor? Aber den hatte ich doch schon interviewt. Oder hatte er einen anderen für ein Interview aufgetrieben?
Wir sahen uns einen Moment lang in die Augen, dann ging mir ein Licht auf. Der Mann aus Chebaa. Seinetwegen war ich hier. Ich stand auf und ging zur Tür.
»David, was ist mit Ihren Bändern, Ihrem Recorder, Ihren Aufzeichnungen?«
»Mahmud, ich habe irgendwie das Gefühl, dieser Mann legt keinen Wert darauf, daß seine Aussagen aufgezeichnet werden.«
Mahmud würde einen exzellenten Diplomaten abgeben. Obwohl er fast nichts über mich wußte, stellte er so gut wie keine Fragen. Tatsächlich hatte er in den letzten drei Tagen jeden wachen Moment damit zugebracht, in meinem Auftrag Fragen zu stellen. Ein gemeinsamer Freund hatte ihn gebeten, einen Job zu erledigen, mir bei meiner Arbeit zu helfen – und genau das hatte er getan, unauffällig und effizient. Bei den endlosen Interviews hatte er nicht ein einziges Mal Überraschung oder Gefühle gezeigt. Als ich ihn darauf ansprach, sagte er nur: »Ich komme aus dem Westjordanland. Dort herrschen die gleichen Zustände wie hier.«
Mir fiel es schwer, das zu glauben. Ich nahm mir vor, den Wahrheitsgehalt seiner Behauptung vor Ort zu überprüfen, mit Hilfe eines anderen Dolmetschers.
Wir fuhren durch Gaza. Wegen der Ausgangssperre waren die Straßen wie ausgestorben. Unser Fahrer erzählte uns von einem Vorfall, den er am gleichen Tag beobachtet hatte. Ein bekannter ausländischer Journalist war nach Gaza gekommen, um eine schnelle Story zu schreiben. Sein Wagen war mit Steinen beworfen worden. Daraufhin hatte er wütend gebrüllt, daß alle Palästinenser Tiere seien. Mahmud stellte dem Fahrer eine Frage. Als er die Antwort hörte, nickte er mit dem Kopf und lächelte. Ich schaute ihn neugierig an.
»Der Reporter war mit einem israelischen Mietwagen unterwegs. Mit israelischem Kennzeichen. Dämlicher Kerl.«
Der Mann aus Chebaa bat uns in sein Wohnzimmer. Da ich keinen Wunsch verspüre, der Schin Beth ein weiteres Opfer in die Hände zu spielen, werde ich ihn hier Omar nennen. Ich verkniff mir die Frage, warum er das Risiko auf sich nahm, von seiner Heimatstadt im Südlibanon aus mitten durch Israel in die besetzten Gebiete zu reisen. Ich hatte zwar gewisse Vermutungen, aber vielleicht lag ich ja auch falsch.

Ich überreichte ihm den Brief, den mir Samirs Witwe für den Muchtar mitgegeben hatte. Er las ihn schweigend, nickte dann und lud uns zu einem Kaffee ein.
Wir sprachen eine Zeitlang über alltägliche Dinge, obwohl der Ausdruck »alltägliche Dinge« an einem Ort wie Gaza natürlich eine ganz andere Bedeutung bekommt. Wir unterhielten uns auch über Samir und seine Familie. Er war vorsichtig, dieser Mann. Er fühlte mir auf den Zahn. Er wollte wissen, wen ich kannte und was ich wußte. Mahmud übersetzte geduldig, ohne auch nur einmal zu fragen, was zum Teufel wir in dieser Wohnung verloren hatten.
»Er sagt, er weiß, weswegen Sie gekommen sind«, sagte Mahmud schließlich.
»Und, kann er mir weiterhelfen?«
Seine Antwort brauchte mir nicht übersetzt zu werden. Schon das erste Wort genügte.
»Damaskus. Der Mann, nach dem Sie suchen, ist in Damaskus.«
»Wo ungefähr in der Stadt?«
»Das weiß er nicht. Aber er ist sicher, daß er dort ist. Er lebt schon seit vielen Jahren dort.«
»Seit wieviel Jahren?«
Omar zuckte mit den Schultern und dachte nach.
»Seit mindestens fünf Jahren, möglicherweise auch schon länger, seit sieben Jahren vielleicht.«
Ich erinnerte mich daran, was Bassam Abu Scharif in London zu mir gesagt hatte, wenige Tage vor meinem Abflug nach Israel: »Ich weiß, wo Carlos ist. Und ich weiß, daß er dort die letzten fünf Jahre verbracht hat.«
So weit, so gut – wenn es stimmte.
»Weiß er, wo Carlos in Damaskus wohnt?«
Omar lächelte, als Mahmud meine Frage übersetzt hatte.
»Nein, Carlos hat immer sehr sorgfältig darauf geachtet, daß niemand solche Sachen weiß.«
»Kann er mir helfen, ihn zu finden?«
»Möglicherweise, aber es wird seine Zeit dauern.«
Wir kamen überein, über Samirs Witwe in Kontakt zu bleiben. Aber es gab da noch ein Rätsel, das ich unbedingt lösen wollte:
»Dieser Carlos in Damaskus, ist das derselbe Mann, den ich bereits im Libanon getroffen habe?«
Mahmud übersetzte. Meine Frage verblüffte Omar. Das war ihm deutlich anzusehen. Mahmud und Omar redeten kurz aufeinander ein. Als

mir klar wurde, welche Dummheit ich begangen hatte, schoß mein Adrenalinspiegel in die Höhe und wischte den letzten Rest Müdigkeit aus meinen Gliedern.
»Er sagt, daß der Mann in Damaskus Sánchez ist. Er ist überzeugt, daß es Carlos ist, obwohl er viele andere Namen benutzt.«
Mir wurde plötzlich bewußt, daß ich mich auf sehr dünnem Eis bewegte.
»Andere Namen? Kann er sich an sie erinnern?«
»Ahmed, Mohammed, Michel. Und andere.«
»Die Syrer haben ihn aufgenommen und beschützen ihn?«
Omar nickte und lächelte.
»Auf Anordnung von allerhöchster Stelle.«
»Präsident Assad?«
»Ja.«
Es gab noch mehr Fragen, die ich gerne gestellt hätte, aber mein Schnitzer zu Anfang hatte mich zu viele Nerven gekostet.
»Ich bin Ihnen sehr dankbar, Omar. Danke. Der Kaffee war vorzüglich. Danke.«
Omar bot mir noch einen Kaffee an, aber ich lehnte ab und erhob mich. Ich wollte nur noch eins – zurück ins Hotel.
Endlich allein in meinem Zimmern verfluchte ich meine Dummheit. Ich hätte es auf meine Müdigkeit schieben können, oder auf die schockierenden Erfahrungen der letzten drei Tage und Nächte. Aber das änderte nichts daran, daß ich eine Riesendummheit begangen hatte.
An diesem Punkt meiner Recherchen war ich davon überzeugt, daß der Mann, mit dem ich mich zweimal getroffen und die ganze Nacht gesprochen hatte, auf gar keinen Fall Ilich Ramírez Sánchez gewesen war. Samir war das letzte Glied in einer Kette gewesen, die mich zu diesem Mann geführt hatte. Jetzt behauptete ein Verwandter oder enger Freund Samirs kategorisch, daß Ramírez, der echte Carlos, in Damaskus sei. Das konnte kein Zufall mehr sein. Möglicherweise war Samir in alles eingeweiht gewesen. Möglicherweise hatte er gewußt, daß der Mann, mit dem ich nördlich von Beirut gesprochen hatte, ein Hochstapler war. Am Beginn meiner Jagd hatte die Frage gelautet: Wo ist Carlos? Aber inzwischen hatte sie sich verändert. Jetzt lautete sie: Ist der Mann in Damaskus eine Kopie oder das Original? Omar über die Fakten zu informieren, die ich bei meinen jahrelangen Recherchen mühsam zusammengetragen hatte, hieß möglicherweise, den Mann in Damaskus zu alarmieren. Wie dem auch sei,

falls Omars Auskunft richtig war, wußte ich jetzt zumindest, in welcher Stadt Ilich Ramírez – oder der Betrüger – seit fünf Jahren lebte. Immerhin deckte sich Omars Auskunft mit Bassams Angaben. Aber bevor ich der syrischen Hauptstadt einen Besuch abstattete, wollte ich auf Nummer Sicher gehen.
In dieser Nacht schlief ich wieder schlecht.
Am nächsten Morgen fuhr ich mit Amin und Mahmud an die Grenze. Mahmud nahm den Bus nach Jerusalem. Amin blieb in der Nähe des Grenzpostens stehen und wartete, bis ich abgeholt wurde.
Der Mann, der mich wie verabredet an diesem Tag durch Gaza führen sollte, hieß Richard und war Hauptmann der israelischen Armee. Er war noch jung, Anfang bis Mitte Zwanzig, und begrüßte mich mit einem lupenreinen BBC-Englisch. Wie sich herausstellte, war er in London aufgewachsen, einen knappen Kilometer von dem Haus entfernt, in dem ich heute wohne. In den letzten drei Tagen hatte ich Gelegenheit gehabt, Gaza mit meinen eigenen Augen und mit den Augen der Palästinenser zu sehen. Jetzt sollte ich einen Eindruck davon bekommen, wie die israelische Armee die Lage in dieser Gegend beurteilte.
Die Haltung der Armee zur Intifada, wie sie mir von Richard und einigen anderen Armeeoffizieren, die ich an diesem Tag in Gaza sprach, dargestellt wurde, war entlarvend: »Die Intifada ist vorüber. Dem Aufstand fehlt der Rückhalt in der Bevölkerung. Die Leute sind ganz wild darauf, in Israel zu arbeiten.«
Irgendwann stand ich vor der Gelben Moschee in Dschabalia und hörte einem Major zu, der mir erläuterte, daß die Intifada hier begonnen habe. Damals sei es auf diesem Platz »so heiß wie nirgendwo sonst in den besetzten Gebieten zugegangen. Heute ist alles unter Kontrolle«.
Als mein Besuch bei der Israelischen Verteidigungsarmee zu Ende ging, entschuldigte sich Richard für den »Mangel an Action. Nicht einmal ein Stein wurde auf Sie geworfen«.
Natürlich hatte sich seit dem Beginn der Intifada hier vieles verändert. Damals war die westliche Welt schockiert gewesen und hatte entsetzt aufgeschrien, als über die Mattscheiben Bilder israelischer Soldaten flimmerten, die mit Handschellen gefesselten Palästinensern Arme und Beine brachen. Die israelische Regierung sah sich heftiger internationaler Kritik ausgesetzt, und auch aus den eigenen Reihen kamen Proteste. Israelische Botschafter aus allen Teilen der Welt kabelten an ihre Regierung: »Schafft die Fernsehteams aus dem Gazastreifen und

aus dem Westjordanland. Schaut den Reportern auf die Finger.« Nicht nur die Presse, auch Politiker aus dem Ausland wurden daran gehindert, die besetzten Gebiete zu betreten. Zu der Zeit, als ich dort war, hatte die Israelische Verteidigungsarmee ihre Hausaufgaben bereits gemacht. Gut organisierte, störungsfreie Besichtigungstouren stellten sicher, daß die Besucher den Beteuerungen, alles sei in bester Ordnung, auch Glauben schenkten. Und wenn doch einmal Unruhen ausbrachen, nun ja, jeder Tod eines Palästinensers wurde von unabhängiger Seite untersucht. Geschossen wurde ausschließlich auf Befehl und immer nur auf die Beine, wie mir versichert wurde. Ein sehr friedliches Bild, das mir präsentiert wurde. Natürlich hatte es mit der Realität, die ich hier erlebt hatte, nicht das geringste zu tun. Und ebensowenig mit dem, was in den drei Tagen, die ich im Gazastreifen verbracht hatte, dort geschehen war. (Im Anhang findet der Leser ein Protokoll der Geschehnisse im Gazastreifen in der Zeit von Freitag, dem 10. Februar, bis Montag, dem 13. Februar 1989.)

Was hatte mein Dolmetscher Mahmud geantwortet, als ich ihn gefragt hatte, warum ihn die Greuel, die bei den Interviews in Gaza ans Licht kamen, nicht berührten? »Ich komme aus dem Westjordanland. Dort herrschen die gleichen Zustände wie hier.« Jetzt wollte ich herausfinden, ob er damit recht gehabt hatte. Nach nur vier Tagen sollte ich die Antwort wissen.

Es fing schon in Bethlehem an, wo ich mich mit Said, meinem neuen Dolmetscher, traf. Seit drei Tagen streikten die Palästinenser aus Protest gegen israelische Steuern. Vor dem palästinensischen Pressebüro mußte ich warten. Ich lehnte mich an eine Mauer. An ein paar Ständen entlang der Straße wurden arabischer Kaffee und kleine Imbisse angeboten. Ein Armeejeep fuhr vor, die Araber an den Ständen aßen ruhig weiter. Ein Soldat ging, einen Schlagstock schwingend, auf einen der Stände zu, während seine Kameraden sich im Jeep lümmelten und zuschauten. Der Soldat begann, mit dem Schlagstock auf einen Teenager einzuprügeln. Der Junge wurde mehrmals am Körper getroffen, die Schläge, die auf den Kopf zielten, konnte er abwehren. Endlich, dachte ich, würde mein Presseausweis einmal von Nutzen sein. Ich setzte meine Tasche ab, ging auf die beiden zu und begann zu fotografieren. Die Soldaten im Jeep riefen ihrem Kameraden etwas zu. Er ließ von dem Jungen ab und näherte sich mir. Ich erwartete, zuerst ein paar scharfe Worte zu hören, und war völlig überrascht, als er mir ohne ein Wort die Kamera entriß, die Rückwand öffnete und den Film herauszog. Dann warf er mir die Kamera zu, sprang in den Jeep, und

einen Moment später rasten sie die schmale Straße hinunter. Sofort umringten mich die Palästinenser. Sie wollten mich zu einem Kaffee einladen, boten mir Zigaretten an und überschlugen sich vor Dankbarkeit.
Said, der inzwischen aus dem Pressebüro herausgekommen war, sagte zu mir: »Es ist besser, wir verschwinden, bevor sie zurückkommen. Ich nehme Sie mit zu mir nach Hause.«
Sein Zuhause war das Flüchtlingslager Dheischeh. Hier, wo auf einem Quadratkilometer 10 000 Menschen leben, ist Said geboren. Am Haupttor wimmelte es von Soldaten, aber Said kannte andere Wege hineinzukommen.
Unser erster Besuch führte uns zu Ibrahim Ahmad Hussein Odeh. Er war nicht zu Hause. Er wird nie mehr zu Hause sein. Ibrahims Mutter war 1927 in Sefla zur Welt gekommen. Das ist ein Dorf 30 Kilometer südlich von Bethlehem. Die Israelis hatten sie 1953 von dort vertrieben. Seitdem lebte sie im Flüchtlingslager Dheischeh. Am 9. Mai 1988, um 10.30 Uhr, hatten Soldaten mit schweren Bulldozern mehrere Häuser im Lager niedergewalzt – eine Kollektivstrafe. Es kam zu einer Demonstration. Ibrahim war zu Hause. Er half seiner Frau beim Putzen und Aufräumen. Vom ersten Stock aus hörte er den Lärm in etwa 200 Meter Entfernung. Er ging hinunter und schaute aus dem geschlossenen Wohnzimmerfenster hinaus auf die Straße. Er rief nach seiner Frau und erzählte ihr, was los war. Sie stellte sich neben ihren Mann und legte ihren Arm um ihn. Ein Soldat auf einer der Planierraupen fühlte sich von den beiden beobachtet. Er hob sein Gewehr, zielte und schoß. Seine Frau hatte noch immer ihren Arm um seine Schulter gelegt, als Ibrahims Gehirn durch das ganze Wohnzimmer spritzte. Der Soldat schoß weiter durch das geschlossene Fenster. Ich zählte neun verschiedene Einschüsse in der Fensterscheibe, in den Wänden, in der Decke. Die Möbel im Zimmer waren übersät mit getrockneten Blutflecken. An der Decke hing menschliches Gewebe, ein Haarbüschel wehte leicht im Wind. Ich fragte Ibrahims Mutter, warum sie das nicht entfernt habe. Sie antwortete: »Das ist alles, was von ihm geblieben ist.« Said klärte mich auf, daß Ibrahim von einem Dumdumgeschoß getötet worden war. Die Feststellung war rein akademischer Natur. Wenn einem Menschen das Hirn aus dem Schädel geblasen und über das gesamte Wohnzimmer verteilt wird, dann interessiert es niemanden mehr, was für ein Geschoß ihn getroffen hat. Als Ibrahim starb, war er 34 Jahre alt, Vater von sieben Kindern. Das achte Kind wurde drei Monate nach seinem Tod geboren. Der Älteste war 13, als sein Vater ermordet wurde. Der

israelische Soldat und seine Kameraden hatten sich nach den Schüssen wieder an ihre Abbrucharbeit gemacht. An diesem Tag kam niemand vom Militär in das Haus von Ibrahim.
Am nächsten Tag kehrte die Familie nach der Beerdigung nach Hause zurück. Wie in arabischen Familien in der Trauerzeit üblich, wurde der Koran auf einem Kassettenrecorder abgespielt. Wenn der Tod die Soldaten nicht ins Haus brachte, dann der Koran. Sie schlugen die Tür ein, demolierten den Kassettenrecorder und fingen an, aus den Möbeln Kleinholz zu machen. Sie sagten, sie seien auf der Suche nach ein paar jungen Palästinensern, und verboten der Familie, das Haus zu verlassen. Als sie gingen, fing Ibrahims dreijährige Tochter an zu weinen. Sie rief den Soldaten nach: »Ihr habt meinen Vater getötet. Ihr seid böse Männer.« Ein Soldat schlug ihr ins Gesicht.
Drei Tage nach Ibrahims Tod kehrten die Israelis erneut zurück. Diesmal waren es Vertreter der Zivilverwaltung, Militärpolizisten und Angehörige der Schin Beth. Sie kamen, um sich zu entschuldigen. »Es tut uns sehr leid. Es war ein Fehler. Die Soldaten hatten keinen Schießbefehl.« Einer der israelischen Beamten sagte zu der trauernden Mutter Ibrahims: »Machen Sie sich nichts draus, vielleicht bekommen Sie ja irgendwann einen anderen Sohn.« Ibrahims Mutter Hanneh Odeh war 61 Jahre alt.
Wie viele der Männer, die ich in Gaza interviewt hatte, war auch mein neuer Dolmetscher Said schon einmal in israelischer Haft gewesen. Wir liefen durch die Straßen von Dheischeh, und er erzählte mir von den Erfahrungen, die er in dem berüchtigten Gefängnis Ansar drei gemacht hatte.
»Ansar drei ist ein Zoo. Nein, nicht einmal Tiere würde man so behandeln. Diese Juden haben es mit Nummern. Jeder Gefangene bekommt eine Nummer, auf hebräisch. Meine war 698. Wer sie vergaß, wurde bestraft. Prügel waren an der Tagesordnung. Es gab keine Zigaretten, keine Briefe. Das Essen war widerlich. Wir würgten es nur runter, um zu überleben. Die Hitze in der Negevwüste war mörderisch, 40, manchmal 45 Grad. Wenn man heißes Wasser wollte, stellte man morgens eine Schüssel mit kaltem Wasser vor das Zelt. Zur Essenszeit war es dann heiß.«
Schon im Gazastreifen hatte ich immer wieder von Oberst Semar gehört, dem Gefängnisdirektor von Ansar drei. Said berichtete mir von einem Vorfall: Als die palästinensischen Häftlinge einmal die Arbeit verweigerten, weil sie sich als politische Gefangene verstanden, eilte Semar herbei und schrie sie an:

»Wer von euch ist ein richtiger Mann? Los, macht schon, wer ist ein richtiger Mann?«
Einer der Palästinenser trat vor und sagte: »Wir alle sind richtige Männer.« Semar zog seine Pistole und erschoß ihn. *Pour encourager les autres.* Und wieder fragte Semar:
»Und wer ist jetzt ein richtiger Mann?«
Ein anderer Palästinenser trat aus der Gruppe und sagte: »Wir alle sind Männer.« Eine Sekunde später war auch er tot, erschossen vom Gefängnisdirektor. Eine Revolte brach aus. Die Wärter schossen mit scharfer Munition und mit Gummigeschossen. Weitere vierzig Gefangene wurden verletzt, mindestens zwei davon lebensgefährlich. Drei Wochen lang wurde das Gefängnis von der Außenwelt abgeriegelt. Niemand durfte hinein oder hinaus. Nach den Morden traten die Überlebenden in einen Hungerstreik. Drei Tage lang weigerten sie sich, ihre Zelte zu verlassen. »Niemand sagte ein Wort. Nur die Stimme der Wüstenstürme war zu hören. Der Regen und der Wind.«
Abend für Abend kehrte ich aus dieser Realität in mein komfortables Zimmer im Colony-Hotel in Jerusalem zurück, zu warmem Wasser, sauberen Bettlaken und exzellentem Essen. Eine andere Welt. Einmal, als ich allein beim Essen saß, hörte ich, wie ein paar Touristen darüber klagten, daß ihre Stadtrundfahrt wegen der Intifada verkürzt worden war. Eine ältere Dame erhob ihre Stimme und rief, während sie sich von einem arabischen Kellner bedienen ließ, ins Restaurant:
»Diese verdammten Palästinenser. Ich frage mich, warum die Israelis sie nicht alle dorthin zurückschicken, wo sie herkommen.«
Am anderen Morgen kehrte ich nach Beit Sahur zurück und besuchte die Familie Saada. Am 30. Oktober hatten die Saadas, die gläubige Katholiken waren, die Messe besucht. Draußen vor der Kirche zogen israelische Soldaten auf und warteten, bis die Gemeinde die Kirche wieder verließ. Es kam zu einer spontanen Demonstration gegen diese Störung der Religionsausübung. Daraufhin schossen die Soldaten wahllos in die Menge. Der 19jährige Ijad Bischara Abu Saada wurde von einem Plastikgeschoß im Bauch getroffen. Er rappelte sich auf, ging zu den Steinewerfern hinüber, nahm drei Steine in die Hand und warf sie auf die Soldaten. Dann brach er tot zusammen. Das Geschoß hatte eine Hauptarterie verletzt. Ein grausiges Versteckspiel um Ijads Leichnam begann. Nach Überzeugung von Ijads Mutter wollten die Israelis seine Leiche in ein Krankenhaus schaffen, um ihr dort Organe zu entnehmen, die für Transplantationen benötigt wurden.

Sie nannte auch die Namen von Krankenhäusern, arabischen wie israelischen, in denen solche abstoßenden Methoden angeblich praktiziert werden. Sie sprach über einzelne Fälle, wußte die Namen von getöteten Jugendlichen, denen, wie spätere Autopsien bestätigt hätten, Organe entnommen worden seien. Sie erzählte, daß israelische Ärzte in Begleitung von Soldaten zu den trauernden Eltern kamen und ihnen große Geldsummen anboten. Selbst hier, in diesem Meer der Unmenschlichkeit, erschienen diese Vorwürfe unvorstellbar. Aber im Gazastreifen und im Westjordanland arbeitende arabische Ärzte versicherten mir, daß solche Dinge durchaus vorkommen. Anders als die Familie Saada wollten sie sich jedoch nicht offiziell dazu äußern.
Einen Hinweis auf die Glaubwürdigkeit der Anschuldigungen liefert vielleicht ein anderer Vorwurf, den die Familie Saada erhob. So behauptete sie, daß es zivile israelische Mordkommandos gebe, die heimlich in den besetzten Gebieten operierten. Die Männer und Frauen dieser Kommandos, so die Saadas, verkleideten sich als Palästinenser, schleusten sich in Städte, Dörfer und Flüchtlingslager ein und nahmen an Demonstrationen gegen die israelische Armee teil. Dann plötzlich ließen sie die Maske fallen, nahmen andere Demonstranten fest oder erschossen sie kaltblütig. Die Familie beteuerte mir, daß solche Morde nicht nur bei Demonstrationen vorkämen, sondern daß die Kommandos ihre Opfer auch in ihren Häusern aufsuchten. Ijads Mutter gab mir die Namen von zwei Killerkommandos, die unter dem Decknamen Cherry und Samson operierten. Später sprach ich Offiziere der israelischen Armee auf diese Anschuldigungen an. Sie taten sie als Hirngespinste ab. Doch Mitte 1991 wurde das, was sie als Hirngespinste abgetan hatten, als Tatsache bestätigt. Unter anderem auch von Offizieren, die zuvor alle Anschuldigungen bestritten hatten. Es gibt tatsächlich israelische Killerkommandos, die das Westjordanland und den Gazastreifen unsicher machen, und Agenten der Schin Beth, die sich als westliche Journalisten ausgeben. Die Vorstellung, daß getöteten Arabern illegal Organe entnommen werden, scheint heute nicht mehr so abwegig zu sein.
Ijads Freunden gelang es, seinen Leichnam vor den Verfolgern zu verstecken. Nur wenige Stunden später, nach einer Totenfeier in derselben Kirche, in der er noch kurz zuvor die heilige Messe besucht hatte, wurde er beerdigt. Vier Tage später stattete die Armee der Familie einen Besuch ab. Soldaten warfen Tränengas in das Haus der Saadas und das ihrer Nachbarn. In dem einen Haus hielten sich die trauernden Männer auf, in dem anderen die Frauen. Insgesamt wurden 13

Tränengasgranaten in die beiden Häuser geworfen und geschossen. Am Marmor der Außenwände und an einigen anderen Stellen sieht man noch deutlich die Spuren, die einige Gasgranaten beim Aufschlagen hinterlassen haben.

Am Samstag, dem 2. April 1988, stand der 23jährige Salim Chalef el-Schaer auf, wusch und rasierte sich, zog sich an und ging zu Fuß in das nahe gelegene Bethlehem. Wie jeden Samstagmorgen sollte auch an diesem Tag auf der Straße gegen die Armee demonstriert werden. Salim traf kurz vor zehn Uhr am alten Gemüsemarkt ein. Die Demonstration war bereits im Gange. Salim hob ein paar Steine auf und schloß sich ihr an. Sekunden später fielen die ersten Schüsse. Ein Kugelregen prasselte gegen die umliegenden Hauseingänge, eine Salve zerfetzte Salims Gesicht. Die Soldaten, die geschossen hatten, standen nach Aussagen von Augenzeugen kaum 15 Meter von Salim entfernt. Und wieder begann eine verbissene Jagd auf die Leiche eines Palästinensers. Salims Freunde trugen den Leichnam schnell in eine nahe gelegene Moschee. Sie schickten nach seiner Familie und bereiteten sofort das Begräbnis vor.

Als die Leichenträger mit Salim aus der Moschee traten, wurden sie bereits von der Armee erwartet. Auf dem Weg zu dem Friedhof bei Rahill wurde die Prozession aus der Luft angegriffen. Aus Hubschraubern warfen Soldaten Tränengasbomben und große Steine mitten unter die Trauergäste. Während der Beerdigung kreisten zwei Hubschrauber im Tiefflug über dem Friedhof. Kaum 90 Minuten nachdem Salim sein Haus verlassen hatte, lag er in seinem Grab.

Die israelische Armee behauptete später, Salim sei im Begriff gewesen, einen Molotowcocktail auf die Soldaten zu werfen. Pech für die israelische Armee, daß ein Fernsehteam der ABC die Demonstration gefilmt hatte. Die Aufnahmen der Amerikaner belegten unumstößlich, daß Salim weder einen Molotowcocktail in der Hand gehalten noch einen geworfen hatte.

Seine Familie hatte die Geschichte gerade zu Ende erzählt. Wir tranken Kaffee, und ich sah mir einige Fotografien von der Beerdigung an, auf denen die großen Steine und die weißen Rauchschwaden des Tränengases deutlich zu erkennen waren. Ich wollte gerade an meiner Kaffeetasse nippen, als ein Fenster zersplitterte, dann noch eines. Im nächsten Moment erfüllte Tränengas den Raum. Ich fing an zu husten, zu würgen, Tränen schossen mir in die Augen. Die Wirkung war im wahrsten Sinne des Wortes atemberaubend. Meine Nase, meine Luftröhre und meine Lungen brannten wie Feuer.

Am meisten verblüffte mich aber das Verhalten der anderen, die mit mir in diesem kleinen, sauberen, schlichtmöblierten Wohnzimmer waren. Wir alle litten unter den Auswirkungen des Tränengases. Aber die größte, ja, wie mir schien, die einzige Sorge der Familie bestand darin, mir, dem Fremden aus London, zu helfen, einem Mann, der mit seinen Fragen soeben noch mehreren Familienmitgliedern die Tränen in die Augen getrieben hatte. Irgend jemand warf mir ein nasses Handtuch über den Kopf und führte mich nach draußen. Ich kniete auf den Boden, hustete und übergab mich. Zum erstenmal war es ein Vorteil, daß ich nichts riechen oder schmecken konnte. Doch obwohl ich das Tränengas nicht roch, lief mein Nervensystem Amok. Mein Herz begann wie wild zu schlagen. Ich erlitt einen Anfall von Herzjagen. Als die körperlichen Reaktionen endlich nachließen und ich wieder aufstehen konnte, stellte ich verwirrt fest, daß von den Soldaten keine Spur mehr zu sehen war. Dann erst fiel mir auf, daß wir auf der Rückseite des Hauses standen – der Angriff war von der Straße her erfolgt. Musa, mein Dolmetscher an diesem Tag, sagte, die Soldaten seien weitergefahren. Die Familie wollte mich unbedingt wegbringen, bevor die Armee zurückkam. Musa sagte, sonst könnte ich »Schwierigkeiten bekommen«. Dieser gutgemeinte Rat machte mich wütend.

»Schwierigkeiten bekommen, Musa? Warum? Weil ich den Scheißkerlen nicht den Gefallen getan habe zu ersticken?«

Wirklich, warum?

Ich hatte mich schon beinahe zwei Stunden im Haus der Schaers aufgehalten, als die Fenster zersplitterten. Niemand hatte das Haus betreten oder verlassen. Auf dem Weg hierher waren wir zwar an einem kleinen Steinhaufen vorbeigekommen, aber das war noch nicht einmal der Anfang einer Barrikade. Unser Fahrer war den Steinen ausgewichen und, ohne die Geschwindigkeit zu drosseln, weitergefahren. Während des Interviews mit Salims Familie hatte mich Musa einmal auf eine Gruppe von Soldaten aufmerksam gemacht, die in einiger Entfernung Tränengasgranaten in Häuser warfen. Ich konnte keine Kinder auf der Straße sehen, keine Steinewerfer, niemanden, nicht einen Palästinenser. Mit einem Kommentar über die Geistlosigkeit der Aktion der Soldaten setzte ich mich wieder auf die Couch und fuhr mit dem Interview fort.

Wenig später sollten ich und die anderen im Zimmer die Folgen dieser Geistlosigkeit am eigenen Leib zu spüren bekommen.

Kaum ging es mir wieder besser, wollte ich den verantwortlichen israelischen Kommandeur aufsuchen und ihm mit deutlichen Worten klar-

machen, was ich von dem Vorgehen seiner Soldaten hielt. Musa bat mich, es nicht zu tun.
»Was bringt das, wenn Sie sich beschweren? Vielleicht entschuldigen sie sich bei Ihnen, vielleicht auch nicht. Das bleibt sich gleich. Aber wenn Sie zur Armee gehen, kommen sie hierher zurück und lassen diese Familie dafür büßen. Das heute war nichts, so etwas passiert hier jeden Tag. Schreiben Sie in Ihrem Buch darüber.«
»Aber wird das der Familie keine Scherereien machen?«
»Wenn Sie sich heute, solange Sie hier sind, beschweren, dann kriegen sie Schwierigkeiten. Wenn Sie in Ihrem Buch darüber schreiben, dann ist das der Armee egal – und der Familie passiert nichts.«
»In Ordnung, Musa. Ich werde darüber schreiben. Aber da ist noch eine Sache. Ich kann es selbst nicht tun, weil ich ein Mann bin. Und weil ich kein Araber bin. Am besten, Sie wenden sich an den Vater. Falls eine von den Frauen hier schwanger ist, dann muß sie sofort zu einem Arzt und sich gründlich untersuchen lassen.«
Er fragte nicht nach dem Grund. Er wußte Bescheid und nickte nur mit dem Kopf.
Die wenigen hier wiedergegebenen Interviews stellen nur einen Teil der Interviews dar, die ich im Gazastreifen und im Westjordanland geführt habe. Wenigstens einen weiteren Fall möchte ich hier noch vorstellen.
Im Juli 1988 verhängte die Armee erneut eine Ausgangssperre über Beït Sahur, nachdem über 1000 Bürger der Stadt ihre Ausweise an die israelischen Behörden zurückgegeben hatten. Ein Vorgang, den das Militär als kollektiven zivilen Ungehorsam interpretiert hatte. Dabei hatten die Bürger weder demonstriert noch eine Prozession abgehalten, sondern einfach nur ihre israelischen Ausweise zurückgegeben. Am 17. Juli, nach elf Tagen, wurde die Ausgangssperre wieder aufgehoben. Am folgenden Tag, es war ein Montag, gab es viel zu tun. Man besuchte Freunde, tätigte dringende Einkäufe. Gegen 17 Uhr schickte Frau Hillal ihren siebenjährigen Sohn Edmund in die Stadt, um frisches Brot zu kaufen. Sein 15jähriger Bruder John begleitete ihn.
Obwohl die Behörden die Ausgangssperre gerade erst aufgehoben hatten, war es ruhig und friedlich in der Stadt. Die Menschen beschäftigten sich mit den kleinen Dingen des Alltags. Die beiden Jungen liefen Hand in Hand die El-Nasser-Straße hinunter. Sie konnten schon die Bäckerei sehen, als sie am Schanin-Gebäude vorbeikamen, einem leerstehenden fünfstöckigen Bürohaus, das von den israelischen Streitkräf-

ten requiriert worden war. Auf dem flachen Dach des Gebäudes gab es einen Beobachtungsposten, der rund um die Uhr mit mindestens vier Soldaten besetzt war. Plötzlich fühlte John, wie Edmunds Hand weggerissen wurde, gleichzeitig hörte er eine dumpfe Explosion neben sich. Er drehte sich um und sah seinen Bruder auf dem Boden liegen. Eine große Steinplatte hatte seinen Kopf zerschmettert. Über ihm lachten die Soldaten. John sah hinauf und schrie:
»Ihr Hundesöhne. Ihr habt meinen Bruder umgebracht.«
John alarmierte einen Krankenwagen, aber sein Bruder war auf der Stelle tot gewesen.
Wenigstens wurde diesmal eine Untersuchungskommission eingesetzt. Die Kommission kam zu dem Ergebnis, daß die Steinplatte – die so schwer war, daß drei Männer nötig gewesen waren, um sie von dem toten Jungen wegzuheben – genau in dem Moment von einem Windstoß vom Dach des Bürohauses geweht wurde, als die beiden Jungen unten vorbeiliefen. Und einen Jungen traf, der, wie mir Augenzeugen berichteten, mindestens drei Meter von dem Gebäude entfernt war. Dieselben Augenzeugen waren sich auch absolut sicher, daß an diesem Tag kein Wind ging.
Wieder trieben Palästinenser und Israelis ein Versteckspiel mit der Leiche. Und wieder wurde die Familie gezwungen, das Begräbnis mitten in der Nacht abzuhalten.
Später kam sogar der damalige Verteidigungsminister Jizchak Rabin nach Beït Sahur. Aber er sprach nicht mit der trauernden Familie. Er stand nur an der Stelle, wo Edmund von der Steinplatte getroffen worden war, und sah nach oben.
Edmunds Familie sind Israelis. Sie genießen, zumindest theoretisch, den vollen Schutz der israelischen Gesetze und der israelischen Demokratie. Sie sind aber auch Palästinenser. Ihr Sohn starb am 18. Juli 1988. Als ich sie Mitte Februar 1989 interviewte, warteten sie immer noch darauf, daß dem Gesetz und ihren demokratischen Rechten endlich Genüge getan würde. Zu dem Zeitpunkt, als Edmund von der Steinplatte erschlagen wurde, befanden sich mindestens vier Soldaten auf dem Dach. Bis jetzt, da ich diese Zeilen schreibe, ist meines Wissens gegen keinen von ihnen Anklage erhoben worden.
Mir ging es auf dieser Reise nicht nur darum, die Wirklichkeit der Palästinenser zu erfahren. Durch Interviews mit Beteiligten wollte ich zudem herausfinden, wie sich die israelische Regierung zur Intifada und zu den palästinensischen Hoffnungen auf einen eigenen unabhängigen Staat stellte. Ursprünglich hatte ich vorgehabt, mit dem da-

maligen Ministerpräsidenten Schamir und seinen Kabinettsmitgliedern Außenminister Arens und Verteidigungsminister Rabin zu sprechen. Doch während meines Aufenthalts in Gaza und im Westjordanland gaben alle drei freundlicherweise öffentliche Kommentare ab, die es mir als überflüssig erscheinen ließen, sie noch zu interviewen.

Arens:

»Die Israelische Verteidigungsarmee bekämpft die Intifada auf eine ehrenhafte Weise. Sie ist eine humane Armee, die mit großer Geduld vorgeht.«

Rabin nahm speziell auf die Kritik Bezug, die in dem Menschenrechtsbericht des State Department an Israel geäußert wurde. Er sagte:

»Israel hat nichts zu verbergen. Wir schämen uns nicht für das, was wir tun.«

Und der damalige Ministerpräsident Schamir:

»Es wird niemals einen palästinensischen Staat geben. Keine Macht auf Erden kann uns zwingen, das hinzunehmen.«

Mit Politikern wie den drei soeben zitierten und einem Kabinett, in dem Leute wie Ariel Scharon sitzen, der sich wiederholt für die gewaltsame Vertreibung aller Palästinenser aus dem Westjordanland und dem Gazastreifen ausgesprochen hat, steuert das Land auf eine Katastrophe zu, wenn es seine Politik nicht grundlegend ändert und der Gerechtigkeit in diesem Gebiet wieder Geltung verschafft. Die Zeichen stehen an der Wand, für jeden lesbar. Seit vielen Jahren schon. Viele haben sie gelesen und versucht, Israel von dem Weg in den selbstverschuldeten Untergang abzubringen. Auch viele israelische Bürger. Auch Überlebende des Holocaust, hinter dem sich Ministerpräsident Menachem Begin und viele andere verstecken wollten und den sie – und das ist sicherlich das Schändlichste dabei – dazu benutzten, um ihr Handeln zu rechtfertigen. Das unglaubliche Unrecht, das den Juden im Zweiten Weltkrieg angetan wurde, darf nicht und kann nicht das Unrecht rechtfertigen, das die Juden den Palästinensern zufügen. Ja, viele Israelis haben die Zeichen erkannt. Es gibt die Bewegung »Frieden jetzt«, die nach den Massakern von Sabra und Schatila im September 1982 zu einem Protestmarsch aufrief. Über 400 000 Israelis zogen damals durch die Straßen von Tel Aviv. Als die Intifada ausbrach, strömten im Dezember 1989 wieder Tausende von Menschen auf die Straßen, unter ihnen Überlebende des Holocaust, die ein Schild vor sich hertrugen mit der Aufschrift: »Sich zu erinnern heißt auch, sich niemals wie die Nazis zu verhalten.« Im Januar 1988 protestierten in

den Straßen von Tel Aviv knapp 100 000 Menschen gegen Rabins Politik in den besetzten Gebieten.
Eine Minderheit, aber eine wachsende Minderheit, der in der Israelischen Verteidigungsarmee dienenden Soldaten und Offiziere macht aus ihrer Kritik an der Unnachgiebigkeit der Regierung in der Palästinenserfrage kein Hehl. Eine »Demokratische Frauenbewegung« hat sich gebildet. Die Bewegung »Yesh Gevul«, »Es gibt eine Grenze«, ist eine Organisation von Armeereservisten, die sich nicht scheuen, die »Besetzung und brutale Unterdrückung durch die Streitkräfte und die moralische und politische Entmündigung« in den besetzten Gebieten anzuprangern. Es gibt einen »Israelischen Rat für den israelisch-palästinensischen Frieden«, und es gibt eine Vereinigung »Ärzte gegen die Besetzung«. Alle diese Gruppen und die Menschen, die hinter ihnen stehen, repräsentieren die Seele und das Gewissen Israels, aber die Macht in der Knesset halten immer noch die arroganten Männer in Händen. Die Ewiggestrigen, die in Bussen aus dem Zweiten Weltkrieg in Richtung »Armageddon« fahren.

Warten auf Gaddafi

Wegen des Todes meines Schwiegervaters hatte ich meine zweite Reise nach Libyen abgebrochen. Danach hatte ich schon befürchtet, daß mir die Tür nach Libyen für längere Zeit verschlossen bleiben würde. Als ich jedoch aus Israel zurückkehrte, fand ich zu Hause mehrere Telegramme der libyschen Regierung vor. Sie lud mich ein, jederzeit nach Tripolis zu kommen.

Bei diesem dritten Aufenthalt in Libyen bekam ich ein anderes Hotel und einen anderen Betreuer zugewiesen.

Ersten Andeutungen war zu entnehmen, daß sich mein nächstes Interview mit Oberst Gaddafi offenbar nicht über Nacht arrangieren ließ. Am 2. März, dem Tag nach meiner Ankunft, konnte es jedenfalls nicht stattfinden. Ich war zwar in Tripolis, der Oberst jedoch in Bengasi. Während ich wartete, feilte ich an den Fragen, die ich in London für dieses Interview vorbereitet hatte. Ich hatte auch Zeit, einige der Eindrücke und Informationen, die ich im Verlauf meiner letzten Reisen und Interviews gesammelt hatte, zu überdenken – besonders mein Gespräch mit Omar in Gaza. Omar zufolge hielt sich Carlos in Damaskus auf. Er hatte sich zwar bereit erklärt, mir dabei zu helfen, den genauen Aufenthaltsort von Carlos zu ermitteln. Doch ich hatte das unbestimmte Gefühl, daß seine Hilfe lange auf sich warten lassen würde, falls er mir überhaupt half. Bevor ich nicht felsenfest davon überzeugt war, daß Carlos tatsächlich in der syrischen Hauptstadt lebte, wollte ich gar nicht erst den Versuch unternehmen, in dieses Land zu gelangen, das wie Libyen keine diplomatischen Beziehungen zu Großbritannien unterhielt. Ich konnte jederzeit meinen irischen Paß ins Spiel bringen, wollte aber vorher absolute Gewißheit haben.

Ich hatte mittlerweile einen ganzen Berg von Informationen über Ramírez gesammelt, und eigentlich sprach nichts dagegen, daß der Mann, den ich jagte, in Damaskus einen festen Wohnsitz hatte. Im Gegenteil, gewisse Hinweise ließen diese Möglichkeit sogar plausibel erscheinen. Während ich mich mit diesem Problem herumschlug und von Baschir jeden Tag auf »morgen« vertröstet wurde, versuchte ich, diese Zeit des Wartens sinnvoll zu nutzen.

Ich besuchte noch zwei weitere Male die Asisija-Kaserne und das frühere Haus Gaddafis, das Reagan in eine Ruine verwandelt hatte. Die Libyer benutzten es immer noch als Mahnmal, um an den Versuch des amerikanischen Präsidenten zu erinnern, »den gefährlichsten Mann der Welt« zu töten. Seit meinem ersten Besuch waren zu den Graffiti an den Wänden neue hinzugekommen: »Schwedisch-libysche Freundschaftsgesellschaft. Mord 12.1.89.« – »Australische Abgeordnete verurteilen diesen Akt der Aggression durch die USA. 14.1.89.« – »Nieder mit den USA« und viele andere mehr. Diese Solidaritätsbekundungen waren auf die Wände des einstigen Wohnzimmers geschrieben worden.

In den folgenden Tagen begann ich erneut, die Stadt zu erkunden. An den anderen zerstörten Häusern war seit meinem letzten Besuch ebenfalls nichts verändert worden.

Ich hatte in Tripolis einige interessante Leute kennengelernt. Vier waren mir später sehr hilfreich. Der erste war Amin Dughan, ein lebhafter, kleiner Mann, der in Beirut eine Zeitung herausgab. Der zweite sollte vielleicht besser anonym bleiben. Er hatte früher Assads Regierung in Syrien angehört, hatte sich dann aber mit dem Präsidenten überworfen und war von seinem Posten im Kabinett zurückgetreten. Trotzdem lebte er noch. Ich werde ihn Patrick nennen. Mit Amin diskutierte ich über die Lage im Libanon und in Beirut. Und dann versuchte ich bei beiden mein Glück. Ich sprach über Carlos, über das Buch, das ich gerade schrieb, und über die verschiedenen Fäden, die ich miteinander zu verknüpfen suchte. Mein Verhältnis zu den beiden Männern wurde immer herzlicher. Schließlich vertraute ich ihnen an, daß ich auf der Suche nach Carlos war und daß ich mich im Nordlibanon zweimal mit einem Mann getroffen hatte, der sich als Carlos ausgegeben hatte. Ich war mir durchaus bewußt, daß meine Offenheit eine ganze Reihe von Risiken in sich barg.

Am Tag nachdem ich den beiden meine Pläne offenbart hatte, rief mich Amin in meinem Zimmer an und lud mich ein, mit ihm und Patrick Kaffee zu trinken. Am Abend zuvor hatte Patrick beim Essen mit einem alten Freund über meine Suche nach Carlos gesprochen.

Ich zuckte zusammen. Beide Männer hatten mir versprochen, Stillschweigen zu bewahren. Dann erzählte mir Patrick, mit wem er gesprochen hatte: mit einem hohen libyschen Geheimdienstoffizier, der speziell für Syrien zuständig war. Er hatte Patrick wortlos zugehört und dann bemerkt:
»Sagen Sie ihm, daß Carlos in Damaskus ist.«
Ich hatte weder Patrick noch Amin gegenüber angedeutet, daß ich von einem Mann aus Chebaa den gleichen Tip erhalten hatte. Aus einer solchen Quelle dieselbe Information zu erhalten war eine überzeugende Bestätigung. Ich wollte unbedingt den Chef des libyschen Geheimdienstes sprechen. Patrick legte Fürsprache für mich ein, hatte jedoch keinen Erfolg. Der Libyer war nicht bereit, sich mit mir zu treffen, machte jedoch eine weitere Bemerkung:
»Sagen Sie ihm, daß ich von der Richtigkeit meiner Information überzeugt bin. Carlos ist schon seit mehreren Jahren in Damaskus.«
Auf einmal war es gar nicht mehr so wichtig, daß ich seit annähernd zwei Wochen in Libyen auf ein Gespräch mit Gaddafi warten mußte. Ich war mir sicher, daß ich bald am Ziel sein würde. Die Jagd, die mich um die halbe Welt geführt hatte, konzentrierte sich nun auf eine einzige Stadt.
Am folgenden Tag ging ich, den irischen Paß in der Tasche und Baschir an meiner Seite, zur syrischen Botschaft in Tripolis und beantragte ein Visum.
Während ich weiterhin auf Gaddafi wartete, dachte ich ständig über die Bestätigung nach, die ich in bezug auf Carlos' Aufenthaltsort erhalten hatte.
Der libysche Geheimdienst behauptete, daß Carlos – der echte Carlos – in Damaskus lebte und dort schon seit einigen Jahren einen Wohnsitz hatte. Omar, der Mann aus Chebaa, hatte genau dasselbe gesagt. Ich war überzeugt, daß der Mann, den ich 1985 im Nordlibanon zweimal getroffen hatte, ein Hochstapler war. Er war sicher kein gewöhnlicher Phantast, sondern offensichtlich ein Agent irgendeines Geheimdienstes, also ein Profi, und zwar ein sehr guter. Er war für diese Aufgabe nicht einfach nur instruiert, sondern regelrecht ausgebildet worden. Aber wer hatte ihn ausgebildet? Und warum? Warum hatte man ihn auf mich angesetzt? Wie war es möglich, daß Samir mich zu diesem Hochstapler geführt hatte, wo doch sein enger Freund oder vielleicht sogar Verwandter mir genau sagen konnte, wo der echte Carlos tatsächlich lebte? Wer immer die Leute waren, die den Mann, den ich im Libanon getroffen hatte, ausgebildet und geschickt hatten – sie

waren gut, sehr gut sogar, aber eben nicht gut genug. Meine Bitte um Carlos' Fingerabdrücke hatte sie vor ein unlösbares Problem gestellt. Ich hatte darauf bestanden, ihm die Fingerabdrücke selbst abzunehmen. Sie hatten keine Chance, mir die Fingerabdrücke des echten Carlos unterzuschieben. Also mußten sie das dritte Interview platzen lassen, und zwar so, daß ich keinen Verdacht schöpfen würde. Sie warteten, bis ich wieder in Beirut war, und töteten Samir in dem Moment, als ich mich auf den Weg zum dritten Interview machen wollte. Vermutlich waren sie davon ausgegangen, daß ich die beiden langen und sensationellen Interviews, die ich bereits in der Tasche hatte, sofort veröffentlichen würde. Aber wozu dieser Aufwand? Warum gaben sie sich soviel Mühe? Wem nutzte es? Die Antwort auf diese letzte Frage wußte ich schon lange vor meiner dritten Reise nach Libyen. Das Rätsel um Samir und seinen Freund in Chebaa ließ mich nicht los. Der eine führte mich zum falschen, der andere, wie es aussah, zum echten Carlos. In der PLO gab es einen Mann, der jeden Zweifel über den Aufenthaltsort des echten Carlos ausräumen konnte. Vorausgesetzt, er wollte. Ich klemmte mich ans Telefon.
Der Mann, den ich sprechen wollte, war natürlich Bassam Abu Scharif. Ich war mir absolut sicher, daß er wußte, wo Carlos war. Ich hatte bereits fünfmal vergeblich versucht, ihm diese Information zu entlocken, war jedoch zuversichtlich, daß ich ihm diesmal etwas anzubieten hatte, dem er wohl kaum würde widerstehen können – es lag bereits fertig verpackt in meinem Aktenkoffer. Ich hatte es aus Jerusalem mitgebracht. Eigentlich war es ein Präsent für Abu Ijad. Aber vielleicht würde es ihnen nichts ausmachen, es zu teilen.
Ich rief Anna in London an und erfuhr, daß sie mit Bassam Abu Scharif Verbindung aufgenommen hatte. Er sei in Tunis und würde gerne mit mir sprechen. Ich tätschelte mein Geschenk aus Jerusalem und schickte ein stilles Gebet zum Himmel.
Im Verlauf meiner vierten Woche in Tripolis eröffnete ich dem treuen Baschir, daß ich die Absicht hätte, für ein paar Tage nach Tunis zu fliegen und anschließend sofort wieder zurückzukommen. Ich wußte ganz genau, daß Bassam ein Mann war, der sich nirgendwo lange aufhielt. Baschir beriet sich mit seinen Vorgesetzten vom Ministerium und kam dann freudestrahlend wieder zurück.
»Wir haben über Sie gesprochen.«
»Und?«
»Sie können jetzt nicht weg. Der Führer erwartet, Sie zu sehen.«
»Und was passiert, wenn ich trotzdem zum Flughafen fahre?«

»Man wird Ihnen nicht erlauben, das Land zu verlassen.«
Gegen Ende der vierten Woche wurde meine Geduld schließlich belohnt. Ich war schon längst zu dem Schluß gelangt, daß die ganze Verzögerung nicht auf Gaddafis Unhöflichkeit, sondern auf Libyens »bürokratische Verstopfung« zurückzuführen war. Die Leute vom Ministerium hatten mich erst gegen Ende des Monats erwartet. Niemand hatte daran gedacht, mich von der endlosen Konferenz in Bengasi zu unterrichten. Oder mir zu empfehlen, lieber erst am Ende des Monats zu kommen. Als ich dann in Tripolis aufgetaucht war, hatten sie den Oberst gar nicht erst von meiner Ankunft unterrichtet, sondern mich statt dessen bis zu seiner Rückkehr hingehalten. Am Sonntag, dem 26. März, hatte das Warten ein Ende. Einige Tage zuvor hatte ich auch endlich ein Visum von den Syrern erhalten. Das Problem war allerdings, daß es nur einen Monat lang gültig war. Angenommen, ich flog wirklich nach Damaskus, was ich freilich erst tun wollte, wenn mir Abu Scharif meine Informationen bestätigt hatte, gab es vorher noch eine ganze Menge zu tun. Ich schob dieses Problem vorerst einmal auf die Seite. Zusammen mit Baschir und Salah, einem Dolmetscher, fuhr ich zur Asisija-Kaserne.
Es war an diesem Tag bereits unsere zweite Fahrt zu der Kaserne. Wir waren am späten Vormittag schon einmal dort gewesen. Das »Büro des Führers« hatte uns kommen lassen. Die Einlaßzeremonie war die gleiche wie bei meinem ersten Interview mit Gaddafi. Nach einem freundlichen Empfang führte man uns in das erste Wartezimmer und servierte Kaffee. Eine algerische Delegation kam und ging wieder. Eine lateinamerikanische Delegation kam und ging wieder. Dann führte man uns in den zweiten Warteraum.
Der Sekretär brachte uns nicht in das Büro, in dem ich das erste Interview geführt hatte, sondern ins Freie. Nach einer kurzen Wegstrecke näherten wir uns einem Beduinenzelt. Es wurde langsam dunkel. Ein Bunkerofen brannte in der Nähe des Zelteingangs. Daneben wartete Gaddafi in langen fließenden Gewändern. Ich fühlte mich an eine Szene aus *Lawrence von Arabien* erinnert.
Nachdem wir uns begrüßt hatten, führte mich Gaddafi ins Innere des Zeltes.
»Es ist zwei Jahre her, daß wir uns zum letztenmal getroffen haben«, sagte er.
Wir sprachen über dies und jenes, auch über den Tod meines Schwiegervaters, während ein libysches Fernsehteam filmte und einheimische Reporter Fotos schossen. Als ich sagte, daß ich mit meinen Fra-

gen warten wolle, bis sie gegangen seien, machte er eine kaum wahrnehmbare Handbewegung, und schon im nächsten Augenblick waren sie verschwunden. Nachdem man uns frischgepreßten Orangensaft serviert hatte, kam ich zur Sache. Seit unserer ersten Begegnung war die Welt nicht stehengeblieben. Mich interessierten besonders Gaddafis Ansichten zu ganz bestimmten Veränderungen, die in der Zwischenzeit stattgefunden hatten. Ich fragte ihn nach seiner Meinung über die der PLO, die inzwischen das Existenzrecht Israels anerkannt und damit akzeptiert hatte, daß der größte Teil Palästinas für die Palästinenser für immer verloren war. Ich fragte ihn, was er von den Erklärungen Arafats hielt, daß die Palästinenser sich mit einem Zwergstaat im Westjordanland und im Gazastreifen zufriedengeben würden.

»Was Jassir Arafat betrifft, so glaube ich, daß die Politik, die er augenblicklich verfolgt, nicht wirklich zu einer Beilegung des Konflikts führen wird. Seine Politik wird etwas ganz anderes bewirken. Sie wird zum Krieg führen. Die wahren Absichten der Israelis werden ans Licht kommen. Die Palästinenser haben alles angeboten, was sie haben. Alles, was sie besitzen. Am Ende werden die Israelis auf der Anklagebank sitzen. Die Weltmeinung wird sich zwangsläufig ändern. Sie wird für die Palästinenser Partei ergreifen. Man wird die Zionisten immer mehr unter einem Blickwinkel sehen, der sie in die Nähe der Naziverbrecher rückt. Sie werden zu den neuen Nazis. Ihre Politik wird vor der ganzen Welt entlarvt werden. Wenn dann alle, auch ihre gegenwärtigen Freunde, erkennen, wie unnachgiebig die Israelis in diesen Fragen sind, wird es zum Krieg kommen.«

Als Gaddafi meinen Aussagen entnahm, daß ich kurz zuvor in den besetzten Gebieten ausführliche Interviews geführt hatte, vertauschten sich unsere Rollen. Er war augenscheinlich sehr an Informationen aus erster Hand interessiert und stellte mir zahlreiche Fragen zu den Verhältnissen im Westjordanland und im Gazastreifen und zur Moral der Palästinenser. Er bestätigte mir, daß er die Intifada immer noch unterstütze – Abu Dschihad hatte ihm vor seiner Ermordung durch eine israelische Spezialeinheit in Tunis das Versprechen abgenommen, den Aufstand der Palästinenser mit monatlich vier Millionen Dollar zu unterstützen. Außerdem enthüllte mir Gaddafi, daß er in der Woche zuvor mit Präsident Assad vereinbart habe, jede Finanzhilfe für die PLO zu streichen. Dies warf die interessante Frage auf, wie er sich unter diesen Umständen die weitere Unterstützung des Aufstands vorstellte. Der Oberst lächelte und bemerkte ganz ruhig: »Außer der PLO gibt

es noch andere Wege, um sicherzustellen, daß die Menschen in den besetzten Gebieten Hilfe erhalten.«
Wir sprachen über die geheimgehaltenen Versuche Präsident Bushs, zu einer Verständigung mit Libyen zu gelangen, und auch darüber, wie Gaddafi diese Bemühungen abgewehrt hatte. Er möchte entweder offene Verhandlungen oder gar keine. Auch andere Länder haben an diesen Geheimgesprächen teilgenommen, die zu einer Annäherung zwischen Libyen und den Vereinigten Staaten führen sollten, darunter Frankreich, Ägypten und Saudi-Arabien.
Noch einmal kam ich auf die Geiseln im Libanon zu sprechen, und Gaddafi versprach, soviel Druck wie möglich auf den Iran auszuüben. Dann wandte ich mich einem Thema zu, das den Oberst persönlich betraf. Ich befragte ihn nochmals zu der Bombardierung von Tripolis und Bengasi im Jahre 1986.
»Wir erwarteten den Angriff in dieser Nacht, aber ich war nicht darauf gefaßt, daß er sich auf mein Haus, meine Familie und meine Kinder konzentrieren würde. Damit hatte ich wirklich nicht gerechnet. Ich war bei meiner Familie, weil ich davon ausging, daß sich der Angriff gegen militärische Ziele richten würde. Wir waren zwar auf ihn vorbereitet, aber ich war überrascht, daß er in erster Linie meinem Schlafzimmer galt, dem Schlafzimmer meiner Kinder.«
»Aber Sie rechneten mit dem Angriff in dieser Nacht?«
»Ja.«
»Stammten Ihre Informationen aus den gleichen Quellen, über die wir schon einmal gesprochen haben? Von den ›vielen Freunden‹, die Sie jahrelang über die verschiedenen Verschwörungen der Reagan-Regierung auf dem laufenden hielten, die Ihre Vernichtung zum Ziel hatten?«
»Aus diesen Quellen und aus anderen.«
»Könnten Sie das präzisieren?«
»Vor der Bombennacht setzten sich die Saudis durch einen Mittelsmann mit mir in Verbindung. Sie versicherten mir, daß die Amerikaner den Bombenangriff durchführen würden.«
»Die Saudis?«
»Ja, die Saudis. Sie hatten versucht, den Amerikanern den Angriff auszureden. Aber ohne Erfolg. Sie baten mich, im Gegenzug nicht die europäischen Länder anzugreifen. Sie argumentierten damit, daß ein solcher Angriff das Bündnis der Europäer mit Amerika nur stärken würde, während der Verzicht auf einen libyschen Gegenschlag dieses Bündnis schwächen und zu einer Annäherung zwischen Europa und

uns führen würde. Aus diesem Grund griffen wir nur den Aufklärungsposten der sechsten Flotte in Lampedusa an. Die Gegenangriffe auf Kreta und Sizilien wurden abgeblasen.«

»Aufgrund der saudischen Intervention?«

»Ja.«

»Wenn ich den Ministerpräsidenten von Malta richtig verstanden habe, dann erhielten Sie von der Flugüberwachung in Luka ebenfalls die Warnung, daß F-111-Bomber in Ihren Luftraum eindrangen?«

»Ja, das ist richtig.«

»Außerdem habe ich gehört, daß König Hassan von Marokko oder ein Mitglied seiner Regierung kurz vor dem Angriff bei Ihnen angerufen hat.«

»Ja.«

»Und daß Ihnen bei diesem speziellen Telefonanruf versichert werden sollte, daß kein Angriff erfolgen würde.«

»Ich persönlich habe mit den Marokkanern nicht gesprochen. Das haben andere Leute in Tripolis getan. Warum fragen Sie nach den Marokkanern?«

»Weil der marokkanische König, wie Sie sicherlich schon wissen, Herr Oberst, im Dienst der CIA steht und weil mir ein amerikanischer Informant berichtet hat, daß der König von seinem CIA-Kontaktmann darum gebeten wurde, Sie kurz vor dem Angriff anzurufen und zu beruhigen. Der eigentliche Zweck des Anrufs war jedoch ein ganz anderer. Den Amerikanern sollte ermöglicht werden, auf elektronischem Weg Ihren genauen Aufenthaltsort zu ermitteln.«

»Ich glaube nicht, daß König Hassan bei so etwas mitmachen würde.«

»Aber vielleicht ein Mitglied seines Stabes oder seiner Regierung?«

»Oh, das ist sehr gut möglich.«

Als ich den Zeitpunkt für geeignet hielt, kam ich auf einen gewissen Venezolaner zu sprechen. Ich erinnerte Gaddafi an unser früheres Gespräch über Carlos und ging dann näher auf das Thema ein. Ich erzählte ihm von meinen Treffen im Libanon 1985 und schilderte ihm kurz meine seitherigen Bemühungen, Carlos ausfindig zu machen. Gespannt verfolgte er meinen Bericht, und als ich Salah zu verstehen gab, daß ich mit meinen Ausführungen am Ende sei, antwortete Gaddafi sofort. Und diesmal blickte er nicht verträumt in die Ferne.

»Was? Carlos lebt noch?«

»Das würde ich gerne von Ihnen wissen, Herr Oberst.«

»Ich werde Ihnen sagen, was für Informationen ich über Carlos habe. Ich glaube bis heute, daß er eine ›unsichtbare Person‹ ist. Genau wie

Abu Nidal. Ich glaube nicht, daß es wirklich einen Mann namens Abu Nidal gibt, ebensowenig wie einen Mann namens Carlos. Das Ganze ist ein Witz oder ein Täuschungsmanöver, an dem viele Seiten beteiligt sind. Und selbst wenn es diese Personen tatsächlich irgendwann gegeben haben sollte, dann sind sie meines Erachtens inzwischen tot. Wenn es Abu Nidal, also einen Mann, eine Person dieses Namens, je gegeben hat, dann ist er jetzt tot. Früher hieß es, der Mann sei herzkrank und könne nur mit einem Herzschrittmacher leben. Mit der Abu-Nidal-Gruppe ist es wie mit anderen Organisationen in der arabischen Welt. Sie verheimlichen den Tod ihrer Führer, damit sie nicht die Macht über ihre Anhänger verlieren. So wird behauptet, daß Ali, der Imam – der Apostel des Propheten und der Imam der Schiiten –, noch am Leben ist. Er ist tot, aber die Schiiten behaupten, daß er noch lebt. Die Christen glauben, daß Christus noch lebt und eines Tages wieder unter ihnen weilen wird. Die Organisation Abu Nidals hat die gleiche Tradition. Natürlich kann jeder daherkommen und behaupten: ›Ich bin Abu Nidal.‹ Dasselbe gilt für Carlos. Ich glaube nicht, daß es ihn wirklich gibt. Wenn er jemals gelebt hat, dann ist er schon lange tot. Schon seit Jahren hört man nichts mehr von ihm. Anscheinend ist er verschwunden. Solche Personen tauchen auf, wenn die Zeit und die Umstände dafür günstig sind.«

»Als diese ›Person‹ im Dezember 1975 mit einem Flugzeug voller Ölminister hier eintraf, als dieses ›Phantom‹ mit Leuten wie Ihrem Ölminister Esadin Ali Mabruk auf Ihrem wichtigsten Flughafen landete, haben Sie da seine Bekanntschaft gemacht? Oder sind Sie ihm ein andermal begegnet?«

»Nein, niemals. Ist er der echte Carlos? Der Mann, der die OPEC-Minister entführt hat?«

»Ja.«

»Das bedeutet, daß es also wirklich eine Person namens Carlos gibt.«

»Ihr Kollege Major Jallud hat mehrere Stunden lang mit ihm gesprochen.«

»Ja, er war am Flughafen und hat mit den Entführern gesprochen. Aber wer von uns weiß schon, welcher von ihnen Carlos war? Wahrscheinlich war es gar nicht Carlos. Wahrscheinlich war es nur jemand, der sich für Carlos ausgab. Sie selbst haben ja einen solchen Mann getroffen. Einen falschen Carlos.«

»Es ist häufig behauptet und geschrieben worden, daß Sie hinter dem Anschlag auf die OPEC steckten und daß der Plan von Ihnen stammte. Sie sollen Carlos danach mehrere Millionen Dollar bezahlt haben.

Und die libysche Botschaft in Wien soll die Waffen und die Handgranaten geliefert haben.«
»Das stimmt nicht. Dafür gibt es keinerlei Beweise. Das wurde nicht nachgewiesen.«
»Nein, aber es wurde behauptet.«
»Behauptungen aufstellen kann jeder.«
»Es wurde auch die Behauptung aufgestellt, daß es in Wirklichkeit ihr eigener Ölminister war, der Carlos einen Grundriß des Konferenzraums gab. Was sagen Sie dazu?«
»Bei dem Anschlag wurde ein Libyer getötet. Glauben Sie im Ernst, daß wir uns mit einem Mörder einlassen, der zuerst einen Libyer umbringt? Sie landeten auf unserem Flughafen. Sie weigerten sich, aufzugeben. Erst in Algerien gaben sie auf.«
»Wollte Major Jallud sie dazu überreden, das Flugzeug zu verlassen und das Unternehmen abzubrechen?«
»Ja. Er wollte über die Freilassung der Gefangenen verhandeln. Sie lehnten ab.«
»Hält sich Carlos Ihres Wissens nach in Libyen auf, Herr Oberst?«
»Er ist nie in Libyen gewesen. Weder der falsche noch der echte Carlos.«
»Auch nicht bei einer anderen Gelegenheit?«
»Wenn er nach Libyen käme, würden wir ihn vor Gericht stellen und wegen des Mordes an einem libyschen Repräsentanten und wegen der Entführung der Ölminister anklagen.«
Ich bat den Oberst um Erlaubnis, Jallud und außerdem noch zwei weitere Männer zu interviewen, die mir, wie ich annahm, Informationen über Carlos und seinen derzeitigen Aufenthaltsort liefern konnten: Sajeed Gadhaf Al Dam und Ahmed Gadhaf Al Dam. Er gab sie mir ohne Zögern. Als ich sagte, daß ich keine weiteren Fragen mehr hätte, standen wir auf und gingen langsam aus dem Zelt. Salah eilte voraus. Die Wachen hatten inzwischen die brennenden Scheite aus dem Bunkerofen herausgeholt, auf dem Boden ein Feuer gemacht und weiteres Holz aufgelegt. Die Flammen brannten hell in der stockdunklen Nacht, so hell, daß sie jeder sehen mußte. Dachte ich jedenfalls. Salah jedoch marschierte erhobenen Hauptes geradewegs in die Flammen hinein. Anstatt wegzuspringen, blieb er kurz stehen und schien nachzudenken. Seine Hosen fingen Feuer, und Gaddafi, der neben mir ging, stieß mich an, zeigte mit dem Finger auf Salah und lachte. Ich rief:
»Salah, Ihre Hosen! Sie haben Feuer gefangen!«

Der Dolmetscher drehte sich nicht um. Er lief weiter in die schwarze Nacht hinaus, wobei die brennenden Hosen seinen Weg anzeigten. Gaddafi wand sich vor Lachen, schüttelte mir die Hand und entfernte sich. Wie aus dem Nichts tauchten Leibwächter auf und umringten ihn. Dann war er verschwunden.

Gaddafi hatte mich in bezug auf Nidal eindeutig belogen. Ich fragte mich, ob er es auch bei anderen Themen mit der Wahrheit nicht so genau genommen hatte.

In den folgenden vier Tagen schlug ich mich erneut mit der libyschen Bürokratie herum.

Es war jetzt Ende März. Ich verließ mein offenes Gefängnis und nahm die nächste Maschine nach Tunis.

Zwischenspiel in Tunesien

Als ich Bassams Büro am Stadtrand von Tunis betrat, hatte ich außer meinem schwarzen Aktenkoffer, der mich auf allen meinen Reisen begleitet, auch zwei Geschenke bei mir. Das erste, eine Flasche Whisky, nahm Bassam mit einem fast schon mechanischen »Danke« entgegen. Das zweite Geschenk, in einer unscheinbaren weißen Plastiktüte, rief eine ganz andere Reaktion hervor, eine, mit der ich gerechnet hatte. Ich überreichte ihm die Tüte:

»Es ist Erde, Bassam. Ich habe sie in Jerusalem ausgegraben.«

Er küßte die Tüte unter Tränen. Dann ließ er ein wenig Erde durch seine Finger rinnen. Ich hatte mit diesem kleinen symbolischen Geschenk eine gute Wahl getroffen – Bassam war 1946 in dem Dorf Kufra Akam bei Jerusalem geboren worden.

In den zwei Monaten seit unserer letzten Begegnung hatte ich lange über das Problem nachgedacht, wie ich Bassam Abu Scharif dazu bewegen könnte, mir den wahren Aufenthaltsort von Carlos mitzuteilen. Nun, da ich an einem sonnigen Morgen mit ihm zusammensaß, versuchte ich, die Sache anders anzugehen. Ich fragte ihn nicht über den Mann aus Caracas aus, sondern über den Mann aus Jerusalem – ihn selbst.

Er hatte ein bewegtes Leben hinter sich. In einer bürgerlichen Familie groß geworden – sein Vater war Manager bei der Arabischen Bank –, war er später zu einem der radikalsten und einflußreichsten Vertreter der PLO geworden. Anders als viele andere waren seine Eltern nicht aus ihrer Heimat vertrieben worden. Der Beruf des Vaters hatte die Familie zum Umzug veranlaßt. Seine Bank eröffnete neue Zweigstellen in Amman. Bassam besuchte in Jordanien ein französisches Gymnasium, das von den Brüdern de la Salle geleitet wurde.

Von dort wechselte er an die Amerikanische Universität in Beirut, wo er ein Diplom in Chemie erwarb. Als weitere Studienfächer belegte er Wirtschafts- und Verwaltungswissenschaften, Soziologie, Psychologie und Philosophie.
»Ich war nicht erpicht auf weitere Diplome. Ich wollte mich bilden. In diesen Jahren habe ich eine eigene Sicht der Dinge entwickelt, in politischer und gesellschaftlicher Hinsicht – diese Zeit hat mich geprägt.«
Wie viele andere in dieser Region war er schon als Junge ein Bewunderer Nassers gewesen. Sein Interesse an der Politik erwachte allerdings erst allmählich.
»Meine politische Bildung begann eigentlich erst auf der Universität. Dort kam man mit dem gesamten politischen Spektrum in Berührung.«
Als Sohn aus einer relativ wohlhabenden Familie hätte er leicht ein politischer Dilettant werden können, der die palästinensische Befreiungsbewegung lediglich als eine Art Zeitvertreib betrachtete. Es gab andere, die das taten. Er lebte auf dem Campus in Beirut, doch seine Interessen führten ihn immer häufiger dorthin, wo die Mehrheit der Palästinenser wohnte, in die Lager. Die Erfahrungen, die er dort machte, blieben nicht ohne Wirkung. Seine Aktivitäten wurden immer radikaler. Zweimal wurde er aus dem Libanon ausgewiesen. Er rückte noch weiter nach links, schloß sich Habaschs Volksfront an und arbeitete mehrere Jahre zusammen mit Ghassan Kanafani bei der Zeitung der Volksfront.
Wir sprachen über die Wurzeln eines Menschen und ihre Bedeutung für den einzelnen.
»Es ist schlimm. Sehr, sehr schlimm. Sie können sich nicht vorstellen, wie schlimm es ist, wenn man sich plötzlich so einsam fühlt. Es überkommt einen bei der Arbeit, und es dauert immer etwa zehn Minuten. Es gibt immer zehn Minuten, in denen ein Mensch Selbstgespräche führt und sich sehr einsam fühlt. Ich bin von meinen Kindern, meiner Frau und meiner Familie getrennt, doch das bedeutet nicht, daß ich keine Wurzeln habe. Ich spüre, daß ich Wurzeln habe, und wahrscheinlich ist das einer der Punkte, die mir helfen, mich noch leidenschaftlicher meiner Arbeit zu widmen, damit ich eines Tages zu diesen Wurzeln zurückkehren kann.«
Er steckte seine Hand in die Tüte, die ich ihm mitgebracht hatte, und holte eine Handvoll Erde heraus.
»Hier sind meine Wurzeln. In Jerusalem. Ich kenne die Stadt sehr gut.

Ich habe sie die ganze Zeit deutlich vor Augen. Mein Land. Meine Vettern sind dort, meine Neffen – ich denke an die schönen Tage, die ich dort verbracht habe. Übrigens hat man mich nie an einer Rückkehr gehindert. Selbst als Student verbrachte ich alle Sommerferien dort. Die Altstadt, die Familie und die hübschen Plätze in Jerusalem, in Ramallah oder in dem Dorf. Ich pflügte mit den anderen oder ging am frühen Morgen mit den Schafen hinaus – das waren wunderbare Momente für mich. Dort sind meine Wurzeln, und ich fühle, daß ich dorthin gehöre. Ich fühle genau, daß ich erst dann meine innere Ausgeglichenheit finden werde, wenn ich dorthin zurückkehre. Ich gehöre nicht hierher nach Tunesien, oder nach Algerien oder an all die anderen Orte auf der Welt, wo ich schon Zwischenstation gemacht habe. Es gibt keinen Frieden für mich. Aus Damaskus hat man mich praktisch rausgeworfen. Wir waren in Beirut, aber wir mußten die Stadt wieder verlassen. Wir waren in Amman, doch auch dort mußten wir wieder weg. Solange wir keinen eigenen Staat haben, wird sich daran nichts ändern.«

Bei meinen langwierigen Nachforschungen habe ich nicht den geringsten Hinweis darauf gefunden, daß Bassam Abu Scharif jemals eine Kalaschnikow in die Hand genommen hätte. Seine Waffe war die Sprache. Er, Kanafani und andere versuchten, mit Worten gegen die, wie sie meinten, Lügen und Verzerrungen der israelischen Propagandamaschinerie anzukämpfen. Kanafani starb im Juli 1972 durch eine Autobombe. Bei dem Anschlag in Beirut, der auf das Konto des Mossad ging, kam auch seine junge Nichte ums Leben. Drei Wochen später war Bassam die Zielscheibe. Ein durch die Post zugestelltes Päckchen explodierte, als er es öffnete. Seitdem ist er auf einem Auge blind und hat eine verstümmelte Hand. Siebzehn Jahre später, als er von seinen Hoffnungen auf einen dauerhaften und gerechten Frieden mit Israel sprach, verursachten ihm die Splitter der Paketbombe immer noch starke Schmerzen.

An jenem Tag in Tunis sprachen wir über viele Dinge. Gegen Ende erinnerte ich ihn an unsere früheren Unterhaltungen. Ich sagte, daß ich unbedingt Carlos finden und mit ihm sprechen müsse. Er sah mich wieder mit jenem besonderen Lächeln an.

»Dann müssen Sie nach Damaskus gehen, David.«

Ich hatte es geschafft. Hundertprozentig. Ich hatte recht gehabt, was die Interviews im Nachrichtenmagazin AL WATAN anging. Bassam war bei dem Gespräch zwischen dem Autor und Carlos tatsächlich dabeigewesen. Er sprach ausführlich über den Venezolaner, gab mir Tips,

wie ich in Damaskus vorgehen solle, und ermahnte mich mehrmals, größte Vorsicht walten zu lassen.
»Sie müssen sehr, sehr vorsichtig sein. Sie gehen ein großes Risiko ein. Wenn man erfährt, daß Sie wissen, daß er sich in Damaskus aufhält und unter ihrem Schutz steht, wird es gefährlich für Sie.«
Solche Ratschläge aus dem Munde eines Mannes, dessen Gesicht und Körper bis zum Ende seiner Tage von dem Mordanschlag gezeichnet sein werden, den die Israelis auf ihn verübt hatten, konnten gar nicht ernst genug genommen werden.
Bassam Abu Scharif hatte mir, ohne es zu wissen, bestätigt, was ich bereits von Omar in Gaza und vom libyschen Geheimdienst in Tripolis erfahren hatte. Am Tag darauf sprach ich sechs Stunden lang mit Abu Ijad. Unser Gespräch fand an einem anderen Ort als beim letztenmal statt, und die Zahl seiner Leibwächter war stark angestiegen. Seit der Ermordung von Abu Dschihad hatte die PLO die Sicherheitsmaßnahmen für die letzten Überlebenden der ursprünglichen Führungsriege erheblich verstärkt.
Ich befragte ihn zu Carlos. Ijad schloß einige Informationslücken und bestätigte andere Aspekte, die den Werdegang des Venezolaners ab Mitte der siebziger Jahre betrafen. Ich weiß nicht, ob er es schon immer gewußt hatte oder ob ihm die Information erst vor kurzem zugespielt worden war, jedenfalls sagte auch er im Verlauf unseres Gesprächs, daß sich Carlos in Damaskus aufhalte. Er wußte nichts von meinem Treffen mit Bassam am Vortag, und doch waren die Ratschläge, die er mir für meine Reise in die syrische Hauptstadt gab, in gewisser Hinsicht die gleichen. Wie Bassam ermahnte er mich zu größter Vorsicht.
Ich berichtete von meinem letzten Interview mit Gaddafi.
»Der Oberst hat die Ansicht vertreten, daß Carlos und Abu Nidal, falls sie überhaupt jemals gelebt haben, inzwischen längst tot sind.«
Ijad brüllte vor Lachen.
»Er hat Sie auf den Arm genommen.«
»Ja. Ein merkwürdiger Sinn für Humor, zumal Abu Nidal in derselben Stadt lebt.«
Ijad lachte wieder und nickte.
»Wie war Ihr Treffen mit Abu Nidal?«
»Sehr interessant, besonders wenn man berücksichtigt, daß er betrunken war.«
»Wenn er nur eine Flasche in der Hand hat und nicht auch noch eine Pistole, kann man eigentlich zufrieden sein.«

Wir unterhielten uns ausführlich über Nidal, wobei wir erneut die Tatsache ansprachen, daß der Mossad seine Organisation massiv unterwandert hatte. Abu Ijad enthüllte bei dieser Gelegenheit, daß die Tunesier und Marokkaner, die sich in Nidals Gruppe eingeschleust hatten, gemeinsam von CIA und Mossad ausgebildet worden seien.
Er war entzückt von der Tüte mit Erde aus Jerusalem, die ich ihm überreichte, und gab sofort Anweisungen, sie in einem Glaskrug in seinem Büro zu deponieren.
»Immer, wenn ich sie sehe, werde ich an Jerusalem denken.«
Nach dem Gespräch begleitete er mich hinaus in den Vorgarten seiner Villa. Durch Chalid beschwor er mich noch einmal, in Damaskus größte Vorsicht walten zu lassen.
»An einigen Orten und in einigen Ländern könnte ich für Ihren Schutz sorgen, doch in Syrien und in der Beka-Ebene bin ich machtlos.«
Als wir da in der Nachmittagssonne standen und plauderten, spürte ich deutlich die Gegenwart seiner Leibwächter, obwohl sie sich im Hintergrund hielten.
»Haben Sie immer noch Nidals Killer als Leibwächter, Abu Ijad?«
Chalid übersetzte die Frage. Abu Ijad lachte schallend.
»Das ist meine persönliche Antwort an Nidal. Solange man solche Leute in seiner Nähe hat, gibt es keine Probleme. Denken Sie daran, was ich über die Syrer gesagt habe.«
Im Januar 1991 wurde Abu Ijad in Tunis ermordet. Sein Mörder war ein Mitglied der Abu-Nidal-Gruppe, doch der Mann, der seinen Tod angeordnet hatte, war der Mann, der diese Gruppe tatsächlich kontrolliert: der irakische Präsident Saddam Hussein. Doch lag das alles noch in ferner Zukunft, als ich im April 1989 Vorkehrungen für meine Abreise aus Tunesien traf. Es war viel zu erledigen. Ich hatte bereits zu viel Zeit investiert und zu viele Labyrinthe ausgekundschaftet, um das Risiko einzugehen, ohne eine optimale Vorbereitung nach Damaskus aufzubrechen. Wenn ich Glück hatte, sehr viel Glück, würde ich vielleicht sogar die Chance zu einem Treffen mit Carlos bekommen. In Anbetracht dessen, was im Nordlibanon geschehen war, mußten vor meiner Abreise zunächst noch einige Fragen geklärt werden.
Im Sommer 1989, als ich mich bei der syrischen Regierung um ein neues Visum bemühte, setzte ich meine Suche fort. Nicht nach dem Mann, denn ich wußte mit an Sicherheit grenzender Wahrscheinlichkeit, wo er sich aufhielt, sondern nach der Wahrheit über diesen

Mann, nach gesicherten Fakten über sein Leben. Ich recherchierte also weiter, auch noch lange nach meinem Syrienaufenthalt, doch als der Sommer allmählich in den Herbst überging, stand fest, daß ich der Wahrheit ein großes Stück näher gekommen war. Es war an der Zeit, Bilanz zu ziehen und alles, was ich über das Leben von Ilich Ramírez Sánchez erfahren hatte, noch einmal gründlich zu überdenken und zu sichten.

Die Wahrheit – Teil eins

Realität? Wahrheit? Nun, das Land oder die Länder, die den Mann ausgewählt und ausgebildet hatten, den ich im Nordlibanon zweimal interviewt hatte, hatten wirklich ganze Arbeit geleistet und mit diesem Agenten eine erstklassige Wahl getroffen. Sein Gedächtnis für Details, das er häufig durch beiläufig eingestreute Bemerkungen unter Beweis stellte, und seine Fähigkeit, Stimmungen und Emotionen richtig einzuschätzen, zeugten von einem bemerkenswerten Talent, die wichtigsten Facetten der Persönlichkeit eines anderen Menschen intuitiv zu erfassen. Ein wahrlich herber Verlust für die Schauspielerzunft. Um möglichen Mißverständnissen vorzubeugen, werde ich diesen Mann von nun an Carlos zwei nennen. Wer er auch sein und für wen er auch arbeiten mag: Er ist nicht identisch mit Ilich Ramírez Sánchez, alias Carlos.

Besonders beeindruckend war, mit welchem Geschick Carlos zwei so vielen Fallen entging, insbesondere der Gefahr, die vielen Lügen und Falschinformationen zu übernehmen, die über den echten Mann im Umlauf waren. Offensichtlich beruhten seine Instruktionen auf dem exaktesten nachrichtendienstlichen Material, das jemals über einen Mann zusammengetragen worden war.

Ein oder mehrere Geheimdienste auf dieser Welt hatten weder Kosten noch Mühe gescheut. Im Sommer 1989 war meine Liste der Leute, die als Hintermänner von Carlos zwei in Frage kamen, auf zwei Namen geschrumpft. Ich war der Lösung sehr nahe. Ich wußte mit ziemlicher Sicherheit, wer ihn ausgebildet hatte, und warum.

Der Trottel in der Klasse

Ramírez wurde tatsächlich in der venezolanischen Hauptstadt Caracas geboren. Genauer gesagt, am 12. Oktober 1949 um 5.30 Uhr in der Klinik Razetti im Stadtteil El Recreo. Carlos zwei hatte die Familie, der anzugehören er vorgab, der »petit bourgeoisie« zugeordnet. Diese Beschreibung, die völlig im Widerspruch zu dem stand, was alle Autoren behauptet hatten, erwies sich ebenfalls als korrekt. Die riesige Ranch und der millionenschwere marxistische Vater bilden lediglich den Anfang des Mythos.

José Altagracia Ramírez Navas war in der Tat ein erfolgreicher Anwalt und gemessen an der Mehrheit der Lateinamerikaner, die von weniger als 200 Dollar im Monat lebt, sogar wohlhabend. Doch zum Millionär brachte er es nie. Die Lebensgeschichte der Eltern, Carlos' Kindheit, die Reisen in die Karibik, all das habe ich gründlich recherchiert. Bestätigt wurden die Ergebnisse meiner Recherchen durch den Vater und den Bruder Lenin. Außerdem verschaffte ich mir Zugang zu amtlichen Aufzeichnungen wie Einwanderungs- und Geheimdienstakten, Visum- und Paßunterlagen.

Alles, was mir Carlos zwei im Nordlibanon über die Eltern, die Privatlehrer, die Rückkehr nach Venezuela am 23. Februar 1961 und den Besuch des privaten Liceo America mitgeteilt hatte, war ebenfalls völlig korrekt. Doch an diesem Punkt machten der Agent oder, was wahrscheinlicher ist, seine Hintermänner ihren ersten Fehler.

Bezeichnenderweise war es ein Fehler, der in den amtlichen Unterlagen auftaucht. »Liceo America bis 1962, danach Eintritt ins Liceo Fermín Toro.« Der Vater und venezolanische Altersgenossen bestätigten mir, daß die beiden Jungen an eine staatliche Schule namens Liceo de Neuva Esparta wechselten und dort fast sechs Monate blieben, bevor sie wieder ans Fermín Toro zurückkehrten. Es ist höchst unwahrscheinlich, daß Sánchez diese sechs Monate vergessen haben könnte: Der Vater nahm seine beiden ältesten Söhne mitten im Schuljahr vom Neuva Esparta, weil er sich als Marxist-Leninist daran störte, daß an der Schule Religionsunterricht erteilt wurde.

Für Señor Navas war ein solches Verhalten nicht ungewöhnlich. An dem Tag, als Ilich geboren wurde, hatte er das Rauchen aufgegeben, »der Gesundheit meines Kindes zuliebe«. In den darauffolgenden Jahren widmete er sich zunehmend seinen Kindern und vernachlässigte seine gutgehende Anwaltskanzlei. Über die Zeit, die seine Söhne am Fermín Toro verbrachten, äußerte er sich bedauernd.

»Wenn ich gewußt hätte, welche Militanz am Fermín Toro herrschte, hätte ich sie nie dorthin geschickt.«
Señor Navas brachte die Jungen zur Schule und holte sie wieder ab. Wenn er erfuhr, daß sie ungerecht behandelt worden waren, legte er sich mit den Lehrern an. Er erzählte mir etliche solche Begebenheiten. Sie runden das Porträt eines Mannes ab, dem das Wohl seiner Kinder sehr am Herzen lag und der sich ganz bewußt viele Jahre lang ausschließlich ihrer Entwicklung und Erziehung widmete.
Ramírez Navas legte großen Wert darauf, daß seine Söhne im Fach Staatsbürgerkunde korrekt unterrichtet wurden. Deshalb schrieb er ein kleines Buch, das er anschließend dazu benutzte, seinen Söhnen »soziale, sittliche und staatsbürgerliche Bildung« zu vermitteln. Es ist klar und verständlich geschrieben, und die darin enthaltenen Erklärungen dürften ein Kind ab dem zehnten Lebensjahr nicht überfordern. Ramírez Navas ließ das Buch später auf eigene Kosten drucken. Er hoffte, die Schulbehörden würden es als offzielles Lehrbuch empfehlen. Doch dazu kam es nie, und die restlichen Exemplare verstauben und vergilben nun in seiner äußerst bescheidenen Behausung. Ursprünglich hatte er es auf Ilichs Drängen hin veröffentlicht. Deshalb war es merkwürdig, daß Carlos zwei im Nordlibanon weder das Buch noch den Grund für seine Existenz erwähnt hatte.
Der nächste Stein, der aus dem sorgsam errichteten Lügengebäude herausbrach, war noch größer. Er betraf Behauptungen von Carlos zwei über seine revolutionären Aktivitäten während seiner Jahre am Fermín Toro.
Wenn es zutraf, was Carlos zwei über »Kampferfahrung«, »Molotowcocktails und Schußwaffen« und den »Brandbombenanschlag auf die Büros der Pan Am in Caracas« erzählt hatte, so hatte er bereits im zarten Alter von 14 Jahren die Reifeprüfung im Fach Anarchismus abgelegt. Die Wahrheit war viel prosaischer.
Sieht man einmal von dem Brandbombenanschlag auf die Pan-Am-Büros ab, so fielen alle Aktionen, von denen mir Carlos zwei berichtet hatte, in die Jahre 1963 bis 1966, als Ramírez das Fermín Toro besuchte. Das Problem ist nur, daß er an keiner beteiligt war.
Carlos zwei beschrieb mir auch die Wohnung am O'Leary-Platz, in der die Familie zu jener Zeit gewohnt hatte. Doch auch diese Beschreibung war nicht korrekt. Die Familie Ramírez hatte von ihrem Balkon aus keineswegs einen »hervorragenden Blick auf die Krawalle auf dem darunterliegenden Platz«. Sie wohnte nämlich im rückwärtigen Teil des Hauses.

Der Mythos von den revolutionären Aktivitäten des jungen Ilich in den Jahren 1963 bis 1966 beruht auf Falschinformationen, die der britische Geheimdienst und die CIA verbreitet haben. Die Kampagne begann nach den Ereignissen in der Rue Toullier 1975 und wurde durch Zeitungsberichte und Bücher verstärkt. Der Mythos besteht bis zum heutigen Tag. Er war inzwischen so überzeugend, daß sich sogar die Hintermänner des Agenten täuschen ließen, den ich 1985 interviewte. Doch sie sollten deshalb nicht allzu zerknirscht sein, schließlich befanden sie sich in guter Gesellschaft: Auch der amerikanische Präsident, sein Außenminister und sein CIA-Chef hatten sich narren lassen. Wie sagte Paul Valery: »Was zu allen Zeiten und an allen Orten von jedermann geglaubt wird, ist aller Wahrscheinlichkeit nach falsch.«

Bestimmte Charaktermerkmale kristallisieren sich schon in jungen Jahren heraus. Auch Ilich Ramírez Sánchez und seine Brüder bildeten da keine Ausnahme. Ilich war ein ruhiges und ernstes Kind, sanftmütig, höflich und schüchtern.

Altersgenossen am Fermín Toro bestätigten dies. Carlos Rios erzählte mir: »Die beiden Brüder waren immer zusammen und trugen ständig Bücher unterm Arm. Im Unterricht saßen sie hintereinander. Anscheinend hatten sie außer sich selbst keine anderen Freunde. Beide waren sehr ruhig. Soweit ich mich erinnere, haben sie sich nie mit Mädchen eingelassen.«

Und außerhalb der Schule?

»Wir gingen häufig auf Parties. Es war üblich, eine Flasche Cacique-Rum mitzubringen oder zehn Bolivar zu zahlen. Wir tanzten zu Salsa-Musik von Joe Cuba, Ray Barretop, Pacheco y su charanga, Justo Betancourt. Damals war der Einfluß der Musik aus den USA noch nicht zu spüren. Auch die Ramírez-Jungen waren öfter dabei. Aber es war eigentlich immer nur Lenin, der was losmachte. Er spielte Gitarre und sang dazu. Ganz anders Ilich. Er lehnte meist nur an der Wand und machte nicht mit.«

Wie bereits in einem früheren Kapitel erwähnt, zerstörte Pastor Heydra, ein anderer Klassenkamerad, das Image des jungen Guerillas und aktiven Revolutionärs völlig. Heydra hatte ein wenig schmeichelhaftes Bild von Ilich gezeichnet:

»Ilich war der Klassenclown. Ein Trottel. Er war sehr schüchtern, introvertiert, und jeder machte sich über ihn lustig. Er hatte Angst vor Mädchen und war sehr schüchtern im Umgang mit ihnen.«

Ilich Ramírez Sánchez nahm niemals an Guerillaaktionen teil. Er ver-

übte weder einen Anschlag auf das Büro der Pan Am, noch war er Führer der Jungkommunisten.
Am 3. Februar 1965 wurden Wahlen für die Schülervereinigung abgehalten. Die Gewinner der Liste eins, einer Kombination von Kommunistischer Partei und MIR, des Movimiento Izquierda Revolucionaria, waren Pastor Heydra, Amilcar Gómez und Eduardo Rotte. Keiner der beiden Ramírez-Jungen stand zur Wahl. Carlos zwei hatte das Gegenteil behauptet.
In einem der Schullieder von damals hieß es:

Gott herrscht im Himmel
Die Christen herrschen auf der Erde
Und mitten in Caracas
herrschen die Fermintorianer.

Falls dies wirklich der Fall war, dann jedenfalls ohne nennenswerte Unterstützung von Ilich Ramírez Sánchez.
Nun zu den angeblichen kubanischen Abenteuern des Ilich Ramírez, die später von zahlreichen Autoren begeistert aufgegriffen wurden: seine Teilnahme an der berühmten Trikontinentale in Havanna im Januar 1966, seine Ausbildung durch den kubanischen Geheimdienst und den KGB im selben Jahr, seine »Invasionen« in Venezuela. Heydra erstickte fast vor Lachen, als ich ihm davon erzählte.
Er hatte allen Grund zur Heiterkeit. Aus den Schulunterlagen geht hervor, daß die Schüler des Fermín Toro zu dem Zeitpunkt, als die Trikontinentale stattfand, gerade aus den Weihnachtsferien an die Schule zurückgekehrt waren und daß Ilich und Lenin bis zu den Sommerferien im Juli 1966 keinen einzigen Schultag versäumten. Außerdem sollte in diesem Zusammenhang angemerkt werden, daß Venezuela und Kuba zur fraglichen Zeit keine diplomatischen Beziehungen unterhielten. Das Verhältnis zwischen beiden Ländern war sehr gespannt. Es gab keine Flüge von Caracas nach Havanna.

An diesem Punkt brach ein weiterer Stein aus dem Lügengebäude. Carlos zwei hatte mir erzählt, daß seine umstürzlerischen Aktivitäten in Caracas den Vater dazu veranlaßt hätten, alle drei Söhne zusammen mit der Mutter nach London zu schicken. »Er wollte mich so weit wie möglich von den Rebellen in Venezuela weghaben.«

Ramírez Navas und Lenin berichteten mir übereinstimmend, daß die drei Jungen aus einem anderen Grund zur weiteren Ausbildung nach London geschickt wurden. Der Vater, ein Bewunderer der Alten Welt, war der Meinung, daß ein Studium in Europa das Beste für sie sei. Man sprach auch über einen späteren Wechsel an die Pariser Sorbonne, die Patrice-Lumumba-Universität in Moskau oder eine Universität in den Vereinigten Staaten. Schließlich kam man darin überein, sich für die beiden Älteren um Studienplätze an der Patrice-Lumumba-Universität zu bewerben. In der Zwischenzeit sollten sie ihre Ausbildung in London fortsetzen und sich nach den Studienmöglichkeiten an der Sorbonne erkundigen. Vladimir, der Jüngste, sollte ein Gymnasium in Marylebone besuchen. Als umsichtiger Mann erkundigte sich Ramírez Navas nach einer guten Londoner Paukschule für Ilich und Lenin. Am wärmsten empfohlen wurde ihm Stafford House. Die beiden Jungs wurden ordnungsgemäß für das im September beginnende neue Schuljahr angemeldet.

Am 4. August 1966 bekamen Ilich und Lenin Pässe ausgestellt. Die Ehe der Eltern stand vor einer weiteren Trennungsphase. Am 17. August verabschiedete sich Señor Navas am Flughafen Maiquetia außerhalb von Caracas von seiner Frau Elba und seinen drei Söhnen. Am nächsten Tag trafen die vier in London ein.

Als ich mit meinen Recherchen begann, war das Stafford House Tutorial College längst nicht mehr in den ursprünglichen Gebäuden in Kensington untergebracht. Ich fand heraus, daß es nach Canterbury umgezogen war und daß es immer noch von dem gleichen Direktor geleitet wurde wie damals, als die Ramírez-Brüder die Schule besucht hatten. Im Archiv der Schule fand ich die Akten über Ilich und Lenin. Wenn diese Akten bestätigten, daß Ilich das Jahr 1966 an dieser Schule verbracht hatte, so waren alle Behauptungen über sein angebliches KGB-Training auf Kuba im gleichen Jahr als Lügengespinst entlarvt.

Ihre Bewerbungen, die ordnungsgemäß von beiden Jungen und dem Vater unterzeichnet waren, wiesen lediglich einen Fehler auf. Es war derselbe, der auch in den venezolanischen Schulunterlagen aufgetaucht war: Sie enthielten keinen Hinweis auf ihren sechsmonatigen Aufenthalt am Liceo de Neuva Esparta. Wenn ein Geheimdienst ein Desinformationsmanöver vorbereitet, dann benutzt er dazu zweifellos alle Unterlagen, die er bekommen kann. Fehler wie das Nichterwähnen dieser Schule durch den Mann, der sich mir gegenüber als Carlos ausgegeben hatte, sind da unvermeidlich.

Carlos zwei hatte korrekt alle Kurse aufgezählt, die der echte Carlos belegt hatte: in den ersten beiden Semestern Englisch, dann, ab Januar 1967, zusätzlich noch Kurse in Physik, Mathematik und Chemie.

Abgesehen von dem zweifelhaften Privileg, den meistgesuchten Mann der Welt unter seinen Zöglingen gehabt zu haben, verfügt Stafford House über eine faszinierende Liste ehemaliger Schüler. Zu ihnen zählen der gegenwärtige Sultan von Brunei, der Bruder des früheren griechischen Ministerpräsidenten Papandreou, etwa 20 Mitglieder der königlichen Familie el-Thani von Katar, die adlige Anne Waldegrave, Schwester des gegenwärtigen Ministers William Waldegrave, Sheridan Morley und eine Frau namens Carol Thatcher, Tochter der früheren Premierministerin Margaret Thatcher. Im Licht der späteren Ereignisse erscheinen die Schulberichte von Ilich Ramírez besonders interessant.

»Er ist noch nicht so klug, wie er denkt oder sich einbildet. Er spricht viel zu laut und zu langatmig.« Dieser Eintrag stammt vom Herbst 1966. Am Ende des Frühjahrssemesters äußerte sich sein Englischlehrer ebenso sarkastisch: »Er sollte einsehen, daß er weniger weiß, als er annimmt. Damit wäre allen geholfen.«

In späteren Jahren sollte Ilich Ramírez Sánchez noch unzählige Male unter Beweis stellen, daß er diese grundlegende Lektion im Leben noch zu lernen hatte.

Die näheren Umstände, die zum Wechsel an die Patrice-Lumumba-Universität in Moskau führten, bestätigten mir Lenin, sein Vater und Gustavo Muchado, jener Mann, der den beiden Brüdern den Studienplatz und das Stipendium verschafft hatte. Während Lenin und Ilich für das Abitur büffelten, war ihre Mutter, wenn sie sich gerade einmal nicht um ihre Söhne kümmerte, anscheinend ständig auf Wohnungssuche. In den ersten Tagen nach der Ankunft in London hatte die Familie in einer Pension in der Gloucester Terrace gewohnt. Später nahm die Mutter eine Mietwohnung in den Weatherby Mansions Nr. 20b in Earls Court, dann am Chandos Court Nr. 70 nahe Bucking-

ham Gate. Als die beiden Ältesten bereits an der Patrice-Lumumba-Universität studierten, wohnte die Familie in der Walpole Street Nr. 12 in Chelsea, fast Tür an Tür mit dem Herzog von York.
Der Grund für den ständigen Wohnungswechsel im Londoner Westen wirft ein interessantes Licht auf die finanziellen Verhältnisse der Familie Ramírez. Über Jahre hinweg hielten viele Autoren den Mythos vom millionenschweren marxistischen Vater aufrecht. Tatsächlich aber mußte die Familie etliche finanzielle Engpässe überwinden. Elba war ständig auf der Suche nach eine billigeren Bleibe und machte nacheinander die oben aufgeführten Wohnungen ausfindig. In Caracas hatte die Familie einem Dienstmädchen etwa 20 Bolívar pro Woche bezahlt, ungefähr fünf Dollar. Das hatte die Haushaltskasse nicht übermäßig strapaziert. Verglichen damit war das Leben in London sehr teuer. Für den neunjährigen Aufenthalt der Familie Ramírez in England bezahlte Señor Navas insgesamt 139 534,88 Dollar, das sind 1162,79 Dollar pro Monat. Keine Summe, die man von einem Millionär erwarten würde.

»Keine Waffen, aber viel Wodka«

Der Bericht, den ich von Carlos zwei über »seine Zeit an der Patrice-Lumumba-Universität« erhalten hatte, erfüllte mich trotz meines wachsenden Grolls gegen diesen Mann mit Bewunderung. Ich überprüfte seine Darstellung immer wieder auf ihren Wahrheitsgehalt. Ich studierte Geheimdienstakten, sprach mit Lenin, seinem Vater und Kommilitonen aus jener Zeit, und interviewte verschiedene andere Leute, deren Identität ich hier nicht preisgeben möchte. Doch ich entdeckte keine Widersprüche. Alles, was mir Carlos zwei erzählt hatte, stimmte. Ich kam zu der Überzeugung, daß der Betrüger KGB-Agent war. »Wie sonst«, fragte ich mich, »hätte er diese Phase in Ramírez' Leben so exakt rekonstruieren können?«
Swinging London war in der Tat nur die Vorspeise für die Sánchez-Brüder. Der Hauptgang war *Swinging Moskau.* Wie Lenin mir gegenüber bemerkte: »Keine Waffen, aber viel Wodka.« Die politischen Intrigen zwischen den verschiedenen venezolanischen Fraktionen, das aufsässige Verhalten – ich prüfte alles nach. Alles, was Carlos gesagt hatte, schien zu stimmen. Doch als ich tiefer grub, stieß ich auf diverse Fehler und Irrtümer. Einige waren vielleicht verständlich, andere mit Sicherheit unentschuldbar.

Bei dem Treffen im Nordlibanon hatte ich den Mann, der sich für Carlos ausgab, auf die erste längere Trennung von beiden Eltern angesprochen. Unter anderem hatte er dazu gesagt:
»Es war ja nicht einmal ein Jahr. Lenny und ich gingen im Herbst 1968 nach Moskau. Im Jahr darauf kehrten wir nach London zurück und verbrachten mit Vlad und meiner Mutter die Sommerferien. Wir waren also nur neun Monate voneinander getrennt gewesen.«
Lenin und sein Vater bestätigten mir unabhängig voneinander, daß Elba Sánchez 1968 nach Moskau geflogen war und Weihnachten mit ihren beiden ältesten Söhnen verbracht hatte. Señor Ramírez Navas reiste zur selben Zeit von Caracas nach London zu seinem jüngsten Sohn Vladimir.
Ich ging der Liebesaffäre mit der Kubanerin Sonia Marina Oriola nach. Sonia war eine Studentin im reiferen Alter und hatte nach Abschluß ihres Studiums einen Sprachkurs an der Lomonossow-Universität in Moskau belegt. Als sie Ilich kennenlernte, war sie bereits zum zweitenmal geschieden. Sie war tatsächlich von ihm schwanger geworden und deswegen von der Universität verwiesen worden.
Nicht erwähnt hatte Carlos zwei, daß er und Lenin Schwarzmarktgeschäfte getätigt hatten. Mit dem Geld, das sie zusätzlich zu ihrem Stipendium jeden Monat von ihrem Vater bekamen, kauften sie in den »Berjoska-Läden«, die nur harte Devisen annahmen, ausländische Luxuswaren. Und von ihren Stippvisiten in London, so Lenin, brachten sie »Jeans, japanische Uhren und viele andere Sachen in die Sowjetunion mit«, die sie dann auf dem Schwarzmarkt verhökerten.
In seinem Bericht über die Demonstration vor der iranischen Botschaft hatte Carlos zwei unter anderem gesagt: »Ich habe die Botschaft verfehlt. Das Tintenfaß flog geradewegs durch das Fenster eines Privathauses.« Den Grund für seinen Fehlwurf hatte er freilich nicht genannt. Schlecht gezielt hatte er jedenfalls nicht. Dazu Lenin: »Die russische Polizei bewachte absichtlich das falsche Gebäude, um die Demonstranten abzulenken. Illy und ich waren von der Taktik der Polizei sehr beeindruckt.«
Vielleicht waren das alles nur belanglose Details. Keinesfalls belanglos waren aber zwei andere Aspekte der Geschichte, die ich in einer langen Nacht im Nahen Osten zu hören bekommen hatte. Ich befragte diesen Ausbund an Wissen nämlich eingehend zu seinem Magengeschwür. Insbesondere erkundigte ich mich danach, ob er in einem Londoner Krankenhaus stationär behandelt worden sei. Ich zitierte sogar aus dem Buch von Colin Smith. Laut Smith verfügte keine Lon-

doner Klinik über Unterlagen, die belegten, daß zwischen Juli 1969 und Februar 1970 ein junger Venezolaner wegen eines Magengeschwürs behandelt worden war. Das Magengeschwür selbst war dabei ohne Bedeutung. Was Smith interessierte, war die »Lücke« im Lebenslauf des jungen Mannes. Er mutmaßte, daß Carlos in dieser Zeit möglicherweise in den Nahen Osten reiste, auf Kuba ein KGB-Training absolvierte oder in London für den KGB Geheimdienstarbeit leistete. Der Betrüger hatte mir die tatsächlichen Ereignisse völlig korrekt geschildert. Nur hatte er ein wichtiges Detail vergessen.
Offizielle Unterlagen in Caracas bestätigten, daß Ramírez am 3. Januar mit dem Air-France-Flug 216 über Paris nach London zurückkehrte und am 4. Januar um 10.35 Uhr in Orly ankam. Französische Unterlagen belegen, daß er um 12 Uhr von Orly weiterflog, und britischen Unterlagen zufolge traf er um 12.55 Uhr in Heathrow ein. Was der Betrüger mir nicht erzählt hatte: Ramírez sprach in London so kräftig dem Alkohol zu, daß er drei Tage lang unter heftigen Bauchschmerzen litt. In den frühen Morgenstunden des 2. Februar 1970 wurde er von seinem Arzt Dr. Amorosco-Ceneno untersucht und sofort in das Westminster Hospital eingewiesen. Um 3 Uhr wurde er dort eingeliefert. Die Ärzte diagnostizierten ein Magengeschwür. Und das war nicht verwunderlich: Laut Krankenblatt gab Sánchez zu, daß er zwei Flaschen Whisky pro Woche trank. Am 10. Februar wurde er wieder entlassen.
Die wirklichen Gründe für die lange Reise zu seinem Vater sind vor dem Hintergrund seiner angeblichen Beziehungen zum KGB ebenfalls faszinierend. Carlos wollte die Patrice-Lumumba-Universität verlassen. Er war beleibe nicht nur nach Hause geflogen, um über die Probleme mit seinen Kommilitonen zu sprechen. Der Hauptgrund war seine Enttäuschung über den Realsozialismus, den er in Moskau hautnah kennengelernt hatte. Wie mir Señor Ramírez Navas versicherte, kostete es ihn seine ganze Überredungskunst, Ilich das Versprechen abzuringen, nach Moskau zurückzukehren und sein Studium zu beenden.
Ein weiterer verhängnisvoller Fehler hatte sich in den Bericht über Ilichs Relegation von der Patrice-Lumumba-Universität eingeschlichen, ein Fehler, der dem Agenten im Libanon niemals unterlaufen wäre, wenn er seine Informationen vom KGB erhalten hätte.
Nach seiner Darstellung wurden nur zwei Studenten ausgeschlossen: er selbst und Lenin. Das entsprach nicht den Tatsachen, wie aus den Unterlagen der Patrice-Lumumba-Universität hervorging und wie mir auch von Lenin Ramírez bestätigt wurde. Insgesamt wurden damals 20 venezolanische Studenten von der Universität verwiesen. Der

Hauptgrund war in allen Fällen derselbe: Die Kommunistische Partei Venezuelas hatte ihnen das Stipendium entzogen. Alle Mitglieder der Gruppe, die mit Douglas Bravo sympathisierte, mußten die Universität verlassen. Der Venezolaner, der den Massenausschluß gefordert hatte, war ein orthodoxer Kommunist: Eduardo Mancera, Sekretär für internationale Beziehungen. Seiner Meinung nach trugen die 20 Rebellen nicht zur Verbesserung dieser »Beziehungen« bei.

Larissa Kowaljowa, zur fraglichen Zeit Dozentin an der Unversität, bestätigte mir gegenüber, daß »die Gründe, die zu ihrem Ausschluß führten, nicht nur mit ihren schlechten Leistungen im Studium zu tun hatten, schon gar nicht bei Lenin. Es gab auch politische Gründe.«

Außerdem bestätigte sie eine Information, die ich von venezolanischen Kommilitonen erhalten hatte. Ilich nahm an keinerlei KGB-Lehrgängen für Terroristen teil. »Er brachte es nicht einmal soweit, auf dem Polygon eine Pistole abzufeuern.«

Polygon ist das russische Wort für »Schießplatz«. Jede sowjetische Universität hatte in ihrer Nähe einen Polygon und militärische Übungsanlagen, die in erster Linie für russische Studenten gedacht waren. In der Sowjetunion bestand eine allgemeine Wehrpflicht, und jeder Wehrpflichtige mußte einen zweijährigen Dienst an der Waffe leisten. Sowjetische Studenten waren verpflichtet, drei Monate im Jahr auf dem Übungsgelände ihrer Universität zu verbringen. Organisiert wurde das Ganze von der militärischen Abteilung der Universität, der Woennaja Kafedra. Zur Erinnerung: Als ich diesen Namen im Libanon erwähnt hatte, hatte Carlos zwei gedroht, mich ermorden zu lassen. Der Agent hatte ohne Zweifel fließend russisch gesprochen, wie viele Mitarbeiter des Mossad oder des syrischen Geheimdienstes.

Das letzte Beweisstück, das in diesem Zusammenhang relevant war, fiel mir erst Mitte 1992 in die Hände: die KGB-Akte über Carlos.

Natürlich kommt dieser Akte allein noch keine Beweiskraft zu. Im Gegenteil, alle Informationen, die sie enthält, müssen mit größter Skepsis betrachtet werden. Doch in Verbindung mit all den anderen Beweisen, die in diesem Kapitel aufgeführt werden und die aus einer Vielzahl unterschiedlicher Quellen stammen, bestätigt sie auf eindrucksvolle Weise, daß Sánchez zu keinem Zeitpunkt als Agent für den KGB gearbeitet hat.

Aus der KGB-Akte über Ramírez geht hervor, daß man den Venezolaner wie jeden anderen Studenten an der Patrice-Lumumba-Universität für eine mögliche Rekrutierung in Betracht zog. Die Personalabteilung empfahl seine Rekrutierung, doch als der KGB-Abteilungsleiter

den Fall prüfte und die Berichte über die »erschreckenden Leistungen des Studenten« las, wies er den Vorschlag zurück.
Die Akte enthüllt außerdem, daß Ramírez in den achtziger Jahren mehrmals den Versuch unternahm, mit falschen Papieren in die Sowjetunion einzureisen. »Obwohl er großspurig und arrogant auftrat und sich als ausländischer Diplomat ausgab«, wurde er an der Grenze jedesmal zurückgewiesen.

Der gute Kämpfer in Jordanien

Bassam Abu Scharif bestätigte mir aus dem Gedächtnis, daß alle Informationen, die ich über die Zeitspanne vom 21. Juli 1970 bis Ende Januar 1971 erhalten hatte, völlig korrekt seien. Weitere Bestätigungen erhielt ich unter anderem von PFLP-Chef Georges Habasch. Habasch hielt Sánchez für »einen guten Kämpfer«. Diese Einschätzung basierte auf Erfahrungen, die er bei den blutigen Ereignissen im Schwarzen September gemacht hatte. Die schlechte Meinung, die Carlos zwei von den Baader-Meinhof-Mitgliedern hatte, teilten alle Palästinenser, mit denen ich sprach. Andere, die im Sommer 1970 mit Carlos zusammen in Jordanien gewesen waren, hatten eine ebenso schlechte Meinung von ihm. Sie erkannten zwar an, daß er sich für ihre Sache engagiert hatte, aber sie erinnerten sich auch daran, wie schwer mit ihm auszukommen war. Was sie über ihn sagten, erinnerte an die Schulberichte in Stafford House: »Er nahm immer den Mund zu voll. Er wußte alles besser und wollte ständig über bestimmte Taktiken diskutieren.«
Taktik war beileibe nicht das einzige, was Ilich kritisierte. Ehemalige Kameraden aus diesen Ausbildungscamps erinnerten sich daran, daß er heftige Kritik an den Palästinensern übte, weil sie ihre revolutionären Bestrebungen auf die Errichtung eines eigenen Staates beschränkten und nur in Israel ein potentielles Angriffsziel sahen. Für einen Mann wie Ilich Ramírez Sánchez, der in diesem Abschnitt seines Lebens von der Weltrevolution träumte, war diese Haltung engstirnig. Was in Europa und Lateinamerika geschah, war seiner Meinung nach genauso wichtig. In dieser Zeit knüpfte Sánchez erste Kontakte zu zahlreichen Geheimdiensten. Der deutsche Terrorist Peter-Jürgen Boock erklärte mir gegenüber:
»Für viele Geheimdienste war es damals nichts Besonderes, mit den Palästinensern zusammenzuarbeiten. Der irakische Geheimdienst be-

schaffte zum Beispiel die Waffen, die Syrer Autos und Transportmöglichkeiten, und die Saudis stellten das Geld für diese Aktivitäten bereit. All das erledigten ihre jeweiligen Geheimdienste in verdeckten Aktionen. Es gab in Jordanien kein einziges Lager, in dem nicht mindestens drei oder vier Vertreter dieser Länder anzutreffen waren.«
Bei späteren Reisen nach Beirut, Bagdad und Aden vertiefte Carlos diese Kontakte und knüpfte freundschaftliche Beziehungen zur IRA, zu den Roten Brigaden, zur ETA, zur Türkischen Volksbefreiungsfront und zu anderen revolutionären Bewegungen. Diesem Talent, nützliche Kontakte zu knüpfen, verdankte es Ramírez, daß er bei den blutigen Ereignissen in den kommenden Jahren eine herausragende Rolle spielte. Und natürlich den organisatorischen Fähigkeiten eines Wadi Haddad, denn es war Haddad, und nicht Moskau, der das sogenannte »internationale Terrornetz« knüpfte. Als Carlos Mitglied der Haddad-Gruppe wurde, konnte er alle Kontakte der Organisation für sich nutzen.

Der Playboy von Knightsbridge

Bei meinen Recherchen in den Niederlanden, in Lateinamerika und London fand ich Bestätigung für alle Details, die mir Carlos zwei über seine Rückkehr aus dem Nahen Osten erzählt hatte. Der echte Ilich war am 1. Februar 1971, aus Beirut kommend, in Amsterdam eingetroffen und hatte sich in einem kleinen Hotel ein Zimmer genommen. Er verbrannte seinen Paß und meldete den »Verlust« bei der niederländischen Polizei. Am 3. Februar beantragte er beim venezolanischen Konsul, Brigadegeneral Enrique La Cruz Parilli, einen neuen Paß, der ihm auch ordnungsgemäß ausgestellt wurde. Außerdem telefonierte er mit seiner Mutter in London, die mittlerweile in der Walpole Street Nr. 12 wohnte, und teilte ihr mit, daß er nicht nur seinen Paß, sondern auch sein Geld verloren habe. Sofort wurde Lenin mit Geld nach Amsterdam geschickt. Dies gab Ilich Gelegenheit, den Bruder über die Situation zu Hause auszufragen. Er war ganz begierig darauf zu erfahren, in welcher Gemütsverfassung sein wartender Vater war. Stand ihm eine Abreibung bevor?
Ein sehr interessanter Widerspruch. Einerseits hatte der 21jährige genügend Selbstvertrauen, um mit erfahrenen palästinensischen Guerillas hitzige Debatten über taktische Fragen zu führen, andererseits eilte er, nachdem er dem Gemetzel in Jordanien entronnen war, überstürzt

nach Hause, nur weil ihm Lenin telegrafiert hatte, daß der Vater nach London komme.
Señor Ramírez Navas bestätigte mir, daß man im Kreis der Familie über Ilichs Zukunft gesprochen hatte. Zudem erinnerte er sich daran, daß Ilich das Studium der Mathematik und Chemie aufgeben und statt dessen Jura oder Volkswirtschaft studieren wollte. Ich stellte eigene Recherchen zu der Parisreise an, bei der die Familie einen Wechsel an die Sorbonne in Erwägung gezogen hatte. Dabei kam ich einem weiteren Widerspruch auf die Spur.
Ich hatte Carlos zwei gefragt, ob er während seines Aufenthalts in Paris Kontakt zur Volksfront aufgenommen habe. Er hatte verneint und behauptet, er habe sich damals ganz darauf konzentriert, seinen Vater bei Laune zu halten und »die Ausbildung fortzusetzen«.
Nun, nicht ganz. Bei dem Abstecher nach Paris nahm der echte Ilich zwar keinen Kontakt zur Volksfront auf, dafür aber zu Mitgliedern von Douglas Bravos Organisation, die sich daraufhin mit Bravo in Verbindung setzten. Der frühere venezolanische Guerillaführer erinnerte sich sehr genau an diese Episode.
»Am Anfang sagte er, daß er am liebsten nach Venezuela zurückkehren und sich den Guerillas anschließen würde, obwohl er sich mit den Palästinensern zusammengetan habe. Später sah er ein, daß es für ihn nicht möglich war, hierherzukommen. Die Lage hatte sich geändert, und weil wir in dieser Hinsicht Internationalisten sind, spielte es keine Rolle, wo er für die Sache der Revolution kämpfte. Danach hatten wir keinen direkten Kontakt mehr zu ihm.«
Der echte Carlos hätte diese Episode bestimmt zur Sprache gebracht. Schließlich hatte er die Ausbildung in Nahost nur deshalb gemacht, weil er sich Douglas Bravo und seiner Bewegung anschließen wollte.
Carlos zwei hatte mir erzählt, daß er sich an der London School of Economics eingeschrieben habe. Auch das schien mir ein Fehler zu sein. Ein Fehler, der wahrscheinlich auf Äußerungen beruhte, die sein Vater 1975 gegenüber der Presse gemacht hatte. Es gab keinerlei Unterlagen, die belegt hätten, daß Ilich Ramírez Sánchez die LSE besucht hatte. Hatte der Sohn seinen Vater belogen? Schließlich fand ich die Wahrheit. Nicht die LSE, sondern die University of London bestätigte mir, daß sich Ramírez als externer Student für das Fach Volkwirtsschaftlehre eingeschrieben hatte. Allerdings erst im September 1972 – über ein Jahr später, als der Mann im Libanon behauptet hatte.
Ramírez war in der Tat »froh, das Studium fortzusetzen«, allerdings zu seinen Bedingungen. Lenin bestätigte, daß sein älterer Bruder zwi-

schen Anfang 1971 und Herbst 1972 verschiedene Vorlesungen an der LSE besuchte: »Alles war ganz locker und zwanglos. Besuchte man eine Vorlesung, fein, wenn nicht, schien sich niemand darüber aufzuregen.« Ilich beugte sich halbherzig den Wünschen seines Vaters, doch er wurde auch von anderen Dingen in Anspruch genommen. Nellie Arteaga, eine enge Freundin von Elba Sánchez, erinnerte sich an eine Episode, die das veranschaulicht.

Nellie hatte die Familie Ramírez durch ihren Bruder José Antonio kennengelernt. José hatte ebenfalls an der Patrice-Lumumba-Universität studiert, anders als die Ramírez-Brüder aber das Studium fortgesetzt und mit guten Noten abgeschlossen. Im November 1970 hatte er seine Schwester mit Elba und ihren beiden jüngsten Söhnen bekannt gemacht. Die beiden Frauen wurden gute Freundinnen. Nellie konnte mir wertvolle Hinweise darauf geben, wieviel der Vater, Señor Navas, zum damaligen Zeitpunkt von den Aktivitäten seines ältesten Sohnes im Nahen Osten wußte. Im Januar 1971, als Ilich noch in Jordanien war, stattete Nellie der Wohnung in der Walpole Street einen ihrer häufigen Besuche ab.

»Elba sagte zu mir: ›Sieh mal, wer hier ist. Der Alte.‹«

Dr. Ramírez war zu einem kurzen Überraschungsbesuch nach England gekommen. Niemand hatte ihn erwartet. Ich sagte zu Elba: ›Ist er gekommen, weil er die Kinder mal wieder sehen will?‹ Sie antwortete: ›Ich will dir sagen, was los ist. Wir haben schon zwei oder drei Monate lang nichts mehr von Ilich gehört. Die ganze Familie macht sich große Sorgen.‹

Ein paar Wochen später war ich wieder in der Wohnung und unterhielt mich mit Dr. Ramírez. Wir waren allein und sprachen über Politik. Plötzlich fing er an zu weinen. Er schluchzte wie ein Kind. Ich fragte ihn, was ihn bedrücke. Er sagte: ›Ich habe keine Nachricht von Ilich. Vielleicht ist er tot. Vielleicht haben sie ihn umgebracht. Ich weiß es einfach nicht.‹

Ich bat ihn um eine nähere Erklärung. Er sagte: ›Wir glauben, daß er im Nahen Osten zum Guerillakämpfer ausgebildet wird.‹

Wir sprachen dann noch länger über das Thema. Ich dachte, der alte Mann sei einfach nur hysterisch und übertrieben besorgt um seinen ältesten Sohn. Was sollte der Grünschnabel denn im Nahen Osten? Und tatsächlich, bald danach tauchte Ilich wieder auf. Damit war für mich klar, daß ich nur den Ausbruch eines überängstlichen Vaters erlebt hatte. Anfang Februar 1971 lernte ich Ilich dann persönlich kennen.«

Bei dieser ersten Unterhaltung mit Ilich fiel ihr wieder ein, wie besorgt seine beiden Eltern um ihn gewesen waren.
»Wo waren Sie denn, Ilich? Ihr Vater ist halb verrückt geworden vor Sorge um Sie.«
Seine Antwort?
»Ich war im Nahen Osten und habe gelernt, wie man Juden umbringt.«
Damals tat Nellie die Bemerkung als kindische Prahlerei ab. Zwei Monate später heiratete sie den jüdischen Pelzhändler Lionel Isaacs. Ilich und Lenin Ramírez Sánchez fungierten als Trauzeugen. Das Hochzeitsfrühstück fand in der Wohnung der Familie Ramírez statt. Vier Jahre später erhielt das Ehepaar Isaacs Besuch von Scotland Yard. Die Beamten wollten alles über ihre Freundschaft zur Familie Ramírez wissen, vor allem über ihre Beziehung zu Ilich. Sie teilten dem Paar mit, daß Ilich eine Todesliste zusammengestellt habe und daß auf der Liste auch der Name Lionel Isaacs stehe.
Doch das lag noch in weiter Ferne. Vorläufig war Ilich noch damit beschäftigt, den pflichtbewußten Sohn zu spielen. Er wurde nicht nur von Nellie Isaacs bewundert, sondern auch von vielen anderen Bekannten der Familie, die ich interviewte, darunter Angehörige der venezolanischen Botschaft wie Deborah Herrara, Alicia Aguereverre und Josefina Spiro oder Freunde wie Maria Mena und Carlotta Wigglesworth und viele andere mehr. Aus ihren Erinnerungen ist ein gleichlautender Tenor herauszuhören.
Nach den Aussagen ganz unterschiedlicher Leute waren alle drei Ramírez-Jungen pflichtbewußte Söhne. Sie waren höflich und zuvorkommend zu Gästen. Und sie kümmerten sich rührend um ihre Mutter. Sie begleiteten sie zu jedem Einkauf und halfen ihr abwechselnd im Haushalt – ein Verhalten, das für junge Venezolaner zu der Zeit wohl sehr ungewöhnlich war. Vladimir paßte sich am meisten dem englischen Lebensstil an, vermutlich deshalb, weil er in relativ jungen Jahren nach England gekommen war. Während er sich stets nach der neuesten Mode kleidete, bevorzugten Ilich und Lenin konservative Kleidung, wie sie Männer mittleren Alters trugen. Ilich wachte über das Familienbudget und stellte seine Brüder zur Rede, wenn sie zu sorglos mit dem Geld umgingen. Doch auch er verstand sich auf die Kunst der Verschwendung – hier ein kostspieliger Morgenrock aus Seide, dort eine teure Kiste Havannas. Bereits in London deutete sich sein Hang zum Luxus an. Carlos zwei hatte im Nordlibanon behauptet, daß ihn Wadi Haddad nicht nur mit Entführungen, sondern auch mit Morden beauftragt ha-

be. Eines der Opfer sei der jordanische Botschafter Said Rifai gewesen. Als ich Mitgliedern der Volksfront davon erzählte, antworteten sie verächtlich:
»Hören Sie, Mr. David, Wadi Haddad hielt Carlos im Grunde genommen für einen Dummkopf. Für einen Mann, den man vielleicht mal einsetzen konnte, aber nur unter strenger Aufsicht. Zu einem so frühen Zeitpunkt wie 1971 hätte er Carlos niemals mit einer wichtigen Sache betraut. Mag sein, daß er mal ein paar unserer Leute vom Flughafen abholte, aber das war's dann auch schon. Carlos war doch nur ein Großmaul.«
Wie an früherer Stelle bereits erwähnt, konnte die Haddad-Gruppe den geplanten Anschlag auf Said Rifai nicht mehr durchführen. Die PLO-Terrorgruppe Schwarzer September kam ihr zuvor und verletzte den jordanischen Botschafter.
Ein höherer britischer Polizeibeamter, zum Zeitpunkt des Anschlags in der arabischen Abteilung der Special Branch tätig, schilderte mir ausführlich die anschließenden polizeilichen Ermittlungen. Nach kurzer Zeit fand die Polizei heraus, wer das Mordkommando des Schwarzen September angeführt hatte. Sein Name war Chelfa Sahel. Zuvorkommenderweise hatte er überall im Londoner Westen Spuren hinterlassen. Die Polizei veröffentlichte eine genaue Beschreibung und alarmierte alle Flughäfen und Häfen. Dank der erschreckenden Unfähigkeit der Polizisten und Zöllner an der Grenzstation Folkstone konnte Sahel auf einer Fähre nach Frankreich entkommen. Er schlug sich bis Paris durch. Die Special Branch stellte einen Haftbefehl gegen ihn aus und verfolgte seine Spur bis in die französische Hauptstadt. Sofort kassierten Agenten der DST den Flüchtigen. Zwei Beamte der Special Branch flogen unverzüglich nach Paris und baten um die Erlaubnis, mit Sahel zu sprechen. Dieses Ansinnen wurde ihnen verwehrt. Nicht zum ersten- und sicher auch nicht zum letztenmal ließen sich die französischen Behörden auf Verhandlungen mit einer Terrororganisation ein, um einer Person, die wegen eines Kapitalverbrechens gesucht wurde, zur Flucht zu verhelfen.
Die beiden Beamten der Special Branch wußten ziemlich genau, wie Sahel aussah. Es gelang ihnen, einen Blick durch das Guckloch in der Zellentür zu werfen. Er war ihr Mann. Man verglich die Fingerabdrücke des Mannes in der Zelle mit denen auf der Maschinenpistole, die bei dem Anschlag auf den Botschafter benutzt worden war. Sie waren identisch. Damit war jeder Zweifel ausgeräumt. Plötzlich wurde die Angelegenheit »diplomatisch«. Mitglieder der damaligen französi-

schen Regierung führten lange Telefongespräche mit dem britischen Außenministerium. Derweil saßen die beiden Beamten der Special Branch geduldig in der Pariser Polizeiwache und harrten der weiteren Entwicklung. Schließlich erhielten sie die Mitteilung, daß man Sahel nach Marseille gebracht und auf ein Schiff verfrachtet hatte. Reiseziel: die algerische Hafenstadt Skida. Diese Vorkommnisse, über die hier zum erstenmal öffentlich berichtet wird, verdeutlichen, daß man auf beiden Seiten des Ärmelkanals mitunter zu perfiden Mitteln greift.

Wie mir aus DST-Quellen bestätigt wurde, entspricht die obige Schilderung voll und ganz den Tatsachen. Allerdings hatte die Affäre ein ironisches Nachspiel. In der Absicht, die britische Polizei zu beschwichtigen, teilten die Franzosen den Briten den Namen eines in London wohnhaften Mannes mit, der, wie sie ihren Kollegen auf der Insel versicherten, der eigentliche Kopf der Gruppe sei, die den Anschlag auf Botschafter Rifai durchgeführt hatte. Der Name war ihnen von Mohammed Budia zugespielt worden. Budia selbst hatte den Mann nie persönlich kennengelernt, aber seine Kontaktleute hatten ihm gesagt, der Mann sei »eine ausgesprochene Nervensäge. Auf den können wir gut verzichten«. Sein Name war Ilich Ramírez Sánchez.

Die Affäre wurde zur Farce.

Am 22. Dezember 1971, genau acht Tage nach dem Attentat auf den jordanischen Botschafter, durchsuchten bewaffnete Beamte der Special Branch die Wohnung von Ramírez und unterzogen ihn einem Verhör. Ich habe in einem früheren Kapitel darüber berichtet. Lenin Ramírez schilderte mir den Vorfall in allen Einzelheiten. Seine Aussagen stimmten exakt mit dem überein, was mir Carlos zwei berichtet hatte. Ilich Ramírez redete sich tatsächlich aus der prekären Lage heraus, ja es gelang ihm sogar, die Existenz des falschen italienischen Passes zu erklären, den er unvorsichtigerweise auf dem Kaminsims hatte liegenlassen. Er durfte weiterhin seinen Träumen von der Weltrevolution nachhängen, Träumen, die bald blutige Realität werden sollten.

Die Episode hatte ein merkwürdiges Nachspiel. Wie ich von leitenden Mitarbeitern der Special Branch erfuhr, existieren in den Akten keinerlei Unterlagen über die Hausdurchsuchung. Ein höherer Beamter hatte eine mögliche Erklärung für dieses Versäumnis.

»Das Problem ist, daß es in der fraglichen Zeit [Dezember 1971] kein zentrales Computersystem gab. Wenn Beamte aus Chelsea die Hausdurchsuchung durchgeführt haben, dann ist es durchaus möglich, daß sie keine Einzelheiten über den Einsatz an den Yard geschickt haben.«

Möglich. Denkbar wäre aber auch, daß man die Berichte über das Debakel nach den Morden in der Rue Toullier ganz einfach aus den Akten verschwinden ließ.
Carlos zwei hatte behauptet, daß er nach dem Besuch der britischen Polizei von Wadi Haddad auf Eis gelegt worden sei. Das entspricht nicht ganz den Tatsachen.
Als ich Abu Nidal darauf ansprach, spöttelte er: »Auf Eis gelegt? Das klingt ja fast so, als sei er ein wichtiger Mann in Wadi Haddads Gruppe gewesen. Soll ich Ihnen mal was sagen? Haddad hielt Carlos bis Ende 1973 für völlig nutzlos.«
Abu Ijad bestätigte diese Aussage: »Die Geschichten über Carlos sind einfach nicht zu fassen. Carlos hier, Carlos da, Carlos beinahe überall. Carlos hat erst Ende 1973 seinen ersten Auftrag erhalten, und den hat er vermasselt. Als Carlos bei uns einstieg, war er völlig unwichtig für unseren Kampf, und das blieb er auch. Sicher, ab und zu war er ganz nützlich, aber deshalb kann man doch nicht sagen, er sei ›1971 auf Eis gelegt worden‹. So wichtig war er nicht. Wenn es für den Kampf der Palästinenser wichtig ist, einen albernen Unruhestifter in den eigenen Reihen zu haben, dann war Carlos wichtig.«
Ein Mitglied der Volksfront und enger Mitarbeiter von Haddad fügte hinzu: »Als Haddad erfuhr, daß Paris den Namen Ramírez an die Briten weitergegeben hatte, sagte er zu mir: ›Siehst du? Habe ich dir nicht gesagt, daß uns der Venezolaner eines Tages ganz nützlich sein wird?‹ Aber auf ›Eis gelegt‹ hat ihn Wadi Haddad nicht. Nein, er hat Carlos links liegenlassen. Er hatte Wichtigeres zu tun.«
Carlos zwei hatte die Rolle seines Alter ego in Haddads Plänen völlig falsch interpretiert. Vermutlich hatte er sich von den Behauptungen täuschen lassen, die der echte Carlos in seinem Interview mit el-Jundi aufgestellt hatte. Doch in einem anderen Punkt lag er weitgehend richtig. Ich spreche von einer Operation, die in dem Interview überhaupt nicht erwähnt wird: der Ermordung Wasfi Tals. Carlos zwei hatte behauptet, daß der jordanische Ministerpräsident, obwohl vom Schwarzen September als Opfer ausersehen, in Wahrheit von seinen eigenen Leibwächtern ermordet worden sei. Es gelang mir nie, den Untersuchungsbericht über Tals Tod in die Hände zu bekommen. Doch erhielt ich andere Informationen, die ihn überflüssig machten.
Der Kopf des Schwarzen September, der Mann, der die Opfer aussuchte, die Operationen plante und die Mordkommandos zusammenstellte, war Abu Ijad.

»Ja, das ist völlig korrekt. In dem Moment, als meine Männer vor dem Sheraton-Hotel in Kairo ihre Waffen zückten, eröffneten Wasfi Tals Leibwächter das Feuer, aber nicht auf uns, sondern auf Tal, den Mann, den sie eigentlich beschützen sollten. Anfangs dachten wir, daß wir ihn erschossen hätten, doch später erfuhr ich von meinen Kontaktleuten beim jordanischen Geheimdienst die Wahrheit. Außerdem erfuhr ich, daß man der Witwe Wasfi Tals mitgeteilt hatte, was wirklich geschehen war. Wer ihn nun wirklich getötet hatte, war für mich gar nicht so wichtig. Viel wichtiger war, daß unser Geheimdienst infiltriert worden war. Die Jordanier hatten gewußt, was wir vorhatten und wann. Was die Frage angeht, ob Sadat informiert war und ob die CIA mitmischte, müssen Sie schon Ihre eigenen Schlußfolgerungen ziehen. Ich sage nur soviel: Wenn der jordanische Geheimdienst über unser Vorhaben informiert war, und das war er, dann wußte auch die CIA Bescheid. Der jordanische Geheimdienst und die CIA arbeiten schon seit vielen Jahren zusammen.«

Die Aussagen, die Carlos zwei über seine Londoner Aktivitäten in der Zeit zwischen Dezember 1971 und Sommer 1973 gemacht hatte, entsprachen weitgehend der Wahrheit. Später wurde sein Name mit zahlreichen Greueltaten in Verbindung gebracht, die in dieser Zeit begangen wurden. Völlig zu Unrecht, wie die Fakten belegen. So war er an dem Massaker auf dem Flughafen Lod im Mai 1972 oder an dem Anschlag auf die israelische Olympiamannschaft im September 1972 in München ebensowenig beteiligt wie ich.

Viele Venezolaner, die zu der Zeit in London lebten und Kontakt zu ihm hatten, haben mir bestätigt, daß er sich in dieser Zeit ununterbrochen in der Stadt aufhielt und sogar die Ferienmonate Juli und August mit seinen Angehörigen verbrachte. Wie aus amtlichen Unterlagen hervorgeht, zogen er und seine Familie von der Walpole Street zum Phillimore Court. Die neue Wohnung lag im ersten Stock, hatte zwei Schlafzimmer und kostete 20 Pfund die Woche. Im Februar unterschrieb die Familie einen auf drei Jahre befristeten Mietvertrag. Ilich nahm an vielen offiziellen Empfängen in der Botschaft teil und besuchte regelmäßig den Royal Kensington Rifle Club. Außerdem schrieb er sich an der University of London als externer Student für das Fach Wirtschaftswissenschaften ein. Im September 1972 begann er am Langham Secretarial College in der Park Lane, Spanisch zu unterrichten, und im Oktober lernte er im Kolumbianischen Zentrum am Earls Court Square Nydia Tobón kennen.

Und es gab noch eine weitere interessante Begebenheit, die der echte

Carlos in einem Bericht über diesen Zeitraum sicher nicht vergessen hätte. Er nahm wieder Kontakt zu einer früheren Lehrerin auf, ja er bestand sogar darauf, an ihrem Unterricht teilzunehmen.
Dem echten Carlos hätte man es nachsehen können, wenn er seine Mitgliedschaft und regelmäßigen Besuche im Playboy Club und im Churchill's – einem Nachtclub, in dem die Clique um Prinzessin Margaret verkehrte – verschwiegen hätte. Ein derart dekadentes Verhalten vertrug sich nicht mit dem Image eines Revolutionärs. Aber er konnte kaum vergessen haben, daß er im September 1972 ein Stipendium für ein Studium am Zentralen Polytechnikum beantragte und auch bewilligt bekam und daß er dort eine Reihe von Kursen belegte, insbesondere einen Russischkurs, an dem er unbedingt teilnehmen wollte. Die Frau, die den Kurs hielt, kannte er von der Patrice-Lumumba-Universität. Sie war die letzte aus dem Lehrkörper gewesen, von der er sich verabschiedet hatte: Larissa Kowaljowa. Sie hatte ihn damals nach dem Grund für seinen Ausschluß von der Universität gefragt. Und er hatte ihr die knappe Antwort gegeben: »Mädchen und nochmals Mädchen.«
Und nun war er wieder da. Larissa lehrte Russisch für Anfänger und wunderte sich nicht wenig, warum Ramírez, der den einjährigen Vorbereitungskurs in Russisch an der Patrice-Lumumba-Universität absolviert hatte, wieder ganz von vorn beginnen wollte. Der Leiter der russischen Abteilung am Polytechnikum, Bondarjenko, teilte ihr mit, daß der Venezolaner ganz versessen darauf sei, an ihrem Unterricht teilzunehmen. Später fragte sie Ramírez nach dem Grund.
»Er sagte mir, er wolle das gesprochene Russisch besser verstehen lernen. Aber im Unterricht lenkte er die anderen Kursteilnehmer ständig ab. Bei Gruppendiskussionen fing er grundsätzlich an, über ›die Revolution‹ zu diskutieren. Eigentlich sollte in der Zeit russische Konversation geübt werden, aber Ilich machte ständig eine politische Diskussion daraus. Er versuchte, seine Mitschüler davon zu überzeugen, daß die Russen bourgeois seien und ihre Revolution erst noch machen müßten. Er forderte sie auf, mit ihm zusammen eine Gruppe zu gründen, in die Sowjetunion zu gehen und dort eine Revolution zu machen.«
»Und wie haben Sie darauf reagiert?«
»Ich nahm ihn in der Pause mit hinaus auf den Korridor und forderte ihn auf, nicht ständig den Unterricht zu stören. Und wissen Sie, was er mir darauf antwortete? Wir sollten beide in die Sowjetunion zurückkehren und eine Revolution machen.«
»Nur Sie beide?«

»Ja.«
»Meinte er das im Ernst?«
»Ich weiß es nicht. Es schien so, aber vielleicht hat er auch nur den Clown gespielt.«
Erinnerungen an Fermín Toro und Stafford House.
Warum entschied er sich gerade für diese Lehrerin? Der Grund, so glaube ich, wird aus einem anderen Teil meines Interviews mit dieser charmanten, aber vielleicht etwas naiven Frau ersichtlich.
»Manchmal, wenn ich ihn hinaus auf den Korridor bat und ihm Vorhaltungen machte, schlug er vor, daß wir uns auch privat treffen sollten. Er wollte mit mir etwas trinken gehen, mich zum Essen einladen und danach noch mit in meine Wohnung kommen. Einmal ging ich mit ihm etwas trinken, aber dabei blieb es.«
Damit steht fest, daß Ilich Ramírez Sánchez zwischen September 1972 und Juni 1973 jeden Montagabend das Polytechnikum am Red Lion Square in London besuchte. Außerdem konnte mir Larissa versichern, daß sie sah, wie Sánchez an diesen Tagen auch in andere Kurse am Polytechnikum ging.
Hätte er weniger geschwatzt und mehr zugehört, so hätte er beim ersten Teil seiner Prüfungen am Polytechnikum, an der LSE und an der University of London im Juni 1973 möglicherweise besser abgeschnitten. Doch es kam anders. In Wirtschaftswissenschaften erreichte er mit knapper Not die erforderliche Punktzahl – vermutlich war der Dozent ein Mann –, doch in den anderen vier Fächern fiel er durch, auch in Russisch.
Dieser Mann war voller Widersprüche. Er prahlte damit, in der Sowjetunion eine Revolution zu machen, und weihte Larissa sogar in seinen Schlachtplan ein. »Zunächst müssen wir eine Massenorganisation aufbauen, auf die wir uns wirklich verlassen können. Dann können wir losschlagen.« Doch seine Ausbildung bei der Volksfront in Jordanien erwähnte er nicht. Andererseits sprach er im Kreis der Venezolaner weiterhin von seinem Haß gegen die Juden und seiner Sympathie für die Araber.
Der echte Carlos behauptete in seinem Interview mit el-Jundi, daß er zwischen 1971 und Mitte 1973 zwar nicht für die Volksfront gearbeitet habe, aber an »revolutionären Aktivitäten« beteiligt gewesen sei. Ironischerweise kam Carlos zwei mit seiner Version der Wahrheit viel näher. Es gibt nicht den kleinsten Hinweis darauf, daß die revolutionären Aktivitäten des echten Carlos in dieser Zeit über den Versuch hinausgingen, seine Russischlehrerin und seine Kommilitonen dazu zu bewegen,

es mit der Sowjetunion aufzunehmen. Er war ein Salonrevolutionär und spielte in Knightsbridge den Playboy. Was terroristische Aktivitäten angeht, war er bis zum Dezember 1973 ein unbeschriebenes Blatt.
Seine vergeblichen Bemühungen, seine Russischlehrerin und seine englischen Schülerinnen am Langham Secretarial College ins Bett zu bekommen, hätten wohl so manchen anderen Mann entmutigt, nicht aber Señor Machismo. Der 12. Oktober 1972 war sein 23. Geburtstag. Er besuchte im kolumbianischen Zentrum in Earls Court eine kleine Party, die allerdings nicht für ihn gegeben wurde. Ebenfalls allein dort war eine Kolumbianerin, Nydia Tobón.
Wenn man Nydia glauben darf, so hatte er auch bei ihr in sexueller Hinsicht kein Glück, doch es gab viele andere Gemeinsamkeiten. Beide stammten aus Lateinamerika und lebten in einer ausländischen Großstadt, beide vertraten extrem linke Positionen und frönten gleichzeitig der dekadenten kapitalistischen Lebensart, und beide hätten diese letzte Feststellung entrüstet zurückgewiesen. Bei der Party im Kolumbianischen Zentrum unterhielten sie sich bis zum Morgengrauen, dann fuhr ihn Nydia zurück zur Wohnung seiner Mutter am Phillimore Court.
Wie schon in früheren Kapiteln angedeutet, verfügt Nydia Tobón über ein ausgesprochen selektives Gedächtnis. Der Grund wurde im Verlauf meiner jahrelangen Nachforschungen klar: Wie Nydia meiner Rechercheurin Maria gestand, liebt sie den Mann, der wesentlich dazu beitrug, daß sie für geraume Zeit hinter den Mauern eines englischen Gefängnisses verschwand. Offensichtlich gibt es noch einige ungeklärte Dinge zwischen ihr und Ilich Ramírez.
Seine Art der Konversation ließ etwas zu wünschen übrig. Im Jahr 1973, als der Watergate-Skandal für Aufsehen sorgte, sagte er zu ihr:
»Ich möchte, daß der Sozialismus auf der ganzen Welt triumphiert. Wir werden von der CIA beherrscht, von Verbrechern wie Truman, Johnson, Nixon. Und worauf berufen sie sich? Auf demokratische Grundsätze!«
Wenn er stundenlang seine Vorstellungen von der Weltrevolution vor ihr ausgebreitet hatte, kehrte er in die komfortable Wohnung am Phillimore Court zurück, die sein Vater finanzierte. Bevor er zu Bett ging, schlüpfte er in seinen seidenen Morgenrock, goß sich einen Cognac der Marke Napoléon ein und zündete sich eine teure Havanna an, alles, wie die Miete, von seinem Vater bezahlt.
Ungewöhnlich für ihn war, daß er Nydia in den ersten Monaten ihrer Freundschaft nichts von seiner Guerillaausbildung im Nahen Osten

erzählte. Er machte zwar die üblichen proarabischen und antijüdischen Bemerkungen, deutete jedoch mit keinem Wort an, daß er insgeheim die Hoffnung hegte, sich aktiv am Kampf der Palästinenser zu beteiligen. Natürlich gibt es dafür auch einen überzeugenden Grund. Bis Mitte 1973 spielte er in Haddads Plänen keine Rolle. Und daran hätte sich vermutlich auch nie etwas geändert. Erst eine ganz bestimmte Mossad-Operation veranlaßte Wadi Haddad, den Venezolaner in die Liste möglicher Helfer aufzunehmen.

Ilich Ramírez setzte halbherzig sein Studium fort und genoß weiterhin seine sozialen Verpflichtungen mit Elba. Am 5. Februar nahmen sie an einem Botschaftsempfang des venezolanischen Luftwaffenattachés teil. Ilich bat den offiziellen Fotografen, ein Gruppenbild von ihm, seiner Mutter und ein paar Freunden zu machen. Bezeichnenderweise hat er das Foto nie bezahlt. Man sieht ihn darauf mit jenem schiefen Grinsen, das bei den Mädchen, denen er unermüdlich nachstellte, absolut nicht ankam. Da er zudem wegen übermäßigen Speichelflusses ständig sabberte, war er alles andere als unwiderstehlich.

Unterdessen ging das Morden zwischen Arabern und Israelis weiter. Aus Berichten von Ilichs Bekannten aus jener Zeit geht hervor, daß er bei der Nachricht vom Abschuß der libyschen Verkehrsmaschine durch israelische Kampfflugzeuge am 21. Februar völlig ungerührt blieb. Ebenso gleichgültig ließen ihn der Anschlag des Schwarzen September bei einem diplomatischen Empfang im Sudan am 1. März oder die Sprengstoffanschläge der IRA auf den Old Bailey, den obersten britischen Strafgerichtshof, und auf Whitehall am 8. März. Am Ende des Frühlings war er mit anderen Dingen beschäftigt, wie mir Nydia Tobón berichtete.

»Ich ging auch weiterhin mit Ilich aus. Wir gingen öfter zum Serpentine-Teich im Hyde Park und zur Festival Hall. Er mochte besonders die Musik von Tschaikowskij. Wir besuchten kleine Pubs in der Fulham Road, Cafés in Soho und Bayswater. In dieser Zeit [der ersten Hälfte des Jahres 1973] traf ich bei verschiedenen Gelegenheiten auch seine Mutter und seine Brüder. Lenin begleitete uns häufig zu Parties und sorgte dort für Stimmung. Er ist ein ausgezeichneter Musiker und Sänger. Ganz im Gegensatz zu Ilich, der eine Stimme wie ein Frosch hat und keinen Ton spielen kann.«

Nydia hatte inzwischen einen zweijährigen Kurs an der London School of Economics begonnen. Ilich hatte das in die Wege geleitet. Während der venezolanische Möchtegernrevolutionär sich mit seinem Wirt-

schaftsstudium abmühte, vertiefte sich die linke Kolumbianerin in die »Soziale Planung in Entwicklungsländern«.
Möglicherweise hätte sie irgendwann in Kensington eine exklusive Privatschule für ausländische Studenten eröffnet. Doch es kam anders. Am 28. Juni 1973 sprengte der Mossad in Paris Mohammed Budia in die Luft.

Kommando Budia

Aus Unterlagen, die mir zugänglich gemacht wurden, geht hervor, daß Ilich am 24. Juli mit einem gültigen Paß von Heathrow nach Paris flog. Anschließend nahm er ein Taxi nach Orly. Von dort reiste er mit einem falschen Paß weiter.
Als er die Paßkontrolle in Orly passierte und einen Direktflug nach Beirut nahm, hatte er sich in einen chilenischen Staatsangehörigen namens José Adolfo Müller Bernal verwandelt. Eine sorgfältige Prüfung seines Passes hätte zu seiner sofortigen Festnahme geführt. Er strotzte vor Fehlern. Sein angeblicher chilenischer Geburtsort Quillota war fehlerhaft geschrieben. Dem gefälschten Stempel zufolge war der Paßinhaber am 10. Juni 1973 von Chile nach Madrid gereist, was völlig unmöglich war. Aus weiteren Eintragungen ging hervor, daß der Inhaber zum gleichen Zeitpunkt, als er in Orly seinen Paß vorlegte, in Kuwait weilte.
Doch Ilich Ramírez hatte Glück. In Orly wimmelte es an diesem Tag von Urlaubern. Sein Paß wurde ordnungsgemäß abgestempelt, und er bestieg das Flugzeug. Dies war kaum ein vielversprechender Start für einen Mann, der Wadi Haddad davon überzeugen wollte, daß er der geeignete Nachfolger für Budia war. Etwas anderes machte seine Nachlässigkeit sogar unentschuldbar. Wie mir nämlich Peter-Jürgen Boock erzählte, hatte Carlos nach eigenem Bekunden ein besonderes Interesse an solchen Details.
»Carlos hatte immer schon eine Schwäche für Logistikexperten. Für Leute, die wußten, welche Flüge von Punkt A nach Punkt B gingen oder wie man unbemerkt in ein bestimmtes Land gelangen konnte. Dieses Interesse resultierte aus seinen Verbindungen zu einer Vielzahl von Geheimdiensten und aus den mannigfaltigen Rollen, die er bei diesen Geheimdiensten spielte.«
Boock war Mitglied der Baader-Meinhof-Gruppe und stand Wadi Haddad näher als jeder andere Nichtaraber, wie mir mehrere arabische

Mitglieder der Haddad-Gruppe versicherten. Ihre Beziehung hielt fast die ganzen siebziger Jahre an. Deshalb kommt seiner Meinung in diesem Zusammenhang besondere Bedeutung zu. Ich fragte ihn, ob Carlos Mohammed Budias Nachfolger geworden sei.

»Ich bin überzeugt, daß Carlos nicht Budias Nachfolger wurde. Haddad hätte das nicht einmal in Erwägung gezogen. Carlos eine oder sogar mehrere Operationen anzuvertrauen war eine Sache, aber die Leitung einer Organisation? Niemals. Wadi Haddad hatte sich ein klares Bild von Carlos gemacht. Er hätte nicht einmal im Traum daran gedacht, ihn mit der Leitung einer ganzen Unterabteilung der Organisation zu betrauen.«

Mitglieder der Volksfront, die Haddad in dieser Zeit nahestanden, bestätigten die Aussagen des jungen Deutschen.

»Es stimmt, daß Carlos im Sommer 1973 nach Beirut kam und den Alten dazu überreden wollte, ihm die Leitung in Paris zu übertragen. Aber Wadi Haddad lachte nur. Er lachte ihm ins Gesicht und sagte: ›Du bist ja fast noch ein Knabe. Was ich brauche, sind Männer.‹«

Aber Ramírez ließ nicht locker, und schließlich stimmte Haddad zu, ihn als vollwertiges Mitglied der Pariser Gruppe zuzuteilen. Neuer Chef der Gruppe war Michel Moukarbel. Unter ihm sollte er arbeiten, von ihm sollte er seine Befehle entgegennehmen. Doch zuvor mußte er sich einer Art Eignungstest unterziehen. Man wollte ein Opfer für ihn auswählen, ihm Ratschläge mit auf den Weg geben und eine Waffe zur Verfügung stellen. Alles übrige sollte ihm überlassen bleiben.

Ich muß Carlos zwei in diesem Zusammenhang ein großes Lob zollen. Er hat mir sehr genau geschildert, wie Ramírez Mitglied in Haddads Europaorganisation wurde. Dennoch bleiben viele Fragen offen. Wiederholt berichteten mir Leute im Nahen Osten, darunter Abu Ijad und Abu Nidal, daß es dem Mossad niemals gelungen sei, Wadi Haddads Stützpunkte in Beirut, Aden oder Bagdad zu infiltrieren. In Europa hatten die Israelis mit ihren Infiltrationsversuchen großen Erfolg, wie der Mord an Budia beweist, niemals aber in den drei Hauptstützpunkten. Hatte dort, wo sogar der Mossad gescheitert war, vielleicht ein anderer Geheimdienst Erfolge verbucht? Wie war es möglich, daß Carlos zwei so hervorragend unterrichtet war? War der echte Carlos an dem Desinformationsmanöver beteiligt, das man meinetwegen inszeniert hatte?

Am 25. September 1973 flog Carlos von Beirut zurück nach Orly. Nach der Ankunft in Orly tauschte er erneut die Pässe aus. Bei der Zollkontrolle zeigte er das gefälschte chilenische Dokument vor, das auf den Namen Adolfo Müller Bernal ausgestellt war. Wieder blieb er völlig unbehelligt. Anschließend flog er nach London, wo ein Beamter der britischen Einwanderungsbehörde den falschen Paß zuvorkommend mit einem sechs Monate gültigen Visumstempel versah. Mit freundlicher Unterstützung des französischen und britischen Zolls hatte er nun ein gültiges Visum und eine neue Identität.

Am Ende des Herbstes fiel Nydia eine Veränderung an Ramírez auf. »Er schien sich Sorgen zu machen. Er war übernervös, und ich wußte lange nicht, warum. Wir gingen häufig auf Parties, in Restaurants, Cafés und Diskotheken oder einfach nur ein Bier trinken. Dann, eines Nachmittags – wir sprachen gerade über irgendwelche Belanglosigkeiten und tranken Bier – sagte er plötzlich zu mir: ›Nydia, ich habe eine Gruppe gegründet. Ich brauche deine Hilfe.‹«

Ohne ihre Antwort abzuwarten, setzte er zu einem Monolog an, der kein Ende nehmen wollte. Er redete und redete, rechtfertigte den bewaffneten revolutionären Kampf und erklärte ihr, warum er von dem theoretischen Gerede genug habe und die kapitalistischen Auswüchse nun mit der Waffe bekämpfen wolle. Mehrere Flaschen Wein später, als er endlich verstummte und sie auch einmal zu Wort kam, sagte sie ihm, sie unterstütze die gleichen Ziele wie er und werde sich ihm anschließen. Er füllte erneut die Gläser und sagte:

»Nydia, ich bin nicht mehr Ilich. Ich habe aufgehört, Ilich zu sein. Ich heiße jetzt Carlos ... nur noch Carlos. Von nun an wirst du mich Carlos nennen.«

Für die britischen Zollbeamten war er Adolfo Müller Bernal aus Chile. Das läßt erahnen, wie verwirrend das Leben der Menschen im Umfeld des Ilich Ramírez Sánchez noch werden sollte.

Ein anderer Umstand ist noch bedeutsamer: Ilich hatte noch nicht einmal seinen Eignungstest, seine erste Operation für Haddad, hinter sich gebracht, und schon redete er davon, daß er eine Gruppe aufgebaut habe. Hier deuten sich bereits die Probleme an, die er mit seinem Pariser Chef Michel Moukarbel noch bekommen sollte.

Im November 1973 hielt sich Nydia gerade in seiner Wohnung am Phillimore Court auf, als Señor Ramírez Navas aus Venezuela anrief. Das Gespräch hatte durchaus etwas Anrührendes. Sein Vater teilte ihm mit, daß er gerade einen wichtigen Prozeß gewonnen habe. Ramírez Navas arbeitete als Anwalt häufig gegen Erfolgshonorar, besonders bei Grundstücksstreitigkeiten. Er bekam genau 50 Prozent.

»Ich habe gerade einen wichtigen Fall gewonnen. Er hat mir 500 000

Bolívares eingebracht [ungefähr 125 000 Dollar]. Sie gehören dir, mein Sohn. Komm zurück und gib sie aus.«
»Papa, ich kann hier nicht weg. Sei nicht traurig. Ich liebe dich sehr. Ich komme nicht zurück, das mußt du einsehen. Du selbst hast mir gezeigt, worauf es im Leben wirklich ankommt.«
Nach dem Telefonanruf war Ramírez deprimiert.
»Mein armer Alter Herr. Ich weiß, er wäre glücklich, uns alle in Venezuela bei sich zu haben. Aber was soll ich dort? In einem großen schicken Wagen durch die Gegend kutschieren und mich von ehrgeizigen Mädchen anmachen lassen? Sein Geld vermehren und dabei total frustriert sein? So habe ich mir mein Leben nicht vorgestellt. Das könnte ich nicht mit meinem Gewissen vereinbaren. Das ist nicht meine Welt.«
Ein paar Tage später reiste er in »seine Welt« – zu einer Besprechung mit Michel Moukarbel über seinen ersten Auftrag. Wieder benutzte er einen anderen Paß. Ab jetzt hieß er Carlos, Carlos Martínez Torres, um genau zu sein, Volkswirtschaftler aus Peru. Von Paris aus telefonierte er mit Nydia und bat sie, sofort zu ihm nach Paris zu kommen. Er holte sie am Flughafen Orly ab und führte sie anschließend in ein Café in der Rue de l'Ancienne-Comédie namens Parrot's Tavern. Sie tranken gerade ihre ersten Martinis, als ein schlanker, mittelgroßer Mann, der aussah wie ein Ober, zu ihnen an den Tisch trat. Es war Moukarbel. Moukarbel war im Libanon geboren, stammte aus einer einflußreichen Familie und hatte eine gute Ausbildung genossen. Er konnte sogar Diplome von der Sorbonne vorweisen. Er hatte sich vollkommen der palästinensischen Sache verschrieben.
Nydia bemerkte über ihn: »Er war ein Fanatiker und imstande, alles für seine Sache zu tun, ohne Rücksicht auf die Leute um ihn herum. Menschen waren ihm nicht wichtig. Er schob sie wie Schachfiguren hin und her.«
Wie zuvor schon Ramírez, redete nun auch Moukarbel über den revolutionären Kampf. Er sprach über die Palästinenser, die Lateinamerikaner, die Vietnamesen und die Chilenen, besonders aber über die Palästinenser. »Dieses Volk kämpft um ein Land, das ihm gehört und von dem es vertrieben wurde.«
Später sagte er zu ihr:
»Eines muß dir ganz klar sein – ganz egal, was geschieht, mein Name ist André.«
Die Verwendung von Decknamen und das ständige Wechseln der Identität – beides spielte bei Organisationen wie der Haddad-Gruppe eine

wichtige Rolle – waren für Nydia besonders verwirrend, wie ich bei meinen Interviews mit ihr feststellte. So viele Namen. So viele Spielregeln. Von diesem Tag an wurde Nydia, wie sie es ausdrückte, mit »Aufgaben betraut, mit denen ich eigentlich gar nichts am Hut hatte. Die halbe Zeit spielte ich für die anderen die Hausfrau. Ich war eine Anlaufstelle und gab ihnen eine Art Zuhause. Ich war die Frau, die sich um ihre kleinen Probleme kümmerte. Ich entschied, wohin wir gehen sollten und was eingekauft werden mußte«.

In Paris führte sie mit Ramírez ein ähnliches Leben wie schon zuvor in London. Parties. Essen. Diskothekenbesuche. Sie erinnerte sich: »Eines Abends waren wir drei im Quartier Latin unterwegs. Plötzlich bemerkten wir auf einem Platz eine lateinamerikanische Musikgruppe. Sie spielte mitreißend, aber die Passanten beachteten sie nicht. Keiner legte ein Geldstück in ihren Hut. Ich sagte zu den beiden Männern: ›Kommt, wir müssen was machen, ziehen wir eine Schau ab, tanzen wir – die brauchen unsere Hilfe.‹ Carlos und ich fingen also an zu tanzen, zuerst Tango, dann Cumbia. Die Passanten wurden auf uns aufmerksam und blieben stehen. Michel reichte den Hut herum. Es kam soviel Geld zusammen, daß die Gruppe essen gehen konnte.«

Welch reizendes Bild wird hier gezeichnet. Als Ramírez zusammen mit Nydia Paris verließ und nach London zurückkehrte, trug er die Waffe bei sich, die Moukarbel ihm gegeben hatte. Er hatte seinen ersten Auftrag bekommen. Er sollte Edward Sieff ermorden.

Auch andere bekamen Aufträge. Vor ihrer gemeinsamen Abreise aus Paris hatte Carlos mit Nydia eine Party besucht und sie auf einen bestimmten Gast aufmerksam gemacht. Der Mann war Türke und führte ebenfalls verschiedene Namen. Bekannt war er unter dem Namen Abub. Carlos erzählte Nydia, daß Abub mit der Planung einer großen Sache beschäftigt sei. Und das war er in der Tat. Mitarbeiter des französischen Geheimdienstes haben mir bestätigt, daß sie durch ihre Razzia im Hauptquartier der Türkischen Volksbefreiungsfront einen Attentatsversuch dieser Gruppe auf den amerikanischen Außenminister Henry Kissinger vereiteln konnten. Meine Recherchen ergaben, daß Kissinger den 18. und 19. Dezember 1973 in Paris verbrachte und am 20. zur Nahost-Friedenskonferenz nach Genf weiterflog. Die türkische Gruppe beabsichtigte, ihn nach seiner Ankunft in Genf am 20. Dezember zu ermorden. Bevor sie jedoch ihren Stützpunkt in einem Pariser Außenbezirk verlassen konnte, schlug die DST zu. Wieder einmal hatte sich der Mann im Nordlibanon die Bestnote verdient.

Als Carlos und Nydia einige Tage vor Weihnachten nach London zurückkehrten, stand die Stadt noch ganz unter dem Schock mehrerer IRA-Anschläge. In der Nähe des Innenministeriums in Westminster, am Pentonville-Gefängnis und in Hampstead waren Bomben hochgegangen. Auf dem Flughafen von Rom verübten Palästinenser einen Anschlag auf eine Pan-Am-Maschine, bei dem 30 Passagiere verbrannten und weitere 40 verletzt wurden. Es waren gewalttätige Zeiten. Und der Venezolaner sollte bald seinen ersten Beitrag dazu leisten.
Doch zuvor fand er noch die Zeit, sich an die junge Baskin Angela Otaola heranzumachen und mit ihr ins Bett zu gehen. Er stellte sich ihr als Carlos Martínez Torres vor, Volkswirtschaftler aus Peru. Die Affäre hatte für Carlos einen positiven Nebeneffekt: Angelas Wohnung war eine weitere Adresse, die er für konspirative Zwecke benutzen konnte. Doch war es die Wohnung seiner Mutter am Phillimore Court, von der er am Sonntag, dem 30. Dezember, aufbrach, um Sieff zu ermorden. Wieder fand ich bei meinen eigenen Recherchen heraus, daß der Rest der Familie Sánchez zu dem Zeitpunkt verreist war. Dies bestätigte mir unter anderem Ronald Beet, der in der fraglichen Zeit Hausmeister am Phillimore Court war.
Ich interviewte den früheren Chefinspektor John Hurrell, der die Ermittlungen der Special Branch im Fall Sieff geleitet hatte. Seine Aussagen bestätigten, daß alles, was mir Carlos zwei über den Mordversuch an Edward Sieff erzählt hatte, absolut korrekt war. Außerdem versicherte er mir, daß es sich bei der Tatwaffe – entgegen allen Presseberichten – tatsächlich um einen Beretta-Revolver, Kaliber 9 mm, gehandelt habe. Täter wie Opfer hatten an diesem Abend unglaubliches Glück. Sieffs Zähne lenkten das einzige Geschoß, das Carlos abfeuerte, so glücklich ab, daß er mit dem Leben davonkam. Zuvor hatte seine Frau gesehen, wie Carlos mit dem portugiesischen Diener die Treppe heraufkam, dem verängstigten Mann die Waffe in den Rücken bohrte und ihn in Richtung Badezimmer schob. Geistesgegenwärtig schlüpfte sie in ihr Schlafzimmer zurück und rief die Polizei an. Der Anruf erfolgte um 19.02 Uhr. Die Polizci reagierte schnell. Zwei Minuten später fuhr der erste Streifenwagen vor dem Haus in St. John's Wood vor. Doch Carlos war bereits geflüchtet.
Einen Monat vor dem Mordversuch hatten Mr. und Mrs. Sieff als Ehrengäste an einem Empfang der israelischen Ministerpräsidentin Golda Meïr teilgenommen. Zwei Monate nach dem Anschlag wurde Edward Sieff Präsident der Zionistenvereinigung in Großbritannien.
Die Täterbeschreibung, die die Polizei herausgab, war sehr genau.

»Arabischer Typ, circa 25 Jahre alt, 1,77 Meter groß, schlank.« Zu der Zeit war Carlos 24 Jahre alt, 1,76 Meter groß und schlank.
Ein paar Tage nach dem Attentat, so erzählte mir Nydia Tobón, schilderte ihr Carlos den Mordversuch an Sieff in allen Einzelheiten. Er war wütend, weil der Revolver versagt hatte. Außerdem sagte er zu ihr: »Die Operation war ein Test. Wadi Haddad und Moukarbel wollten meinen Mut und meine Loyalität auf die Probe stellen. Anscheinend sind sie zufrieden.«
Und das waren sie in der Tat. Haddad konnte es sich leisten, ein Auge zuzudrücken, obwohl die Aktion nur ein stümperhafter Mordversuch an einem prominenten britischen Juden gewesen war. Denn ihren Zweck, Terror zu verbreiten, hatte sie erfüllt. In der Folgezeit kursierten Gerüchte über Todeslisten, und viele prominente Juden in England legten sich wieder bewaffnete Leibwächter zu. Jedes Anschwellen der Terrorwelle war für den Mann in Aden ein Erfolg.
Als Carlos den Vorschlag machte, am hellichten Tag einen Bombenanschlag auf eine israelische Bank in der Londoner City zu verüben, gab Haddad sofort seine Zustimmung. Carlos parkte den Wagen der Familie Ramírez direkt vor der Bank. Er öffnete die Doppeltüren der Bank und warf eine mit Plastiksprengstoff gefüllte Schachtel in Richtung der Schalter. Während er den Arm hob und warf, hielt er mit der anderen Hand die Doppeltüren offen. Er ließ sie einen Moment zu früh los. Die Türen schwangen zurück und trafen die Bombe, die er gerade von sich geschleudert hatte. Sie wurde abgelenkt und glitt über den spiegelblanken Boden, bevor sie explodierte. Niemand wurde getötet oder ernsthaft verletzt.
Zwei verpatzte Operationen, aber sehr viel Terror.
Bei meinen Recherchen begann sich nun ein bestimmtes Muster abzuzeichnen. Wenn Carlos zwei von Anschlägen oder Operationen sprach, waren seine Informationen sehr genau. Da sie zweifellos aus den Geheimdienstakten zahlreicher Länder stammten, war das nicht weiter überraschend. Angenommen, seine Hintermänner gehörten dem Mossad an, so hatten sie nicht nur Zugang zu ihren eigenen Nachrichtendiensten, sondern auch zu vielen anderen. Israel tauscht mit Frankreich, Großbritannien, den USA und Deutschland nachrichtendienstliche Informationen aus. Und dieser Austauch erfolgt wechselseitig. Auch mehrere arabische Staaten haben solche Vereinbarungen mit den oben genannten Ländern getroffen. Kaum jemand weiß, daß auch zwischen Israel und Syrien eine solche Vereinbarung besteht. Sie geht vielleicht nicht ganz so weit, aber sie hat immer bestanden, obwohl die

beiden Länder seit vielen Jahren offiziell miteinander im Kriegszustand liegen. Zu diesem geheimen Arrangement gehören auch regelmäßige diskrete Treffen in einem Drittland.
Im März 1988 führte Uri Lubrani, Israels Chefunterhändler für den Libanon, in Bukarest geheime Unterredungen mit Präsident Assads engem Berater Ala Adin Abedin.
Im November 1988 traf Syriens stellvertretender Außenminister Jussef Schakur mit Lubrani zusammen. Im Namen von Ministerpräsident Schamir ersuchte Lubrani die Syrer, Israel bei der Unterbindung von Guerillaüberfällen aus dem Südlibanon zu helfen. Dieses Treffen fand in Wien statt.
Im Januar 1989, diesmal wieder in Bukarest, bekamen die beiden syrischen Geheimdienstoffiziere Oberst Ibrahim Sabuh und Major Naim Sanika von Lubrani und David Jocoby nachrichtendienstliche Informationen über zwei der gefährlichsten Rivalen Assads, die Führer der Moslembruderschaft Saad Adin und Munser Watar.
Zwischen diesen beiden Ländern, die sich offiziell gegenseitig an den Kragen wollen, existiert nicht nur eine geheime Absprache, sondern auch ein geheimes Friedensabkommen, das durch die Vermittlung der Vereinigten Staaten zustande gekommen ist. Sein Kernpunkt: keine Kriegshandlungen auf den Golanhöhen. Syrien hat sich mit dem Verlust der Golanhöhen im großen und ganzen abgefunden. Alles andere ist nur Pose, dazu gedacht, das syrische Volk bei Laune zu halten.
Carlos zwei hatte mir erzählt, wie er Anfang Februar nach Beirut zurückgekehrt war und mit Moukarbel und Haddad die nächsten Operationen geplant hatte. Die Informationen, die er mir gab, stammten aus verschiedenen Geheimdienstquellen und vermutlich auch von Geheimagenten, die palästinensische Gruppierungen infiltriert hatten. Es gelang zwar nicht, in Haddads größte Heiligtümer in Beirut, Bagdad und Aden einzudringen. Doch es besteht kein Zweifel, daß israelische und syrische Agenten die PLO, die Volksfront Georges Habaschs und viele andere Organisationen infiltriert haben.
Bei meinen Nachforschungen stellte ich immer wieder fest, daß die auf nachrichtendienstlichen Erkenntnissen beruhenden Informationen, die mir Carlos zwei gegeben hatte, absolut korrekt waren. Sein Bericht über die Bombenanschläge auf die Pariser Zeitungsredaktionen, über die Geiselnahme in der Botschaft in den Niederlanden, über das Massaker in dem Pariser Café und all die anderen Gewalttaten – alles stimmte. Ein leitender Mitarbeiter des französischen Mi-

litärgeheimdienstes, der sich mir gegenüber lange Jahre sehr hilfsbereit und kooperativ gezeigt hat, sagte zu mir:
»Wissen Sie, David, ich habe den Eindruck, daß Sie schon früher Zugang zu unseren Akten über diesen Carlos hatten.«
Er hatte völlig recht. Ich hatte schon früher Zugang zu ihren Akten, wenn auch nur indirekt, durch Carlos zwei.
Bezeichnenderweise machten Carlos zwei und seine Hintermänner gerade in den Bereichen die meisten Fehler, die nicht von den Akten abgedeckt waren. Fehler, die ohne direkten Kontakt zu einigen Leuten, die ich interviewt habe, unmöglich zu vermeiden waren. So hatte Carlos steif und fest behauptet, daß sein »Vater« von seinem geheimen Leben und seiner »Arbeit« im Auftrag der Palästinenser erst erfahren habe, als nach den Ereignissen in der Rue Toullier Ende Juni 1975 die Wahrheit ans Licht gekommen sei.
Dem widerspricht sein Vater:
»Lenin wußte immer ganz genau, was sein Bruder gerade machte. Ich wußte von nichts, bis Lenin 1973 für einige Zeit nach Venezuela zurückkehrte. Von da an wußte ich, was Ilich machte.«
Señor Navas erzählte mir Näheres über seine Europareise 1974, als er in Paris und London mehrere Wochen mit Ilich verbrachte. Am letzten Tag seines Aufenthalts führte ihn sein ältester Sohn abends aus. Es sollte das letzte Mal in ihrem Leben sein, daß sie sich zusammen in aller Öffentlichkeit zeigen konnten, auch wenn sie das damals noch nicht wußten. Doch davon einmal abgesehen, warf der Bericht des Vaters ein ganz neues Licht auf die Frage, wer in der Familie Sánchez über Ilichs Aktivitäten im Bilde war. Er widerlegt die Aussagen, die Carlos zwei zu diesem Thema gemacht hatte.
»Wir gingen ins El Sombrero [ein Nachtclub in der Nähe des Phillimore Court]. Wir blieben sehr lange weg. Als wir in die Wohnung zurückkamen, brannte überall Licht, und alle waren noch auf. Die Familie hatte sich furchtbare Sorgen um mich und um Ilich gemacht. Sie alle wußten, daß Ilich etwas mit der Volksfront zu tun hatte, und hatten befürchtet, daß ihm etwas zugestoßen sei.«
Davon konnte Carlos zwei natürlich nichts wissen. Ebensowenig konnte er wissen, daß der echte Carlos mit seinem Vater einige Tage in Paris verbracht hatte. Die Erinnerung des Vaters an diese Zeit beschränkte sich naturgemäß auf alltägliche Dinge. Einmal kaufte Ilich eine Postkarte und schrieb einige zärtliche Worte darauf. Er wollte die Karte einem kubanischen Freund mitgeben, der sie seiner früheren Geliebten Sonia, der Mutter seiner Tochter, zustellen sollte. Ein andermal

besorgte er Kinderkleider, die für sein Kind bestimmt waren. Mehrmals nahm er seinen Vater zur kubanischen Botschaft mit, wo er versuchte, Sonias Adresse herauszubekommen. Obwohl die Frau, die er liebte, auf seine Karten und Briefe nicht reagierte, ließ er nicht locker in seinen Bemühungen, wieder Kontakt aufzunehmen. Diese Bemühungen sollten 1975 einen merkwürdigen Einfluß auf zumindest ein Mitglied der französischen Regierung haben.
In London gingen Vater und Sohn mehrmals in den Playboy Club. Ilich, der gern ein großer Spieler gewesen wäre und im Freundeskreis mit seinen Heldentaten am Pokertisch prahlte, beobachtete gern das Treiben im Club. Und natürlich hatte er auch ein Auge auf die Bunnies.
Er spielte weiterhin den pflichtbewußten Sohn, den reuevollen Liebhaber, den Lebemann und den Möchtegernchef von Haddads Europaorganisation. Doch es gab auch noch andere Seiten in seinem hektischen Leben. Zum Beispiel war er ständig damit beschäftigt, Kontakte zu knüpfen. Mit den Türken. Mit den Korsen. Mit den Deutschen. Mit einer Vielzahl arabischer Geheimdienste. Er drängte sich in Beziehungen, die Moukarbel und Budia über Jahre hinweg behutsam aufgebaut hatten, und versuchte, diese Leute auf seine Seite zu ziehen und von seiner Auffassung von Revolution zu überzeugen. Hier lag die Ursache für die zunehmenden Reibereien zwischen ihm und Moukarbel.
Ramírez, der Junge, der nach Meinung seiner Lehrer zu viel redete und zu wenig wußte, war inzwischen ein Mann geworden, der davon überzeugt war, alles zu wissen. Und er war überzeugt, daß ihm die Frauen zu Füßen liegen müßten – eine Auffassung, die keiner der Männer teilte, die ihn damals gut kannten. Speziell die Palästinenser ließen kein gutes Haar an ihm. Ein Mitglied der Haddad-Gruppe sagte zu mir:
»Nach Ansicht der meisten war er besser dafür geeignet, ein Bordell zu führen, als bei unserem Kampf mitzumachen. Er verbrachte soviel Zeit in der Gesellschaft von Prostituierten, daß ich ihn für einen Zuhälter gehalten habe.«
Peter-Jürgen Boock teilte diese Auffassung.
»In puncto Frauen hielt er sich für unwiderstehlich. Die meisten Frauen, die ich kannte und die ihn kannten, waren da ganz anderer Meinung. Sie fanden ihn zum Kotzen. Da sich seine Affären oft in denselben Kreisen abspielten, wurde sogar gemunkelt: ›Ganz klar ist es ja nicht, aber hat Carlos ein Bordell aufgemacht?‹ Auf jeden Fall schien er sich in dem Milieu wohl zu fühlen. Die meisten Frauen in seinem

Bekanntenkreis, die nicht auf den Strich gingen, waren nicht besonders scharf darauf, näher mit ihm zu tun zu haben.«
Die meisten vielleicht nicht, doch gab es auch Ausnahmen. Eine dieser Ausnahmen war Inger Weille, eine 21jährige Blondine aus Kopenhagen.
Im Mai 1974 saßen Carlos und Moukarbel in dessen Apartment in der Avenue Claude Vellefaux im 10. Arondissement und tranken. Dann gingen die Eiswürfel aus. Carlos klopfte an der Wohnung nebenan und bat Inger um ein paar Eiswürfel. Er lud sie ein herüberzukommen, und begann mit seiner üblichen Anmache. Er erzählte ihr, er sei Libanese und heiße Johnny. Diesen Namen benutzte Carlos damals oft. Man plauderte, trank Arrak mit Eis, hörte arabische Musik und landete wenig später im Bett. Inger wurde seine Geliebte.
»Er sagte mir, er wolle mir die Wunder des Orients zeigen. Ich verliebte mich noch in der gleichen Nacht in ihn.«
Inger hielt diesen »tadellos gekleideten Mann, der teure Restaurants bevorzugte und beim Tanzen ein gutes Rhythmusgefühl bewies«, für einen »Geschäftsmann, der viel auf Reisen war«.
Ihre Affäre dauerte sechs Monate. Dann, im Oktober 1974, faßte sie den Entschluß, nach Los Angeles zu ziehen. Carlos bat sie natürlich um die Erlaubnis, ihre Pariser Wohnung zu benutzen, doch sie lehnte ab. Als aufmerksamer Liebhaber fuhr er sie zum Flughafen Charles de Gaulle und verabschiedete sich von ihr mit einem Kuß. Zu Weihnachten schrieb er ihr einen Brief, in dem er ihr mitteilte, daß er ihre Stromrechnung bezahlt habe. Während ihrer Affäre kam er nie dazu, ihr die »Wunder des Orients« zu zeigen, aber wenigstens bekam Inger einige der »Wunder« von Paris zu Gesicht.
»Wir zogen nachts durch die Pariser Halbwelt. Häufig gingen wir in zwielichtige Kellerlokale. Ich war schockiert über die zügellosen sexuellen Darbietungen. Johnny stand einfach da und sah zu. Er behandelte mich nie schlecht. Er war ein Gentleman, sehr ruhig, sehr großzügig.«
Seine Großzügigkeit kannte anscheinend keine Grenzen. Neben Inger aus Dänemark war da noch Amparo Silva Masmela aus Kolumbien. Sie gehörte ebenfalls zu den Frauen, die kleine Geschenke von Carlos erhielten: eine hübsche Tischdecke, die er von seiner Mutter bekommen hatte, eine Schachtel voll Handgranaten und eine Kiste mit Waffen, die Haddad durch einen Kurier hatte überbringen lassen, und ein Baby. Dieses letztere Geschenk war weniger willkommen, und Carlos gab ihr Geld für eine Abtreibung. Außerdem waren da

noch Nancy Sánchez und Maria Teresa Lara, beide wie er aus Venezuela, und in London die Baskin Angela Otaola und die immer präsente Nydia Tobón.

An Ostern 1974 traf Ramírez zufällig einen früheren Lehrer vom Polytechnikum. Frank Esterkin machte gerade Urlaub in Paris, als er dem Venezolaner über den Weg lief. Ramírez gab ihm eine Nachricht für die Frau mit, deren Russischstunden er ständig mit seinem Gerede über die Notwendigkeit einer Revolution gestört hatte.

»Sagen Sie Larissa, daß ich angefangen habe.«

Eitelkeit war eine seiner großen Schwächen. Wie Barry Woodhams, der Mann, der nach ihm in Angela Otaolas Gunst stand, bemerkte: »Ich wundere mich, daß er nicht mit einem T-Shirt herumlief, auf dem stand: ›Ich bin ein Terrorist.‹«

Eine von Nydias Aufgaben, die Carlos zwei deshalb nicht erwähnt hatte, weil er nichts darüber wußte, bestand darin, für die Gruppe den »Packesel« zu spielen: Sie schmuggelte illegale Objekte durch den Zoll. Anfang Juli brachte Takomoto Takahashi, ein Mitglied der Japanischen Roten Armee, die Haddads Gruppe angegliedert war, eine umfangreiche Lieferung an Waffen, Munition und Sprengstoff durch den französischen Zoll nach Frankreich. Carlos zwei hatte mir berichtet, wie Moukarbel und er die Lieferung auf verschiedene Orte verteilt hatten. Ein Teil wurde in die exklusive Kunstgalerie in der Rue de Verneuil gebracht, ein anderer per »Packesel« nach Genf geschafft. Nydia Tobóns Rolle bei dieser Aktion hatte er nicht erwähnt.

Nydia Tobón sprach mit mir ausführlich über diesen Teil ihrer Aktivitäten:

»Anfang Juli 1974 bat mich Carlos in Paris, einen schwarzen Koffer mit nach London zu nehmen. Er war sehr schwer. Carlos schärfte mir ein, gut auf ihn aufzupassen und ihn ja nicht in die Nähe von Feuer zu bringen, denn das könne gefährlich werden. Er gab mir keine weitere Erklärung, und ich verlangte auch keine.«

Bei solchen Instruktionen erübrigte sich jede Erklärung. Nydia brachte die Waffen und den Sprengstoff in eine Wohnung in Knightsbridge. Sie verstaute die Kiste in einem Kleiderschrank, vermietete den Raum weiter an eine kolumbianische Freundin und verbrachte den Sommer in Cambridge. Bei Komplizen wie Nydia ist es erstaunlich, daß Carlos nicht schon lange vor der Affäre in der Rue Toullier entlarvt und verhaftet wurde.

Ebenfalls auf Anweisung von Carlos telefonierte Nydia mit Angela Otaola und arrangierte ein Treffen. In der Snow's Bar in Piccadilly

übergab Angela der Kolumbianerin eine schwere Metallkiste – weitere Waffen und Bomben für den Schrank in Kensington.
Als ich Carlos zwei zu den Bombenanschlägen auf die Pariser Redaktionsbüros und zu der Geiselnahme in der französischen Botschaft in Den Haag befragt hatte, war er überaus mitteilsam gewesen. Unter anderem hatte er mir erzählt, daß er aus den Niederlanden zurückgekehrt sei, um den Anschlag auf das Café Drugstore am Freitag, dem 13. September, vorzubereiten. Meine eigenen Recherchen ergaben, daß seine Angaben korrekt waren. Unter Benutzung des chilenischen Passes, ausgestellt auf den Namen Carlos Andreas Martínez Torres, nahm er den Air-France-Flug 917 um 21.35 Uhr ab Amsterdam. In einem anderen Punkt hatte er mir jedoch ziemlich schroff jede Auskunft verweigert. Es ging um seinen früheren Kampfgenossen Antonio Pereira.
»Ich sage Ihnen lediglich, daß Antonio Pereira verschwunden ist. Wenn Sie wissen wollen, wie, dann müssen Sie schon die DST fragen. Aber Sie würden sie damit in große Verlegenheit bringen.«
Dies war eine von zahlreichen Aufgaben, die Carlos mir stellte. Und wie alle anderen war sie Teil einer brillanten Inszenierung. Sie hatte erheblich zu seiner Glaubwürdigkeit beigetragen. »Serviere ihm nicht alles auf einem Silbertablett, laß ihn ruhig ein wenig herumschnüffeln, aber du mußt bestimmen, wo er schnüffelt. Das wird ihn beschäftigen und ihn sicherlich von anderen Bereichen fernhalten, wo wir vielleicht verwundbar sind.« Wie bereits erwähnt, nahm ich nach Samirs Tod in Beirut nichts mehr als Tatsache hin, sondern überprüfte alles. Dies schloß zwangsläufig auch jene Bereiche ein, auf die mich Carlos zwei und seine Hintermänner ganz bewußt ansetzten. Der Fall Antonio Pereira war ein solcher Bereich.
Was Carlos zwei über die DST gesagt hatte, stimmte. Zumindest was die Mitarbeiter anging, die noch im aktiven Dienst waren. Einige pensionierte Agenten waren gesprächiger. Da ich lange Zeit den Verdacht gehegt hatte, daß der Brasilianer Pereira und der Ecuadorianer Anton Bouvier ein und dieselbe Person seien, verstärkte ich meine Nachforschungen nach Pereira. Sie führten mich nach Brasilien und Chile, dann nach Algerien, Frankreich und schließlich nach Italien.
Am 3. März 1969 wurde Pereira in Brasilien verhaftet. Das »Verbrechen«, das er begangen hatte: Er war ein »gefährlicher Intellektueller«. Fast zwei Jahre saß er in Haft. Es kam nie zu einer Anklage, nie zu einer Gerichtsverhandlung, nie zu einem Urteilsspruch. Seine vollständige Geschichte wird im Anhang geschildert.

Am 7. Dezember 1970 entführte eine Gruppe Guerillas den Schweizer Botschafter in Brasilien und forderte die Freilassung von 70 Inhaftierten, unter ihnen Pereira.

Im Januar des darauffolgenden Jahres wurden die Gefangenen nach Chile ausgeflogen. Zurück blieben Pereiras Frau und Tochter. Das brasilianische Regime hatte ihnen die Ausreise verweigert. Auf dem Umweg über Chile und Algerien trafen Pereira und einige seiner Mitgefangenen im März 1971 schließlich in Paris ein. Die französische Regierung gewährte ihnen politisches Asyl, und Pereira begann, sich ein neues Leben aufzubauen. Zwei Jahre später war er mit einer wohlhabenden Brasilianerin liiert, hatte Verbindungen zu Mohammed Budia und Moukarbel sowie zur Japanischen Roten Armee und arbeitete in einer exklusiven Kunstgalerie. Was der Besitzer der Galerie, Jean Claude Lignel, Sohn einer wohlhabenden und politisch einflußreichen Familie aus Lyon, im einzelnen wußte, konnte ich nicht feststellen. Wie der Brasilianer, der für ihn arbeitete, ist Lignel seit jener Zeit offenbar spurlos verschwunden.

Fest steht jedenfalls, daß die Kunstgalerie Anfang 1974 eine konspirative Adresse war. Hier wurden Briefe zur Weiterleitung deponiert und Waffen gelagert, mit oder ohne Monsieur Lignels Wissen oder Erlaubnis.

Als Yamada, ein Mitglied der Japanischen Roten Armee, verhaftet wurde und die Polizei bei ihm eine interessante Sammlung von Pässen und mehrere tausend Dollar in gefälschten Banknoten bei ihm fand, leiteten Carlos und Pereira die Operation zu seiner Befreiung ein, die schließlich zu der Geiselnahme in der französischen Botschaft in Den Haag und zu dem Blutbad im Café Drugstore führte. Pereiras Beteiligung an dem Überfall auf die Botschaft birgt eine ironische Komponente. Während er emsig Pläne schmiedete und sich mit anderen Mitgliedern der Roten Armee in Verbindung setzte, plauderte Yamada, der Mann, der befreit werden sollte, vor dem französischen Geheimdienst alles aus. Unter anderem erzählte er ihnen, daß Pereira zur Haddad-Gruppe gehörte. Außerdem verrict er die Adresse der Kunstgalerie. Als die DST auf diese Informationen hin endlich aktiv wurde, waren die Anschläge in Den Haag und im Drugstore bereits über die Bühne gegangen. Darauf hatte Carlos angespielt, als er sagte, ich würde die DST mit meinen Fragen in »große Verlegenheit« bringen. Doch es kam noch schlimmer.

Eine Gruppe von DST-Agenten unter Leitung von Kommissar Herranz fuhr mit quietschenden Reifen in der eleganten Rue de Verneuil vor, stürmte in eine Kunstgalerie und begann, den Besitzer vor seiner Kundschaft auszufragen. Es dauerte geraume Zeit, bis Herranz zufriedengestellt war und, sich verwirrt das Kinn reibend, wieder ging. Er war überzeugt gewesen, daß er eine zuverlässige Information erhalten hatte. Die Autos jagten mit aufheulenden Motoren davon.

Des Rätsels Lösung: Herranz hatte die falsche Kunstgalerie besucht, die Galerie Verneuil. Ein paar Häuser weiter stand Pereira am Fenster seiner eigenen Galerie und beobachtete den Vorgang.

Als Herranz die Fäden schließlich entwirrt hatte, war Pereira mit seiner neuen Freundin bereits untergetaucht. Nach meinen Informationen, die aus französischen Geheimdienstquellen und von Personen stammen, die Pereira zu der Zeit nahegestanden hatten, setzte er sich vermutlich nach Mailand ab, schwor der Weltrevolution ab und fing mit seiner Geliebten, einer Contessa, ein geregeltes Leben an.

Etwa um dieselbe Zeit, als sich Antonio Pereira in Mailand in Luft auflöste, beschloß Nydia Tobón, sich eine neue Adresse zuzulegen. Sie zog nach Hampstead, Downshire Hill, eine ruhige Straße gleich neben Rosslyn Hill, nur ein paar Schritte vom örtlichen Polizeirevier entfernt. In das möblierte Zimmer, das sie dort von einem Dozenten an der LSE gemietet hatte, brachte sie den Koffer mit Waffen und Sprengstoff, den sie von Paris herübergebracht hatte, und den schwarzen Metallbehälter, den sie von Angela entgegengenommen hatte und der noch mehr Waffen und Sprengstoff enthielt.

Im Oktober lieferte die IRA einen neuerlichen Beweis dafür, daß Ramírez und seine Kollegen kein Monopol auf sinnlose und brutale Gewalttaten hatten. Ihre neue Terrorkampagne beunruhigte Nydia.

»Abgesehen von den Bombenanschlägen der IRA, lud mein Sohn auch immer wieder Freunde in mein Zimmer ein. Außerdem ließ die Polizei häufiger Streifen fahren und verstärkte die Überwachung in der Gegend. Ich setzte mich mit Carlos in Verbindung. Er riet mir, den Koffer mit den Waffen an einen sicheren Ort zu bringen.«

Wenn man bedenkt, daß sie neben anderen Diensten, die sie für Carlos leistete, auch als sein Zahlmeister und »Bankier« in London fungierte, muten ihre nächsten Unternehmungen geradezu grotesk an.

»Die Taxifahrt von Hampstead in die Hans Road kostete damals etwa sechs Pfund. Das war zwar nicht viel, aber ich war etwas knapp bei Kasse und beschloß deshalb, die U-Bahn zu nehmen. Ich mußte eine ziemlich lange Strecke zu Fuß mit dem Koffer zurücklegen. Ich ging den Rosslyn Hill hinunter und an der Polizeistation vorbei. Als ich an der U-Bahn-Station Belsize Park ankam, sah ich, daß am Eingang mehrere

Polizisten standen und alle Taschen und Pakete durchsuchten, die irgendwie verdächtig aussahen. Ich konnte unmöglich wieder umkehren. Ich versuchte, die Nerven zu behalten. Ich stand neben ihnen, während ich auf den Aufzug wartete, mit dem ich nach unten fahren wollte. Schließlich kam ich in der Hans Road an und verstaute den Koffer dort im Schrank. Ich bat Guban – das war der türkische Student, der dort wohnte –, auf den Koffer aufzupassen, bis ich in der Nähe eine Wohnung gefunden hätte.«
Nydia Tobón erzählte mir, daß kurze Zeit nach dieser Glanzleistung Carlos nach London gekommen sei. In diesem Fall hatte sie ihr Gedächtnis nicht im Stich gelassen. Wie ich herausfand, nahm er im Oktober an einem diplomatischen Empfang in der venezolanischen Botschaft in London teil. Entweder vor oder nach dem Empfang, bei dem er kühlen Weißwein trank und höflich mit dem Marineattaché plauderte, besuchte er Nydia in ihrem Zimmer in Knightsbridge. Offensichtlich war der Türke an diesem Abend ausgegangen.
»Er bat mich um den Koffer. Er wollte den Inhalt überprüfen, ihn lüften und die einzelnen Teile ölen. Als er ihn öffnete und den schwarzen Metallbehälter herausnahm, lächelte er wie ein Kind. Er sah mich an und sagte zärtlich: ›Schau, meine Liebe, dieses Prachtstück ist eine tschechische Pistole, eine M52-Schnellfeuer-Automatik. Sie ist einsame Spitze.‹ Carlos führte sie an seinen Mund und hauchte sie an. Er machte das ganz sanft, wie beim ersten Kuß.«
Dann brachte er Nydia bei, wie man mit Handgranaten umgeht. Sie erinnerte sich, daß er seine Waffen gestreichelt und anschließend sein Verhalten gerechtfertigt hatte.
»Er sagte: ›Schau, ich muß mich um die Sachen hier kümmern, weil sie mein verlängerter Arm sind. Mein Leben hängt davon ab, daß sie gut funktionieren. Es ist meine Pflicht, sie zu lieben und gut zu pflegen. Das Schlimmste, was einem passieren kann, ist, daß sie eine Ladehemmung haben, wenn man sie am meisten braucht.‹«
Ein knappes Jahr zuvor hatte eine solche Ladehemmung Edward Sieff das Leben gerettet.
Dieser Mordversuch war seine »Mutprobe« gewesen, sein Initiationsritus für die Haddad-Gruppe. Damals hatte er nur Anspruch auf eine uralte Beretta und fünf Patronen gehabt, die meisten davon Blindgänger. Mittlerweile, nur zehn Monate später, hielt er Nydia Tobón Vorträge über die Kunst des Tötens und verfügte über ein umfangreiches Waffenarsenal, angefangen von einer neuen tschechischen Automatik bis hin zu Handgranaten. Er war aufgestiegen.

Bei seinem Besuch übergab er Nydia 1000 Pfund. Sie sollte das Geld unter Moukarbels Namen bei einer Bank einzahlen. Als die Gruppe nach den Morden in der Rue Toullier aufflog, wurde mehrfach behauptet, sie hätte für die Organisation größere Geldsummen verwaltet. Nydia bestritt das mir gegenüber energisch und beharrte darauf, daß zwischen Herbst 1973 und Sommer 1975 höchstens 2000 Pfund durch ihre Hände gegangen seien. Moukarbels Notizen, in denen er jede Ausgabe, auch Kleinstbeträge von wenigen Francs vermerkte, scheinen dies zu bestätigen. Da es damals noch keine Geldautomaten gab und das Abheben größerer Beträge erst nach einer Frist von 24 Tagen möglich war, sollte Nydia in London stets eine Geldsumme bereithalten, auf die man in Notfällen direkten Zugriff hatte. In der Theorie klang das ganz gut. Doch die Praxis ließ zu wünschen übrig. Nydia reichte das Geld, das man ihr anvertraute, an die Kolumbianerin Anna Pugsley weiter, die in ihrem Namen ein Bankkonto in kanadischen Dollars führte. Von einem direkten Zugriff konnte hier kaum die Rede sein, besonders nicht an einem Wochenende.

Die Geheimdienst-Connection

Meine Nachforschungen lassen vermuten, daß die CIA und der französische Geheimdienst mehr als zweimal interveniert hatten, um einen Mann zu beschützen, mit dessen Name eine zunehmende Zahl von Morden verknüpft wurde.
Einer meiner Informanten war ein ehemaliger Mitarbeiter des französischen Geheimdienstes, der andere ein ehemaliger Agent der Lateinamerika-Abteilung der CIA. Ich bin mir durchaus bewußt, wie gefährlich es ist, sich auf solche Quellen zu verlassen. Nach den Erfahrungen, die ich bei meinen Recherchen gemacht habe, wäre es auch ein Wunder, wenn ich mir dessen nicht bewußt wäre. Beide Informanten versicherten mir, daß ihre Informationen auf beweiskräftigen Dokumenten basierten, aber beide lehnten es ab, mir Zugang zu diesem Material zu verschaffen. Es erhielt jedoch auch andere Hinweise, die ihre Behauptungen untermauern. Sie stammen aus palästinensischen, italienischen, deutschen, syrischen und saudischen Quellen und betreffen die engen Beziehungen, die Carlos über Jahre hinweg mit vielen Geheimdiensten gepflegt hat. Carlos zwei war über diesen Aspekt zweifellos unterrichtet worden. Und der echte Carlos hatte 1982 durch einen bekannten französischen Anwalt bestätigen lassen, daß zwischen

ihm und dem französischen Geheimdienst tatsächlich eine »Übereinkunft« bestanden hatte. Eine Übereinkunft, die es ihm ermöglichte, sein abscheuliches Tun fortzusetzen. Eine Übereinkunft, die erklärt, warum er heute noch am Leben ist.
Ich fragte den ehemaligen CIA-Agenten, warum die CIA Carlos beschützt habe.
»Sie kümmert sich eben um ihre Leute.«
Abu Ijad bestätigte mir, daß Carlos ein Doppelspiel trieb:
»Carlos hatte und hat noch immer viele Chefs. Ich weiß mit absoluter Sicherheit, daß er für annähernd ein Dutzend Geheimdienste Operationen durchgeführt hat. Ich werde sie Ihnen namentlich nennen und auch ein paar Aufträge, die er für sie erledigt hat.«
»Ist auch die CIA darunter?«
»Die CIA betrachtet Carlos als Mitarbeiter. Nun sagen Sie mir, was darunter zu verstehen ist.«
Was Peter-Jürgen Boock sagte, war ebenfalls aufschlußreich.
»Ich weiß sicher, daß zwischen Carlos und dem französischen Geheimdienst eine Abmachung bestand. Sie wurde 1974 getroffen. Laut dieser Abmachung sollte er auf französischem Boden, also in Frankreich oder in einer der französischen Kolonien, nicht behelligt werden, solange er nicht aus der Reihe tanzte. Natürlich hielt sich Carlos nicht an die Spielregeln, aber die Abmachung blieb trotzdem bestehen. Ich weiß mit Sicherheit, daß er zu der Zeit und auch später noch zigmal in Frankreich gewesen sein muß, und ganz bestimmt nicht in irgendeiner geheimen Mission. Es war fast so, als würde er dort Urlaub machen. Ihm ist nie etwas passiert. Die Franzosen hatten auch mit anderen Gruppen solche Vereinbarungen.«
Peter-Jürgen Boocks Aussagen wurden mir von mehreren Personen – Mitgliedern und ehemaligen Mitgliedern terroristischer Gruppen – unabhängig voneinander bestätigt. Im Gegensatz zu Boock baten sie darum, anonym zu bleiben. Boock nahm die Sache leichter. Schließlich verbüßt er eine dreimal lebenslange Haftstrafe. Auch Abu Ijad war der Meinung, daß Carlos vor Vergeltungsmaßnahmen sicher gewesen sei:
»Die Franzosen gaben häufig Champagnerempfänge, bei denen sich die absoluten Topleute vom Geheimdienst und die Topterroristen gegenseitig beschnuppern konnten. Später bediente sich der Geheimdienst der Beziehungen, die dabei geknüpft wurden. Zum Wohle Frankreichs.«
Auch Boock wußte von diesen Treffen. »Sie fanden in der Nähe von

Paris statt. Sie waren fast wie Staatsempfänge. Carlos nahm an solchen Treffen teil, und auch Mitglieder der Roten Armee.«

Peter-Jürgen Boock saß im Hochsicherheitstrakt eines deutschen Gefängnisses, und Abu Ijad lebte, von Leibwächtern streng bewacht, in Tunesien. Keiner von beiden wußte, was der andere zu mir gesagt hatte. Es bestand keinerlei Kontakt zwischen ihnen – ich habe das bei den deutschen Sicherheitsbehörden überprüft. Und doch bestätigten mir beide immer wieder, was der andere gesagt hatte.

»Eine ähnliche Übereinkunft bestand auch mit den Italienern und Griechen. Mit den Deutschen? Ja und nein«, behauptete Boock und ließ sich dann näher darüber aus. Er erklärte, daß der BND etliche Versuche unternommen habe, Kontakte zur PLO zu knüpfen und eine Abmachung mit ihr zu treffen. Nach Vorstellung der Deutschen sollte die PLO palästinensische Organisationen wie die Volksfront, die Abu-Nidal-Gruppe, Ahmed Dschibrils PFLP-Generalkommando und andere Splittergruppen an die Leine nehmen und dafür Sorge tragen, daß sie keine Operationen auf deutschem Boden ausführten. Als Gegenleistung boten sie der PLO eine Reihe von Geheimdienstinformationen an. Der angestrebte Handel beruhte auf einer allzu optimistischen Voraussetzung: Die PLO war noch nie in der Lage gewesen, Leute wie Nidal und Dschibril völlig an die Leine zu nehmen. Der BND hätte sich nur vor Augen zu führen brauchen, wie es dem spanischen Geheimdienst ergangen war, als er eine ähnliche Übereinkunft mit der PLO angestrebt hatte. Abu Nidal hatte sie prompt gebrochen und seine Anschläge auf israelische Bürger und Einrichtungen in Spanien unbeirrt fortgesetzt.

Falls auch der britische Geheimdienst eine solche Übereinkunft getroffen hat, so ist es ihm besser gelungen, sie geheimzuhalten. Allerdings gibt es stichhaltige Beweise dafür, daß mehrere Palästinenser, die hohe Positionen innerhalb der PLO bekleiden, seit vielen Jahren als Agenten für den britischen Geheimdienst arbeiten.

Was eine deutsche Beteiligung an diesen höchst fragwürdigen Aktivitäten und Boocks rätselhaftes »ja und nein« anging, so brachten mich meine anschließenden Recherchen und direkte Kontakte zur ostdeutschen Stasi einen Schritt weiter. Ich fand heraus, daß sich Boocks »Ja« zum Teil auf die DDR bezog – praktisch alle Geheimdienste der Ostblockstaaten pflegten intensive Beziehungen zu vielen Terror-Organisationen im allgemeinen und zu Ilich Ramírez Sánchez im besonderen. War den westdeutschen Geheimdiensten bei ihren Bemühungen um einen geheimen Pakt mit der PLO nur mäßiger Erfolg beschieden, so hatten sie bei Gruppen, die von Syrien kontrolliert wurden, mehr Glück. Ich sprach darüber mit Christian Lochte. Zunächst versicherte er mir, daß bis zum heutigen Tag Absprachen zwischen Frankreich und einer Vielzahl terroristischer Gruppen bestehen, auch mit Gruppen, die vom Iran kontrolliert werden. Dann sprach er über geheime Vereinbarungen, die zwischen Deutschland und Syrien bestehen.

»Die Regierung hat eine Vereinbarung mit Assad. Keine Aktionen auf deutschem Boden. Er akzeptierte diese Bedingung, und so wurden deutsche Kredite, die für Syrien bestimmt waren, freigegeben, und die diplomatischen Beziehungen konnten fortgesetzt werden. Selbstverständlich hält das Gruppen, die von Syrien kontrolliert werden, nicht davon ab, auf deutschem Boden terroristische Operationen zu planen und sie dann in einem anderen Land auszuführen oder sogar gegen das Abkommen zu verstoßen, das sie mit uns haben.

Eine ähnliche Vereinbarung haben wir auch mit den Iranern. Natürlich haben sie gegen sie verstoßen. Einmal, als einer ihrer Piloten überlief. Er setzte sich mit seinem Flugzeug ab. Die Iraker bezahlten ihm 1 Million Dollar. Die Iraner ermordeten ihn in Hamburg. Ein zweiter Pilot wurde in Genf erschossen, auch von den Iranern. Was unser Arrangement mit den Syrern betrifft – sie schickten ein Kommando nach Aachen, um einen moslemischen Studenten zu liquidieren. Wir erwischten die Leute in einem Hotel in Bonn. Es gab keine Festnahmen. Keine Verhandlung. Sie wurden in ein Flugzeug gesetzt und nach Damaskus abgeschoben.«

Wieder einmal stellte ich mir die Frage: »Wer kontrolliert eigentlich die Kontrolleure?«

In was für einer Welt leben wir eigentlich, wenn ausgerechnet die Männer und Frauen, deren feierlich gelobte Pflicht es ist, die Gesellschaft vor dem Terrorismus zu schützen, mit den Terroristen paktieren?

Wie ist es möglich, daß Ramírez, der häufig als »der meistgesuchte Mann der Welt« bezeichnet wird, von denen beschützt wird, die theoretisch, wenn auch nicht praktisch, Jagd auf ihn machen?

Carlos zwei hatte über die beiden Raketenanschläge auf dem Flughafen Orly im Januar 1975 gesprochen und mir die Ereignisse in allen Einzelheiten geschildert. Doch ein bedeutsames Faktum hatte in seinem Bericht gefehlt. Er hatte mir von dem Deutschen Weinrich erzählt, von dem algerischen Chef des Kommandos und von dessen palästinensischen Kameraden. Doch einen anderen Deutschen hatte er nicht erwähnt. Zum Zeitpunkt des Interviews hatte ich nicht gewußt, daß der Betreffende in Orly dabeigewesen war. Aber was noch viel wichtiger ist: Auch Carlos zwei hatte es nicht gewußt. Und das, obwohl dieser Mann nicht nur ein langjähriger Freund von Ramírez, sondern auch sein wichtigster Verbindungsmann zu den deutschen Gruppen war. Diese Unterlassung war für mich der Beweis, daß es mir gelungen war, einen weiteren Stein aus dem Lügengebäude herauszubrechen. Der andere Deutsche, der Ramírez bei diesen beiden Operationen assistierte, war Wilfried Böse. Sein Name tauchte in keinem der Geheimdienstberichte über die Anschläge in Orly auf, die ich zu Gesicht bekam. Dies könnte die Erklärung dafür sein, warum Carlos zwei von seiner Präsenz am Flughafen nichts wußte. Meine eigenen Quellen für diese Information sind ein ehemaliges Mitglied der Haddad-Gruppe und Nydia Tobón.

Kurz vor diesen Anschlägen war Böse von Frankfurt nach Paris gereist, hatte sich mit Carlos getroffen und ein kleines Geschäft mit österreichischen Flugtickets abgewickelt.

Böse wurde auf dieser Reise von Hans-Joachim Klein begleitet. Als Klein den Venezolaner in Moukarbels Wohnung in der Avenue Claude Vellefaux kennenlernte, war er anfangs enttäuscht.

»Ich habe ihn damals für einen amerikanischen Mafioso gehalten.«

Größeren Eindruck machte auf ihn, als Böse ihm später erzählte, daß Ramírez »als einziger Ausländer in Jordanien mitgekämpft hatte und in Paris eine Kommandoeinheit leitete«.

An diesem ersten Abend kam es zu einer Szene, die sich in ähnlicher Weise ein paar Monate zuvor in Nydias Zimmer in Knightsbridge zugetragen hatte. Carlos führte sein tödliches Spielzeug vor.

»Abends hat er uns ein paar Waffen gezeigt. Eine Skorpion. Das ist eine klitzekleine tschechische MP, Kaliber 7,65 mm. Wenn man die zusammenklappt, kann man sie wie eine Pistole in der Tasche tragen. Außerdem zeigte er uns ein paar Pistolen. Ägyptische Geheimpistolen. Carlos zeigte uns alles mit derselben Ruhe, als ob er uns eine Briefmarkensammlung zeigen würde.«

Klein war eine weitere Person, die Carlos zwei bei seiner Schilderung der Ereignisse im Januar 1975 nicht erwähnt hatte. Wie Böse sollte sich Klein noch vor Jahresende als so vertrauenswürdig erweisen, daß er bei der Wiener Operation eine Rolle zugeteilt bekam.

Im Februar 1975 kam es in Paris zu einem zweiten Treffen mit Böse und Klein. Doch auch das war Carlos zwei entfallen. Diesmal war Moukarbel anwesend. Diskussionspunkt war die Befreiung der führenden Baader-Meinhof-Mitglieder, die damals in einem deutschen Gefängnis schmachteten. Carlos zwei hatte mir von dem Plan und dem Blutbad, das man in Deutschland anrichten wollte, erzählt. Danach wollte man eine ausländische Botschaft besetzen, eine Gruppe von Diplomaten als Geiseln nehmen und Bombenanschläge auf die Chase Bank in Frankfurt und die Redaktion der Illustrierten QUICK in München verüben. Wenn die Bundesregierung dann immer noch nicht einlenkte, wollte man mit einer Zwanzigkilobombe aus hochexplosivem Sprengstoff ein Luxushotel in die Luft jagen. Eine Operation, bei der man den Tod mehrerer hundert Menschen in Kauf nahm, um ein paar Psychopathen zu befreien.

Wadi Haddad begann, die einzelnen Elemente für dieses Horrorszenario zusammenzufügen. Sein Wunsch, den harten Kern der Baader-Meinhof-Gruppe freizupressen, hatte nicht das geringste mit den Plänen der deutschen Terroristen zu tun, in Deutschland Anarchie zu verbreiten und dann eine Revolution auszulösen. Haddad unternahm nie etwas und verwickelte seine Gruppe nie in eine Operation, ohne daß er sich davon irgendeinen Vorteil oder Nutzen für seinen Krieg gegen Israel versprach. Da er bei seinen Operationen keine Japaner mehr einsetzen konnte, brauchte er Ersatzleute, wenn er seinen Krieg fortsetzen wollte. Die deutsche Terrorszene bot ein reiches Potential für Rekrutierungen. Weinrich, Böse, Klein und einige andere arbeiteten bereits für ihn. Wenn es ihm gelang, die Anführer der Baader-Meinhof-Gruppe aus dem Gefängnis zu holen, so stünden ihm nicht nur zusätzliche Schachfiguren zur Verfügung, die er ins Spiel bringen könnte. Auch der Propagandaerfolg wäre enorm. Jeder deutsche Revolutionär, gleichgültig ob von der RAF, der Bewegung 2. Juni oder der Baader-Meinhof-Gruppe, würde sich seiner Sache und seinem Krieg anschließen. Und es gab noch einen weiteren wichtigen Grund, warum der Befreiung der Baader-Meinhof-Häftlinge Priorität eingeräumt wurde: Geld.

Die Operation in Deutschland erforderte erhebliche finanzielle Mittel. Haddad brauchte nicht nur die besten Leute, sondern auch die

beste Ausrüstung. Er mußte möglichst schnell eine große Geldsumme beschaffen.
Wo all das Geld, das Wadi Haddad in den siebziger Jahren zusammengerafft hatte, blieb, ist ein Geheimnis. Die Unterhaltung seines europäischen Hauptquartiers in Paris und die Durchführung der zahlreichen Terroranschläge verschlangen zwar viel Geld, doch seine Kasse war stets gut gefüllt. Dafür sorgten die vielen Spender. Verängstigte arabische Herrscher wie die Königsfamilien in Kuwait und Saudi-Arabien überwiesen alljährlich Dollarbeträge in Millionenhöhe. Allein die Androhung von Attentaten oder Entführungen genügte, um eine pünktliche Zahlung zu gewährleisten. Genauso pünktlich erfolgten die Zahlungen mehrerer Fluggesellschaften. Air France, KLM, Lufthansa und Pan American überwiesen jedes Jahr Millionen. Die Lufthansa zahlte beispielsweise 2,5 Millionen Mark an die Baader-Meinhof-Nachfolger, damit ihre Flugzeuge von Anschlägen verschont blieben. Ein beträchtlicher Teil dieser Summen wurde an Haddad weitergeleitet – staatliche Subventionierung des Terrorismus. Doch Haddad konnte offensichtlich nicht genug kriegen. Deshalb plante er im April 1975 eine weitere Operation zur Geldbeschaffung: die Entführung des Botschafters der Vereinigten Arabischen Emirate in Großbritannien, Muhammad Mahdi el-Tadschir.
Meine Recherchen ergaben, daß jedes Detail, das mir Carlos zwei über diese Operation erzählt hatte, stimmte – mit einer Ausnahme. Ilich Ramírez Sánchez und Antonio Bouvier sind nicht ein und dieselbe Person.
Den überzeugendsten Beweis, daß es sich bei Carlos und Bouvier um zwei verschiedene Männer handelt und nicht, wie Carlos zwei steif und fest behauptet hatte, um ein und denselben, lieferte ein bekannter britischer Arzt für plastische Chirurgie, der Fotografien der beiden Männer einer genauen wissenschaftlichen Analyse unterzog. Punkt für Punkt widerlegte er die Behauptung von Carlos zwei. Für einen Laien besteht tatsächlich eine frappierende Ähnlichkeit, aber als Spezialist konnte er anhand einer Reihe von Unterschieden, die teils geringfügig, teils erheblich waren, jeden Zweifel daran ausräumen, daß es sich um zwei verschiedene Männer handelte.
Carlos zwei war ein Fehler unterlaufen, ein fundamentaler Fehler. Nachdem der wissenschaftliche Nachweis erbracht war, daß es sich bei Antonio Dages Bouvier um eine eigenständige Person handelte, ging ich in Gedanken die verschiedenen Möglichkeiten durch. War es denkbar, daß Bouvier tatsächlich ein ranghoher KGB-Offizier war?

Der Führungsoffizier von Carlos? Einige Autoren hatten es behauptet. Dann war da noch das Problem, wie Carlos zwei ein solcher Fehler hatte unterlaufen können, wo er doch sonst so blendend über das Leben und die Aktivitäten des Mannes, den er verkörperte, informiert war. Wie kam es, daß sich seine Hintermänner in diesem Punkt geirrt hatten?

Mit Hilfe verschiedener Quellen, darunter die britische Polizei und Nydia Tobón, fand ich zumindest teilweise die Wahrheit über Bouvier heraus. Später halfen mir Peter-Jürgen Boock und ein ehemaliges Mitglied der Haddad-Gruppe, ein Mann namens Chalid, andere Teile des Puzzles zusammenzufügen. Was schließlich zum Vorschein kam, war nicht die Hand des KGB, sondern die von Wadi Haddad.

Ich zeigte Peter-Jürgen Boock eine Fotografie von Bouvier.

»Ja, ich weiß, wer das ist. Er gehörte zur Haddad-Gruppe. Ich habe ihn nur einmal im Südjemen gesehen.«

Chalid war mitteilsamer.

»Ich kannte ihn [Bouvier] gut. Leider kann ich Ihnen nicht seinen Namen nennen, ich meine, seinen richtigen Namen. Ich habe keine Ahnung, wo er sich jetzt aufhält, und ich möchte nichts tun, was zu seiner Festnahme oder zu der eines anderen Genossen führen könnte. Wadi Haddad hielt große Stücke auf ihn und vertraute ihm. Deshalb schickte er ihn auch nach London. Schon damals [Anfang 1975] war der Alte argwöhnisch gegenüber Carlos. Er traute ihm nicht ganz. Sie müssen bedenken, daß bei der Entführung Millionen auf dem Spiel standen. Ich glaube, Haddad wollte einfach auf Nummer Sicher gehen, daß auch das ganze Lösegeld bei ihm ankam.«

Die Überprüfung einiger weniger Fakten über Bouvier genügte, um die Behauptung, er sei ein ranghoher KGB-Offizier und habe Carlos in Moskaus Auftrag instruiert, ins Reich der Phantasie zu verweisen. Bouvier flog Anfang April 1975 vom Südjemen nach London. Wie jeder, der für Haddad arbeitete, unterbrach er die Reise absichtlich, um seinen ursprünglichen Abflugsort zu verschleiern, und stieg in Paris in ein anderes Flugzeug um. Nydia Tobón holte ihn am Terminal an der Cromwell Road ab. Sie hatte den Auftrag bekommen, während seines Aufenthalts in London auf ihn »achtzugeben«. Dafür gab es einen sehr einleuchtenden Grund – Bouvier sprach nämlich kein Wort Englisch. Selbstverständlich gibt es sehr viele KGB-Offiziere, auf die das zutrifft, ungewöhnlich an diesem wäre aber der Paß, mit dem er reiste – ein gefälschter ecuadorianischer Paß und eine miserable Fälschung obendrein. Er war identisch mit vielen Pässen, die Haddads

Gruppe zur Verfügung standen. Ein paar Monate später sollte die französische Polizei in einer der konspirativen Wohnungen von Carlos in Paris sechs falsche ecuadorianische Pässe finden. Daß ein ranghoher KGB-Offizier, oder auch nur ein rangniedriger, mit einem solch riskanten Dokument reisen würde, ist kaum vorstellbar. Der KGB verfügt über echte Pässe aus zahlreichen Ländern.
Bouvier hatte zwei Aufgaben bei der geplanten Entführung. Zum einen sollte er Carlos und das Lösegeld im Auge behalten. Zum anderen sollte er als Unterhändler fungieren. Die Kidnapper brauchten eine Person, die fließend arabisch sprach und mit el-Tadschirs Botschaft verhandeln konnte.
Bouvier wohnte zunächst in Nydia Tobóns Wohnung am Earls Court. Als ihr angeblicher Ehemann unterzeichnete er später den Mietvertrag für die Wohnung in den Comeragh Mews, in der der Botschafter festgehalten werden sollte. Während die letzten Punkte im Mietvertrag geklärt wurden, wohnten Nydia Tobón und ihr »Ehemann« drei Tage im Victoria Garden Hotel in Westbourne Terrace, dann bezogen sie ihre elegante Wohnung in den Mews. Als der Plan, el-Tadschir zu entführen, fallengelassen wurde, kehrte Bouvier in den Südjemen zurück. Sein falscher ecuadorianischer Paß blieb bei Nydia Tobón für den Fall, daß die Entführung zu einem späteren Zeitpunkt nachgeholt werden sollte. Für die Rückreise in den Nahen Osten benutzte Bouvier seinen echten Paß. Die Sache mit dem falschen Paß griffen Autoren immer wieder mit Freuden auf, wenn sie ihre Geschichten über Carlos mit einem angeblichen KGB-Komplott würzen wollten. Antonio Dages Bouvier – wäre der KGB wirklich so töricht, einem Mitarbeiter die Benutzung eines zweiten Vornamens zu gestatten, den es in Ecuador gar nicht gibt?
Aber zurück zu unserer Frage: Wie konnte Carlos ein solcher Fehler unterlaufen? Nun, die Antwort findet sich meiner Meinung nach in den Akten von Special Branch und Scotland Yard. Als die britische Polizei Nydia Tobón verhaftete und nicht nur mit Carlos, sondern auch mit dem gefälschten Bouvier-Paß in Verbindung brachte, war sie – auch wenn sie den britischen Medien etwas anderes erzählte – insgeheim davon überzeugt, daß Carlos und Bouvier ein und dieselbe Person waren. Der folgende Auszug aus einem der vielen Verhöre, denen Nydia Tobón unterzogen wurde, veranschaulicht das.
Der Polizeibeamte ist Chefinspektor David Munday.
»Zuerst erzählen Sie uns, Bouvier habe Ihnen den Paß gegeben, und dann sagen Sie, es sei Ilich gewesen. Warum?«

»Ich habe mich geirrt.«
»Sind Sie sicher, daß es Bouvier war?«
»Ja, und nicht Ilich.«
»Sie lügen.«
»Nein, das ist die Wahrheit.«
»Warum gab er Ihnen den Paß?«
»Ich weiß nicht. Er bat mich, ihn aufzubewahren.«
»War in Bouviers Paß ein Foto?«
»Ja.«
»Er trägt keine Brille, oder?«
»Nein ... na ja ... manchmal schon.«
»Es war Ilich und nicht Bouvier, der Ihnen den Paß gab, stimmt's?«
»Nein, es war Bouvier.«
»Er sieht wie Ilich aus, ja oder nein?«
»Ja, sie sehen sich ähnlich.«
»Wenn Bouvier den Bart abrasiert und die Brille abnimmt, könnte er sich glatt in Ilich verwandeln, stimmt's?«
Nydia Tobón gab darauf keine Antwort. Die Polizei zog ihre eigenen Schlußfolgerungen und hielt sie in ihren Berichten fest. Wer auch immer Carlos zwei instruierte, er hatte meiner Meinung nach Zugang zu diesen Berichten und zog die gleichen Schlußfolgerungen.
Im April 1975, als sich Carlos an Botschafter el-Tadschir heranpirschte, spitzten sich die Spannungen zwischen ihm und Moukarbel allmählich zu. Der Venezolaner, der mit seiner Meinung ohnehin nie hinterm Berg gehalten hatte, übte scharfe Kritik an seinem Chef. Zu Nydia Tobón sagte er, sie solle unter keinen Umständen Anweisungen oder Befehle von Moukarbel entgegennehmen, ohne sich vorher mit ihm abzusprechen. Er hielt seinen libanesischen Chef für arrogant und eigensinnig. Und er warf ihm vor, die Mitglieder der Gruppe rücksichtslos erheblichen Risiken auszusetzen.
»Der Mann hat keine Skrupel. Er jagt uns in jedes Abenteuer, nur um seine Eitelkeit zu befriedigen. Der Kerl ist verrückt. Er will alles übers Knie brechen. Wir werden ihm den Prozeß machen. Und ich werde gegen ihn aussagen, denn die Sache ist sehr ernst. Mit dem Leben von Genossen zu spielen ist Verrat, gleichgültig, ob sie zu unserer Organisation gehören oder zu anderen, die uns helfen.«
Als Carlos Luft holte, gelang es Nydia, eine Bemerkung einzuwerfen.
»Findest du nicht, daß du übertreibst?«
»Scher dich zum Teufel. Wann wirst du endlich aufwachen, du dumme Gans?«

Von dem Charme und der Liebenswürdigkeit, die seine venezolanischen Bekannten so an ihm geschätzt hatten, war bei dieser Unterhaltung nicht mehr viel zu spüren.
Als Carlos diese Schmähreden hielt, hatte sein Chef Michel Moukarbel nur noch knapp zwei Monate zu leben.

Die Affäre in der Rue Toullier

Die anderen Mitglieder der Familie Ramírez hatten London inzwischen verlassen. Lenin war im September nach Caracas zurückgekehrt. Lenin, der inzwischen so viel »vergessen« hat, laut seinem Vater auch die Tatsache, daß er Ende 1974 über Ilichs Aktivitäten im Auftrag Wadi Haddads tief besorgt war und fürchtete, sein Bruder könnte früher oder später die Familie in Gefahr bringen, wenn sie in England bliebe. Von Lenin ebenfalls »vergessen«, nicht aber von der Freundin seiner Mutter, Deborah Herrara, die mir davon erzählte, war Elbas Panik, als nach einem weiteren Bombenanschlag der IRA im Londoner Westen ihre Wohnung am Phillimore Court plötzlich von Polizeibeamten wimmelte. Es war lediglich eine vorbeugende Sicherheitsüberprüfung des gesamten Gebäudes, doch Elba wagte kaum zu atmen, als die Polizisten ihre Wohnung durchsuchten. Schließlich konnte man nie wissen, was ihr lieber Sohn Ilich im Schrank verstaut hatte.
Im Februar 1975 kehrte Elba Sánchez mit Vladimir nach Venezuela zurück. Sie flog über Amsterdam. Das hatte sie sonst nie getan. Ob sie sich ein letztes Mal mit Ilich traf, dem Sohn, der ihr so nahestand?
In einem früheren Kapitel bin ich bereits auf mein langes Interview mit Barry Woodhams eingegangen. Einige seiner Bemerkungen über Ramírez sind recht aufschlußreich.
»Ich war ihm einige Male begegnet, bevor ich mit Angela zusammenzog. Er kam öfter in die Garway Road, als sie noch dort wohnte. Ich hatte die Wohnung nebenan. Ich hatte ihn auch ein paarmal in einer Bar in Paddington namens Angelo's getroffen und ein paar Worte mit ihm gewechselt. Soweit ich mich erinnere, sprach er nie über seine Familie. Er hatte nur sein Vergnügen im Sinn. Er sprach immer wieder davon, wie er in den Churchill's Club ging und um hohe Summen pokerte. Sein Englisch war sehr gut, sehr präzise. Er sprach etwas abgehackt, aber sonst sehr gut. Mit Angela redete er immer nur spanisch. Es gefiel ihm, wenn man ihn für extrovertiert hielt, aber ich glaube

nicht, daß er es war. Bei ihm drehte sich fast alles um Geld. Irgend etwas stimmte nicht mit ihm. Ich rede jetzt nicht von der Zeit, nachdem ich mir seinen Koffer angesehen hatte, sondern von der Zeit davor. Ich konnte nicht genau sagen, was es war, aber ich war mißtrauisch. Das war auch der Grund, warum ich den Koffer geöffnet habe. Vor der Schießerei in Paris habe ich nicht geglaubt, daß er etwas mit der Terrorszene zu tun hat. Ich hätte höchstens gedacht, daß er für die Israelis arbeitet.«

Nachdem der Venezolaner Woodhams' Verdacht erregt hatte, wenn auch einen falschen, verließ er Angelas Wohnung in Bayswater und kehrte zu seinem Kommando zurück.

Nydia Tobón:

»Einmal wurden wir mitten in London von einem Streifenwagen der Polizei gestoppt. Wir waren zu schnell gefahren. Unser Fahrer wollte seine Waffe ziehen und uns den Weg freischießen. Carlos ging wie ein Tiger auf unseren Genossen los und hielt ihn zurück. Dann sprang er aus dem Auto und entschuldigte sich freundlich und vergnügt bei den Polizisten. Wieder im Wagen, erteilte er dem Fahrer eine Lektion. ›So etwas darf nie wieder vorkommen. Wir müssen ruhig bleiben und kühlen Kopf bewahren. Denk immer daran, daß ein ruhiger Puls von einem kühlen Kopf abhängt.‹«

Ein kluger Rat, auch wenn er ihn selbst nicht immer beherzigte. Nydia erinnerte sich daran, wie sie täglich durch die High Street in Kensington gefahren waren. Eine Boutique namens »Che« war dem Venezolaner ein besonderer Dorn im Auge.

»Jedesmal, wenn wir daran vorbeifuhren, schrie Carlos: ›Schweinehunde! Scheißkerle! Ein Geschäft nach einem Guerillakämpfer zu nennen. Ich hätte gute Lust, den Laden in die Luft zu jagen. Das wäre ihnen eine Lehre. Geschäfte zu machen mit dem Namen des größten Revolutionärs aller Zeiten.‹«

Wie es dazu kam, daß Carlos seinen Genossen Michel Moukarbel und zwei DST-Agenten erschoß und einen dritten schwer verletzte, ist in einem früheren Kapitel ausführlich geschildert worden. Dieser Bericht beruht nicht nur auf Informationen, die ich von Carlos zwei bekam, sondern auch auf den Ergebnissen meiner eigenen Recherchen. Als ich ihn nach Samirs Tod in Beirut noch einmal überprüfte, konnte ich keine Fehler darin entdecken. Alles andere hätte mich auch gewundert. Carlos zwei und seine Hintermänner hatten in diesem Punkt ihre Hausaufgaben gemacht. Wenn die zweite Überprüfung dieses Abschnitts im Leben des Venezolaners auch keine offensichtlichen Wi-

dersprüche zutage förderte, so lieferte sie doch weitere Informationen über den Mann und seine Taten.
Ramírez, der echte Carlos, verwies in seinem Interview mit el-Jundi immer wieder drauf, daß Moukarbel ihn verraten habe. Und ein Verrat war zweifellos begangen worden, aber nicht von dem Libanesen, sondern von Ramírez selbst. Seine Selbstgefälligkeit, seine Arroganz und seine Unfähigkeit, das zu beherzigen, was er in London gepredigt hatte, nämlich »ruhig zu bleiben und kühlen Kopf zu bewahren«, waren letztlich die Ursachen dafür, daß Wadi Haddads Europazentrale zerstört wurde, und nicht nur für eine gewisse Zeit, sondern für immer.
Von der Ruhe, die Ramírez so gepriesen hatte, war nichts zu spüren, als er am 15. Juni gegen Mitternacht Nydia Tobón anrief.
»Seine Stimme klang sehr beunruhigt. Er erzählte mir von Andrés [Michel Moukarbel] Verhaftung in Beirut und sagte, ich müsse sofort aus der Wohnung in den Comeragh Mews verschwinden. Er war besorgt, weil die CIA und der Mossad die Finger mit im Spiel hatten.«
Wie groß die Disziplin in Moukarbels Gruppe seit Budias Ermordung im Juni 1973 auch gewesen sein mag, fest steht jedenfalls, daß binnen weniger Wochen gegen sämtliche konspirativen Regeln verstoßen wurde. Moukarbels Dummheit, mit einem Koffer voller kompromittierender Unterlagen von Beirut direkt nach Paris zu fliegen, bildete lediglich den Auftakt. Weitere verhängnisvolle Fehler folgten: seine übereilte Kontaktaufnahme mit Carlos zu einem Zeitpunkt, als ihm der gesunde Menschenverstand hätte sagen müssen, daß er wahrscheinlich von der DST beschattet wurde; sein Flug nach London, wo er sich bei Nydia versteckte; Carlos' Versuch, die Gunst der Stunde zu nutzen und die Leitung von Haddads europäischer Operationszentrale zu übernehmen; seine panikartigen Telefonanrufe bei Nydia.
»Tu nichts, was er [Moukarbel] dir sagt, ohne die Sache vorher mit mir abzusprechen. Denk dran, daß der Mann verrückt ist. Er kann dich in Schwierigkeiten bringen, ohne daß du es ahnst.«
Nach Nydia Tobóns Darstellung war das noch eine der gemäßigteren Bemerkungen des Venezolaners, als er sie am 20. Juni von Paris aus anrief und warnte, daß Moukarbel auf dem Weg nach London sei. Zwei Tage lang geriet Ramírez zunehmend in Panik. Bei einem erneuten Telefongespräch mit Nydia erfuhr er, daß sein Boß verschwunden war.
»Scheiße! Ich sag' dem Alten Bescheid, das muß wieder zurechtgebogen werden.«
Böse war in London noch relativ sicher. Trotzdem forderte ihn Carlos auf, nach Paris zurückzukommen. Das war ein weiterer Fehler, der

praktisch zwangsläufig zu Böses Verhaftung führte. Nydia Tobón berichtete mir, daß sie nur wenige Tage vor dem blutigen Höhepunkt der Affäre ebenfalls nach Paris reiste. Sie flehte Carlos an, mit ihr nach London zu kommen. Doch er lehnte ab, ja, er wollte sie sogar dazu überreden, in Paris zu bleiben.

All diese Begebenheiten verdeutlichen, daß Carlos schon lange vor den Morden in der Rue Toullier nicht mehr in der Lage war, die Situation ruhig und nüchtern einzuschätzen.

Ich zweifele nicht im geringsten daran, daß die DST-Agenten tatsächlich unbewaffnet in die Rue Toullier fuhren. Und das ist ein klarer Beweis dafür, daß Moukarbel Ramírez nicht verraten hatte. Tatsächlich wird aus Ramírez' späterem Verhalten deutlich, daß er mit seinen Behauptungen über den toten Genossen lediglich die eigene Unfähigkeit kaschieren wollte. So wäre er wohl kaum auf direktem Weg in die Wohnung seiner Geliebten Amparo Silva Masmela in der Rue Amélie geeilt, wenn er auch nur den geringsten Verdacht gehabt hätte, daß er verraten worden sein könnte. Moukarbel benutzte die Wohnung ebenfalls. In dieser Wohnung war es, wo der unfähige französische Geheimdienst seine Aufzeichnungen und sein belastendes Tagebuch fand. Peter-Jürgen Boock machte einige Bemerkungen, die in diesem Zusammenhang sehr interessant sind.

»Viele Dinge, an denen Carlos beteiligt war, gingen schief, und zwar nur deshalb, weil er unfähig war, in einem Kollektiv zu arbeiten. Er war nie pünktlich. Er hielt sich grundsätzlich an keine Regeln. Als er beispielsweise aus der Rue Toullier verschwand, hielt er sich nicht an den vereinbarten Fluchtweg, den Wadi Haddad festgelegt hatte. Stattdessen kroch er zu seiner Geliebten ins Bett.«

Boock lehnte es ab, mich über den vereinbarten Fluchtweg aufzuklären. Doch was er über Moukarbel und seinen angeblichen Verrat sagte, war sehr aufschlußreich.

»Ich halte das für ausgeschlossen. Einmal wegen der allgemeinen Einschätzung dieses Mannes [Moukarbel]. Er galt als absolut integer. Man hätte ihm so etwas nie zugetraut, jedenfalls nicht ohne konkrete Beweise. Der zweite Grund ist Wadi Haddads Verhalten. Er ließ verschiedene Nachforschungen anstellen, die klar darauf hindeuteten, daß er Carlos im Verdacht hatte, etwas zu verheimlichen, irgendeine heimliche Übereinkunft, denn darin war er ja ein As. Vermutlich glaubte Haddad, daß der französische Geheimdienst eine Übereinkunft mit Carlos hatte, alles über ihn wußte und seine Anwesenheit in Frankreich duldete.

Das würde auch erklären, warum die DST-Leute unbewaffnet in die Wohnung kamen. Angenommen, Moukarbel hat nichts von dieser Übereinkunft gewußt, was bei Carlos absolut möglich ist, und ist durch einen Fehler der Geheimdienstleute, die ihn in die Wohnung brachten, plötzlich dahintergekommen ...«

Fest steht jedenfalls, daß Carlos in Panik geriet, aus welchen Gründen auch immer. Er erkannte, daß Herranz und seine Männer ihn zur DST-Zentrale mitnehmen würden. Und er wußte, daß sich die Verhöre Moukarbels im Libanon und in Frankreich nicht auf höfliche Fragen und Antworten beschränkt hatten, sondern daß auch physische Gewalt angewandt worden war. Er mußte also damit rechnen, daß es ihm ebenso ergehen würde.

Peter-Jürgen Boock:

»Etwas bei Carlos war immer absolut klar. Er hat eine schreckliche Angst vor körperlicher Gewalt. Das ist auch einer der Gründe, warum er in einer solchen Situation immer als erster die Waffe zog und auch als erster von ihr Gebrauch machte.«

»Man könnte ihn also in physischer Hinsicht als Feigling bezeichnen?«

»Ja.«

Natürlich wurde keiner dieser Aspekte erwähnt, als Carlos aus der Wohnung in der Rue Toullier sprang und von dort direkt auf die Titelseiten der Weltpresse. Sie waren zum damaligen Zeitpunkt weder bekannt noch recherchiert, und sie blieben bis zum heutigen Tag im dunkeln. Statt dessen wurde ein Mythos geschaffen, der Mythos vom kaltblütigen, professionellen Killer, von Carlos, dem Schakal. Einem Mann, dessen wahre Auftraggeber im KGB saßen. Einem Mann, den die Sowjets Mitte der sechziger Jahre von der Leine gelassen hatten. Einem Mann, dem praktisch jeder Terrorakt zur Last gelegt wurde, der in der Zeit von Mitte der sechziger Jahre bis zu dem dreifachen Mord in der Rue Toullier begangen worden war.

Bevor wir die Lebensgeschichte dieses Mannes weiterverfolgen und der Frage nachgehen, wohin er sich nach jener Nacht im Juni 1975 wandte und was er danach tat, erscheint es mir zweckdienlich, den Ursprüngen dieses Mythos nachzugehen und festzustellen, wer ihn geschaffen hat.

Die Wahrheit – Teil zwei

Er überquerte den Boulevard Saint Michel, folgte dem Boulevard Saint Germain und eilte, schweißnaß vor Angst und in seiner Panik außerstande, einen klaren Gedanken zu fassen, in die Rue Amélie zu seiner Geliebten Amparo Silva Masmela. Wadi Haddad hatte für solche Notfälle vorgesorgt; die Ausarbeitung von Fluchtwegen und Ausweichplänen war ihm zur zweiten Natur geworden. Laut Plan hätte Carlos eigentlich sofort Kontakt zu den Algeriern aufnehmen müssen. Statt dessen tat er etwas sehr Leichtsinniges: Er flüchtete in eine konspirative Wohnung, in der Waffen und Bomben lagerten und die auch Michel Moukarbel benutzt hatte. Er tischte Amparo eine Geschichte auf, um sich für seine Tat zu rechtfertigen und sie davon zu überzeugen, daß er schmählich hintergangen worden sei. Dann rief er bei Nydia Tobón in London an. Sein erster Anruf erfolgte gegen 21.30 Uhr Londoner Zeit, vermutlich wenige Minuten nach seinem Eintreffen in der Rue Amélie.

Nydia war nicht zu Hause. Sie war mit Freunden aus Venezuela zum Essen nach Bayswater gefahren. Ein Freund ihrer Söhne, ein kolumbianischer Junge namens Juanito, der Carlos nicht kannte, nahm den Anruf entgegen. Als Nydia gegen 23 Uhr nach Hause kam, richtete er ihr die Nachricht von Carlos aus.

»Kurz nach neun hat Carlos angerufen. Ich soll Ihnen sagen, daß André [Moukarbel] tot ist. Sie sollen das Haus nicht verlassen, bis er wieder anruft. Sie sollen Ruhe bewahren und sich nicht unnötig aufregen.«

Während Nydia Tobón auf seinen nächsten Anruf wartete, ging sie den Aktenordner durch, der die dunkle Seite ihres Lebens dokumentierte. Er enthielt Briefe, Fotografien und Bouviers Paß. Den Paß und alles

andere, was in Zukunft noch von Nutzen sein konnte, steckte sie in Umschläge, der Rest landete im Papierkorb.
Auch Carlos war inzwischen nicht untätig. Er telefonierte mit seiner Mutter in Caracas und erzählte ihr seine Geschichte, wieder um sich zu rechtfertigen. Und dann verstieß er erneut gegen Haddads Regeln: Er rief im Nahen Osten an, klingelte verschiedene Mitglieder der Volksfront aus dem Bett und tischte ihnen die gleiche Geschichte auf. Schließlich nahm er sogar zu Haddad selbst Kontakt auf. Er wollte der erste sein, der dem »Alten« von dem Vorfall berichtete. Haddad war recht einsilbig. Er sagte nur, Carlos solle sich an »die vereinbarte Route« halten. Für eine Manöverkritik sei später noch Zeit genug.
Carlos schrieb mehrere Briefe, einen davon an die Special Branch von Scotland Yard, einen anderen an die DST. Darin bezichtigte er die britische und die französische Polizei verschiedener krimineller und verräterischer Handlungen. Die britischen Polizisten, so Carlos, seien nichts anderes als Handlanger der CIA und des Mossad. Er nannte sogar Namen. In dem Schreiben an die Franzosen beschuldigte er sechs DST-Beamte, »unter der absoluten Kontrolle der CIA und des Mossad« zu stehen. Denselben Männern warf er vor, sie hätten an den Anschlägen auf den früheren PLO-Vertreter in Paris, Mahmud Hamtschari, und das irakische Volksfrontmitglied Dr. Basel Kubaisi mitgewirkt.
Danach schrieb er zwei Briefe an Angela Otaola in London:

Liebe Angela
Wie Du weißt, ist die Lage hier brenzlig geworden, und ich bin abgehauen. Ich habe Dich nicht angerufen, weil ich Deine Postkarte zerreißen mußte. Ich schicke Dir diesen Brief in zweifacher Ausführung, einen ins Bistro und einen zu Dir nach Hause. Wenn mir irgend etwas zustoßen sollte oder ich die Adresse falsch geschrieben habe, wird Dich auf jeden Fall einer erreichen. Ruf bitte meine Freundin noch nicht an. Ich weiß nicht, wie lange ich fortbleibe, aber ich hoffe, daß ich bald zurück bin. Was den »Chiquitin« [Moukarbel] betrifft, den habe ich zum Dank für seinen Verrat in eine bessere Welt geschickt.

Der Brief an das Bistro war falsch adressiert. Bald darauf landete er in den Händen der britischen Polizei, der bislang keinerlei Hinweise auf Nydia Tobón vorgelegen hatten. Angela hatte Nydias Namen bis dahin nie erwähnt. Doch nach ein paar gezielten Fragen der Polizei brach ihr Widerstand zusammen. Der Brief von Carlos führte direkt zu Nydias Verhaftung.

Am 28. Juni, gegen drei Uhr morgens, rief Carlos abermals bei Nydia an. Wieder trieb ihn das Bedürfnis, mit seiner Version der Geschichte der erste zu sein. Wieder wollte er rechtfertigen, was nicht zu rechtfertigen war.

»Ich mußte es tun. Ich habe dir gesagt, daß er ein Feigling war. Du weißt, daß die Polizei ihn geschnappt hatte. Er hat der Polizei von uns erzählt und sie zu Nancys Wohnung geführt. Ich mußte mir den Weg freischießen. Das war unvermeidlich. Ich habe André und mehrere Männer umgebracht. Erinnerst du dich, was ich dir über ihn und seine Feigheit gesagt habe?«

So ging es in einem fort. Schließlich bat ihn Nydia um neue Instruktionen.

»Was soll ich mit den Umschlägen tun, die ich für dich aufgehoben habe? Und was ist mit den Unterlagen, dem Paß [Bouviers Paß] und den anderen Sachen?«

»Alle Umschläge sind adressiert, du mußt sie nur noch frankieren und abschicken. Mach das morgen früh gleich als erstes. Die anderen Papiere kannst du vernichten. Den Paß schaffst du sofort aus dem Haus. Mach dir keine Sorgen. Du mußt jetzt stark sein. Und denk daran: niemals zurückschauen, sonst bekommst du es mit der Angst zu tun.«

Dann legte er auf. Im Verlauf des Gesprächs hatte Nydia ihn gedrängt, sofort aus Paris zu verschwinden, und gefragt, ob er nach London kommen werde. Doch er ging auf ihre Frage nicht ein, sondern fuhr fort, andere für seine mißliche Situation verantwortlich zu machen. Kein Wort davon, daß er möglicherweise selbst die Schuld trug.

»Ich setze mich mit jemandem in Verbindung, denn ich muß sofort hier weg. Ich muß meine Freunde warnen. Sonst war unsere ganze bisherige Arbeit umsonst. Wir müssen verhindern, daß Leute geschnappt werden. Du mußt ihnen zur Flucht verhelfen, bis sich die erste Aufregung gelegt hat. Moukarbel hat Scheiße gebaut.«

Aber Moukarbel war beileibe nicht der einzige.

Nydia Tobón schickte Bouviers Paß an ihre südamerikanische Freundin Anna Pugsley. Pech für sie, daß sie den Brief falsch adressierte. Als es der Post nach mehreren Tagen nicht gelungen war, die Adresse, die auf dem Brief stand, ausfindig zu machen, wurde der Umschlag geöffnet. Der ecuadorianische Paß, der sich darin fand, wurde an die Botschaft Ecuadors in London geschickt. Natürlich merkte man dort sofort, daß der Paß eine Fälschung war, und schaltete Scotland Yard ein. Anna Pugsley war fällig.

Als in Paris der neue Tag dämmerte, war Carlos immer noch damit beschäftigt, Rechtfertigungsbriefe zu schreiben. Einen schickte er an Nydia Tobón, also an die Frau, mit der er soeben telefoniert hatte. Unterdessen blieben andere, viel wichtigere Aufgaben unerledigt. Die Wohnung war voller Belastungsmaterial: das Tagebuch und die Aufzeichnungen Moukarbels, die Pläne, die sie vor den Anschlägen auf die Zeitungsredaktionen im Vorjahr angefertigt hatten, und ein ganzes Sortiment falscher Pässe, darunter sechs ecuadorianische Blankopässe und diverse andere, die Carlos benutzte.

Carlos unternahm keinerlei Versuch, das Belastungsmaterial zu vernichten oder wenigstens an einen sicheren Ort zu bringen. Die Handgranaten, die ursprünglich von Mitgliedern der Baader-Meinhof-Gruppe gestohlen worden waren (und später von der DST mit der Japanischen Roten Armee, der Türkischen Volksbefreiungsfront und Carlos selbst in Verbindung gebracht wurden), blieben ebenso in der Wohnung zurück wie Maschinenpistolen und größere Mengen an Munition. Carlos, der Mann, der schon bald als Superagent des KGB Schlagzeilen machen sollte, ignorierte die möglichen Folgen. Er benahm sich wie eine moderne Kafka-Figur, die man mysteriöser Verbrechen beschuldigt, mit denen sie offensichtlich nichts zu tun hat.

Ich weiß nicht, wie seine Geliebte Amparo Silva Masmela auf dieses bizarre Verhalten reagierte. Als ich mit meinen Recherchen begann, gab sie schon lange keine Interviews mehr. Männer, die Carlos und Haddad in den siebziger Jahren nahestanden, haben mir jedoch versichert, daß er zumindest einen Teil der fraglichen Nacht mit Silva im Bett verbracht habe. Peter-Jürgen Boock hat ihre Aussagen bestätigt. Für einen Mann, der wenige Stunden zuvor am Telefon noch erklärt hatte, er müsse seine Freunde warnen und ihnen zur Flucht verhelfen, nahm Carlos erstaunlich wenig Rücksicht darauf, daß er durch sein Verhalten nicht nur sich, sondern auch andere in Gefahr brachte. Der Mann, der angeblich immer kühlen Kopf bewahrte, beging einen Fehler nach dem anderen. Eigentlich hätte er seine Freundin Amparo ins nächste Flugzeug setzen müssen, statt dessen gab er ihr die Anweisung: »Verhalte dich ganz normal. Am Montag gehst du wie immer zur Arbeit in die Bank. Falls Maria Lara anruft, sag ihr, daß sie politisches Asyl beantragen soll, sobald sie in Algier ist.« Amparo Silva Masmela befolgte seine Instruktionen. Damit waren ihre Tage in Freiheit gezählt.

Kurz vor Mittag schlenderte Carlos durch den Air Terminal und informierte sich über verschiedene Abflugzeiten. Zufällig begegnete er dort Angela Armstrong. Doch statt die Polizei zu verständigen, befolgte sie gehorsam die Anweisungen, die Carlos ihr gab: »Schreib Nancy. Sag ihr, daß sie in Venezuela bleiben soll.« Zunächst bat Angela einen Freund in London, ein Telegramm an Nancy zu schicken. Doch der Freund lehnte ab. Er sagte, seine Eltern hätten die Nachrichten gehört und würden ihm niemals erlauben, das Telegramm abzuschicken. Auch er griff nicht zum Telefonhörer und verständigte Scotland Yard.

Am folgenden Tag, Sonntag, dem 29. Juni, rief Angela Nancys Familie in Caracas an und richtete die Warnung von Carlos aus. Allmählich verlor sie die Nerven. Sie fuhr quer durch Paris, um mit einer Freundin über »das Problem« zu sprechen. Unterwegs hatte sie das Gefühl, daß ihr jemand folgte. Als sie bei der Freundin aus dem Fenster schaute, sah sie auf der anderen Straßenseite drei Männer stehen. Einer schrieb etwas in ein Notizbuch. Sie glaubte zu erkennen, daß er von rechts nach links schrieb, und schloß daraus, daß er Araber war. Überzeugt, daß ihr Name ganz oben auf der Todesliste stand, nahm sie das nächste Flugzeug nach London. Sie wollte nur noch eines: weg von Carlos und den Alptraum hinter sich lassen. Was sie nicht wußte: Auch Carlos war mittlerweile in London.

Wie er dorthin gelangt war, ist mir unbekannt. Aber daß er dort war, steht außer Frage. Allerdings war er nicht mit seinem eigenen Paß gereist, wie Carlos zwei behauptet hat. Dieser Paß wurde nämlich in der Wohnung in der Rue Amélie gefunden. Wo er die Nacht von Samstag auf Sonntag verbrachte, ist ebenfalls unklar. Aus französischen Quellen wurde mir jedenfalls versichert, daß er sie nicht in Amparos Apartment verbrachte.

Am Sonntag abend, gegen 22 Uhr, tauchte Carlos im Londoner Westen wieder auf. Er folgte dabei keinem festen Plan, im Gegenteil: Statt, wie von Haddad befohlen, direkt von Paris nach Algier zu fliegen, verhielt er sich wie ein verängstigtes Kind, das bei Gefahr in eine vertraute Umgebung flieht. Er kehrte in den Teil der Stadt zurück, den er am besten kannte. Er schlenderte durch Knightsbrigde und gelangte zum Phillimore Court. Das Haus Nr.4, die letzte Adresse der Ramírez-Familie in London, stand jetzt leer und bot keine Zuflucht mehr. Er ging weiter zur Basil Street Nr. 22, einem eleganten Apartmenthaus, und klingelte bei »Fuentes«.

Dahlia Fuentes kannte die Familie Ramírez gut. Sie war am Phillimore Court häufig zu Gast gewesen und hatte sich, wie viele andere Landsleute auch, mit Elba angefreundet. Die junge Witwe bewohnte allein eine Einzimmerwohnung in der Basil Street. Sie begrüßte Carlos, den sie natürlich nur als Ilich Ramírez Sánchez kannte, mit gemischten Gefühlen. Daß er etwas mit den Morden in der Rue Toullier zu tun hatte, wußte sie zu diesem Zeitpunkt noch nicht. Wie andere Freunde der Familie hatte sie von seiner Mutter gehört, daß er »im Ausland« arbeite. Carlos fragte sie, ob er eine Weile bei ihr wohnen könne. Dahlia sagte, sie sei müde und außerdem sei es ihr verboten, Gäste in ihrer Wohnung übernachten zu lassen. Carlos wechselte noch ein paar Worte mit ihr zwischen Tür und Angel, dann ging er wieder. Dahlia kehrte in ihr Zimmer zurück – und blieb wie versteinert vor dem Fernseher stehen. Auf dem Bildschirm war ein Foto von Carlos zu sehen. Vorhin, als es an der Tür geklingelt hatte, hatte sie den Ton abgedreht. Jetzt stürzte sie zum Gerät und stellte lauter. Doch der Bericht war schon zu Ende. Merkwürdig: Monatelang hatte sie ihn nicht gesehen, und dann stand er plötzlich vor ihrer Tür, und gleichzeitig brachte das Fernsehen sein Foto. Was war geschehen?

Am nächsten Morgen, Montag, dem 30. Juni, ging Dahlia wie gewöhnlich ins venezolanische Konsulat, wo sie arbeitete. Sie fragte ihre Kollegen: »Habt ihr gestern abend Ilich im Fernsehen gesehen? Ich möchte bloß wissen, warum er im Fernsehen kam. Komisch, er hat mich nämlich gestern abend zu Hause besucht.« Ihre Worte hatten eine durchschlagende Wirkung. Die Sekretärin des Konsuls bekam einen hysterischen Anfall, und das Konsulat verwandelte sich in ein Tollhaus. Alle redeten gleichzeitig auf die völlig konsternierte Dahlia ein, und einige bestürmten sie, sofort mit dem Konsul zu sprechen. Allmählich begriff Dahlia. Von Todesangst gepackt, floh sie in die Wohnung einer Freundin, die ebenfalls im Konsulat arbeitete. In der Zwischenzeit verständigte der Vizekonsul Scotland Yard.

Die Beamten der Special Branch, die umgehend mit den Ermittlungen betraut wurden, trafen eine ungewöhnliche Entscheidung. Obwohl es eine unbestreitbare Tatsache war, daß in London ein bewaffneter Massenmörder frei herumlief, hielten sie es nicht für angezeigt, die Öffentlichkeit zu informieren.

Dahlia hielt sich drei Tage bei ihrer Freundin versteckt. Dann, am Mittwoch, dem 2. Juli, nahm sie ihren ganzen Mut zusammen und fuhr in ihre Wohnung, um ein paar Sachen zum Anziehen zu holen. Sie öffnete die Tür. Vor ihr stand ein Mann, den sie noch nie gesehen hatte. Er richtete eine Pistole auf sie. Die Wohnung war völlig auf den Kopf gestellt worden. Dahlia schrie. Im selben Moment wurde sie gepackt und auf einen Stuhl gedrückt. Noch mehr Fremde betraten den Raum. Dann wurde sie einem »brutalen Verhör« unterzogen.

»Wo ist Ihr Mann?«
»Wo versteckt er sich? Was haben Sie mit ihm gemacht?«
»Begreifen Sie endlich, daß man Ihnen ein schweres Verbrechen zur Last legt. Wenn Sie nicht kooperieren, kriegen Sie wahrscheinlich ›lebenslänglich‹. Also los, wo steckt er?«
In diesem Ton ging es eine Zeitlang weiter, bis Dahlia endlich begriff, daß die Männer keine Verrückten waren, die sie ermorden wollten, sondern Mitarbeiter einer Behörde, die eigentlich die Aufgabe hatte, gesetzestreue Bürger zu schützen: Beamte von Scotland Yards Special Branch. Sie fragten deshalb so hartnäckig nach ihrem »Ehemann«, weil Dahlias Telefonnummer unter dem Namen »D. Ramírez« im Telefonbuch stand. Was die Beamten nicht wußten: Dora Ramírez war Dahlias Vormieterin. Dahlia stand zu ihr in keinerlei Beziehung.
Für Dahlia Fuentes begann nun ein Alptraum. Monatelang folgten ihr Agenten der Special Branch auf Schritt und Tritt. Währenddessen konnte Carlos völlig unbehelligt durch London streifen.
Am Mittwoch, dem 2. Juli, hatte sich Barry Woodhams an den GUARDIAN gewandt und dem Blatt einen sensationellen Knüller angeboten. Die britische Presse und das Fernsehen brachten die Story groß heraus und veröffentlichten dazu Fotos eines gewissen »Carlos Martínez«. Die Fotos waren echt, auch wenn der Name nicht stimmte. Doch Scotland Yard zog es vor, seine wahre Identität weiter zu verheimlichen. Unmittelbar nach dem Anruf aus dem Konsulat hatten bewaffnete Polizisten in Dahlias Wohnung Posten bezogen. Ihr Telefon wurde angezapft, wie übrigens auch zahlreiche andere Leitungen, darunter, ohne Wissen oder Billigung des Botschafters, auch Anschlüsse im venezolanischen Konsulat. Am vorausgegangenen Montag gegen 13 Uhr, wenige Stunden nach seinem Besuch bei Dahlia, war Carlos von Fred Emmett, dem Betreiber eines Waschsalons, gesehen worden, diesmal vor Angela Otaolas Wohnung in Bayswater. Zu diesem Zeitpunkt blieben ihm noch gut 24 Stunden, bevor Barry Woodhams von den Morden in der Rue Toullier erfahren und eine Kiste öffnen sollte, die voll war mit Waffen, Bomben und falschen Ausweisen. Am folgenden Abend wurde er erneut gesehen, und zwar im Angelo's, einer Bar in Bayswater, die er früher häufig mit Barry und Angela besucht hatte. In dem Lokal verkehrten regelmäßig Kriminalbeamte in Zivil. Wenn jemals ein gesuchter Verbrecher hätte geschnappt werden müssen, dann Carlos.
Aber Scotland Yard blieb seiner Linie treu und verheimlichte der Öffentlichkeit, daß ein Mann durch Londons Straßen lief, der beim ge-

ringsten Anlaß bedenkenlos von der Schußwaffe Gebrauch machte. Außerdem hielten die Verantwortlichen alle Informationen über seine wahre Identität zurück. Sie spielten mit dem Leben ahnungsloser Bürger. Die Zeitungen fragten in fetten Schlagzeilen: WO IST DER MÖRDER CARLOS? Scotland Yard wußte die Antwort. Alles, was der Verhaftung von Carlos im Wege stand, waren die Männer, die ihn jagten. Eine ausführliche Pressekonferenz und eine Enthüllung der Fakten durch Scotland Yard hätten mit ziemlicher Sicherheit bereits in den ersten Tagen der Fahndung zur Festnahme des Venezolaners geführt. So aber konnte Carlos, in wechselnder Verkleidung, unbehelligt durch die Straßen schlendern. Und das wochenlang.

Während die französische Polizei weiterhin verschiedene Bars und Restaurants in Paris observierte, war der Gesuchte immer noch in London. Mrs. Beet, die Frau des Hausmeisters am Phillimore Court, berichtete mir, daß sie ihn drei Wochen nach den Schüssen in der Rue Toullier auf der Straße gesehen habe:

»Es war in der High Street Kensington. Er erkannte mich ebenfalls. Er war überhaupt nicht verkleidet. Er schlenderte ganz gemütlich in Richtung Postamt. Ich ging in einen Laden. Ich weiß noch, daß ich es merkwürdig fand, ihn in London zu sehen. Wie ist das möglich, fragte ich mich.«

Mrs. Beet verdrängte die Begegnung. Andere konnten das nicht. Sie hatten Angst, daß Carlos jeden Moment an ihre Tür klopfen könnte. So auch Deborah Herrara:

»Ich ängstigte mich zu Tode. Seine Familie hatte mich oft zu Hause besucht, und Ilich sagte immer wieder zu mir: ›Sie haben eine große Wohnung. Und Sie sind so hilfsbereit. Wenn ich mal ein Versteck brauche, dann weiß ich, an wen ich mich wenden kann.‹ Ich lachte darüber. Aber nach den Schüssen in Paris verging mir das Lachen. Auf Anraten meiner Tochter verständigte ich die Polizei. Die Beamten kamen und brachten eine Menge Fotos mit. Aber Gott sei Dank tauchte Carlos nie auf.«

Die Polizei war tatsächlich sehr aktiv. Ein bewaffnetes Team der Special Branch wachte rund um die Uhr in Dahlias Wohnung und observierte die Umgebung. Am Mittwoch nachmittag hatten die Ermittler die Adresse in Erfahrung gebracht, an die Nydia Bouviers Paß hätte schicken sollen. Sie gehörte Anna Pugsley, der Bankerin, die Carlos' Konto in London verwaltete.

Die Polizei entdeckte nie das geheime Bankkonto Nydia Tobóns, auf dem sich rund 1200 kanadische Dollar befanden. Anna Pugsley wurde zwei Tage festgehalten und dann wieder auf freien Fuß gesetzt. Es ist offensichtlich, daß sie nicht nur die Polizei, sondern auch ihren Ehemann darüber belogen hatte, wieviel sie tatsächlich über Nydia und Carlos wußte. Sie konnte von Glück sagen, daß gegen sie keine Anklage erhoben wurde. Auf ihre Bitte hin löste ihr Mann das Bankkonto auf. Als er Nydia, die inzwischen auf ihre Gerichtsverhandlung wartete, im Gefängnis in Brixton besuchte, schrie sie ihn an, daß er sie betrogen habe. Der Grund: Die Kolumbianerin hatte ihn gebeten, ihre Möbel aus der Wohnung in Colherne schaffen zu lassen, und er hatte ihr den Gefallen getan, ihr aber die Räumungskosten vom Konto abgezogen.

Am 7. Juli rief Carlos die venezolanische Botschaft an. Dieser Anruf bildete den Auftakt zu einer ganzen Reihe merkwürdiger Telefonate. Einmal gab er sich als Sicherheitsbeamter der französischen Botschaft aus. Er sagte, er müsse zu einer Party der Botschaft, und fragte in aggressivem Ton, wo die Party stattfinde. Ein andermal drohte er, den Botschafter Carlos Perez de la Cova und den Marineattaché Carlos Porras zu ermorden. Was ihn zu diesen Telefonaten bewogen haben mag, ist unklar. Möglicherweise hatte er herausgefunden, daß die Botschaft nach seinem Besuch bei Dahlia Scotland Yard verständigt hatte.

In der Zwischenzeit brachten die Zeitungen immer wieder sein Foto – es stammte aus dem gefälschten Paß, der auf den Namen Carlos Martínez ausgestellt war. Die dazugehörigen Schlagzeilen lauteten: DER SCHAKAL AUF DER FLUCHT.

Während die britische Polizei an dem Märchen festhielt, daß der Gesuchte eigentlich Martínez heiße und sich keinesfalls in London aufhalte, tat Carlos weiterhin alles, um verhaftet zu werden.

Nellie Isaacs war eine weitere Zeugin, die ihn im Juli mitten in London sah. Sie hatte allen Grund, sich an den Mann zu erinnern, der 1971 bei ihrer Hochzeit als Trauzeuge fungiert hatte – immerhin stand der Name ihres Ehemannes Lionel auf seiner Todesliste. Bei einem ihrer regelmäßigen Besuche in einem Waschsalon in der Portland Street, ganz in der Nähe von BBC und ITN, fiel ihr ein Mann auf, der am anderen Ende des Salons saß. Er trug eine Sonnenbrille, nagelneue Jeans und eine schwarze Lederjacke – exakt die Bekleidung, in der ihn damals auch andere Zeugen in London gesehen haben.

Nellie konnte zwar seine Augen nicht erkennen, doch die Art, wie er mit seinen Fingern spielte, erinnerte sie sofort an Ilich. Wenn es tatsächlich Carlos war, so hatte er unglaubliches Glück. Seit dem Besuch der Polizei in ihrem Zuhause wurde Nellie regelmäßig von Polizisten begleitet. Doch an diesem Tag müssen die Beamten anderweitig beschäftigt gewesen sein.

Es ist nicht auszuschließen, daß sich manche Zeugen, die Carlos gesehen haben wollen, geirrt haben. Und möglicherweise ist mit dem einen oder anderen auch die Phantasie durchgegangen. Doch es gab zumindest eine weitere Zeugin, die eine ähnlich zuverlässige Aussage machte wie Dahlia: Larissa Kowaljowa, die Russischlehrerin, die Carlos am Polytechnikum für seine Störung des Unterrichts gerügt hatte. Doch zu diesem Zeitpunkt hatte die Polizei ihre Vertuschungstaktik bereits aufgegeben, wenn auch unfreiwillig.

Am Sonntag, dem 6. Juli, hatte der OBSERVER nämlich die wahre Identität des Gesuchten enthüllt. Obwohl Scotland Yard es ablehnte, die Fakten zu bestätigen, erhielt die Öffentlichkeit eine erste Ahnung davon, was wirklich im Gange war. Noch am selben Tag wurde Carlos in Kensington gesehen, wiederum von einem Freund der Familie. Die Presse berichtete darüber, und Scotland Yard sah sich gezwungen, die Aussage als »glaubhaft« zu bestätigen.

Außerdem gab die Polizei bekannt, daß sie nach einer bislang noch nicht identifizierten konspirativen Wohnung suche. Danach suchte auch Carlos.

Mitte Juli wurde das Foto aus Bouviers falschem Paß an die Presse weitergegeben. Einige Zeitungen reagierten mit der wenig originellen Schlagzeile: JAGD AUF SCHAKAL NR. 2. Später meldeten sie, Bouvier sei der Polizei durch die Maschen geschlüpft. In Wahrheit war er schon seit Anfang Mai in Wadi Haddads Hauptquartier in Aden. Was Carlos anbetraf, so wußten die Verantwortlichen von Scotland Yard schon seit über zwei Wochen, daß er sich in London aufhielt. Doch erst jetzt warnten sie die Bürger davor, sich diesem gefährlichen Mann zu nähern.

In London, Paris, Genf und Frankfurt stieg die Zahl der Verhaftungen. Doch eine Verhaftung stand immer noch aus, trotz aller Anstrengungen Scotland Yards und vieler anderer Polizeibehörden in aller Welt. Carlos wurde praktisch überall gesehen: in einem Dutzend europäischer Länder, in Lateinamerika und im Nahen Osten. In der zweiten Julihälfte, etwa zur gleichen Zeit, als er »zweifelsfrei« in Beirut gesehen wurde, streifte er durch den nüchternen Londoner Vorort Arnos Grove.

Mitte der siebziger Jahre lebte Larissa Kowaljowa mit ihrer Tochter Marina in diesem Vorort. Marina, die seit Mitte Juli wegen einer harmlosen Erkrankung nicht zur Schule ging, erhielt eines Tages einen Anruf von einem Mann. Der Anrufer nannte seinen Namen nicht und wollte offensichtlich unbedingt herausbekommen, wer außer Larissa und ihr in der Wohnung lebte. Marina erzählte ihrer Mutter von dem Gespräch und bezeichnete den Anrufer als »Spinner«. Larissa war anderer Ansicht. Nach dem, was der Mann am Telefon gesagt hatte, konnte es durchaus Carlos gewesen sein. Außerdem hatte er sich in dem Gespräch mit dem jungen Mädchen mehrmals verplappert. Auch das war typisch für Carlos.

Einige Tage später erhielt Larissa abends einen Anruf. Es war Carlos. Er wollte kommen und bei ihr wohnen. Einigen seiner Bemerkungen war zu entnehmen, daß er die Wohnung genau observiert hatte. So hatte er gesehen, wie Marina tagsüber im Nachthemd durch die Zimmer spaziert war. Larissa verspürte nicht die geringste Lust, einen Mann bei sich aufzunehmen, der mittlerweile in fast allen Ländern der Welt zu den meistgesuchten Verbrechern gehörte. Sie bewies großen Mut, verständigte die Polizei und erzählte ihr alles, was sie über Carlos – auch von früher her – wußte. Dieser hieb- und stichfeste Beweis, daß Carlos in London war, wurde nie bekanntgegeben, ebensowenig übrigens wie sein Besuch bei Dahlia. Statt dessen erklärte die Polizei, daß Carlos, vorausgesetzt, er halte sich überhaupt in London auf, weder über die nötigen Mittel noch Dokumente verfüge, um in den Nahen Osten zurückzukehren.

Genau das war eines der Probleme, an deren Lösung Carlos fieberhaft arbeitete.

Carlos zwei erzählte mir seine Version über die Flucht aus London. Da er aber, wie bereits ausführlich dargelegt, ein Betrüger war, sind seine Auskünfte zu diesem Punkt nicht von Belang. Ich persönlich bin der Überzeugung, daß Wadi Haddad dem flüchtigen Carlos einen jemenitischen oder algerischen Dilomatenpaß zur Verfügung stellte und ihn zusammen mit Geld in einem Diplomatenkoffer nach London bringen ließ. Beweisen kann ich das freilich nicht. Fest steht nur, daß Carlos der britischen Polizei spätestens Anfang August entwischt sein muß. Zu der Zeit war er nämlich bereits in Algerien.

Der französische Geheimdienst, der nach den Morden in der Rue Toullier in der Presse heftig unter Beschuß geraten war, legte mittlerweile großen Eifer an den Tag. Anfang August, während sich Carlos seelisch und moralisch auf ein Wiedersehen mit Wadi Haddad vorbereitete, brachte der SDECE eindeutige Beweise bei, daß sich der Gesuchte in Algier aufhielt. Allerdings unterließ er es, die Briten zu unterrichten, und so lauerten Bewaffnete von Scotland Yard weiter in der Wohnung von Dahlia Fuentes und an zahlreichen anderen Orten.

Diesmal jedoch hielten die Franzosen ihre Informationen nicht aufgrund einer geheimen Absprache mit Carlos oder der Volksfront zurück. Sie wollten das Problem auf ihre Weise aus der Welt schaffen. Der SDECE hatte von seinen politischen Vorgesetzten eine unmißverständliche Anweisung erhalten: »Tötet den Schakal.« Welcher Minister die Order gegeben hatte, ließ sich nicht mit absoluter Gewißheit feststellen. Sicher ist aber, daß der damalige französische Präsident Giscard D'Estaing konsultiert worden war und diese Lösung der »affaire rue Toullier« gebilligt hatte.

Anfang August wurde Carlos in Saint-Eugène, einer Vorstadt von Algier, einwandfrei identifiziert. Er besuchte in Begleitung hoher Offiziere vom algerischen Sicherheitsdienst einen Nachtclub namens »Dar Salme«. Später sahen ihn französische Geheimagenten dort noch häufiger, doch ein Mordanschlag auf Carlos kam nicht in Frage. Es wäre mit Sicherheit ein Selbstmordunternehmen geworden. Der Nachtclub gehörte dem Bruder des Präsidenten Boumedienne. Minister, Geheimdienstchefs und hohe Beamte verkehrten dort. Als die französischen Agenten bei ihrem Chef Alexandre de Marenches anfragten, ob eine solche Mission in Betracht komme, hielt dieser Rücksprache mit Giscard d'Estaing. Die Instruktion lautete: »abwarten und beobachten«. Als der Befehl aus Paris in Algier eintraf, gab es freilich nicht mehr viel zu beobachten. Carlos war verschwunden. Der französische Geheimdienst vermutete, daß er sich in einem anderen Landesteil aufhielt und bald wieder auftauchen würde, vielleicht sogar an einem Ort, wo man ihn leichter liquidieren konnte. Tatsächlich aber war Carlos nach Aden geflogen, zu Wadi Haddad. Sein erstes Treffen mit dem »Alten« verlief in einer gespannten Atmosphäre. Haddad war ein großer Befürworter von Manöverkritiken. Lange bevor ein zögerlicher Carlos im Südjemen aus dem Flugzeug stieg, hatte Haddad eine gründliche Untersuchung der Vorgänge in Paris und London eingeleitet. Als Carlos mit einer Sammlung von Presseausschnitten bei ihm erschien, war Haddad längst zu dem zutreffenden Schluß gelangt, daß der Venezolaner einen Großteil der Verantwortung für die Zerstörung seiner sorgfältig aufgebauten Stützpunkte in Europa trug. Als Carlos dann auch noch versuchte, sich dadurch zu verteidigen, daß er Moukarbel des Verrats bezichtigte, war er drauf und dran, sein eigenes Todesurteil zu unterzeichnen. Haddad zog ernsthaft in Erwägung, Carlos vor Gericht zu bringen, also genau das mit ihm zu tun, was Carlos im April 1975 mit Moukarbel vorgehabt hatte. Doch aus zwei Gründen sah er davon ab.

Haddad brauchte die Zeitungsausschnitte, die Carlos mitgebracht hatte, gar nicht erst zu lesen. Er wußte auch so, daß um die Person des Venezolaners ein Mythos aufgebaut worden war. In Tausenden von Presseartikeln und Fernsehberichten hatte man den ungestümen Hitzkopf zum eiskalten Profi hochstilisiert. Und die Desinformationskampagne hatte aus ihm einen von den Kubanern und Russen ausgebildeten KGB-Agenten gemacht. Die Realität, seine offenkundige Unfähigkeit, wollte offenbar niemand zur Kenntnis nehmen.

Haddad wußte, wenn er eine Propagandawaffe vor sich hatte. Auch wenn ihm der Gedanke lächerlich erschien, so begriff er doch, daß man nur »Carlos, der Schakal« zu rufen brauchte, um in Windeseile Angst und Terror zu verbreiten. Und nach Wadi Haddads Meinung konnte Palästina nur auf die gleiche Weise zurückerobert werden, wie es verloren worden war: durch Angst und Terror. Innerhalb weniger Wochen wurde er in dieser Haltung von einflußreicher Seite bestätigt. Die Bestätigung kam zunächst von führenden Leuten der regierenden Baath-Partei im Irak und etwas später auch von dem Mann, der, obwohl er nur den Titel Vizepräsident trug, bereits der unbestrittene starke Mann im Irak war: Saddam Hussein.

Schon der algerische Präsident Boumedienne war dem Carlos-Mythos erlegen, daher der umfangreiche Schutz, der dem Venezolaner in seinem Land gewährt worden war. Und jetzt lieferte ein weiterer arabischer Führer den Beweis dafür, wie schnell sich der Mythos in den Köpfen der Menschen festgesetzt hatte. Saddam Hussein plante ein Kommandounternehmen, für dessen Durchführung er Haddad brauchte. Er sicherte ihm jede logistische Unterstützung zu: Geld, Waffen, Informationen. Die Zusammensetzung des Kommandos war ihm gleichgültig, bis auf eine Ausnahme: Carlos sollte es führen.

Saddam Hussein spekulierte darauf, daß Carlos allein durch seinen Namen soviel Angst und Schrecken verbreiten würde, daß der Erfolg der Operation garantiert war. Saddam und Haddad waren vom gleichen Schlag – als Haddad vom irakischen Führer über die Einzelheiten der gewünschten Operation informiert wurde, war er sofort einverstanden. Ja, Angst und Terror waren unerläßlich, wenn das Unternehmen von Erfolg gekrönt sein sollte. Ohne diese Elemente war es zum Scheitern verurteilt. Den Präsidenten, Königen und Regierungschefs mußte eines unmißverständlich klargemacht werden: Sollten sie auf die Forderungen nicht eingehen, war ein Blutbad unvermeidlich, ein Massaker, dem einige der mächtigsten und einflußreichsten Männer der Welt zum Opfer fallen würden.

Der Plan, den Hussein und seine engsten Berater Haddad in Umrissen darstellten, war gewagt. Eine von Carlos geleitete Gruppe sollte während einer Konferenz der Erdölminister die OPEC-Zentrale in Wien besetzen und die Konferenzteilnehmer in ihre Gewalt bringen. Dann sollte Carlos die Bereitstellung eines Flugzeugs verlangen, der österreichischen Regierung aber gleichzeitig zusichern, daß er die Minister nach der Landung der Maschine in einem arabischen Land sofort wieder auf freien Fuß setzen werde. Doch zuvor sollte jeder einzelne Minister eine öffentliche Erklärung abgeben und allen Gesprächen und Verhandlungen mit Israel in der Palästinafrage eine Absage erteilen. Ferner sollte bei den Verhandlungen mit Österreich ausdrücklich betont werden, daß das Unternehmen eine rein politische Aktion sei und der palästinensischen Sache diene. Allerdings, so erklärte Saddam Hussein, gebe es daneben noch ein anderes, heimliches Ziel. Bei Saddam mußte man darauf immer gefaßt sein.
Hatte das Flugzeug den österreichischen Luftraum erst einmal verlassen, sollte es sofort Kurs auf Aden nehmen. Dort sollten alle Ölminister freigelassen werden. Mit zwei Ausnahmen: Ahmed Saki Jamani aus Saudi-Arabien und Dschamschid Amusegar aus dem Iran sollten erschossen werden.
Der Plan war ganz nach Haddads Geschmack. Durch die Verbreitung von Angst und Terror konnte er seine Position in der Palästinafrage weltweit publik machen. Saddam Hussein hatte ihn richtig eingeschätzt. Wadi Haddad fand seinen Vorschlag sehr verlockend, besonders als Saddam ihm eröffnete, daß die Operation noch einem weiteren Ziel diene.
Der irakische Führer rüstete zum Krieg. Nicht gegen Israel, sondern gegen seinen Nachbarn Iran. Mit dem Krieg, so Hussein, wolle der Irak Rache nehmen für eine »nationale Schmach«. Die Schmach, von der er sprach, hatte er selbst im Frühjahr hinnehmen müssen. Dabei war es um zwei Dinge gegangen: um Öl und um die Kurden.
Kurden und Palästinenser teilen dasselbe Schicksal. Beide Völker haben im 20. Jahrhundert jahrzehntelang um ihre Unabhängigkeit gekämpft. Beide wurden vom Westen verraten. Und beide dienten im Ost-West-Konflikt als bloße Schachfiguren.
Historisch gesehen erstreckt sich Kurdistan wie eine Mondsichel über Teile Syriens, der Türkei, des Iran und Irak. Das Gebiet, das die Kurden beanspruchen, birgt einige der reichsten Ölfelder der Welt, auf die natürlich keiner der beteiligten Staaten verzichten will. Im Jahr 1974 brach zwischen den irakischen Streitkräften und den Kur-

den ein regelrechter Krieg aus. Die Iraker, die kurz zuvor erst von den Sowjets umfangreiche Waffenlieferungen erhalten hatten, beschlossen, die Rebellion ein für allemal niederzuschlagen. Bagdad bot praktisch seine gesamte Streitmacht auf: acht Divisionen (ungefähr 120 000 Mann), 750 Panzer, die gesamte Luftwaffe und eine 20 000 Mann starke Polizeitruppe. Die Kurden, Nachfahren des antiken, kriegerischen Volkes der Meder, kämpften verbissen gegen einen Feind, der ihnen in jeder Hinsicht überlegen war – außer in der Kampfmoral. Die Kämpfe wurden immer grausamer; wenn Iraker gegen Kurden kämpfen, werden keine Gefangenen gemacht. Schließlich flohen die Kurden in die Bergregionen und in den benachbarten Iran. Der Schah unterstützte die Kurden in immer größerem Umfang, und im Januar 1975 leisteten seine Truppen den Bedrängten erstmals direkte Hilfe. Seit Anfang der siebziger Jahre wurden die Kurden auch von den USA und Israel unterstützt. Präsident Nixon hatte ihnen heimlich 16 Millionen Dollar zukommen lassen und dabei sein eigenes Außenministerium übergangen. Der CIA war die Aufgabe zugefallen, Waffen und Geld an die Kurden weiterzuleiten. Obwohl die Kurden Anfang 1975 in arge Bedrängnis geraten waren, banden sie noch immer einen Großteil der irakischen Kriegsmaschinerie. Die Verluste gingen in die Tausende, und jeder Tag kostete den Irak 2,5 Millionen Dollar. Wäre es den Kurden in dieser Situation gelungen, den Iran dazu zu bewegen, seine Hilfe aufzustocken oder sein ohnehin schon beträchtliches Engagement zu verstärken, dann wäre ein ehrenvoller Friede mit dem Regime im Bagdad mehr als nur möglich gewesen. Doch da machte der Schah, mit dem Segen der Vereinigten Staaten, einen Rückzieher und knallte den Kurden die Tür vor der Nase zu. Einer der vielen Konfliktpunkte zwischen dem Iran und dem Irak war der Schatt el-Arab, der vereinigte Unterlauf von Euphrat und Tigris, ein für beide Länder lebenswichtiger Zugang zum Persischen Golf. Schon seit langem war er Gegenstand erbitterter Kontroversen. Laut einem Vertrag aus dem Jahr 1937 besaß der Iran keinen legalen Anspruch auf die Benutzung der tiefen Fahrrinnen des Schatt el-Arab. Alle Versuche, den Irak dazu zu bewegen, den Vertrag zu ändern und einer gleichberechtigten Nutzung des Wasserwegs zuzustimmen, waren bisher auf taube Ohren gestoßen, und die irakischen Hafenbehörden kassierten weiterhin Benutzungsgebühren von allen iranischen Schiffen. Im April 1969 hatte der Iran den Vertrag einseitig gekündigt und behauptet, daß er ihm von den Briten aufgezwungen worden sei. Danach hatten sich die

Beziehungen zwischen den beiden Ländern rapide verschlechtert. Dann kam die OPEC-Konferenz in Algier im März 1975.

Zur großen Überraschung aller Teilnehmer und sachkundigen Beobachter wurde das scheinbar unlösbare Problem gelöst. Irak und Iran gaben bekannt, daß sie über die Nutzung des Schatt el-Arab eine Einigung erzielt hätten. In Zukunft sollte die Grenze entlang der Thalweg-Linie verlaufen, der tiefsten Fahrrinne des Schatt, und nicht mehr, wie in dem Vertrag von 1937 festgelegt, am iranischen Ufer. Zudem verpflichtete sich der Irak, seine Hilfeleistungen an eine arabische Unabhängigkeitsbewegung, die dem Schah im eigenen Land erheblich zu schaffen machte, einzustellen und von jeder weiteren Unterstützung revolutionärer und moslemischer Gruppen, die innerhalb und außerhalb des Iran operierten, abzusehen. Im Gegenzug stoppte der Iran seine Kurdenhilfe und schloß die Grenzen. Damit war den Kurden der Fluchtweg abgeschnitten und ihr Aufstand zum Scheitern verurteilt. Jeder Rückzugsmöglichkeit beraubt, wurden sie zu Tausenden hingeschlachtet.

Am Ende der OPEC-Konferenz in Algier reichten Schah Resa Pahlewi und Vizepräsident Saddam Hussein einander die Hände, dann umarmten und küßten sie sich. Die Konferenzteilnehmer erhoben sich von ihren Plätzen und bereiteten den beiden Männern stehende Ovationen. Wenn sich im Nahen Osten zwei Führer umarmen und küssen, sollte man allerdings nicht aufstehen und Beifall klatschen, sondern so schnell wie möglich im nächsten Schützengraben Deckung suchen. Auch diese öffentliche Freundschaftsgeste bildete keine Ausnahme von der Regel. An jenem Tag in Algier wurde der Samen für den irakisch-iranischen Krieg gelegt.

Von ihren Fluchtwegen abgeschnitten und ohne jede finanzielle und militärische Unterstützung, stellten die Kurden für Saddam Hussein und seine Anhänger in der Baath-Partei keine ernsthafte Bedrohung mehr dar, aber der Stachel der Erniedrigung und der Haß auf den Iran saßen tief, vor allem bei Saddam. Die Lösung des Kurdenproblems hatte die irakische Führung einen Preis gekostet, den zu zahlen sie nicht bereit war. Schon vor der Unterzeichnung des Abkommens in Algier war der Krieg gegen den Iran in Bagdad beschlossene Sache gewesen. Im September 1975 reiste Saddam Hussein nach Paris, um mit dem französischen Premierminister Jacques Chirac über den Kauf eines Kernreaktors zu verhandeln. Kritiker des Geschäfts wiesen darauf hin, daß der Reaktor groß genug sei, um waffenfähiges Plutonium für den Bau einer Atombombe zu produzieren, die mit der Nagasakibombe vergleichbar sei. Doch die Franzosen spielten die Sache herunter: Selbstverständlich werde der Irak den Reaktor nur zur Erzeugung von Elektrizität verwenden.

In der zweiten Septemberwoche, als Saddam Hussein in Paris weilte, hörten er und die Mitglieder seiner Delegation aus erster Hand Einzelheiten über die außergewöhnlichen Taten eines gewissen Carlos. Der Medienrummel um den Topterroristen war auf dem Höhepunkt. Im Kopf des Vizepräsidenten nahm eine Idee Gestalt an. Um den Krieg und den ehrgeizigen Fünfjahresplan finanzieren zu können, der dem Land einen enormen wirtschaftlichen Aufschwung bescheren sollte, benötigte der Irak immense Summen. Haupteinnahmequelle des Landes war das Öl. Die Gewinne aus der Ölförderung im Jahr 1975 wurden auf acht Milliarden Dollar geschätzt. Doch der Fünfjahresplan sah Ausgaben von 20 Milliarden Dollar vor, hinzu kamen die Kosten für den Krieg mit dem Iran. Da gab es nur eine Lösung: Der Ölpreis mußte heraufgesetzt werden. Entschiedenster Gegner einer solchen Politik war Saudi-Arabien, namentlich sein Ölminister Scheich Jamani, der seit Jahren bei den OPEC-Konferenzen den Kurs vorgab. Bei zahlreichen Gelegenheiten hatten die Saudis eine drastische Erhöhung des Ölpreises verhindert. Aber jetzt war König Faisal tot; er war drei Wochen vor dem OPEC-Treffen in Algier ermordet worden. Die Saudis waren verunsichert. Dennoch war nicht damit zu rechnen, daß sie ihren Widerstand in der Preispolitik aufgeben würden. Es sei denn, Jamani verschwand von der Bildfläche, und zwar für immer. Sein Verschwinden würde in der Ölpolitik ein Machtvakuum hinterlassen, in das vermutlich die Iraner stoßen würden, insbesondere ihr Ölminister Dschamschid Amusegar. Wenn es aber gelänge, gleichzeitig mit Jamani auch Amusegar zu beseitigen, so hätte der Irak gute Chancen, seinen Standpunkt in der OPEC durchzusetzen.

Husseins Plan nahm immer kunstvollere Züge an. Damit später niemand mit dem Finger auf den Schuldigen zeigen konnte, mußte eine Reihe von Ländern ohne ihr Wissen in die Affäre verwickelt werden. Das Flugzeug mit den Geiseln sollte in mehreren arabischen Ländern zwischenlanden, und bei jedem Stopp sollte der Ölminister des betreffenden Landes gezwungen werden, vor seiner Freilassung eine Rede zu halten und das israelisch-ägyptische Abkommen zu verurteilen. Diese Farce sollte natürlich auch auf dem internationalen Flughafen von Bagdad aufgeführt werden. Wer würde dann noch in der Lage sein, Saddam Hussein als den eigentlichen Drahtzieher zu identifizieren?

Im September 1975 sah sich der irakische Vizepräsident in seiner Meinung bestätigt, daß ein Anschlag auf die OPEC unerläßlich war. Zu jener Zeit war ein Preisstopp für Rohöl in Kraft, der noch bis zum Juni des folgenden Jahres gelten sollte. Jamani hatte ihn durchgesetzt. Und bei einem OPEC-Treffen Ende September 1975 in Wien war es erneut Jamani, der die Opposition gegen jede Ölpreiserhöhung anführte. Einige OPEC-Länder hatten freilich andere Vorstellungen, allen voran der Irak und der Iran, die auf eine Erhöhung um 30 Prozent drängten. Die Verhandlungen verliefen in einer sehr gespannten Atmosphäre. Jamani beschrieb sie später als »hitzig«.
Am Ende einigte man sich auf zehn Prozent. Jamanis Bemühungen um Preisstabilität dürften bei Saddam Hussein die letzten Zweifel ausgeräumt haben, ob er Wadi Haddad von der Leine lassen sollte. Scheich Jamani hatte sozusagen sein eigenes Todesurteil unterzeichnet.
Bei einem OPEC-Treffen im Jahre 1973 war Jamani von dem damaligen irakischen Ölminister beschuldigt worden, ein Land zu vertreten, das lediglich die Interessen der amerikanischen Ölkonzerne wahrnehme. Jamani verlangte eine Entschuldigung, und als sich die Iraker weigerten, boykottierten die Saudis alle Treffen auf Ministerebene. Schließlich rangen sich die Iraker zu einer Entschuldigung durch, und ihre Vorwürfe wurden aus dem Sitzungsprotokoll gestrichen. Doch sie waren vor allen OPEC-Mitgliedern gedemütigt worden. Und jetzt, 1975, war Saddam Hussein gezwungen gewesen, den Schah zu umarmen – ein ungeheurer Gesichtsverlust. Als dann auch noch Jamani die irakischen Forderungen nach einer drastischen Ölpreisanhebung abschmetterte, faßte das Regime in Bagdad den endgültigen Entschluß, auf das nächste OPEC-Treffen einen Anschlag zu verüben.
Als Carlos im Sommer aus Algier eintraf, war er in sehr schlechter körperlicher Verfassung. Er, der schon als Kind zu Übergewicht geneigt hatte, war nach der Prasserei in den Nachtclubs und Restaurants der algerischen Hauptstadt kugelrund geworden. Peter-Jürgen Boock erinnerte sich:
»Als ich Carlos traf, war sein Gesicht aufgedunsen, als hätte er eine mehrwöchige Sauftour hinter sich. Er war so fett, daß er nicht am Training teilnehmen konnte. Also setzten ihn die Palästinenser erst mal auf Diät. Er war total außer Form. Er sah aus wie ein riesiger Ballon mit einer Melone obendrauf. Die Palästinenser rissen Witze über ihn und sagten, er brauche einen Büstenhalter. Als ich ihn zum erstenmal sah, hat es mich fast umgehauen. Er brauchte zwei Stühle zum Sitzen.«

Haddad ließ das kalt. Er ging gelassen an seine Aufgabe heran, wie ein Fußball- oder Leichtathletiktrainer, der sein Team auf einen wichtigen Wettkampf vorbereitet. Er hatte nur bis Dezember Zeit, um seine Leute fit zu bekommen. Während Carlos täglich ein schweißtreibendes Fitneßprogramm absolvierte und streng Diät hielt, wählte Haddad die anderen Mitglieder des Kommandos aus. Dazu Peter-Jürgen Boock:
»Zu der Zeit hat man uns von der RAF gefragt, ob wir bei der Operation mitmachen würden, aber wir wollten nichts davon wissen. Der Hintergrund der Aktion erschien uns etwas undurchsichtig. Keiner wollte so richtig mitmachen. Also blieb Haddad nichts anderes übrig, als sich unter den anderen anwesenden Ausländern umzusehen. Außer uns waren da nur noch die Japaner und die Leute vom 2. Juni. Aber natürlich hatten die Japaner in einer Stadt wie Wien überhaupt nichts verloren. Deshalb nahm er Kontakt zu den Leuten vom 2. Juni auf, hauptsächlich deshalb, weil die deutsch sprachen.«
Haddad stellte ein gemischtes Team zusammen: drei Palästinenser, zwei Deutsche und Carlos. Chalid, einen der Palästinenser im Team, ernannte er zu Carlos' Stellvertreter. Ich wollte mit diesem Chalid sprechen und wandte mich deswegen an Abu Ijad. Wie schon bei Samir, einem der drei Palästinenser, die das Massaker bei den Olympischen Spielen in München überlebt hatten, ließ Abu Ijad auch diesmal seine Beziehungen spielen und arrangierte für mich ein Treffen. Bei diesem Treffen erklärte mir Chalid, daß Haddad aus den Fehlern von München seine Lehren gezogen hatte:
»Wadi Haddad hatte mit der Operation in München nicht das geringste zu tun. Ich weiß, daß Abu Ijad Ihnen alles über den Anschlag erzählt hat und daß Sie mit Samir gesprochen haben. Sie wissen also bereits, daß die Aktion – sieht man einmal von der unnachgiebigen Haltung der Israelis ab – hauptsächlich deshalb scheiterte, weil der Anführer des Kommandos als erster getötet wurde. Aus Sicherheitsgründen war er der einzige, der den Plan in allen Einzelheiten kannte. Nur er wußte, in welches Land die israelischen Sportler entführt werden sollten. Als er starb, war die Operation praktisch zum Scheitern verurteilt. Haddad hatte das erkannt. Wäre Carlos in Wien ums Leben gekommen, dann hätte ich seinen Platz eingenommen. Ich war über Phase zwei des Plans genauestens informiert. Phase zwei sollte anlaufen, sobald wir den österreichischen Luftraum verlassen hatten.«
Jedes Kommandomitglied legt sich einen Decknamen zu. Nur Carlos – er war schließlich Carlos – wählte zwei. Bevor er den Geiseln seine

wahre Identität preisgab, wurde er von den anderen immer nur »Salem« oder »Johnny« genannt. Neben dem bereits erwähnten Training absolvierten die Mitglieder des Kommandos auch eine Waffenausbildung. Dabei tat sich besonders das einzige weibliche Mitglied der Gruppe durch gute Leistungen hervor. Sie gehörte der Bewegung 2. Juni an und trug den Decknamen »Nada«. Ihr richtiger Name war Gabriele Kröcher-Tiedemann. Ihr Geschick im Umgang mit Waffen kam nicht von ungefähr: Seit März hatte sie im Südjemen regelmäßig an einer militärischen Ausbildung teilgenommen.
Der andere Deutsche, den Haddad ausgewählt hatte, war Carlos bereits bekannt. Sein Name war Hans-Joachim Klein. Er hatte der Gruppe angehört, die sich im April 1975 in London getroffen hatte, um den Botschafter el-Tadschir zu entführen. Ende 1975 war Klein wieder in Frankfurt. Klein hatte seinen Wehrdienst bei der Bundeswehr geleistet, deshalb sah Haddad keine Notwendigkeit, ihn zur weiteren Ausbildung nach Aden zu holen. Wilfried Böse nahm Kontakt zu Klein auf, und Klein erklärte sich grundsätzlich bereit, an der Operation teilzunehmen. Was Chalid und die anderen Palästinenser betraf, so mußten sie nicht erst lange gefragt werden. Chalid:
»Für uns war es eine Ehre, daß wir ausgewählt wurden.«
Im Dezember versammelten sich die Mitglieder des Kommandos in Wien. Klein mietete sich zusammen mit Wilfried Böse im Hotel am Stephansplatz ein. Böse gehörte zur Unterstützungsgruppe. Diese Gruppe, bestehend aus sechs Deutschen, hatte unter anderem die Aufgabe, zwei konspirative Wohnungen anzumieten und Observationen durchzuführen. Carlos flog mit dem Flugzeug nach Zürich, legte die letzte Etappe im Zug zurück und stieg im Hilton ab. Nach ihm traf Gabriele Kröcher-Tiedemann ein, und zuletzt die drei Palästinenser. In der Zwischenzeit machte Klein erste Erfahrungen mit einem Problem, über das ich mit Boock und Chalid gesprochen hatte: Klein verfügte über keinerlei Fremdsprachenkenntnisse, und Carlos verstand nur ein paar Brocken Deutsch. Deshalb mußte Wilfried Böse den Dolmetscher spielen, als Carlos dem Deutschen die beiden Phasen der Operation erklärte. Die erste Phase bezeichnete er als »militärische Operation«: Sie bestand in der Besetzung des OPEC-Gebäudes und in der Forderung an die österreichischen Behörden, im Rundfunk eine politische Erklärung verlesen zu lassen und ein Flugzeug bereitzustellen. Die zweite Phase, die Ermordung Jamanis und Amusegars, nannte Carlos den »politischen« Teil: »Damit beginnt für uns die eigentliche Operation.«

Mit Böse als Dolmetscher machte Carlos seinem Partner Hans-Joachim Klein unmißverständlich klar, was unter Wadi Haddads Doktrin von Angst und Terror zu verstehen war.
»Ich bin der Leader des Kommandos und des Unternehmens. Mein Stellvertreter ist ein palästinensischer Genosse, wenn mir was passiert. Wir werden für das Unternehmen zwei Maschinenpistolen, sechs Pistolen, acht Handgranaten und genügend Sprengstoff samt E-Zünder bekommen, um, wenn nötig, das gesamte OPEC-Gebäude in die Luft zu jagen. Ein Mitglied der irakischen Delegation wird mir Inside-Infos geben, woraus zu erkennen sein wird, wie es drinnen aussieht, einschließlich der Sicherheitsmaßnahmen. Jetzt zur Behandlung der Geiseln. Wer Widerstand leistet, wird sofort erschossen. Wer den Befehlen nicht unverzüglich nachkommt, wird erschossen, wer versucht zu entkommen, wird erschossen, wenn jemand hysterisch wird und anfängt zu kreischen und ausflippt, wird er erschossen. Wenn ein Mitglied des Kommandos meinen Befehlen nicht nachkommt oder seine vorher besprochenen Anweisungen nicht erfüllt und somit die Operation gefährdet, wird es erschossen.«
Klein hatte den Eindruck, daß bei der Aktion »ein bißchen zuviel geschossen« werden sollte. Er brüllte Carlos an: »Ist dir eigentlich klar, daß man mit einer Waffe nicht nur töten, sondern auch verletzen kann?«
Im Unterschied zu Kröcher-Tiedemann wäre Klein für diese Operation nicht in die engere Wahl gekommen, wenn sich Wadi Haddad die Mühe gemacht hätte, ihn persönlich unter die Lupe zu nehmen. Ein Mann, der vor mehrfachem Mord zurückschreckte, wäre zweifellos als Risikofaktor eingestuft worden. Was solche Aktivitäten anging, war Klein ein Amateur. Der ehemalige Hausbesetzer und Straßenräuber, in der Frankfurter Szene unter dem Spitznamen »Klein-Klein« bekannt, war ein nichtssagender Typ, der nicht aus arroganter Überheblichkeit, sondern eher zufällig bei den Revolutionären Zellen gelandet war. Sein Ruf gründete sich vor allem darauf, daß er den französischen Philosophen Jean-Paul Sartre chauffiert hatte, als dieser den harten Kern der Baader-Meinhof-Gruppe im Gefängnis besucht hatte. Das war kaum die ideale Vorbereitung auf ein mögliches Blutbad. Klein protestierte gegen die beabsichtigte Ermordung Scheich Jamanis, hatte aber keine Schwierigkeiten mit der Liquidierung des iranischen Ministers Amusegar, der seiner Überzeugung nach im berüchtigten iranischen Geheimdienst Savak die Fäden zog. Obwohl Carlos erklärte, daß er selbst und kein anderer die bei-

den Minister töten werde, lehnte Klein die Ermordung des Saudis als unsinnig ab.
Während die Gruppe auf die Waffen wartete, die in einem irakischen Diplomatenkoffer nach Österreich geschmuggelt werden sollten, spazierte Carlos unbewaffnet durch Wien, ohne sich des Risikos bewußt zu sein, das er damit einging. Es war dieselbe Sorglosigkeit, die er in diesem Jahr schon öfter an den Tag gelegt hatte. Carlos speiste in den besten Restaurants, bestellte Cognac der Marke Napoléon auf sein Zimmer im Hilton und legte sich bei einem Einkaufsbummel ein Barett zu, wie es Che Guevara einst getragen hatte. Die Radikalkur in der Wüste hatte Wunder gewirkt. Carlos war schlanker und fitter als je zuvor. Mit dem Barett, dem Bart, den er sich hatte wachsen lassen, und dem langen Trenchcoat fiel er in jeder Menge auf. Trotzdem benahm sich der meistgesuchte Mann so, als habe er nichts zu befürchten. Entgegen vielen Berichten hatte er sich keiner Gesichtsoperation unterzogen.
Am Freitag, dem 19. Dezember, wurden Klein und einige der anderen langsam nervös. Die Waffen waren immer noch nicht eingetroffen, und Carlos fehlten nach wie vor wichtige Informationen über die Sicherheitsmaßnahmen und Räumlichkeiten im OPEC-Gebäude. Am Abend desselben Tages begaben sich Carlos und Chalid zur irakischen Botschaft. Dazu Chalid:
»Bei diesem Treffen erhielten wir die Waffen und alle nötigen Informationen. Die Waffen und die anderen Sachen waren am Tag zuvor an Bord eines aus Bagdad kommenden Flugzeugs nach Österreich geschmuggelt worden. In derselben Maschine saßen auch der irakische Ölminister Tajeh Abdul Karim und seine Delegation. Ursprünglich sollte die Aktion am ersten Konferenztag anlaufen, aber die Iraker rieten uns, den Anschlag auf den zweiten Tag zu verschieben [Sonntag, den 21. Dezember]. An dem Tag seien Jamani und Amusegar ganz sicher da.«
Wenn man bedenkt, daß Carlos über ein sechsköpfiges Unterstützungsteam verfügte, so erscheint die Wahl des Verkehrsmittels, das er für die Fahrt zu den OPEC-Büros am Dr. Karl Lueger-Ring benutzte, reichlich bizarr. Jeder der sechs Helfer hätte das Kommando in einem gemieteten oder gestohlenen Auto zum Einsatzort bringen können. Statt dessen nahmen sie die Straßenbahn. Maschinenpistolen, Handgranaten, Sprengstoff und Munition hatten sie in Sporttaschen verstaut, andere Waffen trugen sie am Körper. Sie hatten so schwer zu schleppen, daß sie kaum die wenigen Meter von der Haltestelle zum

Eingang des OPEC-Gebäudes schafften. Vor der Tür stand ein einsamer Polizist: Inspektor Hermann Ceasar. Carlos ging einfach an ihm vorbei. Doch Klein grüßte ihn mit den Worten: »Grüß Gott, Herr Inspektor.« Ceasar erwiderte den Gruß und salutierte. Er fragte weder nach ihren Ausweisen, noch nahm er ihre schweren Taschen in Augenschein. Er hatte nur den Auftrag, den »Verkehr vor dem OPEC-Gebäude« zu regeln. Und daran hielt er sich – ein Umstand, dem er wahrscheinlich sein Leben verdankt. »Es war nicht meine Aufgabe, Leute zu kontrollieren«, sagte Ceasar später.
Die merkwürdig anzusehende Gruppe betrat das Gebäude um 11.40 Uhr. Eine Stunde zuvor hatten sich vor den Türen und im Foyer noch ungefähr 30 Journalisten gedrängt. Aber bald hatte sich gezeigt, daß an diesem Tag keine Diskussion über brisante Themen zu erwarten war. Jetzt, als Carlos und seine Gruppe auftauchten, standen im Foyer nur noch vier Reporter, die hier Schutz vor der beißenden Kälte suchten. Die anderen waren längst wieder abgezogen.
Als die Journalisten die Gruppe erblickten, witzelte einer: »Da kommt die Delegation aus Angola.« Carlos fragte: »Hat die Konferenz schon begonnen?« Der Reporter bejahte. Darauf gingen die Fremden an den Aufzügen vorbei zu dem breiten Treppenaufgang, der direkt zum Empfang der OPEC hinaufführte.
Oben im ersten Stock standen die beiden Polizisten Josef Janda und Anton Tichler und plauderten mit einigen Delegationsmitgliedern, die den Konferenzraum verlassen hatten, um eine Zigarette zu rauchen. Tichler und Janda waren die Antwort der österreichischen Regierung auf das Ersuchen der OPEC, für »ausreichende Sicherheitsvorkehrungen« zu sorgen. Tatsächlich hatten zwei bewaffnete Polizisten bei zahlreichen Anlässen in der Vergangenheit durchaus genügt. Da es im Vorfeld der Konferenz keinerlei Hinweise auf einen geplanten Anschlag gegeben hatte, hatten sich die OPEC-Verantwortlichen damit zufriedengegeben, daß lediglich zwei Beamte über ihre Sicherheit wachten.
Carlos stürmte durch die Tür in die Empfangshalle, die Maschinenpistole im Anschlag. Die anderen folgten ihm. Obwohl die Gruppe von den Irakern eine genaue Beschreibung der Räumlichkeiten erhalten hatte, trat Klein zu der Empfangsdame Edith Heller und fragte: »Wo ist der Konferenzraum?«
Wie um zu zeigen, daß die Frage bloß rhetorisch gemeint sei, ging Carlos auf die Tür zu, hinter der die OPEC-Mitglieder tagten. Dann geschahen mehrere Dinge gleichzeitig. Edith Heller wählte die Nummer der Wiener Polizeidirektion. Klein hob seine Waffe und schoß auf

die Vermittlungsanlage. Als die Sekretärin weiterwählte, zerschoß Klein das Telefon, das sie in der Hand hielt. Sie duckte sich hinter die Empfangstheke, fischte sich mutig ein anderes Telefon und wählte erneut die Nummer der Polizei.
Unterdessen sprang Tichler auf Carlos zu und packte dessen Maschinenpistole. Fast wäre es ihm gelungen, dem Venezolaner die Waffe zu entwinden. Carlos schüttelte den Angreifer ab. Im selben Moment trat Gabriele Kröcher-Tiedemann hinzu und schoß Tichler aus kürzester Entfernung ins Genick. Sie schob den sterbenden Tichler in einen Aufzug, drückte den Knopf und schickte ihn nach unten ins Erdgeschoß.
Die ganze Zeit über hatte sich der irakische Leibwächter Ali Chalifi in der Empfangshalle aufgehalten. Er trug eine Waffe, doch er machte keine Anstalten, sie zu ziehen. Er gab Klein ein Zeichen, daß er dringend auf die Toilette müsse. Klein nickte ihm zu, und der Iraker ging mit erhobenen Händen auf die Tür zum Treppenhaus zu. Kröcher-Tiedemann drehte sich um, sah, daß der Iraker wegging, und rannte ihm nach. Als sie ihm den Lauf ihrer Pistole in den Rücken bohrte, ging der Iraker instinktiv von der Defensive in die Offensive über. Er legte der Deutschen die Arme um den Körper und zog sie in Richtung Treppenhaus. Klein stand wie gelähmt dabei und sah zu, wie die beiden durch die Tür verschwanden. Einen Moment später fiel ein Schuß. Klein fing sich wieder und rannte hinterher. Der Iraker lag am Boden und röchelte. Der Schuß hatte ihn mitten ins Gesicht getroffen. Sein Jackett war hochgerutscht, und Klein sah, daß er eine Waffe trug. Sie steckte in einem Spezial-Schnellziehhalfter. Chalifi hätte genügend Zeit gehabt, seine Waffe zu ziehen und zu schießen, aber er hatte es vorgezogen, unauffällig zu verschwinden. Dieses Verhalten deutet darauf hin, daß er von dem Anschlag wußte. Als Kröcher-Tiedemann hinter ihm herrannte und ihm die Pistole zwischen die Rippen drückte, muß er angenommen haben, daß sie ihn erschießen wolle. Dennoch griff er nicht zur Waffe, sondern versuchte, sie nach draußen zu ziehen. Wollte er ihr etwas sagen? Ihr klarmachen, daß er in den Plan eingeweiht war? Kröcher-Tiedemann, die in knapp 30 Sekunden zwei Männer ermordet hatte, blieb unverletzt. Nur ihr Mantel war zerrissen.
Inzwischen war Carlos auf ein Mitglied der libyschen Delegation gestoßen, einen höheren Beamten namens Jussif Ismirli. Ismirli bewies ähnlichen Todesmut wie Tichler. Er packte die Maschinenpistole des Terroristen und riß sie Carlos aus den Händen. Einen Moment lang

wurde sie nur noch von dem Schulterriemen gehalten, der dem Terroristen auf das Handgelenk gerutscht war. Fast hätte der Libyer die Waffe gehabt. Dann gelang es Carlos, seine Pistole aus dem Gürtel zu ziehen. Er legte auf Ismirli an. Der Libyer begriff, was ihm drohte, drehte sich blitzschnell um und wandte dem Venezolaner den Rücken zu. Carlos drückte zweimal ab und traf ihn in die Schulter. Die Wucht der Geschosse ließ Ismirli so herumwirbeln, daß er dem Venezolaner wieder das Gesicht zuwandte. In diesem Augenblick wurde Carlos von der gleichen krankhaften Wut wie schon in der Rue Toullier gepackt. Der unbewaffnete und schwerverletzte Ismirli stellte keine Bedrohung mehr für ihn dar. Doch wieder überkam ihn jene Angst, von der viele meiner Interviewpartner gesprochen haben. Eine übertriebene Angst vor körperlichen Schmerzen, und seien sie auch noch so gering. Die Angst brachte ihn noch mehr in Wut. Er feuerte drei weitere Schüsse auf den Libyer ab. Zwei trafen Ismirli in den Oberkörper, der dritte in den Hals. Carlos stand so dicht bei seinem Opfer, daß ein Geschoß glatt den Körper des Mannes durchschlug und einen Kuwaiti, der auf der anderen Seite des Raumes stand, am Arm verletzte.

Dann brachten Carlos, Chalid und Jussif den Konferenzraum unter ihre Kontrolle. Schon beim Hereinstürmen hatten sie mit ihren Maschinenpistolen die Lampen im Korridor zerschossen. Jetzt schossen weitere Salven in die Decke des Konferenzsaals. Carlos brüllte: »Hinlegen. Alles Hinlegen. Runter auf den Boden.« Die Anwesenden warfen sich mit dem Gesicht nach unten auf den Boden. Weitere Schüsse fielen. Viele dachten, daß ein erbarmungsloses Massaker im Gange sei und daß niemand mit dem Leben davonkommen würde. Valentin Hernández Acosta erzählte mir:

»Ich spürte, daß mich etwas am Rücken und an den Schultern traf, und dachte, es seien Kugeln. Jemand neben mir packte meine Hand und drückte sie. In dem Moment dachte ich, das ist das Ende, du mußt sterben. Und dann dachte ich: In Ordnung, jetzt ist es also soweit, ich bin bereit. Ich dachte an meine Frau und meine Kinder. Ich wollte nicht zu lange leiden, das war meine einzige Hoffnung. Ich wollte schnell sterben. Plötzlich war es still, keine Schüsse mehr. Später sah ich, daß das, was ich für Kugeln gehalten hatte, Splitter von der Decke waren. Der Anführer der Terroristen stand jetzt mitten im Raum und fing an zu sprechen.«

»Mein Name ist Carlos. Vielleicht haben Sie schon von mir gehört.«

Unterdessen hatte sich Janda, der überlebende österreichische Polizist, in ein Nebenzimmer geschlichen und die Nummer der Wiener

Polzei gewählt, genau zur selben Zeit wie Enis Attar, ein Angestellter der OPEC. Die Anrufe gingen praktisch gleichzeitig in der neuen Polizeidirektion ein.
»Hier ist die OPEC. Bei uns wird geschossen. Schicken Sie bitte jemanden her. Schnell. Zur OPEC. Dr. Karl Lueger-Ring. Schnell bitte.«
Auf dem Tonband sind im Hintergrund Schüsse zu hören, einzelne Schüsse und Feuerstöße. Es sind die Schüsse, denen drei Menschen zum Opfer fielen.
Als die Anrufe eingingen, war es genau 11.44 Uhr und 50 Sekunden. In knapp fünf Minuten hatten Carlos und sein Kommando eine Gruppe von Politikern als Geiseln genommen, darunter elf Minister, die im Auftrag ihrer jeweiligen Länder die Kontrolle über den wichtigsten Rohstoff der Erde ausübten.
Gemessen an der Finanzkraft der Länder, die diese elf Männer repräsentierten, hatte Carlos die reichste Gruppe von Geiseln der bisherigen Weltgeschichte in seine Gewalt gebracht. Das Einkommen dieser Länder betrug in dem Jahr, das gerade zu Ende ging, über 100 Milliarden Dollar.
Carlos stapfte durch die Glassplitter und den abgebröckelten Putz und rief Chalid zu: »Wo ist Jamani?« Amusegar hatte er schon ausfindig gemacht. Nach einer kurzen Pause sagt er: »Jussif, bring den Sprengstoff an seinen Platz.« Als Jamanis Name fiel, warf der Ölminister von Gabun dem neben ihm liegenden Jamani einen mitfühlenden Blick zu. Im nächsten Moment stand Carlos über dem saudischen Minister, salutierte mit einer ironischen Geste und verkündete den anderen seine Entdeckung.
Die Wiener Polizei reagierte schnell. Kaum fünf Minuten nach den Anrufen fuhren sieben Mann und ein Fahrer vom Einsatzkommando, der Sondereinheit für Terrorismusbekämpfung, vor dem OPEC-Gebäude vor. Vier Männer schwärmten aus für den Fall, daß jemand zu fliehen versuchte, die drei anderen stürmten, angeführt von Kurt Leopolder, mit Uzi-Maschinenpistolen in das Gebäude. Das erste, was sie erblickten, war Tichlers Leiche. Sie lag halb in und halb vor dem Aufzug. Die Männer stürzten die Treppe hinauf, die Carlos zehn Minuten zuvor benutzt hatte. Oben im ersten Stock fanden sie den sterbenden Iraker. Klein, der noch damit beschäftigt war, die Angestellten der OPEC in den Konferenzraum zu treiben, erblickte Leopolder und eröffnete das Feuer. Leopolder warf sich neben den Sterbenden und erwiderte das Feuer. Dann befahl er seinen Kollegen, den Iraker fortzuschaffen, und hechtete in die Empfangshalle. Wieder schoß er in die Richtung des

Terroristen. Eines seiner Geschosse traf den Lauf von Kleins Maschinenpistole, prallte ab und drang in den Bauch des Terroristen ein. Ein zweiter Schuß traf ihn am Bein. Klein schleppte sich in die Küche und untersuchte die Wunde an seinem Bauch. Es sah nicht ernst aus, nur ein kleines, sauberes Loch. Es blutete nicht einmal. Klein steckte sich eine Zigarette an und zeigte Joseph die Wunde. Joseph rief nach Carlos, der daraufhin aus dem Konferenzraum herbeieilte. Er warf einen kurzen Blick auf Klein und sagte zu Joseph: »Wirf eine Handgranate.« Dann rannte er in den Konferenzsaal zurück. Joseph zog eine Handgranate ab und warf sie dorthin, wo er die drei Männer vom Einsatzkommando vermutete. Die Granate explodierte mit einem ohrenbetäubenden Knall. Wie durch ein Wunder wurde niemand verletzt. Leopolder lag zu diesem Zeitpunkt bereits verletzt auf dem Boden in der Empfangshalle. Ein Schuß von Klein hatte ihn getroffen.
Während draußen im Foyer gekämpft wurde, traf Carlos im Konferenzraum alle notwendigen Vorkehrungen. Er gebärdete sich wie die groteske Karikatur eines Conférenciers.
Joseph hatte bereits mehrere Sprengsätze im Saal angebracht. Wäre es den Beamten vom Einsatzkommando gelungen, Klein auszuschalten und sich den Weg freizuschießen, so wären die Sprengsätze ohne Zögern gezündet worden.
Jamani hatte bereits nach den ersten Schüssen geahnt, daß sein Leben auf dem Spiel stand. Jetzt saß er auf dem Boden des Konferenzraumes und murmelte Koranverse.
»Zur rechtschaffenen Seele wird er sagen: O du Seele, in vollkommener Ruhe und Erfüllung. Kehre heim zu deinem Herrn, sei zufrieden und erfreue Ihn. Reihe dich ein unter Seinen Gläubigen. Ja, komm in meinen Himmel.«
Die Ahnung des bevorstehenden Todes wurde für ihn zur Gewißheit, als er begriff, wer der Anführer des Kommandos war. Im Sommer hatte man eine konspirative Wohnung ausgehoben und dabei Todeslisten gefunden, auf denen auch der Name Scheich Saki Jamani gestanden hatte. Jamani betete noch inbrünstiger.
Jamanis Ministerkollege Dr. Valentin Hernández Acosta fühlte, wie jemand leicht an seine Schulter tippte. Dann sagte jemand auf spanisch zu ihm:
»Dr. Hernández, Sie können aufstehen. Ihnen wird nichts geschehen.«
Es war Carlos. Eben noch hatte er auf brutale Weise den libyschen Leibwächter ermordet, und jetzt behandelte er Hernández Acosta mit dem größten Respekt. Er half ihm auf die Beine. Während die anderen

Minister in drei Gruppen aufgeteilt wurden, plauderte er freundlich mit seinem Landsmann.
»Ich kenne Sie sehr gut, Doktor.«
»Wer sind Sie?«
»Ich bin Ilich Ramírez Sánchez aus Venezuela. Wir teilen die Anwesenden in drei Gruppen auf. In Freunde, Neutrale und Feinde. Sie gehören selbstverständlich zu der neutralen Gruppe.«
Carlos benahm sich, als hätte er auf der Straße gerade einen alten Freund getroffen. Er führte Acosta zu einem Stuhl, setzte sich neben ihn und erzählte von seiner Londoner Zeit und seinen Kontakten zu lateinamerikanischen Diplomaten. »Eine sehr gute Freundin meiner Mutter, Deborah Herrara, hat oft von Ihnen gesprochen.«
Während er mit dem venezolanischen Minister plauderte, wurden die über 70 Geiseln in drei Gruppen aufgeteilt. Die »Feinde« waren die Delegationen aus Saudi-Arabien, dem Iran, Abu Dhabi und Katar. Sie wurden an das obere Ende des Raumes geschickt. Die »Freunde«, bestehend aus den Irakern, Algeriern, Libyern und Kuwaitis, mußten an den Fenstern Platz nehmen, die auf den Dr. Karl Lueger-Ring hinausgingen. Allerdings war es nicht unbedingt von Vorteil, zu den Freunden von Carlos zu gehören, denn Jussif war inzwischen nicht untätig gewesen und hatte an der ganzen Wand Sprengstoffstäbe angebracht. Sollte die österreichische Polizei, die inzwischen auf der Straße in Stellung gegangen war, zum Sturm auf das Gebäude blasen, so bestanden für die »Freunde« beste Aussichten, gleich im ersten Kugelhagel der vermeintlichen Retter zu sterben, das heißt, wenn sie nicht schon vorher von Jussif in die Luft gesprengt wurden.
Die sogenannten »Neutralen«, die Delegationen aus Gabun, Nigeria, Ecuador, Venezuela und Indonesien, mußten sich an die gegenüberliegende Wand begeben. Eine vierte Gruppe, die Carlos als »Österreicher« bezeichnete, zu der aber auch zwei Briten gehörten, wurde ans untere Ende des Raumes geführt. Auch diese Ecke war sehr gefährlich, denn hier waren die Türen, die auf den Korridor hinausführten. Drei Palästinenser und die österreichischen OPEC-Angestellten wurden der Gruppe der Freunde zugeteilt. Carlos sagte zu ihnen: »Für die Dauer unseres Aufenthalts sind wir Ihre Gäste.«
Carlos unterbrach seine Unterhaltung mit Hernández Acosta und traf erste Vorbereitungen für die Verhandlungen über seinen Abzug. Er gab der Engländerin Grizelda Carey, der Sekretärin des OPEC-Generalsekretärs, eine handgeschriebene Liste mit seinen Forderungen und befahl ihr, sie abzutippen.

Das von Carlos geschriebene Original las sich wie folgt:

> Wir haben die Delegationen der OPEC-Konferenz in unsere Gewalt gebracht. Wir verlangen, daß unser Kommuniqué alle zwei Stunden, beginnend in zwei Stunden, im österreichischen Rundfunk und Fernsehen verlesen wird. Morgen früh um 7 Uhr muß ein großer Bus mit verhängten Fenstern bereitstehen und uns zum Wiener Flughafen bringen. Dort muß eine vollgetankte DC 9 mit einer dreiköpfigen Besatzung bereitstehen, die uns und unsere Geiseln ausfliegen wird.
> Jede Verzögerung, Provokation oder unerlaubte Annäherung, egal unter welchem Vorwand, gefährdet das Leben der Geiseln.
> Der Arm der arabischen Revolution
> Wien, 21.12.1975

In dieser Liste enthalten war auch jene Forderung, die letztlich zum Scheitern der gesamten Operation führte.
Während Grizelda Carey die Forderungen abtippte, ließ Carlos eine andere OPEC-Sekretärin frei. Sie sollte die Forderung nach einem Radiogerät überbringen. Werde das Gerät nicht innerhalb von 30 Minuten gebracht, so Carlos, würden noch mehr Menschen sterben. Er bekam es rechtzeitig vor Ablauf der Frist. Weitere Forderungen folgten. Es war ganz offensichtlich, daß Carlos die Situation genoß. Er war jetzt nicht mehr »El Gordo«, der Dicke, weder psychisch noch physisch. Er inszenierte ein Drama, in dem er selbst die Hauptrolle spielte. Seine Führermentalität, ein wesentlicher Zug seines Charakters, trat bei den Verhandlungen mit den Österreichern deutlich zutage. Hier in Wien gab es keinen Moukarbel, der ihm Vorschriften machen konnte. Während der Belagerung sprach er mit den Geiseln immer wieder über die demokratischen Prinzipien seiner Gruppe; auch das gehörte zu dem Mythos um Carlos. Seine Auffassung von Demokratie bei dieser Operation war relativ simpel: »Alle Entscheidungen werden demokratisch von mir getroffen. Wer widerspricht, wird erschossen.«
Carlos beauftragte Grizelda, die Forderungen und eine Abschrift der Erklärung in französischer Sprache zu überbringen. Bevor sie das Gebäude verließ, sagte er zu ihr:
»In der Empfangshalle werden Sie einen verwundeten Polizisten auf dem Boden finden. Er darf das Gebäude verlassen. Bedingung ist aber, daß nicht mehr geschossen wird.«
Die völlig verängstigte Sekretärin half dem verwundeten Leopolder

auf die Beine und trat zitternd auf die Straße hinaus. Ununterbrochen rief sie: »Nicht schießen, bitte!«

Das Schriftstück, das sie bei sich trug, war nach Chalids Aussage nichts anderes als »ein Trick, ein Ablenkungsmanöver. Es diente nur einem Zweck: Es sollte Kreisky davon überzeugen, daß wir nur eine Gruppe palästinensischer Fanatiker waren, die ihre Anliegen publik machen wollten. Wenn er uns das abnahm, hatten wir das Ticket aus Österreich so gut wie in der Tasche«.

»Und wenn er sich geweigert hätte?«

»Dann hätten wir das Gebäude in die Luft gesprengt.«

»Mitsamt den Menschen, die noch drin waren, den Ministern und all den anderen?«

»Natürlich.«

Die Erklärung, gleichzeitig das politische Manifest des sogenannten »Arms der arabischen Revolution« – ein Name, den sich Wadi Haddad speziell für diesen Anschlag ausgedacht hatte –, folgte der üblichen Argumentation arabischer Hardliner, die Verträge und Friedensverhandlungen mit Israel grundsätzlich ablehnten. Die ägyptische Armee wurde als »heldenhaft« gerühmt und aufgefordert, mit den Armeen der »Nordostfront« – damit waren Syrien, der Irak und der palästinensische Widerstand gemeint – einen Befreiungskrieg gegen Israel zu führen. Das Öl sollte eine wichtige Waffe in diesem Krieg darstellen, und die damals im Libanon tobenden Kämpfe wurden als »großzionistische, reaktionär-amerikanische Verschwörung« angeprangert.

Während Grizelda Carey noch mit dem Abtippen beschäftigt gewesen war, hatte bereits der nächste Akt des Dramas begonnen. Carlos betrat mit theatralischer Pose den Konferenzraum und fragte:

»Ist ein Arzt anwesend?«

Klein hatte Glück. Akobo, der Ölminister aus Nigeria, war Arzt. Er untersuchte die Wunde des Deutschen, der überraschenderweise bisher nur wenig Blut verloren hatte. Akobo erklärte, Klein sei fluguntauglich und müsse sofort operiert werden. Carlos traf sofort alle Vorkehrungen für seine Einlieferung ins Krankenhaus. Angesichts der Schwere der Verletzung war es erstaunlich, daß Klein auf eigenen Füßen das OPEC-Gebäude verlassen konnte. Die österreichischen Polizisten waren anfangs verwirrt und fragten ihn, ob er eine Geisel sei. Da Pressefotografen in der Nähe standen, zog sich Klein das Jackett über den Kopf und antwortete: »My name is Angie.« Das war sein Deckname, nach einem Song der Rolling Stones. Dann brach er zusammen. Seine Verwundung hätte eigentlich tödlich sein müssen. Die Ärzte im Wie-

ner Allgemeinen Krankenhaus stellten fest, daß Leopolders Geschoß den Dickdarm, die Bauchspeicheldrüse und die Arterie des Zwölffingerdarms verletzt hatte.
Zu dem Zeitpunkt, als die Carlos-Gruppe zuschlug, waren die österreichischen Verantwortlichen, die in den folgenden Stunden schwerwiegende Entscheidungen zu treffen haben würden, über das ganze Land verstreut. Die Weihnachtsferien hatten gerade begonnen. Kanzler Bruno Kreisky machte Urlaub in Lech, einem Wintersportort in Vorarlberg, knapp 500 Kilometer von der Hauptstadt entfernt. Der Wiener Polizeichef, Hofrat Liebhardt, saß wie viele seiner Landsleute vor dem Fernsehapparat und jubelte dem österreichischen Skiläufer Hinterseer zu, der gerade ein Slalomrennen gewonnen hatte. Während Kreisky, zuerst im Hubschrauber, dann mit dem Flugzeug, nach Wien zurückeilte, übernahm Liebhardt die Leitung des Polizeieinsatzes vor der OPEC-Zentrale. Kaum hatte er erfahren, mit wem er es zu tun hatte, traf er eine Reihe von Vorsichtsmaßnahmen. Die beteiligten Polizeikräfte erhielten die strikte Anweisung, jedes persönliche Risiko zu vermeiden, unter keinen Umständen auf eigene Faust zu handeln und bei allen Schritten größte Vorsicht walten zu lassen. Als sich die erste Aufregung gelegt hatte und eine Art Waffenstillstand vereinbart worden war, setzte Liebhardt seine Kollegen über Carlos ins Bild. Er war über den Venezolaner gut informiert und wußte aus der Lektüre französischer Geheimdienstberichte sehr genau, mit wem er es zu tun hatte. Liebhardt war sich auch über die Bedeutung der Geiseln im klaren und begriff, daß die Affäre nur auf politischer Ebene gelöst werden konnte.
Carlos verlangte, daß der libysche Botschafter el-Ghadamsi als Vermittler zwischen ihm und den Österreichern fungieren sollte. Dies war auch der Grund, warum später, nach der Wiener Operation, zunächst von ägyptischer und dann auch von anderer Seite der Verdacht geäußert wurde, daß der libysche Oberst Gaddafi den Anschlag geplant habe. Wenn er das tatsächlich getan hatte, so ließen seine Vorbereitungen allerdings erheblich zu wünschen übrig. Sein Botschafter Ghadamsi war gleichzeitig Libyens Vertreter in der Tschechoslowakei. Als Carlos verlangte, daß Ghadamsi unverzüglich in die OPEC-Zentrale gebracht werden solle, konnten die Österreicher seiner Forderung unmöglich nachkommen, denn zufällig hielt sich Ghadamsi gerade in Prag auf.
Während die Österreicher versuchten, Kontakt zu dem Libyer aufzunehmen, gerieten die Verhandlungen ins Stocken. Eine gefährliche Situation entstand. Das Leben von 70 Menschen stand auf dem Spiel. Da

bot sich völlig überraschend der irakische Geschäftsträger, Rijad el-Assawi, als Vermittler an. Er sagte später, er sei »zufällig an der OPEC-Zentrale vorbeigekommen« und habe »zufällig Schüsse gehört«. Wie »zufällig« konnte nie ganz geklärt werden. Assawis Büro lag am anderen Ende von Wien, sein Haus noch weiter entfernt, am Esterhazy-Park. Sein wundersames Erscheinen brachte wieder Bewegung in die Sache. Der Iraker konnte das OPEC-Gebäude mehrmals unbehelligt betreten und wieder verlassen. Nicht so Polizeichef Liebhardt: Als er um Einlaß bat, um mit Carlos zu sprechen, erteilten ihm die Geiselnehmer eine schroffe Absage:

»Falls ein Polizist das Gebäude betritt, wird nicht geredet, sondern geschossen.«

Carlos gefiel sich in seiner Rolle. Bei seinem ersten Treffen mit Assawi erklärte er: »Sagen Sie ihnen, daß ich aus Venezuela komme und Carlos heiße. Sagen Sie ihnen, daß ich der berühmte Carlos bin. Die kennen mich.«

Zurück im großen Konferenzraum, schlenderte er von einer Gruppe zur anderen und beruhigte die Geiseln. Niemandem werde etwas zustoßen. Dann rief er Jamani zu sich und verschwand mit ihm zu einem makabren Tête-à-tête in einem Nebenraum. Er eröffnete dem saudischen Minister, daß er ihn umbringen werde, falls die Österreicher das Manifest nicht sendeten. Außerdem prahlte er damit, daß er persönlich ein Team von 40 Kommandos ausgebildet habe, das nach Belieben überall auf der Welt zuschlagen könne, daß er das Studium an der Patrice-Lumumba-Universität mit den höchsten Auszeichnungen abgeschlossen habe und daß einige seiner Operationen von Moskau gesteuert worden seien. Alle Kommandomitglieder hatten vor der Aktion Amphetamin geschluckt, um wach zu bleiben. Möglicherweise war es diese Droge, die Carlos in Euphorie versetzte und zu solchen kindischen Prahlereien verleitete. Aber es gab auch noch einen anderen Grund.

Carlos wußte, daß die Geiseln, deren Leben in seiner Hand lag, keine gewöhnlichen Leute waren. Jeder einzelne Ölminister war ein wohlhabender und mächtiger Mann, ein hochintelligenter, cleverer Politiker und auf seine Weise ein Überlebenskünstler. Die OPEC-Länder schickten nur ihre besten Leute auf Konferenzen, bei denen über den Ölpreis verhandelt wurde. Nachdem die Minister sich vom ersten Schrecken erholt hatten, legten sie eine erstaunliche Ruhe an den Tag. Sie zeigten keine Spur von Panik. Sie wußten, daß mit Kreiskys Ankunft in Wien nicht vor 18 Uhr zu rechnen war. Also warteten sie ab und fügten sich, jeder auf seine Weise, in das Unvermeidliche, aber sie gaben zu keinem Zeitpunkt die Hoffnung auf. Amusegar, der iranische Ölminister und eine der beiden Geiseln, die noch vor Ablauf der Operation ermordet werden sollten, hatte beobachtet, wie sein venezolanischer Kollege Valentin Hernández Acosta von Carlos gezwungen worden war, als Unterhändler, Dolmetscher und Mittelsmann zu fungieren. Er machte dem Venezolaner ein Zeichen, sich zu ihm zu setzen, und fragte ihn nach dem Stand der Dinge. Dazu Acosta:

»Zu dem Zeitpunkt hatte ich bereits ein längeres Gespräch mit Carlos geführt. Dabei hatte er mir erklärt, daß der Anschlag Teil des Dritten Weltkriegs sei. Er erzählte mir, daß er im Südjemen über 400 Männer befehlige und daß er sie selbst im Jemen und in Syrien ausgebildet habe. Nach der Freilassung der anderen Ölminister, so sagte er, werde man Jamani und Amusegar in den Südjemen bringen und hinrichten. Später sprach ich mit Saki Jamani und Dschamschid Amusegar und erzählte ihnen davon. Daraufhin bat mich Amusegar: ›Fragen Sie ihn, wieviel Geld er will.‹ Also ging ich zu Carlos und fragte ihn. Carlos antwortete: ›Ich werde sehr gut bezahlt. Ich brauche kein Geld. Ich verlange kein Geld für ihr Leben.‹« Ungeachtet dieser Antwort blieb Acosta davon überzeugt, daß es bei dem Anschlag auf die OPEC letztlich nur um Geld ging. Er sprach darüber mit Carlos, als er merkte, daß der Venezolaner von seinem ursprünglichen Standpunkt abrückte und auf einmal von »gewissen Forderungen« an den iranischen Schah und den saudischen König sprach.

»Carlos, Sie verlangen etwas von diesen Regierungen und könnten am Ende enttäuscht werden. Die werden nicht sonderlich nett zu Ihnen sein. Die Saudis und Iraner sind Technokraten. Sie haben es hier nicht mit Angehörigen zu tun. Die Männer, deren Leben Sie bedrohen, sind keine Mitglieder der königlichen Familien. Hier gelten andere Regeln.«

»Sie haben ihr System voll durchschaut, was?« sagte Carlos und lachte.

»Ja, allerdings.«

Die Österreicher hatten Carlos mitgeteilt, daß über seine Forderungen erst entschieden werden könne, wenn Kreisky nach Wien zurückgekehrt sei. Carlos sah das ein und verkürzte sich die Zeit, indem er abwechselnd den Chef eines Terrorkommandos und den loyalen Gastgeber spielte. Als Kröcher-Tiedemann zu ihm sagte, daß sie zwei Leute erschossen habe, antwortete er im Beisein Jamanis: »Gut gemacht. Ich habe auch einen erwischt.« Jamani erschauderte. Dem Landsmann

Hernández Acosta präsentierte sich Carlos jedoch von einer ganz anderen Seite.
»Er benahm sich wie ein Gentleman. Wie ein Mann, den man auf der Straße trifft und von dem man spontan denkt, das wäre der ideale Schwiegersohn. Charmant und liebenswürdig. Er gab sich alle Mühe, einen guterzogenen und kultivierten Eindruck zu machen. Und trotzdem wurde man das Gefühl nicht los, daß irgend etwas nicht stimmte. Er erzählte mir im freundlichsten Ton, daß er zu Ehren des venezolanischen Präsidenten Carlos Andreas Pérez, angeblich ein guter Freund seines Vaters, den Namen Carlos angenommen habe. Und gleich darauf ging er zu Jussif hinüber, der eine Handgranate in der Hand hielt und an den Drähten der Sprengladungen herumfingerte, und gab ihm weitere Anweisungen. Als er wieder zu mir zurückkehrte, entschuldigte er sich für die unhöfliche Unterbrechung und teilte mir mit, daß er die beiden britischen OPEC-Angestellten freigelassen habe. Er sagte: ›Ich war sehr glücklich in England und empfinde große Bewunderung für die Briten. Sie haben mich sehr gut behandelt.‹ Doch schon im nächsten Augenblick fügte er hinzu: ›Dr. Hernández, wenn alles gutgeht, werden Sie alle am Leben bleiben. Aber wenn etwas schiefläuft, werden wir alle Geiseln töten.‹«
Diese extremen Gegensätze, die Carlos in seiner Person vereinte, haben vielen ein Rätsel aufgegeben. Einerseits war er ein liebenswürdiger junger Mann, dem man ohne Bedenken das Leben seiner Frau oder seiner Tochter anvertraut hätte, andererseits ein Killer, der dieselbe Frau oder Tochter ohne Zögern ermordet und verstümmelt hätte.
Als Hernández Acosta freundlich darauf hinwies, daß einige Geiseln hungrig seien, war Carlos untröstlich und entschuldigte sich vielmals für seine Nachlässigkeit. Er beauftragte den emsigen Iraker Assawi, Sandwiches und alkoholfreie Getränke zu bestellen. Die Österreicher lieferten prompt, übersahen dabei aber, daß für eine Gruppe, die vornehmlich aus Moslems bestand, Schinkenbrote kaum das Geeignete waren. Peinlich für den Gastgeber Carlos. Aber Acosta hatte die rettende Idee. Ihm fiel ein, daß man im Hilton für die Konferenzteilnehmer ein Bankett vorbereitet hatte. Sofort beauftragte das Hotel eine Lieferfirma, die Speisen zur OPEC zu transportieren.
Als die Frist für die erste Ausstrahlung der Erklärung allmählich ablief, stieg die Spannung wieder. Carlos hatte die Österreicher gewarnt: Falls sie das Manifest nicht sendeten, würde das Blutvergießen weitergehen. Auch das war nur makabres Theater. In der Zwischenzeit hatte Böse Journalisten in der Schweiz angerufen und ihnen eine

Toilette in Genf genannt, in der Carlos zuvor eine Kopie der Erklärung versteckt hatte. Bei dem Tête-à-tête im Nebenzimmer hatte Carlos noch zu Jamani gesagt, daß er als erster hingerichtet werde, falls die Erklärung um 18 Uhr noch nicht auf Sendung sei. Dann, am Nachmittag, hatte er seine Meinung geändert. Der erste Todeskandidat war nun der stellvertretende saudische Minister Abdul Asis el-Turki. Carlos befahl ihm, sich an einen abseits stehenden Tisch zu setzen. Obwohl der Saudi von den anderen isoliert wurde und damit rechnen mußte, in Kürze erschossen und aus dem Fenster geworfen zu werden, bewahrte er Haltung und harrte ohne ein Zeichen der Nervosität seines Schicksals.

Das Manifest wurde um 18.20 Uhr gesendet. Zwanzig Minuten nach Ablauf der Frist. Es wurde absichtlich in schlechtem Französisch verlesen. El-Turkis Leben war gerettet. Doch schon bei den folgenden Verhandlungen – es ging dabei um den Bus, der die Gruppe zum Flughafen bringen sollte – drohte Carlos erneut mit seiner Erschießung.

»Der Bus muß Vorhänge haben.«

»Aber sie haben keinen Bus mit Vorhängen«, entgegnete Assawi. »Ich werde nach einem Bus ohne Vorhänge fragen.«

»Wenn Sie noch einmal versuchen, eigenmächtig meine Bedingungen zu ändern, werde ich eine Geisel aus dem Fenster werfen lassen.«

Nach diesen Worten befahl Carlos dem Saudi, wieder an dem abseits stehenden Tisch Platz zu nehmen.

»Warum?«

»Weil Sie der erste sind, den ich aus dem Fenster werfen werde.«

Dann wandte er sich wieder an den irakischen Geschäftsträger:

»Jetzt gehen Sie und sagen Sie ihnen das.«

Carlos teilte den Geiseln mit, daß sie am folgenden Morgen Wien mit dem Flugzeug verlassen und zuerst nach Tripolis fliegen würden. Voraussetzung sei allerdings, daß Kreisky alle Forderungen erfülle.

Im Bundeskanzleramt, knapp eineinhalb Kilometer vom OPEC-Gebäude entfernt, leitete der österreichische Kanzler Bruno Kreisky eine Krisensitzung seines Kabinetts.

Im Jahr 1973, beim Schönauer Geiseldrama, hatte Kreisky vor einer ähnlichen Situation gestanden. Nur war diesmal der Einsatz höher. Damals hatte er vier Geiseln gerettet, doch jetzt hingen 70 Menschenleben davon ab, daß er die richtige Entscheidung traf. Daß sich unter den Geiseln einige sehr mächtige Männer befanden, war für ihn unerheblich.

»Damals, in Schönau, ging es darum, drei bedauernswerten russischen

Juden und einem österreichischen Zollbeamten das Leben zu retten. Später, bei dem OPEC-Anschlag, spielten zusätzliche Faktoren mit herein. Aber der besondere Status einiger Geiseln hatte keinen Einfluß auf meine Überlegungen. Jedes menschliche Leben ist heilig. Mit Menschenleben spielt man nicht.«

Einer dieser zusätzlichen Faktoren war, daß die OPEC in Wien diplomatischen Status genoß und somit die gleichen Privilegien wie ausländische Botschaften in aller Welt. Hätte Kreisky den Entschluß gefaßt, das Gebäude stürmen zu lassen, so hätte er vorher die Zustimmung des OPEC-Generalsekretärs einholen müssen. Doch der befand sich unter den Geiseln.

Aus diesem Grund wandte sich Kreisky an die diplomatischen Vertreter der OPEC-Staaten in Wien. Sie forderten ihn ausnahmslos auf, die Bedingungen, die Carlos gestellt hatte, zu akzeptieren. Noch am selben Abend riefen die Staatschefs der betroffenen Länder bei Kreisky an. Ihre Botschaft war die gleiche: »Geben Sie ihm, was er verlangt. Was es auch kosten mag. Geld. Ein Flugzeug. Alles.«

Drei Menschen hatten bereits ihr Leben verloren, und Kreisky zweifelte nicht daran, daß ein Angriff der österreichischen Sicherheitskräfte in einem Blutbad enden würde. Saddam Hussein hatte eine glückliche Hand bewiesen, als er Haddad gegenüber darauf bestanden hatte, daß Carlos das Terrorkommando führen sollte. Sein legendärer Ruf war ihm tatsächlich vorausgeeilt.

Kreisky konnte so oder so nicht gewinnen. Also versuchte er, das Beste aus der Situation zu machen. Durch den irakischen Vermittler ließ er Carlos mitteilen, daß man ein Flugzeug bereitstellen werde, daß aber die Ärzte, die Klein behandelten, vor einer Verlegung des Deutschen aus der Intensivstation warnten, da sie seinen sicheren Tod bedeuten würde. Unter diesen Umständen, so Kreisky, solle Klein so lange in Wien bleiben, bis er wieder transportfähig sei. Er garantiere persönlich dafür, daß Klein so bald wie möglich in ein Land seiner Wahl ausgeflogen werde. Doch auch Kreisky stellte Bedingungen. Er verlangte eine schriftliche Erklärung aller Geiseln, daß sie bereit seien, in das Flugzeug zu steigen und Österreich zu verlassen. Außerdem forderte er, daß alle in Österreich lebenden OPEC-Angestellten sofort und alle übrigen Geiseln unmittelbar nach der Landung auf dem Zielflughafen freigelassen werden sollten.

Als der irakische Geschäftsträger Carlos die Forderungen des österreichischen Kanzlers überbrachte, geriet der Venezolaner in Harnisch und rief arrogant:

»Hier gibt nur einer Befehle, und das bin ich! Ich allein entscheide, wer geht und wer bleibt.«
Doch schon in der nächsten Sekunde war er wieder Doña Elbas kleiner Junge:
»Ich will sie ja gar nicht alle mitnehmen. Aber ich lasse mir von niemandem vorschreiben, wen ich hierlassen und wen ich mitnehmen soll.«
Die Sache mit Klein verschaffte dem Venezolaner erneut eine Denkpause. Als er erfuhr, daß der Deutsche lebensgefährlich verletzt war und einen Transport wahrscheinlich nicht überstehen würde, wirkte er zum erstenmal verunsichert.
»Wir haben klaren Befehl. Er muß mit uns kommen.«
Doch der Iraker versicherte ihm noch einmal, daß Klein den Flug nicht überleben würde. Carlos zögerte einen Moment, dann rief er die anderen Mitglieder des Kommandos zusammen. Dem Iraker erklärte er, daß sie eine demokratische Entscheidung fällen würden. Das war ein ganz neuer Zug an dem Mann, der sich den ganzen Tag wie ein Despot aufgeführt hatte. Die Terroristen waren sich schnell einig. Carlos trat wieder zu dem irakischen Unterhändler und sagte:
»Es ist mir egal, wenn er im Flugzeug stirbt. Wir sind zusammen gekommen, und wir fliegen zusammen wieder weg.«
Dann verfiel er wieder in seine Herrscherpose.
»Sagen Sie Kreisky, daß er sich vorsehen soll. Ich kenne alle Tricks.«
Während der Belagerung ging Carlos immer wieder auf die Vorschläge seines Landsmanns Valentin Hernández Acosta ein. Der Minister, der seit den ersten Schrecksekunden jede Stunde als ein Geschenk des Himmels betrachtete, legte eine außergewöhnliche Geistesgegenwart an den Tag. Bereits wenige Minuten, nachdem ihm Carlos auf die Beine geholfen hatte, hatte er vorgeschlagen, eine österreichische Sekretärin, die hysterisch geworden war, freizulassen.
»Carlos, wenn Sie die Frau hierbehalten, steckt sie mit ihrer Hysterie noch die anderen an. Besser, Sie lassen sie gehen.«
Der Vorschlag leuchtete Carlos ein, und er entließ die Frau in die Freiheit. Von Acosta stammten auch die Vorschläge, für die Geiseln etwas zu essen zu besorgen und nach Einbruch der Dunkelheit Kerzen aufzustellen; er befürchtete nämlich, daß die Polizei versuchen könnte, die Lampen zu zerschießen. Er war ständig darum bemüht, eine Eskalation zu verhindern. Er setzte sich bei Carlos dafür ein, daß Geiseln Briefe an ihre Angehörigen schreiben durften. Auch in diesem Punkt gab sich Carlos loyal und erklärte mit gönnerhafter Miene, daß er ein

Ehrenmann sei und nicht die Absicht habe, die Privatkorrespondenz anderer zu lesen. Dieser Ehrenmann hatte am selben Tag einen Mann erschossen und Gabriele Kröcher-Tiedemann zu ihrem Doppelmord beglückwünscht.

Am späten Abend hatte Carlos seine wichtigsten Forderungen durchgesetzt und wurde zusehends entspannter. Er zog seine Pistole aus dem Hosenbund und legte sie vor Acosta auf den Tisch, dann schlenderte er gemächlich ans andere Ende des Raumes und schenkte sich einen Kaffee ein. Acosta traute seinen Augen nicht. Er starrte einen Moment auf die Waffe, stand dann auf und ging hinter Carlos her.

»Carlos, Ihre Pistole! Sie haben sie auf dem Tisch liegenlassen.«

»Ich weiß. Ich traue Ihnen.«

»Das mag ja sein. Aber trotzdem, nehmen Sie sie wieder an sich.«

Carlos gehorchte.

Als mir Hernández Acosta von diesem Vorfall berichtete, fühlte ich mich unwillkürlich an die Szene mit Carlos zwei im Nordlibanon erinnert. Er hatte es genauso gemacht. Ein cleverer Einfall.

Als gegen Mitternacht endlich der libysche Botschafter im OPEC-Gebäude eintraf, waren die Verhandlungen weitgehend abgeschlossen. Auch die Verladung der Geiseln in den Bus, die Fahrt zum Flughafen und der Abflug in allen Einzelheiten waren besprochen. Für Carlos gab es nur noch eine wichtige Frage zu klären: Welches arabische Land war bereit, der österreichischen Maschine Landeerlaubnis zu erteilen?

Ein Problem, das auch Kreisky beschäftigte. Carlos hatte davon gesprochen, daß er direkt nach Tripolis fliegen wolle. Und hier lag das Problem. Kreisky hatte nämlich inzwischen mit Gaddafi telefoniert. Der Libyer hatte es kategorisch abgelehnt, die österreichische DC9 auf dem Flughafen von Tripolis landen zu lassen. Dazu Kreisky:

»Gaddafi war sehr empört, als er hörte, daß eine Gruppe von Kriminellen, wie er sich ausdrückte, einen Anschlag auf die OPEC-Zentrale verübt hatte. Als ich ihm mitteilte, daß ein Mitglied seiner Delegation ums Leben gekommen sei, sagte er, man müsse die Gruppe verhaften und vor Gericht bringen.«

»Glauben Sie, daß er es ehrlich gemeint hat. Oder hat er nur geblufft?«

»Ich kenne Gaddafi gut. Er hat nicht geblufft.«

Ein arabischer Freund kam Kreisky zu Hilfe – der algerische Präsident Boumedienne. Er erklärte sich bereit, die Maschine in Algier landen zu lassen. Die übrigen arabischen Staaten stahlen sich aus der Verantwortung. Auch der Irak.

Während andere schliefen, teilte der nimmermüde Carlos die Gefangenen in zwei Gruppen auf. Die rund 35 OPEC-Angestellten, die zurückbleiben durften, wurden in die Bibliothek geführt. Ihnen wurde gesagt, daß sie dort auf die Polizei warten sollten. Die restlichen Geiseln, darunter die elf Ölminister und ihre Mitarbeiter, stiegen kurz vor sieben Uhr in den bereitstehenden Bus. Auf dem Schild über der Frontscheibe stand »Sonderfahrt«.

Um 9.14 Uhr sagte Carlos zu dem neben ihm sitzenden Flugkapitän Manfred Pollack:

»In Ordnung, und jetzt raus auf die Startbahn.«

Wenige Minuten später hob die Maschine von Startbahn 12 ab. Aus Wadi Haddads Sicht war damit die erste Phase der Operation abgeschlossen. Jetzt konnte Phase zwei beginnen.

Carlos hatte den österreichischen Kanzler belogen. Er hatte nie die Absicht gehabt, bei der ersten Landung alle Geiseln freizulassen. Laut Saddam Husseins Plan sollten Scheich Saki Jamani und Dschamschid Amusegar in Aden, dem eigentlichen Ziel des Flugs, ermordet werden. Kreisky hatte bei dem Verhandlungspoker sehr schlechte Karten gehabt. Doch jetzt spielte ihm das Schicksal gleich mehrere Joker in die Hand.

Der algerische Präsident Boumedienne hatte nicht nur angeboten, das Flugzeug in seinem Land landen zu lassen, er hatte geradezu darauf bestanden. Belaid Abdessalem, der algerische Ölminister, hatte die »Einladung« überbracht, als Carlos in der OPEC-Zentrale noch den lieben Gott spielte. Solange die Verhandlungen in der Schwebe waren, hatte Abdessalem, wie Hernández Acosta, erheblich zu einer Entschärfung der Lage beigetragen. Und nun war er einer von mehreren algerischen Politikern, die versuchten, als neutrale Vermittler zu fungieren; ein anderer war der algerische Außenminister Bouteflika. Die Algerier betrachteten die ganze Affäre als einen gefährlichen Anschlag auf die OPEC. Sie fürchteten, die Ermordung von Ministern könnte zu einer Spaltung der Organisation führen und in der arabischen Welt eine explosive Lage erzeugen.

Als ich Bruno Kreisky zu den damaligen Ereignissen interviewte, sagte er mir, daß er nie zuvor Einzelheiten über sein langes Gespräch mit Boumedienne enthüllt habe.

»Boumedienne versicherte mir, daß er persönlich zum Flughafen fahren und für die sofortige Freilassung aller Geiseln sorgen werde. Er wollte unter allen Umständen ein weiteres Blutvergießen verhindern.« Der algerische Präsident war Kreiskys erster Joker.

Im hinteren Teil des Flugzeugs lag der verletzte Klein auf einer Trage. Er, der ungestraft Angst und Leid in das Leben vieler Menschen gebracht hatte, war von den Österreichern vorbildlich behandelt worden. In anderen Ländern hätte man ihn möglicherweise auf den Flur des Krankenhauses geschoben und seinem Schicksal überlassen. Doch in Wien hatten erstklassige Chirurgen in Notoperationen um sein Leben gekämpft und ihn auf der Intensivstation versorgt. Und nun, während des Flugs, kümmerte sich sogar ein Begleitarzt um ihn.
Dieser Arzt, der vor allem darauf zu achten hatte, daß der Patient ausreichend mit Sauerstoff, Blutplasma und Glukose versorgt wurde, war ein kurdischer Flüchtling aus dem Irak namens Dr. Wirija Rawendusi. Welch eine Ironie des Schicksals. Saddam Hussein hatte den OPEC-Anschlag in Auftrag gegeben, nachdem er als Preis für die Niederwerfung des kurdischen Volkes eine öffentliche Erniedrigung hatte hinnehmen müssen. Und jetzt bot ein Angehöriger dieses Volkes, der sich Carlos als »kurdischer Revolutionär« vorgestellt hatte, sein ganzes berufliches Können auf, um einen Mann am Leben zu erhalten, der sich selbst als deutscher Revolutionär verstand.
Für den Fall, daß der Arzt Hilfe brauchte, hielt sich Gabriele Kröcher-Tiedemann ständig in der Nähe der Krankentrage auf. Wieder einmal brach die Mutter Teresa in ihr durch. Sie kümmerte sich rührend um Klein, sprach beruhigend auf den halb Bewußtlosen ein und tupfte ihm immer wieder behutsam den Schweiß von der Stirn. Eine rührende Szene. Im OPEC-Gebäude hatten Acosta und die anderen Geiseln die Kehrseite ihrer Persönlichkeit erlebt. Sie hatte nicht nur kaltblütig zwei Männer erschossen, sondern auch die ganze Zeit über ein abweisendes, feindseliges und bedrohliches Verhalten gezeigt. Und sie hatte keine Sekunde die Waffe aus der Hand gelegt.
Weiter vorn zeigte sich auch Carlos von seiner besten Seite. Auch er hatte im OPEC-Gebäude einen Mann ermordet. Doch das lag jetzt hinter ihm. Ein schlechter Traum, nur nicht für den toten Libyer. Kröcher-Tiedemann hatte sich bereits bei dem irakischen Ölminister entschuldigt, und Carlos drückte jetzt dem libyschen Minister sein Bedauern aus.
»Vielleicht hat mich Ihr Landsmann für einen Juden gehalten. Wegen meiner Nase, verstehen Sie? Die Leute halten mich oft für einen Juden.«
Wie ein Gastgeber, der um das Wohlergehen seiner Gäste besorgt ist, spazierte er zwischen den Sitzreihen auf und ab. Als Hernández Acosta

darauf hinwies, daß es unangenehm sei, ohne Papiere und Geld zu reisen, bot ihm Carlos seine Hilfe an:

»Kein Problem, Dr. Acosta. Wenn Sie Geld benötigen, lassen Sie es mich wissen. Wieviel brauchen Sie? Tausend Dollar? Oder zweitausend?«

»Lieber nicht, Carlos. Wenn ich mir von Ihnen Geld borge, muß ich Sie wiedersehen, damit ich es zurückzahlen kann. Und darauf verzichte ich lieber.«

Carlos lachte und klopfte ihm freundschaftlich auf die Schulter. Dann ließ er Acosta stehen und begann eine Unterhaltung mit dem nigerianischen Ölminister Dr. M. T. Akobo. Akobo bat ihn um ein Autogramm. Gunstbeweise dieser Art schmeichelten Carlos. Er ließ sich nicht lange bitten und schrieb: »Ilich Ramírez Sánchez. Wien–Algier, 22. Dezember.« Später steckte er dem Piloten Zigarren zu: Fidel Castro hätte sie ihm geschenkt. Ein anderer Minister, Jaime Duenas-Villavicencio, wollte sich mit Carlos auf einem Erinnerungsfoto verewigen. Carlos war sofort einverstanden, doch leider hatte man vergessen, von den Österreichern einen Fotoapparat zu verlangen. Carlos kehrte zu Hernández Acosta zurück, überreichte ihm einen Brief und bat ihn höflich darum, den Brief an seine Mutter in Caracas weiterzuleiten. Acosta versprach, unentgeltlich den Postboten für ihn zu spielen.

Als Jamani fragte, warum der erste Zwischenstopp nicht, wie ursprünglich vorgesehen, in Tripolis, sondern in Algier erfolgen sollte, antwortete Carlos wahrheitsgemäß:

»Ich konnte die Einladung der Algerier einfach nicht ausschlagen. Sie haben mit dieser Operation nichts zu tun, aber andererseits können sie meinen Plan auch nicht vereiteln. Wir bleiben höchstens zwei Stunden in Algier. Ich werde einige Minister, die ich eigentlich in Libyen auf freien Fuß setzen wollte, schon in Algier von Bord lassen und bitten, meine Erklärung zu senden.«

Jamani hatte den Eindruck, daß Carlos in Libyen mit Schwierigkeiten rechnete. Er sprach ihn darauf an. Diesmal schnitt der Kidnapper gewaltig auf:

»Ganz im Gegenteil! Der Ministerpräsident wird uns am Flughafen empfangen. Die Libyer halten sogar eine Boeing 707 für uns bereit, mit der wir nonstop nach Bagdad fliegen können. Vorher werde ich noch ein paar Minister freilassen. Von Bagdad geht es dann weiter zu unserem letzten Ziel. Aden.«

Jamani fragte, ob eine Zwischenlandung in Damaskus geplant sei. Carlos verneinte.

»Ich habe Ihnen ja gesagt, was ich von den Syrern halte. Sie sind Abweichler, und sie sind gefährlich. Ich werde mich hüten, einen Fuß auf syrischen Boden zu setzen.«
Mit dieser Aussage lag er ganz auf Saddam Husseins Linie. Was freilich den grandiosen Empfang in Tripolis betraf, so sollte ihn dort eine dicke Überraschung erwarten.
Mit der Aufnahme in Algier konnte er allerdings mehr als zufrieden sein. Eine halbe Stunde vor der Landung holte Carlos den algerischen Ölminister ins Cockpit. Der Minister veranlaßte, daß am Flughafen ein Krankenwagen bereitstand, um Klein sofort ins nächste Hospital zu bringen. Flugkapitän Pollack erhielt ohne Verzögerung eine Landeerlaubnis. Nach der Landung wurde das Flugzeug auf den Stellplatz dirigiert, der normalerweise für die Maschine des Präsidenten reserviert war.
Carlos stieg unbewaffnet aus dem Flugzeug. Der algerische Außenminister Bouteflika erwartete ihn und führte ihn in die VIP-Lounge. Dort empfing ihn Präsident Boumedienne, wie er es Kreisky versprochen hatte. Der erste Joker des österreichischen Kanzlers lag jetzt auf dem Tisch.
Bei der Landung war den Geiseln befohlen worden, die Rollos herunterzuziehen und nicht mehr zu öffnen. Als die Minuten verstrichen und Carlos nicht zurückkehrte, setzte sich Acosta leise neben Chalid. Ursprünglich war ihm von Carlos zugesichert worden, daß er mit den anderen neutralen Geiseln in Algier von Bord gehen dürfe. Er hatte schon mit Hut und Mantel bereitgestanden, doch dann hatte ihn Carlos im letzten Moment zurückgepfiffen: »Ich brauche Sie noch für die Verhandlungen mit den Algeriern.«
Jetzt bemerkte Acosta, daß Chalid immer nervöser wurde. Er fragte ihn besorgt:
»Was ist los?«
»Irgend etwas ist schiefgelaufen. Carlos hat mir gesagt, daß ich das Flugzeug mitsamt den Passagieren in die Luft sprengen soll, wenn er in einer Stunde nicht zurück ist. Und das war vor vierzig Minuten.«
Acosta spürte, wie sein Puls zu rasen begann. Hätte er gewußt, daß Carlos notorisch zu spät kam, dann hätte er sich schnell wieder beruhigt.
»Hören Sie, Chalid. Meinen Sie nicht, daß Sie mit Carlos noch mal Kontakt aufnehmen sollten, bevor Sie das Flugzeug und uns in die Luft jagen? Vielleicht hat er einfach die Zeit vergessen. Vielleicht sitzt er auf der Toilette, was weiß ich.«

Während Chalid einräumte, daß der Vorschlag vernünftig sei, erinnerte sich Hernández Acosta an sein letztes Gespräch mit Carlos, bevor dieser aus dem Flugzeug gestiegen war.
»Sind Sie sicher, daß es nicht zu riskant ist, das Flugzeug zu verlassen?«
»Keine Sorge, Dr. Hernández. Es besteht überhaupt keine Gefahr. Schauen Sie, gegen Algerien oder das algerische Volk können ich und meine Gruppe nichts ausrichten. Aber gegen Boumedienne und Bouteflika allemal.«
»Was meinen Sie damit?«
»Wenn mir etwas zustößt, sind Boumedienne und Bouteflika schon so gut wie tot. Und sie wissen das. Ich bin fest davon überzeugt, daß meine Gruppe den Präsidenten und seinen Außenminister liquidieren wird, wenn etwas schiefgeht.«
Und es war etwas schiefgegangen. Präsident Boumedienne und seine Regierung versuchten, Carlos zur Freilassung sämtlicher Geiseln zu überreden. Carlos schob die Sprengung des Flugzeugs erst einmal auf, hielt jedoch an seiner Absicht fest, diesmal nur die Neutralen zu entlassen und die übrigen bei weiteren Zwischenstopps auf freien Fuß zu setzen. Boumedienne war besonders um das Schicksal der »übrigen« besorgt. Und er dachte dabei vor allem an Jamani und Amusegar. Dazu sagte mir Chalid später:
»Carlos redete immer zu viel. Als wir nach Algier kamen, wußte schon eine ganze Menge Leute, was wir mit Jamani und Amusegar vorhatten. Deshalb wollte Boumedienne von Carlos eine Garantie, daß dem Saudi und dem Iraner nichts geschehen würde. Carlos blieb unnachgiebig. Er sagte zu den Algeriern, daß er seine Befehle habe und daß er sie befolgen müsse. Aber er versprach auch, nach der Landung in Tripolis mit Haddad Kontakt aufzunehmen. Vielleicht wolle Haddad den Plan ja ändern.«
»War das ein ernsthaftes Angebot?«
»Aber nein. Er wollte die Algerier nur loswerden.«
Die »Neutralen« wurden freigelassen, darunter auch Hernández Acosta.
»Als ich das Flugzeug verließ, drückte mir Carlos zwei Patronen in die Hand und sagte, die seien für mich bestimmt gewesen. Ich fragte ihn, ob er mich wirklich erschossen hätte. Und er antwortete: ›Dr. Hernández, seien Sie versichert, Sie wären der allerletzte gewesen.‹«
Als Carlos wieder in die Maschine stieg, fragte ihn Flugkapitän Pollack, ob auch er und sein Kopilot jetzt freikämen.
»Vorher fliegen wir nach Tripolis und dann nach Bagdad.«

»Unmöglich, wir können nicht nonstop von Tripolis nach Bagdad fliegen. Wir müssen entweder in Beirut oder in Damaskus zwischenlanden.«
Nach mehr als fünf Stunden zäher Verhandlungen wurde die Maschine endlich aufgetankt. Gerade wurden die letzten Vorbereitungen für den Start getroffen, als die Algerier den Kidnappern erneut einen Strich durch die Rechnung machten. Zu den Geiseln, die freigelassen worden waren, hatte auch der algerische Ölminister Belaid Abdessalem gehört. Er war mit den anderen von Bord gegangen, doch jetzt tauchte er plötzlich wieder auf und bestand darauf, die Reise mit den restlichen Geiseln fortzusetzen. Boumedienne spekulierte darauf, daß seine Anwesenheit Jamani und Amusegar ein Mindestmaß an Schutz gewähren und den Libyern klarmachen würde, welches Schicksal die beiden in Aden erwartete. Carlos witterte die Gefahr und versuchte alles, um Abdessalem zum Verlassen des Flugzeuges zu »überreden«. Doch der Algerier ließ sich nicht einschüchtern und nahm wieder seinen Platz ein.
Carlos hatte vor Jamani damit geprahlt, daß man ihm in Tripolis einen grandiosen Empfang bereiten werde. Doch kaum hatte das Flugzeug libyschen Luftraum erreicht, entpuppte sich auch das als unrealistischer Traum. Die Flugsicherung in Tripolis verweigerte die Landeerlaubnis. Außerdem wies man seine Forderung zurück, am Flughafen von Ministerpräsident Major Jallud empfangen zu werden.
Der libysche Ölminister Essedin Mabruk wurde ins Cockpit geholt. Mit zitternder Stimme wandte er sich an die Flugsicherung: »Die Situation im Flugzeug ist äußerst gespannt. Die Entführer sind schwer bewaffnet und werden uns mit Sicherheit umbringen, wenn Sie ihre Anweisungen nicht befolgen. Sie müssen uns landen lassen! Ich verlange, daß der Ministerpräsident wegen einer Angelegenheit von höchster Dringlichkeit zum Flughafen gerufen wird.«
Um 19.10 Uhr Ortszeit durfte das Flugzeug schließlich landen. Die Mehrheit der Passagiere hatte ihre zweite schlaflose Nacht vor sich. Carlos und seine Gruppe hielten sich mit Amphetaminen wach, die anderen zehrten von ihren Kraftreserven.
Diesmal wurde das Flugzeug nicht zum Standplatz der Präsidentenmaschine dirigiert, sondern zu einer Rollbahn, die in einiger Entfernung zum Flughafengebäude lag. Ministerpräsident Jallud war noch nicht da. Es dauerte weitere 90 Minuten, bis er endlich eintraf. Die Libyer warnten Carlos, unter keinen Umständen libyschen Boden zu betreten. Das war kaum die Art von Begrüßung, die er Jamani geschildert hatte.

Carlos war in seiner Eitelkeit verletzt und kochte vor Wut. Doch er war machtlos. Chalid mußte mit den Libyern verhandeln. Er verließ in Begleitung des libyschen und des algerischen Ölministers das Flugzeug. Unterdessen erinnerte der Pilot noch einmal daran, daß ein Nonstopflug nach Bagdad unmöglich sei. Carlos entgegnete, dann werde man in Tobruk zwischenlanden. Als Pollack konterte, daß er die dafür erforderlichen Navigationskarten nicht an Bord habe, antwortete Carlos, dann werde er eben von den Libyern ein größeres Flugzeug verlangen. Vor Jamani hatte er noch damit geprahlt, daß eine solche Maschine bereits vollgetankt in Tripolis bereitstehe. Ein Wunschtraum, weiter nichts.

Während der Venezolaner in der Maschine die launische Diva spielte, sich bitter über das unkooperative Verhalten der Libyer beklagte und jedermann erzählte, daß er eine bessere Behandlung verdient habe, wurde Chalid im Flughafengebäude mit den Tatsachen konfrontiert.

»Die Verhandlungen waren sehr schwierig. Jallud lehnte es ab, ein größeres Flugzeug zur Verfügung zu stellen.«

»Aber auf dem Flug von Wien nach Algier hatte Carlos zu Jamani gesagt, daß ihm die Libyer eine Boeing zur Verfügung stellen würden. Warum machten sie jetzt einen Rückzieher?«

»Eine solche Absprache hat es nie gegeben. Carlos hat nur geprahlt. Das war so seine Art. Wir hatten Wien bereits verlassen, als Carlos erfuhr, daß die österreichische DC 9 nicht die notwendige Reichweite besaß, um nonstop von Tripolis nach Bagdad zu fliegen. Der Pilot sagte ihm, daß wir entweder irgendwo zwischenlanden oder das Flugzeug wechseln müßten. Carlos ging davon aus, daß wir von den Libyern ein größeres Flugzeug bekommen würden.«

»Und worauf stützte er diese Annahme?«

»Er glaubte, daß die Libyer die Operation unterstützen würden. Schließlich war Gaddafi ein Mann, der revolutionäre Bewegungen unterstützte.«

»Aber das war nur eine Annahme. Gab es vor der Operation mit Gaddafi keinerlei Absprache über eine Unterstützung der Operation?«

»Nein. Libyen hatte mit der ganzen Sache nichts zu tun. Es war von Anfang bis Ende ein irakisches Unternehmen.«

Chalids Ausführungen machten deutlich, daß Wadi Haddad sich böse verrechnet hatte. Dem Fachmann für Logistik war entgangen, daß die maximale Reichweite des Flugzeugs, das Carlos gemäß seiner Order den Österreichern abgepreßt hatte, bei knapp über 2200 Kilometern lag. Die Entfernung von Tripolis nach Bagdad betrug aber rund 3200 Kilometer. Hätte Carlos in Wien ein Flugzeug mit größerer Reichweite verlangt, dann wären Jamani und Amusegar jetzt bereits tote Männer gewesen. So aber hatten sie noch eine Chance. Ihr Leben hing allein davon ab, wie Gaddafi reagieren würde. Und das entbehrte nicht einer gewissen Ironie. Der libysche Revolutionsführer war lange Zeit für eine Anhebung des Ölpreises eingetreten. Beispielsweise hatte er einige Jahre zuvor die Aufhebung des Preisstopps durchgesetzt, den die »Sieben Schwestern«, das Ölkartell, verordnet hatten. Doch inzwischen hatte er seine Haltung geändert. Der Grund war die Ölschwemme Ende 1975. Statt wie sonst auf eine Preiserhöhung zu drängen, hatte er sich im Vorfeld der Wiener Konferenz auf die Seite der gemäßigten OPEC-Staaten wie Saudi-Arabien geschlagen. Und ausgerechnet in dieser Situation sollte er Carlos dabei helfen, den saudischen Minister Jamani, den Wortführer der Gemäßigten, zu ermorden.

»Jallud sagte mir, daß Gaddafi über den Wiener Anschlag empört sei. Er war wütend, weil ein Mitglied seiner Delegation getötet worden war. Außerdem war er wütend, weil Libyen durch die Landung der Maschine in Tripolis in die Sache mit hineingezogen wurde.«

Carlos saß derweil ahnungslos in der Maschine und gab sich Pollack gegenüber optimistisch, daß er von den Libyern ein größeres Flugzeug bekommen würde. Zu Jamani sagte er, er sei nur deshalb an Bord geblieben, »weil die Libyer darauf bestanden haben, mit einem Araber zu verhandeln«.

Jallud vollführte bei seinen Verhandlungen mit Chalid einen gefährlichen Balanceakt. Gaddafis Forderung war klar: Die Haddad-Gruppe sollte alle Geiseln freigeben und anschließend das Land verlassen. Doch gleichzeitig legte er, wie jeder arabische Führer, großen Wert darauf, nicht das Gesicht zu verlieren. Er nannte sich Revolutionsführer, und von einem Revolutionsführer wurde erwartet, daß er revolutionäre Bewegungen unterstützte. Über zwei Stunden lang spielten Chalid und Jallud verschiedene Lösungsmöglichkeiten durch, bevor sie in Begleitung des libyschen Ölministers wieder das Flugzeug bestiegen.

Jallud ging durch die Reihen der erschöpften Geiseln und begrüßte sie herzlich. Bei Jamani und Amusegar blieb er kurz stehen und versicherte ihnen: »Ihr Leben ist nicht in Gefahr.«

Dann ging er nach vorn, setzte sich neben Carlos und demonstrierte die hohe Kunst arabischer Verhandlungstaktik.

»Nun ja, wir könnten Ihnen ein größeres Flugzeug geben, eine Boeing 737. Doch ich fürchte, sie steht im Moment in Tobruk. Aber wenn Sie tatsächlich nach Bagdad weiterfliegen wollen, wovon ich ausgehe, nützt sie Ihnen ohnehin nichts, denn sie hat nicht die nötige Reichweite. Was Sie brauchen, ist eine Boeing 707. Leider verfügen wir derzeit über keine solche Maschine. Meine Leute bemühen sich aber, eine 707 von einer anderen Fluggesellschaft zu chartern. Ach übrigens, wir haben gerade Nachricht aus Bagdad bekommen. Sie verweigern Ihnen die Landeerlaubnis.«

Man muß es selbst erlebt haben, um zu verstehen, wie gut sich arabische Politiker auf diese Art des Verhandelns verstehen. Die Vorstellung, daß irgendeine Fluggesellschaft auf der Welt der Haddad-Gruppe bereitwillig ein Großraumflugzeug im Wert von viele Millionen Dollar zur Verfügung stellen würde, war schlechterdings absurd. Aber Carlos, der sich in Wien noch damit gebrüstet hatte, »alle Tricks zu kennen«, fiel darauf herein.

Bevor Jallud das Flugzeug wieder verließ, bekräftigte er nochmals, daß die Maschine »so bald wie möglich« bereitstehen werde.

Es war jetzt später Montag abend. Am Sonntag, kurz vor Mittag, hatte die Operation begonnen, und auch in der Nacht von Samstag auf Sonntag hatten Carlos und seine Leute kaum geschlafen. Das einzige, was sie noch aufrecht hielt, waren die Amphetamine. Die Anspannung forderte ihren Preis. Carlos zeigte inzwischen deutliche Anzeichen von Besorgnis. Gabriele Kröcher-Tiedemann kam zu ihm nach vorn und brach in Tränen aus. Chalid mußte sich mehrmals übergeben. Gegen Mitternacht hatten sie weder etwas von Jallud gehört, noch stand ein Ersatzflugzeug bereit.

Carlos beschloß, nach Algier zurückzukehren und Boumedienne um ein größeres Flugzeug zu bitten.

Als das Flugzeug in Tripolis abhob, hatte es noch zehn Geiseln an Bord: Vier Ölminister und sechs Mitglieder ihrer Delegationen. Die Entscheidung rückte näher.

Auf dem Rückflug nach Algier geriet Carlos ins Grübeln. Er fühlte sich von den Libyern verraten. Sein Gemütszustand schwankte zwischen Euphorie und Paranoia. Dazu Chalid:

»Carlos hatte das Gefühl, alle Welt hätte sich gegen ihn verschworen. Ich hörte zu, als er mit el-Kasemi [dem kuwaitischen OPEC-Minister] sprach und die Baader-Meinhof-Gruppe der Unfähigkeit bezichtigte. Er sagte, er könne nicht verstehen, warum Haddad so viel daran gelegen sei, sie aus den deutschen Gefängnissen herauszuholen. Haddad plane als nächste Aktion, einen europäischen Staatschef zu entführen und den harten Kern der Baader-Meinhof-Gruppe freizupressen. Außerdem erzählte er el-Kasemi, daß die westdeutsche Regierung den Nachfolgern der Baader-Meinhof-Gruppe jährlich 2,5 Millionen Mark zahle, damit sie keine Anschläge auf deutsche Flughäfen oder Maschinen der Lufthansa verübten. Dann behauptete er, Gaddafi habe sowohl den Anschlag auf die OPEC als auch den Anschlag bei den Olympischen Spielen in München finanziert.«

»Stimmt das?«

»Nur das mit den Schutzgeldzahlungen der Deutschen.«

»Und wer hat die OPEC-Aktion finanziert?«

»Das Land, das den Plan ausgeheckt hat.«

»Der Irak?«

»Genau.«

»Und den Anschlag in München?«

»Was hat Ihnen Abu Ijad dazu gesagt?«

»Daß die Idee und der Plan von ihm gewesen seien. Und daß die PLO den Anschlag finanziert habe.«

»Das ist auch meine Meinung.«

Dann beschäftigte sich Carlos wieder mit den Algeriern, von denen er unbedingt ein Flugzeug bekommen wollte. Es war nicht auszuschließen, daß auch sie ihn verraten würden. Es war jetzt 2.30 Uhr am Morgen. Als Captain Pollack die tunesische Grenze überflog, gab ihm Carlos plötzlich den Befehl, auf dem Flughafen von Tunis zu landen. Pollack nahm Kontakt zum Tower in Tunis auf und gab über Funk durch, daß er zur Landung Tunis gezwungen werde. Den Tunesiern gefiel das gar nicht. Sie verweigerten die Landeerlaubnis und erklärten, daß die Regierung die sofortige Schließung des Flughafens angeordnet habe. Pollack, der Carlos in den bisherigen Gesprächen als »sehr beherrscht, sehr höflich« empfunden hatte, erlebte jetzt einen ganz anderen Carlos.

»Er war rasend vor Wut. Als wir Tunis überflogen, befahl er mir erneut zu landen, mit oder ohne Erlaubnis. Ich protestierte und wies ihn darauf hin, daß die Tunesier vermutlich die Landebahn mit Fahrzeugen blockiert hätten und daß sie das Flugzeug möglicherweise sogar mit Raketen angreifen würden. Er antwortete: ›Keine Angst, Captain, die werden schon nicht auf Sie schießen. Die haben gar keine Raketen. Ich weiß Bescheid. Ich will, daß Sie ganz tief über Tunis hinwegfliegen und ihnen einen gehörigen Schrecken einjagen. Und dann landen Sie.‹«

Beim Abflug in Wien hatte Carlos noch zu Pollack gesagt: »Keine Sorge, Captain, ich habe schon viele Flugzeuge entführt.« Natürlich war auch das pure Angeberei gewesen. Und jetzt forderte er den Piloten einer Verkehrsmaschine auf, wie ein Kunstflieger auf einer Flugschau zu manövrieren. Aber Pollack blieb kaum eine andere Wahl, er mußte gehorchen. Als das Flugzeug in eine Linkskurve überging und an Höhe verlor, gab der Kopilot Herrold dem Venezolaner ein Zeichen, aus dem Fenster auf die Rollbahn unter ihnen zu schauen. Genau in diesem Moment hatte jemand in der Flugsicherung die glänzende Idee, die gesamte Flughafenbeleuchtung auszuschalten. Ein Sekunde später war alles dunkel.

Carlos war gezwungen, seine Landeabsichten aufzugeben, und befahl Pollack, nach Algier weiterzufliegen. Er fluchte auf die Tunesier: »Scheißkerle! Ich werde euch schon noch zeigen, wer hier der Boß ist.«

Als die Maschine den Luftraum über Algier erreichte, mußte der Pilot zunächst annähernd eine Stunde in einer Warteschleife kreisen. Carlos hatte sich über seine Behandlung in Libyen so aufgeregt, daß er beim Abflug aus Tripolis gar nicht mehr an den algerischen Ölminister Belaid Abdessalem gedacht hatte. Abdessalem war beim ersten Zwischenstopp in Algier einer seiner wichtigsten Unterhändler gewesen. Doch jetzt hatte er ihn aus Versehen in Tripolis zurückgelassen. Ein Fehler, der an das Fiasko in der Rue Toullier erinnerte.

Während die Maschine über Algier kreiste, wurden weitere Mitglieder der algerischen Regierung aus dem Bett geklingelt und zum Flughafen gerufen. Um 3.40 Uhr durfte die Maschine schließlich landen.

Diesmal blieb Chalid im Flugzeug zurück, während Carlos in der VIP-Lounge des Flughafens mit den Algeriern verhandelte und ein größeres Flugzeug verlangte.

Für Jamani und Amusegar war nun die Stunde der Wahrheit gekommen. Ihr Leben lag jetzt ganz in den Händen der Algerier.

Wie schon die Libyer, so waren jetzt auch die Algerier Carlos weit überlegen. »Natürlich werden wir versuchen, Ihnen eine Boeing 707 zu besorgen. Aber es ist mitten in der Nacht. So etwas braucht Zeit.« Carlos war zum Umfallen müde. Zeit war genau das, was ihm nicht in unbegrenztem Umfang zur Verfügung stand. Die Algerier begannen, ihn unter Druck zu setzen.

»Wir könnten Ihnen natürlich eine 727 geben, aber Sie wissen ja selbst, daß Sie mit einer 727 nicht nonstop nach Bagdad kommen.«

Und weiter: »Hören Sie, Carlos. Haben Sie sich schon einmal überlegt, welche Konsequenzen es eigentlich für Sie hat, wenn Sie Haddads Befehle ausführen? Die Saudis und die Iraner werden hinter Ihnen hersein. Und wer soll Sie beschützen? Saddam Hussein etwa? Eine Zeitlang vielleicht. Sie wissen ja selbst, daß die Iraner den Irak seit Jahren infiltriert haben. Wie sollte Sie ein Hussein schützen, der erst vor ein paar Monaten hier in Algier den Schah geküßt und einen Friedensvertrag unterzeichnet hat? Oder Wadi Haddad? Wenn die Saudis den Südjemen unter Druck setzen, liefert er Sie an die Saudis aus. Und die werden Sie vor ein ordentliches Gericht stellen und dann einen Kopf kürzer machen. Genauso haben sie es mit Faisals Mörder gemacht. Es gibt allerdings eine Alternative.«

Dann erklärten ihm die Algerier, wie die Operation auf weit erfreulichere Weise zu Ende gebracht werden könnte. Je länger er zuhörte, desto mehr erwärmte er sich für ihre Vorschläge. Und je mehr er sich für ihre Vorschläge erwärmte, desto mehr verflüchtigte sich der letzte Rest seiner Ideale in bezug auf die palästinensische Sache. Zyniker behaupten, daß jeder Mensch seinen Preis hat. Und es wird immer Männer wie Carlos geben, auf die sie verweisen können.

Ministerpräsident Boumedienne bot Carlos den Schutz seines Landes an. In Algerien, so Boumedienne, sei er vor den Saudis und Iranern ebenso sicher wie vor etwaigen Racheakten Wadi Haddads. Außerdem bot er ihm Geld an. Viel Geld. Warum Jamani und Amusegar ermorden? Warum nicht ein Lösegeld für sie verlangen? »Seit der Konferenz im März haben wir eine direkte Verbindung zum Schah. Und ich kann auch König Chalid anrufen. Wieviel wollen Sie?«

Carlos verlangte kein größeres Flugzeug mehr, er feilschte wie ein Tourist in einem orientalischen Suk. Und er feilschte gut. Am Ende einigte man sich auf ein Lösegeld von zehn Millionen Dollar. Pro Kopf.

Boumedienne verständigte Teheran und Riad. Sowohl der persische Schah als auch der saudische König akzeptierten die Forderung. Aber Carlos blieb mißtrauisch und verlangte Garantien. Auch darauf hatte der algerische Präsident die passende Antwort.

»Die algerische Staatsbank wird für die gesamten 20 Millionen Dollar als Bürge einspringen.«

Damit war das Geschäft perfekt. Bis auf ein kleines Problem.

An Bord des Flugzeugs warteten die vier zu Tode erschöpften Genossen des Venezolaners. Und sie warteten nicht auf Nachricht, wie hoch das Lösegeld war, sondern ob eine Boeing 707 bereitgestellt wurde. Die Algerier hatten Carlos ihre Lösung verkauft, jetzt lag es an ihm, sie Chalid und den anderen schmackhaft zu machen. Haddads Plan sah keine Lösegelderpressung in Algier vor, sondern einen Doppelmord in Aden. Carlos kehrte an Bord zurück. Unmittelbar nach seiner Ankunft sprach Carlos mit Jamani und Amusegar.

»Ich habe da ein Problem, und ich weiß nicht, was ich tun soll. Es betrifft Sie beide. Was soll ich mit Ihnen anfangen? Ich bin Demokrat, aber Sie beide haben ja keine Ahnung, was das ist, Demokratie. Ich werde mich jetzt mit meinen Kameraden zusammensetzen und beratschlagen, was mit Ihnen geschehen soll. Danach werde ich Ihnen mitteilen, zu welcher Entscheidung wir gelangt sind.«
Jamani und Amusegar spähten angestrengt nach vorn und spitzten die Ohren, um etwas von der »demokratischen Diskussion« mitzubekommen, bei der über ihr Schicksal entschieden wurde.
Die beiden Ölminister konnten nicht verstehen, was gesprochen wurde. Dafür hörten andere mit. Entweder war das Funkgerät des Piloten eingeschaltet, oder die Algerier hatten im Flugzeug Wanzen angebracht. Jedenfalls konnten sie im Tower jedes Wort mitverfolgen.
Chalid und Gabriele Kröcher-Tiedemann waren über Carlos' Vorschlag empört, die Operation gegen Bezahlung eines Lösegelds abzubrechen. Beide bestanden auf der Hinrichtung der beiden Minister. Carlos protestierte.
»Aber wenn wir sie umbringen, bekomme ich das Geld nicht.«
Er argumentierte damit, daß Geld viel wichtiger sei. Mit zusätzlichen Mitteln in dieser Höhe könne Wadi Haddad Dutzende von spektakulären Operationen durchführen, alle im Namen Palästinas. Eines verschwieg Carlos seinen Genossen freilich: Er hatte darauf bestanden, daß die Algerier das Geld nicht an Haddad in Aden auszahlten, sondern an Carlos in Algier. Ich sprach darüber mit Chalid.
»Wenn ich das schon bei unserem Streit im Flugzeug gewußt hätte, hätte ich Carlos auf der Stelle erschossen. Er wollte Haddad verraten, die Palästinenser, überhaupt alles.«
Die Diskussion wurde immer hitziger. Und die ganze Zeit über hielt Jussif eine automatische Waffe auf Jamani und Amusegar gerichtet.
Mitte der siebziger Jahre hatte Carlos in Jordanien sein erstes Training mit Palästinensern absolviert. Seitdem hatte er eine ausgeprägte Führermentalität entwickelt. Viele beklagten sich darüber. Wenn er mit deutschen Terroristen zusammenarbeitete, versuchte er stets, das Kommando an sich zu reißen. Moukarbel hatte diese Arroganz am eigenen Leib verspürt, und viele andere auch. Ich sprach mit Bruno Kreisky über die »demokratische Versammlung« im vorderen Teil des Flugzeugs. Er sagte, sie bestätige ihn in seiner Auffassung, daß Carlos immer nur für Carlos gearbeitet habe.
»Er ist ein Kondottiere, ein Söldner. Bei der Besprechung mit den anderen, die in verschiedenen Sprachen geführt wurde – Arabisch, Eng-

lisch und Deutsch –, ging es ihm nur um Geld. Etwas anderes interessierte ihn nicht.«

Chalid bestätigte diese Ansicht.

»Er sagte immer wieder, daß wir die beiden nicht umbringen könnten, sonst würde er kein Geld bekommen. Geld! Mein Volk hat keine Heimat, und er dachte nur an Geld.«

Schließlich überlistete der Venezolaner Chalid und die anderen. Dazu Chalid:

»Wadi Haddad hatte klare Anweisungen gegeben, wer bei der Operation Entscheidungen zu treffen hatte. Ganz egal, welche Anweisungen oder Befehle der Führer des Kommandos auch gab, sie mußten ohne Wenn und Aber befolgt werden. Wir warfen Carlos vor, daß er mit seinem Vorhaben gegen Haddads Befehle verstoße. Aber er sagte, das sei seine Sache und er werde dafür die volle Verantwortung übernehmen. Da mußten wir gehorchen.«

Nach dieser »demokratischen« Versammlung kehrte Carlos zu den wartenden Ministern zurück.

»Wir haben beschlossen, Sie gegen Mittag freizulassen. Für Ihr Leben besteht jetzt keinerlei Gefahr mehr.«

Gefragt, warum er bis Mittag warten wolle, antwortete er, er wolle die Spannung noch ein bißchen genießen. In Wahrheit wartete er auf das Eintreffen des Lösegelds.

Unter Aufbietung seines ganzen Charmes fügte er hinzu:

»Sollten wir nicht die Kabinenbeleuchtung ausschalten, vielleicht hilft Ihnen das, ein wenig Schlaf zu finden?«

Die Geiseln erhielten Kissen, Kaffee und Süßigkeiten.

Gabriele Kröcher-Tiedemann, die mit ansehen mußte, wie Carlos vor Liebenswürdigkeit überströmte, verlor die Fassung und schrie ihn an: »Du Arschloch!«

Jamani war nach wie vor davon überzeugt, daß er das Flugzeug nicht lebend verlassen würde. Er unterschätzte das Verhandlungsgeschick der Algerier und hatte nicht die leiseste Ahnung, daß sie Carlos bereits gekauft hatten. Kurze Zeit später wurde Carlos über Funk zum Flughafengebäude gerufen. Er verließ das Flugzeug. Die Algerier teilten ihm mit, daß sie ein Konto auf seinen Namen eröffnet und das Geld auf dieses Konto überwiesen hätten. Angesichts der prekären Lage im Flugzeug hatten sie es für ratsamer gehalten, nicht auf die Überweisungen aus dem Iran und Saudi-Arabien zu warten. Außerdem ließen sie Carlos wissen, daß sie die Diskussion der Gruppe mitgehört hatten. Sie schlugen ihm eine Lösung vor, wie mir Chalid berichtete.

»Als Carlos zurückkam, sagte er, daß die Algerier unsere Besprechung mitgehört hätten. Falls Jamani oder Amusegar etwas zustoßen sollte, würden wir alle sterben, gleich da draußen, auf dem Flughafen.«

Kurz vor sechs Uhr morgens war der Spuk vorüber. Carlos sprach noch ein paar Worte zu Jamani und Amusegar, dann verließ er mit seinen Leuten das Flugzeug. Bald danach betraten auch die letzten Geiseln als freie Männer algerischen Boden.

Im Flughafengebäude erholten sich die Ölminister und ihre Mitarbeiter erst einmal von ihrem Martyrium. Nicht weit von ihnen entfernt standen die Entführer und sprachen mit algerischen Sicherheitsbeamten. Sie wirkten wie eine Gruppe von Reisenden, die darauf warteten, daß ihr Flug aufgerufen wurde. Chalid ging hinüber zu Jamani, der sich gerade mit dem algerischen Außenminister Bouteflika unterhielt, und beschimpfte den Saudi. Mit aufgerissenen Augen brüllte er ihn an, daß seine Tage auf dieser Erde gezählt seien.

»Sie werden viel früher daran glauben, als Sie denken.«

Chalid gab mir gegenüber später zu:

»Ja, ich hatte eine Pistole im Schulterhalfter stecken. Ich wollte ihn eigentlich auf der Stelle erschießen. Aber dann drückte mir Bouteflika ein Glas Orangensaft in die Hand, und Sekunden später wurde ich von algerischen Sicherheitsleuten umringt und entwaffnet. Sie hinderten mich daran, das Todesurteil zu vollstrecken.«

Kreiskys Joker, die Algerier und die Libyer, hatten den Nervenpoker entschieden. Die Version, die anschließend von der Presse verbreitet wurde, las sich zwar ganz anders, doch zum damaligen Zeitpunkt hatten die Journalisten nicht die leiseste Ahnung, was tatsächlich hinter der Wiener Operation gesteckt hatte.

Bruno Kreisky, der vor einer äußerst schwierigen Situation gestanden hatte, wurde zur Zielscheibe scharfer Kritik. In zahlreichen Leitartikeln und Kommentaren wurden ihm Schwäche und Nachgiebigkeit vorgeworfen. In Großbritannien und Amerika fühlten sich diejenigen bestätigt, die strikt gegen jede Form von Verhandlungen mit Terroristen waren. Dies war noch vor der Iran-Contra-Affäre, und noch vor dem Mord an der Konstablerin Yvonne Flechter vor der libyschen Botschaft in London. Erinnern wir uns: Nach dem Tod der Polizistin ließ Margaret Thatcher, die Eiserne Lady, das gesamte Personal der libyschen Botschaft ungehindert aus Großbritannien ausreisen.

Auch mit den Algeriern ging die Presse hart ins Gericht. Besonders verärgert war man in Algier über einen Kommentar in der WASHING-

TON POST. Außenminister Bouteflika bemerkte in einer geheimen Kabinettssitzung:
»Die Amerikaner würden ganz andere Töne anschlagen, wenn sich Kissinger unter den Geiseln befunden hätte.«
Die Journalisten bekämpften den Terrorismus vom sicheren Schreibtisch aus, doch natürlich versuchten sie auch, den Schuldigen ausfindig zu machen. Die Liste der in Frage kommenden Täter war lang. Jamani eröffnete den Reigen der Verdächtigungen, indem er mit dem Finger auf Israel wies. Ging man von der Frage aus, wer von dem Anschlag profitierte, war das gar nicht einmal so abwegig. Es lag durchaus im Interesse Israels, eine von Arabern dominierte Organisation zu spalten, die den Rohölpreis diktierte. Anfänglich stimmte die ägyptische Presse dem saudischen Ölminister zu. ISRAELIS BENUTZTEN ARABISCHE NAMEN, lautete die Schlagzeile eines Kairoer Blatts. In Teheran wurde man andernorts fündig. DIE CIA UND ANDERE WESTLICHE GEHEIMDIENSTE STECKEN HINTER DEM ANSCHLAG, schrieb eine halbamtliche Zeitung.
Die PLO und die Volksfront verurteilten den Anschlag, lieferten aber keinerlei Hinweise auf die Hintermänner. In London meldete die rechtsgerichtete Presse, die Sowjetunion habe die Hand mit im Spiel gehabt. Ein einmaliger Fall: KGB und CIA wurden ein und desselben Verbrechens verdächtigt. Heikel war die Situation für die Franzosen. Schließlich wurde Carlos, der Anführer des Terrorkommandos, in ihrem Land wegen einer Reihe schwerster Verbrechen gesucht. Von den Algeriern die Auslieferung des Venezolaners zu verlangen war problematisch, also griffen sie auf eine altbewährte Taktik zurück. Sie setzten, hauptsächlich durch die Zeitung LE MONDE, die Geschichte in die Welt, daß Carlos den Anschlag unmöglich ausgeführt haben könne, da er bereits im Sommer im Nahen Osten ermordet worden sei. Als bekannt wurde, daß der »tote« Carlos seinem Landsmann Hernández Acosta einen Brief an seine Mutter mitgegeben hatte, ließen sie sich nicht beirren und taten die Meldung als gezielte »Falschinformation« ab: Ein solcher Brief habe nie existiert. Wenige Tage nach dem OPEC-Anschlag setzten sie Amparo Silva Masmela, die seit den Morden in der Rue Toullier im Gefängnis auf ihren Prozeß wartete, gegen Kaution überraschend auf freien Fuß. Wenig später ließen sie alle Anklagepunkte gegen sie fallen. Als schließlich eine Woche nach dem Anschlag unwiderlegbare Beweise vorlagen, daß Carlos den Anschlag ausgeführt hatte, streute der französische Geheimdienst das Gerücht aus, daß er sich in Libyen aufhalte. In Wahrheit war er immer noch in Algerien.

Inzwischen hatten die Ägypter einen neuen Schuldigen ausgemacht: Oberst Muammar el-Gaddafi. Die Tageszeitung ACHBAR EL-JOM kündigte für die nächsten Tage die Veröffentlichung offizieller Dokumente an, die angeblich »zweifelsfrei« bewiesen, daß Gaddafi hinter dem Anschlag stecke und ihn finanziert habe. Seitdem sind 17 Jahre vergangen, und das Blatt hat die Dokumente immer noch nicht veröffentlicht. Doch mittlerweile ist Gaddafis »Schuld« allgemein als »Tatsache« anerkannt. Niemand hat mit dem Finger auf den wahren Schuldigen gezeigt: den irakischen Präsidenten Saddam Hussein. Mehrere Zeitungen meldeten damals, daß die Mitglieder des Kommandos Algerien verlassen hätten und »zu ihrem Stützpunkt in Libyen« zurückgekehrt seien. Tatsächlich aber flogen Chalid, Jussif, Joseph, und Kröcher-Tiedemann nonstop von Algier nach Aden und trafen am 28. Dezember in Wadi Haddads Hauptquartier im Südjemen ein. Carlos wartete in Algier, bis Klein wieder reisefähig war. Ursprünglich sollten die beiden noch einige Wochen bleiben, doch am 1. Januar drängte Carlos, der es immer seltener lange an einem Ort aushielt, auf eine sofortige Abreise. Klein wurde kurzerhand für reisetauglich erklärt, und noch am selben Tag flogen die beiden in den Südjemen, einem turbulenten Wiedersehen mit Haddad entgegen.
Während die Zeitungen voll waren mit Spekulationen über die Riesensummen, die Carlos und Klein von Gaddafi erhalten hätten, versuchte Haddad, der Wahrheit auf die Spur zu kommen. Und was er dabei entdeckte, gefiel ihm ganz und gar nicht.
Haddads Manöverkritik zu der Wiener Operation dauerte länger als der Anschlag selbst. Die Liste der Fragen, die er beantwortet haben wollte, war lang. Dem verwundeten Klein hielt er vor, daß er nicht sofort das Feuer eröffnet hatte, um die österreichische Telefonistin, Tichler, den Iraker el-Chafali und mehrere andere Leute unschädlich zu machen. Bonuspunkte kassierte Klein dafür, daß er trotz seiner Verwundung die Stellung gehalten hatte. Joseph bekam einen Rüffel, weil er sich in der Anfangsphase der Operation zu lange im Konferenzsaal aufgehalten habe, statt Klein zu helfen. Chalid erntete harsche Kritik, weil er in Tripolis keine Boeing 707 aus dem Hut gezaubert hatte, und auch Kröcher-Tiedemann bekam ihr Fett ab: Nach Haddads Meinung hatte sie den Iraker zu nahe an sich herankommen lassen, bevor sie ihn erschoß. So ging es Stunde um Stunde. Doch am meisten Federn lassen mußte Carlos, der Mann, der »alle Tricks« kannte. Dazu Chalid: »Für mich und die anderen Kommandomitglieder war es offensichtlich, daß Carlos uns verkauft hatte. Außerdem waren wir davon über-

zeugt, daß er uns schon viel früher verraten hatte, lange bevor er die Operation auf dem Flughafen von Algier abblies. Ich persönlich vermute, daß er sich schon vor Beginn der Operation mit dieser Absicht getragen hat. Sehen Sie, Mr. David, wenn man Carlos wirklich verstehen will, darf man eines nicht außer acht lassen: Er war und ist ein Bourgeois. Er war immer nur mit dem Mund ein Revolutionär, nie mit dem Herzen. Er liebte schnelle Autos und wohnte gern im Hilton, an solchen Dingen hing sein Herz. Falls er überhaupt jemals Ideale hatte, dann hat er sie lange vor dem OPEC-Anschlag verloren.«

Chalid und Peter-Jürgen Boock berichteten mir ausführlich über die Manöverkritik im Anschluß an die Wiener Operation.

»Wadi Haddad schäumte vor Wut«, erinnerte sich Boock. »Es hieß, daß Carlos vor ein Gericht gestellt werden sollte. Andere wollten ihn lieber gleich erschießen, ohne Verhandlung. Wieder andere, darunter einige Palästinenser, waren der Ansicht, daß sich eine Hinrichtung nachteilig auf die Gruppe als Ganzes auswirken würde. Wir hätten ihm einen Auftrag gegeben, ihn benutzt und sollten ihn so, wie er sei, akzeptieren. Einige, die Haddad nahestanden, waren überzeugt, sie hätten mit Carlos ein Monster geschaffen, das ihrer Kontrolle entglitten sei.«

Carlos führte zu seiner Verteidigung an, daß ihm in seiner Situation keine andere Wahl geblieben sei. Die Libyer hätten ihm kein geeignetes Flugzeug zur Verfügung gestellt, und selbst wenn, dann hätte er damit in Bagdad nicht landen können. Wenn er die Ermordung Jamanis und Amusegars zugelassen hätte, so hätten sie alle an der Seite der Ölminister sterben müssen. So aber hätten sie überlebt und könnten den Kampf fortsetzen. Haddads Kommentar zu diesem Argument: »Lieber in Ehren sterben, als in Unehre leben.«

Jede Prahlerei, mit der sich Carlos während der Operation aufgespielt hatte, wurde untersucht. Zum Beispiel seine Bemerkung zu Flugkapitän Pollack: »Ich habe schon viele Flugzeuge entführt.« Oder das Märchen, das er Jamani aufgetischt hatte: »Ich habe mit den Israelis in der Schweiz ein Abkommen geschlossen. Einen Nichtangriffspakt. Ich habe ihnen versprochen, daß ich sie in Israel in Ruhe lasse, und sie haben mir versprochen, daß sie mich außerhalb Israels in Ruhe lassen.«

An den meisten Lügengeschichten hatte Wadi Haddad nichts auszusetzen. Im Gegenteil, in seinen Augen hatten sie den Terror eher noch verstärkt. Nur an einer Bemerkung störte er sich: Carlos hatte vor dem kuwaitischen Ölminister mit der einträglichen Erpressung der westdeutschen Regierung geprahlt. Das war ausnahmsweise nicht gelogen, und Carlos erntete für diese Enthüllung scharfe Kritik.

Doch eine Sache erboste Haddad mehr als alles andere. Die Sache mit dem Lösegeld, den 20 Millionen Dollar.

Haddad hatte schon lange vor der Rückkehr des Venezolaners alles über die 20 Millionen Dollar gewußt. Der Geldbeschaffung widmete er sich mit der gleichen Begeisterung wie der Verbreitung von Terror. Geld war das Öl, das seine Organisation am Laufen hielt.

Die Geschichte mit dem riesigen Lösegeld für Jamani und Amusegar hatte ein Nachspiel. Die Saudis hatten vereinbarungsgemäß gezahlt. Nicht aber der Schah.

Kaum waren die Geiseln wieder auf freiem Fuß, ließ Resa Pahlewi die Überweisung der zehn Millionen Dollar auf das Konto in Algerien stornieren. Die Algerier berichteten Carlos von dieser »Perfidie«, und der Venezolaner holte zum Gegenschlag aus: Kurz darauf gingen im saudischen Königshaus wieder Anrufe aus Algier ein. Das Schicksal Amusegars war den saudischen Herrschern herzlich egal, aber am Überleben der OPEC hatten sie ein lebhaftes Interesse. Also überwiesen sie noch einmal zehn Millionen Dollar auf das Konto in Algerien und beglichen so die ausstehende Schuld. Ein günstiger Zeitpunkt für die Algerier, ihrerseits die Hand aufzuhalten. Sie erhoben »Vermittlungsgebühren« in Höhe von fünf Millionen Dollar. Damit blieben Carlos noch 15 Millionen Dollar. Wie genau Carlos und Haddad diese Summe untereinander aufteilten, blieb ein Geheimnis. Ich fragte verschiedene Personen danach, doch jede nannte mir andere Zahlen. Fest steht jedenfalls, daß Carlos einen nicht unerheblichen Teil behalten durfte. Ebenso sicher ist aber auch, daß eine größere Summe an Haddad floß. Carlos mußte ihn an der Beute beteiligen. Dies war für ihn die einzige Möglichkeit, den Hals aus der Schlinge zu ziehen.

Haddads Manöverkritik war unerbittlich. Jedes Detail war wichtig, wurde sorgfältig notiert und zu den Akten genommen.

Carlos muß sich vorgekommen sein wie vor einem Kriegsgericht. Klein, Kröcher-Tiedemann, Böse, Chalid und Brigitte Kuhlmann waren Zeugen, wie er vom »Alten« zunehmend gedemütigt wurde. Haddad war davon überzeugt, daß Carlos von Anfang an, also noch bevor die Gruppe in Wien zusammentraf, eigene Ziele verfolgt und wahrscheinlich sogar mit den Saudis in Kontakt gestanden hatte. Er hatte den Venezolaner noch nie besonders gemocht. In seinen Augen war er ein Schauspieler, ein Mann mit einem übersteigerten Geltungsdrang, der unentwegt den Eindruck zu erwecken versuchte, er sei unbesiegbar. Schon in Paris hatte er demonstriert, daß er unfähig war, in einer Gruppe zu arbeiten. Der einzige Grund, warum ihn

Haddad mit der Wiener Operation betraut hatte, war die irakische Führung. Sie hatte darauf bestanden. Und Haddads Kunden bekamen, was sie wollten.

Carlos und Klein waren mit der Maschine des südjemenitischen Präsidenten Rubajji Ali aus Algier nach Aden zurückgekehrt. Das Kabinett erschien fast vollzählig am Flughafen und geleitete sie unter den Klängen einer Militärkapelle zu einem Podium. Ein Fernsehteam filmte die Begrüßungszeremonie. Anschließend wurden sie vom Präsidenten zu einer Privataudienz empfangen. In der übrigen Welt mußte der Eindruck entstehen, als rollten die Jemeniten für einen wirklichen Helden den roten Teppich aus. Später, in Haddads Stützpunkt, fiel der Empfang sehr viel kühler aus. Peter-Jürgen Boock berichtete mir Einzelheiten:

»Wadi Haddad stauchte Carlos vor versammelter Mannschaft zusammen. Er beschimpfte ihn als Verräter. Er sagte, er sei ein Söldner, ein Lügner und Betrüger. Die gesamte Nachbarschaft konnte zuhören.«

Andere, darunter auch Chalid und Abu Ijad, berichteten mir, daß Carlos eingesperrt und geschlagen worden sei. Nur Haddads Pragmatismus bewahrte Carlos vor dem sicheren Tod.

Von dem Augenblick an, da Carlos mit seiner Gruppe die OPEC-Zentrale besetzte, hatte Haddad sehr genau die Reaktionen in der internationalen Presse verfolgt. Der Mythos, der nach den Morden in der Rue Toullier entstanden war, wuchs schier ins Unermeßliche. Wieder wurde behauptet, daß Carlos für den KGB arbeite. Wieder wurde jedes nur erdenkliche Verbrechen, ob bereits verübt oder nicht, dem Venezolaner angelastet: Carlos plante die Zerstörung eines westdeutschen Atomkraftwerks, Carlos plante einen Mordanschlag auf den Schah und König Hussein in der Schweiz. Kurzum, der an Fehlern gewiß nicht arme junge Mann wurde zum allmächtigen Terroristen hochstilisiert. Im Alleingang hatte er auf dem Globus Angst und Schrecken verbreitet, Haß und Zwietracht gesät. Die Österreicher wurden gerügt, die Algerier diffamiert, die Libyer als Drahtzieher angeklagt. Über diesen letzten, gänzlich unerwarteten Nebeneffekt freute sich Haddad besonders. Er hielt Gaddafi für ein ähnliches Großmaul wie Carlos. Mit wachsender Belustigung verschlang er Presseberichte, in denen behauptet wurde, daß Carlos unter Gaddafis Schutz stehe. Niemand zeigte mit dem Finger auf Saddam Hussein.

Auf Flughäfen galt die höchste Alarmstufe. Ölbohrtürme wurden von bewaffneten Sicherheitskräften bewacht. Regierungschefs erhielten den größtmöglichen Personenschutz. Die Nato-Führung hielt Krisensitzungen ab, und in vielen Hauptstädten der Welt wurden vertrauliche

Dossiers über »Carlos und das Terrornetz« erstellt. Den Meldungen zufolge hatte Carlos von Gaddafi Millionenbeträge erhalten, und von den Algeriern sogar 50 Millionen Dollar (diese Meldung erschien verwirrenderweise zur gleichen Zeit wie ein Bericht, in dem es hieß, daß Carlos einen Bombenanschlag auf die algerische Botschaft in Belgien plane). Ferner wurde berichtet, daß er die Entführung mehrerer ägyptischer Spitzenpolitiker vorbereite; daß er der eigentliche starke Mann in Libyen sei und Gaddafi nur seine Befehle ausführe; daß er ein Attentat auf den chilenischen Diktator Pinochet und die Ermordung von sechs westlichen Botschaftern plane; daß er über Nervengas, Atombomben und Wasserstoffbomben verfüge.

All diese Behauptungen, und viele andere mehr, wurden in den ersten Monaten des Jahres 1976 als Tatsachen verbreitet. Mit tatkräftiger Mithilfe der internationalen Medien hatte Haddad ein außergewöhnliches Phänomen geschaffen. Doch wieder war es dieser Mythos, der Carlos das Leben rettete – der Mythos und die Millionen, die er »brüderlich« mit Haddad teilte. Haddad und seine engsten palästinensischen Berater waren der Meinung, daß es ein Fehler wäre und ihrer Sache nur schaden würde, wenn sie einen Mann exekutierten, der zum Inbegriff des Terrors geworden war. Es ist schwierig, diesen Gedankengang nachzuvollziehen. Aber Haddads ganzes Denken ist schwierig zu verstehen.

Nachdem Wadi Haddad im Januar und Februar 1976 in aller Deutlichkeit demonstriert hatte, wer in seinem Flügel der Volksfront das Sagen hatte, klappte er die OPEC-Akte zu und ging an die Planung neuer spektakulärer Terrorakte. Carlos konnte ihm dabei durchaus von Nutzen sein. Doch er war fest entschlossen, ihm nie wieder die Leitung eines Kommandos zu übertragen.

Um Carlos bei der Stange zu halten, drohte er ihm von Zeit zu Zeit damit, ihn nach Bagdad zu schicken, etwas, das der Venezolaner mit aller Macht zu verhindern versuchte. Er wußte nicht, wie die Führung der irakischen Baath-Partei nach der geplatzten Hinrichtung der beiden Ölminister auf ihn zu sprechen war. Haddad wußte es, behielt dieses Wissen aber für sich.

Nach den ersten Reaktionen auf den Wiener Anschlag hatte sich unter der Führung in Bagdad zunächst Panik breitgemacht. Die arabische Welt war empört. Als die Operation in Algier schließlich ohne weiteres Blutvergießen zu Ende ging, fiel Saddam Hussein und Konsorten ein Stein vom Herzen. Und aus der Erleichterung wurde sogar Freude, als die Weltpresse die ägyptische Propaganda aufgriff und Gaddafi für den Anschlag verantwortlich machte. Mit gestärktem Selbstbewußtsein gingen die Iraker bereits bei der nächsten OPEC-Sitzung wieder zum Angriff über. Da Jamani sich geweigert hatte, erneut nach Wien zu kommen, fand das Folgetreffen unter massiven Sicherheitsvorkehrungen auf Bali statt.

Die Iraker peilten bei der Konferenz eine Ölpreiserhöhung um 25 Prozent an. Sie richteten gehässige persönliche Angriffe gegen Jamani und beschimpften ihn als »Agenten der Imperialisten«. Jamani stürmte aus dem Saal und lehnte es ab, an den weiteren Beratungen teilzunehmen, solange sich die Iraker nicht entschuldigt hatten. Die Iraker gaben schließlich nach, und die Saudis setzten bei der nächsten Verhandlungsrunde eine Preiserhöhung durch, die deutlich unter zehn Prozent lag. Saddam Hussein war gezwungen, seine Kriegspläne gegen den Nachbarn Iran zurückzustellen, bis er den Ölpreis noch weiter nach oben getrieben und sich des irakischen Präsidenten Al Bakr entledigt hatte. Im Juli 1979 trat Bakr schließlich von seinem Amt zurück, und innerhalb eines Jahres kündigte sein Nachfolger Hussein das Abkommen, das er in Algier hatte eingehen müssen, und erklärte dem Iran den Krieg.

Carlos, der sich anfänglich über die Haltung der Iraker im unklaren war, suchte Haddad mit allen Mitteln zu besänftigen. Als sein Hausarrest aufgehoben wurde und er wieder in den Kreisen um Haddad verkehren durfte, zeigte er vor allem für ein Projekt großen Enthusiasmus – einen Plan zur Entführung Papst Johannes Pauls I

Haddad war skeptisch, aber Carlos argumentierte, daß es in Europa keine wichtigere Persönlichkeit gebe, die man entführen und gegen den harten Kern der Baader-Meinhof-Gruppe austauschen könne. Die Idee stammte von Mitgliedern der Bewegung 2. Juni, die zu jener Zeit im Südjemen ausgebildet wurden. Schließlich genehmigte Haddad die Entsendung einer Kundschaftergruppe, der Wilfried Böse, Brigitte Kuhlmann und Mitglieder des 2. Juni, darunter auch Gabriele Kröcher-Tiedemann, angehörten. Die Gruppe hielt sich Anfang 1976 über einen Monat in Österreich und Italien auf.

Haddad blies die Aktion schließlich ab. Eine Entführung des Papstes, so seine Begründung, würde in aller Welt eine solche Empörung auslösen, daß sie einem Selbstmordunternehmen gleichkäme.

Aber Haddads Terrorfabrik produzierte neue Pläne. Einige, wie etwa die Ermordung Simon Wiesenthals oder die Entführung einer ganzen Versammlung europäischer Minister, kamen über das Planungsstadium nie hinaus. Andere, wie die Erpressung großer Fluggesellschaften, wurden in die Tat umgesetzt. Im April 1976 ging bei der Japan Airlines eine Zahlungsaufforderung über fünf Millionen Dollar ein, und wenig später wurde nur mit knapper Not ein Bombenanschlag auf eine Maschine der Gesellschaft verhindert. Eine aufmerksame Stewardeß entdeckte die herrenlose Tasche noch vor dem Start und trug sie aus dem Flugzeug. Die Tasche explodierte später auf dem Gepäckkarussell. Wie durch ein Wunder wurde niemand verletzt.

Im April 1976 hatte Carlos die Folgen des OPEC-Debakels verdaut und wieder soviel Selbstvertrauen getankt, daß er sich nach Bagdad wagte. Auch seine alte Arroganz stellte sich wieder ein. So verlangte er von Suschu, einem Assistenten Haddads, er solle ihm ein Thunderbird-Cabrio beschaffen, mit dem er durch die Stadt fahren konnte. Anschließend flog er nach Algier und begann, sich dort häuslich niederzulassen. Er genoß die Protektion des algerischen Präsidenten Boumedienne, der eine große Zuneigung für ihn hegte. Wie sich die Geschichte wiederholte: Boumediennes Vorgänger Ben Bella war Mohammed Budias Gönner gewesen.

Im selben Monat fand in Teheran eine Begegnung statt, die deutlich macht, wie sehr das Thema »Carlos« die Geheimdienste auf beiden Seiten des Eisernen Vorhangs beschäftigte. Am 14. April trafen sich Gennadi Kasankin, Zweiter Sekretär der sowjetischen Botschaft, und John D. Stempel, politischer Beamter an der amerikanischen Botschaft, zu einem gemeinsamen Mittagessen.

Kasankin war KGB-Agent, Stempel Mitarbeiter der CIA. Derartige Treffen, die in den Zeiten des Kalten Kriegs der Kontaktpflege mit der anderen Seite dienten, erfreuten sich unter Agenten großer Beliebtheit. Stempel und Kasankin streiften beim Essen eine Fülle von Themen. Sie sprachen über sowjetische Waffenlieferungen an Ägypten, über Vizepräsident Nelson Rockefellers jüngsten Besuch im Iran und über Terrorismus. In seinem vertraulichen Bericht schrieb Stempel später:

»Dann fragte er mich, was ich von dem Anschlag auf die OPEC hielte und ob ich wüßte, wer dieser Carlos eigentlich sei. Ich antwortete, ein Venezolaner, der seine Befehle offensichtlich von den Libyern erhalte. Kasankin meinte daraufhin, daß seiner Ansicht nach die Westmächte den Anschlag auf die OPEC unterstützt hätten, um die OPEC zu spalten. Ich lachte und erwiderte, das sei kompletter Blödsinn. Nichts sei besser geeignet gewesen, um den Zusammenhalt in der OPEC zu stärken, und nach unseren Informationen sei die Operation von Libyen unterstützt worden. Dann fügte ich boshaft hinzu: ›Wenn der KBG und die CIA wirklich etwas Nützliches tun wollen, dann müssen sie solche

Warzen aus dem Gesicht des Fortschritts entfernen.‹ Kasankin lachte und stimmte mir zu. Ich war überrascht.«

Unterdessen bezog Carlos eine Villa in Oran, dinierte mit Präsident Boumedienne und Außenminister Bouteflika und machte die Bekanntschaft hoher Beamter des algerischen Geheimdienstes. Er hatte eine besondere Vorliebe für erlesene Weine, Havannazigarren und Luxushotels, aber er konnte noch immer mitreißende Reden über die Revolution halten.

Im Mai war er wieder im Südjemen. In Haddads Haus in Aden und im Trainingscamp vor den Toren der Stadt wurde er ständig mit Artikeln versorgt, die die internationale Presse über ihn brachte. So konnte er zum Beispiel lesen, daß die kanadische Regierung umfangreiche Sicherheitsvorkehrungen traf, weil sie Angst hatte, er plane einen Terrorakt bei den Olympischen Spielen in Montreal – das war genauso aus der Luft gegriffen wie seine angebliche Beteiligung an dem Massaker bei den Spielen in München 1972. Gleichzeitig las er, daß er gar nicht in Kanada war, sondern in Paris und dort den bolivianischen Botschafter Joaquin Zenteno ermordete. Unter der Sonne von Aden wuchs sein Selbstbewußtsein im gleichen Maße wie sein Leibesumfang. In einem Gespräch mit Peter-Jürgen Boock und anderen Deutschen sagte er:

»Die Revolution ist was für euch Jüngelchen. Mich läßt das inzwischen kalt. Mich interessieren nur noch scharfe Sachen.«

»Was meinte er mit ›scharfen Sachen‹?«

»Geld, schnelle Autos, Frauen, Alkohol.«

Haddad tobte, als er davon erfuhr. Er verbot Carlos, ohne seine ausdrückliche Erlaubnis den Südjemen zu verlassen.

Daraufhin demonstrierte Carlos eindrucksvoll, wie weit sein Einfluß inzwischen gediehen war. Peter-Jürgen Boock berichtete mir:

»Er kontaktierte eine oder zwei Botschaften, traf sich mit dem Innenminister, und plötzlich hatte er seinen Reisepaß wieder. Zu der Zeit mußten wir bei der Ankunft im Südjemen immer unsere Reisepässe abgeben. Sie gaben sie uns erst zurück, wenn sie vorher die Palästinenser gefragt hatten. Reinkommen war leicht. Aber rauskommen ohne Erlaubnis unmöglich. Außer für Carlos. Er wanderte ziemlich lange auf einem verdammt schmalen Grat. Das war ein echter Balanceakt. Er hatte immer irgendeinen Trumpf in der Hinterhand.«

Scharfe Sachen hin, scharfe Sachen her, jedenfalls arbeitete Carlos beharrlich an seinem Traum, ein eigenes, weltumspannendes Kommando aufzubauen. Er hütete sich zwar davor, in Haddads Revier zu wildern, doch er beanspruchte für sich eine eigene globale Organisation.

Zu diesem Zweck nahm er Verbindung mit den Revolutionären Zellen in Westdeutschland auf. Allerdings ohne Erfolg. Diejenigen, die noch nie mit ihm zusammengearbeitet hatten, zogen bei anderen, die ihn besser kannten, Erkundigungen über ihn ein. Die Folge war, daß er regelmäßig Absagen erhielt. Unterdessen hatte Haddad einen neuen Plan ausgeheckt, mit dem er die Freilassung der in Stammheim einsitzenden Mitglieder der Baader-Meinhof-Gruppe erzwingen wollte. Eine Flugzeugentführung. Carlos, stets fasziniert von der Logistik und Planung solcher Kommandounternehmen, gehörte zu den Leuten, die Haddad mit der Vorbereitung des Anschlags betraute.
Der Mann, der die Gesamtleitung bei der Entführung übernehmen sollte, war Antonio Bouvier. Jedes Detail wurde mehrmals genauestens überprüft. Die Mitglieder des Kommandos wurden auf verschiedene Orte wie Bahrein und Singapur verteilt. Sie sollten erst am Tag X in Athen zueinander stoßen. Die Schußwaffen und Handgranaten für das Team wurden von Angehörigen des Bodenpersonals in den Transitbereich des Flughafens geschmuggelt. Vor der Operation hatte sich das Team im Trainingscamp Habbanidschah, einem ehemaligen britischen Militärlager knapp acht Kilometer außerhalb von Bagdad, intensiv vorbereitet. Während dieser Trainingsphase wurde im italienischen Genua der Justizminister Francesco Coco ermordet. Die italienischen Zeitungen machten Carlos und Bouvier für das Attentat verantwortlich, tatsächlich aber hielten sich die beiden zu der Zeit im Irak auf und stellten eine lange Liste von Leuten zusammen, die in verschiedenen Ländern im Gefängnis saßen und gegen die Passagiere der entführten Maschine, über 250 Männer, Frauen und Kinder, ausgetauscht werden sollten.
Am 27. Juni wurde die Maschine des Air-France-Flugs 139 von Tel Aviv nach Paris kurz nach der Zwischenlandung in Athen entführt. Haddad und Bouvier hatten ein gemischtes Team aus Arabern und Deutschen zusammengestellt. Anführer der Kidnapper war Wilfried Böse. Nach der ersten erzwungenen Landung in Bengasi flog die gekaperte Maschine weiter und landete in einer Stadt, deren Name seit damals als Symbol für die Findigkeit, den Wagemut und die Kühnheit der Israelis gilt: Entebbe. Einer israelischen Spezialeinheit gelang es, alle Passagiere bis auf eine Frau zu befreien. Böse und alle anderen Luftpiraten wurden getötet, unter ihnen auch seine Geliebte Brigitte Kuhlmann. Doch der ganz große Fang blieb den Israelis versagt.
Während der sechs Tage, die das Flugzeug mit den Geiseln an Bord auf dem Flughafen der ugandischen Hauptstadt stand, berieten sich

Böse und sein Kommando regelmäßig mit drei Männern, von denen sie auch Befehle empfingen. Nur 45 Minuten, bevor das israelische Kommando zuschlug, verließen diese drei Männer den Flughafen und fuhren zum Abendessen ins nahe gelegene Kampala. Nur dadurch entgingen sie dem Schicksal der acht Entführer. Diese drei Männer waren Wadi Haddad, Antonio Bouvier und Carlos. Ihre Anwesenheit in Entebbe wurde mir von zahlreichen Informanten bestätigt, darunter Abu Dschihad, Abu Ijad und Peter-Jürgen Boock.
Die einzige Passagierin, die die Israelis nicht retten konnten, war eine ältere Frau namens Dora Bloch. Wegen einer kleinen Halsverletzung, hervorgerufen durch eine Fischgräte, hatte sie die Erlaubnis erhalten, das städtische Krankenhaus aufzusuchen. Die Gräte sollte ihr zum Verhängnis werden. Als nämlich Idi Amin von dem überraschenden Coup der Israelis erfuhr, geriet er in Wut, stürmte in das Krankenhaus, in dem Frau Bloch lag, und erdrosselte sie mit bloßen Händen.
Als Haddad nach Aden zurückkehrte, erzählte er dem rekonvaleszenten Klein von der abscheulichen Tat des ugandischen Diktators. Er und die restlichen Deutschen schworen »Rache« und ergingen sich in Schmähungen gegen Israel. Carlos hingegen zeigte sich, dies eine Mal, ausgewogener in seinem Urteil. Er machte keinen Hehl aus seiner Bewunderung für die israelische Aktion.
»Wenn der Feind so brillant und vernichtend zurückschlägt, dann muß man seine Fähigkeiten auch anerkennen.«
Jetzt, wo Böse unter der Erde lag, hielt Carlos seine Zeit für gekommen. Er verdoppelte seine Anstrengungen, sich den diversen Revolutionären Zellen in Deutschland als Führer anzuempfehlen. Im September flog er von Algerien, wo er inzwischen seinen festen Wohnsitz hatte, nach Jugoslawien. Klein nahm er als Dolmetscher mit. Mit Unterstützung seines Freundes Taihibi, Chef des militärischen Sicherheitsdienstes Algeriens, hatten sich er und Klein eine neue Identität zugelegt.
Carlos war nun ein algerischer Professor der Archäologie namens Georges Osharan, Klein hatte sich in einen algerischen Fernsehtechniker verwandelt. Ihr Trip war von höchster Stelle vorbereitet worden. Präsident Boumedienne selbst hatte sich mit dem jugoslawischen Präsidenten Tito in Verbindung gesetzt und alle Hindernisse aus dem Weg geräumt.
Wie viele von den Medien gepuschte Stars beging auch Carlos den Fehler, an seine eigene Publicity zu glauben: Seine Pläne und Vorhaben wurden immer grandioser. Dem Flug nach Jugoslawien war ein Gespräch mit Boumedienne vorausgegangen. Dabei hatte er dem al-

gerischen Präsidenten vorgeschlagen, in seinem Auftrag den marokkanischen König Hassan und dessen Ministerpräsidenten Osman zu ermorden (im März hatten die beiden Länder die diplomatischen Beziehungen abgebrochen). Boumedienne hatte den Vorschlag mit Begeisterung aufgenommen und dem Venezolaner Mittel für die Erstellung einer Machbarkeitsstudie bewilligt. Dabei war Carlos zu dem Ergebnis gekommen, daß er für einen Anschlag auf den extrem gut bewachten König mehr Leute brauchte, als er momentan aufbieten konnte. Daher die Reise nach Jugoslawien. Der Impresario ging auf Talentsuche.

Das blockfreie Jugoslawien war ein hervorragendes Sprungbrett nach Europa. Über die grünen Grenzen gelangte Carlos ohne Schwierigkeiten nach Italien, Österreich und schließlich nach Deutschland. Assistiert von seinem Dolmetscher Klein, lud er aussichtsreiche Kandidaten zum Essen ein und versuchte, Mitglieder des 2. Juni, der RAF, der Revolutionären Zellen und der Roten Brigaden für sein Unternehmen anzuwerben. Dies geschah zur gleichen Zeit, als die Bonner Regierung eine Belohnung von jeweils 50 000 Mark für die Ergreifung von 14 »Extremisten« aussetzte, darunter Hans-Joachim Klein, Gabriele Kröcher-Tiedemann und Carlos. Carlos ärgerte sich ein wenig, daß er den Deutschen nicht mehr wert war als die anderen, und sagte zu Klein, daß er sich überlege, ob er nicht einen Beschwerdebrief an die Regierung in Bonn schreiben solle. Er fand allerdings Trost in der Tatsache, daß wenigstens die Saudis seinen wahren Wert zu kennen schienen: Dort betrug sein Kopfgeld rund drei Millionen Mark.

Das Hamburger Nachrichtenmagazin DER SPIEGEL hatte kurz vor dem Erkundungstrip nach Europa Auszüge aus Colin Smith' Buch über Carlos veröffentlicht. Carlos sammelte die Ausschnitte und ließ sie sich übersetzen. Wie viele vor und nach ihm war er fasziniert von seiner Publicity. Er wurde von Tag zu Tag eingebildeter. Einer von Haddads Beratern hatte ihm angesichts seiner Dauerpräsenz in den Medien einmal vorgeschlagen, sich einer Gesichtsoperation zu unterziehen. Carlos hatte abgelehnt, jedoch Interesse an einer chirurgischen Entfernung seiner schlaffen Brüste bekundet. Eine Angewohnheit, die für Psychiater möglicherweise aufschlußreich ist, war seine übertriebene, fast an Fetischismus grenzende Körperpflege. Er duschte ständig und puderte seinen Körper mit Talkum ein.

Die verschiedenen terroristischen Gruppen, die er in Europa anzuwerben versuchte, waren wenig beeindruckt. Sie wußten, daß er mit vielen Anschlägen, die ihm zugeschrieben wurden, überhaupt nichts zu tun hatte. Als ihm die italienischen Medien den Mord an Justizminister Francesco Coco und zwei Leibwächtern anlasteten, wußten die Roten Brigaden, wie absurd diese Berichte waren. Als britische und französische Zeitungen nach dem Anschlag auf den bolivianischen Botschafter Joaquin Zenteno in Paris Carlos beschuldigten, war den verschiedenen korsischen Freiheitsbewegungen, dem Carlos-Komitee und dem NAPAP (Noyau Armé pour L'Autonomie Populaire – Bewaffneter Kern für die Autonomie des Volkes) klar, daß Carlos nicht daran beteiligt gewesen war; der Mord ging auf das Konto von NAPAP-Mitgliedern. Als westdeutsche Zeitungen Carlos mit der Entführung von Peter Lorenz in Verbindung brachten, dürfte das unter den Mitgliedern der Bewegung 2. Juni Heiterkeit ausgelöst haben, denn sie waren für die Aktion verantwortlich. Und als die Presse in aller Welt berichtete, daß die kanadische Regierung Großalarm ausgelöst hatte und überall im Land Fotografien des Venezolaners aufhängen ließ, konnten sich selbst die algerischen Geheimdienstoffiziere, die Carlos vor möglichen Mordanschlägen schützen sollten, das Lachen nicht mehr verkneifen.

Zahlreiche Länder verlangten von Jugoslawien die Auslieferung der beiden Terroristen Carlos und Klein. Daraufhin veröffentlichte die jugoslawische Regierung einen Bericht, nach dem der algerische Archäologe und sein Freund, der Fernsehtechniker, nach Bagdad weitergeflogen seien. Eine frei erfundene Geschichte. In Wahrheit tourten Carlos und Klein immer noch durch Europa und suchten nach willigen Talenten. Carlos, selbst noch keine 30 Jahre alt, mußte mit jungen, respektlosen Terroristen der zweiten Generation verhandeln, die von ihm ebensowenig beeindruckt waren wie von den Überlebenden der ersten Generation. Zwar gewann er einige Gefolgsleute, darunter vor allem Johannes Weinrich, der schon an dem Debakel auf dem Pariser Flughafen Orly beteiligt gewesen war. Doch meistens bekam er zur Antwort: »Wir haben Wadi Haddad, was brauchen wir dich?« An der Ermordung des marokkanischen Königs zeigten die europäischen Gruppen ein deutliches Desinteresse. Keine wollte in den algerisch-marokkanischen Konflikt um Spanisch-Sahara verwickelt werden.

Selbst sein ständiger Begleiter Hans-Joachim Klein hielt wenig von Carlos' Plänen für die »Weltrevolution«. Am Jahresende setzte sich der Deutsche von dem Venezolaner ab und suchte nördlich von Mailand Zuflucht. Er wollte aussteigen, aber aussteigen ist schwieriger als einsteigen. Heute, 1992, ist Klein immer noch auf der Flucht. Wenn meine Informationen stimmen, ist er in seine Heimatstadt Frankfurt zurückgekehrt und hält sich dort versteckt.

Das Jahr 1976 verlief nicht nur für den meistgesuchten Mann der Welt frustrierend. Auch einige Frauen, die in seinem Leben eine Rolle gespielt hatten, hatten wenig Grund zur Freude.
Angela Otaola wurde nach Verbüßung ihrer Gefängnisstrafe in England in ihr Geburtsland Spanien abgeschoben. Dasselbe Schicksal ereilte Nydia Tobón. Sie wehrte sich erbittert gegen die, wie sie meinte, ungerechte Behandlung, und schimpfte, als sie in ein Flugzeug nach Bogotá gesetzt wurde. Leichter hatten es die Franzosen. Silva Amparo Masmela stieg ohne Proteste in die Maschine nach Kolumbien. Vielleicht wäre es für sie besser gewesen, wenn sie protestiert hätte. Am Mittwoch, dem 24. November 1976, wurde sie, im vierten Monat schwanger, in Bogotá auf dem Beifahrersitz eines Wagens erschossen. Die Mörder, die aus einem vorbeifahrenden Auto feuerten, hatten es weniger auf sie als auf den Mann am Steuer abgesehen: Romero Buj, den früheren Ehemann Nydia Tobóns. Er starb bei dem Anschlag ebenfalls. Der Doppelmord ging auf das Konto einer Guerillaorganisation namens Leon Arboleda. Amparo und ihr neuer Liebhaber hatten sich stark in der Gewerkschaftspolitik engagiert, zu stark für den Geschmack von Leon Arboleda.
Der französische Geheimdienst SDECE hatte Carlos ein ähnliches Schicksal zugedacht. Die Franzosen wußten genau, wo Carlos in Algerien wohnte, hatten aber festgestellt, daß sie dort nicht an ihn herankamen. Also schmiedeten sie einen Plan, der darauf abzielte, ihn nicht nur aus Algerien, sondern auch aus Europa, wo er überall Schlupflöcher besaß, wegzulocken.
Anfang 1976 wurden zwei Agenten des SDECE nach Venezuela geschickt. Sorgfältige Nachforschungen hatten nämlich ergeben, daß Carlos trotz allem immer noch sehr an seinen Eltern hing. Einer der beiden Agenten nistete sich in dem Städtchen San Cristóbal ein, wo José Altagracia Ramírez Navas, der Vater von Carlos, lebte. Langsam und behutsam baute er eine Freundschaft zu dem älteren Mann auf. Die Freundschaft wuchs, und bald zählte der SDECE-Mann zu den regelmäßigen Besuchern im Haus des Vaters. Der zweite Franzose wählte den direkten Weg. Er klopfte an die Tür des Vaters und stellte sich als großer Bewunderer seines Sohnes vor. Mit der Zeit wurde auch er ein regelmäßiger Gast. Gegen Ende des Jahres traf der Führungsoffizier der beiden Agenten in Südamerika ein und bezog Quartier in Cucuta, einer Stadt an der Grenze zu Venezuela, nur wenige Kilometer von San Cristóbal entfernt. Die Falle war aufgestellt, jetzt mußte nur noch der Köder ausgelegt werden.

Laut Plan sollte der Vater von einem seiner neuen »Freunde« mit einer konzentrierten Dosis von Hepatitis-A-Erregern infiziert werden. Wenn nötig, wollte man ihn sogar betäuben und ihm Hepatitis-B-Viren injizieren. Carlos, so hofften die Franzosen, würde von der schweren Erkrankung seines Vaters erfahren und ohne Rücksicht auf seine Sicherheit an dessen Krankenbett eilen. Bei dieser Gelegenheit wollten sie ihn kidnappen, über die Grenze nach Menuet verschleppen und nach Guayana ausfliegen, dann von dort aus nach Frankreich bringen und vor Gericht stellen. Die drei Agenten warteten, jederzeit zum Losschlagen bereit. Da es sich um eine illegale Entführung aus einem fremden Staat handelte und politische Komplikationen daher nicht auszuschließen waren, wollte Geheimdienstchef Marenches vor Beginn der Aktion die Zustimmung des Präsidenten Giscard D'Estaing einholen. Innenminister Michel Poniatowski hatte sein Ja bereits gegeben, da er aber Anfang 1977 aus dem Amt geschieden war, hielt es Marenches für ratsam, sich zusätzliche Rückendeckung im Elysée-Palast zu verschaffen. Der Präsident war über das Vorhaben entsetzt. Frankreich wurde ohnehin schon fast täglich von Terroranschlägen verschiedenster Gruppen erschüttert. In dieser Situation auch noch Carlos entführen und in Paris vor ein Gericht stellen – der Präsident mochte gar nicht an die Folgen denken. Er ließ die Operation sofort abbrechen. Dies war ein anschauliches Beispiel dafür, wie sehr der Carlos-Mythos inzwischen Realität geworden war. Wadi Haddad wäre dem Venezolaner mit ziemlicher Sicherheit nicht zu Hilfe geeilt, und ohne seine Erlaubnis hätte sich wahrscheinlich auch kein anderer dazu bereit gefunden. Der Mythos war inzwischen stärker als der Wunsch, Carlos zur Rechenschaft zu ziehen. In Frankreich war Carlos jetzt der am wenigsten gesuchte Mann der Welt.

Zumindest ein Mensch verdankte der Reaktion des französischen Präsidenten sein Leben: Señor Ramírez. Der alte Mann hätte eine Infektion mit dem Virus wahrscheinlich nicht überlebt.

Wie Carlos selbst, so interessierten sich inzwischen auch viele andere Menschen, darunter immer mehr Staatschefs, weniger für die Realität als für den ungleich faszinierenderen Mythos.

Algeriens Boumedienne führte Carlos bei Abendgesellschaften einem erlesenen Kreis von Gästen vor und sonnte sich im Ruhm des Terroristen wie ein Gastgeber, auf dessen Party unverhofft ein Hollywoodstar oder ein Mitglied der britischen Königsfamilie auftaucht. Präsident Tito in Belgrad sah das alles pragmatischer, nach der arabischen Devise: Hole deine Feinde zu dir. Carlos durfte auf jugoslawischem Boden einen Stützpunkt errichten. Seine Gegenleistung? Keine Anschläge auf jugoslawische Bürger oder jugoslawisches Eigentum im In- und Ausland. Zusätzlich profitierte Tito von den Geheimdienstinformationen, die ihm Carlos lieferte, vor allem über die Politik im Nahen Osten. Ein anderer, der sich Carlos zunutze machte, war der syrische Präsident Assad. Syrien erlebte Ende 1976 und Anfang 1977 eine ganze Serie von Anschlägen. Zunächst ging im Hotel Semiramis in Damaskus eine Bombe hoch, dann im Inter Continental, und schließlich wurde auf Vizepräsident Chaddam ein Mordanschlag verübt. Die syrische Führung streute das Gerücht aus, daß eine abtrünnige palästinensische Splittergruppe namens Schwarzer Juni für die Attentate verantwortlich sei, und ließ durchsickern, daß Carlos deren Anführer sei – ein Ablenkungsmanöver. In Wahrheit gingen alle Anschläge auf das Konto der in Syrien operierenden Moslembruderschaft. Wäre Assad vor sein Volk getreten und hätte zugegeben, daß ein mächtiger innerer Feind seine Diktatur bedrohte, so hätte das für ihn gefährlich werden können. Da war es viel besser, den berüchtigten Carlos zu beschuldigen. Assads Behauptung verwirrte besonders Abu Nidal, den wirklichen Chef des Schwarzen Juni.

Nichts und niemand war offenbar in der Lage, den Mythos oder den Mann selbst aufzuhalten. Das erleichterte Carlos das Leben ungemein. Er reiste nicht nur ungehindert von einem Land ins andere, er konnte auch jederzeit, wenn ihm danach war, sein Bankkonto auffüllen. Er brauchte nur einem arabischen Millionär vorzuschlagen, daß er eine Million Dollar spenden solle – »als Versicherung, verstehen Sie, schließlich leben wir in einer gewalttätigen Zeit, wohin man blickt, Entführungen und Morde« –, und schon floß das Geld. Auf diese Weise beschaffte er sich 1977 mindestens vier Millionen Dollar. Carlos kopierte Haddads Methoden mittlerweile so ungeniert, daß ihn der Doktor wohl am liebsten wegen Verstoßes gegen das Urheberrecht verklagt hätte.

Eine seltsame Koalition: verängstigte Millionäre, die zahlten, sobald ihnen Carlos sein Che-Guevara-Barett hinhielt; Staatschefs, die ihn für allerlei Zwecke benutzten; Regierungen, die eilends intervenierten, wenn sie das Pech hatten, ehrliche Männer in ihren Reihen zu haben, die Carlos verhafteten.

Einmal wurde er bei der Einreise nach Österreich festgenommen und für eineinhalb Tage festgehalten, dann aber stillschweigend wieder entlassen. Im August 1978 reiste er, als irakischer Diplomat getarnt, nach Schweden ein und wurde verhaftet. Es kommt zwar sehr selten vor, daß ein Mann, der sich als Diplomat ausweisen kann, verhaftet wird, aber diesmal war Carlos zu weit gegangen: Er trug gleich zwei irakische Diplomatenpässe bei sich, ausgestellt auf verschiedene Namen, und dazu noch einen dritten Paß, der ihn als südjemenitischen Diplomaten auswies. Carlos informierte die irakische Botschaft in Stockholm, und die beschwerte sich umgehend bei der schwedischen Regierung darüber, daß einer ihrer angesehensten Diplomaten die Demütigung einer Verhaftung habe hinnehmen müssen. Carlos wurde freigelassen.

Der Vorfall verdeutlicht, daß Carlos zu dieser Zeit hoch in der Gunst des irakischen Präsidenten Saddam Hussein stand. Der unerfreuliche Ausgang der OPEC-Aktion war vergessen. Seit Anfang 1977 unterhielt Carlos einen Stützpunkt in Bagdad. Wenn er auch nicht unbedingt ein vorausschauender Mann war, so war er doch stets auf seinen Seelenfrieden bedacht, und so war ihm nicht entgangen, daß Boumediennes Tage gezählt waren. Mitte 1977 konnte der algerische Präsident vor seinen Vertrauten nicht mehr verbergen, daß er an fortschreitendem Altersschwachsinn litt. Und der Venezolaner konnte sich ausrechnen, daß nach Boumediennes Abgang in Algerien ein anderer Wind wehen würde. Als er dann auch noch erfuhr, daß Haddad an Leukämie erkrankt war, manövrierte er sich in eine Position, die es ihm erlaubte, das Machtvakuum nach Haddads Tod auszufüllen. Um sich seine potentielle Klientel warmzuhalten, unternahm er zahlreiche Reisen in den Irak, in den Südjemen und in die Golfstaaten.

Der kranke Haddad unternahm einen letzten, verbissenen Versuch, die überlebenden Anführer der Baader-Meinhof-Gruppe freizupressen. Wieder handelte es sich um eine Flugzeugentführung.

Offensichtlich war Haddad kein abergläubischer Mann. Er bereitete die Mitglieder des Kommandos in Habbanidschah auf ihren Einsatz vor, also in jenem Lager bei Bagdad, in dem Wilfried Böse und seine Gruppe vor Entebbe gedrillt worden waren. Er lieh sich von Saddam Hussein eine Boeing 737, eine Maschine jenes Typs, den die Lufthansa bei Flügen von Frankfurt nach Mallorca einsetzte. Irakische Armeeangehörige chauffierten die Gruppe zwischen dem Trainingscamp und Haddads Bagdader Hauptquartier hin und her.

Am 13. Oktober 1977 entführte ein Haddad-Team eine Boeing 737 der Lufthansa auf dem Flug von Mallorca nach Frankfurt. Fünf Tage später stürmte die deutsche Spezialeinheit GSG 9 das Flugzeug in der somalischen Hauptstadt Mogadischu, befreite die Geiseln und tötete drei der Terroristen. Am selben Tag nahmen sich im Stammheimer Gefängnis Andreas Baader, Gudrun Ensslin und Jan Carl Raspe das Leben – ein Ausweg, den im Mai 1976 schon Ulrike Meinhof gewählt

hatte. Die wiederholten Versuche, diese vier Terroristen zu befreien, hatte Tod und Leid über viele Menschen gebracht. Jetzt waren sie tot, aber die Gruppe, die sie ins Leben gerufen hatten, die RAF, existierte noch – und mordete weiter.
Das Scheitern der Entführung in Mogadischu war für Haddad in doppelter Hinsicht eine Niederlage. Sein Team hatte versagt, aber noch viel fataler war, daß die RAF nach dem Tod ihrer ursprünglichen Führung einen Kurswechsel vollzog. Nach Modgadischu gab sie den Anspruch auf, die Befreiungskämpfe in der Dritten Welt zu unterstützen, und beschränkte ihre Aktivitäten auf Westdeutschland. Damit verlor Haddad einen wertvollen Verbündeten im Kampf gegen Israel. Da die Japanische Rote Armee verbraucht war und Haddads Organisation in Europa sich immer noch nicht von den Aktivitäten Carlos' im Jahr 1975 erholt hatte, rückte sein Traum, mit Hilfe einer gnadenlosen Terrorkampagne einen palästinensischen Staat zu errichten, in immer weitere Ferne.
Kaum eine Woche nach Mogadischu meldeten verschiedene Zeitungen, Carlos habe Haddad vergiftet und seinen Platz eingenommen. Ein Szenario, das dem Venezolaner zweifellos gut gefallen hätte, das aber, wie so vieles, was über ihn geschrieben wurde, frei erfunden war. Haddad war krank, aber so krank nun auch wieder nicht.
Während Carlos Ende 1977 in Bagdad auf das Unvermeidliche wartete, tauchte sein Schützling Gabriele Kröcher-Tiedemann in Europa auf und schlug erneut in der Stadt zu, in der sie bereits zwei Männer ermordet hatte. Im November 1977 leitete sie eine Geldbeschaffungsaktion der Bewegung 2. Juni. Die Terroristen kidnappten den österreichischen Textilmillionär Walter Palmers und versteckten ihn in einer konspirativen Wohnung außerhalb Wiens. Gegen ein Lösegeld von rund zwei Millionen Dollar ließen sie ihn wieder frei. Kein Pfennig von diesem Geld gelangte jemals in die Hände eines heimatlosen Palästinensers, ebensowenig übrigens wie von den Millionen, die Haddad und Carlos den Saudis abgepreßt hatten. Aktionen wie diese wurden zwar oft mit heroischen Phrasen wie »die Revolution in alle Länder tragen« verbrämt, Phrasen, die auch Carlos gerne im Mund führte, aber die Realität sah anders aus. Der Terrorismus war zu einem Gangsterunternehmen mit Filialen in allen größeren Hauptstädten geworden.
Im Dezember, nur einen Monat nach Palmers Entführung, versuchten Kröcher-Tiedemann und Christian Möller, ebenfalls Mitglied der Bewegung 2. Juni, über die grüne Grenze illegal von der Schweiz nach

Frankreich auszureisen – eine Methode, die auch Carlos vorzog, wenn er gerade keinen Diplomatenpaß aus seiner immer umfangreicher werdenden Sammlung zur Hand hatte. Die beiden wurden von Grenzpolizisten gestellt, und Kröcher-Tiedemann bewies erneut ihren geradezu pathologischen Haß auf alles Uniformierte. Sie zog ihre Pistole und verletzte zwei Grenzpolizisten schwer, bevor sie und Möller verhaftet wurden. Bei dem späteren Prozeß wurde Möller zu elf Jahren, Kröcher-Tiedemann zu 14 Jahren Freiheitsstrafe verurteilt.
Im selben Monat hörte sich Carlos in Haddads Bagdader Hauptquartier den Vorschlag zu einem Mord an. Ermordet werden sollten nicht ein paar Grenzer, sondern ein Staatsoberhaupt: Anwar el-Sadat, der ägyptische Präsident. Der Mann, der seine Ermordung wünschte, war Juri Andropow, der Chef des KGB.
Der Carlos-Mythos hatte sich selbst eingeholt. Der KGB wußte natürlich, daß Carlos nie zu seinen Agenten gehört hatte. Seit Mitte 1975 versuchte er herauszufinden, von wem der Venezolaner seine Befehle empfing. Die weiter oben zitierte Unterhaltung zwischen einem KGB- und einem CIA-Agenten war nur einer von vielen Versuchen der Sowjets, die Wahrheit über Carlos zu ergründen. Nach dem Wiener OPEC-Anschlag zog man beim KGB den richtigen Schluß, daß Carlos, wofür er anfangs auch immer eingetreten sein mochte, mittlerweile für jeden arbeitete, wenn nur der Preis stimmte.
Die heimliche Unterstützung von Freiheitskämpfern, revolutionären Bewegungen und Guerillagruppen durch Waffenverkäufe und die Bereitstellung von Ausbildungseinrichtungen gehörte seit langem zu den Mitteln sowjetischer Außenpolitik. Aber eine Terroraktion aktiv zu fördern und zu dirigieren, wie etwa die Ermordung eines Staatschefs, bedeutete eine dramatische Abweichung von der gewohnten Praxis, auch wenn die kalten Krieger im Westen das Gegenteil behaupteten. Breschnews Befürchtung, daß die Staaten im Nahen Osten, insbesondere die in der Golfregion, in westliche Lager überwechseln könnten, hatte Andropow veranlaßt, die Zurückhaltung aufzugeben und aktiver zu werden. Im Oktober 1977 betonten die USA und die UdSSR in einer gemeinsamen Erklärung die Notwendigkeit einer Regelung der Palästinafrage, bei der auch die nationalen Rechte der Palästinenser berücksichtigt würden. Der Erklärung folgte keine gemeinsame Initiative der Supermächte, sondern ein Akt, der Breschnew und vielen Mitgliedern des Politbüros, darunter auch KGB-Chef Andropow, die Sprache verschlug. Im Bemühen, zwischen Israel und seinen arabischen Nachbarn einen dauerhaften Frieden herzustellen, flog der ägyptische Prä-

sident Sadat nach Israel und hielt vor der Knesset in Jerusalem eine Rede.
Sadats Vorstoß bereitete Breschnew schlaflose Nächte. Falls Ägypten, militärisch das stärkste arabische Land, nach Frieden strebte, dann lag es durchaus im Bereich des Möglichen, daß der Rest der arabischen Welt seinem Beispiel folgen würde. Wenn diese Initiative erst einmal eine gewisse Dynamik entwickelte, war kein Staat gegen sie immun, nicht einmal so enge Verbündete wie Syrien. Wenn die Golfstaaten auf diese Linie einschwenkten, dann war es um Breschnews Pläne für die Region geschehen. Sein Interesse galt dem Persischen Golf und den dort sprudelnden Ölquellen. Er wollte billiges Öl für die Sowjetunion, und er wollte die Kontrolle über die Ölausfuhren, die in den Westen gingen. Die Sowjetunion kontrollierte zwar Afghanistan, den Südjemen und unterhielt enge Beziehungen zu anderen Staaten der Region. Aber wenn die Versöhnung mit Israel in der arabischen Welt Schule machte, wenn sich der eine nicht mehr gegen den anderen ausspielen ließ ...
Sadat hatte am 20. November in Jerusalem gesprochen. Im Monat darauf flog Menachem Begin nach Ägypten. In den Augen vieler Araber, insbesondere der Palästinenser, war Sadat ein Verräter.
Auf direkten Befehl Juri Andropows flogen hohe KGB-Offiziere zu einem Treffen in Wadi Haddads Bagdader Hauptquartier, an dem unter anderem auch Haddad, Abu Nidal und Carlos teilnahmen. Alle Anwesenden stimmten darin überein, daß Sadat die arabische Sache verraten habe, daß seine Politik Teil einer israelisch-amerikanischen Verschwörung sei und daß etwas unternommen werden müsse. Was, dazu hatten die Sowjets bereits sehr konkrete Vorstellungen. Sie boten fünf Millionen Dollar für die Ermordung Sadats und fünf Millionen Dollar für den Kopf jedes arabischen Führers, der den Wunsch erkennen ließ, Sadat nach Jerusalem zu folgen.
Carlos lehnte das Angebot sofort ab, verließ das Treffen und nahm das nächste Flugzeug nach Algier. Der Grund für seine Ablehnung waren keine hehren Ideale, sondern purer Selbsterhaltungstrieb. Wenn er bei dem OPEC-Anschlag vor den Ölministern damit geprahlt hatte, daß weltweit 40 bis 400 Kommandogruppen auf seinen Einsatzbefehl warteten – die Zahl hatte variiert, je nachdem, mit welchem Minister er gesprochen hatte –, so war das seine Sache. Carlos genoß zwar seinen legendären Ruf, aber er war nicht blind für die Realität. Mit den wenigen Europäern, die ihm zur Verfügung standen, hätte er ein solches Attentat niemals ausführen können. Er war ja nicht einmal in der

Lage gewesen, für Boumedienne den marokkanischen König Hassan zu ermorden, zumindest nicht ohne Unterstützung der algerischen Armee, und die hatte er nicht bekommen. Noch viel weniger verfügte er über die notwendigen Mittel für ein Attentat auf den ägyptischen Präsidenten. Nach der Geiselnahme von Wien war Carlos nicht nur wiederholt mit dem KGB, sondern auch mit dem libyschen Führer Gaddafi in Verbindung gebracht worden. Daß er nun den Auftrag des KGB ablehnte, zeigt sehr deutlich, wie haltlos beide Behauptungen waren. KGB-Offiziere lehnen keine Befehle ab. Und umgekehrt unterbreitet der KGB seinen Leuten keine lukrativen Angebote. Was Gaddafi anging, so war das Verhältnis zwischen den beiden Führern schon lange vor Sadats Israelreise auf dem Nullpunkt angelangt. Sadat hatte Gaddafi immer wieder vorgeworfen, daß er Carlos Unterschlupf gewähre, hauptsächlich weil er vorhabe, ihn, den ägyptischen Präsidenten, beseitigen zu lassen. Gaddafi hätte keine Träne über den Tod Sadats vergossen, und als fundamentalistische Moslems Sadat im Oktober 1981 erschossen, tat er vor Freude einen Luftsprung. Hätte Carlos seinen Stützpunkt tatsächlich in Tripolis gehabt und Gaddafis Schutz und Unterstützung genossen, dann hätte der sowjetische Vorschlag eine furchterregende Dimension annehmen können. Aber Tatsache ist nun einmal, daß dies nicht der Fall war. Deshalb lehnte er den Vorschlag ohne Zögern ab und kehrte ins sichere Algier zurück.
Haddad verfügte zwar über die nötige Infrastruktur, sagte aber zu den KGB-Offizieren: »Es gehört nicht zu meinem Geschäft, arabische Staatschefs zu ermorden.« Die Leukämie ergriff immer mehr Besitz von seinem Körper, und Haddad ahnte, daß ihm nicht mehr viel Zeit blieb. Und davon abgesehen, beißt man nicht die Hand, die einen füttert.
Abu Nidal jedoch akzeptierte den sowjetischen Vorschlag mit derselben Entschlossenheit, mit der ihn Carlos abgelehnt hatte. Nidal verlor keine Zeit. Er nahm Kontakt mit der Moslembruderschaft in Ägypten auf und ließ seine Verbindungen zu den Roten Brigaden in Italien und den Revolutionären Zellen in Deutschland spielen. Im April 1978 wurde in Ägypten eine 20köpfige Gruppe von Palästinensern und Europäern festgenommen, die der Nidal-Organisation angehörten. Sie wurden mit einem Mordkomplott gegen Sadat in Zusammenhang gebracht. Verschwörungen und Attentatsversuche gingen weiter, bis im Oktober 1981 schließlich der Moslembruderschaft ein tödlicher Anschlag auf Präsident Sadat gelang.
Haddads Vorahnung, das ihm nicht mehr viel Zeit bleiben würde, hatte

ihn nicht getrogen. Er starb am 1. April in einem Ost-Berliner Krankenhaus. Carlos kehrte sofort nach Bagdad zurück. Er wohnte der Begräbniszeremonie bei und sah zu, wie Haddad, der der griechisch-orthodoxen Kirche angehörte, auf dem anglikanischen Friedhof beerdigt wurde. Er lauschte der leidenschaftlichen Rede von Haddads elfjährigem Sohn und besuchte anschließend eine viertelstündige Gedenkfeier, die Habasch und andere führende Palästinenser abhielten. Mit Haddads Tod ging, Gott sei Dank, eine wahrlich mörderische Ära zu Ende. Seine Operationen hatten Tausende von Toten und noch mehr Verletzte gefordert. Seine Organisation hatte überall auf dem Globus Bombenanschläge verübt, Massaker angerichtet und Menschen entführt. Eine einzige Aktion, die mehrfache Flugzeugentführung, die auf dem jordanischen Behelfsflughafen Dawson's Field endete, löste den Bürgerkrieg in Jordanien aus, den sogenannten Schwarzen September, in dem Tausende von Palästinensern hingeschlachtet wurden. Haddad erpreßte von etlichen Fluggesellschaften Millionenbeträge in verschiedenen Währungen: Deutsche Mark von der Lufthansa, Dollars von der Panamerican Airlines, Gulden von der holländischen KLM und Francs von der Air France, die freilich nach der Entführung einer ihrer Maschinen nach Entebbe im Juni 1976 die Schutzgeldzahlungen einstellte. Die geplante Entführung des Botschafters el-Tadschir war zwar abgebrochen worden, doch andere Kidnappings waren, wenigstens aus Haddads Sicht, erfolgreich verlaufen und hatten weitere Millionen in seine Taschen geschwemmt.

Die Millionenbeträge, die als Versicherung gegen Terroranschläge gezahlt wurden, provozierten nur weiteren Terror, wenn auch nicht für diejenigen, die Schutzgelder entrichteten, so doch für die anderen. Einige Fluggesellschaften bezahlten mit vollem Wissen ihrer jeweiligen Regierung – ein stillschweigendes Eingeständnis ihrer Hilflosigkeit gegenüber einem Mann und einer Organisation, die Terror und Terrorismus versinnbildlichten. Und wofür das alles? Nicht ein Zentimeter palästinensischen Bodens war befreit worden. Die Geburt des Staates Israel war in nicht geringem Umfang mit Hilfe terroristischer Methoden zustande gekommen. Und Haddad hatte versucht, die Wiedergeburt seines Landes mit den gleichen Mitteln herbeizuführen. Er war gescheitert, doch an seinem Grab stand ein Palästinenser, der bereit war, seinen Weg weiterzugehen. Die Weltgeschichte ist voll von solchen Männern. Wenn einer abtritt, kommt früher oder später ein anderer. Wenn Carlos den Kampf um Haddads Erbe gewinnen wollte, dann mußte er einige gefährliche Gegner ausschalten, nicht zuletzt jenen

Mann, der neben ihm am Verhandlungstisch gesessen hatte, als die Russen ihr Angebot unterbreiteten, und der jetzt auf dem anglikanischen Friedhof neben ihm stand: Abu Nidal.
Am Ende gewann keiner von beiden den Kampf. Viele Mitglieder von Haddads extremem Flügel der Volksfront fanden den Weg zurück in die gemäßigteren palästinensischen Bewegungen, einige stießen zu Abu Nidal, der Rest scharte sich um einen neuen Führer, einen Universitätsdozenten, der mir nur als »der Schweiger« bekannt ist. Die Zukunft sollte zeigen, daß er nicht nur wenig redselig war, sondern auch unempfänglich für Haddads Philosophie von Terror und Gewalt. Haddads Organisation starb mit seinem Tod.
Carlos versuchte, Mitglieder der Haddad-Organisation unter seiner Flagge zu versammeln, jedoch ohne Erfolg. Dafür gab es eine simple Erklärung. Ich sprach darüber mit einer ganzen Reihe von Palästinensern, auch mit Abu Ijad. Er sagte: »Wadi Haddad hatte Carlos bis zu seinem Tod unter Kontrolle. Egal, wo Carlos sich aufhielt, ob in Algerien oder in Jugoslawien, Haddad bestimmte, wo es langging. Er warf Carlos aus seiner Gruppe hinaus, und trotzdem bestimmte er noch, was Carlos tun oder wohin er gehen konnte. Die Leute um Wadi Haddad waren davon überzeugt, daß Carlos ihre Sache verraten hatte. Sie hielten ihn für einen Schwätzer ohne Ideale, für einen bourgeoisen Kriminellen, der sich als Revolutionär aufspielte.«
Carlos vertiefte seine Beziehungen zum Regime in Bagdad. Die Miete für seinen Stützpunkt beglich er mit der Ermordung einiger Hussein-Gegner in Syrien. Darüber hinaus setzte er seine Versuche fort, die Revolutionären Zellen in Deutschland unter seine Kontrolle zu bringen und Angehörige des algerischen Geheimdienstes für ein Attentat auf den marokkanischen König zu gewinnen. Die Algerier wußten, daß Boumediennes Tage gezählt waren, und lehnten es ab, den Phantastereien ihres greisen Führers oder dieses venezolanischen Emporkömmlings zu folgen. Carlos konnte nach wie vor ohne Schwierigkeiten durch Europa reisen, auf beiden Seiten des Eisernen Vorhangs. Er unternahm Trips nach Paris, Belgrad, Ost-Berlin und Prag. In all diesen Städten hatte er eine konspirative Wohnung.
Im Mai 1978 wurde er angeblich in London gesehen. Innenminister Merlyn Rees dementierte öffentlich und sagte, es gebe keinerlei Anhaltspunkte für eine solche Behauptung. Er wußte auch nichts darüber zu berichten, was passiert war, nachdem man Carlos gesehen hatte. Aus einem einfachen Grund: Scotland Yard hatte ihn nicht informiert.
Was war geschehen? Eines Tages stoppte neben der Victoria Station

ein ziviles Polizeiauto mit quietschenden Reifen, und Zivilbeamte sprangen heraus. Sie ergriffen einen Mann, zerrten ihn in den Wagen und rasten davon. Später, auf einem Londoner Polizeirevier, nahm ein Polizist den verwirrten und ängstlichen Mann in die Mangel.
»Sie sind Ilich Ramírez Sánchez, auch bekannt unter dem Namen Carlos. Wir haben sie verhaftet, weil Ihnen eine große Anzahl schwerster Verbrechen zur Last gelegt wird. Besser, Sie packen freiwillig aus.«
»Mein Name ist Omar Tovar. Ich arbeite für die CGV, den Verband der venezolanischen Eisen- und Stahlindustrie.«
»Sie geben also zu, daß Sie Venezolaner sind?«
»Natürlich.«
»Und Ihr richtiger Name ist Ilich Ramírez Sánchez?«
»Nein.«
So ging es weiter. Stundenlang, tagelang, nächtelang, bis schließlich …
»Señor Tovar, das alles tut uns schrecklich leid. Aber Sie wissen, daß Sie wie Carlos aussehen.«
Am Ende händigte der Commissioner von Scotland Yard dem Venezolaner einen Brief aus, der bestätigte, daß er nicht Carlos war.
Im selben Jahr unternahm die britische Polizei einen erneuten Versuch. Sie hatte einen Tip erhalten, daß Carlos in einem Haus in der Nähe des Fußballstadions in Chelsea wohne.
Die gesamte Gegend um die Billing Street wurde abgeriegelt. Im Morgengrauen traten Polizisten die Vordertür des Hauses ein und stürmten mit gezückten Pistolen ins Schlafzimmer. Dort fanden sie, wie nicht anders zu erwarten, einen nackten Mann vor, der mit einer ebenfalls nackten Frau im Bett lag. Auf spanisch wurde er aufgefordert, sich nicht zu bewegen. Der Mann verstand kein Wort von dem, was die Polizisten sagten. Er sprach weder spanisch, noch hieß er Ramírez.
Während die Beamten der Special Branch in London zur Jagd auf Carlos bliesen, weilte der Gesuchte in Bagdad und verfolgte mit Sorge die Vorgänge im Süden der Arabischen Halbinsel. Im Südjemen tobte ein Bürgerkrieg, und am 26. Juni kam Präsident Salem Rubajja bei einem Militärputsch ums Leben. Plötzlich hatte Carlos ein Präsidentenflugzeug weniger, das er, wie etwa nach dem OPEC-Anschlag, benutzen konnte. Das neue Regime in Aden war noch strammer prosowjetisch, und das konnte Carlos kaum recht sein. Die Abneigung der Sowjets, die noch aus seinen Tagen an der Patrice-Lumumba-Universität herrührte, war nach dem Korb, den er ihnen in Bagdad gegeben hatte, in offene Feindseligkeit umgeschlagen. Damit schied Aden bis auf weiteres als Zufluchtsort aus.

Im Juli 1978 versuchte die britische Polizei erneut, Carlos zu fassen. Diesmal verhaftete sie am Flughafen von Birmingham nicht nur einen, sondern gleich zwei Männer. Sie hielt die beiden fünf Tage lang fest, überzeugt, daß einer von ihnen Carlos sei. Schließlich stellte sich heraus, daß keiner der beiden Venezolaner war, geschweige denn der meistgesuchte Mann der Welt. Der richtige Carlos hielt sich zu der Zeit in Jugoslawien auf. Im August gab Hans-Joachim Klein, der immer noch auf der Flucht war, dem deutschen Nachrichtenmagazin DER SPIEGEL ein Interview, in dem er unter anderem enthüllte, daß Carlos bereits im Mai 1976 dem Terrorismus abgeschworen habe. Nur wenige Monate nach dem Interview erhielt Carlos vom jugoslawischen Geheimdienst die Aufforderung, die Miete für seine Belgrader Wohnung zu »bezahlen«. Carlos gehorchte. Er reiste nach Paris und wartete dort auf die Ankunft des jugoslawischen Exilanten Bruno Busic. Busic war Journalist und arbeitete für eine kroatische Exilgruppe, die für ein unabhängiges Kroatien eintrat. Mitte Oktober 1978 wurde er von Carlos erschossen.

In der Zwischenzeit hatte der ägyptische Präsident Anwar el-Sadat Einzelheiten über den Terror-Gipfel in Bagdad in Erfahrung gebracht. Falsch an seinen Informationen war nur, daß Carlos auf das Angebot über fünf Millionen Dollar eingegangen sei. Sadat wußte, daß Carlos im August in Schweden festgenommen, dann aber wieder auf freien Fuß gesetzt worden war, und zählte zwei und zwei zusammen. Im Dezember sollte er in Oslo den Friedensnobelpreis in Empfang nehmen. Er lehnte es ab, nach Oslo zu kommen.

Sadat wußte nicht, daß Carlos Ende Dezember 1978 selbst Probleme hatte. Ein Attentat auf den ägyptischen Präsidenten stand nicht auf seiner Tagesordnung, zumal er den Schutz eines weiteren arabischen Präsidenten verloren hatte. Am 28. Dezember war Boumedienne gestorben.

Als sich die erste Aufregung gelegt hatte, wurde Oberst Bendschadid Schadli zum neuen Staatspräsidenten Algeriens ernannt. Schadli, bisher Militärbefehlshaber im Bezirk Oran, wo Carlos sein Haus hatte, kannte Carlos gut und hielt weder von ihm selbst noch von seinen Aktivitäten sonderlich viel. Bouteflika, der als Außenminister im Amt blieb, setzte sich zwar für Carlos ein, aber der Wunsch nach Veränderung überwog im neuen Regime. Terroristen Unterschlupf zu bieten schreckte ausländische Investoren ab. Wieder mußte Carlos seine Koffer packen und in ein Flugzeug steigen. Die algerische Tür fiel für immer hinter ihm zu. Auch mit dem Südjemen gab es Probleme, aber noch immer standen ihm der Irak und seine verschiedenen konspirativen Wohnungen in Europa zur Verfügung. Natürlich hätte er auch nach Beirut gehen können. Doch am 22. Januar 1979 ereignete sich in der libanesischen Hauptstadt ein Vorfall, der ihm deutlich vor Augen führte, daß es für einen Mann, der – zumindest in der Theorie, wenn auch nicht in der Praxis – für die palästinensische Sache eintrat, auch in dieser Stadt nicht ungefährlich war.

An diesem 22. Januar brachte der Mossad einen Mann zur Strecke, der dieser Sache ein Leben lang treu gedient hatte: Ali Hassan Salameh, jenen Mann, den die Israelis den »Roten Prinzen« nannten und den sie fälschlicherweise für den Verantwortlichen für den Anschlag auf ihre Olympiamannschaft 1972 in München hielten. Eine von der Mossad-Agentin Erika Chambers ferngezündete Bombe tötete Salameh, seine vier Leibwächter und einige Passanten, darunter Susan Wareham, eine britische Sekretärin, die in Beirut arbeitete.

Zumindest in Bagdad war Carlos noch relativ sicher. Doch das nach Haddads Tod entstandene Vakuum war bereits wieder ausgefüllt. Und zwar nicht von einem der Anwärter auf die Rolle des Chefterroristen, sondern von einem Mann, der nach Wien und Entebbe mit Haddad gebrochen hatte, eben weil er solche Methoden ablehnte – Dr. Georges Habasch. Für Carlos, Abu Nidal und die anderen, die an die Macht der Gewehrläufe und Handgranaten glaubten, stellte Habasch einen Rückschritt dar. Habasch billigte nur Anschläge innerhalb Israels, nirgendwo sonst. Doch den Feind direkt anzugreifen entsprach nicht Carlos' Philosophie. Meines Wissens beteiligte er sich an keiner einzigen Aktion innerhalb Israels. Er überlebte, weil er nur sogenannte weiche, niemals harte Ziele angriff.

Im März 1979 unternahm Carlos im Rahmen seiner Rekrutierungstour einen Abstecher nach Aden. Doch er hatte weder bei den dort lebenden Palästinensern noch bei den Jemeniten Erfolg. Zurück in Bagdad, schrieb er einen langen Brief an Douglas Bravo, den Helden seiner Jugendzeit. Er teilte ihm mit, daß er im Begriff sei, eine internationale revolutionäre Bewegung aufzubauen, und lud ihn ein mitzumachen. Bravo, der inzwischen ins bürgerliche Leben zurückgefunden hatte, lehnte das Angebot ab. Er schrieb zurück: »Ich glaube nicht mehr an elitäre Bewegungen, egal welcher Art. Sie führen unweigerlich in die Niederlage.«

Carlos ließ sich nicht entmutigen und kehrte nach Europa zurück, wobei er immer noch mit seinem südjemenitischen Diplomatenpaß reiste. Johannes Weinrich war inzwischen sein ständiger Begleiter und erfüllte eine ganze Reihe von Funktionen für Carlos, vom Dolmetscher bis zum Kuppler. Die sexuellen Gelüste des Venezolaners waren so groß wie immer. Deutsche, wie Peter-Jürgen Boock, und Palästinenser, wie Abu Ijad, bestätigten gleichermaßen, daß er seine sexuellen Bedürfnisse vorwiegend bei Prostituierten befriedigte. Sehr passend – er verkaufte seine Künste, und sie die ihren. Im April 1979 besuchten die beiden Berlin, im Mai Sofia und danach Budapest. In Ungarn dehnten sie ihren Aufenthalt auf Monate aus. Mit Zustimmung von KP-Chef János Kádár brachte Carlos sein Handwerkszeug in die ungarische Hauptstadt – ein ganzes Arsenal verschiedenster Schußwaffen, Minen, Handgranaten und Semtex (tschechischer Plastiksprengstoff). Im Juni konnte Carlos in der internationalen Presse lesen, daß die Iraner mit ihm Verhandlungen aufgenommen hätten. Ajatollah Sadegh Chalchali, der als der oberste Revolutionsrichter im Iran galt, streute das Gerücht aus, daß man Carlos nach Mexiko geschickt habe, um den abgesetzten Schah zu ermorden.

Noch im selben Jahr gab Carlos seinem Mythos neue Nahrung, als er in Beirut mit dem Schriftsteller el-Jundi über sein Leben sprach. Bassam Abu Scharif sagte mir, daß die Interviews eher zufällig zustande gekommen seien.

»El-Jundi klagte, daß er kein Geld habe und eine Familie versorgen müsse. Da bot Carlos ihm an: ›Ich rede mit Ihnen, und Sie können die Story verkaufen.‹«

Das Interview, das erstmals in der arabischen Zeitschrift AL WATAN AL ARABI erschien, wurde später in Auszügen auf der ganzen Welt veröffentlicht. Die Angelegenheit hatte ein bedrückendes Nachspiel, wie ich vom Herausgeber der Zeitschrift erfuhr.

»Wir haben, wie Sie wissen, drei Folgen veröffentlicht und waren mit der Resonanz überaus zufrieden. Wir baten el-Jundi um eine vierte Folge. Er lehnte ab und sagte, er werde nie wieder ein Wort über Carlos schreiben, unter keinen Umständen. Wir fragten ihn nach dem Grund. Er erzählte uns, daß nach der Veröffentlichung Carlos bei ihm zu Hause aufgetaucht sei. Er war wütend. Er hatte sich über irgend etwas in den Artikeln geärgert. Er zog eine Pistole und schoß el-Jundi in die Schulter, dann sagte er: ›Beim nächstenmal dorthin.‹ Er deutete zwischen seine Augen.«

Ich weiß nicht, ob diese Geschichte der Wahrheit entspricht. Als ich sie hörte, empfand ich eine Mischung aus Angst und Wut. Ich hätte ihr nachgehen können. Aber das hätte mich wahrscheinlich nur von meiner Jagd, von meiner eigentlichen Aufgabe abgelenkt. Und das wollte ich vermeiden. Der Carlos, den ich kennengelernt habe, wäre zu einer solchen Tat ohne weiteres fähig.

Im November 1979 wurde berichtet, daß Carlos die Besetzung der amerikanischen Botschaft in Teheran durch iranische Studenten organisiert habe.

Im September 1980 erklärten mehrere lateinamerikanische Geheimdienste, daß Carlos für das Attentat auf den früheren nicaraguanischen Diktator Anastasio Somoza Debalye verantwortlich gewesen sei. Carlos war zu dieser Zeit ganz zweifellos in Gewalttaten verwickelt, aber die waren weniger politischer Natur. Er erpreßte wohlhabende arabische Geschäftsleute in Kuwait und im Libanon und kehrte anschließend zu seinen europäischen Stützpunkten und zu seinen Prostituierten zurück. Er wechselte seine Kunden so häufig wie die Frauen, mit denen er schlief, ihre Freier. Im Jahr 1981 hatte er seinen Hauptstützpunkt im Nahen Osten nicht mehr in Bagdad, und Saddam Hussein war nicht mehr sein wichtigster arabischer Gönner. Carlos arbeitete jetzt für Husseins unversöhnlichsten Widersacher, den syrischen Präsidenten Hafis el-Assad.

Assad führte inzwischen einen regelrechten Bürgerkrieg gegen die Moslembruderschaft. Im März 1981 verübte Carlos einen Anschlag auf Isman el-Attar, den Exilführer der Moslembrüder, der damals in Aachen lebte. Als die Haustür nicht von Attar selbst, sondern von dessen Frau geöffnet wurde, fragte Carlos nicht lange nach ihrem Ehemann, sondern erschoß sie und machte sich aus dem Staub.

Im September erwies er dem syrischen Präsidenten einen weiteren Gefallen und ermordete den französischen Botschafter im Libanon, Louis Delamare. Dem irakischen Präsidenten Saddam Hussein dankte er die einstige Unterstützung und Protektion schlecht: Im Auftrag Assads beseitigte er ein ganze Reihe von Irakern.

Besonders empfindlich reagierten Assad und sein Regime auf kritische Presseberichte. In Syrien selbst gab es so etwas nicht, denn dort herrschte eine strenge Pressezensur. Und jenseits der Grenzen griff das Regime zu einer anderen Form der Zensur, die freilich nicht weniger effektiv war. Es ließ Journalisten ermorden. In Jordanien und im Libanon hatten schon einige wegen ihrer kritischen Artikel sterben müssen. Carlos war bereit, auch auf diesem Gebiet gefällig zu sein. Die Syrer wollten eine bestimmte arabische Zeitschrift zum Schweigen bringen: das Nachrichtenmagazin AL WATAN AL ARABI, das mit irakischem Geld finanziert und in Paris herausgegeben wurde. Ende 1981 flog Carlos von Damaskus nach Europa und heckte mit Weinrich in Bukarest einen

Plan aus. Dies war zur gleichen Zeit, als er nach einer von der CIA eingeleiteten Desinformationskampagne die mexikanische Grenze überquert hatte und auf dem Weg ins Weiße Haus war, um Präsident Reagan zu ermorden. Das zeigt einmal mehr, wieviel amerikanische Steuergelder in den diversen Geheimdiensten der USA verschwendet worden sind. Wenn selbst ein einzelner Autor in der Lage ist, die Wahrheit herauszufinden, dann sollte das doch auch einer Behörde gelingen, die über einen Milliardenetat verfügt.

Carlos hatte die Haddad-Connection geschickt genutzt. Mit ihrer Hilfe hatte er sich eine hervorragende Infrastruktur aufgebaut. Zwar war es ihm nicht gelungen, Haddads Helfer in Europa und Nahost an sich zu binden, da er der Organisation aber selbst angehört hatte, konnte er sich auf Haddads Kontakte und Verbindungen stützen.

In Ungarn, zum Beispiel, genoß er die Unterstützung des KP-Chefs János Kádár, des Innenministeriums und des Geheimdienstes. Der Mann, der die Carlos-Gruppe betreute und überwachte, war der stellvertretende Innenminister Sandor Racz. Meine Nachforschungen ergaben, daß Carlos zwischen 1979 und 1982 mehrere Stützpunkte in Ungarn unterhielt. Wenn er über den Budapester Flughafen ins Land einreiste, benutzte er die mit dem Schild »Nur für Diplomaten« markierte Paßkontrollstelle an Ausgang 1. Häufig jedoch wählte er weniger konventionelle Methoden und überschritt, von Rumänien kommend, heimlich die Grenze. Vertreter der gegenwärtigen Regierung sagten mir, er sei »weniger ein gerngesehener Gast gewesen, als vielmehr toleriert worden«. Diese Toleranz ging allerdings sehr weit. Zwar durfte er keine Trainingscamps einrichten – das hätten die anderen Comecon-Länder sicherlich nicht so ohne weiteres hingenommen –, doch dafür standen ihm »Ruhe- und Erholungseinrichtungen« zur Verfügung, wenn seine Gruppe von einem Anschlag zurückkehrte oder mit der Vorbereitung eines neuen beschäftigt war. Die Terroristen nahmen Sonnenbäder und bezogen aus der Tschechoslowakei und anderen Ländern Nachschub an Semtex, Infrarotteleskopen und anderem Gerät. Als Ungarn jedoch 1981 der Interpol beitrat und eine eigene Anti-Terror-Einheit ins Leben rief, gingen die sorglosen Tage in diesem Land allmählich zu Ende.

Wie immer benutzte Carlos eine Vielzahl von Reisepässen und Namen. Den Paß, den er bei seinen Reisen nach Ungarn und zu seinen anderen Stützpunkten in Europa am häufigsten verwendete, hatte er im März 1979 bei einem Besuch im Südjemen erhalten. Der Paß trug die Nummer 001 278 und war auf den Namen Ahmed Adil Fawas ausgestellt.

Als die Sowjets herausfanden, daß Carlos in Ungarn über Stützpunkte verfügte, setzten sie Kádár und seine Genossen unter Druck. Der KGB hielt Carlos für »einen Söldner und Renegaten, der mit dem palästinensischen Kampf nichts zu tun hat«, und empfahl seine Ausweisung. Das dauerte seine Zeit, denn der ungarische Geheimdienst versuchte zunächst, vernünftig mit Carlos zu reden – wie immer ein schwieriges Unterfangen. Man teilte ihm mit, daß er seine Stützpunkte auflösen müsse, da seine verschiedenen »Unternehmungen« aufzufliegen drohten und seine Aktivitäten »die Volksrepublik Ungarn gefährdeten«. Die Ungarn machten kein Hehl daraus, daß die Gefahr aus Moskau kam. Carlos, ein Mann, der immer Briefe schrieb, wenn die Lage bedrohlich wurde, nahm auch diesmal Papier und Stift zur Hand und verfaßte ein Schreiben an Kádár.

In dem Brief aus dem Jahr 1981 dankte er Kádár zunächst für seine Gastfreundschaft – Doña Elba hätte mit Entzücken zur Kenntnis genommen, daß ihr Ältester seine guten Manieren nicht verloren hatte – und fuhr dann fort: »Von ungarischem Boden aus und ohne Behinderung seitens der ungarischen Behörden konnten wir unsere internationalen Kontakte zu revolutionären Kräften in allen Ländern der Welt ausbauen.« Er vergaß, daß er unter dem Namen Fawas im Land weilte, und unterzeichnete mit »Carlos«. Nachdem er dem Innenminister mitgeteilt hatte, daß er noch nie in einem Land geblieben sei, das ihn nicht haben wolle, verließ er Budapest hocherhobenen Hauptes. Zumindest teilweise versöhnte man sich wieder, denn noch 1985 hielt sich Carlos immer wieder in Ungarn auf. Selbst jetzt, Mitte 1992, hat er noch ein Waffenlager in Ungarn.

Mit ausdrücklicher Zustimmung und Erlaubnis des rumänischen Staatschefs Ceauşescu unterhielt Carlos nach 1980 auch Stützpunkte in Bukarest. Wadi Haddad hatte nie viel von Ceauşescu gehalten. Einmal hatte er zu Chalid gesagt, der rumänische Staatschef sei »genauso verrückt wie Gaddafi«. Carlos war viel milder in seinem Urteil, wie übrigens auch viele westliche Länder in den späten siebziger und frühen achtziger Jahren. Ceauşescu wurde damals im Weißen Haus, im Bukkingham-Palast und im Elysée-Palast mit allen Ehren empfangen, obwohl den Geheimdiensten der Vereinigten Staaten, Großbritanniens und Frankreichs bekannt war, unter welch schrecklichen Bedingungen das einfache Volk in Rumänien leben mußte. Ein anderer Terrorist, der zu der Zeit Ceauşescus Gastfreundschaft genoß, war Abu Nidal.

Wie viele andere Diktatoren litt auch Nicolaie Ceauşescu unter Verfolgungswahn. Als einziger Staat des Warschauer Pakts unterhielt Rumänien auch im Kalten Krieg ausgezeichnete Beziehungen zu Israel. Aus diesem Grund fürchtete Ceauşescu, daß Carlos die staatliche Fluggesellschaft Tarom ins Visier nehmen könnte, vor allem die Linie Bukarest–Tel Aviv. Hätte der rumänische Geheimdienst DIE effiziente Arbeit geleistet, so hätte er den Staatschef mit dem Hinweis beruhigen können, daß Carlos schon lange vor 1980 die palästinensische Sache abgeschrieben hatte und zu einem käuflichen Killer geworden war. Um zu verhindern, daß nichtexistente Pläne zur Entführung von Tarom-Passagieren in die Tat umgesetzt wurden, gab die rumänische Regierung dem Venzolaner alles, was er brauchte: Waffen, Wohnungen, Ausbildungseinrichtungen, Geld.

Anfang 1981 teilte der Geheimdienst DIE Carlos mit, daß Ceauşescu, wie viele Hauswirte vor ihm, den Mietzins erhöht habe. Das Ziel, das Ceauşescu für Carlos ins Auge gefaßt hatte, war Radio Freies Europa. Der von der CIA finanzierte Rundfunksender in München war dem Rumänen schon seit Jahren ein Dorn im Auge. Der Sender strahlte regelmäßige Beiträge rumänischer Exilanten aus, die mit Ceauşescu, seiner Frau und der Führungsclique in Bukarest hart ins Gericht gingen. Wie der Syrer Assad waren die Ceauşescus keine Freunde von Kritik. Außerdem wurde Carlos darauf hingewiesen, daß einige in Frankreich lebende rumänische Exilanten seiner Aufmerksamkeit bedürften.

Kurz nachdem Carlos auseinandergesetzt worden war, wie empfindlich Ceauşescu auf Kritik reagierte, übermittelte er den Gegnern des Diktators dessen Antwort. Drei in Paris lebende rumänische Regimekritiker erhielten Briefbomben, die in Spanien aufgegeben worden waren. Im Februar 1981 – die Operation war in Carlos' Ost-Berliner Stützpunkt vorbereitet worden – schickte er Weinrich nach Westdeutschland. Am 21. Februar 1981 verübte die Carlos-Gruppe einen Bombenanschlag auf Radio Freies Europa. An dem Sender, der Ceauşescu so in Rage gebracht hatte, entstand schwerer Sachschaden, vier Menschen erlitten schwere Verletzungen.

Boumedienne war tot, und auch Saddam Hussein stand nicht mehr auf der Liste von Carlos' Lieblingskunden, doch andere mächtige Gönner hatten ihren Platz eingenommen. Als im Mai 1981 sein jugoslawischer Beschützer Marschall Tito starb, hatte er sich die Unterstützung und Hilfe mehrerer Regierungen gesichert. Die starken Männer, mit denen er kooperierte, waren der syrische Präsident Assad, der DDR-Staatsratsvorsitzende Erich Honecker, der Ungar Kádár, der Rumäne Ceauşescu, der Albaner Hodscha, der Bulgare Schiwkow und der Tschechoslowake Husák. Daß in Jugoslawien und im Südjemen die Führung gewechselt hatte, war ohne Belang. Carlos unterhielt weiterhin einen Stützpunkt in Belgrad und benutzte immer noch seinen jemenitischen Diplomatenpaß. Daß ein Großteil seiner Infrastruktur in der Folgezeit zusammenbrach, lag nicht an Gorbatschows Perestroika und Glasnost, sondern an ihm selbst. So wie er 1975 Haddads europäische Infrastruktur praktisch im Alleingang zerstört hatte, so begann er Anfang 1982 mit einer vergleichbaren Demontage seiner eigenen Organisation.

Der Grund waren diesmal Carlos' angeborene Schwächen: die Arroganz, der lateinamerikanische Machismo, die schon pathologische Unfähigkeit, seine Gefühle zu zügeln, vor allem die Wut, in die er geriet, wenn seine Ansichten ernsthaft in Frage gestellt wurden.

Alles begann mit dem »Wunsch« des syrischen Regimes, Carlos möge einen Störenfried zum Schweigen bringen – die Zeitschrift AL WATAN AL ARABI. Das kam Carlos nicht ungelegen, schließlich hatte die Zeitschrift el-Jundis Interview veröffentlicht, das ihn veranlaßt hatte, dem Autor in die Schulter zu schießen.

Im Ost-Berliner Palasthotel und in seinen konspirativen Wohnungen in Bukarest und Budapest entwarf Carlos einen Plan für die Operation. Bei ihm waren Weinrich und andere Mitglieder seiner Gruppe, darunter Magdalena Kopp. Kopps Gegenwart entbehrte nicht einer gewissen Pikanterie. Seit 1973, zwei Jahre bevor Weinrich bei dem Raketenanschlag in Orly für Carlos die Autos gemietet hatte, war sie mit ihrem Landsmann liiert gewesen. Dann, irgendwann zwischen 1975 und Anfang 1982, hatte sie sich von Weinrich ab- und Carlos zugewandt. Aber offensichtlich hatte das keinerlei Auswirkungen auf die Freundschaft oder die Zusammenarbeit der beiden Männer. Weinrich ist dem Venezolaner auch heute noch treu ergeben.

Die Beziehung zwischen Carlos und Magdalena Kopp begann mit einer gemeinsam verbrachten Nacht im Palasthotel (mit der Stasi als heimlichem Mithörer) und entwickelte sich zu einer intensiven Verbindung. Wie intensiv, sollten bald eine Menge Leute zu spüren bekommen.

Magdalena Kopp, 1948 in Ulm geboren und gelernte Fotografin, hatte sich seit Anfang der siebziger Jahre von den revolutionären Bewegungen in Westdeutschland angezogen gefühlt. Als gebildete und ernste Frau erinnerte sie in mehrfacher Hinsicht an Gabriele Kröcher-Tiedemann. Obwohl die kleine Brünette mit den großen braunen Augen und dem schulterlangen Haar unter anderem eine enge Freundin

Wolfgang Böses gewesen war, hatte sie sich bis 1982 mit der Rolle einer Schreibtischrevolutionärin begnügt.
Als Carlos ein Kommando für den Anschlag in Paris zusammenstellte, wollte Magdalena Kopp unbedingt mitmachen. Sie bedrängte Carlos, und er gab schließlich nach. Dies ist ein klares Zeichen dafür, wie wenige Aktivisten von seiner Version des revolutionären Kampfes angezogen wurden.
Am 16. Februar 1982 fiel dem Parkwächter einer Tiefgarage in Paris ein Paar auf, das sich seltsam verhielt. Der Wachmann verließ sein Häuschen an der Avenue George V, um nachzusehen, was los war. Er hatte den Verdacht, daß die beiden keine Parkerlaubnis besaßen. Der Wagen des Paares war ein älterer Peugeot mit einem nagelneuen Nummernschild. Der Wachmann beging einen schweren Fehler. Er sprach den Mann und die Frau an und wollte nähere Einzelheiten wissen. Da zog der Mann, Bruno Breguet, eine Pistole, richtete sie auf den Parkwächter und drückte ab. Die Pistole funktionierte nicht. Breguet und die Frau sprangen ins Auto und rasten davon in die Nacht. Kurze Zeit später entdeckte eine Polizeistreife den Peugeot, was aufgrund des auffälligen Nummernschilds nicht sonderlich schwierig gewesen sein dürfte. Nachdem die Beamten den Wagen zum Anhalten gezwungen hatten, näherten sie sich ihm vorsichtig. Wieder versuchte Breguet, das Feuer zu eröffnen, wieder versagte die Pistole. Ich vermute, daß Breguet vergessen hatte, die Waffe zu entsichern. Er und seine Begleiterin, Magdalena Kopp, wurden verhaftet. Nachdem die 34jährige Ulmerin jahrelang mit den verschiedensten revolutionären Gruppen geflirtet hatte, versagte sie gleich bei ihrem ersten Einsatz. Die Polizei fand in dem Wagen zwei gefüllte Gasflaschen, fünf Kilo des Sprengstoffs »Penthrit« und Stadtpläne, auf denen verschiedene Punkte markiert waren. Später wurde behauptet, das Hôtel de Ville oder das Amt des Premierministers seien als potentielle Ziele eingezeichnet gewesen. Beide Behauptungen waren falsch. Der Anschlag, bestellt von der syrischen Regierung, galt einem anderen Objekt: den Redaktionsräumen des Nachrichtenmagazins AL WATAN AL ARABI in der Rue Marbeuf, nur ein paar Schritte von der Avenue George V entfernt und von der Tiefgarage aus bequem zu Fuß zu erreichen.
Breguet und Kopp verrieten nichts, aber sie waren so nachlässig gewesen, daß es darauf auch nicht mehr ankam. Das Auto, die Karten, das Bombenzubehör und die Gegenstände, die man bei den beiden fand, lieferten Hinweise genug. Der Peugeot hatte zuvor dem Bruder

eines der Führer der FNLC, der Nationalen Front zur Befreiung Korsikas, gehört. Die Gruppe unterhielt seit längerem Kontakte zu Carlos. Die Reisepässe der beiden waren Meisterwerke der Fälscherkunst. In Breguets Berliner Wohnung fand man eine ganze Schatztruhe mit Dokumenten, aus denen klar hervorging, daß Breguet mit Carlos und Weinrich in Verbindung stand. Der Vorfall mutete wie eine Neuauflage der Affäre in der Rue Toullier an, nur war es diesmal zu keinem Ausbruch blindwütiger Gewalt gekommen – noch nicht.

Der Revolutionär Breguet hatte nicht zum erstenmal einen dilettantischen Fehler begangen. Im Juni 1970 war er in der israelischen Hafenstadt Haifa an Land gegangen. Dabei fiel er den Zöllnern vor allem deswegen auf, weil er trotz der drückenden Hitze einen dicken Mantel trug. Einen sehr dicken Mantel. Die Israelis filzten ihn und fanden zwei Kilogramm Sprengstoff bei ihm. Breguet wurde wegen Unterstützung der Volksfront zu 15 Jahren Gefängnis verurteilt. Nach sieben Jahren kam er wieder frei. Diese vorzeitige Entlassung verdankte er den unermüdlichen Bemühungen des Schweizer Bankiers François Genoud, der wiederholt auch als Finanzberater der PLO fungiert hatte.

Als Breguet und Kopp verhaftet wurden, brachte sie zunächst niemand mit dem meistgesuchten Mann der Welt in Verbindung. Der Zufall wollte es, daß zur selben Zeit das Nachrichtenmagazin NEWSWEEK, die NEW YORK POST und viele andere Blätter berichteten, Carlos halte sich noch immer in seiner Strandvilla in Tripolis auf und kümmere sich um Gaddafis Sicherheit auf Auslandsreisen.

Der Venezolaner hatte aber andere Sorgen als die, Gaddafis Hotelzimmer in Wien unter die Lupe zu nehmen. Die Franzosen hielten seine Freundin gefangen, und das rief den Macho in ihm auf den Plan. Wieder saß er in seiner konspirativen Wohnung in Budapest und schrieb einen Brief. Diesmal jedoch waren es keine freundlichen Zeilen an die ungarische Führung. Diesmal war es eine Kriegserklärung an Frankreich.

Der Brief, abgefaßt in Spanisch, wurde per Kurier nach Den Haag geschickt und dort in den Briefkasten der französischen Botschaft geworfen. Es war dieselbe Botschaft, die einige Jahre zuvor die Japanische Rote Armee besetzt hatte, um die Freilassung eines Genossen aus einem französischen Gefängnis zu erzwingen. Diesmal schickte Carlos kein Kommando, nur einen einseitigen Brief. Der Brief kam am 1. März 1982 an, kaum zwei Wochen nach der Verhaftung von Kopp und Breguet. Adressiert war er an Gaston Defferre, den französischen Innenminister.

25. Februar 1982
An den Minister für Inneres und Dezentralisation

M. le Ministre
Ich schreibe Ihnen, um Sie davon in Kenntnis zu setzen, daß
Erstens: *zwei der Soldaten unserer Organisation, Magdalena Cecilia Kopp und Bruno Breguet, in Paris von französischen Sicherheitskräften verhaftet wurden.*
Zweitens: *unsere Soldaten festgenommen wurden, während sie die Befehle derjenigen ausführten, die für sie die Verantwortung tragen, und zwar im Rahmen einer Mission, die nicht gegen Frankreich gerichtet war.*
Drittens: *unsere Soldaten keine Gefängnisstrafe für ihren Einsatz für die revolutionäre Sache verdient haben.*
Viertens: *unsere Organisation ihre Soldaten niemals im Stich läßt.*
Gemäß der Entscheidung unserer zentralen Führung ergeht an Sie folgende Warnung. Wir werden nicht hinnehmen, daß unsere Genossen im Gefängnis bleiben. Wir werden nicht dulden, daß unsere Genossen in ein anderes Land ausgeliefert werden, egal in welches.
Wir fordern:
1. *Die sofortige Einstellung aller Verhöre unserer Soldaten.*
2. *Die Freilassung unserer Soldaten innerhalb von 30 Tagen nach dem Datum dieses Briefes.*
3. *Daß unsere Soldaten zusammen mit allen notwendigen Dokumenten entlassen werden.*
4. *Daß unsere Soldaten die Erlaubnis erhalten, gemeinsam in ein Land ihrer Wahl auszufliegen, auf einer Route ihrer Wahl und mit einer regulären Fluggesellschaft. Sie müssen eine französische Ausreiseerlaubnis erhalten. Wir führen keinen Krieg gegen das sozialistische Frankreich, und ich bitte Sie, uns nicht dazu zu zwingen.*

Ich versichere Ihnen, daß der Inhalt dieses Schreibens für unsere Organisation eine Geheimsache darstellt. Wir haben jedoch keine Einwände gegen eine Veröffentlichung.
Wir hoffen, daß diese Angelegenheit zügig und zufriedenstellend erledigt werden kann.

Die Organisation des bewaffneten arabischen Kampfes –
Arm der arabischen Revolution
Carlos

P.S.: Als Beweis für die Authentizität dieses Schreibens finden Sie weiter unten meine Fingerabdrücke.

Das französische Kabinett trat zu einer Krisensitzung zusammen. Man erwog ernsthaft die Möglichkeit, die beiden ohne viel Aufhebens freizulassen. Doch ein Mitarbeiter von Innenminister Defferre wollte die Entscheidung, die sich abzeichnete, verhindern. Er war der Überzeugung, daß der Terrorismus bekämpft werden mußte. Er war strikt gegen irgendwelche Zugeständnisse und jede Form von Verhandlungen. Er spielte den Inhalt des Carlos-Briefes der Nachrichtenagentur Agence France-Presse zu. Damit war der Handel geplatzt. Denn als die Drohung in Frankreich und dann international bekannt wurde, verschanzte sich auch die französische Regierung hinter dem Grundsatz: Keine Verhandlungen mit Terroristen.

Am 29. März, genau einen Monat nach Carlos' Ultimatum, verübte ein Kommando einen Anschlag auf den »Capitole«, den Euroexpreß von Paris nach Toulon. Der Zug – auch bekannt als »Chirac-Expreß«, weil Jacques Chirac ihn oft benutzte – fuhr gerade mit über 160 Stundenkilometern, als in dem Abteil, das normalerweise für Chirac reserviert war, eine Bombe explodierte. Fünf Menschen starben, 27 wurden verletzt. Die Zahl der Opfer hätte leicht sehr viel höher ausfallen können. Obwohl der erste Waggon zerfetzt wurde, blieb der Zug, in dem über 400 Menschen saßen, auf den Schienen.

Am 3. April wurde der israelische Diplomat Jakow Barsimantow im Vorraum seiner Pariser Wohnung erschossen.

Am 16. April wurden in Westbeirut ein Angestellter der französischen Botschaft, Guy Cavallot, und seine schwangere Frau Caroline in ihrer Wohnung ermordet. Die Killer hatten ihre Schußwaffen unter einem Blumenbukett verborgen.

Nur drei Tage später richtete sich Carlos' Zorn gegen französische Einrichtungen in Wien. Eine Explosion zerstörte das Büro der Air France, zeitgleich detonierte ein zweiter Sprengsatz in der französischen Botschaft.

Am 22. April ging im Beiruter Büro der Agence France-Presse eine Bombe hoch. Und nur wenige Minuten vor Beginn der Verhandlung gegen Kopp und Breguet in Paris verübte Carlos einen Anschlag auf das Objekt, das die beiden ursprünglich hatten angreifen sollen.

Dieser zweite, erfolgreiche Anschlag war im ungarischen Schlupfwinkel des Venezolaners vorbereitet worden. Christa Fröhlich, ein Mitglied der Carlos-Gruppe, mietete in Budapest unter Zuhilfenahme eines gefälschten Schweizer Reisepasses und anderer gefälschter Papiere einen Opel und fuhr ihn zu einer konspirativen Wohnung in der Stadt. Carlos verwandelte den Wagen in eine rollende Bombe und tauschte die Nummernschilder gegen Wiener Kennzeichen aus. Fröhlich fuhr mit dem Auto quer durch Europa und parkte es vor dem Redaktionsbüro des Magazins AL WATAN AL ARABI in der Rue Marbeuf in Paris. Als sich im Gerichtssaal der Staatsanwalt erhob, um die Anklage gegen Kopp und Breguet zu verlesen, löste der zuvor von Fröhlich eingestellte Zeitzünder eine furchtbare Explosion aus. Die elegante Rue Marbeuf verwandelte sich von einem Moment auf den anderen in einen Teil Beiruts. Eine Passantin, wieder eine schwangere Frau, fand auf der Stelle den Tod, 60 Menschen wurden verletzt.

Keine dieser Aktionen konnte als Teil des palästinensischen Kampfes begründet werden. Carlos hatte im Namen seiner Liebe zu Magdalena Kopp eine Terrorkampagne eingeleitet. Das war der Höhepunkt der Perversion. Menschen wurden getötet, verletzt und terrorisiert, weil ein kleiner dicker Mann mit seiner Geliebten zusammensein wollte. Das ist der Faschismus der Gefühle.

Die französischen Behörden reagierten ähnlich wie schon im Jahr 1974 nach der bestialischen Aktion von Carlos im Café »Drugstore«: Sie weigerten sich, Carlos mit irgendeinem dieser Anschläge in Zusammenhang zu bringen. Der Anschlag auf die arabische Zeitschrift wurde den syrischen Gegnern des Blattes zugerechnet, und die französische Regierung wies zwei syrische Diplomaten aus. Dies erinnerte an die Affäre in der Rue Toullier, als die Franzosen kubanischen Diplomaten die Schuld in die Schuhe geschoben hatten. Sie hatten sich damals geirrt, und sie irrten sich auch diesmal. Es stimmt zwar, daß Assads Regime die Zeitschrift zugrunde richten oder doch zumindest einschüchtern wollte. Aber das war vor Kopps Verhaftung. Der Anschlag selbst hatte nichts mehr mit den Syrern zu tun. Das war Privatsache. Der Krieg eines Mannes gegen einen Staat.

Präsident Mitterrand berief eine, wie es einer seiner Minister mir gegenüber ausdrückte, »dringliche Kriegssitzung des Kabinetts« ein. Der Präsident und die gesamte französische Regierung wurden rund um die Uhr streng bewacht. Als die Verhandlung gegen Kopp und Breguet begann, befand sich auch die Demokratie im Belagerungszustand.

Hauptanwalt der Verteidigung war ein Mann, der, falls Carlos jemals in Frankreich vor Gericht gestellt werden sollte, mit ziemlicher Sicherheit seine Verteidigung übernehmen wird: Jacques Vergès. Über die Jahre hinweg vertrat er Klienten von der extremen Linken, in Gestalt palästinensischer Terroristen, bis hin zur extremen Rechten, wie etwa Klaus Barbie, einen der Henker des Dritten Reichs.

Vergès war überzeugt, daß Breguet nach seiner Verhaftung geschlagen und gefoltert worden war. Er verfügte über unabhängige medizinische Gutachten, die bestätigten, daß Breguet am 16. und 17. Februar im Hauptquartier der ersten Territorialbrigade wiederholt geschlagen und am Schlafen gehindert worden war. Vergès war sich ebenso sicher, daß Breguet und Kopp selbst bei einer Verurteilung niemals ihre gesamte Strafe würden verbüßen müssen. Er wußte, daß Deutschland, die Schweiz und eine ganze Reihe anderer Länder mit zahlreichen arabischen Gruppen und israelischen Killerkommandos eine »Übereinkunft« getroffen hatten. Wenn die Gruppen versprachen, im jeweiligen Land keine Anschläge auszuführen, wurde ihnen im Gegenzug Immunität vor Strafverfolgung zugesichert.
Vor Beginn des Prozesses hatte Innenminister Gaston Defferre erklärt, daß nur 20 Personen den Inhalt des Briefes von Carlos gekannt hätten, bevor sein Inhalt absichtlich an die Presse weitergegeben worden sei. Wer auch immer für diese Indiskretion verantwortlich sei, so der Minister, trage die Verantwortung für das Blut, das vergossen worden sei. Dies war ein deutlicher Beweis dafür, daß die französische Regierung zu einem Handel mit Carlos bereit gewesen war. Nach Bekanntwerden der Drohungen und erst recht nach der Anschlagsserie im Vorfeld des Prozesses hatte die Regierung jedoch beschlossen, allen Spekulationen über einen Handel eine Absage zu erteilen.
Doch der Verteidiger Vergès zweifelte daran, daß die französische Regierung ihre harte Linie beibehalten würde. Bei der Verhandlung sagte er zu den Vorsitzenden Richtern:
»Die Angeklagten sind Kriegsgefangene, die für eine edle Sache kämpfen. Sie wissen, daß ihre Freunde nicht ruhen werden, solange sie hinter Gittern sitzen. Frankreich kann sie nicht in Haft halten. Wie lange werden sie im Gefängnis bleiben? Vierzig Stunden? Einen Monat? Drei Monate? Die Frage, wann sie freigelassen werden, wirft die Frage auf, wieviel Blut vergossen wird, bis sie freigelassen werden.«
Dann beging Vergès eine unerhörte Indiskretion, zumindest aus der Sicht der französischen Regierung, und lüftete ein Eckchen des Schleiers, der seit Jahren die geheime Abmachung zwischen Carlos und den wechselnden französischen Regierungen verhüllte, eine Abmachung, die ausländischen Terroristen freie Durchreise auf dem Weg zu einer Mordtat gestattete. Vergès schloß mit den Worten:
»Carlos besteht lediglich darauf, daß die Bedingungen dieser Abmachung erfüllt werden.«
Ohne auf diese Enthüllung einzugehen, verurteilte das Gericht Bre-

guet und Kopp wegen unerlaubten Waffen- und Sprengstoffbesitzes zu fünf beziehungsweise vier Jahren Haft. Der sehr viel schwerwiegendere Anklagepunkt des versuchten Mordes wurde nicht weiterverfolgt. Breguet durfte sich glücklich schätzen, daß er nicht mit einer automatischen Waffe umgehen konnte.
Ende April, als das Urteil gegen Kopp und Breguet verkündet wurde, rüstete sich die französische Regierung gegen Vergeltungsaktionen des Venezolaners. Als ein Anrufer drohte, in der Ferienzeit einen französischen Riviera-Expreßzug in die Luft zu jagen, ließ die Regierung jeden Zug in Richtung Süden von Bewaffneten sichern und von Sprengstoffexperten mit Metalldetektoren nach Bomben durchsuchen. Carlos überdachte seine Möglichkeiten und flog nach Beirut.
Am 24. Mai explodierte auf dem Gelände der französischen Botschaft in Beirut ein geparkter Wagen. Elf Menschen starben, 27 weitere wurden schwer verletzt. Dies war die erste Antwort des Venezolaners auf das Urteil des Pariser Gerichts. Und es sollte nicht seine letzte bleiben.
Nachdem die israelische Armee im Juni 1982 im Libanon einmarschiert war, konnte man in den Nachrichten immer wieder hören, daß Carlos in Beirut eingeschlossen sei. Zweifellos hatte er sich zur Vorbereitung des blutigen Anschlags auf die französische Botschaft ein paar Wochen vor der Invasion in der libanesischen Hauptstadt aufgehalten. Aber die Nachricht, daß er in Beirut in der Falle sitze, war eine der üblichen Zeitungsenten. Mit dem Auto konnte er innerhalb eines Tages in seinem Haus in Damaskus sein. Fest steht, daß er Mitte Juni wieder in Bukarest war und dort Christa Fröhlich letzte Instruktionen gab, bevor er sie zum internationalen Flughafen von Bukarest begleitete, wo sie mit einem Koffer voller Sprengstoff ein Flugzeug nach Rom bestieg. Sie sollte von Rom aus mit dem Zug nach Frankreich fahren und dort einen Urlauberzug in die Luft sprengen. Aber diesmal hatte Carlos den Gegner unterschätzt: Christa Fröhlich wurde auf dem Flughafen von Rom verhaftet.
Eine ganze Reihe von Regierungen hatte inzwischen begriffen, was es für Folgen haben konnte, ein Mitglied der Carlos-Gruppe einzusperren. Meines Wissens ist Christa Fröhlich immer noch nicht für das Blutbad zur Rechenschaft gezogen worden, das sie in der Rue Marbeuf angerichtet hat.
Nach der Verhaftung von Fröhlich sah Carlos die Fruchtlosigkeit seiner Bemühungen ein, die französische Regierung soweit einzuschüchtern, daß sie seine Geliebte freiließ. Also versuchte er es auf eine an-

dere Weise. Vielleicht würde er mit geheimen Verhandlungen erreichen, was er mit Sprengstoff nicht geschafft hatte. Vergès versuchte, die Regierung »zur Vernunft zu bringen«. Aber nach all den Toten und Verletzten der vergangenen Monate hatten Präsident Mitterrand und seine Minister wenig Verständnis für das, was Carlos für vernünftig hielt. Kopp und Breguet blieben hinter Gittern.

Im Sommer 1983 unternahm Carlos einen erneuten Versuch, Magdalena Kopp den Weg aus dem Gefängnis freizubomben. Aus den umfangreichen Sprengstoffvorräten, die eigens für ihn in der syrischen Botschaft in Ost-Berlin lagerten, wurde ein weiterer Sprengsatz gebaut. Der Libanese Mustafa Ahmad el-Sibai, Verbindungsmann zwischen der Carlos-Gruppe und der armenischen Organisation »Asala«, sollte die Bombe legen. Sibai, der unter ständiger Observation der Stasi stand, überquerte die Grenze nach West-Berlin. Ziel der Operation war das dortige französische Kulturzentrum. Als die Bombe explodierte, zerfetzte sie einen jungen Mann, der im Kulturzentrum gerade eine Petition überbrachte, in der Angehörige des öffentlichen Lebens gegen die französischen Atomversuche im Südpazifik protestierten. Weitere 23 Menschen wurden verletzt.

Aber die französische Regierung blieb hart. Außerdem sah sich Carlos inzwischen einem anderen Problem gegenüber, das seiner Ansicht nach besondere Aufmerksamkeit verdiente. Anfang 1983 hatte die Bonner Regierung anklingen lassen, daß sie gegen Gabriele Kröcher-Tiedemann, die zu der Zeit in einem Schweizer Gefängnis eine 15jährige Haftstrafe verbüßte, offiziell Anklage erheben werde. Es war davon die Rede, daß sie ausgeliefert und in Köln, wo sie 1973 zuletzt gemeldet gewesen war, vor Gericht gestellt werden sollte. Kröcher-Tiedemann sollte sich für die beiden Morde verantworten, die sie bei dem Anschlag auf die OPEC in Wien begangen hatte. Carlos hatte zwar keinen Versuch unternommen, sie aus der Schweizer Haft freizupressen, aber die Schweizer hatten sie ja auch nicht wegen der in Wien begangenen Verbrechen verurteilt, sondern lediglich wegen versuchten Mordes an zwei Schweizer Grenzbeamten. Ein Prozeß, bei dem der OPEC-Anschlag untersucht werden sollte, war etwas ganz anderes. Carlos griff erneut zu Stift und Papier.

Während die internationale Presse, inspiriert von einem anonymen Artikel im Londoner SUNDAY TELEGRAPH, mit der Meldung CARLOS BILDET 189 GADDAFI-KILLER AUS für Aufregung sorgte, nahm Carlos Urlaub von seiner Arbeit für Präsident Assad und schrieb einen Brief an die bundesdeutsche Regierung. Im Juli nämlich hatte die Kölner Staatsanwaltschaft bekanntgegeben, daß die in der Schweiz einsitzende Gabriele Kröcher-Tiedemann an Deutschland ausgeliefert und hier vor Gericht gestellt werde. Da sie noch einen beträchtlichen Teil ihrer Haftstrafe in der Schweiz zu verbüßen hatte, wurde sie den Deutschen für die Dauer der Prozesses »ausgeliehen«. Der Verhandlungsbeginn wurde auf den 24. Januar 1984 angesetzt.

1. September 83
An den Bundesminister des Inneren

Verehrte Exzellenz
Im Namen des Zentralkommandos:

1. *Wir haben am 25. August um 11.50 Uhr das französische Konsulat in West-Berlin zerstört. Diese Operation ist Teil des bewaffneten Kampfes, den uns die französische Regierung aufgezwungen hat. Eine Skizze und einige Erläuterungen zu der Aktion finden sich in der Anlage.*
2. *Daß wir West-Berlin gewählt haben, soll Ihnen als Warnung dienen, von den Bemühungen, die Ihre Vorgänger unternommen haben, abzulassen. Frau Gabriele Kröcher-Tiedemann, die niemals ein Mitglied unserer Organisation war, soll ausgeliefert werden, da sie von der Bundesrepublik Deutschland verdächtigt wird, an der OPEC-Operation vom 21. 12. 75 beteiligt gewesen zu sein.*

Alle gerichtlichen oder polizeilichen Maßnahmen gegen Frau Kröcher-Tiedemann (oder gegen jede andere Person) wegen angeblicher oder tatsächlicher Beteiligung an Aktivitäten unserer Organisation werden wir als böswillige Aggression betrachten und entsprechend beantworten.

Für die Organisation der bewaffneten arabischen Kämpfer –
Zweig der arabischen Revolution
Carlos

Die deutsche Regierung erhielt dieses Schreiben in der ersten Septemberwoche über ihre Botschaft im saudiarabischen Dschidda zugestellt. Informationen über den Inhalt des Schreibens drangen erst Mitte November an die Öffentlichkeit. Vielleicht hatten die Daumenabdrücke, die den Verfasser des Schreibens eindeutig als Carlos identifizierten, die deutsche Regierung veranlaßt, die möglichen Folgen einer Anklageerhebung nochmals zu überdenken.
Für den Prozeß in Köln wurden umfassende Sicherheitsvorkehrungen angekündigt, ansonsten gingen die Vorbereitungen wie gehabt weiter.

In der Zwischenzeit hatte der Briefschreiber, der dem Ausdruck »böswillige Aggression« eine neue Bedeutung verliehen hatte, seine Aufmerksamkeit wieder Frankreich zugewandt.
Wegen der Verhaftung Christa Fröhlichs hatte er seine Drohung, einen Bombenanschlag auf einen Urlauberzug zu verüben, nicht wahr machen können. Selbst einen solchen Anschlag auszuführen kam für Carlos nicht in Frage. Die Zeiten, in denen er noch an vorderster Front gekämpft hatte, waren, wie seine revolutionären Ideale, längst vergessen. Wie jeder Boß eines Verbrechersyndikats hielt sich Carlos im Hintergrund.
Wieder griffen Carlos und Weinrich auf den Semtex-Vorrat zurück, der in der syrischen Botschaft in Ost-Berlin für sie bereitlag. Sie präparierten drei Kofferbomben. Zwei waren für Ziele in Frankreich bestimmt, die dritte für ein Ziel im Libanon.
Am Silvestertag 1983 verließ der Schnellzug Marseille–Paris um 17.29 Uhr den Bahnhof St. Charles in Marseille. Die Waggons waren nur halb besetzt. Die meisten französischen Kurzurlauber hatten sich bereits dort eingefunden, wo sie auf das neue Jahr anstoßen wollten. Aber nicht alle. In der Mitte des zweiten Waggons, zum Beispiel, saßen Bernard Berite und seine Frau Jeanne. Sie waren unterwegs nach Hause, um mit ihren Kindern Silvester zu feiern. Die beiden unterhielten sich mit Michelle Johannes, einer Mitreisenden. Johannes, die Frau eines Arztes aus Montelimar, reiste nach Paris, wo ihre Familie eine Mitternachtsparty gab. Knapp zwei Stunden später, der Zug raste mit über 160 Stundenkilometern dahin, explodierte eine von Carlos' Kofferbomben im zweiten Waggon. Alle drei waren sofort tot. Genau 25 Minuten später ging der zweite Koffer im Bahnhof St. Charles hoch, zwei Menschen starben. Über 50 Menschen wurden bei den beiden Anschlägen verletzt, einige davon sehr schwer.
Der dritte Koffer, der unter den wachsamen Augen der Stasi in Ost-Berlin präpariert worden war, explodierte am 1. Januar 1984 im französischen Kulturzentrum in der nordlibanesischen Hafenstadt Tripolis.
Eine ganze Reihe von Leuten mit den unterschiedlichsten Motiven bekannte sich zu den drei Anschlägen. Carlos, kein Mann, der sich um die Früchte seiner Arbeit betrügen ließ, sah sich gezwungen, die Situation zu klären. Im Libanon und in Paris tauchten Briefe einer »Organisation des arabischen bewaffneten Kampfes« auf. Diesen Kriegsnamen hatte Carlos erstmals beim OPEC-Anschlag benutzt. Um letzte Mißverständnisse auszuräumen, setzte sich Carlos im Palastho-

tel erneut an den Schreibtisch. In einem Brief an das Berliner Büro der Agence France-Presse übernahm er die Verantwortung für die Anschläge, lieferte diesmal aber eine neue Begründung. Die Anschläge, so behauptete er in dem Brief, seien Vergeltungsmaßnahmen für Angriffe der französischen Luftwaffe auf Stützpunkte der Hisbollah im libanesischen Baalbek.

»Wir werden nicht hinnehmen, daß unsere Kinder die einzigen sind, die Tränen um das Blut der Märtyrer von Baalbek vergießen.«

In Wahrheit hatten die Anschläge nicht das geringste mit libanesischen Märtyrern zu tun, dafür aber um so mehr mit der noch immer inhaftierten Magdalena Kopp. Um nur zwei Indizien zu nennen: Zum einen betonte der Hisbollah-Führer im Libanon nachdrücklich, daß die französischen Luftangriffe keinerlei Menschenleben gefordert hatten. Zum anderen lag der Bahnhof, den die zweite Kofferbombe verwüstet hatte, im Heimatort des französischen Innenministers Gaston Defferre.

Die französischen Behörden schenkten der Tatsache, daß zwischen der inhaftierten Frau und Carlos eine enge Beziehung bestand, keine Beachtung. Kein Wunder, denn selbst ihre Geheimdienste wußten nichts davon. Aber vielleicht hätte es ihre Haltung auch gar nicht beeinflußt, was ohnehin nicht rechtens gewesen wäre.

Wenn diese Anschlagsserie die französische Regierung auch unbeeindruckt ließ, so erzielte sie bei der Bonner Regierung wohl den gewünschten Effekt. Knapp zwei Wochen nach der Explosion der Kofferbomben gaben die Deutschen bekannt, daß der Prozeß gegen Gabriele Kröcher-Tiedemann auf unbestimmte Zeit verschoben werde. Gleichzeitig verwehrten sich mehrere Minister gegen Anschuldigungen, die Regierung habe den Forderungen von Carlos nachgegeben. Am gleichen Tag, dem 10. Januar 1984, dementierte die DDR-Regierung Berichte, nach denen sich Carlos in Ost-Berlin aufhalte. Die Berichte fußten auf einer sehr simplen Tatsache: Der Brief an die Agence France-Presse war in Ost-Berlin aufgegeben worden. Dies warf die – rein rhetorische – Frage auf: Konnte Carlos wirklich so arrogant oder dumm sein, einen solch kapitalen Fehler zu begehen? Darauf gab es nur eine Antwort: Ja, natürlich. Es war genau die Art von Fehler, die Art von Fehleinschätzung, die schon immer typisch für ihn gewesen war. Die Besessenheit, mit der er Kopps Freilassung erzwingen wollte, und diese letzte, arrogante Geste, die Honeckers DDR in ein unvorteilhaftes Licht rückte, brachte für viele seiner Beschützer das Faß zum Überlaufen.

Als Carlos Ende der siebziger Jahre damit begonnen hatte, Haddads Infrastruktur für sich zu nutzen, hatten die Sicherheitsdienste der osteuropäischen Länder, in denen er Operationsbasen errichten wollte, von ihren politischen Chefs grünes Licht erhalten. Kádár in Ungarn, Tito in Jugoslawien und Husák in der Tschechoslowakei wollten alle palästinensischen Fraktionen in ihrem Kampf unterstützen, egal, ob sie Gemäßigte waren wie Arafat oder Extremisten wie Habasch und Haddad. Carlos präsentierte sich ihnen als ein Mann, der ebenfalls für ein freies Palästina kämpfte. Daß er ihnen diese Lüge teuer verkaufen konnte, spricht für seine Überzeugungskünste. Andere, wie etwa Honecker oder Ceauşescu, erkannten Carlos als das, was er damals war. Sie wußten, daß er ihnen ähnlich war und daß sie ihn für ihre eigenen Zwecke benutzen konnten. Im Jahr 1984 erschien ein neuer Akteur auf der Bühne: die Sowjetunion. In der KGB-Akte über Ramírez ist beschrieben, wie Carlos zwischen 1980 und 1984 wiederholt versuchte, in die Sowjetunion einzureisen. Aus der Akte geht auch hervor, daß er jedesmal abgewiesen worden war. Doch mittlerweile begnügten sich die Sowjets nicht mehr damit, Carlos aus ihrem eigenen Land fernzuhalten. Schon seit einiger Zeit hatten sie jene Länder, die Carlos Unterschlupf boten, gedrängt, den Venezolaner auszuweisen. Und jetzt, 1984, verstärkten sie ihren Druck. Abu Ijad schilderte mir die Situation:
»Im Jahr 1984, als ich in Ost-Berlin war, bekam ich Besuch von Carlos. Er war außer sich vor Wut. Er verlangte, daß ich mich bei den Sowjets für ihn einsetzen sollte. Jedesmal, wenn er sich in einem demokratischen sozialistischen Land niederließ, und die Sowjets bekamen davon Wind, übten sie offenbar Druck auf die Regierung aus, ihn hinauszuwerfen. Seit 1984 versuchten sie, ihn aus allen Staaten des Warschauer Pakts hinauszuekeln.«
»Warum?«
»Ich bin mir sicher, daß die Sowjets ihn haßten. Sie lehnen den Terrorismus grundsätzlich ab. Außerdem war Carlos kein Kommunist, er war ein Sozialist, der korrumpiert worden war. Er liebt das bourgeoise Leben, er liebt die Frauen, er liebt alle materiellen Seiten des Lebens. Die Abneigung beruhte auf Gegenseitigkeit. Sie haßten ihn, er haßte sie. Er war eigentlich schon immer über die Sowjets hergezogen, schon lange vor dem Treffen in Ost-Berlin. Das Leben, das er führte, war zutiefst bourgeois. Sogar im Ost-Berliner Hotel bestand er auf einer ganzen Suite. Die Sowjets verachteten ihn.«
»Warum haben sie ihn nicht einfach festgenommen und dem Westen ausgeliefert?«

»Ich habe keine Ahnung. Aber ich weiß auch nicht, warum der Westen damals niemals seine Auslieferung beantragt hat, ich meine in der Zeit zwischen 1980 und 1984. Sie wußten ganz genau, wo er steckte.«
»Sind Sie sicher?«
»Fragen Sie Ihre deutschen Freunde.«
Abu Ijad hatte recht, zumindest nach den Informationen, die ich später von Leuten der westdeutschen Spionageabwehr und ihren französischen Kollegen erhielt. Zwischen 1980 und 1984 hatte der westdeutsche Geheimdienst die Stützpunkte von Carlos in Prag, Budapest, Bukarest und Ost-Berlin eindeutig identifiziert. Meine Informanten im deutschen Geheimdienst versicherten mir, sie hätten diese Informationen »an ganz Europa und an Langley« weitergeleitet. Ich fragte einen hohen Beamten vom deutschen Geheimdienst, warum keine westeuropäische Regierung die Auslieferung von Carlos beantragt habe. Er antwortete:
»Schauen Sie, genau das versuchten mehrere westliche Länder 1975, als wir Carlos bei der Einreise nach Jugoslawien zweifelsfrei identifiziert hatten. Und wie reagierten die Jugoslawen? ›Welcher Carlos? Wir haben ihn nicht gesehen. Nein, er ist nicht in Jugoslawien.‹ Anfang der achtziger Jahre haben wir dann mit einer ziemlichen Sicherheit seine konspirativen Wohnungen in Osteuropa identifiziert. Wahrscheinlich hätten die betroffenen Regierungen auf ein Auslieferungsgesuch ähnlich reagiert wie die Jugoslawen.«
»Aber man hätte doch wenigstens den Versuch unternehmen können?«
»Das war Sache unserer Chefs. Und die rührten keinen Finger.«
»Mit Chefs meinen Sie die Bundesregierung?«
»Selbstverständlich. Und nicht nur meine Regierung, auch Ihre, die Franzosen, die Amerikaner. Alle. Keiner hat einen Finger gerührt.«
Damit räumte nicht nur der Osten, sondern auch der Westen Carlos die Freiheit ein, weiterhin Terror zu verbreiten, Bombenanschläge zu verüben, zu schießen und zu morden. Kein Wunder, daß er größenwahnsinnig wurde, Minister bedrohte und Ländern, die die Kühnheit besaßen, auf Recht und Ordnung zu pochen, den Krieg erklärte. Ein Möchtegernrevolutionär, der sein schreckliches Gewerbe mit unglaublicher Inkompetenz betrieb, wurde von den Geheimdiensten und den Medien zum Superkiller hochstilisiert. Nicht nur die Öffentlichkeit glaubte an den Mythos, auch er selbst. Der Mythos wurde Realität. In der Schule des Terrorismus verbesserte er sich von einem »zeigt gute Ansätze, redet aber zuviel und bemüht sich zuwenig« auf

ein »graduiert mit besonderer Auszeichnung«. Während seines von Terror begleiteten Aufstiegs gewährten ihm Regierungen jedes Privileg und jeden nur erdenklichen Schutz, die einen aus purem Eigeninteresse, die anderen aus Angst. Ein wahrer Antiheld unserer Zeit und für unsere Zeit.

Im April 1984 hatte Carlos in den Augen seiner osteuropäischen Beschützer den Bogen endgültig überspannt. Die Sowjets verstärkten ihren Druck, und Honecker konnte die ständige Präsenz des Venezolaners in Ost-Berlin nicht länger mit dem Argument rechtfertigen, daß er, indem er Carlos Unterschlupf gewähre, den palästinensischen Kampf unterstütze. Dasselbe galt für Husák in Prag und Kádár in Budapest. Die jüngsten Anschläge des Venezolaners in Frankreich, im übrigen Europa und im Nahen Osten zielten einzig darauf ab, seine Geliebte freizupressen. Kein Mensch, der alle seine Sinne beisammenhatte, konnte das noch als Beitrag zum gerechten Kampf der Palästinenser verstehen. Wer etwas anderes behauptet, beleidigt und verleumdet das palästinensische Volk.

Kurz vor Ostern 1984 trafen in Ost-Berlin hochrangige Vertreter aus mehreren osteuropäischen Ländern zusammen, darunter Minister und Geheimdienstleute. Ein wichtiger Punkt auf der Tagesordnung waren die anhaltenden Schwierigkeiten mit der Carlos-Gruppe. Die Gruppe war nie sonderlich stark gewesen. Die Schätzungen der Geheimdienste variierten zwar, aber im Schnitt dürfte die Zahl bei etwa zehn Mitgliedern gelegen haben. Diese zehn bildeten den harten Kern. Vor bestimmten Operationen stießen noch Syrer oder Libanesen dazu. Mit dieser relativ kleinen Gruppe hatte es Carlos, tatkräftig unterstützt von Johannes Weinrich, fertiggebracht, ganze Länder in Angst und Schrecken zu versetzen. Auch in den Ländern, die ihm Zuflucht boten, hatte seine Anwesenheit Spuren hinterlassen.

Als die Geheimdienstleute ihre Erkenntnisse austauschten, zeichnete sich ein bestimmtes Muster ab.

Carlos prahlte nicht nur mit der Größe und Schlagkraft seiner Gruppe, sondern auch mit ihrer Disziplin. »Das sind alles Profis.« Aber wie die Geschichten über die Größe und Effizienz der Gruppe waren auch alle Behauptungen über ihre Professionalität reine Lügen.

Daß sich die Mitglieder häufig mit Prostituierten vergnügten, war ganz sicher kein Zeichen für Professionalität. Jede einzelne Prostituierte stellte ein Sicherheitsrisiko dar, denn praktisch alle waren von den Geheimdiensten der jeweiligen Gastländer sorgfältig ausgewählt worden. Die Terroristen unternahmen ausgedehnte Sauftouren, provozierten

Schlägereien mit Einheimischen, fuhren über rote Ampeln, schossen in die Decken ihrer Hotelzimmer und brachen laufend Zusagen, die sie im Hinblick auf Ort und Zeitpunkt von Waffenlieferungen gemacht hatten. Sie betranken sich mit Alkohol, den sie gegen harte Devisen erstanden, und berauschten sich an ihren vermeintlichen Erfolgen. Sie fühlten sich allmächtig und unbesiegbar. Und dann fingen sie auch noch an, sich in die inneren Angelegenheiten ihrer Gastländer einzumischen. Das brachte das Faß zum Überlaufen. Die Versammlung in Ost-Berlin faßte den einstimmigen Beschluß, der Carlos-Gruppe die bisher gewährte Unterstützung zu entziehen. Die konspirativen Wohnungen sollten künftig nicht mehr als Basis für Operationen dienen. Außerdem sollte Carlos die Einreiseerlaubnis entzogen werden.

Als Carlos von den Beschlüssen erfuhr, versuchte er natürlich zu handeln. Er wehrte sich, setzte hier einen kleinen Aufschub durch, schlug dort ein kleines Zugeständnis heraus, aber im großen und ganzen war die Sache gelaufen.

Jetzt blieben ihm nur noch zwei Stützpunkte: Syrien und der Südjemen. Die Carlos-Variante des organisierten Verbrechens konzentrierte sich von nun an wieder mehr auf den Nahen Osten, aber nicht etwa um der Sache willen, die er schon vor langer Zeit verraten hatte, sondern allein um des Profits willen. Mitglieder der Königshäuser und reiche Geschäftsleute in Kuwait, Bahrein, Katar, den Vereinigten Arabischen Emiraten und Oman erhielten wieder »Angebote«. Zwar variierte die Form, in der die Angebote unterbreitet wurden, aber sie stammten immer von ein und demselben Mann: Carlos. Die Mafia war in die Wüste gekommen. Die Honorare, die Carlos für seine Dienste verlangte, waren hoch, sehr hoch sogar. Aber der Ruf, der diesem Mann vorauseilte, machte seine Angebote unwiderstehlich.

Als Hans-Joachim Klein dem Venezolaner 1974 zum erstenmal begegnete, hielt er ihn für einen Mafioso. Irgendwann 1975 kam Carlos in Angela Otaolas Wohnung in Bayswater gestürmt und wedelte aufgeregt mit einer Zeitung. Auf der ersten Seite stand ein Bericht über einen bewaffneten Raubüberfall auf eine American-Express-Filiale in Kensington. Er sprach mit Barry Woodhams über das Verbrechen und sagte:

»Mein Gott, wie gern wäre ich mit dabeigewesen.«

Bevor das Jahr vorüber war, war er nicht nur »mit dabei«, er hatte mit dem Lösegeld für die OPEC-Minister einen viel dickeren Fisch an Land gezogen als die Bankräuber. Er war eine Klasse für sich. Von da an gab es für ihn nur noch »scharfe Sachen«: Verbrechen im Namen der Revolution. Das einzige, was er revolutionierte, war sein Bankkonto.

Von Damaskus aus widmete sich Carlos jetzt dem Drogengeschäft. Als junger Mann hatte er Nydia Tobón noch Vorhaltungen gemacht, weil sie Haschisch rauchte. Jetzt, zehn Jahre später, machte er sich auf, in der internationalen Drogenszene mitzumischen. Unter Verwendung seiner Diplomatenpässe unternahm er Ende 1984 und Anfang 1985 Reisen nach Panama und Nicaragua, um die in diesem Geschäft unerläßlichen Kontakte zu knüpfen. Doch Südamerika, inbesondere Kolumbien, war nicht die einzige Bezugsquelle. Praktisch vor seiner Haustür blühte die libanesische Drogenindustrie. Kaufen und verkaufen – nach dem OPEC-Anschlag wurde das ein wichtiger Teil seines Lebens.

Magdalena Kopp wurde am 4. Mai 1985 aus der französischen Haft entlassen. Wegen guter Führung hatte sie nur drei Jahre und vier Monate ihrer vierjährigen Gefängnisstrafe absitzen müssen. In ihrem Fall waren die Franzosen hart geblieben, aber es hatte sie einen schrecklichen Preis gekostet. Sehr zum Verdruß ihres Anwalts Jacques Vergès wurde sie nach Deutschland abgeschoben. Zweifellos befürchtete Vergès, daß man sie dort erneut vor Gericht stellen und verurteilen würde. Aber er hatte die – tatsächliche wie eingebildete – Macht von Carlos unterschätzt. Die Deutschen verhörten Kopp ein paar Tage lang. »Carlos? Ja, ich kannte ihn, aber das alles liegt schon so lange zurück.« Sie ließen sie frei und gaben ihr neue Papiere. Innerhalb eines Monats war sie bei Carlos in Damaskus.

Carlos stellte alle Aktivitäten in Frankreich ein. Auch Breguet wurde vorzeitig aus der Haft entlassen. Er kam im September 1985 frei. Zu diesem Zeitpunkt waren Carlos und Magdalena Kopp bereits verheiratet. Johannes Weinrich, Kopps ehemaliger Liebhaber, hatte bei der Hochzeit als Trauzeuge fungiert.

Wie in jedem Jahr seit dem OPEC-Anschlag bastelte die Weltpresse auch 1985 weiter an dem Carlos-Mythos: Er war von Sikh-Extremisten angeheuert worden, um den indischen Ministerpräsidenten Radschiv Gandhi zu ermorden. Er plante ein Attentat auf Papst Johannes Paul II. in Venezuela. Er war der Mann, der hinter der Entführung der *Achille Lauro* steckte.

Unterdessen sann Carlos vor allem darüber nach, wie er seinen Reichtum mehren konnte. Im Gegensatz zu seinem Vater war er inzwischen vielfacher Millionär, und nicht nur in einer Währung. Aber Carlos wollte mehr.

Seine bedeutendste Aktion 1986 weckte Erinnerungen an frühere Zeiten, an das Jahr 1975 und Wadi Haddads Plan, den Botschafter der Vereinigten Arabischen Emirate in Großbritannien, Mohammed Mahdi el-Tadschir, zu entführen. Als er sein Schutzgeld-System ausweitete, fand er das geeignete Opfer für eine Neuauflage der damals abgeblasenen Entführung. Ziel des Kidnappings, das gleichzeitig als Machtdemonstration für seine »Kunden« dienen sollte, war Tadschirs Bruder Sadik. Sadik lebte in Knightsbridge, einem Carlos wohlbekannten Londoner Viertel. Er wurde am 6. Januar entführt und erst wieder freigelassen, nachdem der Botschafter eine Bankanweisung über drei Millionen Dollar als Lösegeld bezahlt hatte. Carlos löste die Bankanweisung in Beirut ein. Die Anti-Terror-Einheit von Scotland Yard brachte ihn zu keinem Zeitpunkt mit diesem Verbrechen in Verbindung. Vielleicht hätte sie sich mit den Kollegen vom libanesischen Geheimdienst in Verbindung setzen sollen.

Im darauffolgenden Monat, im Februar 1986, setzte der Mossad die Nachricht in die Welt, daß Carlos ermordet und in der libyschen Wüste verscharrt worden sei. Mich überzeugte die Geschichte nicht. Aber viele andere fielen darauf herein, nicht zuletzt auch einige westliche Geheimdienste. David Atlee Phillips, ein erfahrener CIA-Agent, der in seinen 25 Dienstjahren unter anderem im Libanon und in Südamerika verdeckte Aktionen durchgeführt und die CIA-Abteilung für Operationen in der westlichen Hemisphäre geleitet hatte, sagte 1987 zu mir, daß Carlos seiner Meinung nach tot sei. Daran läßt sich ersehen, wie schnell selbst erfahrene Geheimdienstler den Anschluß verlieren. Im September 1987, als ich mit Phillips sprach, war er schon aus dem aktiven Dienst ausgeschieden. Er hätte gut daran getan, sich noch einmal mit seinen aktiven Kollegen zusammenzusetzen.

Denn praktisch zur selben Zeit, als Phillips Carlos unter libyschem Wüstensand vermutete, hatte die CIA den Venezolaner am Telefon. Carlos war von Damaskus nach Lateinamerika geflogen und verhandelte mit Mitgliedern des Medellíner Drogenkartells. Es ging um Kokain und Marihuana. Carlos vertrat seine syrischen Geschäftspartner, darunter auch Monser el-Kasser. Das kolumbianische Kartell wurde von zwei seiner mächtigsten Männer repräsentiert: Jorge Ochoa und Gonzales Rodríguez Cacha. Die Treffen fanden in Rio de Janeiro, Buenos Aires und schließlich in Medellín selbst statt. Die Nähe der kolumbianischen Grenze und seines Heimatorts war für Carlos eine unwiderstehliche Versuchung. Er ging über die grüne Grenze nach Venezuela und fuhr weiter in die Küstenstadt Maracaibo. Von einer öffentlichen Telefonzelle aus rief er seinen Vater an und verabredete mit ihm ein Treffen knapp hinter der Grenze auf kolumbianischem Boden. Die CIA, die das Telefon seines Vaters angezapft hatte, verständigte ihre venezolanischen Kollegen. Sie waren schnell, aber Carlos war schneller. Als die kleine Armee bewaffneter Geheimdienstagenten und Soldaten an dem verabredeten Treffpunkt in Cucata eintraf, fand sich keine Spur mehr von dem meistgesuchten Mann der Welt.

Carlos kehrte zurück nach Damaskus, zu seiner Frau und seinem letzten verbliebenen Gönner, Hafis el-Assad.

So stellt sich also nach meinen eigenen Nachforschungen und Ermittlungen der wahre Sachverhalt dar, die Wahrheit über Ilich Ramírez Sánchez.

Nichts davon stützt sich auf die abstruse Mischung aus Information und Desinformation, die ich von Carlos zwei erhalten hatte. Auch wenn sich ein Großteil dessen, was mir der Betrüger berichtet hatte, später als vollkommen richtig herausstellte, so hatte er doch zu viele Fehler gemacht. Außerdem hatte sein Bericht gezielte Falschinformationen enthalten. Die Behauptung, Gaddafi stecke hinter dem Anschlag auf die OPEC, war eine davon. Doch eine andere war meiner Meinung nach viel wichtiger. Wer es mit Falschinformationen zu tun hat, sollte sich immer fragen, wer eigentlich einen Nutzen davon hat, solche Informationen zu verbreiten. Dieser alte Grundsatz bewährte sich auch diesmal. In all den Jahren, in denen ich nicht nur nach diesem Mann, sondern auch nach der Wahrheit über diesen Mann suchte, habe ich mir diese Frage oft gestellt. Inzwischen bin ich zu der Überzeugung gelangt, daß die gesamte Desinformationskampagne nur dem einen Zweck diente, Jassir Arafat in den Augen seines Volkes und der gesamten arabischen Welt zu diskreditieren. Natürlich würden viele von einer Vernichtung des PLO-Führers profitieren, aber ein Land und ein Führer wären die ganz großen Gewinner. Nein, nicht Israel, sondern das Land, in das ich mich jetzt aufmachte: Syrien.

Ich hatte einen Großteil, jedoch bei weitem noch nicht alle, der hier vorgestellten Fakten bereits zusammengetragen, als ich im Oktober 1989 zum letztenmal in den Nahen Osten aufbrach. Einige Tatsachen sollte ich erst nach meiner Rückkehr von dieser Reise beweisen können. Einige Einblicke konnte ich erst gewinnen, nachdem ich die eine Frage, die mir wichtiger war als alle anderen, beantwortet hatte. Am 11. Oktober 1989 flog ich von London nach Paris, dann weiter nach Damaskus. Ich gab die Hoffnung nicht auf, vor meinem Rückflug die Antwort auf diese Frage gefunden zu haben: War Carlos in Damaskus?

Wie ein Mythos entsteht

Die Männer, die er in der schäbigen Einzimmerwohnung in der Rue Toullier Nr. 9 umgebracht hatte, waren noch nicht unter der Erde, als die Weltpresse bereits an dem Mythos um Carlos bastelte. Die Sache sollte ein typisches Beispiel für eine gelungene Desinformationskampagne werden: Wenn man eine Lüge nur lange und laut genug erzählt, wird sie schließlich geglaubt.

Innerhalb weniger Tage war Carlos überall und jedermann. So häufig er aufkreuzte und wieder untertauchte, so zahlreich waren auch seine Namen. Die Zeitungen in seinem Geburtsland Venezuela meldeten unter Berufung »auf Informationen von Interpol«, Carlos sei Douglas Bravo. In Italien wurde er mit James Bond verglichen. Die peruanischen Medien erklärten, Carlos sei eine Erfindung der CIA. Die britische Presse verlieh ihm eine Vielzahl von Spitznamen wie etwa »der Cocktailparty-Revolutionär«, doch einer sollte bald in aller Munde sein: »der Schakal«.

Barry Woodhams sagte zu mir: »Es wurde eine Menge darüber geschrieben, daß man unter seinen Sachen Forsyths Roman *Der Schakal* gefunden habe. Das Buch stand zwar im Regal, aber alle Bücher gehörten mir, auch dieses.«

Aus Sicht der internationalen Presse enthielt die Story alle nur wünschenswerten Zutaten. Jede neue Enthüllung sorgte für Schlagzeilen: die Entdeckung der konspirativen Wohnungen in London und Paris; Polizeiberichte über Waffen, Bomben, falsche Pässe; die Verhaftung junger Frauen aus Kolumbien, Venezuela, Spanien und Südafrika, die ihm assistiert hatten, und daraus resultierende Mutmaßungen über eine internationale Riege von »Komplizinnen«; die wachsende Anzahl von Terroranschlägen, die mit seinem Namen in Zusammenhang gebracht wurden; und schließlich seine angebliche Verbindung zu jeder nur erdenklichen terroristischen Vereinigung. Warf man all das in einen Topf und garnierte das Ganze mit dem Titel »der Schakal«, so erhielt man eine Geschichte, die ganz nach dem Geschmack eines Millionenpublikums war.

Teile der französischen Presse reagierten zunächst skeptisch auf diese Flut von Enthüllungen. Sie vermuteten, daß der französische Geheimdienst dahintersteckte. Einige Beobachter mochten einfach nicht glauben, daß der Schakal ein solcher Dilettant sein sollte. Doch mit jeder neuen, sensationellen Enthüllung wich die Skepsis mehr und mehr dem Bedürfnis, mit den Wölfen zu heulen.

Auch der französische Geheimdienst begann sich nun zu rühren. Er witterte eine einmalige Gelegenheit für antisowjetische Propaganda. Die Desinformationsmaschinerie setzte sich in Bewegung.

Die Zeitschrift MINUTE behauptete in einer Ausgabe vom 9. Juli: »Unsere Nachforschungen ergaben, daß Carlos sich im Sommer 1973 in Bukarest aufhielt. Er führte in einem Bukarester Modecafé namens Scala das große Wort. Abends kehrte er nach Hause zurück, in ein Gebäude, in dem chilenische Kommunisten wohnten, die nach Pinochets Staatsstreich im Osten Zuflucht gesucht hatten. Drei Jahre, nachdem Carlos mit Schimpf und Schande aus der Sowjetunion gejagt worden war, lebte er in dem Satellitenstaat Rumänien. Stellt sich also die Frage: Wer hat das Aufenthaltsverbot aufgehoben?« Außerdem schrieb das Blatt, Carlos habe »sechs Jahre lang in Moskau gelebt«.

Wie bereits an früherer Stelle erwähnt, verbrachte Carlos einen Teil des Sommers 1973 in London und den Rest im Nahen Osten. Er hatte nicht sechs, sondern nur etwas mehr als eineinhalb Jahre in Moskau gelebt.

In derselben Ausgabe zitierte MINUTE den Leiter der Filiale der Lloyds Bank, in der Amparo Silva Masmela gearbeitet hatte: »Ich zitterte seit Beginn der Carlos-Affäre. Wir hatten volles Vertrauen in Mademoiselle Silva Masmela, durch deren Hände streng vertrauliche Unterlagen gingen.«

Im Zuge meiner Recherchen bat ich einen leitenden Mitarbeiter der Personalabteilung von Lloyds, bei seinen Kollegen in Paris Erkundigungen für mich einzuholen. Anschließend schrieb er mir:

»... unsere Pariser Filiale kann über die angebliche Äußerung eines ihrer leitenden Angestellten bezüglich Miss Silva nichts in Erfahrung bringen ... Sie war vom 24. März 1975 bis zum 30. Juni 1975 bei uns beschäftigt und hatte einen untergeordneten Posten in der Korrespondenzabteilung.«

Als der französische Innenminister Michel Poniatowski am 11. Juli 1975 die Ausweisung von drei kubanischen Diplomaten bekanntgab, die angeblich in die »Carlos-Affäre« verwickelt waren, jubelten die kalten Krieger. Poniatowski brauchte eine Verwicklung der Sowjetunion nur anzudeuten, und schon war daraus eine Tatsache geworden.
In Wahrheit waren die drei Männer unschuldig. Sie hatten sich weder direkt noch indirekt an irgendwelchen terroristischen Aktivitäten beteiligt. Doch das zogen die Franzosen und ihre internationalen Kollegen nicht einmal in Erwägung.
Meine eigenen Nachforschungen ergaben, daß die drei Kubaner weniger mit Ramírez als vielmehr mit den Frauen in der Rue Toullier Nr. 9 engeren Kontakt hatten, und nicht nur mit den Bewohnerinnen, sondern auch mit den vielen anderen, die dort aus und ein gingen. Daß sie wegen solcher Aktivitäten ausgerechnet von Frankreich ausgewiesen wurden, entbehrt nicht einer gewissen Pikanterie. Carlos selbst interessierte sich hauptsächlich deshalb für die Kubaner, weil er hoffte, durch sie etwas über den Verbleib seiner kubanischen Geliebten Sonia und ihrer gemeinsamen Tochter zu erfahren.
Ein Informant vom militärischen Geheimdienst Frankreichs sagte mir dazu:
»Sehen Sie, die Regierung mußte etwas tun. Es war eine sehr peinliche Situation. Drei Mitarbeiter der DST werden von einem Mann niedergeschossen, der noch dazu entkommt. Ein Mitglied der Volksfront, das sich in ihrem Gewahrsam befindet, also gewissermaßen unter ihrem Schutz steht, wird ebenfalls erschossen. Und überall geheime Waffenlager. Herranz und seine Männer legten eine ungeheure Unfähigkeit an den Tag, und das nicht zum erstenmal – denken Sie nur an den Fall Antonio Pereira. Als sie zur Rue Toullier gingen, drückten sie sogar den falschen Klingelknopf. Eine unglaubliche Stümperei! Poniatowski mußte von der Kritik ablenken. Wir standen ziemlich dumm da, und mit ›wir‹ meine ich den ganzen verdammten Geheimdienst, nicht nur die bedauernswerten Dilettanten, die in der Wohnung verbluteten. Und um das Maß voll zu machen, ließ man Carlos auch noch aus Paris entwischen. Da kamen die Kubaner wie gerufen.«
Knapp zwei Wochen später gab die französische Zeitschrift VALEURS ACTUELLES dem ohnehin schon überfrachteten Carlos-Mythos neue Nahrung.
Der Autor war der politische Journalist François Lebrette. In seinem Artikel »Der Mann der Trikontinentale« ließ er keinen Zweifel daran aufkommen, wer die eigentlichen Hintermänner von Carlos waren.

Der Untertitel lautete: »Der Hintergrund der Carlos-Affäre: Kubaner, die selbst Werkzeuge des russischen KGB sind, spannen Gruppen von Schmalspurterroristen für ihre Zwecke ein.«
Nach Darstellung des Journalisten waren die kubanischen Diplomaten deshalb ausgewiesen worden, weil sie am Aufbau eines Terror- und Sabotagerings in Europa, Nordafrika und im Nahen Osten mitgewirkt hatten, der ausschließlich auf Befehl Moskaus agieren sollte.
Der Grundstein für diese internationale Verschwörung, so Lebrette, sei im Januar 1966 bei der Trikontinentale in Havanna gelegt worden. Bei dieser Konferenz habe man erstmals den Versuch unternommen, »die Aktivitäten aller revolutionären Gruppen auf der Welt, ob nun trotzkistisch, maoistisch oder prosowjetisch, zu koordinieren«.
Die Carlos-Gruppe wurde nach Lebrettes Meinung »vom russischen KGB manipuliert«. Nachdem er sich lang und breit darüber ausgelassen hatte, daß der KGB für bestimmte Aufgaben, die er wegen der offiziellen Entspannungspolitik der Sowjetunion nicht selbst ausführen könne, Kubaner einsetze, fuhr er fort:
»Carlos und Moukarbel sind Mitglieder eines vom KGB gesteuerten Terroristenrings. Daran bestehen keine ernsthaften Zweifel, schon allein wegen der Methoden, die sie anwenden.«
Unter diesen »Methoden« verstand Lebrette unter anderem die Tatsache, daß Carlos, ehemals Student der Patrice-Lumumba-Universität, in der Rue Toullier zuerst seinen Chef Moukarbel erschossen hatte und damit »die goldene Regel des KGB befolgte: kein Mitleid, erschieße jeden, der plaudern kann«.
Moukarbel hatte über seine Ausgaben und Aktivitäten genau Buch geführt. Für Lebrette war das ein weiterer Beweis, daß der KGB seine Hand im Spiel hatte. »KGB-Agenten müssen stets in der Lage sein, Rechenschaft über ihre Aktivitäten und Ausgaben abzulegen. Jederzeit können ungemeldet Kontrolleure bei ihnen auftauchen und Einsicht in die Bücher verlangen.«
Lebrettes Artikel schloß mit der Behauptung: »Die westlichen Geheimdienste wissen, daß Kubaner in allen Mittelmeerhäfen von Marseille bis Beirut, von Piräus bis Alexandria Sabotageringe mit sogenannten ›Schläfern‹ organisiert haben, die nur darauf warten, daß sie grünes Licht bekommen.«
Die Sowjetunion hätte wohl besser daran getan, sich selbst um ihre Verkehrsampeln zu kümmern. Heute, achtzehn Jahre später, stehen sie offenbar immer noch auf Rot.
Lebrettes Artikel enthält keinerlei handfeste Fakten oder Belege, die

seine erstaunlichen Schlußfolgerungen untermauern könnten. Doch es liegt nun einmal im Wesen von Desinformation, daß Fakten und Belege nicht interessieren.
Acht Tage nach diesem vom französischen Geheimdienst lancierten Artikel stieß die Presse jenseits des Ärmelkanals in das gleiche Horn. Den Anfang machte ein anonymer »Sonderkorrespondent«, der offensichtlich gute Beziehungen zur Londoner TIMES hatte. Sein Artikel trug die Überschrift IST DER SCHAKAL EIN VON MOSKAU AUSGEBILDETER TERRORIST, DER AUSSER KONTROLLE GERATEN IST? und erschien am 29. Juli.
Der Autor warf im Grunde dieselbe Frage auf, die schon die Sowjets gestellt hatten: »Wer hat einen Nutzen davon?« Radio Moskau war zu dem Schluß gekommen, daß die Antwort bei den Falken im Westen zu suchen sei, bei jenen kalten Kriegern, die überall eine kommunistische Verschwörung am Werk sahen. Der anonyme Korrespondent der TIMES kam zu einem ganz anderen Schluß.
Nach der fälschlichen Behauptung, Carlos habe die Lumumba-Universität in Moskau im Jahr 1969 verlassen, ging der Autor näher auf diese Einrichtung ein. Nach seiner Meinung schleusten die Russen Studenten aus der Dritten Welt durch die Universität, »um sie dann in Trainingslagern in Odessa, Baku, Simferopol und Taschkent in Methoden des Terrorismus, der Sabotage und des Guerillakriegs auszubilden«.
Dies stand für den Autor so unwiderlegbar fest, daß Beweise sich erübrigten, also fuhr er fort:
»Zwar weiß man noch nicht genau, wo Carlos geschult wurde, doch darf man davon ausgehen, daß er in einem der erwähnten Lager eine intensive Ausbildung in Waffenkunde und in der Benutzung von Decknamen, geheimen Kommunikationsmitteln und konspirativen Wohnungen erhalten hat.«
Auch diese Behauptung wurde durch keinerlei Beweise belegt. Mit einem Schlag war Carlos nicht mehr der Held, der auf eigene Faust operierte, sondern ein auf ewig an den KGB gefesselter Schurke. Der unsichtbare Dirigent dieses speziellen Orchesters war also identifiziert – zumindest im Kopf des »Sonderkorrespondenten«.
Der Autor griff auch auf offizielle und inoffizielle Äußerungen Poniatowskis zurück und wiederholte Bemerkungen des französischen Ministers über die Verbindungen des KGB zum kubanischen Geheimdienst DGI. Dann kam er auf die, wie er es nannte, »von Kommunisten angezettelten, antifaschistischen Krawalle« in Marseille zu sprechen. Er be-

hauptete, daß sich Carlos zu der Zeit in Marseille aufgehalten habe, und daß die »prosowjetische Kommunistische Partei Kolumbiens« durch Nydia Tobón und ihren Exehemann Alfonso Romero Buj an den Krawallen beteiligt gewesen sei.

Der Autor erklärte weiter:

»Das Problem besteht darin, daß es relativ leicht ist, Terroristen auszubilden, jedoch viel schwerer, sie unter Kontrolle zu halten.«

Wenn es tatsächlich so leicht ist, Terroristen auszubilden, und wenn Carlos und Nydia Tobón auch nur entfernt mit dem KGB zu tun hatten, so muß die Frage gestellt werden, warum der KGB bei der Ausbildung der beiden so kläglich versagen konnte.

An keiner Stelle ging der anonyme Autor auf die fatale Unfähigkeit von Carlos ein, die ganz und gar nicht zu seiner Theorie paßte. Aber offenbar wollte er nur Feindseligkeit und Mißtrauen schüren. Für die westlichen Geheimdienste war Carlos wie ein Geschenk des Himmels, das sie für Propagandazwecke ausschlachten konnten.

So wie Lebrette vom französischen Geheimdienst mit Falschinformationen versorgt worden war, so bezog der »Sonderkorrespondent« sein Material vom britischen Geheimdienst. Ein Trick, den er bereits in der Vergangenheit häufig angewendet hatte und auch in Zukunft wieder anwenden sollte. Der Name dieses Mannes, der es klugerweise vorzog, anonym zu bleiben, ist Brian Crozier.

Zwei Monate bevor Crozier seinen Artikel schrieb, hatte er bei der Anhörung vor einem amerikanischen Senatsausschuß als Sachverständiger zum Thema nationaler und internationaler Terrorismus ausgesagt. Der Vorsitzende, Senator Strom Thurmond, stellte Crozier folgendermaßen vor:

»Unser erster Sachverständiger ist Mister Brian Crozier, Direktor des Instituts für Konfliktforschung in London. Er gilt in der freien Welt zu Recht als einer der führenden Experten auf dem Gebiet des internationalen Terrorismus.«

Um zu veranschaulichen, daß der Senator nicht übertrieben hatte, listete der als »erfahrener Analytiker« beschriebene David Martin Croziers Qualifikationen auf.

Sie waren höchst beeindruckend. Crozier beschäftigte sich seit über 20 Jahren mit politisch motivierter Gewalt. Als Journalist hatte er über »gewalttätige Konflikte« in Indochina, Indonesien, Algerien, Zypern, Lateinamerika und im früheren Kongo berichtet. Er hatte für die NEW YORK TIMES, das Nachrichtenmagazin TIME, den ECONOMIST, die SUNDAY TIMES und die Nachrichtenagentur Reuter geschrieben. Im Jahr

1960 hatte er ein Buch mit dem Titel *Die Rebellen* veröffentlicht, nach Martin eine »vergleichende Studie revolutionärer Methoden in aller Welt und eine Pionierarbeit auf diesem Gebiet. Wenn ich richtig informiert bin, Herr Vorsitzender, bildete diese Studie die Grundlage für den ersten Lehrgang über die Bekämpfung von Subversion und Guerillakrieg in Fort Bragg. Sie ist Pflichtlektüre an den Militärakademien vieler Länder«.
Crozier war der Gründer des Instituts für Konfliktforschung in London und hatte diese Einrichtung im Jahr 1970 in Zusammenarbeit mit Professor Leonard Schapiro, Sir Robert Thompson und »einer Reihe von renommierten und erfahrenen britischen Experten« ins Leben gerufen.
Später hatte er ein weiteres Buch mit dem Titel *A Theory of Conflict* verfaßt.
Die Einführung war in der Tat beeindruckend. Dann folgte eine Rede, die bei den Mitgliedern des Ausschusses ebenfalls einen nachhaltigen Eindruck hinterließ.
Croziers Vortrag war recht umfassend. Sein Hauptthema war die angebliche sowjetische Verflechtung in den Terrorismus, wie sie sich aus seiner Sicht darstellte:
»Das mit Abstand größte subversive Zentrum der Welt ist die Sowjetunion. Sie wird von Osteuropa, insbesondere von Ostdeutschland, der Tschechoslowakei und Bulgarien, aktiv unterstützt.«
Natürlich ging er auch auf die Trikontinentale im Januar 1966 und auf Kuba im allgemeinen ein: »Castro hat Terror und Subversion in fast alle anderen südamerikanischen Länder exportiert ...« Doch immer wieder kehrte er zum eigentlichen Thema Sowjetunion zurück.
Die Patrice-Lumumba-Universität bezeichnete er als Durchgangsstation für »Freiheitskämpfer«, die später »in Trainingslagern in Simferopol, Baku, Taschkent und Odessa eine Spezialausbildung in Sabotage, Terrorismus, Mord und anderen Formen des Untergrundkampfes erhalten«.
Weiter behauptete Crozier:
»Die UdSSR gibt riesige, aber offensichtlich nicht mehr kalkulierbare Summen für subversive Aktivitäten in aller Welt aus.«
Dieser Teil des Vortrags, in dem er das Bild einer allgegenwärtigen Bedrohung der freien Welt durch kommunistische Terroristen beschwor, schloß mit den Worten:
»Der Fairneß halber sollte ich vielleicht hinzufügen, daß die Russen dem Terrorismus gegenüber eine zwiespältige Haltung einnehmen.

Beispielsweise haben sie die Flugzeugentführungen im internationalen Luftverkehr offiziell verurteilt, nicht zuletzt deshalb, weil solche Aktionen auch schon in der UdSSR vorgekommen sind. Dennoch sind sie in großem Umfang am Terrorismusgeschäft beteiligt. Das sollte man auch in einer Zeit nicht vergessen, in der scheinbar alle Zeichen auf Entspannung stehen.«

Crozier hätte »der Fairneß halber« auch hinzufügen können, daß Terrorismusbekämpfung in der UdSSR ebenso brutal wie einfach war: Wenn die Sowjets einen Terroristen schnappten, erschossen sie ihn kurzerhand.

Auch über Crozier selbst hätte »der Fairneß halber« das eine oder andere gesagt werden können, um dem Ausschuß die Beurteilung seiner Ausführungen zu erleichtern. Zum Beispiel über seine langjährigen Kontakte zur CIA.

Das erste, was dem Besucher ins Auge sticht, wenn er die Marmorhalle der CIA-Zentrale in Langley betritt, ist eine Inschrift. Der damalige CIA-Direktor Allen Dulles hatte die Worte der Bibel entlehnt: »Und Ihr werdet die Wahrheit erfahren, und die Wahrheit wird Euch frei machen.« Hitler und Goebbels hätten ihre Freude an diesem Spruch gehabt. Wie die einstige Nazipartei kennt auch die CIA den Nutzen von Lüge und Desinformation. Ein anderer ehemaliger CIA-Chef, William Colby, behauptete einmal, daß seine Behörde nur selten eine völlig falsche Geschichte in Umlauf bringe, da es unerläßlich sei, Glaubwürdigkeit aufzubauen. Bis 1975 hatte die CIA über 75 Millionen Dollar ausgegeben, um die Wahl einer kommunistischen Regierung in Italien zu verhindern. Mehr als die Hälfte dieser Summe wurde für Propaganda in Zeitungen und im Rundfunk, auf Plakaten und in Büchern verwendet. In Chile führte die Manipulation der Medien durch die CIA zum Sturz Allendes und zur Machtübernahme durch Pinochet. Von 1970 bis 1973 erhielt der MERCURIO, eine der einflußreichsten chilenischen Zeitungen, von der CIA über 3,5 Millionen Dollar. Die Zeitung druckte in dieser Zeit jeden Tag mindestens einen Artikel, den die CIA entweder selbst geschrieben hatte oder der sich auf Informationen stützte, die sie geliefert hatte. Die CIA nennt so etwas »Themenlenkung«.

Seit ihrer Gründung nach dem Zweiten Weltkrieg produzierte, bezuschußte oder finanzierte die CIA über zweitausend Bücher, mehr als ein Viertel davon in englischer Sprache.

In den Akten der Abteilung für verdeckte Aktionen in Langley befindet sich ein Schriftstück, in dem erörtert wird, wie nützlich es sein

kann, Einfluß auf Buchinhalte zu nehmen. Darin heißt es unter anderem:
»Bücher unterscheiden sich von allen anderen Propagandamedien vor allem deshalb, weil ein einzelnes Buch die Haltung und Handlungsweise des Lesers in einem Maß verändern kann, wie es kein anderes Medium vermag ... das gilt natürlich nicht für alle Zeiten und für jedes Buch, aber doch häufig genug, um Bücher zur wichtigsten Waffe (langfristiger) strategischer Propaganda zu machen.«
Anschließend geht der Verfasser auf die lästigste aller Aufgaben ein: die Kontrolle des Autors.
»Der direkte Kontakt zum Autor hat folgenden Vorteil: Wir können ihm ausführlich unsere Absichten darlegen, ihm jedes Material liefern, das wir gedruckt sehen wollen, und das Manuskript in jedem Stadium einsehen. Normalerweise werden wir die Kontrolle über den Autor dadurch verstärken müssen, daß wir ihn für die Zeit, die er an dem Manuskript arbeitet, bezahlen oder ihm zumindest Beträge vorstrecken, die er später eventuell zurückzahlen muß ... Die Agency hat dafür Sorge zu tragen, daß das endgültige Manuskript unseren operativen und propagandistischen Absichten entspricht.«
Bis heute ist kein Fall eines Autors bekannt geworden, der im Auftrag der CIA etwas schrieb und das Geld, das er dafür bekam, zurückerstattet hätte. Dieser Bereich der CIA-Tätigkeit wurde 1976 vom Geheimdienstausschuß des Repräsentantenhauses (Pike-Ausschuß) beschrieben. Der Ausschuß kam zu dem Ergebnis, daß von allen verdeckten Aktionen, die von der CIA durchgeführt wurden, Medien- und Propagandaprojekte wahrscheinlich den »größten Einzelbereich« ausmachten.
In den Akten der CIA finden sich viele streng geheime Berichte über solche verdeckten Aktionen. Einer datiert vom Mai 1968 und ist an den damaligen CIA-Direktor Richard Helms gerichtet. Er gibt einen »Überblick über die operative Tätigkeit« einer in London arbeitenden Propagandaeinrichtung der CIA namens Forum World Features (FWF).
»In den beiden ersten Jahren seines Bestehens ist das FWF für die Vereinigten Staaten ein wichtiges Instrument gewesen, um der kommunistischen Propaganda entgegenzuwirken. Es ist heute ein geachteter Pressedienst und auf dem besten Wege, in der Welt des Journalismus eine angesehene Position zu erlangen.« Weiter hieß es in dem Bericht, daß das Forum »mit Wissen und Unterstützung des britischen Geheimdienstes« arbeite.

Die CIA hatte das FWF 1966 als kommerzielle Presseagentur konzipiert und finanziert, die wöchentlich Artikel an Zeitungen in aller Welt verkaufen sollte. Binnen zwei Jahren plazierte das Forum CIA-Material in über 50 Zeitungen. Robert Gene Gately, einer der Verbindungsoffiziere, versicherte, daß das Forum die beträchtlichen Investitionen der CIA zurückzahlte. Im Jahr 1975 wurde das Forum als CIA-Scheinfirma enttarnt und von seinem Leiter daraufhin dichtgemacht. Sein Name war Brian Crozier.
Fünf Jahre zuvor hatte Crozier das Institut für Konfliktforschung (ISC) gegründet, das zumindest in seinen Anfängen direkt oder indirekt von der CIA mitfinanziert wurde. Wie das Forum, so unterhielt auch das Institut enge Beziehungen zur CIA und zum britischen Geheimdienst.
Das ISC hat sich zahlreiche Ziele gesteckt, darunter die Erstellung von Studien über Terrorismus und Guerillakrieg. Es versucht, die Aktionen der »wichtigeren extremistischen Gruppen« zu erklären, »revolutionäre Herausforderungen« zu untersuchen und, sein vielleicht wichtigstes Betätigungsfeld, »Subversion und politische Gewalt« zu analysieren. Im Lauf der Jahre saßen im Vorstand des Instituts zahlreiche Leute mit Kontakten zum Geheimdienst. Die Mehrheit der Mitglieder könnte man ohne weiteres als ultrarechte Konservative bezeichnen.
Brian Crozier, ein erfahrener Journalist und eine anerkannte Autorität auf dem Gebiet umstürzlerischer Tätigkeiten, hätte eigentlich leichter als jeder andere erkennen müssen, wenn ihm gezielte Falschinformationen untergeschoben wurden. Doch trotz seiner engen Kontakte zu diversen Geheimdiensten glaube ich nicht, daß er sich bereitwillig an der Desinformationskampagne beteiligte, die in bezug auf Carlos inszeniert wurde. Zweifellos wurde er ohne sein Wissen benutzt. Aus verschiedenen Aussagen, die er mir gegenüber machte, geht klar hervor, daß er seinen Geheimdienstinformanten nicht nur voll vertraute, sondern darüber hinaus davon ausging, daß sie zu einer so zynischen Verdrehung der Wahrheit nicht fähig seien. Aufgrund seiner ausgezeichneten Kontakte war er der ideale Mann für den britischen Geheimdienst. Jede Information, die ihm zugespielt wurde, hatte beste Aussichten, später in der angesehenen TIMES zu erscheinen. In den meisten Fällen klappte es, und wenn es einmal nicht klappte, dann wurde sie in Croziers wöchentlichem Mitteilungsblatt oder im Jahresbericht des ISC veröffentlicht.
Im Jahresbericht für 1975/76 schrieb Crozier in einem Artikel mit dem Titel RUSSLANDS REVOLUTIONÄRE BASIS:

Unterstützung des Terrorismus
Die Rolle der Sowjetunion bei der Unterstützung des Terrorismus wurde in diesem Jahresbericht und in entsprechenden anderen Publikationen dieses Instituts schlüssig dargestellt. Es ist nicht immer leicht, eine scharfe Trennlinie zwischen Terrorismus und Guerillakrieg zu ziehen; als Beispiele hierfür sind in diesem Artikel geheime Waffenlieferungen an Angola und andere Länder angeführt. Doch das vergangene Jahr hat uns zwei interessante Beispiele dafür beschert, daß die Sowjetunion auch den »reinen« Terrorismus unterstützt:
1. Der Fall »Schakal«. Ilich Ramírez Sánchez, bekannt als Carlos oder »der Schakal« (nach Frederick Forsyths Romanbestseller *Der Schakal* über einen gedungenen Mörder, der Charles de Gaulle beseitigen soll), studierte an der Patrice-Lumumba-Universität in Moskau, die er 1969 im Alter von 21 Jahren verließ. Studenten aus der Dritten Welt werden dort auf eine Ausbildung in Terrorismus, Sabotage und Guerilla-Kriegführung vorbereitet, die gewöhnlich an einem anderen Ort stattfindet (THE TIMES, London, 29. Juli 1975).

Der Leser wird zweifellos bemerkt haben, daß auch diesmal keinerlei Belege für die Behauptung geliefert werden, Ramírez habe während seines Aufenthalts an der Universität ein »Terrorismustraining« absolviert. Croziers einzige überprüfbare Aussage zu Carlos ist die Behauptung, der Venezolaner habe die Patrice-Lumumba-Universität 1969 verlassen, und die ist falsch. Mit Zitaten aus der TIMES konnte er sicherlich jeden beeindrucken, der nicht wußte, daß er sich in Wirklichkeit selbst zitierte. Diese merkwürdige Praktik ist nicht nur charakteristisch für die Berichte Croziers, sondern auch für die einer ganzen Reihe rechtsgerichteter »Experten« auf dem Gebiet von Subversion und Terrorismus.
Im Verlauf des folgenden Jahres war Crozier von seinen Informanten beim Geheimdienst mit weiteren »Fakten« versorgt worden. Inzwischen hatte Carlos die Wiener Operation durchgeführt. Der britische Geheimdienst und die CIA hielten den Zeitpunkt offenbar für günstig, Crozier und seine Leser mit weiteren Falschinformationen über Carlos zu füttern. Das folgende Zitat entstammt dem *Jahresbericht* für 1976/77.

Internationaler Terrorismus
Dieses Jahr brachte neue Beweise für die massive Verflechtung der Sowjetunion mit dem Terrorismus. Seit Sommer 1975 ist bekannt, daß Carlos – wie der venezolanische Terrorist Ilich Ramírez Sánchez gewöhnlich genannt wird – in der UdSSR ausgebildet wurde (siehe *Jahresbericht* unseres Instituts für 1975/76, S. 22). Carlos' Reise nach Jugoslawien im September 1976 brachte jedoch neue Einzelheiten ans Licht. Berichten zufolge hat er dort an einem Treffen terroristischer Organisationen teilgenommen, die von den Kommunisten unterstützt werden. Auch KGB-Agenten nahmen an diesem Treffen teil (THE ECONOMIST'S FOREIGN REPORT, 22. September 1976).
Obwohl die USA die jugoslawischen Behörden rechtzeitig gewarnt hatten, wurde kein Versuch unternommen, Carlos zu verhaften. Die Amerikaner reagierten mit einem formellen Protestschreiben. Nach der in Kairo erscheinenden Zeitung AL AKHBAR war Carlos in den Besitz einer kleinen Atombombe gelangt.
Nach Unterlagen der Polizei und der Geheimdienste wurde Carlos ursprünglich vom KGB in Venezuela rekrutiert, im Trainingslager Mantanzas bei Havanna (Kuba) unter KGB-Oberst Viktor Simenow geschult und 1968 zur weiteren Ausbildung an die Patrice-Lumumba-Universität nach Moskau geschickt. Im Alter von 22 oder 23 Jahren absolvierte er außerdem an vier Sondereinrichtungen der sowjetischen Geheimpolizei bei Moskau Kurse in politischer Indoktrination und Sabotage, Waffenkunde und Killerkarate. Später verbreitete Carlos die Geschichte, daß er 1969 wegen antisowjetischen Verhaltens und unsittlichen Lebenswandels aus Moskau ausgewiesen worden sei. Doch solche Geschichten erfinden die Sowjets häufig, um KGB-Agenten zu tarnen und zu schützen.

Der ECONOMIST'S FOREIGN REPORT, auf den sich der Bericht berief, wurde zu der Zeit von Crozier selbst herausgegeben. Das Material, auf das er sich stützte und auch heute noch stützt, stammt aus Geheimdienstquellen. Die »kleine Atombombe« war eine Erfindung des Propagandaapparats des ägyptischen Geheimdienstes. Als der FOREIGN REPORT die Geschichte brachte, wurde sie für die exklusive Leserschaft des Magazins sofort zu einem »Faktum«.
Als ich Brian Crozier interviewte, wußte ich noch nichts von seinen engen Beziehungen zum britischen Geheimdienst und zur CIA. Ich

wollte in dem Gespräch lediglich herausfinden, ob tatsächlich er den TIMES-Artikel vom 29. Juli 1975 geschrieben hatte, ob er Kopien der Polizei- und Geheimdienstakten besaß, aus denen er in seinem Artikel von 1976 anscheinend zitiert hatte, oder ob er diese Akten zumindest selbst gelesen hatte.

»Haben Sie den TIMES-Artikel vom 29. Juli 1975 geschrieben, in dem Carlos mit dem KGB in Verbindung gebracht wird?«

»Nein, ich glaube nicht. Natürlich habe ich so viele Artikel geschrieben, daß es schwierig ist, sie alle im Kopf zu behalten, aber der war nicht von mir.«

»Welche Beweise haben Sie für Ihre Behauptung, daß er [Carlos] Ihrer Meinung nach KGB-Agent ist? Daß er auf die Lumumba-Universität ging, weiß ich.«

»Nun, die Tatsache, daß er auf die Lumumba-Universität ging, ist ungeheuer wichtig. Wollen Sie sagen, daß Ihre Recherchen Zweifel daran aufkommen lassen, daß er vom KGB ausgebildet wurde?«

»Sehr starke Zweifel sogar.«

»Ich weiß nicht. Sehen Sie, ich bin in erster Linie Journalist und kein Wissenschaftler. Ich habe viele Quellen, internationale Quellen und natürlich auch Geheimdienstquellen. Ich kann dazu nur sagen, daß ich mich besonders auf eine ganz bestimmte Geheimdienstquelle stütze, und die Informationen, die ich von dort bekomme, haben sich noch nie als falsch entpuppt. Mehr kann ich dazu nicht sagen.«

Crozier behauptete, er habe Dokumente und Berichte einsehen können, die belegten, daß Afrikaner und andere in Trainingslagern des KGB ausgebildet worden seien. Doch in bezug auf Carlos sagte er:

»In seinem Fall habe ich nur mündliche Informationen erhalten. Aber ich fand sie damals überzeugend, und ich sah bisher keine Veranlassung, meine Meinung zu ändern.«

Mündliche Informationen also. Jeder Journalist ist auf mündliche Informationen angewiesen, aber er sollte sie immer mit größter Sorgfalt verwenden, insbesondere dann, wenn sie aus Geheimdienstquellen stammen. Wem nutzen sie? Gibt es eine zweite unabhängige Quelle? Handelt es sich um gezielte Falschinformation? Bei den Informationen, die Crozier vom britischen Geheimdienst bekam, war das ohne Zweifel der Fall. Wie, zum Beispiel, konnte Carlos in Kuba ein KGB-Training absolviert haben, wenn durch Dokumente zweifelsfrei belegt ist, daß er exakt zur gleichen Zeit in der Londoner Earls Court Road Kurse besuchte? Der Ordnung halber sei noch angemerkt: Den Artikel in der TIMES hat Brian Crozier geschrieben und kein anderer.

Brian Crozier war ein wichtiger Mann. Was er aufrichtig glaubte und voller Überzeugung weitergab, kann gar nicht ernst genug genommen werden. Er sprach mit mir über das Mitteilungsblatt, das er sieben Jahre lang herausgegeben hatte.

»Das Blatt war eine ganz exklusive Sache. Es wurde unter anderem von Mrs. Thatcher und Ronald Reagan gelesen. Ich hatte den Kreis der Abonnenten auf rund 160 Leute in ungefähr 15 Ländern begrenzt. Lauter Entscheidungsträger. Ich kann Ihnen ohne Übertreibung versichern, daß Mrs. Thatcher, Ronald Reagan oder Leute aus ihrem Umfeld immer wieder fragten: ›Wissen Sie, solche Informationen bekommen wir sonst nirgends. Wo haben Sie sie her?‹ Nun, die Antwort darauf ist simpel: Wir haben eben die richtigen Fragen gestellt. Außenministerien tun das nicht. Sie stellen nur die üblichen Fragen, die sie immer schon gestellt haben. Und solche Fragen interessierten mich überhaupt nicht.«

Crozier hatte damit sicherlich nicht übertrieben. Meine anschließenden Nachforschungen bestätigten, daß Crozier und seine Kollegen praktisch bei allen Regierungschefs der westlichen Welt ein offenes Ohr fanden. Und nicht nur das: Ihre Ansichten wurden auch weiterverbreitet. Croziers Schützling, der Autor und Journalist Robert Moss, schrieb jahrelang Reden für Premierministerin Thatcher und genoß ihr vollstes Vertrauen. Crozier, Moss und die Leute aus ihrem unmittelbaren Umfeld haben von Mitte der sechziger Jahre bis zum heutigen Tag die Außenpolitik in einer Vielzahl von Fragen direkt beeinflußt, auch die Entspannungspolitik, die sie gemeinsam torpedieren und verhindern wollten.

Die westlichen Geheimdienste erkannten die außerordentlichen Möglichkeiten, die sich ihnen dadurch eröffneten. Wenn es ihnen schon nicht gelang, mit ihren Vorstellungen von der Welt – oder besser: ihren Vorstellungen davon, wie die Welt in Zukunft aussehen sollte – durch die Vordertür in die Downing Street Nummer 10 oder ins Weiße Haus zu gelangen und die dort residierenden Regierungschefs zu überzeugen, dann benutzten sie eben die Hintertür. Hier ein aus Geheimdienstquellen gespeister Bericht von Crozier, dort eine einprägsame Zeile von Moss. Der Feind in den eigenen Reihen?

Bereits wenige Tage nach dem Carlos-Anschlag auf die Wiener Zentrale der OPEC wurde deutlich, daß auch die CIA bei der Desinformationskampagne mitmischen wollte, die der französische Auslandsgeheimdienst SDECE und der MI6 eingeleitet hatten. In den ersten Januartagen des Jahres 1976 nahm sich die CIA das State Department vor und tischte Beamten des Ministeriums die gleichen Lügen auf, die Crozier in London zugetragen worden waren. Außerdem nutzte die CIA ihre guten Kontakte zu den Medien, so etwa zum einflußreichen Nachrichtenmagazin TIME, das in der ersten Ausgabe des neuen Jahres einen ganzseitigen Artikel mit der Überschrift DER MANN NAMENS CARLOS brachte. Der Artikel enthält alle Falschinformationen, mit denen auch der ahnungslose Crozier versorgt worden war. Die Redakteure des Magazins waren ebenso arglos wie der Mann, der im Jahr zuvor einem Senatsausschuß als »einer der führenden Experten auf dem Gebiet des internationalen Terrorismus« vorgestellt worden war. Sie führten weder eigene Recherchen durch, noch überprüften sie die Informationen. Warum sich mit Recherchen abplagen, wenn die Informationen von Leuten aus dem State Department oder aus Langley stammten?

Die Desinformationskampagne westlicher Geheimdienste auf beiden Seiten des Atlantiks wurde zu einem beispiellosen Erfolg. Vertreter aller Medien fielen darauf herein, darunter auch eine der wichtigsten Zielgruppen, die Buchautoren. Colin Smith war der erste, der in die Falle tappte. Zu der Zeit, als er sein Buch *Carlos, Portrait of a Terrorist* schrieb, war er der »rasende Reporter« des OBSERVER. Auf den ersten Seiten seines Buches behauptet er: »Es besteht mehr als nur ein vager Verdacht, daß zwischen ihm [Carlos] und den Russen eine Verbindung existiert.« Und weiter: »Leute vom kubanischen Geheimdienst DGI waren wahrscheinlich seine direkten Vorgesetzten.«

Smith hatte vergeblich versucht, in Londoner Krankenhäusern Unterlagen aufzuspüren, die belegen konnten, daß Carlos zwischen Juni und Februar 1969 dort in Behandlung gewesen war. Dies veranlaßte ihn zu dem Schluß, daß das Magengeschwür »entweder von Ilich selbst oder von seinen Auftraggebern [dem KGB] erfunden wurde«. Er mutmaßte, daß Carlos in dieser Zeit im Nahen Osten oder in Kuba möglicherweise ein »terroristisches Training« absolviert habe, und tat die Ausweisung von Ramírez durch die Sowjets als ein vom KGB inszeniertes Täuschungsmanöver ab. Hätte er gewußt, daß außer Carlos noch 20 weitere venezolanische Studenten ausgewiesen worden waren, wäre er wohl zu einem anderen Urteil gelangt.

Smith hatte ohne Zweifel umfangreiche Nachforschungen angestellt, bevor er seine Erkenntnisse zu Papier brachte. Dadurch umging er einige Geheimdienstfallen. In bezug auf Ramírez' Aktivitäten war er jedoch in vielerlei Hinsicht äußerst unpräzise, nicht zuletzt auch bei seinen Schlußfolgerungen. So schrieb er: »Den anderen Auftraggebern von Carlos, den Männern am Dserschinski-Platz [Sitz der KGB-Zentrale], die den Kubanern wahrscheinlich sagten, daß sie Carlos aus Paris herausholen sollten, kann das Chaos nur recht gewesen sein, das er im Westen verursacht hat.« An keiner Stelle geht Smith auf den verwirrenden Widerspruch ein, daß ein vermeintlicher KGB-Agent bei seinen Aktionen regelmäßig eine solche Stümperhaftigkeit an den Tag legte. Im Vergleich zu späteren Autoren schien Colin Smith jedoch nur einen Teil der Falschinformationen zu übernehmen, die von Geheimdiensten verbreitet wurden. So wies er Behauptungen zurück, daß Gaddafi hinter dem Anschlag auf die OPEC stecke. Der MI6, die CIA und der Mossad, der inzwischen ebenfalls mit von der Partie war, beschlossen, ihre Bemühungen zu verstärken. Und das taten sie dann auch, und zwar mit beachtlichem Erfolg.

Bis zur Veröffentlichung des zweiten Buches über Carlos in der ersten Hälfte des Jahres 1977 hatten die diversen Geheimdienste, die an der Desinformationskampagne beteiligt waren, praktisch alle Nachrichtenmedien auf der ganzen Welt hinters Licht geführt. Ein Journalist nach dem andern hatte ihr Phantasiebild von Carlos übernommen und weiterverbreitet. Die von Crozier Mitte 1975 in die Welt gesetzte Vermutung, daß Ramírez in der Sowjetunion zum Terroristen ausgebildet worden sei, galt Anfang 1976 bereits als unbestrittene Tatsache. Das Nachrichtenmagazin TIME schrieb am 5. Januar 1976: »Er [Carlos] besuchte vier Sondereinrichtungen der sowjetischen Geheimpolizei nahe Moskau und nahm dort an Kursen in politischer Indoktrination und Sabotage, Waffenkunde und Killerkarate teil.«

Wie zuvor schon Crozier, so hatte auch die Wochenzeitschrift nicht den geringsten Beweis für ihre Behauptungen, und wie Crozier hatte sie von ihren Geheimdienstinformanten offensichtlich ein falsches Datum für Carlos' Abreise aus der Sowjetunion erhalten.

In derselben Woche, in der TIME den Artikel brachte, wartete NEWSWEEK mit neuen Enthüllungen auf. Das Magazin behauptete, daß Mohammed Budia und Carlos an der Patrice-Lumumba-Universität »schnell Freundschaft« geschlossen hätten und daß Carlos zusammen mit Fusak Shigenobu, dem Chef der Japanischen Roten Armee, das propalästinensische Massaker auf dem Flughafen Lod in Israel geplant habe. In der Zeit, als Carlos an der Lumumba-Universität studierte, lebte und arbeitete Mohammed Budia in Paris. Und zum Zeitpunkt des Lod-Massakers lebte und studierte Ramírez in London. Sein erster Terrorakt, der Mordversuch an Edward Sieff, fand erst über anderthalb Jahre später statt.

In Europa brachten der französische FIGARO und die Schweizer TRIBUNE DE LAUSANNE ihre Überzeugung zum Ausdruck, daß »Carlos dem KGB angehört«.
Im März 1977 veröffentlichten Christopher Dobson und Ronald Payne ihr Buch *The Carlos Complex. A Pattern of Violence.* Die Autoren waren Auslandskorrespondenten, die, wie sie in ihrer Einleitung schrieben, »praktisch über jeden Krieg seit dem Ende des Zweiten Weltkriegs berichtet« hatten. Außerdem arbeiteten sie als Reporter für den ultrakonservativen SUNDAY TELEGRAPH. Wollte man auf alle sachlichen Fehler eingehen, die in ihrem Buch enthalten sind, so müßte man ein neues Buch schreiben. Doch ich denke, daß die folgenden Beispiele mehr als genügen, um zu veranschaulichen, wie diese beiden erfahrenen Reporter von ihren Geheimdienstinformanten, denen sie vertrauten, hinters Licht geführt wurden.
Besonders die CIA war von der Idee begeistert, Ramírez für einen Propagandakrieg gegen die Sowjets und gegen den Feind vor der eigenen Haustür, die Kubaner, zu benutzen. Die CIA war es, die den beiden Autoren Informationen über eine nicht existierende Verbindung zwischen Carlos und den Kubanern zugespielt hatte. Sie schrieben:
»Als Carlos 1966 die Schule [in Caracas] verließ, schickte ihn sein Vater ins Ausland, um dort seine Ausbildung zu beenden. Er reiste durch die Karibik, ging nach Mexiko und traf gegen Ende des Jahres in Kuba ein, wo er eines von Castros Trainingscamps für junge Guerillas besuchte [...]
Carlos erhielt seine Ausbildung im Lager Mantanzas, einem der drei Trainingscamps um Havanna. Er war einer von 100 jungen Venezolanern, die in der Kunst der Subversion geschult wurden. Ihr Ausbilder war der berüchtigte KGB-General Viktor Simenow, der nach Havanna abkommandiert worden war, um die Operationen des kubanischen Geheimdienstes zu überwachen [...]
Carlos' Zugehörigkeit zu dieser internationalen kommunistischen Verschwörerszene wurde bekannt, als Castro Hidalgo, Angehöriger der kubanischen Botschaft in Paris, überlief und der CIA berichtete, daß Carlos einer der venezolanischen ›Studenten‹ in Kuba gewesen sei.«
Anschließend berichten Payne und Dobson, daß die Kubaner Carlos mit einer Gruppe von Rebellen 1968 nach Venezuela geschickt hätten. Carlos sei aber »fast unmittelbar« nach der Landung von der Polizei aufgegriffen, verhört und dann wieder auf freien Fuß gesetzt worden und habe sich daraufhin »nach Kuba abgesetzt«.

Die Geschichte geht folgendermaßen weiter:
»Einige Monate später unternahmen die Kubaner einen weiteren Versuch und schickten Carlos erneut nach Venezuela. Er sollte nach dem Vorbild der Studentenrevolte in Paris an der Universität von Caracas Unruhen schüren. Aber er versagte wieder. Er wurde zum zweitenmal verhaftet und von der Polizei zwölf Stunden lang in die Mangel genommen. Erst als sein Vater intervenierte, ließ man ihn frei.«
Wie bereits in einem früheren Kapitel anhand von Interviews, Unterlagen der Schul- und Zollbehörden sowie venezolanischen Polizeiakten dargelegt, verließ Carlos Venezuela im August 1966 und flog mit seiner Mutter und seinen beiden Brüdern direkt nach London, wo er bis Oktober 1968 ununterbrochen lebte und studierte. Anschließend flog er direkt nach Moskau und nahm sein Studium an der Patrice-Lumumba-Universität auf.
Es ist bekannt, daß General Simenow die Kontrolle des kubanischen Geheimdienstes nicht vor 1970 übernahm. Und Castro Hidalgo? Es wäre schon mehr als ungewöhnlich, wenn Hidalgo von den hundert Venezolanern, die er angeblich im Camp Mantanzas gesehen hatte, einen völlig unbekannten, unauffälligen Mann mit Namen hätte nennen können. In Wirklichkeit hat er nichts dergleichen getan.
Bei Hidalgos Verhör durch die CIA wurde der Name Ramírez ebensowenig erwähnt wie in seinem von der CIA gesponserten Buch *Spy for Fidel.* Der Name Ilich Ramírez Sánchez taucht auch in keiner der Aussagen auf, die Hidalgo vor der CIA, dem Unterausschuß des Senats für Terrorismus oder vor irgendeiner anderen Instanz machte. Alles andere wäre auch erstaunlich gewesen. Hidalgo war im März 1967 von Havanna an die kubanische Botschaft in Paris versetzt worden. Und dort blieb er, bis er am 31. März 1969 überlief. Weder in dieser Zeit noch davor, als er noch in Kuba lebte, setzte er jemals einen Fuß in das Trainingscamp Mantanzas.
Hätten die CIA-Leute, die Hidalgo 1969 verhörten, gewollt, daß der Name Ramírez im Protokoll auftaucht, so hätten sie ihn auch hineingeschrieben. Doch zum damaligen Zeitpunkt wußten sie weder etwas von dem jungen Venezolaner noch von dem angeblichen Ecuadorianer Anton Bouvier, den amerikanische Geheimdienstleute bei ihren Gesprächen mit Payne und Dobson ebenfalls nach Kuba »verpflanzten«. So wurde Bouvier in dem Buch der beiden Autoren auf wundersame Weise zu einem von Carlos' Ausbildern.
Als Frankreich drei kubanische Diplomaten auswies, wurde natürlich wieder viel über die angeblichen Verbindungen des Venezolaners zu

den Kubanern spekuliert. Die Gerüchte erhielten im Herbst 1975 neue Nahrung, als mehrere Zeitungen, die über Nydia Tobóns Prozeß in London berichteten, die Meldung brachten, daß »Carlos in Kuba ausgebildet worden« sei.

Angeblich stammte die Information von Nydia Tobóns Verteidigerin Cheryl Drew. Ich befragte sie dazu.

»In den Presseberichten über die Verhandlung wurde der Sachverhalt oft grob entstellt. Ich weiß noch, daß speziell die TIMES und der TELEGRAPH sehr ungenau berichteten. Ich kann mich jedenfalls nicht daran erinnern, irgend etwas in dieser Richtung gesagt zu haben.«

Dazu Lenin Ramírez Sánchez:

»Ich kann mit absoluter Sicherheit behaupten, daß Ilich vor Ende 1973 niemals in Kuba war. Später sah ich ihn seltener, deshalb kann ich nichts darüber sagen, wo er sich in dieser Zeit überall aufgehalten hat.«

Und Nydia Tobón:

»Wir sprachen sehr oft über Castro und Che. Es war offensichtlich, daß er bis zu meiner Verhaftung im Sommer 1975 Kuba nie betreten hatte.«

Es bleibt ein Rätsel, was Christopher Dobson und Ronald Payne dazu bewegt haben mag, der CIA die Geschichte über eine Verbindung zwischen Carlos und den Kubanern abzunehmen. Simple Recherchen hätten ergeben, daß Carlos zu der Zeit, als er sich nach Auskunft der CIA auf Kuba herumtrieb und dann als Unruhestifter nach Venezuela ging, in Wirklichkeit eine Schule am Earls Court besuchte. Dies ist jedoch nur eines der Rätsel, die ihr Buch aufgibt.

Auch die britische Special Branch war an der Irreführung der beiden Autoren beteiligt. Sie unterrichtete Payne und Dobson in inoffiziellen Gesprächen, daß Bouvier in London unter seinem zweiten Vornamen »Dages« ein Bankkonto geführt und Carlos finanziell unterstützt habe. Es gibt keinerlei Beweis dafür, daß Bouvier unter einem seiner drei Namen bei einer britischen Bank ein Konto geführt oder Carlos zu irgendeinem Zeitpunkt finanziell unterstützt hat.

Die Autoren schreiben, ihnen sei »aus zahlreichen Quellen bestätigt worden, daß er [Carlos] 1974 in die Sowjetunion zurückkehrte, und zwar mit einer Gruppe der PFLP, die in einem russischen Lager eine Spezialausbildung erhielt. Einige Berichte stammen von arabischen Terroristen, die von den Israelis gefaßt wurden und schwören, sie hätten Carlos in dem Lager gesehen«.

Der israelische Geheimdienst, von dem diese Falschinformation stammte, erwähnte Payne und Dobson gegenüber weder den Namen des Lagers noch den genauen Zeitpunkt, zu dem diese Ausbildung im Jahr 1974 stattgefunden haben soll. Wenn sich der Leser die Mühe macht, ein paar Kapitel zurückzublättern, so wird er feststellen, daß Carlos 1974 sehr beschäftigt war. Er hatte wenig Zeit für einen Trainingskurs in der Sowjetunion. Im Januar kann er einen solchen Kurs mit Sicherheit nicht besucht haben, denn da versuchte er in London, Edward Sieff umzubringen, und anschließend war er mit der Planung und Durchführung des Bombenanschlags auf die Hapoalim-Bank ausgelastet. Auch im Februar blieb ihm keine Zeit, denn da flog er in den Nahen Osten, genauer gesagt nach Aden, und nahm dort an Gesprächen teil, bei denen die nächsten Anschläge geplant wurden. Im März und April hielt er sich nach Aussagen vieler Zeugen in London auf. Ein weiterer Zeuge gab zu Protokoll, daß Sánchez im April in Paris weilte. Im Mai begann er in Paris eine sechsmonatige Affäre mit einer Frau. Ihretwegen und wegen diverser anderer Beziehungen blieb er bis auf kurze Unterbrechungen im Oktober längere Zeit in Frankreich. Doch er widmete sich in dieser Zeit beileibe nicht nur den Frauen in seinem Leben, sondern jagte außerdem noch Pariser Zeitungsredaktionen in die Luft, assistierte bei der Besetzung der französischen Botschaft in Den Haag, warf eine Handgranate in ein Pariser Café und organisierte, ebenfalls von Paris aus, Waffenschiebereien in verschiedene Länder. Im Oktober und November hielt er sich nach Zeugenaussagen in London auf. Für Dezember 1974 und Januar 1975, als er den ersten Raketenanschlag auf den Flughafen Orly plante, liegen schließlich Aussagen von mindestens einem Dutzend Zeugen vor, nach denen er die ganzen zwei Monate über in Paris war. Ob Carlos die Spezialausbildung in Abendkursen absolvierte?

Wie zuvor schon Colin Smith, so stützten sich auch Payne und Dobson auf gewisse Eintragungen in Moukarbels Tagebuch, die der französische Geheimdienst durchsickern ließ. Alle drei Autoren behaupteten, daß sich die Eintragung »Marseille. 12. August, 500 Francs für Zugfahrkarten und Hotel« auf eine Reise bezog, die Carlos und Moukarbel im August 1973 nach Marseille unternahmen, um antialgerische Krawalle zu beobachten. Nach Smith blieben sie »annähernd vier Wochen« in der französischen Hafenstadt, und zwar, wie er vermutete, im Auftrag einer »ausländischen Macht«, die Informationen aus erster Hand über die Unruhen haben wollte. Payne und Dobson gingen noch weiter und behaupteten, Carlos und Moukarbel seien festgenommen worden und nach ihrer Freilassung nach Paris zurückgeflogen.

Aus beweiskräftigen Dokumenten geht hervor, daß Carlos am 24. Juli in den Nahen Osten flog und nicht vor dem 25. September zurückkehrte.
Selbst wenn man davon ausgeht, daß Carlos, seit jeher ein Mann mit »Hilton-Mentalität«, zusammen mit Moukarbel zweiter Klasse nach Marseille reiste, so hätten ihn die Rückfahrkarten 1973 mindestens 472 Francs gekostet. Die restlichen 28 Francs hätten nicht einmal für eine Übernachtung in einem billigen Hotel gereicht.
Es geht hier nicht darum, andere Autoren zu kritisieren, sondern die Geheimdienste, die ihnen dieses Material unterschoben. Sie wußten sehr genau, was sie damit anrichteten, und ihre Ziele liegen klar auf der Hand: Sie wollten jede Hoffnung auf Entspannung zwischen Ost und West zerstören, die Träume des palästinensischen Volkes zunichte machen und Feindseligkeit und Mißtrauen zwischen den Nationen säen. Und sie hatten damit auf der ganzen Linie Erfolg. Ihre Lügen wurden so oft und so laut wiederholt, daß sie schließlich für bare Münze genommen wurden. Sie beeinflußten die Haltung und die offizielle Außenpolitik vieler Länder, einschließlich Großbritanniens und der Vereinigten Staaten.
Zu dem Anschlag auf die OPEC-Zentrale schrieben Payne und Dobson: »Für den Anschlag von Wien gab es verschiedene Zielsetzungen und verschiedene Auftraggeber.«
Die Liste der »Auftraggeber«, die sie anführen, ist beeindruckend lang: Sie umfaßt Carlos selbst, das restliche Kommando, die Volksfront, den Irak, Libyen und Algerien. Und natürlich steht hinter allen die Sowjetunion. Möglicherweise verfahren die Autoren nach dem Prinzip, daß, wer genügend Personen und Länder beschuldigt, nach dem Gesetz der Wahrscheinlichkeit auch den Richtigen treffen muß. Wie ein Tipgeber, der vor einem Pferderennen die Namen aller startenden Pferde nennt und am nächsten Tag in der Zeitung nur seinen positiven Kommentar zum schließlichen Gewinner zitiert.
Was den Anschlag auf das OPEC-Hauptquartier anging, so wurden Payne und Dobson hauptsächlich vom Mossad mit Falschinformationen versorgt. Wie bereits in ihrem Zeitungsartikel vom Februar 1976 behaupteten die beiden Autoren auch in ihrem Buch, daß Carlos von Oberst Gaddafi für den Anschlag auf die OPEC eine Million Pfund erhalten habe und daß Klein, ein Mitglied des Kommandos, für seine Verwundung mit 100 000 Pfund entschädigt worden sei. Als einzigen »Beweis« für diese Behauptungen führen sie an, daß der damalige saudische Ölminister Scheich Jamani »nicht daran zweifelt, daß Gaddafi

die OPEC-Affäre finanziert hat. Jamani weigert sich zwar noch immer, den libyschen Revolutionsführer öffentlich zu beschuldigen, doch er droht damit, es zu tun, wenn die Zeit dafür reif ist.«
Bis heute hat Jamani diese angebliche Drohung nicht wahr gemacht.
Payne and Dobson zitierten in späteren Arbeiten ausgiebig aus ihrem Buch über Carlos und gelten inzwischen allgemein als Terrorismusexperten. Die Geheimdienste, die hinter der Desinformationskampagne steckten, konnten mit dem Ergebnis ihrer Arbeit mehr als zufrieden sein.
Im Jahr 1978 brachte BBC eine aktuelle Sondersendung mit dem Titel »Terror International«. Der Reporter Tom Mangold untersuchte darin die Infrastruktur der Organisation Wadi Haddads. Ronald Payne und Christopher Dobson fungierten bei der Sendung als Berater. Später strahlte CBS die Sendung auch in den Vereinigten Staaten aus, und am 26. April 1978 ließ Senator Eagleton das gesamte Manuskript der CBS-Sendung in die Akten aufnehmen. Im Jahr 1984 erschien das Buch *Terrorism: The Soviet Connection* von Ray S. Cline und Yonah Alexander. Cline, von 1962 bis 1966 stellvertretender CIA-Direktor, war ein weiterer Terrorismusexperte von internationalem Ruf. Cline und Alexander behaupten in ihrem Buch, daß die Sowjetunion das Zentrum einer internationalen terroristischen Infrastruktur sei. Eine der Quellen, auf die sie sich dabei berufen, ist die Kongreßakte über die CBS-Sendung, an der Payne und Dobson mitgearbeitet haben. An einer anderen Stelle im Buch zitiert Cline sich selbst, und an einer weiteren nennt er Brian Crozier als Quelle. Außerdem zitiert er Payne und Dobson, als Belege für die umstrittene Behauptung, Carlos sei in Kuba ausgebildet worden und habe anschließend an der Lumumba-Universität ein Terrorismustraining absolviert. Auf diese Weise wurden Lügen, die zum Teil von der CIA in die Welt gesetzt worden waren, von einem ihrer ehemaligen Direktoren als unwiderlegbare Tatsachen präsentiert.
Als im Juli 1975 kubanische Diplomaten zum Quai d'Orsay zitiert und davon in Kenntnis gesetzt wurden, daß drei Angehörige ihrer Botschaft zu unerwünschten Personen erklärt worden seien, verlangten sie eine Erklärung. Die französische Regierung teilte ihnen mit, »daß sie zum gegenwärtigen Zeitpunkt noch nicht in der Lage ist, eine Erklärung darüber abzugeben, was den drei Kubanern im einzelnen vorgeworfen wird«. Doch sie versprach, eine solche nachzureichen. Drei Jahre später warteten die Kubaner immer noch.
Als Michel Poniatowski 1978 das Buch *L'Avenir n'est ecrit nulle part* veröffentlichte, in dem er auch über seine Erfahrungen als Innenminister

im Jahre 1975 berichtete, mögen die Kubaner gedacht haben, daß sie nun endlich, wenn auch auf indirektem Weg, nähere Einzelheiten erfahren würden. Poniatowski war nämlich der Minister gewesen, der die Ausweisungen angeordnet hatte.

Tatsächlich geht der Minister in seinem Buch auf die »Carlos-Affäre« ein. Es liefert ein gutes Beispiel für den durchschlagenden Erfolg der Desinformationskampagne um Carlos. So schreibt Poniatowski, daß Carlos als 17jähriger nach Kuba gegangen sei und »im Trainingscamp Mantanzas bei Havanna eine terroristische Ausbildung absolvierte, im Umgang mit automatischen Waffen, Plastikbomben und Minen unterwiesen wurde und lernte, wie man Pipelines zerstört, Nachrichten entschlüsselt, fotografiert, Dokumente fälscht usw.« Kein einziges Wort davon war wahr.

Poniatowski wärmte Lügengeschichten wieder auf, die teilweise sein eigener Geheimdienst erfunden hatte, und schilderte, wie Carlos zweimal vergeblich versucht habe, nach Venezuela zu gelangen, um sich dort »subversiven Aktivitäten« zu widmen. Die fälschliche Behauptung, Carlos sei im Jahr 1969 von der Lumumba-Universität verwiesen worden, gibt Aufschluß über die Quellen des Ministers. Wie vor ihm schon Payne und Dobson beruft auch er sich auf »wiederholte Berichte, nach denen sich Carlos 1974 in russischen Ausbildungslagern aufhielt«. Zu den Terrorakten, für die er Carlos verantwortlich macht, gehören auch das Massaker auf dem Flughafen Lod 1972 und die Entführung der Lufthansa-Maschine nach Mogadischu 1977. An beiden Verbrechen war Carlos in keiner Weise beteiligt.

Die Ausweisung der kubanischen Diplomaten erwähnt Poniatowski mit keinem Wort.

Die Männer in Langley, Tel Aviv und London, die hinter der Desinformationskampagne steckten, bereiteten unterdessen ihren größten Coup vor: Sie waren auf dem besten Weg, den CIA-Direktor, den amerikanischen Außenminister, den Präsidenten und den Vizepräsidenten und mit deren Hilfe auch die britische Premierministerin Margaret Thatcher davon zu überzeugen, daß ihre Lügen die ungeschminkte Wahrheit waren. Das Fundament dafür war gelegt. Jetzt fehlte nur noch ein amerikanischer Autor, der leichtgläubig genug war, die ganze Geschichte zu schlucken. Kommt Zeit, kommt Frau. Claire Sterling erschien auf der Bildfläche.

Die Nonsensliteratur eines Edward Lear oder eines Lewis Carroll einmal ausgenommen, findet sich wohl nirgends zwischen zwei Buchdeckeln soviel geballter Unsinn wie in dem von Claire Sterling geschriebenen oder, besser gesagt, kompilierten Buch *Das internationale Terrornetz.*

In ihrer Einleitung schreibt sie: »Während ich das Material für dieses Buch sammelte, hatte ich keinerlei Kontakt zur CIA.« Vielleicht nicht wissentlich. Aber unwissentlich stand sie nicht nur in ständigem Kontakt mit der CIA, sondern auch mit dem MI 6 und dem Mossad und wurde geschickt in deren Desinformationskampagne eingespannt. Ich fand in ihrem Buch keinen einzigen Hinweis darauf, daß westliche Geheimdienste Falschinformationen verbreiten, obwohl einem diese Tatsache schon bei einer flüchtigen Beschäftigung mit dem Thema klarwerden sollte. Und doch setzt sie mit ihrem Buch den Fähigkeiten der westlichen Geheimdienste auf diesem Gebiet ein Denkmal.

Ihr Buch geht von der Prämisse aus, daß der Terrorismus »Rußlands Superwaffe« sei. Die Einleitung schließt mit den Worten: »Dieses Buch ist keine schöne Literatur. Hier geht es um Tatsachen.«

Die meisten Quellen, auf die Sterling in ihrem Kapitel über Carlos verweist, werden dem Leser inzwischen vertraut vorkommen. Es sind die Autoren Payne, Dobson, Smith, Crozier und schließlich noch der ehemalige französische Außenminister Poniatowski, der sich natürlich seinerseits auf Crozier, Payne und Dobson beruft. Nur zwei der 17 Quellenangaben in diesem Kapitel beziehen sich nicht auf bereits veröffentlichte Bücher. In beiden Fällen spricht sie von anonymen Geheimdienstquellen. Es birgt natürlich Gefahren, wenn man sich allein auf solche Quellen verläßt, egal, ob es sich um westliche oder östliche, um israelische oder arabische handelt. Bei meiner eigenen Arbeit habe ich jeden Hinweis mehrfach überprüft und mich dabei niemals nur auf eine Quelle verlassen. Wenn mir beispielsweise Leute vom französischen Geheimdienst Informationen bestätigen, die ich zuvor aus einer ganz anderen Quelle, nämlich von Peter-Jürgen Boock, erhalten habe, und wenn mir dann auch noch Bassam Abu Scharif versichert, daß die Informationen richtig sind, so kann ich wohl mit einiger Berechtigung davon ausgehen, daß es sich um Tatsachen, also um die Wahrheit, handelt. Nach Claire Sterlings Methode würde eine Quelle genügen.

In ihrem Kapitel über Ilich Ramírez Sánchez tappt sie zwangsläufig in die gleiche Falle, in die auch die anderen, von westlichen Geheimdiensten mehr oder weniger in die Irre geführten Autoren gerieten, auf deren Erkenntnisse sie sich vorwiegend stützt. Sie erwähnt Carlos' frühe Ausbildung durch DGI- und KGB-Offiziere im Trainingscamp Mantanzas; seinen »Instrukteur und Führungsoffizier« Anton Bouvier;

seine Ausbildung zum Terroristen in der Sowjetunion, über die Crozier unter Berufung auf mündliche Geheimdienstinformationen als erster berichtet hatte. All das war schon so deprimierend oft wiederholt worden.
Claire Sterling hatte den zusätzlichen Vorteil, daß sie Aussagen, die Carlos persönlich gemacht hatte, berücksichtigen und überprüfen konnte. El-Jundis Interviews mit Carlos waren inzwischen veröffentlicht worden. Es ist bezeichnend, wie sie mit diesem Material umgeht. Sie versucht gar nicht erst, an die Originalinterviews in arabischer Sprache zu gelangen, sondern begnügt sich mit der im FIGARO abgedruckten Version, die durch gefälschtes Material ergänzt worden war. Sie unternimmt auch keinerlei Versuch, die Echtheit der Aussagen zu überprüfen, die Carlos zugeschrieben wurden. Sie übernimmt kritiklos alle Bemerkungen, die der Venezolaner über seine Arbeit in der kommunistischen Jugend in Caracas und seine Führungsrolle in einer großen kommunistischen Geheimzelle gemacht hatte, und benutzt sie als Rechtfertigung für ihre Behauptung, Carlos sei KGB-Offizier. Genauere Nachforschungen in Venezuela hätten ergeben, daß Carlos zum Zeitpunkt seines Interviews mit el-Jundi bereits selbst aktiv an der Desinformationskampagne mitwirkte. Er begann, schon selbst an das zu glauben, was über ihn geschrieben wurde.
Wenn sich die Autorin mit seiner frei erfundenen Zugehörigkeit zu den Jungkommunisten beschäftigt, so liegt darin eine doppelte Ironie. Im Gegensatz zu Carlos war Claire Sterling in ihrer Jugend nämlich ein eingetragenes Mitglied der Kommunistischen Partei.
Es wäre allerdings nicht korrekt zu behaupten, daß Claire Sterling sich ausschließlich auf Falschinformationen aus zweiter Hand stützt. In dem Kapitel über Carlos gibt es zumindest eine Stelle, aus der hervorgeht, daß ein namentlich nicht genannter Geheimdienstinformant offensichtlich die Gelegenheit nutzte, dieser leichtgläubigen Frau eine neue Falschinformation unterzuschieben. Claire Sterling schreibt dort: »Im April 1973 besetzten israelische Streitkräfte vorübergehend die libanesische Corniche von Ramblatt-el-Blida und konnten dort eine Zeitlang Funksprüche mithören, die ein als sowjetischer Diplomat getarnter KGB-Offizier aus Beirut sendete. Sie erfuhren demnach durch reinen Zufall – wie alle anderen tappten die Israelis in bezug auf Carlos noch völlig im dunkeln –, daß er Schecks auf das Londoner Bankkonto eines KGB-Agenten namens Antonio Dages Bouvier einlöste.«
Claire Sterling beruft sich auf »äußerst respektable Informanten im Geheimdienst – übrigens keine Israelis«. Als ich mit einem führenden

Mossad-Agenten darüber sprach, brach er in schallendes Gelächter aus und tat die Sache als »Märchen« ab. Bouvier besuchte London zum erstenmal im Jahr 1975. Von eigenen »respektablen Informanten« bei der Special Branch in London erfuhr ich, daß es in den siebziger Jahren zu keinem Zeitpunkt ein Bankkonto gab, das unter Bouviers Namen oder einer Kombination seiner Namen geführt wurde. Leitende Angestellte von drei führenden britischen Bankinstituten konnten keinen Hinweis darauf finden, daß Bouvier in der fraglichen Zeit bei ihnen ein Bankkonto gehabt hatte. Die Vorstellung, daß am 9. April 1973 ein israelisches Killerkommando mit Patrouillenboten im Schutz der Dunkelheit an der Küste landete, seinen Mordauftrag ausführte, in weniger als einer Stunde wieder auf See war und dabei noch die Zeit gefunden haben soll, Funksprüche der sowjetischen Botschaft abzufangen, ist schlechterdings absurd.

Claire Sterlings Behauptung, Carlos sei »kurz nach dem Anschlag auf die OPEC abgetreten«, hätte den Venezolaner selbst wahrscheinlich am meisten überrascht. Tatsächlich hat er nach dem Wiener Attentat wesentlich mehr Leute umgebracht als davor. Dies führt auch die Schlußfolgerung der Autorin ad absurdum, Carlos sei anschließend »als enttarnter Agent nach Rußland zurückbeordert worden«.

Sterling schreibt, daß Mohammed Budia 1969 an der Patrice-Lumumba-Universität studiert habe. Und wie andere vor ihr behauptet sie, daß er KGB-Agent gewesen sei und Sánchez an der Universität rekrutiert habe.

Hätte sich die Autorin die Mühe gemacht, eigene Nachforschungen anzustellen, so hätte sie herausgefunden, daß Budia von 1968 bis 1971 ganztags am TOP-Theater in Paris arbeitete. Und zu ihrer Behauptung, Carlos sei Habasch von Budia wärmstens empfohlen worden, sagte Bassam Abu Scharif:

»Sie glauben doch nicht im Ernst, daß wir Carlos in eines der Sommerlager für Studenten geschickt hätten, wenn er hier mit einem Empfehlungsschreiben von Budia aufgetaucht wäre?«

Wie andere vor ihr versuchte Claire Sterling nachzuweisen, daß die Sowjetunion praktisch bei jedem Terrorakt ihre Hand im Spiel hatte. Und wie andere vor ihr brachte sie zu diesem Zweck einen bestimmten Mann ins Spiel, der viele Jahre in Paris gelebt hatte. Dieser Mann war ein ägyptischer Jude namens Henri Curiel. Da Curiel nach eigenem Bekunden seit seinem 20. Lebensjahr Kommunist war und während seiner Pariser Zeit in allen möglichen revolutionären Gruppen mitgearbeitet hatte, war er für Claire Sterling ein gefundenes Fressen. Außerdem hatte er, wie bereits von Payne und Dobson festgestellt, einen Vetter namens George Blake, der im Gegensatz zu ihm selber tatsächlich KGB-Offizier war. Daß Curiel, soweit bekannt, nur als Kind Kontakt zu Blake gehabt hatte und das auch nur zwei Jahre lang, hielt Frau Sterling nicht von Spekulationen ab, daß zwischen den beiden immer noch eine hochverräterische Beziehung bestehe. In ihren Augen waren Curiel und sein Vetter Komplizen in der weltweiten sowjetischen Verschwörung.

Natürlich durfte auch der libysche Revolutionsführer Oberst Gaddafi nicht fehlen. Die Lektüre des Kapitels über Gaddafi mit dem Titel GADDAFI, DER HEILIGE NIKOLAUS DES TERRORISMUS führt den Leser unausweichlich zu der Schlußfolgerung, daß Gaddafi Hand in Hand mit den Sowjets auf eine Destabilisierung der gesamten freien Welt hinarbeitet. Claire Sterling behauptet, daß das Terrorkommando nach dem Anschlag auf die OPEC in Wien nach Libyen zurückkehrte und daß Carlos »eine schöne Strandvilla mit Personal, Auto und Chauffeur erhielt«. Außerdem schreibt sie: »Hans-Joachim Klein, verwundeter Held bei dem Carlos-Überfall auf die OPEC, schrieb über seine Rückkehr nach Libyen, er sei ›beim Dinner mit dem Außenminister mit Trinksprüchen bedacht worden, im Privatjet des Präsidenten gereist, vom Chef des Geheimdienstes zum Essen eingeladen und mit einem Leibwächter ausgestattet worden‹.«

Damit der Leser auch wirklich versteht, worauf sie hinauswill, bemerkt sie in ihrem Kapitel über Carlos zu dem Anschlag gegen die OPEC:

»Alle notwendigen Insider-Informationen hätte man auch von Oberst Gaddafi erhalten können. Denn wie Hans-Joachim Klein nach dem Ereignis indirekt zugab, war der Anschlag Gaddafis Idee ...«

Weder in dem Interview, das Klein gab, noch in seiner Autobiographie findet sich irgendwo ein direkter oder indirekter Hinweis darauf, daß der Plan für den OPEC-Anschlag von Gaddafi stammte. Ebensowenig erklärt er an irgendeiner Stelle, daß er nach dem Wiener Anschlag und nach seiner Genesungszeit in Algerien mit oder ohne Carlos in Algerien gewesen sei. Er hütet sich tunlichst davor, das Land zu nennen, in dem er so fürstlich bewirtet wurde, geschweige denn den Anstifter des Anschlags.

Wie Crozier und Moss hatte auch Claire Sterling einflußreiche Freunde. Und wie Crozier und Moss hatte sie im Juli 1979 am Jonathan-Institut in Jerusalem an einer Tagung zum Thema »Internationaler Terrorismus« teilgenommen. Während die drei der Rede des damaligen

Ministerpräsidenten Menachem Begin lauschten, der seine Zuhörer eindringlich dazu aufforderte, den »sowjetischen Terrorismus« zu entlarven, saßen ganz in ihrer Nähe George Bush, der frühere stellvertretende CIA-Direktor Ray Cline und George Keegan, Chef des amerikanischen Luftwaffengeheimdienstes. Ebenfalls anwesend waren vier ehemalige Chefs des Militärischen Nachrichtendienstes Israels. Nach Meinung der Teilnehmer bestätigte die Tagung, daß, wie Jacques Soustelle es formulierte, »die Sowjets alle Fäden des internationalen Terrorismus in der Hand halten«. Ein gutes Jahr später hatte Claire Sterling die Arbeit an ihrem Buch bereits beendet. Das war im Oktober 1980.

Am 2. November 1980, dem Sonntag vor der Präsidentenwahl, brachte die einflußreiche NEW YORK TIMES in ihrem Begleitmagazin einen Artikel mit dem Titel: TERROR: EIN EXPORTGUT DER SOWJETUNION. Der Autor war Robert Moss, Brian Croziers Protegé.

Moss hatte zweifellos aus derselben Quelle getrunken wie Crozier, Payne, Dobson und Sterling. Zur Relegation des Venezolaners von der Lumumba-Universität schrieb er: »Informanten von westeuropäischen Geheimdiensten beharren jedoch darauf, daß diese Geschichte [der Rauswurf wegen seines lockeren Lebenswandels und seiner Disziplinlosigkeit] nur verschleiern soll, daß Carlos vom KGB als Verbindungsmann zu internationalen Terroristengruppen, insbesondere zur PFLP, rekrutiert wurde. Denselben Quellen zufolge soll Carlos noch vor seiner Ankunft in der Sowjetunion im Trainingscamp Mantanzas auf Kuba unter KGB-Oberst Viktor Simenow eine Ausbildung erhalten haben.«

Wenige Tage später gewann das Gespann Reagan und Bush die Präsidentschaftswahl. Im Dezember gab Reagan sein neues Kabinett bekannt. Er ernannte General Alexander Haig zum Außenminister und William Casey zum CIA-Direktor.

Claire Sterlings Buch sollte nicht vor April 1981 erscheinen. Doch eine Kopie der Fahnenabzüge gelangte, auf welchem Weg auch immer, in Haigs Hände.

Am 26. Januar 1981, knapp eine Woche nach seinem Amtsantritt, hielt Präsident Reagan seine erste Kabinettssitzung ab. Haig ging ausführlich auf das Problem des Terrorismus ein. Zur allgemeinen Erleichterung hatte die Geiselaffäre in Teheran in der Woche zuvor einen glücklichen Ausgang genommen, doch Haig war der Meinung, daß das Schlimmste noch bevorstehe. Aus diesem Grund hatte er den Terrorismusexperten des State Department, Anthony Quainton, zu der Sitzung

bestellt. Er sollte dem Kabinett Bericht erstatten. Quainton hatte die volle Aufmerksamkeit seiner Zuhörer, als er erklärte:
»Unser Land ist gegen einen direkten terroristischen Angriff nicht gefeit. Die Vereinigten Staaten sind verwundbar.«
Unter den Zuhörern war auch CIA-Direktor William Casey.
Tags darauf gab Haig im State Department seine erste Pressekonferenz, auf der er den neuen Kurs der Reagan-Regierung auf wichtigen Feldern der Außenpolitik absteckte. Haig warf der Sowjetunion vor, »internationale Terroristen auszubilden, zu unterstützen und auszurüsten«. Und mit einem sarkastischen Seitenhieb auf Präsident Carters Menschenrechtskampagne erklärte er:
»Der internationale Terrorismus wird an die Stelle der Menschenrechte treten ... Das größte Problem im Bereich der Menschenrechte ist für mich der überhandnehmende internationale Terrorismus. Die Sowjets sind heute an gezielten Plänen, oder wenn Sie so wollen, an Programmen beteiligt, die sich die Förderung und Ausweitung terroristischer Aktivitäten zum Ziel gesetzt haben.«
Haigs Anschuldigungen, die er vorbrachte, noch ehe sein Stuhl richtig warm war, sorgten nicht nur für Schlagzeilen, sie überraschten auch viele seiner Mitarbeiter im Außenministerium. Nach der Pressekonferenz ging Ronald I. Spiers, Leiter der nachrichtendienstlichen Abteilung des Außenministeriums, zu seinem neuen Chef und versuchte, vernünftig mit ihm zu reden, was mit Sicherheit keine leichte Aufgabe war. Spiers wies Haig darauf hin, daß sich seine Anschuldigungen in keiner Weise mit den vorliegenden nachrichtendienstlichen Erkenntnissen deckten. Daraufhin spielte Haig seinen Trumpf aus und schwenkte eine Kopie der Fahnenabzüge von Claire Sterlings Buch *Das internationale Terrornetz*. Das Buch war die einzige Informationsquelle, auf die er seine Äußerungen bei der Pressekonferenz gestützt hatte – Äußerungen, mit denen er alle Entspannungsbemühungen für gescheitert erklärt hatte. Beim Anblick der Kopien wurde Spiers etwas kleinlaut. Er räumte ein, daß Claire Sterling möglicherweise tatsächlich neues und belastendes Material gesammelt habe, und forderte bei CIA-Chef William Casey ein Special National Intelligence Estimate (SNIE) an, eine Geheimdienstanalyse, in der alle Erkenntnisse der amerikanischen Nachrichtendienste zu einem bestimmten Thema zusammengetragen und möglichst präzise ausgewertet werden. Es war der erste Lagebericht dieser Art, der bei dem neuen CIA-Direktor in Auftrag gegeben wurde. Die Erstellung solcher Berichte sollte später zu einem seiner Hauptanliegen werden. Ein

weiteres wichtiges Anliegen, das er nicht nur mit Haig, sondern praktisch mit allen Kabinettsmitgliedern teilte, war Gaddafi.

Am 1. März veröffentlichte die NEW YORK TIMES in ihrem Magazin einen langen Artikel von Claire Sterling mit dem Titel: TERRORISMUS – DEM INTERNATIONALEN NETZ AUF DER SPUR. Es handelte sich um einen Auszug aus ihrem kurz vor der Veröffentlichung stehenden Buch, ergänzt durch ein oder zwei zusätzliche Gedanken und wörtliche Zitate aus Haigs Pressekonferenz – Bemerkungen, die von ihrem Buch inspiriert worden waren. Die Autorin äußerte sich bestürzt darüber, daß der neue Außenminister in gewissen Kreisen allem Anschein nach nicht ernst genommen werde.

»Journalisten, die Geheimdienstexperten der Regierung – darunter einige CIA-Mitarbeiter – interviewt hatten, zitierten die Beamten dahingehend, daß es keine stichhaltigen Beweise für Mister Haigs Anschuldigungen gebe. Und viele Amerikaner schüttelten verzweifelt den Kopf, weil da angeblich ein unverbesserlicher kalter Krieger mal wieder eine politische Breitseite gegen ein altbekanntes Ziel abgeschossen hatte.«

Zweieinhalb Jahre lang, so die Autorin, habe sie recherchiert, »mit Polizisten und Regierungsbeamten in zehn Ländern vom Libanon bis Schweden gesprochen und Gerichtsakten und veröffentlichte Interviews studiert [...]«, und deshalb wisse sie jetzt, daß Haig recht habe. Dann fuhr sie fort, die Früchte ihrer Arbeit mit den Lesern zu teilen. Zunächst berichtete sie über den Anschlag der Japanischen Roten Armee auf die französische Botschaft in Den Haag. Dieser Bericht wies einige Lücken auf. Insbesondere enthielt er nicht den geringsten Beweis für ihre Behauptung, daß der Anschlag auf Befehl Moskaus verübt worden sei.

Der CIA-Chef war von Sterlings Artikel ebenso beeindruckt wie von ihrem Buch. Der altbewährte Propagandatrick hatte eine durchschlagende Wirkung:

»Wird eine Lüge nur laut und lange genug verbreitet, wird sie schließlich als wahr angesehen.«

Casey konnte eines nicht verstehen: Warum war Claire Sterling soviel besser informiert als die CIA? Er verlangte von seinen führenden Mitarbeitern eine Erklärung. Die Antwort kam prompt:

»Ihr Buch enthält größtenteils nur Falschinformationen, die vor allem wir und andere Geheimdienste verbreitet haben.«

Casey weigerte sich, diese Erklärung zu akzeptieren. Er wollte Sterlings Behauptungen glauben, also glaubte er sie.

Die führenden Analytiker in Langley und einige ihrer fähigsten Mitarbeiter wurden auf den Fall angesetzt. Je intensiver sie das Buch studierten, desto mehr sahen sie sich in ihrer Meinung bestärkt. Es enthielt zu viele sprunghafte Folgerungen, Leute wurden willkürlich mit Ereignissen in Verbindung gebracht. Immer wieder durchkämmten sie das Buch vergeblich nach Beweisen. Wo waren die handfesten Tatsachen?

Der National Intelligence Officer für die Sowjetunion, der für sowjetische Politik zuständige Chefanalytiker in den US-Nachrichtendiensten, schloß sich der Meinung seiner Kollegen in Langley an. In seinem vorläufigen Bericht an Casey erklärte er Sterlings »Fakten« für null und nichtig. Sein Fazit: Es gebe nur wenig oder gar keine Beweise für eine Verflechtung der Sowjetunion mit dem Terrorismus. Das war jedoch nicht das Urteil, das Casey hören wollte. Er reichte den Bericht an den Verfasser zurück und sagte:

»Lesen Sie Claire Sterlings Buch und vergessen Sie diesen Unsinn.«

Er schwenkte *Das Internationale Terrornetz* vor dem Gesicht des Chefanalytikers.

»Ich habe für das Buch 13,95 Dollar bezahlt, und es hat mir bessere Informationen geliefert als ihr Scheißkerle, denen ich 50 000 Dollar im Jahr bezahle.«

Die »Scheißkerle« wurden an die Arbeit zurückgeschickt und nahmen erneut ein Buch unter die Lupe, das angeblich Tatsachen enthielt, in Wirklichkeit aber in die Sparte Belletristik gehörte. Nun war es aber beileibe nicht so, daß Casey mit seiner Meinung allein dastand und in Langley ansonsten nur Skepsis herrschte. Auch sein Stellvertreter Bobby Inman war davon überzeugt, daß Claire Sterling recht hatte und daß die Experten in Langley sich irrten. Ein anderer, der diese Ansicht teilte, war General Tighe, Chef des militärischen Nachrichtendienstes DIA, der direkt dem Pentagon unterstellt war. Das Geschwür breitete sich aus.

Ein anderer, der einen Irrtum der Experten in Langley nicht ausschließen wollte, war Lincoln Gordan, vormals Präsident der Johns Hopkins University und Mitglied eines dreiköpfigen Gremiums, das die Aufgabe hatte, Lagebeurteilungen der CIA zu prüfen. In der Hoffnung, eine positivere Bewertung des Buches zu erhalten, gab ihm der CIA-Chef den Auftrag, Claire Sterlings Behauptungen selbst auf den Grund zu gehen. Gordans Bericht an Casey war weder Fisch noch Fleisch. Es sei zwar richtig, so Gordan, daß die Sowjetunion »Befreiungskriege« unterstütze, aber sie sei nicht der Kopf des internationalen Terrorismus. Er führte mehrere Fälle an, bei denen die Sowjetunion die Amerikaner gewarnt und damit terroristische Anschläge verhindert hatte.

Gordan kam zu dem abschließenden Urteil, daß es keine Beweise für Sterlings These oder die von Außenminister Haig erhobenen Anschuldigungen gebe. Es war abzusehen, daß sich General Tighe mit dieser Erklärung nicht zufriedengeben würde; er war schon vor der Lektüre von Sterlings Buch überzeugt gewesen, daß die Sowjetunion eine weltweite terroristische Verschwörung inszenierte. Dennoch setzte sich Gordans Meinung durch, und sein Geheimbericht, in dem er die Sowjetunion von den Vorwürfen frei machte, die Claire Sterling in ihrem Buch erhoben hatte, ging an den Präsidenten. Der Bericht enthielt unter anderem die Empfehlung, daß die Geheimdienste weniger auf die Nachrichtenbeschaffung durch Satelliten setzen sollten als vielmehr auf das menschliche Element, zum Beispiel auf die Infiltration terroristischer Organisationen.

Offensichtlich fand Gordan in Claire Sterlings Buch ein klares Beispiel dafür, daß die Autorin unwissentlich Falschmeldungen der CIA verwendet hatte. Ich bin sicher, er wäre, wie ich, auf viele weitere gestoßen, hätte er mehr Zeit zur Verfügung gehabt.

Haigs Anschuldigungen wurden nie öffentlich widerrufen. Die Sache wurde nie richtiggestellt. Casey und viele andere innerhalb der Administration blieben davon überzeugt, daß Sterling recht hatte und die Experten in Langley sich irrten.

Claire Sterlings Buch enthielt noch viele weitere Behauptungen, doch keine unterzog der CIA-Chef einer ähnlich detaillierten Analyse. Im Gegenteil, in mindestens einem Fall übernahm er sie nur allzu bereitwillig. Gemeint sind die Behauptungen über Gaddafi. Als Casey vom Außenministerium gebeten wurde, Sterlings Ausführungen über »Rußlands letzte Geheimwaffe – Terrorismus« auf den Grund zu gehen, studierte er bereits einen geheimen Lagebericht, den sein Vorgänger, Admiral Stansfield Turner, zusammengestellt hatte. Der Titel lautete: »Libyen: Ziele und Verwundbarkeit«. Gaddafi war für die Regierung Carter tatsächlich zu einem Ärgernis geworden. Nur zu gern hätte sie seine »politischen Abenteuer« in Nachbarländern wie dem Tschad gebremst, doch gleichzeitig war ihr auch bewußt, daß sie ihre Reaktionen auf Gaddafis Versuche, seine Revolution zu exportieren, sorgfältig abwägen mußte. Die USA bezogen hochwertiges Öl aus Libyen und waren von diesen Importen abhängig. Als Reagan das Präsidentenamt übernahm, kamen zehn Prozent des Importöls aus Libyen. Ein Lieferstopp, so der Geheimbericht, könne »zu einer dramatischen Benzinverknappung an der amerikanischen Ostküste führen«.

Im folgenden beschäftigten sich die Verfasser des Berichts mit den Möglichkeiten, Gaddafi zu stürzen. Einen erfolgreichen Staatsstreich durch eine organisierte Gruppe libyscher Exilanten hielten sie für sehr unwahrscheinlich. »Wenn er nicht einem Attentat zum Opfer fällt«, so ihr Urteil, »könnte er noch viele Jahre an der Macht bleiben.«

Während Casey diesen Bericht studierte, las er auch, was Claire Sterling in ihrem Buch über den »heiligen Nikolaus des Terrorismus« geschrieben hatte. Sie behauptete unter anderem, daß Gaddafi »das Geld, die Waffen und die Trainingsmöglichkeiten für das Olympiamassaker in München 1972 zur Verfügung gestellt« und das »Carlos-Netz in Paris finanziert« habe und daß der Anschlag auf die OPEC-Zentrale in Wien »seine Idee« gewesen sei.

Die letzten beiden Anschuldigungen werden in diesem Buch an anderer Stelle erörtert. Was den Anschlag auf die israelische Olympia-Mannschaft in München betrifft, so läßt sich dem nachfolgend abgedruckten Briefwechsel entnehmen, daß die israelische Regierung derselben Meinung war wie Claire Sterling.

27. April 1989
Herrn Jizchak Schamir
Ministerpräsident
Kaplan Street
Jerusalem, Israel

Sehr geehrter Herr Ministerpräsident,
seit fünf Jahren recherchiere ich für mein nächstes Buch. Das Buch beschäftigt sich mit verschiedenen Problemen des Nahen Ostens, unter anderem auch mit der sogenannten Palästinenserfrage. Meine Nachforschungen zu diesem Thema konzentrieren sich auf ganz bestimmte Teilbereiche; einer davon sind terroristische Anschläge.

Am 20. November 1986 hielt der Vertreter Israels vor den Vereinten Nationen in New York eine Rede, in der er den amerikanischen Angriff auf Libyen vom 15. April 1986 verteidigte. Unter anderem sagte er:

> *»Libyens Beziehung zur Palästinensischen Befreiungsfront (PLO) verdiente besondere Beachtung. Gaddafi finanzierte einige der schrecklichsten Verbrechen, die von palästinensischen Terroristen begangen*

wurden. Die Fatah (Schwarzer September) erhielt von Libyen 5 Millionen Dollar für den Mord an elf israelischen Athleten bei den Olympischen Spielen 1972 in München. Gaddafi hatte den Überfall der PFLP auf das Gebäude der Organisation Erdöl exportierender Länder (OPEC) in Wien im Jahre 1975 finanziert, bei dem vier Menschen ermordet wurden. Im Januar dieses Jahres erhielt Abu Nidal von ihm 13 Millionen Dollar für einen Massenmord – die Massaker an unschuldigen Touristen in Rom und Wien am 27. Dezember 1985.«

Ich habe mich bemüht, bei meinen Nachforschungen so sorgfältig und gewissenhaft wie nur irgend möglich vorzugehen, was Ihnen einige Ihrer Kollegen, darunter der Armeesprecher und Uri Lubrani, bei einer entsprechenden Anfrage sicherlich bestätigen werden.
Ich wäre Ihnen sehr verbunden, wenn Sie mir beweiskräftiges Material jeglicher Art zukommen lassen könnten, das die Erklärungen Ihres Repräsentanten bei den Vereinten Nationen stützt und bestätigt. Ich versichere Ihnen, daß ich jegliches Beweismaterial, das ich von Ihnen erhalte, in meinem Buch verwenden und zitieren werde.
In der Hoffnung auf eine baldige Antwort verbleibe ich

mit vorzüglicher Hochachtung
David A. Yallop

Außenministerium
Jerusalem
7. August 1989

Sehr geehrter Herr Yallop,
im Auftrag von Herrn H. Z. Hurvitz, Berater des Ministerpräsidenten Schamir, beantworte ich Ihr Schreiben vom 27. April.
Die Rede des israelischen Repräsentanten vor den Vereinten Nationen vom 20. November 1986 stützte sich auf den beigefügten Bericht, der vom israelischen Informationszentrum verbreitet wurde.
Auf Seite 6 des Berichts wird erklärt, daß Gaddafi nach Informationen der westdeutschen Zeitung BILD AM SONNTAG *der Abu-Nidal-Gruppe versprach, ihre terroristischen Operationen mit jährlich 12,7 Millionen Dollar zu unterstützen. Bei einem Treffen in Libyen erfolgte die erste Zahlung von 4,7 Millionen Dollar durch den inzwischen verstorbenen Oberst Aschkal.*
Auf Seite 7 wird erklärt, daß Libyen der Fatah-Gruppe »Schwarzer September«, die bei den Olympischen Spielen in München elf israelische Athleten ermordete, 5 Millionen Dollar zahlte. Die Täter benutzten libysche

Diplomatenpost, um ihre Waffen nach Deutschland zu schmuggeln (laut einer Erklärung des ehemaligen libyschen Ministers Mahaischi gegenüber dem DAILY TELEGRAPH, *19.3.76).*
In dem Bericht heißt es ferner (Seite 7), daß »Libyen den Terroranschlag in Wien finanzierte, bei dem Terroristen der Habasch-Front ein OPEC-Gebäude besetzten und die dort versammelten Erdölminister der OPEC-Staaten als Geiseln nahmen«.
Dem Bericht des israelischen Informationszentrums füge ich außerdem ein vom amerikanischen Außenministerium erstelltes Informationsblatt sowie einen zusammenfassenden Bericht des Kanadiers Alderman Mark Maloney bei. Beide Papiere beweisen eindeutig, daß Gaddafi den Terrorismus direkt unterstützt.
Ich bin überzeugt, daß Ihnen das beigefügte Material bei Ihren Nachforschungen von Nutzen sein wird.

Hochachtungsvoll
Talya Lador-Fresher
Informationsabteilung

Anlagen: 3
Kopie an H. Z. Hurvitz, Berater des Ministerpräsidenten Schamir

15. März 1991
Herrn Jizchak Schamir
Ministerpräsident
Kaplan Street
Jerusalem, Israel

Sehr geehrter Herr Ministerpräsident,
zu Ihrer Information füge ich diesem Brief Kopien eines bereits früher mit Ihnen geführten Briefwechsels bei. Auf diese Weise können Sie Ihr Gedächtnis auffrischen, bevor Sie mir antworten.
Nach Erhalt der Antwort Ihres Außenministeriums vom 7. August 1989 habe ich unter anderem das mir zugesandte Material einer eingehenden Prüfung unterzogen.
Nach Sichtung des Materials war ich zunächst erstaunt darüber, wie ein israelischer Vertreter am 20. November 1986 vor die Vereinten Nationen treten und die in meinem früheren Brief an Sie zitierte Erklärung abgeben konnte, obwohl er sich lediglich auf so dürftige Quellen wie die westdeutsche Zeitung BILD AM SONNTAG *und die britische Zeitung* THE DAILY TELEGRAPH *stützt.*

Was die von Ihnen bei den Vereinten Nationen vorgebrachten Behauptungen über Libyens Beziehungen zu palästinensischen Terroristen betrifft, so ergibt eine durch Recherchen, Nachforschungen und Interviews abgesicherte Analyse, daß das Material, das Sie mir zugesandt haben, ausnahmslos nicht belegt und äußerst spekulativ ist und nicht die Spur eines wirklichen Beweises enthält. Es ist durchsetzt mit Formulierungen wie: »die USA gehen von einer Beteiligung libyscher Sympathisanten aus«; »es wird vermutet, daß diese Anschläge ...«; »es herrscht der starke Verdacht«; »man geht von einer Beteiligung libyscher Sympathisanten aus«; »man vermutet eine libysche Beteiligung« usw.
Die Behauptung Ihres Armeesprechers, Libyen habe die terroristische Operation in Wien am 21. Dezember 1975 finanziert, ist angesichts der Beweise, die ich in den vergangenen sieben Jahren zusammengetragen habe, völlig unhaltbar. Ich weiß sehr genau, wer den Anschlag auf die OPEC finanzierte, wer ihn plante, welches Ziel tatsächlich dahintersteckte und wer die Täter waren. Es mag den politischen Bestrebungen einiger Länder entgegenkommen, diesen Anschlag Muammar Gaddafi in die Schuhe zu schieben; dem Grundsatz von Treu und Glauben wird mit solchen Behauptungen jedoch ein schlechter Dienst erwiesen ...
Wenn die Haltung Ihres Landes gegenüber Libyen und seinem politischen Führer sich ausschließlich auf so irreführendes Material stützt, dann, so fürchte ich, Herr Ministerpräsident, ist etwas faul im Staate Israel.
Ich will Oberst Muammar Gaddafi keineswegs verteidigen, ich halte nur an meinem absolut unantastbaren Grundsatz fest, mich um die Wahrheit zu bemühen. Das »Beweismaterial«, das mir Ihre Regierung zukommen ließ, würde nicht einmal ausreichen, um einen Halunken an den Galgen zu bringen, geschweige denn ein Staatsoberhaupt.
Ich möchte hiermit nochmals die bereits in meinem Brief vom 27. April 1989 an Sie gerichtete Bitte wiederholen, mir beweiskräftiges Material zukommen zu lassen, das die von dem Repräsentanten ihres Landes bei den Vereinten Nationen vorgebrachten Äußerungen stützen und belegen kann. Auch diesmal gebe ich Ihnen meine feste Zusicherung, daß ich jeden derartigen Beweis in meinem Buch verwenden und zitieren werde.

Hochachtungsvoll
David A. Yallop

Büro des Ministerpräsidenten
Jerusalem
19. April 1991
141-14

Sehr geehrter Herr Yallop,
im Auftrag des Herrn Ministerpräsidenten Jizchak Schamir bestätige ich hiermit den Erhalt Ihres Schreibens vom 15. März 1991.
Seien Sie versichert, daß die entsprechenden israelischen Behörden sich bei ihrer Meinungsbildung auf weit mehr Informationen stützen, als sie der Presse entnehmen können – insbesondere was den libyschen Diktator Gaddafi und seine Rolle bei der Unterstützung des Terrorismus betrifft.
Wir pflegen solche Informationen jedoch nicht an Privatpersonen weiterzugeben. Wenn Sie an diesem Thema besonders interessiert sind, so werden Sie, davon bin ich überzeugt, am Ende die Wahrheit herausfinden.

Hochachtungsvoll
Z. H. Hurvitz
Berater des Ministerpräsidenten

Um die »Wahrheit« über den Anschlag bei den Olympischen Spielen in München herauszufinden, befragte ich eine Vielzahl von Leuten, so auch einen hohen Offizier, der gegenwärtig für den Mossad arbeitet. Dieser Geheimdienstoffizier erklärte mir:
»Das war ausschließlich eine Aktion des Schwarzen September. Uns liegen keine Hinweise darauf vor, daß er [Gaddafi] an der Planung oder Logistik beteiligt war.«
Ich nahm einen erneuten Anlauf, diesmal bei einem meiner Interviews mit Abu Ijad.
»Haben Sie den Schwarzen September ins Leben gerufen?«
»Ja.«
»Der Anschlag auf die Olympischen Spiele in München 1972. Wer hat ihn finanziert? Wer hat ihn geplant?«
»Ich habe ihn geplant, zusammen mit anderen Mitgliedern.«
»Mitgliedern der Fatah?«
»Ja. Er wurde aus unserem zentralen Fonds finanziert. Mit Fatah-Geldern.«
»Welche Rolle hat Oberst Gaddafi gespielt?«
»Gar keine, weder bei der Finanzierung der Operation noch bei der Planung. Alles, was er getan hat, war, die Mitglieder des Kommandos, die bei der Aktion ums Leben kamen, zu beerdigen und die drei Über-

lebenden nach ihrer Freilassung durch die Deutschen aufzunehmen. Sie kehrten dann in den Libanon zurück, wie Samir Ihnen bereits mitgeteilt hat.«

Hätte CIA-Direktor Casey sein Expertenteam in Langley beauftragt, diese Stellungnahmen zu den Anschlägen von München und Wien zu überprüfen, so hätten sie zweifellos den neuerlichen Nachweis erbracht, daß Claire Sterlings Vorwürfe ein reines Phantasieprodukt waren. Doch statt dessen begannen er und andere maßgebliche Leute in der Administration, sich in erster Linie mit der Frage zu beschäftigen, wie der libysche Revolutionsführer gestürzt werden konnte. Bob Woodward* hat anschaulich geschildert, wie dieses Thema für den Präsidenten und sein Umfeld zu einer fixen Idee wurde. Daran hat sich auch unter George Bush nichts geändert.

Im April 1981, einen Monat, bevor der Präsident den streng geheimen CIA-Bericht erhielt, in dem Claire Sterlings Behauptungen über eine weltweite, von der Sowjetunion ausgehende terroristische Verschwörung als unhaltbar abgetan wurden, fand die Autorin ein Publikum, das ihr wohlwollender gesinnt war. Zur gleichen Zeit, als ihr Buch erschien, sagte sie vor dem Senatsunterausschuß für innere Sicherheit und Terrorismus aus.

Im Gegensatz zu den Experten in Langley waren die Ausschußmitglieder nicht gut genug unterrichtet, um ihre pauschalen Behauptungen, insbesondere in bezug auf Carlos, beurteilen zu können. Der Vorsitzende, Senator Denton, brachte später seine Bestürzung darüber zum Ausdruck, daß »bei dieser Sitzung eines sehr wichtigen Kongreßausschusses kein einziges Mitglied auch nur die leiseste Ahnung hatte, wer Carlos eigentlich war«.

In seiner Eröffnungsrede am 24. April stellte Senator Denton Claire Sterling als »eine internationale Journalistin« vor, »die bei ihren Kollegen hohes Ansehen genießt und über profundes Wissen zu dem Thema verfügt, mit dem wir uns heute beschäftigen«.

Nach ihrer Vereidigung begann Sterling, einen Teil ihres »profunden Wissens« vor dem Ausschuß auszubreiten.

Im Verlaufe ihrer Aussage wurde sie von Senator Leahy gefragt:

»Bei der Lektüre Ihres Buches habe ich mich immer wieder gefragt: Sind Sie der Ansicht, daß die CIA die in Ihrem Buch enthaltenen Fakten und Schlußfolgerungen beweisen kann?«

* *Geheimcode Veil: Reagan und die geheimen Kriege der CIA*. Droemer Verlag, München, 1987

»Ich fühle mich außerstande, diese Frage zu beantworten, Herr Senator.«
»Vielleicht sollte ich meine Frage anders formulieren: Glauben Sie, daß die CIA dazu in der Lage sein müßte?«
»Ich würde schon meinen, daß die CIA dazu in der Lage sein müßte. Wie in meinem Buch bereits dargelegt, habe ich keinerlei Informationen von der CIA erhalten.«
Erklärend fügte sie hinzu, daß es der CIA ihres Wissens verboten sei, mit Journalisten zu sprechen, und fuhr dann fort:
»Ich habe allerdings mit Leuten von allen anderen westlichen Geheimdiensten gesprochen.«
Darauf entgegnete der Senator:
»Viele dieser Geheimdienste erhalten ihre Informationen von der CIA.«
Etwas später ging Sterling näher auf ihre Quellen ein.
»Ich kann nur sagen, daß meine Aussagen sich nicht in erster Linie auf Informationen von Geheimdiensten stützen, weder von der CIA noch von Geheimdiensten anderer Länder. Der überwiegende Teil des Materials stammt aus Quellen, die der Öffentlichkeit zugänglich sind.«
Mit diesem einen Satz machte Claire Sterling deutlich, welcher Gefahr sie sich unwissentlich ausgesetzt hatte. Wenn sich ein Autor hauptsächlich auf das verläßt, was andere Journalisten und Autoren bereits über ein Thema geschrieben haben, dann werden Irrtümer weiterverbreitet und Lügen aufgefrischt; die ursprünglichen Falschinformationen leben weiter. Einige Minuten später lieferte sie ein eindrucksvolles Beispiel dafür, wie sehr sie der Desinformationskampagne zum Opfer gefallen war. Die Diskussion drehte sich um Kuba und um die Trikontinentale-Konferenz von 1966. Claire Sterling sprach über die Ausbildungscamps und behauptete, sie seien »1968 und 1969 eingerichtet worden«.
»Einige der wichtigsten Terroristen der siebziger Jahre wurden dort ausgebildet. Ein Beispiel dafür ist Carlos, der Schakal, die wohl berüchtigtste Figur aus der internationalen Terrorszene der siebziger Jahre. Er erhielt seine Ausbildung 1966 im kubanischen Lager Mantanzas. Er kam unmittelbar nach der Trikontinentale nach Kuba. Die Kommunistische Partei Venezuelas hatte ihn geschickt. In Kuba bekam er seine erste Ausbildung. Sein Ausbilder war jener Mann, der später, als Carlos in Europa als Terroristenführer operierte, sein KGB-Führungsoffizier wurde. Er trug den falschen ecuadorianischen Namen Antonio Dages Bouvier.

Das war erst der Anfang. Die Kommunistische Partei Venezuelas schickte ihn vom Trainingscamp Mantanzas für zwei Jahre an die Patrice-Lumumba-Universität in Moskau. Das ist nicht erfunden, und es stammt auch nicht von den Geheimdiensten: Carlos selbst hat es in einem Interview gesagt, das er im November 1979 einer arabischen Wochenzeitung gegeben hat. Ich habe das Interview in meinem Buch veröffentlicht.«

Die Geschichte ist sehr wohl erfunden. Bis auf die Bemerkung, daß Carlos an der Universität ein Stipendium erhalten hat, ist nichts davon in seinen Interviews mit el-Jundi enthalten, auch nicht in der verzerrten Version des FIGARO, auf die sich Claire Sterling stützte. Falschinformationen, die aus den Büros von CIA, MI 6, Mossad und SDECE stammten, wurden von einer vereidigten Zeugin vor einem Senatsausschuß wiederholt und bekamen so den Stempel der Wahrheit aufgedrückt.

Die Falschinformationen über den Mann namens Carlos kursieren noch immer. Genauso hatten es sich die Geheimdienste, die sie verbreiten ließen, auch vorgestellt. In vielen Büchern, die in Ländern wie Schweden, Frankreich, Großbritannien und in den USA erschienen, in Arbeiten, die sich als seriöse wissenschaftliche Studien ausgaben, tauchen in den Quellenangaben immer wieder die Namen jener Autoren auf, deren Arbeiten in diesem Kapitel untersucht wurden.

Die westlichen Geheimdienste beeinflußten Crozier und Lebrette; Crozier und Lebrette wiederum beeinflußten Smith, Payne und Dobson; Smith, Payne und Dobson beeinflußten Claire Sterling, und Claire Sterling schließlich beeinflußte General Alexander Haig und William Casey ...

Für Claire Sterling hatte die Sache ein Nachspiel. Der Grund waren ihren Behauptungen über Henri Curiel.

Curiel wurde im Mai 1978 in Paris ermordet, also beinahe drei Jahre bevor *Das internationale Terrornetz* erschien. Nach der Veröffentlichung des Buches verklagten Curiels Witwe und sein ehemaliger Mitarbeiter Joyce Blau die Autorin. Claire Sterling verteidigte sich unter anderem mit dem Argument, daß die französische Übersetzung Fehler enthalten habe. Doch ihr Hauptargument war, daß sie Curiel nicht bezichtigt habe, für den KGB zu arbeiten, sondern lediglich eine Hypothese aufgestellt habe. In der ersten Ausgabe hatte die Autorin noch versichert: »Dieses Buch ist keine schöne Literatur. Hier geht es um Tatsachen.« Und jetzt wollte sie es als Hypothese verstanden wissen. Das Gericht gab keiner der beiden Parteien in vollem Umfang recht. Es akzeptierte

Claire Sterlings Ausrede, daß ihre Vermutungen nicht als wahre Aussagen zu betrachten seien, verurteilte die Autorin jedoch wegen ihrer Bemerkungen über Joyce Blau zu einer Geldstrafe und verfügte, zwei Passagen in ihrem Buch zu streichen. Außerdem mußten Claire Sterling und ihr französischer Herausgeber die Kosten für die Veröffentlichung des Gerichtsbeschlusses in zwei französischen Zeitungen tragen.

Nach der Ermordung Henri Curiels und bereits vor dem Prozeß hatte seine Familie versucht, Einblick in die Ermittlungsakte zu erhalten, die 1977 von den Behörden über Curiel angelegt worden war. Trotz einer richterlichen Verfügung hatte sich der damalige Innenminister geweigert, der Familie eine Kopie des Berichts auszuhändigen. Im Juni 1981 kam eine neue französische Regierung ins Amt, und der neue Innenminister zeigte sich entgegenkommender. Der Bericht entlastete Henri Curiel von allen Vorwürfen und machte deutlich, daß die Behauptungen der alten Regierung, Curiel sei in subversive Aktivitäten verwickelt gewesen und habe proarabische Terroristen unterstützt, »jeglicher Grundlage entbehrten«.

Je weiter das Jahr 1981 fortschritt, desto mehr beschäftigte sich die Reagan-Administration mit Oberst Gaddafi. Auf Haigs und Caseys Betreiben flossen heimlich Millionen von Dollar an den ehemaligen Verteidigungsminister des Tschad, Hissène Habré, um ihn in seinem Kampf gegen die libyschen Streitkräfte zu unterstützen, die der libysche Revolutionsführer der amtierenden Regierung zu Hilfe geschickt hatte. Einzelheiten sickerten an die Presse durch, und NEWSWEEK berichtete von einem »Plan zum Sturz Gaddafis«. Das Weiße Haus dementierte zwar, doch die Zeitung hatte das eigentliche Ziel der verdeckten Aktion durchaus zutreffend beschrieben.

Im Juli waren Casey und seine Kollegen davon überzeugt, daß es Gaddafi nun auf Niger abgesehen hatte, nicht zuletzt wegen der Uranvorkommen in diesem Land. Der verdeckten Aktion folgten offene Maßnahmen: Im August hielt die US-Marine innerhalb der vom libyschen Revolutionsführer beanspruchten Hoheitsgewässer ein Manöver ab, das darin gipfelte, daß amerikanische Kampfflugzeuge zwei Maschinen der libyschen Luftwaffe abschossen. Die Spannungen wurden durch eine Reihe kriegerischer Äußerungen noch verstärkt. Wenige Tage nach dem Abschuß der libyschen Flugzeuge reiste Gaddafi nach Äthiopien und traf sich mit dem damaligen Regierungschef des Landes. Bei dieser Begegnung soll er erklärt haben, daß er Präsident Reagan umbringen lassen werde. Kurze Zeit später hörte die NSA, der größte US-Nachrichtendienst, angeblich ein Telefongespräch ab, in dem der libysche

Revolutionsführer ähnliche Drohungen ausstieß. Die Sicherheitsorgane in den USA wurden in höchste Alarmstufe versetzt. Als eine Woche später immer noch kein Mordanschlag verübt worden war, beruhigte sich die Administration wieder. Nur nicht CIA-Chef Casey.
Im Oktober überredete er den Präsidenten dazu, ein aus Beamten des Pentagon, des Außenministeriums und der CIA zusammengesetztes Team zur Unterstützung König Hassans nach Marokko zu schikken, nachdem dort Guerillas eine Garnison angegriffen hatten. Von Libyen unterstützte Guerillas, wie die CIA vermutete.
Die Berichte über Gaddafis Pläne, den amerikanischen Präsidenten ermorden zu lassen, wuchsen zu einer wahren Flut an. Dies warf eine Frage auf, die sich Casey anscheinend nie gestellt hatte: Wenn ein Staatschef tatsächlich vorhatte, einen anderen umbringen zu lassen, wie kam es dann, daß die ganze Welt, einschließlich seiner Frau, davon wußte? Ebensowenig schien sich der CIA-Chef über den merkwürdigen Umstand zu wundern, daß praktisch all diese Berichte erst auftauchten, nachdem er an alle Stationschefs der CIA die Direktive ausgegeben hatte, eine Desinformationskampagne gegen Gaddafi zu starten.
Casey wollte keine Überprüfung der Gerüchte, er wollte ihre Bestätigung. Und die erhielt er.
So etwa von dem »Verwandten eines libyschen Diplomaten«, der aus Neu-Delhi einen anonymen Brief schrieb. Oder von einem »zufälligen Informanten« mit »ausgezeichneten Kontakten zu hochrangigen libyschen Militärs«, vom dem auch die Information stammte, daß die Libyer die Ermordung des amerikanischen Botschafters Maxwell Rabb in Rom planten.
Im September 1981 erhielt Casey einen »Bericht«, nach dem die Libyer angeblich einen Kamikazeangriff auf den Flugzeugträger USS *Nimitz* planten. Eine Reihe von Berichten, die Casey im Oktober erhielt – wieder von einem Informanten, der angeblich »Kontakte zu führenden Kreisen im libyschen Geheimdienst« hatte –, versetzten weltweit alle US-Botschaften in höchste Alarmbereitschaft: Libyen, so hieß es, habe ein Mordkommando losgeschickt. Entweder war es eine sehr große Einheit oder eine Gruppe, die mit Lichtgeschwindigkeit reisen konnte, denn nach den Berichten sollte sie gleichzeitig die US-Botschaften in Paris, Rom, Athen, Beirut, Tunis, London und Madrid überfallen.
Die Regierung Reagan bezeichnete Oberst Gaddafi gern als »Paranoiker«. Doch Ende Oktober zeigten viele Mitarbeiter der Administration selbst akute Anzeichen von Paranoia. Sie waren überzeugt, daß Gaddafi jeden Moment losschlagen würde. Die Frage war nur,

wo. Botschafter Rabb wurde »zu seinem eigenen Schutz« in Mailand so überstürzt in ein Flugzeug verfrachtet, daß ihm nicht einmal Zeit zum Kofferpacken blieb. Der Grund: Ein libysches Mordkommando halte sich in Rom auf. Kurz darauf stand in einem weiteren Bericht des italienischen Geheimdienstes, daß die Terroristen Rom mit unbekanntem Ziel verlassen hätten.

Ein weiterer Informant, der angeblich »direkt aus einem libyschen Trainingscamp« kam, gab detaillierte Beschreibungen von Ausbildungsübungen, so zum Beispiel wie sie einen Anschlag auf den Autokonvoi des Präsidenten simuliert hätten. Außerdem hätten die Libyer erklärt, daß sie, falls sich Reagan als zu schwieriges Ziel erweisen sollte, Vizepräsident Bush, Außenminister Haig oder Verteidigungsminister Weinberger ermorden würden. Ende November 1981 ließ das Weiße Haus regelmäßig Fahrzeugkonvois durch Washington fahren, während der Präsident ein unauffälliges Auto benutzte. Rund um das Weiße Haus wurden Boden-Luft-Raketen aufgestellt, und auf dem Dach ging eine Gruppe von Scharfschützen in Stellung. In der Administration machte sich Belagerungsstimmung breit.

Vizepräsident George Bush lieferte mit einer verbalen Attacke gegen Gaddafi, bei der er den Revolutionsführer unter anderem bezichtigte, »den Wahnsinnigen aus Uganda, Idi Amin« zu schützen, ein deutliches Indiz, daß Besonnenheit nicht gefragt war. Falls Bush das wirklich glaubte, so war das nur ein weiterer Beweis dafür, daß Caseys Nachrichtenbeschaffung erheblich zu wünschen übrigließ. Amin lebte seit Jahren unter dem Schutz der saudischen Herrscher.

Krisensitzungen des Nationalen Sicherheitsrates waren inzwischen an der Tagesordnung. Ihren absoluten Höhepunkt erreichte die Desinformationsorgie – und anders kann man die vielen Berichte über die von Gaddafi geplanten Terrorakte nicht bezeichnen – in der ersten Dezemberwoche. Die WASHINGTON POST, die NEW YORK TIMES und bald darauf auch alle übrigen amerikanischen Zeitungen verbreiteten Meldungen, wonach ein libysches Mordkommando gerade versuche, in die Vereinigten Staaten einzudringen. Ihr Ziel sei der Präsident. Es folgten weitere Berichte, die sich noch eingehender mit dem Thema beschäftigten. Plötzlich waren es zwei Kommandos. Und beide wurden von Carlos, dem Schakal, angeführt.

Phantombilder von fünf »Killern« wurden in den Zeitungen und im Fernsehen gebracht. Auch Reagans engste Mitarbeiter Meese, Baker und Deaver bekamen plötzlich Angst. Leibwächter vom Secret Service bewachten sie rund um die Uhr. Ein Wagen des Secret Service brachte

Deavers Tochter jeden Tag zur Schule und holte sie wieder ab. Der Präsident hielt es für zu riskant, die Christbaumbeleuchtung in der Pennsylvania Avenue anzuschalten. Er tat es per Fernbedienung vom Oval Office aus. Reagan entzündete nicht nur die Christbaumlichter, er fachte auch den Konflikt mit Gaddafi neu an. Amerikas Ölgesellschaften wurden angewiesen, ihre in Libyen tätigen Angestellten, rund 1500 an der Zahl, zurückzubeordern. Die Ausreisemöglichkeiten nach Libyen wurden stark eingeschränkt. Libyen wurde für Amerikaner zur Tabuzone erklärt.

Alle Grenzkontrollpunkte, insbesondere die an der mexikanischen Grenze, wurden in höchste Alarmbereitschaft versetzt. Dann sickerte durch, daß die Mordkommandos über die kanadische Grenze eindringen würden. Auch wenn die Mitglieder des Senatsunterausschusses, vor dem Claire Sterling ausgesagt hatte, damals noch nicht so recht gewußt hatten, wer Carlos war, so war die amerikanische Öffentlichkeit inzwischen bestens informiert. Die Zeitungen brachten täglich Berichte über ihn. Viele lieferten zwar eine grob verfälschende Darstellung seiner Verbrechen, aber sie alle trugen dazu bei, die Angst vor Gaddafi zu schüren und die feindseligen Gefühle gegen den Oberst zu verstärken.

Dann strahlte die Fernsehgesellschaft ABC ein Interview mit Gaddafi aus. Gaddafi, der von seinem Büro in Tripolis aus sprach, nannte Reagan einen Lügner und beschuldigte die amerikanische Regierung, einen »militärischen, wirtschaftlichen und psychologischen« Terrorkrieg gegen Libyen zu führen. Er forderte Reagan auf, Beweise vorzulegen. Zudem bestritt er, Carlos zu decken.

Im Geheimdienstausschuß des Senats erklärte der stellvertretende Vorsitzende Moynihan, ein Mann, der es eigentlich besser hätte wissen müssen: »Gaddafi ist der Lügner, und obendrein ein verrückter Diktator. Wir haben konkrete Beweise, daß er es auf Angehörige der US-Regierung abgesehen hat.«

Der Präsident schaltete sich ein:

»An Ihrer Stelle würde ich Gaddafi kein Wort glauben. Wir haben Beweise, und er weiß das.«

Für den Präsidenten waren die Beweise »unwiderlegbar«. In den folgenden Jahren sollte sich Reagan noch oft auf diese »unwiderlegbaren Beweise« für Gaddafis angebliche terroristische Aktivitäten berufen.

Auch Außenminister Haig war inzwischen nicht untätig gewesen. In den Geheimdienstberichten über die von Carlos angeführten libyschen Terrorkommandos fand er Sterlings Behauptungen über Carlos und seine Auftraggeber bestätigt. Er signalisierte seine Zustimmung

für eine Reihe von verdeckten Operationen gegen Gaddafi, an denen das Verteidigungsministerium, die CIA sowie amerikanische und ägyptische Truppen mitwirken sollten. Er gab praktisch für alle Maßnahmen grünes Licht, nur einen Einmarsch in Libyen schloß er aus.
Reagan gab eine Studie in Auftrag über die Möglichkeiten »einer militärischen Gegenmaßnahme gegen Libyen im Falle eines weiteren libyschen Versuchs, amerikanische Beamte zu ermorden oder US-Einrichtungen anzugreifen«. In der Studie wurden fünf »abgestufte Gegenmaßnahmen« vorgeschlagen. Sie reichten von der Bombardierung ausgewählter libyscher Ziele bis zu einem Angriff durch ein Robbenkommando* der US-Navy auf Schiffe, die im Hafen von Tripolis vor Anker lagen.
Kurz nach dem Schlagabtausch im Fernsehen schickte Reagan eine streng geheime Botschaft an Oberst Gaddafi. Er behauptete darin, er besitze mehrfach bestätigte Informationen über die geplanten libyschen Angriffe, und drohte mit massiven Vergeltungsmaßnahmen für den Fall, daß irgendwo auf der Welt ein von Libyen unterstützter Anschlag auf Angehörige der US-Regierung verübt werde.
Die amerikanischen Einwanderungsbehörden erhielten eine weitere Warnung von der Regierung. »Carlos ist extrem gefährlich und macht sofort von der Schußwaffe Gebrauch.«
Der CBS-Moderator Dan Rather fragte Reagan in einem Interview, ob die Berichte über die libyschen Terrorkommandos unwahr seien. Der Präsident antwortete:
»Nein, dafür hatten wir zu viele Informationen aus zu vielen Quellen. Und die Fakten waren klar. Wir versuchten, sie zurückzuhalten und Stillschweigen zu bewahren ... aber unsere Informationen waren stichhaltig.«
Sie waren weder stichhaltig, noch entsprachen sie der Wahrheit. Die »unwiderlegbaren Beweise« hielten weder einer CIA-Analyse noch einer Studie des Außenministeriums stand.
In einem CIA-Bericht hieß es:
»Spätere Berichte über geplante Anschläge auf Angehörige der US-Regierung stammten jedoch aus Quellen, die nur indirekte Kontakte hatten und deren Glaubwürdigkeit daher anzuzweifeln ist. Es ist möglich, daß einige Berichte nur angefertigt wurden, weil unsere Informanten wußten, daß wir nach solchen Informationen suchten.«

* Kommandos, bei denen Robben und Delphine als »Kampfschwimmer« eingesetzt werden.

Im Außenministerium gelangte man zu dem Schluß, die Berichte über die Terrorkommandos seien typische »Falschinformationen« gewesen und sozusagen »aus dem Nichts entstanden«.
Wie sich herausstellte, stammte der größte Teil der Falschmeldungen ursprünglich von einem einzigen CIA-Informanten, dem reichen iranischen Waffenhändler Manucher Ghorbanifar, der bei Lügendetektortests der CIA so regelmäßig durchfiel, wie andere die Hemden wechseln. William Casey wußte das. Und dennoch glaubte er an die Richtigkeit der Berichte, nach denen Carlos mit einem Dutzend Killer auf dem Weg ins Weiße Haus sei, und ließ auch andere Angehörige der Administration bis hinauf zum Präsidenten in diesem Glauben.
Ghorbanifar war ein Mann mit vielen Gesichtern; nicht von ungefähr spielte er später eine zentrale Rolle in der Irangate-Affäre. Möglicherweise hielt ihn die CIA für einen ihrer Agenten. Aber das taten auch der israelische Mossad und der iranische Geheimdienst. Ghorbanifar hatte die Märchen über Carlos und Gaddafi in Umlauf gebracht, um seinen Freunden in Tel Aviv einen Dienst zu erweisen. Daß er dem CIA-Chef nur zu erzählen brauchte, was dieser hören wollte, hatte ihm die Aufgabe ungemein erleichtert.
Als schließlich feststand, daß die Behauptungen, die Claire Sterling und andere Autoren vor ihr in bezug auf Carlos und das sowjetische »Terrornetz« aufgestellt hatten, lediglich auf Falschinformationen westlicher Geheimdienste beruhten, hielten es weder Haig noch irgendein anderes Mitglied der Regierung Reagan für angezeigt, sich bei den Sowjets zu entschuldigen. Ebenso still blieb es, als CIA und State Department schließlich erkannten, daß sie aktiv an einer Desinformationskampagne mitgewirkt hatten, die zunächst Gaddafi aufs Korn nahm und ihn dann fälschlicherweise mit Carlos in Verbindung brachte.
Genau so funktioniert Desinformation: Entscheidend für ihre Wirksamkeit ist das Unvermögen, die Tatsachen, also die Wahrheit, ans Licht zu bringen. Diese Methode wurde bei Carlos angewandt, im Kalten Krieg, bei Gaddafi und Libyen.
»Libyen ist ein amerikanisches Problem«, hatte Anatoli Dobrynin, der sowjetische Botschafter in den USA, bereits bei seinem zweiten Treffen mit Außenminister Alexander Haig nach Reagans Amtsantritt gesagt. Haig und die anderen Mitglieder der neuen Regierung verstanden diesen Wink aus Moskau genau. Feindselige Akte gegen Staaten wie Syrien, die mit Moskau befreundet waren, oder gegen Länder wie den Iran, konnten unter Umständen zu ähnlich feindseligen Reaktionen von seiten der Sowjetunion herausfordern. Libyen dagegen

hatte keine Schonzeit. Und in den folgenden elf Jahren war das Land für die Jagd freigegeben.
Zehn Jahre lang inszenierten die Amerikaner Desinformationskampagnen gegen Gaddafi. Zehn Jahre lang behaupteten sie, es gebe »unwiderlegbare Beweise für eine wachsende libysche Beteiligung an terroristischen Akten«. Die pathologische Besessenheit, mit der die Reagan-Regierung Gaddafis Sturz herbeiführen wollte, hatte mit dem nächtlichen Bombenangriff im April 1986 ihren Höhepunkt erreicht. Zu diesem Angriff war die Regierung durch Leute wie Oberstleutnant Oliver North ermuntert worden, einem Mann, der nach einem Bericht von Constantine Menges in einer Traumwelt lebte, in der er imaginäre Besuche von Henry Kissinger erhielt und mit hohen Beamten der Reagan-Administration dinierte. Menges war Sonderassistent des Präsidenten für nationale Sicherheitsfragen und somit in einer idealen Position, um North zu beobachten. Seiner Meinung nach hatte North »ein überaktives Ego«. Jacqueline Tillman, die ebenfalls im Nationalen Sicherheitsrat beschäftigt war, drückte sich deutlicher aus. In einem Gespräch mit Menges sagte sie: »Ich arbeite hier im Nationalen Sicherheitsrat nun schon seit etlichen Wochen mit Ollie North zusammen und bin zu der Ansicht gelangt, daß er nicht nur ein Lügner ist, sondern daß er Wahnvorstellungen hat. Er ist machtgierig und stellt für das Land und den Präsidenten eine Gefahr dar.«
Es existiert Beweismaterial von beträchtlichem Umfang, das ein solches Urteil rechtfertigt, und zwar aus der Zeit vor der Iran-Contra-Affäre. Oberstleutnant North war aktiv an den verschiedenen Desinformationsmanövern beteiligt, die die Reagan-Regierung und die amerikanischen Geheimdienste gegen den libyschen Revolutionsführer inszenierten. Er wirkte auch an der Propagandakampagne von 1981 mit, als Präsident Reagan behauptete, er verfüge über »unwiderlegbare Beweise« dafür, daß Gaddafi Mordkommandos in die Vereinigten Staaten entsandt habe, um den Präsidenten, den Außenminister und eine ganze Reihe führender Politiker zu ermorden. In Wahrheit hatte der Präsident nicht den geringsten Beweis für die Existenz solcher Mordkommandos. Er stützte sich auf Lügen, die Oliver North, die CIA, der Mossad und ein Mossad-Agent, der bei fünf Lügendetektortests durchgefallen war, in die Welt gesetzt hatten.
Im November 1985 kamen bei der blutigsten Entführung in der Geschichte der Luftfahrt 57 Menschen ums Leben. Die meisten Opfer starben, als ägyptische Kommandos unter dem Druck der amerikani-

schen Berater das Flugzeug auf dem maltesischen Flughafen Luka stürmten. Wieder wähnte die Regierung Reagan Gaddafi hinter dem Anschlag, und wieder lag sie damit falsch. Nach Informationen, die ich vom damaligen maltesischen Ministerpräsidenten Mifsud Bonnici, von Mitgliedern seines Stabes, vom ägyptischen Geheimdienst und von Abu Nidal erhalten habe, besteht kein Zweifel, daß die Abu-Nidal-Gruppe die Entführung in Damaskus geplant und dann auch durchgeführt hatte.

Im Dezember 1985 kamen bei Terroranschlägen auf die Flughäfen von Rom und Wien 19 Menschen ums Leben. Und abermals behauptete Reagan, er habe »unwiderlegbare Beweise« dafür, daß Gaddafi hinter den Anschlägen stecke. Er startete eine Kampagne, die seine europäischen Verbündeten dazu bewegen sollte, Gaddafi und sein Regime zu isolieren. Obwohl Robert Oakley, Chef der Anti-Terror-Abteilung im State Department, knapp einen Monat nach den Anschlägen einräumen mußte, daß »wenige oder keine Beweise dafür vorliegen, daß Gaddafi bei den Anschlägen seine Hand im Spiel hatte«, wurde die Kampagne weitergeführt. Unterdessen stellte der italienische Anwalt Domenico Sica Ermittlungen zu beiden Anschlägen an. Nach einem Jahr kam er zu dem Ergebnis, daß beide Aktionen in Wirklichkeit in Syrien geplant worden waren. Außer diesen drei Beispielen könnte ich noch viele weitere Fälle anführen, bei denen Terroranschläge *absichtlich* dem falschen Mann in die Schuhe geschoben wurden. In allen diesen Fällen entpuppte sich das »unwiderlegbare Beweismaterial« nach genauerer Prüfung als reine Propaganda.

Anfang 1986 ließ die Regierung Reagan eine Reihe von geheimen Umfragen durchführen. In erster Linie wollte sie wissen, wie die Bevölkerung der Vereinigten Staaten auf einen Schlag gegen Libyen reagieren würde. Gleichzeitig sollten die Umfragen Aufschluß darüber geben, wie erfolgreich die Kampagne gegen Gaddafi bei den Wählern gewesen war. Zu dem ausgewählten Kreis, der über die Ergebnisse der Umfragen unterrichtet wurde, gehörten unter anderem die Mitarbeiter des Nationalen Sicherheitsrates, also auch Oliver North. Die geheimen Umfragen vom März 1986 ergaben, daß die amerikanische Öffentlichkeit einen militärischen Schlag befürworten würde, vorausgesetzt, er erfolgte nur »widerwillig« und in Form einer Blitzaktion; ein Schlag nach vorausgegangener Provokation durch die Vereinigten Staaten stieß eher auf Ablehnung.

Binnen eines Monats wurde dieses Szenario Realität. Am 29. März wurde auf die Deutsch-Arabische Gesellschaft in Berlin ein Bombenanschlag verübt. Neun Personen wurden verletzt. Am 5. April explodierte eine zweite Bombe in der Berliner Diskothek La Belle. Zwei Menschen wurden getötet und fast 50 verletzt. Einer der Toten war ein amerikanischer Soldat. Auch zu dem Anschlag auf die Diskothek lagen dem amerikanischen Präsidenten angeblich »unwiderlegbare Beweise« vor. Worin diese Beweise bestanden, erfuhr die Öffentlichkeit zunächst nicht, nur einige europäische Regierungs- und Staatschefs wurden unterrichtet. Eine von Vernon Walters geleitete Delegation aus hohen amerikanischen Regierungsbeamten besuchte die verschiedenen europäischen Regierungen. Walters versuchte die Westdeutschen, die Franzosen, die Italiener, die Spanier und die Briten dazu zu bewegen, zusammen mit den USA eine Reihe von Sanktionen gegen Libyen zu verhängen. Doch bis auf die Briten zeigten sich die Europäer von Reagans unwiderlegbaren Beweisen wenig beeindruckt: Die Amerikaner hatten lediglich ein paar Funksprüche abgefangen, die das Libysche Volksbüro in Ost-Berlin mit Tripolis ausgetauscht hatte und die ihrer Meinung nach bewiesen, daß Libyen hinter dem Anschlag auf die Berliner Diskothek steckte. Von allen europäischen Regierungschefs ließ sich lediglich Premierministerin Thatcher überzeugen.

Die Flugzeuge, die am frühen Morgen des 15. April 1986 Libyen angriffen, starteten von britischen Stützpunkten im Süden Englands und von Schiffen der sechsten US-Flotte im Mittelmeer. Die F-111-Jagdbomber aus Großbritannien mußten über den Golf von Biscaya fliegen, da Frankreich und Spanien die Überflugrechte verweigerten.

Der Zeitpunkt des Angriffs war bewußt so gewählt worden, daß er mit den Hauptnachrichtensendungen im amerikanischen Fernsehen um 19 Uhr zusammenfiel. Zwei Stunden später erklärte Präsident Reagan im Fernsehen der Nation, warum er sich dazu entschlossen habe, Waffen im Wert von mehr als 30 Milliarden Dollar gegen ein Land der Dritten Welt einzusetzen. Er ließ ein paar willkürlich zusammengestellte Gesprächsfetzen aus den abgefangenen Funksprüchen abspielen, zu denen er jeweils erläuternde Kommentare abgab. Was Ministerpräsident Chirac und seine Kollegen nicht überzeugen konnte, überzeugte auch mich nicht. Bis zum heutigen Tag sind die Bänder keiner unabhängigen Instanz zur Prüfung übergeben worden. Auf starken Druck von deutscher Seite hin wurden dem deutschen Bundesnachrichtendienst (BND) *Kopien* der Bänder ausgehändigt. Gesprächsfetzen, in denen von »einer Hochzeit«, »einem glücklichen Ereignis« und »guter Arbeit« die Rede war, konnten den BND nicht überzeugen. Die Deutschen gelangten zu einer ganz anderen Interpretation als die Amerikaner. Da es dem BND Jahre zuvor als erstem gelungen war, den libyschen Code zu entschlüsseln, muß die deutsche Interpretation ernst genommen werden.

Nach amerikanischer Auslegung enthielten die Bänder angeblich folgende Mitteilungen:

4. April. Libysches Volksbüro an Tripolis: »Warten Sie ab, was morgen früh, so Gott will, geschehen wird.«

5. April. Libysches Volksbüro an Tripolis: »Heute früh um 1.30 Uhr wurde eine Aktion erfolgreich abgeschlossen, ohne daß eine Spur zu uns führt.«

In dem angeblich dritten Funkspruch gratulierte Tripolis den Kollegen in Ost-Berlin zu ihrem Erfolg.

Die Geheimdienstchefs in Bonn, Paris, Rom und Tel Aviv hielten die Bänder für Fälschungen. Nie zuvor waren derart klare Instruktionen per Funk übermittelt worden. Die Möglichkeit der Funküberwachung durch Satelliten ist allgemein bekannt, auch den Libyern. Nach Ansicht der Geheimdienste hatten die Libyer nie einen direkten Anschlag auf die Amerikaner verübt. Reagans pathologische Besessenheit in bezug auf Gaddafi war in politischen Kreisen bekannt. Die Experten, zumindest diejenigen, mit denen ich gesprochen habe, vertraten die Ansicht, daß Mitarbeiter des Nationalen Sicherheitsrats das Beweismaterial selbst fabriziert hatten. Es sollte auf den Präsidenten so überzeugend wirken, daß er alle Bedenken über Bord warf und den Einsatz seiner Streitkräfte befahl. Bis Anfang 1992 hatten die Nordafrikaspezialisten in der National Security Agency (NSA), dem größten US-Nachrichtendienst, keinen Zugang zu diesem »Beweismaterial« erhalten. Die Wege, die man innerhalb der amerikanischen Geheimdienste bei der Übersetzung und Auswertung von nachrichtendienstlichem Material normalerweise beschreitet, wurden also bewußt umgangen und ignoriert.

Verteidigungsminister Weinberger und Außenminister Schultz rühmten die Qualität der abgefangenen Funksprüche und erklärten, daß die amerikanische Militärpolizei nach dem Funkspruch vom 4. April sofort mobilisiert worden sei und damit begonnen habe, Bars und Diskotheken zu räumen. Zur Räumung der Diskothek La Belle, so Weinberger, sei die Militärpolizei »nur 15 Minuten zu spät« gekommen.

Majorin Ruth la Fontaine, Stellvertreterin des MP-Chefs von West-Berlin, hat bestätigt, daß es keine Mobilisierung gab und daß auch keine

Bars und Diskotheken geräumt wurden: »Für uns war es ein ganz normaler Tag.«
Der Anschlag auf die Deutsch-Arabische Gesellschaft, der am 29. März ebenfalls in Berlin stattfand, war das Werk eines syrischen Agenten namens Ahmed Hasi. Hasi war zunächst unter dem Verdacht verhaftet worden, den Anschlag auf die Diskothek verübt zu haben. Zur selben Zeit wurde in London Nesar Hindawi verhaftet, der versucht hatte, ein Passagierflugzeug der El Al in die Luft zu sprengen. Auch Hindawi war ein syrischer Agent. Hindawi und Hasi sind Brüder. Beide Terroranschläge wurden vom syrischen Geheimdienst geplant. Die Diskothek La Belle wurde sozusagen dazwischengeschoben. Bei der Durchsuchung von Hasis Berliner Wohnung fand die Polizei in einem Papierkorb einen Grundriß der Diskothek La Belle, auf dem die Tanzfläche, der Bereich um die Tanzfläche, die Nischen und die Ausgänge eingezeichnet waren. Der Krater, den die Bombenexplosion in den Räumen der Deutsch-Arabischen Gesellschaft verursacht hatte, sah praktisch genauso aus wie der, den die Bombe in der Diskothek hinterlassen hatte. Laut Polizeibericht war er »in Größe, Tiefe und Aussehen identisch«.
Einer der Geheimdienstexperten, mit dem ich über den Bombenanschlag auf die Diskothek La Belle sprach, war Christian Lochte, Leiter des Amtes für Verfassungsschutz in Hamburg. Er sagte: »Für mich steht eindeutig fest, daß der Bombenanschlag auf die Diskothek in Berlin nicht von den Libyern geplant wurde. Wenn man schon mit dem Finger auf ein bestimmtes Land zeigen will, dann auf Syrien.«
Ebenso klar äußerte er sich zu den Anschlägen auf die Flughäfen in Wien und Rom: »Die Ergebnisse unserer eigenen Nachforschungen und Informationen, die wir vom Mossad und den italienischen Nachrichtendiensten erhielten, ließen absolut keinen Zweifel daran, daß es sich um Aktionen der Abu-Nidal-Gruppe gehandelt hatte und daß die Attentäter nicht aus Libyen, sondern aus Syrien und dem Libanon gekommen waren. Die CIA – oder zumindest die Leute, mit denen wir sprachen – wollten davon nichts wissen. Für sie mußte es Gaddafi sein. Der Bombenanschlag auf die TWA-Maschine, bei dem vier Amerikaner ums Leben kamen, war das Werk einer Gruppe, die vom Irak aus operierte. Die Beweislast war erdrückend, aber auch diesmal ließen sich die Amerikaner nichts sagen. Uns wurde klar, daß die Amerikaner immer eine Spur finden würden, die zu Gaddafi führte, ganz gleich, was irgendwo geschah. Der Anschlag auf die Diskothek La Belle war für sie eine günstige Gelegenheit. Da die Geheimdienste nicht zweifelsfrei beweisen konnten, wer tatsächlich dahintersteckte,

und da man das amerikanische Volk bereits gefühlsmäßig vorbereitet hatte, lieferte der Anschlag einen idealen Vorwand für einen Überfall auf Libyen. Aufgrund unserer eigenen Nachforschungen und der Unterstützung, die wir von unseren britischen Kollegen in Berlin bekamen, wußten wir, daß zwischen diesem Anschlag und dem Anschlag auf den Deutsch-Syrischen Club in Berlin ein enger Zusammenhang bestand. Es war klar, daß die Syrer beide Anschläge finanziert hatten, um mit Gegnern ihres Regimes abzurechnen. Assad erklärte zwar, daß Syrien mit den Anschlägen nichts zu tun habe. Aber wir wissen aus Erfahrung, daß solchen Erklärungen der Syrer keinerlei Bedeutung beizumessen ist.«

Zu den Bändern mit den abgehörten Funksprüchen – den einzigen Beweisen, mit denen der amerikanische Präsident den Angriff auf Libyen rechtfertigte – sagte Christian Lochte:

»Sie würden es niemals wagen, uns die Originalbänder zu überlassen. Die Nachrichtendienste kennen die Wahrheit, und nicht nur in unserem Land, auch anderswo. Wir wissen, daß es nicht Libyen, sondern Syrien war.«

Das Gesetz verbietet es dem amerikanischen Präsidenten, Staatschefs anderer Länder zu ermorden oder einen entsprechenden Versuch zu unternehmen. Dennoch war die Ermordung Oberst Muammar el-Gaddafis das Hauptziel des amerikanischen Überfalls vom 15. April 1986. Zwar wurden auch Militärstützpunkte in Bengasi bombardiert, doch der Angriff auf Tripolis galt in erster Linie dem libyschen Revolutionsführer. Oberstleutnant North behauptete später, daß »die Kontroll- und Kommandozentrale und Verwaltungsgebäude in der El-Asisija-Kaserne« die Ziele gewesen seien. Doch keines dieser Ziele wurde getroffen. Ein Mitarbeiter des amerikanischen Luftwaffengeheimdienstes, der an den Einsatzbesprechungen vor dem Überfall teilgenommen hatte, sagte zu mir:

»Neun der achtzehn F-111-Jagdbomber, die von Großbritannien aus starteten, sollten ausdrücklich Ziele innerhalb des Kasernengeländes angreifen. Von diesen neun hatten zwei den speziellen Auftrag, die innerhalb des Kasernengeländes liegende Residenz Gaddafis, in der er mit seiner Familie wohnte, zu bombardieren. Wo Gaddafi sich genau aufhielt? Uns lagen ausgezeichnete Geheimdienstinformationen vor, aus denen hervorging, daß er in seiner Residenz war.«

Jeder F-111-Jagdbomber war mit zwei Tonnen Bomben bestückt. North berichtete später Kollegen, daß die Informationen über den genauen Aufenthaltsort Gaddafis in dieser Nacht aus Israel stammten. Knapp drei Stunden vor dem Abwurf der ersten Bomben sei eine letzte Meldung darüber eingegangen, wo Gaddafi sich im Augenblick aufhalte. Es ist in westlichen Ländern gängige Praxis, Israel als Informationsquelle anzugeben, wenn man die tatsächliche Quelle verheimlichen will. Die Israelis haben gegen eine so vorzügliche Werbung nichts einzuwenden. Wie in dem Bericht über mein zweites Interview mit Oberst Gaddafi nachzulesen ist, war der marokkanische Königspalast eine zuverlässige Informationsquelle.

Die erste Bombe, die über Tripolis abgeworfen wurde, traf die Residenz Gaddafis. Er schlief in einem anderen Zimmer als seine Frau. Sie lag wegen eines Rückenleidens in einem Nebenraum. Seine 15 Monate alte Adoptivtochter Hana wurde getötet. Die anderen acht Kinder und seine Ehefrau Safija mußten mit zum Teil schweren Verletzungen ins Krankenhaus eingeliefert werden.

Als Premierministerin Thatcher am Tag nach dem Angriff im Unterhaus erklärte, warum sie den Vereinigten Staaten die Benutzung britischer Luftwaffenbasen gestattet habe, sagte sie: »Der Präsident versicherte mir, daß die Operation nur klar definierten Zielen gelte, die mit dem Terrorismus in Verbindung gebracht werden könnten, und daß das Risiko von Begleitschäden auf ein Minimum beschränkt werde.« Der Einsatz von F-111-Bombern, so die Regierungschefin weiter, sei »das sicherste Mittel, ganz spezielle Ziele zu erreichen und gleichzeitig das Risiko von Verlusten unter der libyschen Zivilbevölkerung wie auch unter den amerikanischen Soldaten so gering wie möglich zu halten«. Will man Frau Thatcher glauben, dann erteilte sie die Erlaubnis also aus humanitären Gründen.

Obwohl militärisches Gerät im Wert von 30 Milliarden Dollar zum Einsatz kam, verfehlte Präsident Reagan sein Hauptziel. Gaddafi überlebte den Angriff. Die »Begleitschäden« waren freilich beträchtlich: 41 Menschen wurden getötet und weitere 226 verletzt. Die französische Botschaft wurde zerstört. Die Botschaften sechs weiterer Länder wurden unterschiedlich schwer getroffen. Zwanzig Privathäuser wurden völlig zerstört, weitere 587 beschädigt.

Der Redetext für Präsident Reagans Fernsehauftritt zwei Stunden nach dem Angriff mußte geändert werden. Gestrichen wurden Passagen, in denen die Tötung Gaddafis gerechtfertigt wurde. Reagan machte unter anderem folgende Bemerkung:

»Heute haben wir getan, was wir tun mußten. Wenn nötig, werden wir es wieder tun.«

Zunächst bestritt die Regierung Reagan, daß es Verluste unter der Zivilbevölkerung gegeben habe. Später, als Journalisten von Presse und Fernsehen ihre Berichte um die Welt schickten, flüchtete sie sich in die Behauptung: Falls es doch irgendwelche Opfer unter der Zivilbevölkerung gegeben habe, dann hätten sie die Libyer selbst verschuldet. Vermutlich wollte man damit sagen, daß die Raketen, die die Libyer auf amerikanische Flugzeuge abgeschossen hatten, direkt auf die Erde zurückgefallen waren. Als im Fernsehen die Überreste einer Bombe made in USA gezeigt wurden, räumte die Regierung ein, daß vielleicht ein oder zwei Bomben ihr Ziel verfehlt hätten. Die Notlügen der Regierung schienen kein Ende zu nehmen.

Zu den »Begleitschäden« gehörte auch die 18jährige Raafat Bassam Ghussein. Das junge Mädchen, das in England zur Schule ging, war nach Libyen zurückgekehrt, um die Osterferien bei ihrer Familie zu verbringen. Die Familie wohnte in der Nähe der französischen Botschaft. Das Haus erhielt einen Volltreffer. In den Trümmern starben Raafat und weitere vier Menschen.

Raafats Vater Bassam, der den Tod seiner Tochter drei Jahre später immer noch nicht verschmerzt hatte, berichtete mir, daß er am Tag vor dem Angriff beobachtet habe, wie die Mitarbeiter der französischen Botschaft einen Aktenschrank nach dem andern wegschafften. »Sie sagten, die Maler würden kommen.« Die Franzosen waren ebenso wie Angehörige anderer europäischer Botschaften von ihren jeweiligen Regierungen vor dem bevorstehenden Bombenangriff gewarnt worden. Niemand war auf die Idee gekommen, gewöhnliche Leute wie die Ghusseins zu informieren. Bassam war in den Vereinigten Staaten aufgewachsen und arbeitete in Libyen für eine amerikanische Ölgesellschaft. Seine heißgeliebte Tochter hatte ihre Schule in England nur verlassen, um in Libyen von einem in England stationierten Flugzeug getötet zu werden. Das Leben schreibt schreckliche Geschichten.

Gaddafi selbst überlebte nicht nur deshalb, weil er im hinteren Teil seines Hauses schlief. Es gab noch andere Gründe. Der Anschlag auf sein Leben scheiterte hauptsächlich deshalb, weil die Laser-Lenksysteme bei mindestens vier der neun F-111-Bomber nicht richtig funktionierten. Die Piloten dieser Maschinen mußten umkehren. Eine fünfte F-11 warf ihre Bomben über einem Wohngebiet von Tripolis ab, wobei unter anderem auch die 18jährige Raafat umkam. Der Geheimdienst der Air Force spricht in solchen Fällen von einem »Fehler des Piloten«.

Die Desinformationskampagne gegen Gaddafi war so erfolgreich, daß sie sogar die Rechtfertigung für einen terroristischen Akt lieferte, den die Vereinigten Staaten mit voller Unterstützung Großbritanniens verübten. Oder handelt es sich nur dann um einen terroristischen Akt, wenn er von »ihnen« an »uns« begangen wird?

Wie ich bereits an anderer Stelle in diesem Kapitel erwähnt habe, legt Claire Sterling Wert auf die Feststellung, daß sie im Verlauf der »zweieinhalbjährigen Recherchen« für ihr Buch mit »Polizisten und Regierungsbeamten in zehn Ländern vom Libanon bis Schweden [...]« gesprochen hat. Einer der Beamten, mit denen sie im Zusammenhang mit ihren Nachforschungen zu dem Mordanschlag auf Papst Johannes Paul II. sprach, war Christian Lochte.

»Sie saß damals auf dem Stuhl, auf dem Sie jetzt sitzen. Sie wollte herausfinden, wer hinter dem Anschlag auf den Papst steckte, und wir versuchten, ihr klarzumachen, daß der KGB nichts mit der Sache zu tun hatte. Es nahm viel Zeit in Anspruch, aber wir erklärten ihr alles ganz genau. Aber sie wurde immer wütender. Sie wollte es einfach nicht hören. Später, als ich an einer Konferenz in Washington teilnahm, traf ich sie auf einem Empfang wieder. Ich machte sie mit einem Mitarbeiter der CIA bekannt und sagte zu ihr, daß auch er der Meinung sei, daß der KGB nichts mit dem Attentat auf den Papst zu tun habe. Es war so klar, so offensichtlich.«

Christian Lochte hatte sich auch ein Bild von William Casey, Reagans CIA-Chef, gemacht:

»Sterling hatte großen Einfluß auf Casey und andere wichtige Leute von der CIA. Casey war ein sehr netter, alter Herr. Er kam mir immer wie ein Farmer im Mittleren Westen vor, der in einem Schaukelstuhl auf der Veranda sitzt und eine natürliche Weisheit ausstrahlt. So jemand ist für jede Art von Unsinn prädestiniert. Hauptsache, man muß erst um zwei Ecken denken, bis man dahintersteigt. So etwas hielten er und andere für nachrichtendienstliche Informationen. Gibt man ihnen eine einfache Erklärung, winken sie ab. Unmöglich, das kann nicht stimmen. Liefert man ihnen eine Verschwörung, an der die Sowjets beteiligt sind, dann greifen sie mit beiden Händen zu.«

Schade um die Zeit, das Geld und die Mühe, die für solche Propaganda verschwendet wurden. Hätte die Wahrheit über die Sowjetunion, Gaddafi und Carlos nicht ausgereicht? Der Kommunismus, so wie er von den sowjetischen Führern verstanden und in die Praxis umgesetzt wurde, war nicht nur gottlos und schlecht, sondern auch auf fatale Weise ineffizient und schon allein aus wirtschaftlichen Gründen selbstzerstörerisch. Die Vision des libyschen Revolutionsführers von einer Weltrevolution war gefährlich naiv. Das Geld, die Waffen und sonstige Hilfeleistungen, die er ins Ausland exportierte, kosteten Unschuldige das Leben und machten andere zu Krüppeln. Das ist eine unbestreitbare Tatsache. So etwas fordert Gegenmaßnahmen heraus. Aber warum gleich der Overkill? Es ist gleichfalls unbestritten, daß Carlos ein heimtückischer, skrupelloser Mörder ist, ein Söldner, der nicht einmal unter dem Deckmantel von Idealen handelt. Dieser Mann gehört ohne Frage vor Gericht. Doch er ist kein Geschöpf des KGB, sondern ein Produkt unserer Zeit. Die Wirklichkeit muß nicht düsterer geschildert werden, als sie ohnehin schon ist. Die Wahrheit ist schlimm genug. Warum den Brunnen vergiften?

Der Mann, den ich im Libanon zweimal traf, war zweifellos ein Betrüger, aber vieles, was er mir erzählte, stimmte. Daran lassen meine Recherchen und Nachforschungen keinen Zweifel. Richtig waren nicht nur seine Aussagen über den echten Carlos, richtig war auch seine Behauptung, daß die Geheimdienste Frankreichs, Großbritanniens, Israels und der Vereinigten Staaten bereits wenige Tage nach Carlos' Flucht aus der Rue Toullier eine Desinformationskampagne einleiteten. Richtig ist auch, daß der Erfolg dieser Kampagne durch die in der Presse verbreiteten Mythen erheblich verstärkt wurde. Dies ist vielleicht der widerlichste Aspekt im Leben dieses Mannes, das an widerlichen Aspekten so reich ist.

Doch wegen der Mythen und Falschinformationen allein hätte Wadi Haddad keine weitere Verwendung für Carlos gehabt. Carlos hatte seine Europaorganisation zerstört. Er hatte Moukarbel erschossen und war schuld an der Verhaftung von Nydia Tobón, Angela Otaola und Silva Masmela. Er hatte die Arbeit und Planung von Jahren zunichte gemacht. Haddads Operationsbasis in Europa war für immer zerstört. Was Carlos bei seiner Rückkehr in Haddads Hauptquartier im Sommer 1975 vor der sofortigen Hinrichtung bewahrte, war allein die Tatsache, daß der Mythos um seine Person die Realität ersetzt hatte. Das machte ihn zu einem wertvollen Mann. Haddad begriff das sofort. Und nicht nur er, sondern auch andere, wie Saddam Hussein, der den Anschlag auf die OPEC-Zentrale ausheckte und die Presseberichte über die Carlos-Affäre in der Rue Toullier mit großem Interesse verfolgte. Die verschiedenen Geheimdienste, die Falschinformationen über Carlos verbreiteten, taten dies bestimmt nicht in der Absicht, ein Monster zu schaffen, das dann für abscheuliche Verbrechen benutzt werden konnte. Aber man bekommt im Leben nun mal nicht immer, was man will.

Teil 3

Damaskus

Ich traf am späten Abend in Damaskus ein. Wenn meine Schlußfolgerungen richtig waren, dann bereitete Carlos irgendwo in der Stadt eine Feier zu seinem 40. Geburtstag am nächsten Tag vor. Eine kleine Dinnerparty bei sich zu Hause vielleicht, mit Magdalena und ein paar Freunden. Bestimmt würde der ihm treu ergebene Johannes Weinrich mit von der Partie sein, aber wer noch? Sein syrischer Geschäftspartner, Monser el-Kasser, vielleicht? Syrische Geheimdienstleute? Ich wurde gewaltsam aus meinen Überlegungen gerissen. Ich hielt diese Reise für die wichtigste seit Beginn meiner Odyssee im Jahre 1983, aber leider begann sie mit einem schrecklichen Reinfall. Mein Gepäck war bei der Air France verlorengegangen, und zwar komplett. Meine Anzüge waren leicht zu ersetzen, nicht aber der Inhalt des braunen Koffers. Er enthielt meine gesamten Unterlagen. Die Quintessenz von sechs Jahren Arbeit. Ich hatte den Koffer vor Jahren gekauft und mit besonderer Sorgfalt ausgewählt. Er war klein genug, um als Handgepäck zu gelten, aber doch so groß, daß ich eine Menge Papiere darin verstauen konnte. Jahrelang hatte es nie Probleme mit ihm gegeben. Ich stieg mit ihm ins Flugzeug und stieg auch wieder mit ihm aus. Ich trug ihn stets bei mir. Aber diesmal hatte ein Angestellter der Air France beim Check-in in Heathrow darauf bestanden, meinen Aktenkoffer mit dem übrigen Gepäck in den Laderaum zu verfrachten. Ich redete mir den Mund fusselig. Ich forderte ihn auf, den Koffer nachzumessen, versicherte ihm, daß er den Normgrößen für Handgepäck entspreche, verwies auf die IATA-Bestimmungen – und händigte ihm den Koffer schließlich wutschnaubend aus.

»Sir, ich versichere Ihnen, es wird keinerlei Probleme geben. Der Koffer wird nach Damaskus befördert.«

»Aber ich steige am Flughafen Charles de Gaulle in ein andere Maschine um. Sind Sie absolut sicher, daß der Koffer dort richtig weiterbefördert wird? Immerhin haben wir jetzt schon zwei Stunden Verspätung.«
»Kein Problem, Sir.«
Aber auch kein Koffer. Zu siebt warteten wir am internationalen Flughafen von Damaskus vergeblich auf unser Gepäck. Niemand konnte uns sagen, wo es abgeblieben war – auf jeden Fall war es nicht in dem verfluchten Flugzeug.
»Wir werden in Paris nachfragen. Morgen.«
Nachdem ich die Sicherheits- und Paßkontrolle passiert hatte und bevor mir die frohe Botschaft von dem verschwundenen Gepäck überbracht wurde, mußte ich mich einer kleinen Prozedur unterziehen, die sich »Devisenkontrolle« nannte. Wie viele andere Länder versucht auch Syrien, mit allen Mitteln an harte Devisen heranzukommen. Dollars. Englische Pfund. Deutsche Mark. Der Wechselkurs wird künstlich niedrig gehalten. Zum Zeitpunkt meines Besuches bekam man für einen Dollar elf syrische Pfund. Bei der Devisenkontrolle müssen alle Reisenden 200 Dollar zum offiziellen Wechselkurs umtauschen. Jeder kann soviel Devisen einzuführen, wie er will, er muß sie nur angeben. In Syrien gibt es mindestens drei Wechselkurse: den offiziellen zu elf syrischen Pfund für einen Dollar, dann den mit dem reizenden Wort »begünstigt« versehenen Wechselkurs zu 20 Pfund für einen Dollar und schließlich den Schwarzmarktkurs zu 40 Pfund aufwärts für einen Dollar. Leider müssen alle Rechnungen im Hotel zum offiziellen Kurs bezahlt werden. Hinzu kommen 10 Prozent Steuer für das Hotelzimmer und 25 Prozent Steuer für Essen und Getränke. Ich denke, man kann mit Fug und Recht behaupten, daß Syrien mit allen Mitteln versucht, an harte Devisen heranzukommen.
Damit man mich auch wirklich ernst nahm, setzte ich wieder auf den Hilton-Effekt, in diesem Falle, um genau zu sein, auf den Sheraton-Effekt. Ich konnte zwar nicht wissen, ob mich die syrische Regierung deswegen ernst nehmen würde, aber meine Bank ganz sicher. Ich brauchte nur lange genug im Sheraton zu wohnen.
Von Zeit zu Zeit bekam ich deswegen Panikanfälle, aber ein viel größeres Problem war das »verlorene« Gepäck. In dem braunen Koffer befanden sich Unterlagen, die ich für eine Reihe von Interviews verwenden wollte. Die Originalkopien aller Dokumente und Fotos befanden sich zwar an einem sicheren Ort in London, aber solange ich das Material nicht hier hatte, konnte ich mich nicht um Termine für meine

Interviews bemühen. Natürlich rechnete ich damit, daß es zu Verzögerungen kommen würde, wenn ich erst einmal das syrische Informationsministerium kontaktiert hatte. Es kommt immer zu Verzögerungen, wenn man in einem arabischen Land Ministerien kontaktiert. Es wäre purer Zufall gewesen, wenn man mir diesmal die sprichwörtliche Ausnahme von dieser Regel vorgeführt hätte. »Ja, selbstverständlich, der Vizepräsident wird Sie heute nachmittag empfangen.« Das war zwar höchst unwahrscheinlich, aber theoretisch immerhin möglich. Zwischen unzähligen Fahrten zum Flughafen und ebenso vielen Telefonaten mit London, wo meine Frau Anna nach den Koffern forschte, dachte ich nochmals über mein Unternehmen nach.

Viele Leute hatten mich vor dieser Reise gewarnt. Unter ihnen auch einige Palästinenser, die die Verhältnisse in Syrien und die Methoden seiner Führer aus eigener Erfahrung kannten.

Bassam Abu Scharif, einer der Männer, die mir versichert hatten, daß sich Carlos in Damaskus aufhalte, hatte gesagt: »Ich glaube, daß es sehr gefährlich für Sie wird, vor allem wenn sie Wind davon bekommen, daß Sie wissen, daß Carlos dort ist. Sie dürfen das unter keinen Umständen sagen. Sagen Sie, daß Sie ihn in der Beka-Ebene vermuten. Dann bringen sie ihn vielleicht dorthin, damit Sie auf libanesischem Boden mit ihm reden können. Es wäre ihnen unendlich peinlich, wenn sie zugeben müßten, daß er sich in Syrien aufhält. Wenn sie einem Treffen mit ihm zustimmen, dann nur, wenn sie dem Libanon den Schwarzen Peter zuschieben können.«

Bassam hatte mir Namen genannt, ebenso wie Abu Ijad und der ehemalige syrische Minister, den ich in Libyen kennengelernt hatte. Alle drei hatten mir dieselben Namen genannt. Und alle drei hatten, wie übrigens auch Jassir Arafat, große Befürchtungen hinsichtlich meiner Reisepläne zum Ausdruck gebracht und mir unmißverständlich klargemacht, welche Risiken ich einging. Das Risiko, verhaftet zu werden, einen tragischen Unfall zu erleiden, und vieles andere mehr. Bezaubernde Aussichten!

Ebenso bezaubernd war die Vergangenheit einiger meiner Miteinwohner in dieser Stadt. Da war zunächst Carlos, der, wenn meine Informationen stimmten, weitreichende Privilegien und den vollen Schutz des Präsidenten genoß, der dieselben Vergünstigungen auch einigen anderen Männern zukommen ließ, die zu den meistgesuchten Verbrechern der Welt zählten. Da war zunächst der Nazi-Kriegsverbrecher Alois Brunner. Brunner hatte Eichmann 1938 bei der Deportation der Juden aus Wien geholfen. Außerdem hatte er 1943 über 46 000 Juden aus Saloniki und später weitere 24 000 aus dem französischen Durchgangslager Drancy nach Auschwitz deportiert. Wie mir mein syrischer Freund, der Exminister, erklärt hatte, lebte Brunner bereits seit 1960 in Damaskus und wohnte in der Georges-Haddad-Straße, nur wenige Minuten von meinem Hotel entfernt. Die Bundesrepublik Deutschland und Frankreich hatten um Brunners Auslieferung nachgesucht, aber die Syrer hatten abgelehnt.

Auch Abu Nidal hielt sich häufig in dieser Stadt auf, wenn er nicht gerade in Libyen weilte. Ich wollte während meines Aufenthalts mit Mitgliedern seiner Gruppe sprechen. Vielleicht konnten sie mich zu Carlos führen.

Dann war da noch Ahmed Dschibril, jener Mann, dem bereits Stunden nach der Explosion des Pan-Am-Verkehrsflugzeugs über dem schottischen Lockerbie die Verantwortung für diese Tragödie zugeschrieben worden war. Auch mit Dschibril wollte ich reden.

Der nächste war Monser el-Kasser. Viele Geheimdienstleute, mit denen ich im Laufe der Jahre gesprochen hatte, hielten ihn für einen der größten Drogenhändler und Waffenschieber der Welt. Kasser konnte mich zu Carlos führen. Von deutschen Geheimdienstleuten hatte ich erfahren, daß die beiden Geschäftspartner waren. Aber dazu mußte ich zuerst an Kasser herankommen.

Dann war da noch Elie Hubeika. Viele, darunter auch die Mitglieder einer offiziellen israelischen Untersuchungskommission, hielten ihn für den Hauptverantwortlichen für die Massaker an Hunderten, vielleicht gar Tausenden von Palästinensern in den Beiruter Lagern Sabra und Schatila im September 1982. Auch Hubeika lebte unter dem Schutz der Syrer in Damaskus. Er hatte sich noch nie ausführlich zu den Vorwürfen bezüglich Sabra und Schatila geäußert. Arafat hatte gemeint, daß die Syrer mich niemals mit ihm sprechen lassen würden. Ich war mir sicher, daß Hubeika nicht nur den Schlüssel zu diesen schrecklichen Morden in Händen hielt, sondern mir auch sagen konnte, was an dem Vorwurf dran war, den Carlos zwei erhoben hatte: daß nämlich Arafat für das Massaker verantwortlich gewesen sei.

Die Namen von Ahmed Dschibril und Elie Hubeika standen auf der Liste, die ich im Sommer bei den syrischen Stellen eingereicht hatte. Ich war gespannt, wie sie auf meinen Wunsch reagieren würden, mit diesen Männern zu sprechen, und mit den anderen, die mich, wie mir versichert worden war, direkt zu Carlos führen konnten: Vizepräsident Abd el-Halim Chaddam. Oberst Muhammad el-Chuli, Ali Duba und Oberst Haitham Ahmad Said. So viele Namen. Der einzige Na-

me, der mir fehlte, war der derzeitige Deckname von Carlos, aber ich arbeitete daran.
Nach einer Woche war ich ein kleines Stück weitergekommen. Ich hatte nicht nur mehrmals die Büros des Informationsministeriums aufgesucht, sondern auch in anderen Wassern gefischt.
Bei den Gesprächen mit Suheir Jannan, einem Direktor vom Informationsministerium, äußerte ich mich nur allgemein zu den verschiedenen Interviews, die ich offiziell zu führen gedachte. Jannan zeigte sich besonders besorgt über meinen Wunsch, mit el-Chuli, Ali Duba und Haitham Said zu sprechen. Wie es hieß, waren diese Männer so geheim, daß selbst ihre Ehefrauen kaum von ihrer Existenz wußten. »Wie soll ich etwas über sie herausbekommen? Das wird schwierig.« Das war es immer.
Ich hatte mich »an die Freundin eines Freundes« gewandt, eine aus der Zunft der Nachrichtenhändler, die im Libanon und in Syrien eine so wichtige Rolle spielen. Die Frau hieß Salwah Orstwani, sprach schlecht englisch, hatte aber einen scharfen Verstand. Die attraktive Enddreißigerin hatte ein paar Pfund zuviel, trug ein schwarzes Lederkostüm und eine Menge Schmuck und hatte ihr Adreßbüchlein bei sich, in dem auch der Name Ali Duba stand. An diesem ersten Treffen nahm auch ein junger Mann teil, der ein ausgezeichnetes Englisch sprach. Er war Palästinenser und hieß Samir Chatib. Sein Englisch war so gut, daß er von Zeit zu Zeit als offizieller Dolmetscher des Präsidenten fungierte. Ich ging das Risiko ein und erzählte ihnen von einem Mann namens Carlos und von meinen Treffen mit Carlos zwei im Nordlibanon. Ich verlieh meinem Bericht eine zusätzliche Würze, indem ich ihnen erzählte, der Mann habe sich abfällig über Syrien geäußert und Anschuldigungen gegen Assad und seine Regierung vorgebracht. Ich persönlich sei jedoch davon überzeugt, daß der Mann ein Betrüger sei und für eine Macht oder einen Geheimdienst arbeite, der Syrien und seiner Führung feindlich gesonnen sei. Mein Ziel sei es, die Wahrheit herauszufinden und das falsche Spiel aufzudecken. Natürlich konnte ich mir ausrechnen, daß die Syrer einem Treffen mit dem richtigen Carlos nur dann zustimmen würden, wenn sie sich einen Vorteil davon versprachen. Nun hoffte ich, daß die Geschichte, die ich Salwah und Samir aufgetischt hatte, dem syrischen Geheimdienst so interessant erschien, daß er mir die Tür zu ihrem venezolanischen Gast öffnen würde. Frau Salwah hatte mich mit einem freundlichen »Willkommen« begrüßt. Dies ist eine reizende Geste, mit der man in Syrien häufig Fremde empfängt. Ich wollte

diesen Willkommensgruß von General Ali Duba hören, denn aus dem Mund eines Mannes, der den militärischen Geheimdienst Syriens leitete, mußte er einen ganz besonderen Klang haben. Oder von General Mohammed el-Chuli, dem Chef des Luftwaffengeheimdienstes. Oder von Oberst Haitham Said, einem seiner engsten Mitarbeiter. Während ich weiter versuchte, an diese Männer heranzukommen, die ein so geheimes Leben führten, daß die bloße Erwähnung ihres Namens den Direktor vom Informationsministerium erbleichen ließ, lenkte ich meine Aufmerksamkeit gleichzeitig auf andere, etwas weniger geheimnisvolle Personen. Mein erstes Interview in Damaskus führte ich mit Abu Musa, einem Palästinenser, der von seinem lebenslangen Kampf gegen Israel abgekommen und seit 1983 dazu übergegangen war, palästinensische Landsleute zu bekämpfen.

Mord und Totschlag zogen sich wie ein roter Faden durch unser Gespräch. Das war unausweichlich. Musa wurde 1927 in der Nähe von Al Kuds, östlich von Jerusalem, als Sohn eines konservativen, religiösen Bauern geboren. In der britischen Mandatszeit besuchte er die Dorfschule. Dieser große, freundliche Mann in dem leichten Mao-Anzug kannte das Blutvergießen und Morden von Kindesbeinen an. Er erinnerte sich an den großen Araberaufstand gegen die Engländer zwischen 1936 und 1939. In dieser Zeit übten alle drei Seiten Terror: Palästinenser, Juden und Engländer. Die Palästinenser jagten Züge und Ölleitungen in die Luft. Die Juden warfen Bomben in überfüllte Busse. Die Engländer sprengten große Teile von Jaffa in die Luft – »aus stadtplanerischen Gründen«. Schließlich fand eine britische Kommission die tieferliegenden Gründe für die Unruhen heraus: Die Palästinenser sehnten sich nach nationaler Unabhängigkeit und befürchteten, daß den Juden auf palästinensischem Boden eine nationale Heimstätte zugewiesen werden könnte. Als Lösung des Problems schlugen die Briten die Aufteilung Palästinas in einen jüdischen Staat, einen palästinensischen Staat, der mit Transjordanien vereinigt werden sollte, und britische Mandatsenklaven vor. Nach diesem Plan sollten die Juden, die zum damaligen Zeitpunkt nur 5,6 Prozent des Landes besaßen, 33 Prozent von ganz Palästina erhalten. Die Palästinenser, die in diesen Gebieten wohnten, sollten zum Verlassen des Landes gezwungen werden.

Abu Musa erinnerte sich an die Kämpfe des Jahres 1948, an denen er teilgenommen hatte. Er kaufte sich damals seine erste Waffe, ein Gewehr aus dem Ersten Weltkrieg. »Die Palästinenser durften keine Schußwaffen und keine Messer besitzen, nicht einmal abgeschossene

Patronenhülsen. Die Briten hatten es untersagt. Wenn sie bei einem Mann ein Messer fanden, zerstörten sie sein Haus.«
Er sprach über Deïr Jassin und schilderte mir, wie die wenigen Überlebenden dieses Massakers, ausnahmslos alte Menschen, von der Irgun und der Sternbande durch die Straßen des Dorfes geführt wurden. »Die Juden machten einen Triumphzug daraus. Von den Überlebenden erfuhren wir, daß die Juden feierten. Dieses Massaker, diese Greueltat fand unter den Augen der Engländer statt. Unter dem ›Schutz‹ der britischen Mandatsherrschaft.«
Abu Musa sah eine Gemeinsamkeit zwischen dem Massaker in dem Dorf Deïr Jassin und den Massakern von Sabra und Schatila. »Sie sollten Panik auslösen. Schrecken verbreiten. 1948 sollten die Palästinenser aus ihrer Heimat vertrieben werden, und 1982 aus Beirut und aus dem Libanon.«
Er erwähnte weitere Massaker aus den sechziger und siebziger Jahren, die sich nur durch die Nationalität der jeweiligen Täter unterschieden. Israelis in den sechziger Jahren. Jordanier, Israelis und Libanesen in den siebziger und achtziger Jahren. Und Sabra und Schatila?
Nun darf der Leser nicht annehmen, daß Abu Musas Gedanken ständig um diese blutigen Ereignisse kreisten. Er antwortete lediglich auf meine Fragen. Ich kam nicht davon los. Ich mußte durch all dieses Blut waten. Wie sonst sollte ich die Wahrheit über Sabra und Schatila erfahren? Als ich Abu Musa nach seiner Meinung über Männer wie Carlos und Abu Nidal fragte, war ich überzeugt, schon im voraus seine Antwort zu kennen.
Abu Musa ist Berufssoldat. Im Jahr 1973 war er Generalkommandeur aller palästinensischen Truppen im Südlibanon. Männer dieses Kalibers, ganz gleich welcher Herkunft oder Nationalität, unterscheiden sich kaum in ihrer Einschätzung von Leuten wie Carlos.
»Carlos hat nichts für die palästinensische Sache getan. Er wurde von der Fatah in Jordanien ausgebildet, um als Soldat zu kämpfen. Aber was hat diese Ausbildung mit dem OPEC-Anschlag zu tun? Carlos arbeitet für Regierungen und nicht für die palästinensische Sache. Unser Feind befindet sich innerhalb der Grenzen Israels. Nicht in Flugzeugen, Flughäfen und Städten in der übrigen Welt. In den ersten zehn Tagen des totalen Kriegs 1973 führten wir im besetzten Streifen 330 Operationen durch. In Israel sollten Carlos und Abu Nidal zuschlagen.«
Wir sprachen über sein Zerwürfnis mit Arafat. Zum endgültigen Bruch war es 1982 gekommen, als sich Beirut in den Händen der

israelischen Streitkräfte und ihrer Verbündeten befand und Arafat mit seinen Kämpfern den Libanon verlassen mußte. Musa hatte leidenschaftlich dafür plädiert, nicht nach Tunis, sondern nach Syrien und in nicht besetzte Teile des Libanon zu gehen, da man dort dem eigentlichen Feind viel näher sei. Wir sprachen auch über Sabra und Schatila. Ohne kundzutun, von wem die Anschuldigungen stammten, erzählte ich ihm von den Behauptungen, daß Arafat in diese Massaker verwickelt gewesen sei. Ich wußte, daß sich Musa von der Mehrheit der PLO entfremdet hatte. Dennoch war ich über seine Antwort und die Gründe, die er mir nannte, schockiert. Ein Interview mit Elie Hubeika wurde dringlicher.
Meine täglichen Besuche im Ministerium trugen schließlich Früchte, aber nicht die, die ich mir erhofft hatte. Eines Abends stand im Hotel ein schlanker, gutgekleideter junger Mann vor mir. Der Direktor vom Informationsministerium hatte ihm von mir erzählt. Er hieß Resk Abu Okdeh und wollte mich für das syrische Fernsehen interviewen. Ich klärte ihn darüber auf, daß er von seinen Freunden im Ministerium offensichtlich falsch informiert worden sei. Ich sei nämlich nicht nach Damaskus gekommen, um Interviews zu geben, sondern um selbst welche zu führen. Man hatte Resk erzählt, daß ich an einem Buch über den Nahen Osten, speziell über den israelisch-palästinensischen Konflikt arbeitete. Und nun sollte ich in seiner Sendung »Brennpunkt« auftreten und seinen Zuschauern alles darüber erzählen.
Ich konnte mir lebhaft vorstellen, welche Begeisterung das bei gewissen Leuten in Syrien auslösen würde, und erklärte daher dem beharrlichen Resk, daß ich grundsätzlich keine Interviews zu Büchern gebe, an denen ich gerade arbeite. Doch er gab nicht auf. Er sagte, er habe mein letztes Buch gelesen. So geht es mir immer! »Bitte kommen Sie in meine Sendung und erzählen Sie alles über den Mord am Papst und die Korruption im Vatikan.« Ich lehnte höflich ab.
Ich warf die Netze ein wenig weiter aus. Ich setzte mich mit dem syrischen Zeitungsverleger in Verbindung, den ich in Tripolis kennengelernt hatte, und erörterte mit ihm das Problem, wie ich an Ali Duba herankommen konnte. Er empfahl mir, ich solle mich an den Informationsminister wenden, einen gewissen Mohammed Sulman. Wieder ein Name auf meiner Liste, aber kein Interview.
Als ich von diesem Treffen in mein Hotel zurückkehrte, wurde ich in der Halle von Resk erwartet. Diesmal hatte er einen Freund bei sich, der einen wichtigen Mann zum Onkel hatte – Ali Duba. Wenig später hatten wir uns auf einen Kuhhandel geeinigt. Der Freund wollte bei

seinem Onkel ein Wort für mich einlegen, und ich sollte als Gegenleistung für Resk vor die Kamera treten und über mein letztes Buch reden. Das war nur fair, und ich willigte ein.
Kaum 24 Stunden nach diesem Gespräch teilten mir die Herren vom Ministerium mit, daß ich Elie Hubeika interviewen könne. Zwei Wochen lang hatten sie mir erklärt, daß ein solches Interview unmöglich sei, und damit Arafats Prognose bestätigt. Und mit einemmal stand dem Interview nichts mehr im Wege.
Meine Aussichten, doch noch an Ali Duba heranzukommen, stiegen nach weiteren Gesprächen mit Frau Salwah. Sie hatte zwar nicht mit Duba selbst gesprochen, aber mit Männern aus seiner nächsten Umgebung. Meine Bitte um ein Treffen wurde weitergeleitet. Samir bemühte sich mittlerweile um ein Treffen mit Ahmed Dschibril. Auch mit ihm sei ein Gespräch völlig unmöglich, hatte mich das Ministerium beschieden. Aber Samir hatte seine eigenen Kanäle zu Dschibril. Samir erinnerte mich jedesmal an einen anderen gleichnamigen jungen Mann, der mir 1985 in Beirut sehr geholfen und mich beschützt hatte, bevor er auf einer Straße vor dem Flüchtlingslager Sabra zu Tode kam. Ob er absichtlich ermordet worden war? Diese Frage beschäftigte mich immer noch.
Für einen Mann, der in einem Vorort von Damaskus wohnt und unter syrischem Schutz steht, war Hubeika überaus vorsichtig. Zehn junge Männer, alle mit Kalaschnikows bewaffnet, bewachen sein Haus. Alle sind Libanesen. Ich befragte Hubeika mehrere Stunden lang, und er sprach erstaunlich offen über eine Vielzahl von Themen. Ob er dabei auch ehrlich war, ist fraglich. Ich erinnerte mich an einige Äußerungen Abu Ijads über Hubeika.
»Elie Hubeika hat lange Zeit eng mit den Israelis zusammengearbeitet. Er hat vor allem deshalb die Seiten gewechselt, weil die israelische Kommission, die die Vorkommnisse in Sabra und Schatila untersucht hat, ihm die Verantwortung für die Massaker zugeschoben hat. Seit damals arbeitet er für die Syrer. Er wird Sie anlügen. Er wird Ihnen ein Märchen auftischen.«
Ich wollte zunächst einmal in Ruhe über das nachdenken, was Hubeika mir gesagt hatte, und ihn dann ein zweites Mal interviewen. Als er mir mitteilte, daß er in einer Woche in Beirut sein würde, schlug ich ihm vor, uns dort zu treffen. Ich hatte sowieso eine Stippvisite in der libanesischen Hauptstadt geplant. Aus zwei Gründen. Zum einen wollte ich die Lager Sabra und Schatila aufsuchen. Zum zweiten wollte ich telefonieren, ohne vom syrischen Geheimdienst abgehört zu werden.

Hubeika lud mich in sein Haus in Westbeirut ein. Das einzige Problem war jetzt, wie ich die Syrer davon überzeugen konnte, mich nach Beirut fahren zu lassen.
Die Syrer waren von der Idee alles andere als begeistert und rieten mir zu warten, »bis sich die Situation in Beirut wieder stabilisiert hat«. Aber bis dahin konnte ich längst tot sein.
Die Männer vom Ministerium versprachen mir, mein Anliegen mit besonderer Dringlichkeit zu behandeln.
Dieselbe Art von Behandlung sicherte mir Salwah zu, als ich die Bitte vorbrachte, mich selbst davon überzeugen zu dürfen, daß Ali Duba kein Phantasieprodukt war. Am Montag, dem 23. Oktober, überbrachten mir Salwah und Samir die Nachricht, daß Carlos nach Auskunft palästinensischer Kontaktleute in Libyen sei.
Am nächsten Tag im Ministerium hatte man wie üblich eine gute und eine schlechte Nachricht für mich. Die gute: »Ja, sie dürfen nach Beirut reisen.« Die schlechte: »Ein Interview mit Ahmed Dschibril ist völlig ausgeschlossen. Er gibt keine Interviews.«
Bei meiner Rückkehr ins Hotel wurde ich bereits von Samir erwartet. Dschibril hatte eingewilligt, sich am nächsten Abend mit mir zu treffen. Die Leute im Ministerium konnte ich unter diesen Umständen schlecht nach einem Dolmetscher fragen, also bat ich Samir, in die Bresche zu springen.
Resk und Dubas Neffe suchten mich im Hotel auf und störten mich bei meinen Vorbereitungen für das Interview mit Ahmed Dschibril. Sie kamen, um meinen Teil der Abmachung einzufordern. Bevor ich mit Dschibril sprechen konnte, mußte ich mich von Resk in einem Fernsehstudio interviewen lassen.
Am nächsten Tag, dem 24. Oktober, brachte mich ein Taxi mit quietschenden Reifen in das Fernsehstudio im Stadtzentrum. In gebrochenem Arabisch versicherte ich dem Fahrer immer wieder, daß wir »es überhaupt nicht eilig« hätten, was er offensichtlich als »Schneller, schneller!« interpretierte.
Es wurde ein gutes Interview. Resk hatte offensichtlich mein letztes Buch sehr sorgfältig gelesen.
»David, ich danke Ihnen vielmals. Das war sehr interessant. Ich würde Sie bitten, noch etwas im Studio zu bleiben für ein zweites Interview. Sind Sie damit einverstanden?«
»Aber gewiß.«
»Gut.« Er blickte in die Kamera und sagte: »In der nächsten Sendung in einer Woche werde ich mich mit David Yallop über einen anderen

Autor unterhalten. Salman Rushdie und sein Buch *Die Satanischen Verse.*«
Und das in einem Land mit 90 Prozent Moslems, von denen viele Millionen tief religiös sind. In einer Stadt, wo der Mann, mit dem ich in wenigen Stunden verabredet war, Ahmed Dschibril, öffentlich verkündet hatte, daß er das von Ajatollah Chomeini ausgesprochene Todesurteil vollstrecken und Rushdie töten werde.
Ich trank ein Glas Wasser, atmete tief durch und wartete, bis das Kamerateam mit der Aufzeichnung anfing.
Später am Abend traf ich mich in der Innenstadt von Damaskus mit Samir und dann mit Ahmed Dschibril. Dschibril erzählte mir, daß er dem Interview erst nach langem Zögern zugestimmt habe, denn eigentlich habe er sich vorgenommen, nie wieder mit einem Autor oder Journalisten zu sprechen.
Sein Image in den westlichen Medien war nie sonderlich gut gewesen. Nachdem er 1967 mit Habaschs Volksfront gebrochen und das PFLP-Generalkommando (Volksfront für die Befreiung Palästinas – Generalkommando) gegründet hatte, hatte es sich rapide verschlechtert. Zunächst machte ihn die Presse ohne Beweise für die Explosion eines Passagierflugzeugs der Swissair verantwortlich, bei der 47 Menschen ums Leben gekommen waren. Bis heute hat sich niemand zu diesem Anschlag bekannt. Dem ehemaligen Hauptmann der syrischen Armee und seiner Gruppe wurden im Lauf der Jahre noch eine Reihe weiterer Terrorakte zur Last gelegt, ob zu Recht oder zu Unrecht, weiß niemand zu sagen. Der jüngste war der Bombenanschlag auf eine Pan-Am-Maschine über Schottland, bei dem über 270 Menschen ums Leben kamen. Die Katastrophe von Lockerbie.
Dschibril kam im Februar 1938 in einem Dorf drei Kilometer von Jaffa entfernt zur Welt. Was er mir über seine früheste Jugend erzählte, kam mir bekannt vor. Für einen Palästinenser, der unter der britischen Mandatsherrschaft lebte, spielte es kaum eine Rolle, ob er aus einer bäuerlichen Familie stammte wie Abu Musa oder aus einer einflußreichen und wohlhabenden Familie wie Dschibril. Beide hatten unter den gleichen Einschränkungen zu leiden, beide mußten die gleichen Steuern bezahlen. Dschibrils Familie besaß ausgedehnte Zitrusplantagen. Seine Mutter, eine Syrerin, entstammte einer mächtigen Familie. Ihr Vater war zu verschiedenen Zeiten syrischer Vizepräsident und Ministerpräsident gewesen. Doch sie hatte einen Palästinenser geheiratet und bekam alle damit verbundenen Nachteile zu spüren.

Die einflußreichen Freunde in Syrien halfen der Familie sicherlich, als sie, wie Tausende andere, zur Flucht gezwungen war.
Während die Mehrzahl der Menschen zu Fuß aus Palästina floh, stiegen Ahmed Dschibril und seine Angehörigen auf dem Flughafen Lod in eine Maschine und flogen nach Damaskus – diverse Telefonate zwischen dem Präsidentenpalast in Damaskus und den britischen Behörden in Palästina hatten dies ermöglicht. Später ließ sich die Familie in der Stadt Kuneitra nahe den Golanhöhen nieder. Von hier aus hatten sie die Heimat ständig vor Augen. Das war im Oktober 1947. Zwölf Jahre später und nach einer Ausbildung in einer syrischen und ägyptischen Militärakademie, stand Dschibril erneut an dieser Grenze. Tagsüber war er syrischer Offizier, und nachts palästinensischer Widerstandskämpfer. Er verbesserte seine eigene Landmine und schlüpfte nach Dienstschluß mit gleichgesinnten Palästinensern über die Grenze. Viele Explosionen nördlich des Sees Genezareth Ende der fünfziger und Anfang der sechziger Jahre gingen, wie Dschibril mir erzählte, auf sein Konto.
Die anarchischen Zustände, die Ende der sechziger Jahre in Jordanien geherrscht hatten und hauptsächlich von Palästinensern herbeigeführt worden waren, führte Dschibril auf den massenhaften Zulauf von Freiwilligen zurück, den die PLO nach der Schlacht von Karameh verzeichnet hatte.
»Davor bestand meine Gruppe aus ungefähr 250 Kämpfern. Arafat hatte etwa 200 Leute. Plötzlich, nach weniger als einem Jahr, gab es Tausende von Fedajin. Sie waren unerfahren und undiszipliniert. Wenn die Israelis angriffen, zogen sie sich in die Städte zurück. Aber die Stadt verdirbt den Freiheitskämpfer.«
Ich interessierte mich für die Schlacht von Karameh. Wie bereits erwähnt, war sie deshalb so wichtig, weil sie der gesamten arabischen Welt vor Augen geführt hatte, daß die Israelis nicht unbesiegbar waren. Sie war eine Art historischer Sammlungspunkt. Eine kleine, schlecht ausgerüstete Palästinensereinheit unter dem Kommando von Jassir Arafat hielt die Stellung und kämpfte gegen eine 15 000 Mann starke, von Hubschraubern und Panzern unterstützte israelische Kolonne. Zwar fanden die meisten der 300 Kämpfer den Tod, doch fügten sie den Israelis relativ große Verluste zu und schlugen sie zurück. Binnen 48 Stunden hatte die Fatah über 5000 neue Rekruten. Palästinensischer Heldenmut hatte über eine erdrückende Übermacht gesiegt. Doch Ahmed Dschibril erzählte mir eine ganz andere Version dieser Geschichte.

Während Samir übersetzte, stiegen ihm Tränen in die Augen und rannen ihm die Wangen hinunter. Mit gutem Grund. Wenn es stimmte, was Dschibril über Karameh erzählte, dann hatten die Fatah, die PLO und insbesondere Jassir Arafat die gesamte arabische Welt hinters Licht geführt und einen Mythos geschaffen. Wenn es stimmte. Ich werde zu einem späteren Zeitpunkt auf diese Frage eingehen.
Ich war mir an diesem Abend darüber im klaren, daß dieser kleine rundliche Mann, mit dem ich sprach, im Gegensatz zu mir ungehinderten Zugang zu den Akten des syrischen Geheimdienstes hatte oder die geheimen Gedanken des syrischen Regimes kannte. Seine Ansichten und Äußerungen waren zweifelsohne aus solchen Quellen gespeist.
Über Elie Hubeika, den ich gerade erst interviewt hatte und den die Weltöffentlichkeit und Israel für die Verschwörung verantwortlich machen, die zu dem Massaker von Sabra und Schatila geführt hatte, sagte er: »Er wurde nicht nur von der CIA ausgebildet, sondern auch vom israelischen Mossad. Er war oft in Israel.«
Ich wußte, daß diese letzte Anschuldigung völlig den Tatsachen entsprach.
Über Wadi Haddad:
»Wadi Haddad weigerte sich, die marxistische Doktrin zu übernehmen, und hielt statt dessen am Panarabismus fest. Deshalb kam es zwischen ihm und Habasch zum Bruch. Wir glaubten, den Feind auf dem Schlachtfeld besiegen zu können. Und Wadi Haddad hielt Flugzeugentführungen anscheinend für den einfacheren Weg. Auf diese Weise wollte er Geld beschaffen und die Weltöffentlichkeit auf die Sache der Palästinenser aufmerksam machen. Wir haben nie ein ziviles Objekt angegriffen. Jedenfalls nicht absichtlich.«
»Entschuldigung, hier muß ich einhaken. Wollen Sie damit sagen, daß die diversen Anschläge, die Ihnen angelastet oder als Verdienst angerechnet werden, je nach politischem Standort, angefangen bei dem Bombenanschlag auf das Verkehrsflugzeug der Swissair im Februar 1970 – wollen Sie wirklich behaupten, daß Sie oder Ihre Gruppe mit diesem oder irgendeinem anderen Anschlag danach überhaupt nichts zu tun haben?«
»Ich erinnere mich noch genau an den Zwischenfall mit der Swissair-Maschine. Wir saßen damals ohne Geld in Jordanien fest. Eine internationale Versicherungsgesellschaft nahm Kontakt zu uns auf und teilte uns mit, daß sie uns heimlich drei oder vier Millionen Dollar zukommen lassen würde, wenn wir die Verantwortung für den Anschlag auf das Schweizer Verkehrsflugzeug übernähmen.«

»Erinnern Sie sich noch an den Namen des Unternehmens?«
»Nein. Die Versicherung und die Fluglinie hatten Unterhändler zu uns nach Jordanien geschickt. Wir lehnten das Angebot ab.«
Ich brachte das Gespräch auf den Mann, an dessen Hinrichtung Dschibril verschiedenen Berichten zufolge gern mitwirken würde. Ich meine Salman Rushdie. Dschibril erläuterte mir seine Position:
»Wir sind bereit, die Regeln des islamischen Gesetzes gegen Salman Rushdie anzuwenden, weil er ein Moslem ist. Das heißt, wenn wir dazu in der Lage sind. Aber natürlich sollte er ein Gerichtsverfahren erhalten. Wenn er dann zum Tode verurteilt wird, würde ich die Todesstrafe vollstrecken. Der Mann hat unseren Propheten beleidigt.«
Gegen Ende des Interviews kam ich beiläufig auf Carlos zu sprechen.
»Ich habe schon lange nichts mehr von Carlos gehört. Ich habe keine Ahnung, wo er sich aufhält.«
Ich ließ nicht durchblicken, daß sich Carlos meiner Überzeugung nach in Damaskus aufhielt. Ich fragte mich aber, was Dschibril tun würde, wenn in einem der vielen Länder, in denen Carlos zwar nicht »den Propheten beleidigt«, sondern nur Menschen ermordet und verstümmelt hatte, ein Todesurteil gegen den Venezolaner verhängt würde. Würde er es ebenso bereitwillig vollstrecken? Ich war mir da nicht so sicher.
Am nächsten Tag erfuhr ich von drei verschiedenen Informanten, daß Ali Duba nicht in Damaskus sei. Fünf Verwandte von ihm waren bei einem Autounfall ums Leben gekommen, und er hatte kurzfristig die Stadt verlassen müssen. Anfangs nahm ich diese Nachricht mit zynischer Gelassenheit auf und hielt sie nur für einen neuerlichen Vorwand, mich abzuwimmeln. Später jedoch bestätigte auch Dubas Neffe diese Information und versicherte mir, daß »mein Onkel wieder hier sein wird, wenn Sie aus Beirut zurückkommen«. Das stimmte mich zuversichtlich. Zumindest einer glaubte also daran, daß ich wieder zurückkommen würde. Andere hatten da ihre Zweifel.
Ein Mitarbeiter Dschibrils besuchte mich und zeigte mir Fotos, die während unseres Interviews gemacht worden waren. Außerdem übergab er mir einen Brief Dschibrils, der an die Mitglieder seiner Organisation im Libanon gerichtet war. Er forderte seine Leute darin auf, mich zu beschützen und für meine sichere Rückkehr nach Damaskus Sorge zu tragen. Als der Mann mir den Brief überreichte, riet er mir dringend von der geplanten Reise ab.
»Sie sind dort nicht sicher. Es ist sehr gefährlich. Ich würde Ihnen empfehlen, lieber nicht nach Beirut zu gehen.«
Ich bedankte mich für seine Fürsorge, erklärte jedoch, daß die Reise

unumgänglich für mich sei, ohne allerdings näher auf die Gründe einzugehen.
Meine Bitten, den mysteriösen Duba zu sehen und zu sprechen, hatten mittlerweile Früchte getragen, wenn auch nicht die erwünschten: Der syrische Muhabarrat-Geheimdienst zeigte plötzlich großes Interesse an mir. Syrien verfügt über eine große Auswahl an Geheimagenten. Jeweils eine Gruppe arbeitet für die drei Waffengattungen, eine vierte für den Vizepräsidenten, eine fünfte für den Präsidenten, und eine sechste ist so geheim, daß niemand genau weiß, für wen sie eigentlich arbeitet und wem sie verantwortlich ist. Jede dieser Gruppen war regelmäßig in der Halle des Sheraton-Hotels vertreten. Die meisten Agenten trugen schäbige Anzüge und lungerten zu jeder Tageszeit in der Bar herum, tranken Kaffee und lasen angestrengt Zeitung. Sobald ich mich mit jemandem traf, standen einer oder zwei aus der Gruppe auf und nahmen in meiner Nähe Platz. Sie sahen so aus, als würden sie sehr schlecht bezahlt. Vielleicht könnte das erklären, warum sie kein Format hatten.
Am Abend des 26. Oktober, am Tag vor meiner Reise nach Beirut, bekam ich Besuch von Salwah und Samir. Salwah sagte, sie wisse nun mit Bestimmtheit, daß Carlos sich in Libyen aufhalte. Bei einer Tasse Kaffee und außer Hörweite der syrischen Agenten berichtete sie mir von einem Gespräch, das sie mit dem Stellvertreter Abu Nidals in Damaskus geführt hatte. Er hatte ihr gesagt, daß der von mir gesuchte Mann in Tripolis sei. Außerdem hatte er angedeutet, daß er noch mehr Informationen für mich habe. Es gebe, so hatte er behauptet, drei Männer mit dem Namen Carlos. Salwah erzählte mir Näheres. Zwar hörte ich diese Version jetzt zum erstenmal, aber die Idee, daß es sich bei Carlos möglicherweise nicht um eine einzige Person handelte, war mir nicht neu.
Die Israelis vermuteten schon lange, daß es bis zu vier Männer gab, die sich als Carlos ausgaben. Gaddafi hatte mir gegenüber die Meinung geäußert, daß der echte Carlos tot sei und daß sich andere seines Namens bedienten – eine nicht uninteressante Meinung, die auch israelische Militärs teilten, zum Beispiel Oberst Raanan Kissin. Salwah sagte, daß der von mir gesuchte Ilich Ramírez Sánchez sich in Libyen aufhalte und daß die anderen tot seien.
Später – ich stellte mir gerade ein Zimmer voller Männer namens Carlos vor – rief meine Frau aus London an. Sie hatte in meinem Auftrag Kontakt zu Robert Farah aufgenommen, einem wichtigen Mann bei den libanesischen Streitkräften, der momentan in Washington weilte.

Sie hatte ihn im Zusammenhang mit meiner Beirut-Reise um bestimmte Namen und Telefonnummern gebeten, und er hatte sie ihr bereitwillig gegeben. Außerdem ließ er mir durch Anna folgendes ausrichten:
»Du sollst morgen unter keinen Umständen durch die Beka-Ebene reisen. Ein Iraner ist zu Besuch. Ein ehemaliger Minister namens Ali Akbar Mohtaschemi. Er ist ein Hardliner und innerhalb der Hisbollah ein einflußreicher und mächtiger Mann. Robert meint, daß er hoch erfreut wäre, wenn er dich während seines Besuches schnappen könnte.«
In den vielen Jahren, die wir uns kennen, habe ich sie nie so ängstlich erlebt. Ich beruhigte sie. Ich war zuversichtlich, daß die Syrer gut auf mich aufpassen würden. Sie konnten es sich nicht leisten, daß mir etwas zustieß. Zumindest glaube ich, daß ich zuversichtlich war. Ich mußte nach Beirut, denn dort waren mindestens zwei Männer, die mir Antworten geben konnten, die ich in Damaskus nicht bekam.
Für den nächsten Morgen hatte ich mich mit Nabi Berri zum Frühstück verabredet. Der Führer der schiitischen Amal-Milizen sprach über die Situation in Beirut. General Michel Aun und seine Anhänger lehnten die syrischen Friedensinitiativen ab. Diese Ablehnung äußerte sich in der im Libanon üblichen Art, das heißt, es wurde wieder einmal seit Monaten heftig gekämpft. Berri sagte zum Abschied zu mir: »Ich bin froh, daß ich im Moment nicht in Beirut bin.« Ich hatte Berri nicht gesagt, wohin ich reiste.
Es ist schwierig, dem Leser zu vermitteln, welche Ängste und Befürchtungen einen auf einer solchen Reise begleiten. Während ich diese Zeilen schreibe, sind Terry Anderson, John McCarthy, Terry Waite, Edward Tracy, Brian Keenan und alle anderen westlichen Geiseln Gott sei Dank wieder auf freiem Fuß. Im Oktober 1989 war das noch anders. Terry Waite verbrachte in diesem Monat seinen tausendsten Tag in Gefangenschaft. Edward Tracy und John McCarthy »feierten« in Kürze ihren vierten Jahrestag als Geiseln. Als ich zu meiner Fahrt durch die Beka-Ebene startete, war Terry Anderson auf den Tag seit fünf Jahren in Gefangenschaft. Die »Partei Gottes« hielt die Gefangenen mit ziemlicher Sicherheit entweder in der Beka-Ebene oder in Beirut selbst gefangen.
Ohne die Genehmigung der Syrer wäre diese Reise völlig unmöglich gewesen. Und obwohl wir eine solche Genehmigung hatten, versuchten uns die Kommandanten an mehreren Kontrollpunkten zurückzuschicken. Ahmed zückte jedesmal den Brief, den ihm ein Mitglied der syrischen Regierung mitgegeben hatte. Ich fragte nie nach sei-

nem Inhalt, aber offensichtlich tat er seine Wirkung. Wir überquerten die libanesische Grenze und fuhren zu einem syrischen Kommandoposten in El Masna. Nach Ahmeds Auskunft sollte uns dort eine bewaffnete Eskorte in Empfang nehmen. Dann gab es plötzlich Komplikationen. Der syrische Offizier, den man von meiner Reise unterrichtet hatte, war plötzlich zu einer dringenden Besprechung nach Damaskus beordert worden. Sein Stellvertreter bot mir Kaffee an und führte mit Ahmed eine lange und angeregte Unterhaltung auf arabisch. Endlich ging es weiter. Die Eskorte bestand aus einem Jeep, der uns vorausfuhr, und einem Zivilauto, das uns folgte. Die Insassen der beiden Fahrzeuge waren offensichtlich Armeeangehörige und Geheimdienstleute. Da ich von früheren Ausflügen noch gut in Erinnerung hatte, daß Ahmed regelmäßig etwas essen mußte, wenn ihm nicht »schwindlig« werden sollte, schlug ich vor, unterwegs irgendwo einzukehren. Wir entschieden uns für Bar Elias, einen Ort mitten in der Beka-Ebene. Die drei Wagen hielten mit quietschenden Reifen vor einem Restaurant, und die bewaffnete Eskorte sprang heraus, als wollte sie die Gäste in dem Lokal überfallen.

»Hören Sie mal, Ahmed, könnten Sie nicht mit ihnen reden. Ein bißchen mehr Zurückhaltung vielleicht.«

»Sie befolgen nur ihre Befehle.«

»Ich weiß das zu schätzen. Wissen Sie was, ich lade sie zum Essen ein.«

Dieses Angebot reduzierte die Zahl derer, die draußen warteten und den Eindruck machten, als wollten sie auf jeden losgehen, der auch nur im entferntesten aussah wie ein moslemischer Fundamentalist, auf zwei. Der Rest nahm im Restaurant Platz. Der Küchenchef kam an unseren Tisch.

»Ich könnte Ihnen einen Beaujolais Nouveau anbieten.«

»Jetzt im Oktober? Sie sind aber früh dran.«

Er strahlte.

»Den habe ich schon seit August.«

Ein geschäftstüchtiges Völkchen, diese Libanesen – 89er Beaujolais mitten im Sommer. Ein ausgezeichneter Wein, versicherte mir der Küchenchef. Aber wie sollte ich das beurteilen können.

Schon bald waren wir mitten im Kriegsgebiet. Vom Wagen aus sahen wir mit Sandsäcken gesicherte Tankstellen, Zivilisten, die nicht etwa mit einem Hund an der Leine, sondern mit einer Kalaschnikow über der Schulter einen Nachmittagsspaziergang machten, zerstörte und verlassene Dörfer und 40 Kilometer vor Beirut schließlich gefechtsbereite syrische Panzer.

Dann gerieten wir in einen typischen Beiruter Verkehrsstau. Mitten in dem Gebiet, das von der Hisbollah kontrolliert wurde. Die Männer hinter uns öffneten die Türen ihres Wagens, und zwei kamen zu unserem Taxi gelaufen. Sie rissen die Vordertüren auf und brüllten Talib an, er solle weiterfahren. Er ließ den Motor aufheulen, riß den Wagen so stark herum, daß wir fast von der Straße abkamen, und fuhr dann, eindrucksvoll seine Fahrkünste demonstrierend, weiter. Es ging durch das Stadtviertel Janah, in dem zuvor eine schwere Bombe detoniert war. Ich spürte die Angst im Auto.
Die maßgeblichen Stellen hatten offensichtlich entschieden, daß das Hotel Summerland der Hisbollah doch zu nahe war, obwohl es vom Beau Rivage, wo ich absteigen sollte, nur knapp einen Kilometer oder fünf Gehminuten entfernt liegt. Ein interessanter Hinweis darauf, wo momentan die Grenzen zwischen den Herrschaftsbereichen verliefen und wie es um den syrischen Optimismus bestellt war.
Ich erinnerte mich noch gut an das Beau Rivage. Als ich 1985 in der Stadt war, hatte ich mit Samir mehrere Ausflüge gemacht und einmal auf der Hotelterrasse neben dem Swimmingpool Kaffee getrunken. Das Hotel war damals voller Leben gewesen. Ich fühlte mich an Ricks Bar in *Casablanca* erinnert. Es war ein ständiges Kommen und Gehen, und allerlei zwielichtige Geschäfte wurden hier abgeschlossen. In einem Stadtführer hätte das Hotel gut und gerne ein paar Sterne verdient. Jetzt, im Oktober 1989, hatte es weder Sterne noch Fenster oder Gäste. Offensichtlich hatten diverse Armeen die Frischluftzufuhr verbessern wollen und zu diesem Zweck die Außenwände mit Granaten durchlöchert. In der Halle stapelten sich die Sandsäcke bis zur Decke, und der leere Swimmingpool sah aus, als habe er einen Volltreffer erhalten. Eine Putzfrau wischte sorgfältig den Staub von diversen Hinweisschildern: »Zum Swimmingpool«, »Zum Restaurant, »Zur Bar«. Die Schilder waren jetzt zwar sauber, aber alle drei Einrichtungen waren geschlossen. Die Hoteldirektion war begeistert, als Ahmed und ich auftauchten. Mit unserem Erscheinen hatte sich die Zahl der Hotelgäste an diesem Wochenende verdoppelt.
Bevor wir uns eintrugen, meldeten wir dem für Westbeirut zuständigen syrischen Offizier, einem gewissen General »Ali« – seinen zweiten Namen habe ich leider nicht mitbekommen –, daß wir sicher angekommen waren. In Anbetracht der Tatsache, daß er im Moment einen der unangenehmsten Posten auf dieser Erde innehatte, war seine Haltung mir gegenüber nur zu verständlich. Er fragte sich, wie ich es angestellt hatte, die Erlaubnis für diese Reise nach Beirut zu be-

kommen, und was ich hier suchte. Nein, sagte er, es sei völlig ausgeschlossen, die grüne Linie zu überschreiten und in den Ostsektor der Stadt zu gehen. Dort bestehe für mich akute Lebensgefahr. Ich erlaubte mir, anderer Meinung zu sein. Ich fand, daß ich hier in Lebensgefahr war, im Westsektor der Stadt, in unmittelbarer Nähe zur Hisbollah. Jenseits der grünen Linie fochten General Aun und seine Truppen die Entscheidungsschlacht gegen die Syrer, und nicht gegen einen dickköpfigen Iren. Da Syrien und Großbritannien nach wie vor keine diplomatischen Beziehungen unterhielten, hatte ich es vorgezogen, mich bei dieser Reise meiner anderen Nationalität zu bedienen. Engländer oder Ire, das war General Ali ziemlich einerlei. Ich war ein weißer Europäer, das genügte.

»Gewissen Gruppen in dieser Stadt können Sie eine Menge Geld einbringen. Ein Überschreiten der grünen Linie kommt überhaupt nicht in Frage. Das ist eines der Gebiete, wo man auf jeden Fall versuchen würde, Sie zu kidnappen. Außerdem muß ich darauf bestehen, daß Sie das Hotel nicht ohne Begleitschutz verlassen und daß Sie unter keinen Umständen nachts ausgehen. Willkommen in Beirut.«

Das stellte mich vor ein interessantes Problem. Der Mann in Washington hatte mir die Namen libanesischer Geheimdienstleute zukommen lassen, mit denen ich unbedingt sprechen mußte. Vom Hotel aus konnte ich unmöglich telefonieren. Sämtliche Gespräche nach draußen wurden wahrscheinlich abgehört.

Ich schob dieses Problem erst einmal beiseite. Am nächsten Morgen wollte ich mich erneut mit Elie Hubeika treffen und dann Sabra und Schatila besuchen. Es war wichtig, daß ich zuerst mit Hubeika sprach. Sein Name und die Ereignisse in diesen Lagern im September 1982 bleiben für immer miteinander verbunden.

Die Palästinenserlager Sabra und Schatila waren zum Schauplatz eines blutigen und verabscheuungswürdigen Massakers geworden. Unzählige Artikel wurden darüber geschrieben, unzählige Behauptungen aufgestellt. Eine Untersuchungskommission der libanesischen Regierung kam zu dem Ergebnis, daß die »Israelis rechtlich verantwortlich sind«. Eine Kommission der israelischen Regierung bezichtigte ihre »libanesischen Verbündeten, die Falangisten-Milizen«, gab in unterschiedlichem Maße aber auch einer Reihe von Israelis die Schuld, angefangen bei Ministerpräsident Begin. Einige Karrieren wurden gestoppt, andere erhielten zumindest vorübergehend einen Dämpfer. All das machte die Toten nicht wieder lebendig. Die offiziellen Stellen können sich noch nicht einmal auf die exakte Zahl derer einigen, die zwischen

Mittwoch, dem 15. September, und Samstag, dem 18. September, hingemetzelt wurden. Der Streit um die Zahlen war nur eine von vielen Geschmacklosigkeiten, die auf das Massaker folgten. Während die israelische Armee und die mit ihr verbündeten Falangisten die beiden Lager umstellt hatten, waren Männer – seien es nun Libanesen oder Israelis – dort eingedrungen, hatten gefoltert, vergewaltigt und gemordet. Verteidigungsminister Ariel Scharon erklärte, die Männer seien deshalb in die Lager eingedrungen, »weil sich dort 2000 Terroristen versteckt halten«. Wenn dem so war, dann kann man nur seine Verwunderung darüber zum Ausdruck bringen, daß so wenige Männer in Sabra und Schatila auf »Terroristenjagd« gingen. Nach offiziellen israelischen Angaben waren es nämlich nur 150. Wie viele Menschen haben sie getötet? Die Israelis sprachen von »700 bis 800«. Der palästinensische Rote Halbmond bezifferte die Zahl der Toten auf »über 2000«. Das Internationale Rote Kreuz stellte mehr als 1200 Totenscheine aus, aber viele konnten nicht kommen, um das Papier abzuholen. Ganze Familien wurden dahingemetzelt, dann mit Bulldozern zusammengescharrt und in Massengräbern beerdigt. Bassam Abu Scharif stützte sich bei seiner Schätzung auf PLO-Unterlagen, in denen Geldzahlungen und Lebensmittelzuweisungen vor und nach dem Massaker verzeichnet sind. Er sprach von »über 7000 Toten«. Einbeziehen sollte man bei diesen Schätzungen aber auch jene Überlebenden, die auf Lastern an einen unbekannten Ort transportiert wurden und nie wieder auftauchten. Unmittelbar vor dem Massaker lebten mindestens 20 000 Menschen in den beiden Lagern. Nach einer Analyse sämtlicher Schätzungen sank diese Zahl innerhalb von zwei Tagen um mindestens 3000. Aber die unterschiedlichen Angaben über die Zahl der Opfer und die späteren Debatten über die Schuldfrage sind für die Ermordeten ohne Belang.

Scharon hatte recht, wenn er von »Terroristen in Sabra und Schatila« sprach. Er machte nur den Fehler, sie Palästinenser zu nennen. Die Terroristen waren jene Männer, denen er Zugang zu den Lagern verschaffte, während seine Armee gewissermaßen danebenstand, zuschaute und zuhörte und hinterher so tat, als habe sie nichts gesehen, nichts gehört und nichts getan.

Im November 1984, zu Beginn meiner Suche nach Carlos, hatte ich mit ein paar Männern, die mir bei meiner Suche behilflich sein wollten, in einem Pariser Restaurant gesessen und über Sabra und Schatila gesprochen. Ich sagte damals zu diesen Männern, daß die Morde in diesen Lagern vom September 1982 meine Einstellung zu Israel

grundlegend verändert hätten. Sechs Jahre zuvor, 1978, hatte ich mit Anna einen unbeschwerten und sorgenfreien Urlaub in einem Moschaw auf der Sinaihalbinsel verbracht. Aber seit damals hatte sich viel verändert. Und zwischen 1984 und Oktober 1989 in Beirut hatte sich abermals sehr viel verändert. Abgesehen davon, daß ich für mich die Wirklichkeit des israelisch-palästinensischen Konflikts entdeckt hatte, glaubte ich, daß diese beiläufige Bemerkung in einem Pariser Restaurant für die späteren Ereignisse von ganz entscheidender Bedeutung gewesen war. Sie war der Schlüssel zu der Frage, warum jemand Carlos zwei ins Leben gerufen hatte und warum er sich soviel Mühe gegeben hatte, mich davon zu überzeugen, daß es sich tatsächlich um den echten Ilich Ramírez Sánchez handelte.
Aber warum hatte man gerade mich ausgesucht? Warum nicht irgendeinen anderen Autor? Hier ist der Zeitpunkt meines »Durchbruchs« in Paris sehr aufschlußreich. Ich war bereits seit Herbst 1983 auf der Suche nach Carlos. Ich hatte alle Hebel in Bewegung gesetzt und jede nur mögliche Quelle angezapft – bis November 1984 ohne den geringsten Erfolg. Im Juni 1984 war mein neuestes Buch *Im Namen Gottes?* erschienen. Im November war es bereits in annähernd 40 Sprachen übersetzt und stand weltweit ganz oben auf den Bestsellerlisten. Bis zum heutigen Tag wurden sechs Millionen Exemplare verkauft. Ich bin sicher, daß dieser Erfolg die Antwort auf die Frage war, warum eine bizarre Desinformationskampagne stattgefunden hatte. Ich mußte den Urhebern als ideales Opfer erschienen sein. Wenn ich durch schlagende Beweise von ihrem Standpunkt überzeugt werden konnte, dann bestanden beste Aussichten, daß sich auch meine potentiellen Leser überzeugen ließen. Wenn man eine Lüge nur lange und laut genug wiederholt, wird sie schließlich geglaubt.
Carlos zwei hatte mir eine fesselnde Geschichte über Sabra und Schatila erzählt. Sie war bestechend und fast überzeugend. Als ich in meinem Hotel in Beirut saß, war ich mir in einem Punkt sicher. Die Idee, der Plan, mich dazu zu benutzen, die palästinensische Führung in Mißkredit zu bringen, stammte von den Syrern. Assad und seine Vertrauten waren entschlossen, das syrische Volk dem starken Einfluß Arafats zu entreißen. Als ich nach den beiden Begegnungen im Nordlibanon wider Erwarten nicht sofort mein Material veröffentlicht hatte, müssen jene Leute im syrischen Geheimdienst, die hinter der Operation steckten, den Schluß gezogen haben, daß sie das Spiel, das sie mit mir trieben, aus unerfindlichen Gründen verloren hatten. Mein Erscheinen in Damaskus hatte offenbar eine neue Runde des Spiels eingeläutet.

Da es zu riskant war, Carlos zwei und mich zusammenzubringen – schließlich war da ja noch diese lästige Bitte um Fingerabdrücke –, sollten eben andere die Sache zu Ende bringen. Leute, die völlig unter syrischer Kontrolle standen und demselben Ziel dienen konnten – der Vernichtung Arafats. Ich gab mich keinen Illusionen hin. Die Syrer ließen mich nur mit Leuten sprechen, die sie ausgesucht hatten. Der Wirbel, den sie um die von mir gewünschten Interviews mit Abu Musa, Ahmed Dschibril oder Elie Hubeika machten, war nur Theater. Theoretisch hatte ich mich über ihr Verbot, mit diesen Männern zu sprechen, hinweggesetzt. Aber keiner dieser Männer hätte sich ohne vorherige Zustimmung des syrischen Geheimdienstes mit mir getroffen. Ich sprach mit diesen drei Männern über viele Dinge, aber Jassir Arafat war ein ständig wiederkehrendes Thema. Und alle drei zeigten in diesem Punkt eine bemerkenswerte Übereinstimmung.

Abu Musa:

»Ich habe keine konkreten Beweise dafür, daß es zwischen Arafat und den Verantwortlichen für das Massaker in Sabra und Schatila, den Falangisten, eine geheime Absprache gab. Aber Arafat kam dieses Massaker gelegen. Seiner Meinung nach können solche Ereignisse der palästinensischen Sache die Sympathien der ganzen Welt eintragen. Die Juden wurden von den Nazis umgebracht, und die ganze Welt sympathisierte mit ihnen. Massaker an Palästinensern sind in Arafats Augen nutzbringend. Sabra und Schatila sind nicht die ersten Beispiele dieser Art. Im Jahr 1976 wurde das Palästinenserlager Tel al Saatar in Beirut von libanesischen Truppen monatelang belagert. Damals war ich mit meinen Leuten im Südlibanon stationiert. Ich befehligte eine große Truppe. Wir hatten dort unten keine Feindberührung. Ich schlug Arafat vor, mit meinen Männern den Belagerungsring zu durchbrechen und danach zu entscheiden, ob wir das Lager evakuieren oder von innen verteidigen wollten. Arafat lehnte den Vorschlag ab, obwohl die einhellige Meinung herrschte, daß das Lager ohne einen solchen Gegenangriff nicht zu halten war.«

»Wie viele Palästinenser wurden in Tel al Saatar getötet?«

»Mindestens 2500 Personen.«

»Womit begründete Arafat damals seine Ablehnung?«

»Um das Lager zu befreien, hätten meine Truppen Baabda [der Sitz der libanesischen Regierung, wo der Präsidentenpalast stand] durchqueren müssen. Das wollte Arafat aus Rücksicht auf die Gefühle der Libanesen nicht riskieren. Ich versuchte mein Glück auch ohne Arafats Zustimmung. Mitten in der Nacht brach ich mit meinen Truppen Rich-

tung Norden auf. Ich kam bis nach Alei. Dort ließ ich meine Männer erst einmal ausruhen. Inzwischen hatte Arafat erfahren, wo ich war. Er schickte Major Abu Scharar mit einem schriftlichen Befehl zu mir. Er forderte mich auf, mit meinen Truppen in den Süden zurückzukehren. Andernfalls wollte er mich absetzen und vor Gericht stellen.«
»Wenn Sie dieses Schriftstück noch haben, hätte ich gern eine Kopie davon.«
»Aber sicher.«
Er gab mir den Befehl Arafats. Er lautete:

Die Palästinensische Bewegung zur Nationalen Befreiung »Fatah«
persönlich / streng geheim
1.4.1976, 11.30 Uhr

Von: dem kommandierenden General [Jassir Arafat]
An: den Kommandeur der »Castel«-Streitkräfte [Abu Musa]

Ich gehe davon aus, daß Du einige Deiner Truppen nach El-Dschabal [ins libanesische Bergland] verlegt hast, ohne mir Bescheid zu sagen. Was ist der Grund für die Truppenbewegung? Sie gefährdet nicht nur unsere Sicherheit, sie läuft auch dem Plan zuwider, den wir zusammen mit Major Butary im Süden beschlossen haben.
Wie ist es zu dieser Bewegung gekommen, ohne daß der kommandierende General informiert und seine Zustimmung eingeholt wurde?
Ich fordere Dich auf, die Truppen gemäß unserem militärischen Plan an den vereinbarten Ort zurückzuführen.
Ich bedaure, daß dies geschehen ist, ohne daß Du den kommandierenden General informiert hast. Das ist ein sehr ernster Vorfall in der militärischen Arbeit unserer revolutionären Streitkräfte, und Du hast die Konsequenzen zu tragen.

Abu Amar [Jassir Arafat]
der kommandierende General
1.4.1976.

Abu Musa konnte zwar keinen »konkreten Beweis« dafür vorlegen, daß Jassir Arafat sich von Massakern an Palästinensern weltweite Sympathien erhoffte – »gesagt hat er das selbstverständlich nie, so dumm ist er nicht« –, doch im jahrelangen Umgang mit Arafat habe er die Überzeugung gewonnen, daß der PLO-Chef tatsächlich der Ansicht sei, um der palästinensischen Sache willen müßten Palästinenser geopfert werden.

Ahmed Dschibril:
»Seit 1965 war ich der Ansicht, daß es Arafat mit seinem häufig geäußerten Wunsch, Israel zu bekämpfen, nicht sehr ernst war. Er wollte Filmstar werden [...] Die Schlacht von Karameh gewann er nur deshalb, weil die Jordanier ihrem König den Gehorsam verweigerten. Der König hatte den Israelis zugesagt, daß sie von seinen Soldaten keinen Widerstand zu erwarten hätten, wenn sie mit ihren Streitkräften die Grenze überschritten und Palästinenser töteten. Aber die Soldaten hielten sich nicht an ihre Befehle und eröffneten das Feuer auf die Israelis. Das war ihre Rache dafür, daß der König seine Truppen nach schweren Verlusten aus dem Westjordanland zurückgezogen hatte [...] Vor der Schlacht plädierten Arafat und Abu Ijad dafür, sich mit Hilfe der Iraker zurückzuziehen. Ich war dagegen. Ich war der Ansicht, daß wir bleiben und kämpfen sollten [...] Ich kann Ihnen ganz offen sagen, daß im Lager Karameh kein einziger israelischer Panzer zerstört wurde. Binnen einer Stunde drangen die Iraker in das Lager ein, und Arafat und Abu Ijad mußten fliehen. Sie waren die ersten und flüchteten in die Berge, wo ich Männer in Stellung gebracht hatte. Arafat selbst lief davon, aber seinen Leuten befahl er, im Lager zu bleiben. Im Lager ergaben sich 70 junge Leute den Israelis, alle unbewaffnet. Die Israelis stellten sie in einer Schule an die Wand und erschossen sie, jeden einzelnen.«
Für Ahmed Dschibril gab es zwei mögliche Ursachen für die Ereignisse von Karameh: »absolute militärische Unfähigkeit oder eine Verschwörung, die darauf abzielte, im Westen Sympathien zu erringen«. Damals sei er sich noch nicht sicher gewesen. »Aber jetzt weiß ich ganz genau, daß es keine militärische Unfähigkeit war, vor allem nach den Massakern in Tel al Saatar, Sabra und Schatila und an anderen Orten.«
Nach Dschibril darf man sich diese Verschwörung nicht in Form von geheimen Treffen und Absprachen vorstellen. Seiner Ansicht nach wissen die Israelis ganz genau, wie Arafat über die Notwendigkeit von Massakern denkt, über die Notwendigkeit, große Opfer zu bringen, und sind ihm gern gefällig.
»Die Israelis haben aus dem Massaker von Deïr Jassin eine Menge gelernt. In Sabra und Schatila hatten sie etwas Ähnliches vor. Sie dachten, sie könnten die Überlebenden so einschüchtern, daß sie das Lager verlassen und aus dem Libanon fliehen würden. Den Nachforschungen der Sonderkommission zufolge waren die Israelis und die libanesische Front an dem Massaker beteiligt, aber ich kann nicht ausschließen, daß auch die CIA ihre Finger im Spiel hatte. Es gibt Hinweise darauf, daß

die Massaker eine Art Racheakt für die Ermordung Baschir Gemayels waren, wie manche behaupten. Das sind nur Ausflüchte. Wir haben Informationen, wonach Scharon und Rafael Eitan mit Baschir Gemayel vor dem Massaker Gespräche geführt haben, und Baschir Gemayel soll gesagt haben, er werde Sabra und Schatila in einen Zoo verwandeln.«
Damit kommen wir zu dem Mann, der nach Ansicht der meisten, die über dieses Thema geschrieben haben, in diesem Zoo der Tierwärter war – Elie Hubeika.
Ich sprach mit Hubeika über die Belagerung und das anschließende Massaker von Tel al Saatar, bei dem er eine aktive Rolle gespielt hatte. Ich erzählte ihm von meinem Interview mit Abu Musa und dessen Behauptung, daß Arafat eine Verschwörung angezettelt habe mit dem Ziel, die Belagerung in einem Massaker enden zu lassen. Hubeika interessierte sich sehr für die Details und erklärte dann, daß er nie zuvor von einem Streit zwischen Abu Musa und Arafat anläßlich der Belagerung von Tel al Saatar gehört habe.
»Unser Gegner in Tel al Saatar war nicht die Fatah, sondern die Volksfront. Ich glaube, wir hätten ihre Verteidigungslinien niemals durchbrechen können, wenn es nicht so etwas wie Verrat von innen gegeben hätte. Wir waren ihnen mit unseren 150 Mann weit unterlegen und verfügten im Gegensatz zu ihnen über keine Artillerie. Wir hatten keine Gesamttaktik. Wir operierten in kleinen Gruppen, die ihre eigene Taktik und Strategie verfolgten. Ich weiß nicht, wie wir in das Lager hineinkamen. Auf jeden Fall nicht aus eigener Kraft. Uns standen 3000 oder 4000 Kämpfer gegenüber. Ich weiß, daß Baschir Gemayel, unser Kommandant, Gespräche oder Verhandlungen mit Palästinenserführern aus dem Lager führte. Das Lager war eine Hochburg der Volksfront. Vielleicht wollte Arafat sie loswerden.«
Aufgrund anderer Recherchen, die ich angestellt habe, besteht kaum Zweifel daran, daß das Oberkommando der PLO den in Tel al Saatar Eingeschlossenen befahl, sich auf keinen Fall zu ergeben, und daß die PLO-Führung bei Ausgabe dieses Befehls wußte, daß sie über viele das Todesurteil fällte. Es wird sogar behauptet, daß die PLO-Führung in der Endphase der Belagerung den Artillerieeinheiten vor dem Lager befohlen habe, ihre Geschütze auf die Überlebenden zu richten. Was Sabra und Schatila anbelangt, so habe ich keinen verläßlichen Hinweis gefunden, der die Behauptung von Carlos zwei stützen könnte, daß Arafat das Massaker unter seinen eigenen Leuten selbst mit angezettelt habe. Die Männer, die Carlos zwei geschickt hatten, waren offensichtlich davon ausgegangen, daß ich mein Buch mit den Carlos-Interviews

so schnell wie möglich veröffentlichen und mir nicht die Mühe machen würde, seine Aussagen zu überprüfen. Und da hatten sie sich verrechnet. Was ich herausfand und einwandfrei belegen konnte, war die Tatsache, daß die Syrer noch andere Eisen im Feuer hatten. Die Desinformationskampagne war nur ein Teil ihrer Strategie. Die syrische Regierung hatte es seit vielen Jahren darauf abgesehen, Jassir Arafat die Führungsrolle zu entreißen. Arafat war in Syrien seit 1983 eine unerwünschte Person. Die Tatsache, daß er dem syrischen Präsidenten Assad die politische Führungsrolle innerhalb der Palästinenserbewegung verweigerte und sein Hauptquartier in Tunis und nicht in Syrien aufgeschlagen hatte, nachdem er nur wenige Wochen vor den Massakern in Sabra und Schatila aus Beirut vertrieben worden war – all das und andere Ereignisse hatten die syrische Führung zum direkten Eingreifen bewogen. Sie zettelten eine innerpalästinensische Rebellion an, die zur Abspaltung Ahmed Dschibrils und Abu Musas führte. Im Jahr 1985, als Arafats Fraktion wieder erstarkt und zu einem Machtfaktor im Libanon geworden war, waren offene Feindseligkeiten zwischen den Cliquen ausgebrochen. Genau zu der Zeit, als ich in jenem Restaurant in Paris saß und den ersten großen Durchbruch bei meiner Suche nach Carlos erzielte, war die Vernichtung Arafats eines der wichtigsten Ziele der Syrer. Ihre Versuche, ihn zu ermorden, waren gescheitert. Jetzt benutzten sie mich dazu, ihm in den Augen seiner Anhänger moralisch den Todesstoß zu versetzen. Im sogenannten »Krieg der Lager«, der 1985 ausbrach, waren die von Syrien unterstützten Amal-Milizen die erbittertsten Gegner der Arafat-Anhänger in Beirut. Es war ein Kampf auf Leben und Tod. Arafat pumpte PLO-Gelder nach Beirut und erkaufte sich die Loyalität der prosyrischen Palästinenserfraktionen buchstäblich zurück. Die Zeit, die Mühe und die Mittel, die Syrien in die Desinformationskampagne steckte, waren nur ein kleiner Teil ihrer Bemühungen, die gesamte PLO-Führung zu vernichten.

Eine Kleinigkeit überzeugte mich mehr als alles andere, daß Carlos zwei für den syrischen Geheimdienst arbeitete. Ich habe mich des öfteren gefragt, wie es möglich war, daß ich 1985 nicht nur einmal, sondern gleich dreimal ohne Visum nach Beirut ein- und wieder ausreisen durfte, ohne bei den Sicherheitskontrollen am Flughafen irgendwelche Schwierigkeiten zu bekommen. Dasselbe war mir zuvor schon einmal in Algier passiert. Damals hatte offenbar entweder ein Mitarbeiter des algerischen Geheimdienstes oder jemand, der über ausgezeichnete Kontakte verfügte, die Sache eingefädelt. Aber wie hatte es gleich dreimal in Beirut klappen können?

Ich stellte Wadi Haddad diese Frage. Es handelt sich dabei nicht um jenen Wadi Haddad, der Carlos befehligt hatte, sondern um einen Libanesen desselben Namens, der von 1982 bis 1984 oberster nationaler Sicherheitsberater Präsident Amin Gemayels war.
»In dem betreffenden Zeitraum zwischen Anfang 1985 und Ende 1985, als Sie Ihre drei Besuche machten, befanden sich der Flughafen und seine Umgebung fest in der Hand der Amal-Milizen. Wenn Sie auf diese Art und Weise ein- und wieder ausreisen konnten, dann nur mit Billigung der Amal. Und die wird, wie Sie wissen, von Syrien kontrolliert.«
Das könnte erklären, warum Samir mich problemlos in die Stadt hinein- und wieder herausbringen konnte und warum wir an den vielen Kontrollpunkten niemals Schwierigkeiten bekamen. Daß ich mich 1989 in einem Hotel in Damaskus mit dem Amal-Führer Nabi Berri zum Frühstück treffen konnte, unterstrich nur, daß er nach wie vor enge Beziehungen zur syrischen Regierung unterhielt. Wenn mir jetzt in Beirut das Glück hold war, wollte ich anschließend in die Stadt zurückkehren, in der man die Desinformationskampagne ausgeheckt hatte. Eine reizvolle Situation. Aber zuvor wartete noch Arbeit auf mich. Das Gespräch mit Hubeika, der Besuch in Sabra und Schatila.
Als ich mich mit Elie Hubeika traf, war er 33 Jahre alt. Er war intelligent und körperlich in Topform. Als maronitischer Christ hatte er wie ich eine katholische Erziehung genossen.
»Mein erstes Gewehr bekam ich 1974 von der Falangisten-Partei. Ich war damals noch nicht ganz 18 Jahre alt. Präsident Frangi hatte die Falangisten bewaffnet.«
Ich sagte, daß der Libanon und insbesondere Beirut zu der Zeit für viele die Spielwiese des Nahen Ostens gewesen sei.
»Er war das Bordell des Nahen Ostens. Araber wie die Saudis waren zwar zu großem Reichtum gekommen, verfügten aber weder über die Erziehung noch über die Kultur, um nach Frankreich oder in die Vereinigten Staaten gehen zu können. Für sie war der Libanon das, was Kuba vor der Machtübernahme Castros für die Amerikaner war.«
Als 14jähriger, so erzählte er mir, habe er in Beirut einmal eine riesige Palästinenserdemonstration gesehen. Da sei ihm bewußt geworden, daß es im Libanon zu viele Palästinenser gebe.
»Sie warfen Fensterscheiben ein, traten Türen ein, schlugen libanesische Polizisten zusammen. Ich spürte, daß sie für den libanesischen Staat und die libanesische Gemeinschaft eine zunehmende Gefahr darstellten. Am selben Tag beschloß ich, der Falangisten-Partei bei-

zutreten. Ich mußte drei Jahre warten, bis ich alt genug war. Im Jahr 1973, als ich Mitglied wurde, lebten bereits annähernd 800 000 Palästinenser im Libanon, und viele waren bewaffnet. Ihre Zahl stieg weiter bis 1982. Dann ging sie rapide zurück.«

Aber sicher. Ich wollte von Hubeika wissen, wie er zu dieser Schrumpfung des palästinensischen Bevölkerungsanteils beigetragen hatte, und bat ihn auch, mir etwas über seine geheimdienstliche und militärische Ausbildung zu erzählen. Wie er mir erzählte, hatte er seine erste Ausbildung in einer von der libanesischen Armee geleiteten Kommandoschule in der Nähe von Bikfaria erhalten. Diese illegale Falangisten-Truppe hatte nicht nur von der offiziellen Armee, sondern auch von der christlichen Gemeinschaft, insbesondere den Kirchen und Klöstern, großzügige Unterstützung erhalten.

»Die Geistlichen haben uns sehr geholfen und in jeder Hinsicht unterstützt. Unsere Waffen lagerten in Kirchen und Klöstern. Viele unserer Trainingscamps befanden sich innerhalb der Klöster. Für uns war das wie eine Fortsetzung der Kreuzzüge.«

»War das auch die Sicht der Kirche?«

»Ja, selbstverständlich. Nach der Beichte, wenn uns die Priester die Absolution erteilt hatten, gaben sie uns Gewehre und Munition. Sie erzählten uns die ganze Zeit: ›Das ist ein Heiliger Krieg, es ist kein Verbrechen zu töten, wir müssen uns verteidigen.‹ Die Mönche waren unsere wichtigste Stütze. Ihre Führer waren noch extremer als Baschir [Gemayel] selbst. Im Libanon erhielten wir eine Art Grundausbildung, Schießen, Tarnung usw. In Israel erfolgte dann die Spezialausbildung. Straßenkampf, spezielle Techniken. Das war ab 1976. Baschir hatte das mit den Israelis ausgehandelt. Von den Israelis wurden wir in Galiläa ausgebildet. Die Verhandlungen wurden mit unterschiedlichen Leuten geführt. Perez, Begin, Rabin, Scharon, Eitan. Die Israelis wollten im Libanon eine christliche Armee aufbauen, die einen christlichen Staat errichten und eine gemeinsame Verteidigungspolitik mit Israel verfolgen sollte.«

Hubeika war ein gelehriger Schüler. Im Jahr 1980 wurde er von Baschir Gemayel zum Chef des Geheimdienstes ernannt und begann mit dem Aufbau seiner eigenen Organisation.

Hubeika fing mit Männern an, die für diese hochspezialisierte Arbeit erst noch ausgebildet werden mußten. Zuvor hatte er Kontakte zum Mossad und zur Schin Beth, doch allzu enge Kontakte lehnte er ab.

»Sie behandelten uns, als seien wir ihre Agenten. Sie wollten die Namen meiner verschiedenen Agenten wissen und versuchten dann, sie

für sich arbeiten zu lassen, als wären es ihre eigenen Leute. Sie sollten ihnen Bericht erstatten und Aufgaben erledigen, die für Israel von Interesse waren. Beispielsweise sollten sie Informationen über die syrische Armee beschaffen, technische Daten über syrische MIG-Kampfflugzeuge. Aber unsere Interessen waren anders gelagert. Wir wollten die Palästinensergruppen infiltrieren. Die Amerikaner traten an uns heran und wollten unbedingt mit uns zusammenarbeiten. Mit Baschirs Zustimmung ließ ich einige Männer in Washington von der CIA ausbilden. Mein amerikanischer Kontaktmann hieß Jack Coogan. Ich hatte irgendwo gelesen, daß es nicht gut ist, wenn ein Nachrichtendienst nur zu einer anderen großen Geheimdienstorganisation enge Kontakte unterhält. Wir brauchten also einen zweiten und wandten uns an die Franzosen. Ich traf mich mit Admiral Lacoste, dem Chef des französischen Geheimdiensts. Wir wurden stärker, mit jedem neuen Kontakt wurden wir mächtiger. Durch die Ausbildung und durch die Methoden, die meine Leute in einer Vielzahl von Ländern beigebracht bekamen, verbesserte sich unsere Sachkenntnis. Die Engländer lehnten direkte Kontakte ab, aber da sie den Geheimdienst des Oman organisieren, gingen wir dorthin und traten so indirekt in Kontakt mit den Engländern.«
Hubeika sprach mit mir über die anderen Kontakte, die er knüpfte, und über die Vorteile, die seinem Nachrichtendienst daraus erwuchsen. Die Franzosen, die Deutschen, die Amerikaner und die Italiener stellten Hubeikas Männern nicht nur Ausbildungseinrichtungen im eigenen Land zur Verfügung, sie schickten sogar Spezialisten in den Libanon, um seine Leute auszubilden und Verbindungen zu seiner Organisation herzustellen. Die Deutschen brachten seinen Männern bei, wie man Informationen analysiert und auswertet. Die Amerikaner und die Franzosen lehrten seine Offiziere, wie man nachrichtendienstliches Material beschafft. Seine Leute wurden in der CIA-Zentrale in Langley, in Paris, in Frankfurt und Hamburg ausgebildet. Die Weltöffentlichkeit hat Hubeika und seine Leute für die Massaker von Sabra und Schatila im September 1982 verantwortlich gemacht. Wenn diese Schuldzuweisung berechtigt ist, dann sollten auch andere mit Hubeika und seinen Männern vor den Richterstuhl treten. All jene, die ihnen nicht nur das nachrichtendienstliche Handwerk beigebracht, sondern sie auch im Töten unterwiesen haben, tragen Mitschuld an den Vorkommnissen in den beiden Flüchtlingslagern. Vorausgesetzt natürlich, daß Elie Hubeika und seine Männer die Massaker tatsächlich begangen haben. Ich selbst bin davon noch nicht überzeugt, obwohl die

Weltpresse und die von der israelischen Regierung eingesetzte Kahan-Kommission dieses Urteil gefällt haben.
Die Mitglieder von Hubeikas Organisation wurden bis zum Zeitpunkt der Massaker von ausländischen Geheimdiensten ausgebildet. Und Hubeika revanchierte sich dafür.
»Die CIA wollte alles, was wir über Israel hatten oder bekamen. Die Franzosen und Deutschen wollten alles, was wir über die armenische Terrorgruppe ASALA hatten, da in beiden Ländern viele Türken leben, vor allem in Deutschland. Die Italiener wollten Informationen über die Roten Brigaden. Und alle wollten möglichst viel über palästinensische Terrorgruppen erfahren. Auch die Engländer. Die Deutschen und Franzosen erwiesen sich erkenntlich und versorgten uns ihrerseits mit nachrichtendienstlichen Informationen. Die CIA nicht. Sie unterstützten uns mit Ausbildung und technischer Ausrüstung. Als die Israelis dahinterkamen, wurden sie sauer. Baschir unterhielt selbstverständlich weiterhin enge Kontakte zu Israel. Die Israelis sagten zu ihm: ›Hören Sie zu. So kann es nicht weitergehen. Was tun denn die Amerikaner für euch im Vergleich mit uns? Wir schicken Flugzeuge, um euch und eure Leute zu beschützen. Wir liefern euch Waffen. Wir bilden euch aus. Wir wollen Koordination, nicht Kooperation.‹ Ich lehnte es ab, mit den Israelis zu kooperieren, deshalb beauftragte Baschir eine zweite Geheimdiensteinheit unter Elie Wasin, Deckname Abas, mit dem Mossad zusammenzuarbeiten.«
Als ein Mann mit weitreichenden Kontakten war Hubeika besser als mancher andere in der Lage, Aussagen über die Vorzüge und Defizite der rivalisierenden Geheimdienste zu machen.
»Die Amerikaner haben eine sehr gute elektronische Informationsbeschaffung. Bei der Informationsbeschaffung durch Agenten sind sie weniger gut. Auf diesem Gebiet waren die Engländer am besten. Über den Libanon wußten die Deutschen und die Engländer am besten Bescheid. Die Franzosen? Die waren wie die libanesischen Milizen. Sie bekämpften sich ständig gegenseitig im Libanon. Vor ein paar Jahren wurden in Beirut einige ihrer Agenten getötet, und sie gaben der Hisbollah und anderen Gruppen die Schuld. Aber das stimmte nicht. Sie hatten sich gegenseitig umgebracht. Aber mit Abstand am besten war der Mossad. Bestens unterrichtet, erfahren und sehr aktiv. Er konnte Flugzeuge schicken, oder Heckenschützen. Der Mossad sammelte nicht nur nachrichtendienstliches Material, er reagierte auch. Hofi [Generalmajor Jizchak Hofi] stand damals an der Spitze des Mossad. Er war der Beste. Er war ein enger Vertrauter Begins. Begin, Hofi,

Scharon und Eitan bildeten ein sehr mächtiges Team. Israels militärischer Geheimdienst? Das war wieder etwas ganz anderes. Für die waren die libanesischen Christen die schlimmste Sorte von Arabern, mit denen sie es zu tun bekommen konnten. Deshalb waren die Geheimdienste in Israel gespalten.«

Wenn es stimmt, was mir Elie Hubeika über die Ereignisse, die 1982 zur israelischen Invasion im Libanon führten, erzählte, dann hatte es lange vor dem Einmarsch der israelischen Truppen ein Komplott gegeben. Ein Komplott, an dem viele Seiten beteiligt waren, auch der spätere Präsident Baschir Gemayel. Er und andere Libanesen verhandelten mit der israelischen Regierung.

»Im Jahr 1981 flog Scharon mit dem Hubschrauber nach Jounieh. Normalerweise kamen die Israelis per Schiff, und die Treffen fanden draußen auf offener See statt. Aber 1981 verfügte der Mossad über ein abhörsicheres Haus in Jounieh. Ich nahm an dieser Begegnung teil. Als erstes sagte Scharon zu Baschir: ›Wir in Israel [das Kabinett] sind dabei zu überlegen, was wir unternehmen, wenn die Palästinenser einen Terroranschlag verüben. Wir denken darüber nach, wie wir darauf reagieren sollen. Sollte beispielsweise eine Palästinensergruppe die israelische Grenze überschreiten, in einen Kibbuz eindringen und ein Kind töten, dann können wir nicht nur mit einem Vergeltungsschlag aus der Luft reagieren. Wir wollen libanesisches Territorium betreten und ihre Lager zerstören. Was sagen Sie dazu?‹ Und Baschir antwortete: ›Wenn Sie das tun, bringen Sie uns in Gefahr, dann werden die Palästinenser hinterher an uns Rache nehmen.‹ Scharon entgegnete: ›Also gut, verschieben wir das auf später. Aber Sie sind bereit, uns zu helfen, wenn so etwas passiert, oder den Verlauf der Operation in einer Weise zu beeinflussen, die Ihnen hilfreich ist?‹ Das sicherte Baschir ihm zu. Später, als Scharon gegangen war, sagte Baschir zu uns: ›Sie werden kommen, und wir müssen uns dafür bereit halten, damit wir ihnen helfen können.‹ Er erließ den Befehl, alle Studenten einzuziehen. In weniger als einem Jahr hatten wir eine 12 000 Mann starke Armee. Wir trafen uns ständig mit den Israelis. Manchmal in Jounieh, manchmal in Tel Aviv. Mit dabei waren unter anderem Begin, Scharon, Hofi und Eitan. Anfang 1982 sagte Scharon bei einem dieser Treffen: ›Und nun zu dem Terroristenszenario. Wenn es dazu kommt, werden wir 40 Kilometer in den Libanon vordringen und sämtliche Palästinenserlager in diesem Gebiet zerstören.‹ Baschir erwiderte: ›Ihnen mag das helfen, uns aber nicht. Wenn Sie uns wirklich helfen wollen, müssen Sie mindestens sechs Monate bleiben. Andernfalls können wir den Syrern nicht standhalten.‹ Darauf Scharon: ›Gut, kein Problem. Wir wissen zwar immer, wie es losgeht, aber wie es endet, wissen wir nie. Ursprünglich wollten wir nur einen Monat im Sinai bleiben. Und dann sind elf Jahre daraus geworden. Sechs Monate in Beirut ist für Israel kein Problem. Wir fangen bei den ersten 40 Kilometern an. Das ist der erste Schritt.‹«

Hubeika erzählte weiter: »Beim ersten Treffen 1981 baten die Israelis Baschir um alles verfügbare Material, das ihnen bei der Invasion von Nutzen sein konnte. Sie interessierten sich für die Elektrizitätsversorgung, die Telefonleitungen, das gesamte Kommunikationssystem, die gesamte Verwaltungsstruktur. Baschir versorgte sie tonnenweise mit Papier, Landkarten, technischen Zeichnungen, Daten über alle möglichen Einrichtungen im Libanon. Ich bin mir sicher, daß die Israelis auch heute noch ganz genau wissen, was im Libanon vor sich geht, bis hinunter zum kleinsten Detail in der kleinsten Behörde. Und das haben sie dem Material zu verdanken, das sie 1981 von Baschir Gemayel bekommen haben.«

Hubeika wies mich darauf hin, daß die Regierung Reagan umfassend über die geplante Invasion im Libanon informiert war. Was den äußeren Anlaß für den israelischen Einmarsch anging – den Mordversuch an Botschafter Argov in London durch ein Mordkommando Abu Nidals –, so war sich Hubeika, Chef von Baschir Gemayels Geheimdienst und ein Mann, der enge Beziehungen zu den Geheimdiensten vieler Länder geknüpft hatte, absolut sicher, wer dahintersteckte.

»Der Mossad. Wissen Sie, wenn die Israelis etwas planen, überlassen sie nichts dem Zufall. Alles wird sehr sorgfältig vorbereitet. Wenn der Anschlag auf ihren Botschafter zu diesem Zeitpunkt erfolgte, dann bedeutet das, daß die Israelis es so geplant hatten. Weil nämlich ihre Invasion im Libanon ebenfalls für die Zeit geplant war, in der sie stattfand. Sie mußte in den Monaten Juni und Juli erfolgen. Nur in diesen beiden Monaten konnten die Israelis ihre Truppen bewegen, die schwere Artillerie und die gesamte Infrastruktur einer Invasionsarmee. Danach hätte es zu viele Probleme gegeben. Wenn der Boden in der Beka-Ebene erst einmal vom Regen aufgeweicht ist, kommen Panzer kaum noch voran. Die schweren Regenfälle, die um diese Jahreszeit dort niedergehen, verwandeln alles in Schlamm, und die Panzer bleiben stecken. Aber es ist nicht nur der Regen. Der Himmel ist ständig bedeckt, und das bedeutet, daß man der Infanterie keine Luftunterstützung geben kann. Man kann zwar mit Hilfe von Infrarotsichtgeräten Bombardements aus großer Höhe durchführen, aber für direkte

Unterstützung der Infanterie aus der Luft ist man auf gute Sicht angewiesen. Abu Nidals Gruppe war und ist sehr stark vom Mossad infiltriert. Das wurde mir aus vielen Geheimdienstquellen in Europa und im Süden bestätigt. Auch von unseren eigenen Informanten im Süden. Viele Mitglieder der Abu-Nidal-Gruppe reisten ständig zu Treffen nach Israel. Selbst wenn die Infiltration durch den Mossad nur sehr gering gewesen sein sollte, so wußte er doch zumindest über Datum, Uhrzeit und Ort des geplanten Anschlags in London ganz genau Bescheid. Deshalb hätte er ihn auch problemlos verhindern können.«

Am 3. Juni 1982 rief der israelische Außenminister Jizchak Schamir zur Zerschlagung der PLO auf, damit das Camp-David-Abkommen »vorangetrieben« werden könne. Nur wenige Stunden später wurde Botschafter Argov in London niedergeschossen. Am Tag darauf begann der israelische Einmarsch in den Libanon mit wiederholten Bombenangriffen auf den Südlibanon und Westbeirut durch die israelische Luftwaffe. Die Geheimgespräche zwischen Baschir Gemayel und den israelischen Führern trugen jetzt Früchte. Die Operation selbst war mindestens fünfmal verschoben worden, weil die Israelis auf einen »terroristischen Anschlag« gewartet hatten, der nach Ansicht ihrer amerikanischen Verbündeten als Provokation ausreichen würde.

Elie Hubeika kommentiert:

»Als die Israelis 40 Kilometer vorgerückt waren, kam Scharon nach Beirut und besprach mit Baschir das weitere Vorgehen. Baschir verlangte von Schamir: ›Sie müssen bis Damur vorrücken.‹ Scharon war skeptisch, verwies auf die dort stationierte syrische Armee, versprach aber, sein möglichstes zu tun. Nachdem Scharon und seine Armee Damur erreicht hatten, traf er sich erneut mit Baschir. ›Wir stehen jetzt wie verlangt in Damur, jetzt zünden Sie doch endlich den Funken in Beirut, das wird es uns leichter machen, weiter vorzudringen. Sie müssen auch Ihren Teil zu diesem Krieg beitragen. Nehmen Sie Westbeirut ein.‹ Baschir sagte: ›Das geht nicht. Es ist momentan nicht einnehmbar. Sie müssen noch näher ran. Bis nach Hadeth.‹ Die Israelis rückten also bis nach Hadeth vor. Und nochmals lockte Baschir Scharon näher an Beirut heran. ›Wir werden unsere Truppen in Kfarschima vereinigen. Wenn Sie sich uns dort nicht anschließen, werden wir nichts unternehmen.‹ Sie schlossen sich also zusammen, und Scharons Armee kam nach Ostbeirut und Baada. Baschir befahl einem Teil seiner Truppen, die Technische Universität in Hadeth anzugreifen, die von schiitischen Amal-Milizen gehalten wurde. Es kam zu einem Scharmützel zwischen 20 Amal-Kämpfern und zwei Zügen der libanesischen Armee,

das war aber auch schon alles. Damit erklärte Baschir seine Aufgabe für erledigt. Scharon und die anderen Israelis platzten fast vor Wut: ›Machen Sie sich nicht lächerlich. Das ist unglaublich.‹ Die Isrealis warteten immer noch darauf, daß Baschir den Funken zünden würde. Sie wollten einen Einmarsch in Westbeirut, die Zerstörung der Palästinenserlager. Und besonders wünschten sie sich den Tod Jassir Arafats. Scharon hatte mehrmals versucht, Arafat in Westbeirut zu töten, besonders bei dem Dauerbombardement. Nur ein kleines Beispiel. In den letzten Kriegstagen rief mich der Direktor meiner alten Schule *Frères Bon Lasad* an. Der Direktor, Frère Barnaby, bat mich um Hilfe. Er erzählte mir, daß israelische Soldaten die Schule kurz und klein schlugen und alles, was nicht niet- und nagelfest war, mitgehen ließen, Radios, Schreibmaschinen, alles. Ich ging hin, um zu sehen, was ich tun konnte. Die Israelis hatten einen Großteil der Schule in Besitz genommen und benutzten ihn als Stützpunkt. Ich sah Scharon, Eitan, Drori und Amos Jaron. Ein Fernseher lief, und überall standen Champagnerflaschen herum. Wie sie mir erzählten, war der Fernseher mit einer Kamera verbunden, die an einer speziellen Bombe in einem ihrer Flugzeuge angebracht war. Sie hatten erfahren, daß in einem der vielen Hauptquartiere Arafats ein Treffen stattfinden sollte, und hofften nun, ihn bei dieser Gelegenheit zu erledigen. Der Fernsehapparat zeigte ein Luftbild von Beirut aus relativ großer Höhe. Kurze Zeit später detonierte eine Bombe, und das Bild war weg. Daraufhin machten die Israelis eine Flasche Schampus auf und stießen auf Arafats Tod an. Tatsächlich hatte Arafat die Wohnung drei oder vier Minuten vor der Explosion der Bombe verlassen.
Baschir Gemayel traf sich nochmals mit den Israelis. ›Jedesmal, wenn Israel in den Krieg zieht, gewinnt es den Krieg und verliert den Frieden. Wenn Sie diesen Krieg wirklich gewinnen wollen, muß ich zum Präsidenten des Libanon gewählt werden. Wenn Sie bis zu meiner Schule in Jamhur vorrücken – sie liegt oberhalb des Präsidentenpalastes in Baada –, dann kann ich mich zum Präsidenten wählen lassen. Wenn das erst einmal geschafft ist, können wir Verträge über eine gemeinsame Verteidigung, strategische Verträge und alle möglichen Abkommen abschließen.«
Gemayel drängte nicht etwa aus purem Aberglauben auf die Einnahme seiner ehemaligen Schule durch die Israelis. Die Anhöhe, auf der die Schule steht, überragt den Präsidentenpalast zu ihren Füßen. Sie war von syrischen Truppen besetzt. Kein Abgeordneter würde sich zu einer Wahl in den Palast wagen, solange die syrische Armee dort oben

eine Stellung hatte und den Palast jederzeit zerstören konnte. Wieder kamen die Israelis zu Hilfe. Die Wahl fand schließlich am 23. August 1982 statt, aber nicht im Präsidentenpalast, sondern in der Militärakademie der libanesischen Armee in Fajadije. Baschir Gemayel wurde im zweiten Wahlgang zum Präsidenten des Libanon gewählt.
Vor der Wahl hatte Gemayel mit seinen israelischen Vebündeten noch über die Zusammensetzung seiner Regierung gesprochen. Wie breit sollte ihre Basis sein? Sollte sie eine Regierung der nationalen Versöhnung werden? Hubeika sagte:
»Ich erinnere mich noch, wie Rafael Eitan [Generalleutnant und Generalstabschef der Israelis] fragte: ›Ob die Regierung auf einer breiten oder einer schmalen Basis steht, ist im Grunde genommen völlig gleichgültig, Baschir. Wir reden davon, ob es ein kleiner oder ein großer Sarg ist. Sie werden dafür sorgen, daß sich die Regierung und die Minister in diesem Sarg wie eine Leiche benehmen. Tun Sie mit ihnen, was Sie wollen.‹ Nach Baschirs Wahl zum Präsidenten kam es eines Nachts zu einem Geheimtreffen mit Begin, Scharon und Schamir. Das Treffen fand in Naharija [einer Stadt in Norden Israels, nahe der libanesischen Grenze] statt. Es begann am 1. September um 23 Uhr und dauerte bis um drei Uhr am nächsten Morgen. Begin sagte zu Gemayel: ›Jetzt, wo Sie Präsident sind, darf ich nicht länger ‚mein Sohn' zu Ihnen sagen. Ich werde Sie jetzt mit ‚Herr Präsident' ansprechen müssen. Aber da Sie jetzt der Präsident sind, und ich der Ministerpräsident von Israel, können wir nun wie abgesprochen die Verträge unterzeichnen.‹ Baschir antwortete: ›Unmöglich. Ich bin neu im Amt. Ich muß eine Regierung bilden, und die wird mit Ihnen über die Verträge diskutieren.‹ Scharon mischte sich ein: ›Herr Präsident, wir sprechen von einem kleinen oder einem großen Sarg. Wir sprechen nicht über eine Regierung im Libanon.‹ Baschir sagte: ›Das kann ich nicht akzeptieren. Mein Ehrgefühl läßt es nicht zu. Ich muß eine Regierung auf breiter Basis bilden. Das ist Demokratie. Ich muß mit den Moslems zu einem Ausgleich kommen. Mit den arabischen Staaten. Ich möchte nicht ein Fenster öffnen und 21 Türen schließen. Geben Sie mir Zeit.‹ Begin geriet außer sich vor Wut und nannte ihn einen Lügner und Betrüger. Er beschimpfte ihn. ›Was glauben Sie eigentlich, wen Sie vor sich haben? Steht Ihre Armee vielleicht in Jerusalem? Nein, aber meine im Libanon. Ich kann Sie wie einen Wurm zerquetschen.‹«
Zurück in Beirut, beriet sich der neugewählte Präsident mit seinen engsten Vertrauten und sagte ihnen, daß er einen bilateralen Vertrag mit Israel für sehr gefährlich halte.

»Wir müssen die Amerikaner an den Verhandlungstisch bringen und inhaltlich mit einbeziehen, und zwar in hohem Maße. Ich will ein Dreierabkommen. Außerdem will ich die Tür zu den Syrern offenhalten.«
Dem 1. September, jenem Tag, an dem das mitternächtliche Treffen zwischen Baschir Gemayel und der israelischen Führung stattfand, kommt eine besondere Bedeutung zu, wie sich aus einer kurzen Chronologie der wichtigsten Ereignisse leicht ablesen läßt.
Am 6. Juni begann die israelische Invasion im Libanon. Bereits am 14. Juni besetzten die Israelis mehrere Vororte von Beirut. Am selben Tag traf Präsident Reagans Sonderbeauftragter Phillip Habib im Libanon ein und führte erste Friedensgespräche. Am 25. Juni hatte die israelische Armee einen Ring um Beirut gezogen. Am 19. August wurden die Verhandlungen über einen völligen Abzug der PLO-Truppen aus Beirut abgeschlossen. Am 23. August wurde Gemayel zum Präsidenten gewählt. Zur selben Zeit traf die internationale Friedenstruppe ein und bezog strategische Stellungen rund um die Stadt. Bereits am 1. September war die Evakuierung der PLO-Kämpfer aus Beirut und dem Libanon abgeschlossen. Noch vor seiner Abreise hatte Jassir Arafat mit Habib verhandelt und sich eine schriftliche Zusicherung geben lassen, daß die palästinensischen Zivilisten nach dem Abzug seiner Truppen geschützt würden, doch bereits am 12. September war die internationale Friedenstruppe abgezogen worden und verschwunden. Die idealen Voraussetzungen für ein Massaker. Wer sollte die Menschen in Sabra und Schatila schützen ohne die Amerikaner, Italiener und Franzosen. Gemayels Falangisten? Die Israelis?
Bereits am 14. September hatte der neue Präsident des Libanon, Baschir Gemayel, die entscheidenden Kontakte zu Syrien geknüpft. Hubeika hatte eine wichtige Rolle dabei gespielt. Wieder kam es zu Geheimtreffen, diesmal aber nicht mit den Israelis, sondern mit den Syrern, den erbitterten Feinden Israels. Hubeika bereitete insgeheim ein Treffen zwischen Baschir Gemayel und dem Bruder des syrischen Präsidenten, Rifat, vor. Nach Klärung der letzten Einzelheiten wurde das Treffen für den 17. September in dem Dorf Aakura im Nordlibanon anberaumt. Damit niemand von Baschirs Besuch in diesem Gebiet erfuhr, hatte Hubeika eine groteske Tarnung für ihn arrangiert. Der Präsident sollte auf der Fahrt zu dem Treffen eine Maske tragen, die den französischen Präsidenten François Mitterrand darstellte. Wirklich eine ungewöhnliche Vorstellung. Die letzten Einzelheiten für das Treffen wurden am 11. September geregelt. Drei Tage später leitete Baschir Gemayel eine Besprechung der Falangisten in

deren Beiruter Hauptquartier, als eine Bombe explodierte, der Gemayel und weitere 25 Parteimitglieder zum Opfer fielen. Einige, darunter Hubeika, machten die Palästinenser für diesen Anschlag verantwortlich, andere die Israelis. Der Mann, der die Bombe gezündet hatte, war ein gewisser Habib Chartuni, ein 26jähriger libanesischer Christ. Er wurde wenig später von Hubeika verhaftet. Hubeika erzählte mir ausgiebig von dem Mordanschlag und versuchte mich davon zu überzeugen, daß Chartuni Kontakte zu den Palästinensern unterhalten habe. Dieses Gespräch fand, bezeichnenderweise vielleicht, in Damaskus statt. Hubeika hätte vermutlich nur äußerst ungern zugegeben, daß Chartuni Mitglied der nationalistisch-sozialistischen Partei in Syrien war, daß der Mann, der ihm die Bombe und die Befehle gab, ein gewisser Nabil Alam, sich sofort nach Syrien absetzte, und daß dieser Alam ein Agent des syrischen Geheimdienstes war und für den schwer zu fassenden Ali Duba arbeitete.

Wenn Hubeikas Angaben über das geplante Treffen zwischen Gemayel und Präsident Assads Bruder zutreffen, dann scheint es zu einem Abbruch der Gespräche zwischen Rifat und Duba gekommen zu sein. Was kurz danach in Sabra und Schatila geschah, interpretierten viele als Racheakt der Falangisten für den Mord an ihrem Führer. Aber das war es nicht. Es war Teil eines Plans, der längst vor seinem Tod ausgeheckt worden war. Dazu Hubeika:

»Nach Baschirs Tod kam Scharon mit Eitan. Sie trafen sich mit Fadi Frem [dem Oberkommandierenden der libanesischen Streitkräfte], Fuad Abuander und Sahi Bustani. Die Israelis sagten: ›Wissen Sie von der Abmachung mit Baschir bezüglich Beirut?‹ Sie bejahten. Darauf sagte Scharon: ›Gut, dann ist es jetzt soweit. Wir können nicht die wichtigsten Einrichtungen der Palästinenser in Beirut intakt lassen. Wir müssen hinein, aber wir können nicht in eine arabische Hauptstadt einmarschieren, das ist noch nie dagewesen. Die ganze Welt würde es mißbilligen. Deshalb müssen Sie uns helfen.‹ Fadi erklärte ihm, daß er dazu die Zustimmung Scheich Pierres benötige. [Scheich Pierre Gemayel ist der Gründer der Falangisten-Partei und Vater Baschirs.] Fadi, Fahad und Zahi suchten Scheich Pierre auf und erzählten ihm, daß sein Sohn Baschir mit den Israelis eine Aktion im Libanon verabredet habe und daß die Israelis jetzt die Einlösung des Versprechens forderten. Scheich Pierre war in sehr schlechter Verfassung, es war ja erst kurz nach Baschirs Tod. Er sagte, daß alle Vereinbarungen Baschirs eingehalten werden müßten. Fadi setzte die Israelis davon in Kenntnis. Trotzdem gingen Scharon und Eitan zu

Scheich Pierre, um es selbst aus seinem Munde zu hören. Scheich Pierre sagte zu ihnen: ›Alles läuft so weiter, als sei Baschir noch am Leben. Ich und Amin [Amin Gemayel] werden da weitermachen, wo er aufgehört hat.‹ Fadi befahl sofort einem Teil seiner Truppen, die bereits am Flughafen Stellung bezogen hatten, zu den Palästinenserlagern vorzurücken. Dazu kamen noch schiitische Amal-Milizen aus dem Gebiet um Burdsch al Baradschneh. Und Truppen aus dem Süden. Truppen, die unter dem Befehl von Major Saad Haddad standen. Alle diese Leute drangen in die Lager ein.«

Die gemeinsame israelisch-libanesische Armeeoperation in Westbeirut begann am Mittwoch, dem 15. September, um 6 Uhr. Zuvor war vereinbart worden, daß die israelischen Soldaten die Lager nicht betreten sollten, das war Aufgabe der Falangisten. Am Donnerstag nachmittag waren die Flüchtlingslager Sabra und Schatila auf drei Seiten von israelischen Truppen umstellt, auf der vierten Seite hatten sich die Verbündeten von der Falangisten-Partei verschanzt. Um 17 Uhr marschierten unter den wachsamen Augen des israelischen Oberkommandos erstmals Soldaten der Falangisten in Schatila ein. Der vorgeschobene Gefechtsstand der Israelis befand sich auf dem Dach des fünfstöckigen kuwaitischen Botschaftsgebäudes, in unmittelbarer Nähe von Schatila.

Am Samstag morgen, dem 18. September 1982, betrat der Autor und Journalist Robert Fisk unter den Augen der immer noch alles beobachtenden israelischen Offiziere das Lager Schatila. Er wurde von drei Kollegen begleitet. Fisk selbst war zu der Zeit Nahostkorrespondent der TIMES, Loren Jenkins arbeitete für die WASHINGTON POST und Karsten Tveit für das norwegische Fernsehen. William Foley war Fotograf bei Associated Press. Ich hatte eigentlich vor, hier selbst zu referieren, was die drei Männer und andere in den Lagern vorfanden, bis Robert Fisk sein Buch *Pity the Nation* veröffentlichte. Ich schulde ihm großen Dank dafür, daß er mir die Erlaubnis erteilte, daraus zu zitieren, nicht zuletzt deshalb, weil es sich nicht um Informationen aus zweiter oder dritter Hand handelt, sondern um den Bericht eines Augenzeugen. Hier die ersten Seiten eines Berichts, der von jedermann in voller Länge gelesen werden sollte.

> Wir merkten es an den Fliegen. Millionen von Fliegen, ihr Summen war fast so beredt wie der Gestank. Sie waren so groß wie Schmeißfliegen und ließen sich auf uns nieder, ohne zunächst den Unterschied zwischen den Lebenden und den Toten zu bemerken. Wenn wir ruhig dastanden und etwas in unsere Notiz-

blöcke schrieben, fielen sie wie eine Armee über uns her – ihre Zahl war Legion – und setzten sich auf die weiße Oberfläche unserer Notizblöcke, Hände, Arme und Gesichter. Sie schwirrten uns ständig um Augen und Mund, flogen von Körper zu Körper, von den vielen Toten zu den wenigen Lebenden, von Leiche zu Reporter, und ihre kleinen grünen Leiber zitterten vor Erregung, wenn sie frisches Fleisch fanden, an dem sie sich gütlich tun konnten.

Wenn wir uns nicht schnell genug bewegten, bissen sie uns. Meistens hüllten sie unsere Köpfe in eine graue Wolke und warteten, bis wir den Toten gleich in Ruhe verharrten. Sie waren sehr zuvorkommend, diese Fliegen. Sie bildeten die einzige körperliche Verbindung zwischen uns und den Opfern, die um uns verstreut lagen, und erinnerten uns so daran, daß auch im Tod Leben ist. Irgend jemand hat immer einen Nutzen. Die Fliegen waren unbefangen. Ihnen war es völlig gleich, daß die Toten hier Opfer eines Massenmords geworden waren. Dasselbe hätten sie für die unbeerdigten Toten jeder anderen Gemeinschaft getan. Auch an einem heißen Nachmittag während der großen Pest in London hatte es bestimmt nicht anders ausgesehen.

Zuerst sprachen wir nicht von einem »Massaker«. Wir sagten überhaupt sehr wenig, weil die Fliegen unbeirrbar auf unseren Mund zusteuerten. Aus diesem Grund hielten wir uns Taschentücher vor den Mund, dann hielten wir sie uns auch vor die Nase, weil die Fliegen über unsere Gesichter spazierten. Der Geruch der Toten in Sidon war ekelerregend, aber der Gestank in Schatila verursachte einen Brechreiz. Er drang selbst durch die dicksten Taschentücher. Nach wenigen Minuten rochen wir selbst wie die Toten.

Sie lagen überall, auf der Straße, in Gassen, Hinterhöfen und verwüsteten Zimmern, unter eingestürzten Mauern und auf Abfallhaufen. Die Mörder – christliche Milizsoldaten, die die Israelis ins Lager gelassen hatten, um es von »Terroristen zu säubern« – waren soeben erst abgezogen. In einigen Fällen war das Blut auf der Erde noch nicht einmal getrocknet. Nach 100 Leichen hörten wir auf zu zählen. In jedem Durchgang lagen Leichen. Leichen, wohin das Auge blickte, Frauen, junge Männer, Säuglinge und Alte, wo sie gerade erstochen oder mit Maschinenpistolen niedergestreckt worden waren. Jeder schmale, durch rohes Mauerwerk gesäumte Weg förderte weitere Leichen zutage. Die Patienten in einem palästinensischen Krankenhaus waren verschwunden, nachdem Bewaffnete die Ärzte zum Verlassen des Hauses aufgefordert hatten. Überall fanden wir Spuren von hastig ausgehobenen Massengräbern. Möglich, daß 1000 Menschen hingeschlachtet wurden; wahrscheinlich waren es über 1500.

Sogar dort, an diesem Ort der Barbarei, ließen uns die Israelis nicht aus den Augen. Sie standen oben auf dem Hochhaus westlich des Lagers – dem zweiten Gebäude an der Avenue Camille Chamoun – und beobachteten uns durch ihre Ferngläser. Sie suchten die mit Leichen übersäten Straßen des Lagers ab, und die Linsen ihrer Gläser blitzten manchmal in der Sonne auf. Loren Jenkins fluchte viel. Vielleicht war das seine Art, die aufsteigende Übelkeit in diesem furchtbaren Gestank zu unterdrücken. Uns allen war kotzübel. Wir atmeten den Geruch des Todes ein, sogen die Ausdünstungen der aufgedunsenen Leichen in uns auf. Jenkins begriff sofort, daß der israelische Verteidigungsminister einen Teil der Verantwortung für diese Greueltat trug. »Scharon!« schrie er. »Dieser Scheißkerl Scharon! Das ist ein neues Deïr Jassin!«

Was wir an jenem 18. September 1982 um 10 Uhr im Palästinenserlager Schatila vorfanden, spottete zwar nicht ganz jeder Beschreibung, wäre jedoch in der nüchternen Sprache einer medizinischen Untersuchung leichter wiederzugeben gewesen. Dies war nicht das erste Massaker im Libanon, aber kaum ein anderes hatte so viele Opfer gefordert, und noch nie hatte ein Massaker unter den Augen einer regulären und, wie man annehmen muß, disziplinierten Armee stattgefunden. In der Panik und im Haß des Gefechts waren in diesem Land schon Zehntausende getötet worden. Aber diese Menschen, Hunderte von Menschen, waren unbewaffnet gewesen. Es war ein Massenmord, ein Vorfall – wie schnell wir im Libanon das Wort »Vorfall« benutzen –, der auch eine Greueltat war. Es ging weit über das hinaus, was die Israelis unter anderen Umständen eine *terroristische* Greueltat genannt hätten. Es war ein Kriegsverbrechen.

Jenkins, Tveit und ich waren von dem, was wir in Schatila sahen, so überwältigt, daß wir unseren Schock anfangs gar nicht registrierten. Bill Foley von Associated Press begleitete uns. Während wir durch das Lager gingen, brachte er nur zwei Worte über die Lippen: »Großer Gott!« Immer und immer wieder. Ein paar Tote hätten wir vielleicht noch verkraftet, vielleicht auch Dutzende

von Leichen, getötet in der Hitze des Gefechts. Aber wir sahen Frauen in ihren Häusern liegen, die Röcke bis zur Hüfte zerrissen, die Beine weit gespreizt. Wir sahen Kinder mit durchschnittener Kehle, junge Männer, die an die Wand gestellt und hinterrücks erschossen worden waren. Säuglinge, deren Leiber bereits schwarz angelaufen waren, weil man sie vor mehr als 24 Stunden umgebracht hatte und ihre kleinen Körper rasch verwesten. Sie lagen neben weggeworfenen Konservendosen aus amerikanischen Armeebeständen, medizinischer Ausrüstung der israelischen Armee und leeren Whiskyflaschen.
Wo waren die Mörder? Oder, um im israelischen Sprachgebrauch zu bleiben, wo waren die »Terroristen«?

Fisks Frage ist immer noch unbeantwortet. Die Mörder, die »Terroristen«, waren an vielen Orten. Einige waren wieder in ihren Kasernen in Ostbeirut, andere waren von den Israelis zurück in den Südlibanon geflogen worden. Ihre Komplizen saßen wieder anderswo – im vorgeschobenen Gefechtsstand der Israelis, in den Korridoren der Macht in Tel Aviv und Jerusalem.
Elie Hubeika:
»Am Samstag [dem 18. September 1982] hatten wir eine Besprechung. Eitan [der israelische Generalstabschef Eitan] kam und sagte: ›Das nenne ich eine perfekte Operation. Wir gratulieren den Soldaten der libanesischen Armee zu ihrer hervorragenden Arbeit.‹«
Hubeika erzählte weiter, daß die Israelis tags darauf, als die Weltmeinung mit Empörung reagierte, eine Kehrtwendung machten. »Es ist eine Katastrophe«, soll Scharon gesagt haben. »Ihr müßt die Konsequenzen tragen, nehmt es auf eure Kappe.«
Eine Frage beschäftigte mich bei meinem Gespräch mit Hubeika mehr als alles andere.
»Sind Sie der Meinung, daß die Israelis schon vor dem Einmarsch der libanesischen Truppen in die Lager bei der verabredeten Aktion tatsächlich ein Massaker im Auge hatten?«
»Ja. Amal und Baschir hatten mit den Israelis unter anderem ausgemacht, daß alle Palästinenser vertrieben werden sollten, und zwar in die Beka-Ebene. Das war nur durch ein Massaker möglich. Nur dann würden sie panikartig in die Beka-Ebene flüchten.«
»So wie in Deïr Jassin?«
»Ich weiß nichts über Deïr Jassin.«
Er vielleicht nicht, aber andere. Auf seine eigene Rolle angesprochen,

stritt Hubeika energisch jede Beteiligung an den Massakern in Sabra und Schatila ab. Er beharrte darauf, daß er während der gesamten Operation hauptsächlich, ja vorwiegend, mit der Vernehmung des Attentäters von Baschir Gemayel, des syrischen Agenten Chartuni, beschäftigt gewesen sei. Er gab mir minutiös über jeden seiner Schritte in der fraglichen Zeit Auskunft, erzählte mir, wie er verschiedene Stadtteile Beiruts nach der Fernbedienung absuchte, mit der Chartuni die Bombe gezündet hatte. Er berichtete auch von seinen Treffen mit Amin Gemayel, der nun Anstalten machte, in die Fußstapfen seines toten Bruders zu treten und neuer libanesischer Präsident zu werden, was er wenige Tage später auch wurde. Hubeika äußerte sich mir gegenüber erstmals zu den bereits kurz nach den Massakern laut gewordenen Beschuldigungen, die später im Zusammenhang mit der von der israelischen Regierung eingesetzten Kahan-Kommission wiederholt wurden. Er leugnete beharrlich jede Beteiligung an den Vorgängen, die Fisk zu Recht als »Kriegsverbrechen« bezeichnet hatte. Außerdem bestritt er, in der Zeit der Massaker auf dem Dach des Hauses gewesen zu sein, auf dem sich der israelische Gefechtsstand befunden hatte, wie israelische Offiziere vor der Kahan-Kommission ausgesagt hatten. Und er bestritt, die Mörder im Lager mit dem Ausruf »Es ist der Wille Gottes« angefeuert zu haben.

»Damals bestand meine eigene Organisation aus 30 Männern. Wir waren nicht mit militärischen Aufgaben betraut. Wir arbeiteten ausschließlich auf nachrichtendienstlichem Gebiet [...] Als die Israelis mich beschuldigten, ging ich zu Fadi Frem und fragte ihn, ob er das ernst nehme. Sie müssen wissen, daß das damals keiner ernst genommen hat, Palästinenser, Israelis, wer schert sich denn darum. Wir hatten seit über zehn Jahren Auseinandersetzungen mit den Palästinensern, da kam es auf ein Massaker weniger oder mehr auch nicht mehr an [...] Also fragte ich Fadi, was er von der Sache halte. Er sagte, ich solle das Ganze einfach vergessen. Daraufhin ging ich zu Johnny Abdul. Er war damals der Geheimdienstchef von Sarkis [Präsident Elias Sarkis]. Ich fragte ihn: ›Was soll ich machen?‹ Und er meinte nur: ›Nichts!‹ Leute von der CIA tauchten bei mir auf und sagten: ›Hören Sie mal, Elie. Wir müssen den Kontakt zu Ihnen abbrechen, zumindest auf offizieller Ebene. Inoffiziell läuft alles weiter wie bisher.‹«

Hubeika erzählte mir, daß er viele Leute aufgesucht habe, unter anderem den Königsmacher Scheich Pierre Gemayel und dessen Sohn Amin. Alle sagten dasselbe. Tu gar nichts, du hast nichts zu befürchten.

»Wenn Sie die Männer in Sabra und Schatila nicht befehligt haben, wer dann?«
»Busi Aschkar. Er war der Oberkommandierende der Beiruter Truppen.«
Amin Gemayel trat am 21. September die Nachfolge seines Bruders als Präsident an. Nur eine Woche nach Baschirs Ermordung und drei Tage nach den Massakern von Sabra und Schatila. Noch in der Woche, in der Amin zum Präsidenten gewählt wurde, wurde er von General Ariel Scharon und Israels Verteidigungsminister Jizchak Schamir dringend um eine Unterredung gebeten. Dazu Elie Hubeika:
»Dieses Treffen fand zwei oder drei Tage nach Amins Wahl im Maison de Future in Beit el-Mustakbal statt. Scharon und Schamir sprachen mit ihm über Sabra und Schatila. Amin sagte: ›Das ist Schnee von gestern. Das ist kein Problem.‹ Aber für Scharon und Schamir war es ein Problem, sogar ein großes. Sie forderten ihn auf, einen Verantwortlichen zu benennen, irgendeinen. Sie sagten: ›Sie brauchen nur zu erklären, daß ihre Soldaten in Sabra und Schatila eingedrungen sind. Erwähnen Sie die Massaker mit keinem Wort, aber übernehmen Sie die Verantwortung für die Geschehnisse dort.‹ Amin antwortete: ›Auf keinen Fall. Wir hatten mit Sabra und Schatila nichts zu tun.‹ Die Israelis fragten erstaunt: ›Was soll das? Pierre Gemayel war da, er hat die Aktion gebilligt. Fadi Frem war da.‹ Fadi Frem gab es zu, und Amin erklärte: ›Hören Sie mal, ich bin neu im Amt. Ich bin Ihnen keine Hilfe, wenn ich mir mit dieser Sache die Finger verbrenne. Sie wissen, das ist Schnee von gestern. Wir wollen uns um die Zukunft kümmern.‹«
Viele waren nicht bereit, die Sache auf sich beruhen zu lassen. Die Ereignisse lösten weltweit Entsetzen und Empörung aus, bei Juden und Nichtjuden. Am Samstag, dem 25. September 1982, kam es zu der wohl bedeutsamsten Reaktion. Und zwar in Israel selbst. Sie kam aus der Seele der Nation. An jenem Abend versammelten sich die Menschen in den Straßen von Tel Aviv. Neue Emigranten, alte Emigranten, Liberale, Orthodoxe, Überlebende des Holocaust, Soldaten, Menschen aller Klassen und Schichten. Die Schätzungen schwankten zwischen 300 000 und 500 000 Demonstranten. In einem Land mit ungefähr vier Millionen Einwohnern in jedem Falle eine beachtliche Zahl. Es war die größte Demonstration in der Geschichte des Landes. Die Demonstranten forderten den Rückzug der israelischen Streitkräfte nicht nur aus Beirut, sondern aus dem gesamten Libanon. Sie forderten eine Untersuchung des Massakers durch eine unabhängige öffentliche Kommission. Sie machten deutlich, daß es neben der Finsternis

in den Herzen und Köpfen einiger führender Politiker auch Moral und Redlichkeit in den Herzen vieler Israelis gab. Sie zeigten, daß die Seele nicht tot war und daß sich das Gewissen noch regte. Sie forderten Gerechtigkeit für die Geschehnisse in Sabra und Schatila.

Diese Demonstration führte direkt zur Einsetzung der Kahan-Kommission, der man zugute halten muß, daß sie zumindest den ehrlichen Versuch gemacht hat, einen Teil der Wahrheit herauszufinden, trotz des verunglimpfenden Sprachgebrauchs, dessen sie sich bediente, wenn sie beispielsweise Palästinenser durchweg als »Terroristen« bezeichnete, und trotz aller anderen Mängel wie etwa ihrer Unfähigkeit, die Massaker in den Kontext der israelischen Invasion im Libanon zu stellen. Manch einem aus der israelischen Führung schadeten die Erkenntnisse der Kommission, anderen wiederum nutzten sie. Begin war am Ende, Schamirs Stern hingegen stieg. Drori, Scharon, Eitan, Jaron und Saguy wurden in unterschiedlichem Maß verantwortlich gemacht. Generalmajor Jehoschua Saguy, der Direktor von Israels militärischem Geheimdienst, mußte, wie viele andere, seinen Hut nehmen. Saguy hatte, wie sich der Leser vielleicht erinnert, 1986 die Geschichte verbreiten lassen, daß Carlos tot sei.

Auch Präsident Amin Gemayel ließ das Massaker durch eine staatliche Kommission untersuchen. Sie führte ihre Nachforschungen im geheimen durch und kam zu dem Schluß, daß die Massaker von »Unbekannten« verübt worden seien. Bis zum heutigen Tage wurde niemand für die zwischen Donnerstag, dem 16. September, und Samstag, dem 18. September 1982, in Sabra und Schatila begangenen Verbrechen zur Verantwortung gezogen.

Ich verabschiedete mich von Elie Hubeika in seiner Wohnung im siebten Stock eines Hauses in Westbeirut und fuhr mit meinen syrischen Begleitern das kurze Stück zu den Flüchtlingslagern Sabra und Schatila. Die Fahrt ging durch einen Stadtteil, den die Einheimischen Coca-Cola nennen, nach einer Fabrik, in der eines der Lieblingsgetränke der Amerikaner abgefüllt wird, genauer gesagt wurde, denn inzwischen war die Fabrik nur noch eine Ruine. Die Israelis hatten sie 1982 mit Hilfe amerikanischer Bomben fast völlig zerstört. Die Stadt hatte sich in den vergangenen vier Jahren kaum verändert. Etwaige Anstrengungen zum Wiederaufbau wurden immer wieder durch neue Kriegshandlungen erschwert oder ganz vereitelt. Das zerstörte Stadion in Matina Reatia, zerbombte Überführungen, die nirgendwohin führten, und überall Schutt und Müll und dazwischen Menschen, die in zusammengezimmerten Hütten und Löchern hausten – Flüchtlinge, die bei

den letzten Kämpfen zwischen den Truppen General Michel Auns und den syrischen Streitkräften ihr Obdach verloren hatten.
Die Lager Sabra und Schatila erinnerten mich an die Stadt Gaza, nur waren die Lebensbedingungen hier noch viel schlimmer. Abwasser floß ungehindert über die nichtasphaltierten Straßen, und die Kinder spielten darin. Gleich daneben war ein kleiner Laden, in dem es Fleisch und andere Lebensmittel zu kaufen gab. Unser Auto umkurvte in Schlangenlinien die riesigen Bombenkrater. Ich bat Ahmed anzuhalten, und wir schlenderten unter den wachsamen Blicken der syrischen Soldaten durch Sabra und Schatila und unterhielten uns mit einigen Überlebenden.
Diese Menschen durfte man getrost als »Überlebende« bezeichnen. Einige, mit denen ich sprach, lebten seit fast 40 Jahren in den Lagern. Sie hatten all die Gemetzel überlebt, die den Massakern vorausgegangen und gefolgt waren. Der September 1982 war nämlich noch nicht das Ende des Schreckens für diese Menschen. In den Jahren 1985 bis 1988 tobte der Krieg der Lager – ein ständiges Wiederaufflammen der Kampfhandlungen, Belagerungen und immer neue Gefechte. Sie erzählten mir von den Bombardements im Jahr 1982, denen die Lager 80 Tage lang ununterbrochen ausgesetzt gewesen waren, von den Streubomben, die über dem Lager abgeworfen worden waren und schreckliche Verletzungen verursacht und viele Todesopfer gefordert hatten. Sie erzählten mir, daß sie sich nach dem von Phillip Habib ausgehandelten Frieden und dem Abzug von Arafats Truppen aus dem Libanon sicher gefühlt hätten. »Wir hatten keinen Grund mehr zur Angst. Wir hatten ja Garantien.« Am Mittwoch, dem 14. September, bemerkten sie größere Truppenbewegungen der Israelis rund um die beiden Lager, dachten sich aber nichts dabei. Die Israelis vermittelten den Einwohnern den Eindruck, als sei alles in bester Ordnung.
»Es begann am Donnerstag um 16 Uhr. Etwa zwei Stunden später, nach Einbruch der Dunkelheit, drangen sie in größerer Zahl ins Lager ein. Die Aufgabe der israelischen Soldaten bestand zu dem Zeitpunkt lediglich darin, das Gelände auszuleuchten. Sie feuerten die ganze Nacht über Leuchtkugeln ab. Von außerhalb der Lager. Wir wußten sofort, daß es libanesische Soldaten waren, die die Massaker verübten, denn sie waren an ihren Uniformen und Abzeichen leicht zu erkennen. Vielleicht waren auch Israelis darunter, die sich als Libanesen verkleidet hatten. Wer kann das schon sagen? Außerdem war es schwierig, sich auf die Herkunft der Soldaten zu konzentrieren, bei dem, was sich um einen herum abspielte.«

Und was sich im Lager abspielte, läßt sich mit Worten nicht beschreiben.
Die Eindringlinge brachen einem Lebensmittelhändler die Beinprothese ab und schossen ihm in die Brust. Ein 18jähriger, der einer verletzten Frau zu Hilfe kam, wurde durch fünf Schüsse in die Brust niedergestreckt. Sechs ältere Leute baten die israelischen Soldaten am Lagereingang um Hilfe, doch die Besatzer schickten sie zurück in die Lager, in den sicheren Tod. Die Überlebenden betonten immer wieder, daß diese sechs nicht von Libanesen, sondern von Israelis getötet wurden. Überlebende, die in Galiläa, Acre und Haifa geboren wurden.
»Siebzig Prozent der Opfer wurden mit Messern oder Äxten getötet. Sie bevorzugten diese Methode. Das lautlose Töten. Dadurch fielen ihnen mehr Opfer in die Hände. Schüsse hätten die Menschen gewarnt. Mein Sohn und eine Frau befanden sich am Lagereingang. Sie durften das Lager verlassen, weil zehn andere sich dem Eingang näherten. Schüsse hätten die zehn gewarnt. Sie ließen zwei gehen, damit sie zehn töten konnten. Sie töteten wahllos. Ganze Familien vom Jüngsten bis zum Ältesten wurden ausgelöscht.«
Sie zeigten mir eine Stelle, wo sich zwei Massengräber befanden, und behaupteten, daß die Toten, die hier lagen, in keiner Zählung des Roten Kreuzes auftauchten. Sie erzählten mir, daß Hunderte in das nahe gelegene Stadion getrieben worden waren. »Einige wurden erschossen. Andere lebendig begraben.«
Die Überlebenden bezifferten die Zahl der Ermordeten auf mindestens 5000. Bassam Abu Scharif hatte mir Zahlen genannt, die angeblich aus Unterlagen über PLO-Zahlungen vor und nach den Massakern ermittelt worden waren. Ich sprach die Bewohner darauf an. Sie bestritten, Hilfsleistungen von der PLO bekommen zu haben.
»Die PLO hat uns zwischen 1982 und dem Beginn der Intifada im Dezember 1987 in keiner Weise finanziell unterstützt. Wir bekamen keinen Pfennig. Danach ja. Aber nicht davor.«
Wovon sie leben? Sie nehmen jede erdenkliche Arbeit an, obwohl ihnen das nach den libanesischen Gesetzen nicht erlaubt ist. Nur drei Prozent der Lagerbewohner bekommen Hilfe von den Vereinten Nationen. »Die Lieferungen reichen für drei Tage im Monat. Sie reichen, um die Behinderten und völlig Mittellosen zu versorgen.«
Ein Hohn, denn im Grunde genommen sind alle, die hier leben, mittellos.
Nach langem Hin und Her und vielen Telefonaten erlaubte die libanesische Armee Ahmed und mir nur äußerst widerstrebend, das Dach

des Hauses in Augenschein zu nehmen, das den Israelis zum Zeitpunkt der Massaker als vorgeschobener Gefechtsstand gedient hatte. Nach dem Bericht der Kahan-Kommission war von dort oben »unmöglich zu erkennen, was sich in den Straßen des Lagers abspielte, nicht einmal mit Hilfe der 20 x 120-Ferngläser, die auf dem Dach zur Verfügung standen«.

Ich stand an genau der Stelle, an der Scharon und die anderen gestanden hatten. Ich konnte mit bloßem Auge einen Großteil des Lagers überblicken. Ich sah die Farbe der Wäsche auf der Leine. Ich sah alte Männer ihre Zeitung lesen und den Tee umrühren. Durch ein Fernglas konnte ich sogar erkennen, welche Zeitung sie lasen. Es war 16 Uhr, die Zeit, in der die Massaker begannen. Es war bereits Oktober, und die Lichtverhältnisse waren vermutlich eher schlechter als an jenem Nachmittag im September 1982. Bei Einbruch der Dunkelheit hatten die Israelis ihre Leuchtkugeln abgefeuert. Der libanesische Offizier neben mir erklärte, daß mit Leuchtkugeln die Sicht von unserem Standort aus hervorragend gewesen sein mußte.

Ich ging zu Fuß die schätzungsweise 100 Meter in die Lager zurück, vorbei an dem Spielplatz, unter dem eine unbekannte Zahl von Toten verscharrt lag. Auf meinem Weg zurück ins Lager hörte ich plötzlich ein Lied, das mir bekannt vorkam. Auf einem Schutthaufen saß ein palästinensischer Junge, vielleicht zwölf Jahre alt. Neben ihm stand ein riesiges Kofferradio, in diesem zollfreien Land sicher ein geschätzter Besitz. Eine Kassette von Bruce Springsteen lief. Das folgende Stück erregte meine Aufmerksamkeit:

> We made a promise we swore we'd always remember
> no retreat no surrender
> Like soldiers in the winter's night with
> a vow to defend, no retreat no surrender
> Now young faces grow sad and old and
> hearts of fire grow cold, we swore
> blood brothers against the wind. I'm
> ready to grow young again and hear your
> sister's voice calling us home across
> the open yards well maybe we could cut
> someplace of our own with these drums
> and these guitars
> Blood brothers in the stormy night with a
> vow to defend no retreat no surrender

Now on the street tonight the lights grow
dim the walls of my room are closing in
There's a war outside still raging
You say it ain't ours anymore to win
I want to sleep beneath peaceful skies in
my lover's bed with a wide open country
in my eyes and these romantic dreams in my head.

Ich war wie gebannt von diesem Anblick. Während das Lied aus den Lautsprechern dröhnte, hatte er mich über den Schmutz und die abstumpfende Zerstörung hinweg unverwandt angeschaut. Als Springsteen den nächsten Song anstimmte, überlegte ich mir, ob der junge Palästinenser begriff, was der Liedtext mit seiner Situation hier zu tun hatte – »kein Rückzug, keine Kapitulation«. Ich mußte nicht lange überlegen. Er lächelte mich an, hob dann die Arme und machte mit beiden Händen das Siegeszeichen.

Zurück im Hotel, ließ ich diesen Tag noch einmal Revue passieren. Das Gespräch mit Hubeika und den Bewohnern von Sabra und Schatila. Ich hatte lange Jahre darauf gewartet, durch diese Lager zu gehen, zu sehen, zu fragen, zu hören. In gewisser Weise ein Augenzeuge zu sein, nicht für andere, sondern für mich selbst, in meinem Bemühen zu verstehen, wie und warum soviel schreckliches Unheil über diese Lager hereingebrochen war. Die Realität war so, wie ich sie mir immer vorgestellt hatte. Nur symbolisch, nicht erhellend. Eine der Aufgaben, die ich mir für diesen Beirut-Besuch gestellt hatte, war hiermit erfüllt. Ich wandte mich nun wieder einer anderen zu. Meiner Suche nach Carlos.

Ich mußte mit einigen Männern im anderen Teil der Stadt sprechen. Ich konnte aber nicht zu ihnen gelangen und überlegte, ob sie nicht zu mir kommen konnten. Aber wie sollte ich Kontakt zu ihnen aufnehmen? Ich wollte auf keinen Fall ein Telefon benutzen, das die syrische Armee abhörte. Ich führte ein Telefonat, das sie meinetwegen mithören konnten. Mit Amin Doughan, dem munteren kleinen Zeitungsverleger, den ich in Tripolis kennengelernt hatte. Er war zu Hause und sagte, daß er sich über einen Besuch freuen würde. Ahmed erinnerte mich an die Verbote, die mir der syrische Oberkommandierende auferlegt hatte. Ich durfte unter keinen Umständen nach Einbruch der Dunkelheit das Hotel verlassen, und mittlerweile war es Nacht. Amin kam mir zu Hilfe und erbot sich, mich mit dem Auto abzuholen. Leider bestand Ahmed darauf, mich zu begleiten.

In Amins Haus wurden wir mit der typisch libanesischen Herzlichkeit empfangen. Während wir aßen und tranken und uns über Michel Auns neuesten Standpunkt unterhielten, fragte ich Amin leise nach einem Telefon. Allein in Amins Arbeitszimmer, legte ich einen Zettel mit Namen und Telefonnummern auf den Tisch und versuchte mein Glück. Es waren die Namen, die der Libanese in Washington meiner Frau genannt hatte. Beim zweiten Versuch kam ich durch. Wir tauschten Erkennungszeichen aus, und der Mann am anderen Ende der Leitung wurde freundlicher. Die grüne Linie, die die Stadt um diese Zeit in zwei Hälften teilte, konnte er leider nicht überschreiten, doch er war gerne bereit, sich offen mit mir am Telefon zu unterhalten. Da ich es mit einem leitenden Mitarbeiter des libanesischen Geheimdienstes zu tun hatte, nahm ich an, daß wir nicht abgehört würden. Ich klärte ihn mit knappen Worten über die Gründe für meinen Besuch in Damaskus auf. Ich erzählte ihm auch von meinen Problemen.

»Selbstverständlich. Sie werden nie zugeben, daß er dort ist.«

»Ja, das ist mir klar. Wissen Sie, welchen Namen er im Moment benutzt und wo er sich genau aufhält?«

»Sie sollten sich diskret nach einem mexikanischen Geschäftsmann namens Michel Assaf erkundigen. Er wohnt im Bezirk Mezze. In der Al-Akram-Straße.«

»Und dieser Gentleman kann mich zu dem Mann führen, den ich suche?«

»David, dieser Gentleman *ist* der Mann, den Sie suchen.«

Zurück in meinem Hotel, suchte ich die Adresse auf meinem Stadtplan. Es war nicht weit vom Sheraton-Hotel entfernt. Ich hatte fast drei Wochen lang praktisch vor Carlos' Tür gesessen. Abgesehen von dem falschen Namen, hatte ich dummerweise auch nach einer falschen Realität gesucht – nach einem Mann, der zumindest teilweise immer noch das Leben eines Revolutionärs führte und mit Revolutionären verkehrte. Ich hätte ganz einfach nach einem Geschäftsmann suchen müssen. Was hatte er 1976 zu Peter-Jürgen Boock und den anderen im Jemen gesagt? Daß ihn nur noch »scharfe Sachen« interessierten. Materielle Dinge. Luxus. Ich fragte mich voller Selbstmitleid, ob ich mir nicht eine Menge Zeit erspart hätte, wenn ich mich an der Wall Street und der Londoner Börse umgesehen oder die Namenslisten bei Lloyds durchgeblättert hätte.

Michel Assaf. Michel. Ich erinnerte mich, daß Omar, Samirs Verwandter in Gaza, auch einen »Michel« erwähnt hatte.

Am Sonntag abend, dem 29. Oktober, war ich zurück in Damaskus. Bereits am nächsten Morgen hatte ich mir einen Plan für mein weiteres Vorgehen zurechtgelegt. Bei einem unauffälligen Besuch im Stadtteil Mezze hatte ich festgestellt, daß, wer auch immer in der Al-Akram-Straße wohnte, offenbar einen ganz besonderen Schutz genoß. Ich hatte eine ganze Anzahl bewaffneter Wachleute in Uniform gesehen, wahrscheinlich Mitarbeiter des syrischen Geheimdienstes. Das ist in Damaskus durchaus nichts Ungewöhnliches. Hubeika, Abu Musa, Dschibril, Habasch und andere Gäste des Präsidenten Assad kommen ebenfalls in den Genuß solcher Schutzmaßnahmen.
Am einen Ende der Straße befand sich eine Militärakademie, am anderen eine Moschee. Dazwischen moderne Wohnblocks, und überall bewaffnetes Wachpersonal. Wer immer in dieser Straße nahe der Hauptstraße nach Beirut wohnte, er verfügte jedenfalls über sehr viel Macht und Einfluß.
Da ich annahm, daß die Syrer Verdacht schöpfen würden, wenn ich meine Bemühungen um ein Gespräch mit Ali Duba und den anderen auf meiner Liste plötzlich einstellte, versuchte ich weiterhin, auf offiziellem Weg mit diesen Leuten in Kontakt zu treten. Unter anderem sprach ich auch mit dem Minister für Auswärtige Information, Mohammed Sulman. Meine Bitte, mit Vizepräsident Chaddam zu sprechen, wurde abschlägig beantwortet. Der Vizepräsident, so Sulman, müsse momentan das Bett hüten. »Eine schwere Grippe.«
Sulman versicherte mir, daß Ali Duba sich immer noch in Latahia aufhalte. Nachdem fünf seiner Angehörigen bei einem Verkehrsunfall ums Leben gekommen seien, habe er dort Familienangelegenheiten zu regeln. Er werde gegen Ende der Woche zurückerwartet. In der Zwischenzeit, so versprach mir Sulman, werde er sich um ein Gespräch mit einem leitenden Mitarbeiter Dubas bemühen.
Als nächstes wollte ich mit Nadschif Hawatmeh sprechen, dem Führer der Demokratischen Volksfront zur Befreiung Palästinas (PDFLP), einer weiteren Abspaltung der Volksfront. Aber bei der Vorbereitung auf dieses Interview mußte ich dauernd an die viel wichtigere Aufgabe denken, die vor mir lag. Wie konnte ich an Carlos herankommen? Ich wollte gar kein langes, ausführliches Interview mit ihm führen. Zweifelsohne hatte er der syrischen Regierung das Versprechen abgenommen, keine solchen Interviews zu genehmigen. Was die Fakten, die Wahrheit über Ilich Ramírez Sánchez anging, so war ein solches Interview mittlerweile überflüssig. Ich hatte bei meinen jahrelangen Recherchen genug über diesen Mann herausgefunden. Alles, was ich

jetzt noch brauchte, war der endgültige Beweis dafür, daß es sich bei dem Mann, den ich früher getroffen hatte, um einen Betrüger gehandelt hatte und daß dieser Mann, Michel Assaf, ohne jeden Zweifel der echte Carlos, tatsächlich Ilich Ramírez Sánchez war. Ich hatte mich vor der Reise nach Damaskus gut auf diese Aufgabe vorbereitet.

Alles, was ich brauchte, war ein kurzes Treffen mit Michel Assaf. Das war alles.

Im Gespräch mit anderen Palästinensern, zu denen ich in der Stadt inzwischen Kontakte geknüpft hatte, ließ ich durchblicken, daß ich gerne mit dem Führer einer weiteren Gruppe sprechen würde, die sich von der Volksfront abgespalten hatte. Das war der entscheidende Schachzug in meinem Plan. Das Treffen wurde für Donnerstag nachmittag festgesetzt. Wenige Stunden bevor ich zu diesem Interview aufbrach, kam Frau Salwah mit einer Nachricht zu mir. Sie hatte nicht nur Kontakt zum militärischen Nachrichtendienst aufgenommen, sondern auch bei Oberst Ahmed Haitham Said ein Wort für mich eingelegt. Ich wußte, daß dieser Oberst Said eine Menge über einige Terroranschläge in Europa, vor allem in Westdeutschland, erzählen könnte, wenn er nur wollte.

»Sie wollen sich nicht mit Ihnen treffen.«

»Warum nicht?«

»Sie halten Sie für einen Mossad-Agenten.«

Ich dachte einen Moment lang über all die Jahre nach, die ich damit zugebracht hatte, nicht nur die Wahrheit über Carlos, sondern auch über die israelisch-palästinensische Frage herauszufinden. Ich erinnerte mich an meine Erfahrungen und meine Gefühle im Westjordanland und im Gazastreifen. Samir und sein Freund lieferten sich ein hitziges Wortgefecht auf arabisch. Ich wartete, bis sie fertig waren, und sah ihn dann fragend an.

»Die sind verrückt. Sie glauben, daß Sie für den Mossad arbeiten.«

In stummer Verzweiflung schüttelte ich den Kopf. Wenn die Syrer das wirklich glaubten, dann konnte ich die Interviews mit Duba, Said, el-Chuly und jedem anderen Mitarbeiter des syrischen Geheimdienstes abschreiben.

Farsad Barsoft, ein gebürtiger Iraner, der für den OBSERVER arbeitete, war ungefähr einen Monat vor meinem Abflug nach Damaskus im Irak festgenommen worden. Am Ende seiner von der irakischen Regierung finanzierten Reise war Barsoft südlich von Bagdad Berichten nachgegangen, wonach es dort in einer militärischen Einrichtung zu einer gewaltigen Explosion gekommen sei. Dabei waren er und seine

Begleiterin, die Krankenschwester Daphne Parish, verhaftet worden. Noch vor meinem Abflug hatte sich der damalige britische Außenminister John Major in dieser Angelegenheit offiziell an seinen irakischen Amtskollegen Tarik Asis gewandt und dabei insbesondere darauf hingewiesen, daß den Briten konsularischer Kontakt zu dem Paar verwehrt worden war.
Jetzt hatte es in dieser Angelegenheit eine neue Entwicklung gegeben, erklärte mir Samir. Barsoft hatte soeben im irakischen Fernsehen zugegeben, im Auftrag der Israelis spioniert zu haben. Er hatte »gestanden«, 1987 in London vom israelischen Geheimdienst angeworben worden zu sein. Ich wies Samir und Salweh darauf hin, daß der arme Barsoft ganz offenkundig so lange geprügelt und gequält worden sei, bis er diese »Geständnisse« abgelegt habe. Es war Wahnsinn. Und nun spielte sich ein ähnlicher Wahnsinn auch hier in Damaskus ab.
Ich war mittlerweile davon überzeugt, daß es ein syrischer Geheimdienst war, der versucht hatte, mich zu manipulieren. Wenn es stimmte, was man mir jetzt erzählte, dann mußten sie zu dem Schluß gekommen sein, daß sie versucht hatten, einen Mossad-Agenten umzudrehen. Es war unglaublich, und dennoch, wenn sie gleich zu Beginn zu diesem Schluß gekommen waren, dann war das möglicherweise eine Erklärung dafür, warum sie mir nicht den echten Mann vorgesetzt hatten, immer unter der Voraussetzung, daß er überhaupt mitgespielt hätte. Wenn ich für den Mossad arbeitete, dann konnten sie es natürlich nicht wagen, den echten Carlos in den Nordlibanon zu bringen. Ein Mossad-Agent ist selten allein. In der Stadt Jounieh, die nicht allzuweit von dem Ort entfernt liegt, wo ich mir zwei Nächte mit Carlos zwei um die Ohren geschlagen hatte, wimmelte es nur so von Mossad-Leuten.
Als ich mich mit Samir auf den Weg zu den Männern von der PLF machte, beschlich mich das Gefühl, daß mein Leben nun eine surreale Wendung nahm. Wir fuhren die Kuwatli-Straße entlang, vorbei am Verteidigungsministerium, in dem, wenn meine Informationen stimmten, Ali Duba und seine Männer ihre Intrigen sponnen. Ich fragte mich, wie lange ich wohl durchhalten würde, wenn sie beschließen sollten, mich in das Gebäude hineinzulassen, aber nicht um Fragen zu stellen, sondern Fragen zu beantworten. Wie lange würde es dauern, bis ich den Fernsehstudios erneut einen Besuch abstatten würde, aber nicht um über einen Mord im Vatikan oder den Mord an Salman Rushdie zu sprechen, sondern über meine Arbeit für den israelischen Geheimdienst.

Die palästinensische Splittergruppe, mit der ich heute verabredet war, war unter dem Namen Abu-Nidal-Gruppe bekannt. Meine Interviewpartner versicherten mir im Laufe des Gesprächs, daß sie mit dem berüchtigten Abu Nidal nicht das geringste zu tun hätten. Sie hätten lediglich den Wunsch verspürt, sich mit einem Titel zu schmücken, der »Vater des Kampfes« bedeute. Aber Abu Nidal war auch nicht der Mann, den ich hier in Damaskus suchte.
»Die Kasser-Brüder sind Ihnen aber sicher ein Begriff?«
»Ja, Gassan arbeitete mit Wadi Haddad zusammen, und Monser mit Abu Abbas. Aber jetzt sind sie Geschäftsleute.«
»Ja, natürlich. Ich würde gern in Kontakt mit einem Geschäftspartner von ihnen treten. Einem gewissen Michel Assaf.«
»Was wollen Sie von ihm?«
»Ich habe eine Nachricht für ihn. Von seinem Vater. Ich habe versprochen, sie ihm persönlich zu überbringen. Kennen Sie ihn?«
»Ich glaube, er ist ein Geschäftspartner der Kasser-Brüder. Monser ist, glaube ich, nicht hier, aber Gassan.«
»Sehr gut, wenn Sie ihn bitten könnten, mich aufzusuchen, oder wenn Sie für mich ein Treffen mit Michel Assaf arrangieren könnten, wäre ich Ihnen sehr dankbar.«
»Ich werde sehen, was sich machen läßt. Haben Sie ein Empfehlungsschreiben oder etwas Ähnliches?«
»Ja, hier bitte.«
Ich drückte ihm einen verschlossenen Umschlag in die Hand, auf dem nur der Name »Michel Assaf« stand. Dann widmete ich mich in aller Ruhe den diversen Querelen innerhalb der palästinensischen Bewegung und trank eine weitere Tasse arabischen Kaffees. Informanten vom westdeutschen und französischen Geheimdienst hatten mir schon lange vor meiner Reise nach Damaskus von Kontakten zwischen den Kasser-Brüdern und Carlos berichtet. Monser el-Kasser ist mehrfacher Millionär und handelt mit Waffen und Drogen. In Geheimdienstkreisen geht man davon aus, daß Carlos seine diversen Reisen nach Lateinamerika in seinem Auftrag unternommen hat. Monser el-Kasser unterhält auch enge Kontakte zu Abu Abbas. Großbritannien hat ihn auf Lebenszeit ausgewiesen, in Frankreich ist er *in absentia* zu acht Jahren Gefängnis verurteilt worden, und auch Österreich und Deutschland haben ihn ausgewiesen. Obendrein wird er auch noch mit Ahmed Dschibril in Verbindung gebracht. Sein Bruder Gassan hat, wie oben bereits angedeutet, ebenfalls Verbindungen zu palästinensischen Splittergruppen.

Zurück in meinem Hotel, hörte ich mir mehrmals die Tonbandaufnahmen des Interviews an. Hatte ich mir auch nichts anmerken lassen? Der Name »Michel Assaf« war meinem Gesprächspartner Ali Asis zweifelsohne nicht unbekannt gewesen. Jetzt konnte ich nur noch warten. Ich hatte von Anfang an vorgehabt, ihm ein »Empfehlungsschreiben« mitzugeben, noch bevor er mich darum gebeten hatte. Ich war gespannt, ob der Inhalt des Schreibens eine Reaktion auslösen würde. Das Gespräch hatte am Donnerstag, dem 2. November, stattgefunden.

Die nächsten paar Tage blieb ich in unmittelbarer Nähe meines Hotels, weil ich auf Telefonanrufe von ein paar Leuten wartete. Sie riefen jedoch nicht an. Ich unternahm Spaziergänge in dem nahe gelegenen Tischrin-Park. Zumindest dort konnte ich mich den Blicken der Männer entziehen, die mit ihren schmuddeligen ungebügelten Anzügen in der Hotelhalle herumlungerten. Am Sonntag, dem 5. November, ging ich wieder einmal im Park spazieren. In Gedanken war ich bei meiner Frau und meinen kleinen Kindern in London. Bei Einbruch der Dunkelheit sollte eine kleine Party mit Feuerwerk steigen – ohne den Vater. Der Park war wie jeder andere Park an einem Sonntagnachmittag. Familien. Liebespaare. Freunde bei einem Spaziergang. Vielleicht hatten sie alle nicht nur am Freitag, sondern auch am Sonntag frei.

»Mr. Yallop?«

Ich war auf der Höhe einer Parkbank angelangt, die etwas abseits vom Weg stand und teilweise verdeckt war. Ich blieb stehen und starrte den elegant gekleideten Araber verdutzt an, der mich angesprochen hatte. Irgendwas an ihm kam mir vertraut, sehr vertraut vor, und doch war er mir völlig fremd. Ich ging auf ihn zu. Er streckte mir die Hand entgegen.

»Ich bin Michel Assaf.«

Jetzt erkannte ich ihn. Der dicke Bart hatte mich irritiert, und die Tatsache, daß er älter und massiger geworden war. Sein Haar war ebenfalls sehr viel dünner, als ich erwartet hatte. Er zog den Inhalt des Umschlags aus der Tasche, den ich Ali Asis übergeben hatte.

»Woher haben Sie das?«

»Von dem Mann, der das geschrieben hat.«

»Wirklich? Von meinem Vater?«

»Ja, aber ich muß sicher sein.«

Das Blatt Papier, das er in der Hand hielt, war eine Seite aus dem Lehrbuch, das José Altagracia Ramírez Navas vor vielen Jahren verfaßt hatte. Ein Buch über die venezolanische Verfassung, das er auf Drängen

seines ältesten Sohnes, Ilich Ramírez Sánchez, geschrieben hatte. Es war typisch von diesem Sohn, daß er auf diese Weise den Kontakt zu mir aufnahm. Wie in einem schlechten Film.
Das Gesicht zeigte keine Spuren einer plastischen Operation. Die Ohren waren dieselben wie auf allen Fotos von ihm. Er sah aus wie ein syrischer Geschäftsmann, der im Park frische Luft schnappte. Diesmal wollte ich aber auf Nummer Sicher gehen. Zu viele Jahre waren vergangen, zu viel war dazwischengekommen. Wir setzten uns auf die Bank.
»Sie haben eine Nachricht von meinem Vater?«
»Ja, aber ich möchte sichergehen, daß ich sie auch dem richtigen Mann überbringe. Es ist eine sehr einfache Nachricht, aber für Señor Altagracia ist sie sehr wichtig. Ich möchte Ihnen ein paar Fragen stellen.«
»Ich kann Ihnen kein Interview geben.«
Der Akzent war unverwechselbar. Genau derselbe, den ich bei zwei Gelegenheiten im Nordlibanon gehört hatte, und doch war dieser Mann nicht der, den ich dort getroffen hatte.
»Natürlich nicht, aber Sie wissen, daß ich Schriftsteller bin?«
»Ja, sie haben es mir gesagt.«
»Wer?«
»Meine Freunde.«
Ich fragte ihn nicht, wer seine Freunde waren. Es war ohne Belang.
»Haben Sie ein gutes Gedächtnis?«
»Ein hervorragendes.«
»1971 waren Sie in London zu einer Hochzeit eingeladen. Sie waren einer der Trauzeugen. Sie haben die Heiratsurkunde unterschrieben. Wie hieß die Braut?«
Er lächelte. Die Sache schien ihm allmählich Spaß zu machen. Das hatte ich geahnt.
»Nellie. Nellie Gouverneur. Der Bräutigam hieß Lionel Isaacs.«
»Davor, als Sie aus dem Nahen Osten zurückkamen, ließen Sie sich von der Botschaft Ihres Landes in Amsterdam einen neuen Paß ausstellen. Auf dem Paßfoto trugen Sie einen Pullover. Wissen Sie noch, von wem Sie den hatten?«
Er starrte mich an.
»Woher wissen Sie das?«
»Von Ihrem Vater. Woher hatten Sie ihn?«
»Von Georges Habasch.«
»Ihre Eltern hatten eine kleine Tochter. Sie kam zu früh zur Welt. Sie wurde nicht einmal drei Monate alt. Wie hieß sie?«

»Natascha.«
Er hatte angebissen.
»Welche Zigarettenmarke rauchte Ihr Vater, als Sie noch ein kleiner Junge waren?«
»Er rauchte überhaupt nicht. An dem Tag, als ich geboren wurde, hörte er auf zu rauchen. Meiner Gesundheit zuliebe.«
»Eines der Lieder, die Sie am Fermín Toro gesungen haben, beginnt mit der Zeile ›Gott herrscht im Himmel‹. Wie geht das Lied weiter?«
»En la tierra los christianos ... die Christen herrschen auf der Erde.«
Er klatschte begeistert in die Hände. Dicke und sehr gepflegte Hände. Hände, die viele Menschen getötet hatten.
»Das genügt. Die Nachricht von Ihrem Vater ist wie gesagt sehr einfach. ›Sagen Sie Ilich, daß ich ihn liebe. Ich habe ihn immer geliebt und werde ihn immer lieben. Wenn er sich einst für immer in einem sozialistischen Land niederläßt, werde ich zu ihm kommen und den Rest meines Lebens bei ihm verbringen.‹«
Er schwieg einen Moment lang.
»Ich danke Ihnen. Vielen Dank.«
Ich sah ihm nach. Das war Carlos. Er hatte alle Fragen zu meiner vollsten Zufriedenheit beantwortet. Als er den Park verließ, hielt ein teuer aussehender Wagen neben ihm. Er stieg ein und fuhr weg. Wenn ich mich nicht täuschte, war es ein Mercedes.
Die Nachricht war echt gewesen. Sein Vater hatte sie meinem Dolmetscher in San Cristóbal übergeben. Ich fragte mich, wie er darauf reagieren würde. Würde er nach seinem Vater schicken? Das mußte die Zukunft zeigen. Für mich war es jetzt Zeit, nach Hause zu gehen.

Epilog

Ein zynischer Beobachter des späten 20. Jahrhunderts könnte wohl zu dem Schluß kommen, daß man Carlos hätte erfinden müssen, wenn es ihn nicht gegeben hätte. Warum? Weil Carlos so viele Grundzüge unserer Zeit und unserer unterschiedlichen Gesellschaften verkörpere. Nicht zum ersten Mal kommt der zynische Beobachter der Wahrheit näher, als er glaubt. Den Carlos aus dem Vorwort dieses Buches gibt es nicht. Es hat ihn nie gegeben.

Dieser Carlos ist von vielen aus vielerlei Gründen geschaffen worden. Die Informationen am Anfang dieses Buches stammen aus zwei Quellen. Aus den Medien der Welt und aus Büchern, deren Autoren sich vielfach auf die Akten der Geheimdienste verschiedener Länder berufen haben.

Der Bericht über das Leben dieses Mannes, der im Vorwort dieses Buches abgedruckt ist, enthält kein Körnchen Wahrheit.

Der Bericht ist eine Fiktion, aber eine Fiktion, die ihr Ziel auf eindrucksvolle Weise erreicht hat: Sie hat den Kalten Krieg zwischen Ost und West verschärft, sie hat dafür gesorgt, daß eine friedliche Lösung des Palästinenserproblems ein unerreichbarer Traum bleibt, über die Grenzen hinweg ein Klima des Mißtrauens und der Feindseligkeit geschaffen und schlimmes Unheil angerichtet. Der Mythos um Carlos bot verschiedenen Regierungen eine Chance, die sie beim Schopf ergriffen – um das nicht zu Rechtfertigende zu rechtfertigen, das Unerklärliche zu erklären und von der Wahrheit abzulenken. Wie der Leser im Kapitel »Wie ein Mythos entsteht« erfährt, ist die Geschichte des Terroristen Carlos die Geschichte einer Desinformationskampagne, die in den modernen Friedenszeiten beispiellos ist.

Was sich nur wenige Tage nach meiner Begegnung mit Carlos ereig-

nete, ist zweifelsohne das Schönste an der ganzen Geschichte. Ilich Ramírez, der als junger Mann von der Revolution geträumt hatte, wurde selbst das Opfer einer Revolution. Einer historischen und überaus erfolgreichen Revolution. Einige Monate zuvor hatte der damalige Präsident der Sowjetunion, Michail Gorbatschow, erklärt:
»Der Kalte Krieg soll der Vergangenheit angehören.«
Im November 1989 war Berlin plötzlich keine geteilte Stadt mehr. Heute ist Deutschland kein geteiltes Land mehr.
Die Mauer ist gefallen, ebenso der Eiserne Vorhang.
Honecker wurde gestürzt – für Carlos wieder ein Zufluchtsort weniger. Ende Dezember 1989 hatte der Venezolaner erneut eine konspiratives Haus verloren. Ceauşescu war gestürzt worden. In Bulgarien, der Tschechoslowakei, Ungarn – ein konspiratives Haus nach dem anderen ging verloren und brach zusammen wie das sprichwörtliche Kartenhaus. Während Carlos und seine revolutionären Träume für viele, die mit ihm in Berührung kamen, nur einen Alptraum heraufbeschworen hatten, war die Weltordnung des Kalten Krieges hinweggefegt worden. Jetzt bestand die Möglichkeit, eine bessere Form des Zusammenlebens auf diesem Planeten zu finden.
In Europa wird es für Carlos keinen neuen Unterschlupf mehr geben. Er ist also immer noch auf der Flucht. Flieh, Carlos, flieh! Aber wohin? Dem meistgesuchten Mann der Welt ist ein einmaliges Double gelungen. Er ist gleichzeitig auch der am wenigsten gesuchte Mann der Welt. Wie viele Staatschefs haben noch Verwendung für einen alternden Terroristen mit einer MP in der Hand?
Dieses Buch hat gezeigt, daß Ramírez in der Zeit des Kalten Krieges zu einer Art Schachfigur wurde. Der Westen benutzte ihn, um noch mehr Feindseligkeit und Mißtrauen zu säen, als ohnehin schon vorhanden war. Jetzt wird dieser Mann selbst für diesen abscheulichen Zweck nicht mehr gebraucht. In den Ostblockstaaten war Carlos von mehreren kommunistischen Regierungen als eine Art Haus-Terrorist angeheuert worden. Doch mittlerweile sind die Diktatoren, die Verwendung für den venezolanischen Söldner hatten, entweder tot oder abgesetzt.
Am 15. März 1990 wurde der bedauernswerte Farsad Barsoft von einem irakischen Exekutionskommando hingerichtet. Seine Festnahme, seine Folterung und sein späteres Geständnis hatten mir in Syrien zuweilen große Angst eingejagt. Meine Nachforschungen haben ergeben, daß er keineswegs Agent des israelischen Mossad war, sondern für den MI 6 spionierte. Teil seines Spionageauftrags war, Informatio-

nen über die Superkanone zu beschaffen, die der Wissenschaftler Gerard Bull für Saddam Hussein entwickelte. Bull wurde später von einem Agenten des Mossad in Brüssel ermordet.
Zwei Monate nach dem Barsoft-Prozeß in Bagdad näherte sich ein weiterer Prozeß seinem unvermeidlichen Ende. Beide waren eine Farce. Wenn es von vorneherein eine ausgemachte Sache war, daß Barsoft für schuldig befunden würde, so war genauso vorhersehbar, daß Gabriele Kröcher-Tiedemann von ihrem Kölner Richter freigesprochen werden würde. Die Anklage warf ihr vor, bei dem Anschlag auf die OPEC im Dezember 1975 zwei Männer erschossen zu haben. Das Urteil, das am 22. März 1990 verkündet wurde, war von dem Augenblick an unausweichlich gewesen, als ein Zeuge nach dem anderen, darunter auch alle überlebenden OPEC-Minister, die Aussage verweigert hatte. Der Schatten von Carlos lastete schwer über der gesamten Verhandlung. Gabriele Kröcher-Tiedemann hatte kaltblütig zwei Männer umgebracht. Daran besteht kein Zweifel. Die Beweise sind eindeutig, aber leider wurden sie dem Kölner Gericht nie vorgelegt. Was lernen wir daraus? Ganz einfach – wer ungestraft einen Mord begehen will, muß Carlos zum Freund haben. Vielleicht tragen die in diesem Buch gesammelten Fakten, wohlgemerkt Fakten und nicht Mythen, dazu bei, daß Einzelpersonen wie auch Regierungen endlich den Mut finden, Ilich Ramírez vor Gericht zu stellen. Erst dann nämlich können wir den Mythos dieses Mannes endgültig begraben.
Am 14. August 1990, weniger als zwei Wochen nach der irakischen Invasion in Kuwait, trat dieser Mythos erneut in Erscheinung. In den Schlagzeilen war zu lesen, daß Saddam Hussein Carlos zu einem Treffen der Top-Terroristen nach Bagdad gerufen habe. Es hieß, der irakische Präsident wolle Carlos gegen den Westen hetzen. Dabei muß er aber auf beträchtliche Schwierigkeiten gestoßen sein, denn es fanden keinerlei Anschläge statt. Einer der Gründe war, daß Carlos weiterhin ein träges und sorgloses Leben in Damaskus führte.
Doch es steht außer Frage, daß Präsident Hussein die terroristische Karte tatsächlich auszuspielen versuchte. Aber eben ohne Carlos. Er setzte auf andere, weniger berühmte Terroristen wie etwa Abu Nidal. Allerdings hatte der irakische Präsident über die palästinensische Karte nicht gründlich genug nachgedacht. Zwar hatte er Jassir Arafat auf seiner Seite, aber längst nicht alle PLO-Mitglieder waren Arafats Meinung. Sie hielten es für eine Riesendummheit, wenn die PLO sich hinter die irakische Aggression stellte. Auch Abu Ijad vertrat diese Meinung. Jedesmal, wenn Hussein mit Hilfe palästinensischer Extremisten

versuchte, einen Terrorakt zu begehen, funkte Abu Ijad dazwischen. Als Chef des PLO-Geheimdienstes saß er genau an der richtigen Stelle, um alle sogenannten »Schläfer«, die Hussein aktivieren wollte, zu stoppen. Welch paradoxe Situation – der Gründer des Schwarzen September setzte seine ganze List für eine westliche Allianz ein, der auch Israel angehörte. Der Mann, der mir gegenüber offen zugegeben hatte, den Anschlag des Schwarzen September auf die israelische Olympiamannschaft in München und eine Reihe weiterer Terrorakte geplant zu haben, hatte bis zum Januar 1991 alle vom Irak geplanten Terrorakte erfolgreich sabotiert. Am 14. Januar 1991 bezahlte er dafür mit dem Leben. Er wurde im Auftrag Saddam Husseins ermordet, niedergeschossen von einem Mitglied der Abu-Nidal-Gruppe, das er im Unterschied zu anderen, die er mir vorgestellt hatte, nicht identifiziert hatte. Während die Welt unausweichlich auf einen Krieg mit dem Irak zusteuerte, fragte ich mich, wie hoch der Preis war, den wir dafür bezahlt hatten, daß Syrien der westlichen Kriegsallianz beitrat. Die Wiederaufnahme der diplomatischen Beziehungen Großbritanniens zu Syrien war ein Teil dieses Preises. Ein anderer Teil betraf die Lockerbie-Affäre. Zwei Jahre lang hatte der Westen unbeirrt und unablässig Syrien und speziell die Dschibril-Gruppe für den Anschlag verantwortlich gemacht. Der Leser erinnert sich vielleicht noch: Als ich Dschibril interviewte, zitierte er die Worte, mit denen der amerikanische Außenminister James Baker Ende 1989 seinen syrischen Amtskollegen begrüßt hatte:
»Wir haben Beweise. Wir haben unanfechtbare Beweise.«
Ende 1990 wurden einige dieser »unanfechtbaren Beweise« plötzlich veröffentlicht. Das Problem war nur, daß wir auf einmal nicht mehr unserem »Verbündeten« Syrien die Schuld gaben, sondern Gaddafis Libyen. Heute, Anfang 1992, werden häufig ›definitive Sanktionen‹ gegen Libyen gefordert, falls das Land unseren Forderungen nicht nachkommt. Aber das ist alles nur leeres Gerede. Man kennt das zur Genüge.
Bei den Recherchen zu diesem Buch und später bei der Niederschrift war ich mir der dramatischen Veränderungen in Europa sehr bewußt. Und wieder schrieb das Leben die besten Geschichten. Der Kalte Krieg ging zu Ende. Carlos und sein Leben, insbesondere seit Ende der sechziger Jahre, sind auf eigentümliche Weise Teil dieses Kalten Krieges. Jedes Land hat einen eigenen Namen für ein Geschöpf wie ihn. In Carlos' Muttersprache, dem Spanischen, jagt man den Kindern mit »coco« einen Schrecken ein. In Italien ist es der »spauracchio«, in Ruß-

land der »gombore domowoi«, in Frankreich der »croque-mitaine«, in Deutschland der »Schwarze Mann«. Jetzt haben wir dank eines Venezolaners ein universelles Wort für dieses Phänomen – Carlos.
Die Sache der Palästinenser und ihr Kampf für einen unabhängigen Staat hatten Ilich Ramírez begeistert. Aber diese Begeisterung legte sich bald und wurde durch etwas anderes ersetzt, das er weitaus begehrenswerter fand; er selbst sprach von »scharfen Sachen«. Der einstige Marxist wurde Kapitalist. Er verriet seine ursprüngliche politische Weltanschauung ebenso gelassen wie die Sache der Palästinenser. Das Kind aus kleinbürgerlichen Verhältnissen entwickelte sich als Erwachsener zum Inbegriff des Bourgeois. Seine persönlichen Vorstellungen von Moral und Integrität hatte Ramírez schon vor Jahrzehnten über Bord geworfen.
Ramírez und andere seines Schlages waren all die Jahre kein Propagandageschenk für die Palästinenser, sondern für die israelischen Falken. Jeder sinnlose Terrorakt diente der extremen Rechten in Israel nicht nur als Vorwand, Gebietsabtretungen grundsätzlich abzulehnen, sondern auch als Rechtfertigung für eigene sinnlose Akte der Gewalt und des Terrors.
Ich breche hier weder eine Lanze für Jassir Arafat und die anderen PLO-Führer noch für Jizchak Schamir und seine Kollegen. Sie haben allesamt die Zeichen der Zeit nicht erkannt und hängen vergangenen Tagen nach. Meine Sympathien gelten dem palästinensischen und dem israelischen Volk. Beide verdienen eine bessere Führung. Sie verdienen Frieden, und den wird es erst geben, wenn eine gerechte Lösung für beide Seiten gefunden ist. Israel ist das Land der Juden, es ist aber auch die Heimat der Palästinenser. Es ist geradezu absurd, daß die praktischen und intellektuellen Fähigkeiten beider Völker nicht zum gegenseitigen Nutzen eingesetzt werden. Wenn die Ewiggestrigen auch künftig nicht gewillt sind, eine gerechte Lösung auszuhandeln, dann werden sie der kommenden Generation ein schreckliches Erbe hinterlassen. Im Vergleich zu dem Blutbad, das dann auf uns zukommt, werden uns die vergangenen 50 Jahre wie ein Picknick vorkommen.
»Richten Sie Ilich aus, daß ich ihn liebe. Ich habe ihn immer geliebt und werde ihn immer lieben.«
Diese ergreifende Botschaft des Vaters, verbunden mit der Bitte, zu ihm kommen zu dürfen, beschäftigte mich während der gesamten Niederschrift dieses Buches. Ich überlegte mir oft, was der Sohn wohl geantwortet hatte. Ende 1991 wußte ich es. Er hatte jemanden kommen

lassen, aber nicht seinen Vater, sondern seine Mutter Elba. Die Frau, die immer so viel mehr über ihr ältestes Kind gewußt hatte als Señor José Altagracia Ramírez Navas.

Fast zwei Jahre nach unserer Begegnung wurde die für Carlos ohnehin schon merklich schrumpfende Welt mit einem Schlag noch kleiner. Sein angenehmer Aufenthalt in Damaskus fand ein Ende, und er mußte zusammen mit Frau Magdalena, Tochter Rosa, seinem treu ergebenen Freund Johannes Weinrich und zwei oder drei Gesinnungsgenossen die Stadt verlassen. Präsident Assad suchte Anschluß im Westen, und dazu mußte er klar Schiff machen.

Ende September 1991 landete eine Boeing 707 der Syrian Airlines in Tripolis. An Bord befand sich eine höchst ungewöhnliche Fracht: der jemenitische Diplomat Nagi Abu Baker Ahmed, dazu seine Frau, sein Kind und seine Mutter, die mit marokkanischen Diplomatenpässen reisten, und schließlich drei Freunde, die mit jemenitischen Diplomatenpässen reisten. Nagi Ahmed erklärte den Libyern, sie seien Palästinenser, hätten Syrien verlassen müssen und suchten nun Zuflucht in Libyen. Die libyschen Beamten waren mißtrauisch und wurden noch mißtrauischer, als sie Herrn Nagis Gepäck durchsuchten. Sie fanden zwei Beretta-Pistolen, zwei Handgranaten, eine Million Dollar in Banknoten und eine größere Menge Schmuck. Syrische Botschaftsbeamte wurden zum Flughafen gerufen. Sie wußten wenig über die Diplomatengruppe zu sagen. Die Libyer verweigerten den Ankömmlingen die Einreise und schickten sie nach Damaskus zurück. Die Syrer waren darüber ganz und gar nicht entzückt und sprengten auf dem internationalen Flughafen von Damaskus ein Flugzeug der Libyan Airlines in die Luft.

Die Libyer hatten die Gruppe heimlich fotografiert. Die Auswertung der Fotos ergab zweifelsfrei, daß es sich bei Herrn Nagi, der einen riesigen Schnurrbart trug, in Wirklichkeit um Ilich Ramírez handelte. Seine beiden Begleiterinnen waren seine Frau Magdalena Kopp und seine Mutter Elba. Einer der Freunde war der allgegenwärtige Weinrich.

Hätte Carlos bei dem Anschlag auf die Wiener OPEC-Zentrale oder bei anderen Gelegenheiten im Auftrag Gaddafis gehandelt, so hätte er wohl kaum so viele falsche Pässe gebraucht, um nach Libyen einzureisen. Und was noch wichtiger ist: Man hätte ihm wohl kaum hinausgeworfen.

Die Syrer haben den westlichen Geheimdiensten über vertrauliche Kanäle mitgeteilt, daß die Gruppe sofort in den Jemen ausgeflogen wor-

den sei. Das stimmt nicht. Carlos und sein ständig kleiner werdendes Gefolge haben sich wieder in Damaskus niedergelassen. Dort können ihn die Regierungen der westlichen Welt, die sich so nachdrücklich der Bekämpfung des Terrorismus verschrieben haben, jederzeit ausfindig machen.
Flieh, Carlos, flieh.
Im März 1992 starb der Mann, auf dessen Kopf die britische Regierung Mitte der vierziger Jahre 10000 Pfund ausgesetzt hatte, der für den Bombenanschlag auf das King David Hotel mit 91 Todesopfern verantwortlich war und der 1947, also ein Jahr darauf, seiner Irgun-Bande Befehl gegeben hatte, zwei entführte britische Sergeants aufzuhängen. Ein Nachruf charakterisierte Menachim Begin als »reuelosen Terroristen, der den Friedensnobelpreis erhielt und dann einen weiteren Krieg vom Zaum brach«. Einen Monat später, im April 1992, verhängten die Vereinten Nationen auf Betreiben der USA Sanktionen gegen Libyen. Man wollte Oberst Gaddafi zwingen, die beiden Libyer auszuliefern, die der Beteiligung an dem Lockerbie-Attentat verdächtigt wurden. Zu den Sanktionen gehörte ein totales Luft-Embargo gegen das Land. In den restlichen Monaten des Jahres 1992 starteten und landeten keine Flugzeuge mehr in Libyen. Die beiden Verdächtigen blieben in ihrer Heimat – ebenso wie die Leute, die tatsächlich für den Lockerbie-Anschlag verantwortlich waren. Einige in Damaskus, einige in Teheran.
In der ersten Juniwoche 1992 verurteilte ein französisches Gericht Carlos wegen Mordes an zwei Mitarbeitern der DST in der Rue Toullier 1975 zu lebenslanger Haft. Das Problem der Franzosen war nur, daß Carlos nicht im Gerichtssaal saß. Er lebt noch immer mit seiner Frau Magdalena, ihren beiden Kindern und dem allgegenwärtigen Weinrich in Damaskus: unter einem Regime, das auf subtilen Druck des Westens hin versucht hat, klar Schiff zu machen. Ende 1991 verkündete Präsident Assad die Freilassung von 3500 politischen Gefangenen. Viele von ihnen waren über zehn Jahre lang ohne Prozeß festgehalten worden. Mindestens 5000 weitere sitzen noch immer ohne Gerichtsurteil in den Kerkern, den meisten wird jeder Kontakt zur Außenwelt verwehrt. Seit Assads Amtsantritt sind Tausende von Gefangenen an Mißhandlungen und Folterungen gestorben. Unser »Verbündeter« Syrien steht in den Vereinigten Staaten noch immer auf der Liste der Länder, die den Terrorismus unterstützen.
Der Mythos Carlos erfreut sich in den Medien noch immer großer Beliebtheit. Ein Mitte 1992 in der englischen SUNDAY TIMES erschienener

Artikel enthielt zum Beispiel die Falschinformationen, daß Ramírez in seiner Jugend ein Ausbildungslager auf Kuba besucht habe und im Jahr 1972 der Drahtzieher hinter dem Blutbad auf dem Flughafen Lod gewesen sei.
In Israel hat Schamir, ein weiterer reueloser Terrorist, das Amt an den Knochenbrecher Rabin abgegeben. Die Zukunft wird zeigen, ob der Knochenbrecher auch ein Friedensbringer ist. Erst die Zukunft wird zeigen, ob Rabin bei den Nahost-Friedensgesprächen denselben Kurs verfolgen wird wie Jizchak Schamir, der im Juni 1992, als er einen Moment nicht aufpaßte, sagte: »Ich hätte noch zehn Jahre über Autonomie verhandelt. Bis dahin wären wir in Judäa und Samaria [der Westbank] eine halbe Million Menschen gewesen.«
Rabin hat keine zehn Jahre. Meines Erachtens nicht einmal zwei.
Jetzt, wo der Kalte Krieg der Vergangenheit angehört, braucht die Rüstungsindustrie im Westen dringend ein neues Feindbild, das die Produktion und den Verkauf ihrer Erzeugnisse sichert. Heißer Anwärter für diese Rolle war bis Ende 1992 der Iran. Diese Strategie warf sofort Profite ab: Sie führte unter anderem zum Verkauf von 72 neuen Kampfflugzeugen des Typs F-15 E, ein 5-Milliarden-Dollar-Geschäft, das bei McDonnell-Douglas Tausende von Arbeitsplätzen sichert; ein Deal in gleicher Höhe, bei dem es um den Verkauf eines Luftabwehrsystems mit Patriot- und Hawk-Raketen an Kuwait und Katar geht, wird General Dynamics wahrscheinlich eine ähnliche Situation bescheren. Andere Länder stehen nicht nach: Die Briten hoffen auf den Verkauf von weiteren 48 Tornado-Jets an die Saudis; Verhandlungen mit Kuwait über die Lieferung einer beträchtlichen Anzahl von Panzern des Typs Challenger-2 von Vickers und anderen gepanzerten Fahrzeugen sind bereits weit gediehen. Der britische Schiffsbauer Vosper Thornycroft ist mit Oman über den Verkauf von zwei neuen raketenbestückten Korvetten handelseinig geworden. Auch Frankreich war optimistisch wegen einer Lieferung zahlreicher Kampfflugzeuge vom Typ Mirage an Kuwait und andere Scheichtümer. Fortschritte erzielen auch China und Rußland mit dem Verkauf von Raketen an den Irak und Syrien sowie an Saudiarabien und selbst an den Iran. Ende 1992 wird das Justizministerium der USA voraussichtlich Haftbefehl gegen iranische Terroristen erlassen, die man der Ermordung von US-Geiseln im Libanon und der Entführung eines amerikanischen Verkehrsflugzeuges beschuldigt; die Reagan-Administration und das Weiße Haus unter Bush hatten für die Verbrechen zunächst Oberst Gaddafis Libyen verantwortlich gemacht.

Die geschätzten 500000 im Libanon lebenden Palästinenser sehen sich jetzt einer neuen Bedrohung gegenüber. Im September 1992 verkündete Libanons Innenminister Sami Chatib Pläne, die Palästinenser dort anzusiedeln, wo sie sich gerade aufhielten. Chatibs Regierung schlägt vor, »unter den palästinensischen Flüchtlingen im Libanon und in anderen Teilen der Welt eine Volkszählung durchzuführen in der Absicht, sie anzusiedeln und ihnen die Staatsbürgerschaft der Gastländer zu geben«. Gelingt dieser Plan, dann verlieren die meisten Palästinenser auf diesem Planeten für immer das Recht, in ihr angestammtes Land zurückzukehren. Ein Millionenvolk, das seit den späten vierziger Jahren auf die Heimreise wartet, ist dann bis in alle Ewigkeit zum Leben im Ausland verurteilt. Diese Politik hat die volle Zustimmung der Israelis. Im gleichen Jahr, 1992, erklärte der damalige israelische Ministerpräsident Jizchak Schamir kategorisch, daß alle Juden auf ewig das Recht hätten, nach Israel zurückzukehren, während den Palästinensern dieses Recht auf ewig verwehrt sei. Ethnische Säuberungen haben viele Formen. Elie Hubeika, ein weiteres Mitglied der gegenwärtigen libanesischen Regierung, hat, glaubt man der Kahan-Kommission, sehr genaue Vorstellungen von der Lösung des Palästinenserproblems: Hubeika ist augenblicklich der libanesische Minister, der für die Rückführung Verschleppter und Vertriebener in ihre Heimatländer zuständig ist.

Die beiden deutschen Entwicklungshelfer Heinrich Strübig und Thomas Kemptner konnten in diesem Jahr endlich glücklich in ihre Heimat zurückkehren. Sie waren die beiden letzten Europäer, die von der Hisbollah als Geiseln festgehalten wurden.

Der »heilige Krieg« der Hisbollah gegen die israelischen Besatzer in Südlibanon ist noch immer gefährlich. Die Partei Gottes richtet Blutbäder unter dem auserwählten Volk Gottes an, und umgekehrt.

Ende 1992 gehörte der Kalte Krieg tatsächlich der Vergangenheit an. Mit ihm leider auch Gorbatschow. Auf die totalitaristischen Regime in einigen östlichen Ländern folgte ein Aufguß des Schreckens, der von den neofaschistischen Umtrieben in Ostdeutschland bis zu den ethnischen Säuberungen im ehemaligen Jugoslawien reicht. Die jugoslawischen Bosnier werden häufig bereits die »neuen Palästinenser« genannt. Als gehörten die Palästinenser der Geschichte an oder existierten überhaupt nicht, wie Golda Meïr es einst ausgedrückt hat. Während Assad von Syrien Carlos noch immer protegiert, wird einem seiner früheren Beschützer, Erich Honecker, jetzt der Prozeß gemacht.

Die Wahl von Clinton zum Präsidenten der Vereinigten Staaten ist für Israel ein gutes Zeichen. Das jährliche Drei-Milliarden-Dollar-Paket scheint weiterhin gesichert. Clinton hat vor seiner Wahl eine Reihe von Bemerkungen gemacht, die bei den Palästinensern die Alarmglocken schrillen ließen. Mit Seitenblick auf die israelische Lobby bezeichnete der damalige Präsidentschaftskandidat Jerusalem als Hauptstadt eines vereinten Israel. Auch mißbilligte Clinton Bushs Maßnahme, die Bürgschaft für den Kredit über zehn Milliarden Dollar an Israel an einen Siedlungsstopp in den besetzten Gebieten zu koppeln.
Mario Cuomo, der Gouverneur des Staates New York, versicherte dem israelischen Ministerpräsidenten Jizchak Rabin bei einem Besuch zwei Monate vor den Präsidentschaftswahlen in den USA, daß Clinton im Falle seines Sieges »wohl der israelfreundlichste« US-Regierungschef der neueren Geschichte sein werde. Ich war während Cuomos Besuch zufällig in Israel; zu seinem Besuchsprogramm gehörten weder ein Abstecher in den Gazastreifen oder in die palästinensischen Flüchtlingslager im Westjordanland noch eine Begegnung mit Palästinenserführern. Cuomo machte eine Reihe erschreckend deutlicher Aussagen über seine Interessen und Prioritäten in der israelisch-palästinensischen Frage. Er bezeichnete den arabischen Boykott Israels als »wirtschaftlichen Boykott gegen den Staat New York«. Er erinnerte seine Zuhörer daran, daß Israel unter den Handelspartnern des Bundesstaates an dreizehnter Stelle steht. Zur jährlichen Finanzspritze von drei Milliarden Dollar bemerkte Cuomo: »Wir brauchen Israel. Die Hilfe, die Israel aus den Vereinigten Staaten erhält, ist kein Geschenk, sondern die Investition in einen starken Verbündeten.« Zu Bill Clinton meinte Gouverneur Cuomo, »kein amerikanischer Politiker in der neueren Geschichte der Vereinigten Staaten« habe »sich israelfreundlicher geäußert als der Präsidentschaftskandidat der Demokraten«. Vor Reportern in Jerusalem fügte er hinzu: »Die demokratische Partei akzeptiert die Formel Land gegen Frieden der [Bush-]Administration nicht. Es ist Clintons Position, daß wir Israel als ehrliche Unterhändler dabei helfen wollen, einen Frieden zu erreichen, und zwar zu Bedingungen, die von Israel festgelegt werden und nicht von den Vereinigten Staaten.«
Und wahrscheinlich auch nicht von den Palästinensern.
Auch für Ministerpräsident Rabin fand er lobende Worte, also für jenen Mann, der als Verteidigungsminister im Kabinett Schamir die israelische Armee aufgefordert hatte, »den Palästinensern mehr und noch mehr Glieder zu brechen«, und der den Einsatz von Plastikge-

schossen in den besetzten Gebieten damit gerechtfertigt hatte, daß die neue Waffe nicht töten, sondern »die Zahl der Verletzten unter den Teilnehmern bei gewalttätigen Ausschreitungen erhöhen« solle. Für jenen Mann, der zu dem brutalen Vorgehen der israelischen Armee in den besetzten Gebieten gemeint hatte: »Israel hat nichts zu verbergen, denn wir schämen uns nicht für das, was wir tun.« Diesen Mann nannte Gouverneur Cuomo einen »... prachtvollen Menschen, einen ganz außergewöhnlich prachtvollen Menschen. Rabin hat schon früh einen militärischen Sachverstand und heldenhafte militärische Führungsqualitäten unter Beweis gestellt, die ihn in die Lage versetzen, Dinge auf diplomatischem Wege zu erreichen, die er ohne diesen Ruf nicht erreichen würde.«

Clintons Präsidentschaft scheint für die Palästinenser zu einem langen Hungerwinter zu werden.

In Israel bleiben die Widersprüche bestehen. Während die Friedensgespräche zwischen Israel, dem Libanon, Syrien, Jordanien und den Palästinensern sich zäh dahinschleppen und zunehmend etwas Unwirkliches bekommen, nimmt die Wirklichkeit in den besetzten Gebieten in der Westbank und im Gazastreifen viele Formen an. Ende 1992 konnte man täglich beobachten, wie sich palästinensische Jugendliche vor dem Haus von Faisal Husseini, einem palästinensischen Chefunterhändler, versammelten. Sie erkundigen sich, ob sie sich von der Polizei anwerben lassen können. Nicht von der gegenwärtigen israelischen Polizei, sondern von der palästinensischen Polizei, die es, wie sie hoffen, in naher Zukunft geben wird. Die Vorbereitungen für einen möglichen Palästinenserstaat laufen seit der Unabhängigkeitserklärung der PLO im Jahre 1988 auf Hochtouren. Schon sind De-facto-Minister ernannt. Husseini wird für die innere Sicherheit zuständig sein. Ibrahim Schaban, ein Ingenieur aus dem Westjordanland, soll das Ressort Wohnungsbau übernehmen. Anees el-Kak wird Gesundheitsminister, der Vizepräsident der Bir-Seit-Universität Bildungsminister. Kürzlich hat die arabische Journalistenvereinigung mit einem deutschen Fernsehsender eine Übereinkunft getroffen, nach der Redakteure für den ersten palästinensischen Fernsehsender ausgebildet werden sollen. Es gibt Pläne, den kleinen Flughafen Kalandia im Westjordanland nahe Jerusalem zu einem internationalen Flughafen auszubauen. Das letzte Zeugnis des palästinensischen Optimismus ist der geplante Bau eines Tunnels von knapp sechzig Kilometern Länge mit geschätzten Kosten von über 400 Millionen US-Dollar: Er soll das Westjordanland mit dem Gazastreifen verbinden. Mögen alle Wünsche in Erfüllung gehen. Während die Palästinenser sich in der Hackordnung der Zukunft einen Platz zu erobern versuchen, geht das reale Leben und Sterben weiter. Am 29. September 1992, zu Rosch Haschanah, dem jüdischen Neujahr, beobachtete ich, wie jeder Araber, der aus dem Westjordanland nach Jerusalem zu fahren versuchte, gestoppt und mit Waffengewalt zur Umkehr gezwungen wurde. Noch immer wird an der grünen Grenze entschieden, wer ein Recht und wer kein Recht auf Rückkehr hat. Werden im Gazastreifen innerhalb einer Woche weniger als fünf Palästinenser erschossen und weniger als fünfzig verletzt, so spricht man nach wie vor von einer ruhigen Woche. Dort und im Westjordanland sind plötzliche Ausgangssperren immer noch an der Tagesordnung. Im letzten Schuljahr fielen vierzig Prozent des Unterrichtes aus, weil die Israelis Schulen geschlossen hatten. Fast die Hälfte des Landes im Gazastreifen ist nach wie vor dem israelischen Militär oder jüdischen Siedlern vorbehalten. Seit Ausbruch der Intifada 1987 sind über 1500 Palästinenser ums Leben gekommen. Und über 100 Israelis. Während die Friedensgespräche fortdauern, droht eine blutige Zukunft. Die islamische Widerstandsbewegung Hamas, die größte militante islamische Fraktion in den besetzten Gebieten, gewinnt zunehmend an Einfluß. Bald wird sie über die rückhaltlose Unterstützung von über fünfzig Prozent der Palästinenser in den besetzten Gebieten verfügen. Mit Geld und Waffen aus dem Iran macht sie deutlich, wie die furchtbare Alternative aussehen wird, wenn die laufenden Friedensgespräche scheitern sollten. Israel fand nach dem Einmarsch in den Libanon sein Vietnam, aber dies war nur der erste Akt des Dramas, das die israelischen Streitkräfte bei einem Scheitern der Verhandlungen in den besetzten Gebieten erwartet.

In der zweiten Hälfte des Jahres 1983 war ich aufgebrochen, um die Wahrheit über einen Mann herauszufinden, Ilich Ramírez. Ich glaube, ich war bei dieser Aufgabe erfolgreich. Auf dieser Reise, die mich in die hintersten Winkel der Welt geführt hat, habe ich, wie ich glaube, einige weitaus wichtigere Wahrheiten entdeckt. Für den Venezolaner mag das Rennen bald vorbei sein oder auch nicht. Doch für die Israelis und Palästinenser ist der Augenblick der Wahrheit bald gekommen.

David A. Yallop
7. Januar 1993

Anhang 1

»Jetzt ist alles unter Kontrolle. Wir hatten ein sehr ruhiges Wochenende.«

Israelischer Major zum Autor.

Chronik der Ereignisse im Gazastreifen

Von Freitag, dem 10. Februar 1989,

bis Montag, den 13. Februar 1989

Freitag

Über folgende Orte wurde eine Ausgangssperre verhängt:

Flüchtlingslager Jabalia: sechster Tag in Folge.

Flüchtlingslager Al Schati (Strand): sechster Tag.

Die Vororte An-Nasser und Scheich Radwan von Gaza-Stadt: dritter Tag.

Wohnsiedlung Beit Lahia bei Gaza: fünfter Tag.

Stadt Rafah und das in der Nähe gelegene Flüchtlingslager Rafah: dritter Tag.

Flüchtlingslager Nusseirat: dritter Tag.

Flüchtlingslager Chan Junis und der Vorort Al Amal von Chan-Junis-Stadt: siebter Tag.

Es war der vierte Tag eines totalen Generalstreiks im Gazastreifen.

Die Militärbehörden errichteten an allen Zufahrten nach Gaza Kontrollpunkte, während sowohl motorisierte Patrouillen und Soldaten zu Fuß die Stadt durchkämmten. Einige Soldaten bezogen auf hohen Gebäuden Posten, um von dort möglichst frühzeitig ein Wiederaufflammen der Unruhen zu erkennen.

Außerdem wurden an den Eingängen zum Flüchtlingslager Breij und im Stadtzentrum von Chan Junis Kontrollpunkte eingerichtet. Soldaten beobachteten aus der Entfernung die Hauptmoschee der Stadt, weil befürchtet wurde, daß es kurz nach dem Freitagsgebet zu Demonstrationen kommen könnte.

Im Flüchtlingslager Rafah kam es zu heftigen Zusammenstößen zwischen Palästinensern und israelischen Soldaten. Die Demonstranten bewarfen die Soldaten mit Steinen und leeren Flaschen. Die Soldaten eröffneten das Feuer und schossen mit Gummigeschossen. Anwar Suleiman el-Scheich Eed (15) wurde am linken Auge von einem Gummigeschoß getroffen. Das Auge mußte später in der Augenklinik von Gaza entfernt werden.

SAMSTAG

Heute morgen wurde über das Dorf Beit Hanoun und den Vorort Al Sabra von Gaza-Stadt eine Ausgangssperre verhängt. Die Ausgangssperre in Jabalia, Beit Lahia und Rafah wurde verlängert. In den Flüchtlingslagern Nusseirat, Chan Junis und Schati wurde sie aufgehoben. Außerdem hob die Armee die Ausgangssperre auf, die sechs Tage zuvor über die Vororte Scheich Radwan und An Nasser von Gaza-Stadt verhängt worden war.

Heute morgen kam es zu Demonstrationen und Zusammenstößen in der Stadt Chan Junis und dem unweit der Stadt gelegenen gleichnamigen Flüchtlingslager. Die Demonstranten lieferten den Soldaten eine regelrechte Schlacht und bewarfen sie mit Steinen. Die Soldaten eröffneten das Feuer und verletzten Jumah Assar (16) mit einem Plastikgeschoß. Chaled Abu Dukka (17) und Ajman Kamel Jbeir (19) wurden von Soldaten zusammengeschlagen. Beide wurden ins Nasser-Krankenhaus gebracht, wo Knochenbrüche und Prellungen am ganzen Körper festgestellt wurden.

Nach viertägigem Generalstreik öffneten heute morgen wieder im gesamten Gazastreifen die Geschäfte.

Eine Gruppe palästinensischer Jugendlicher bewarf eine israelische Militärpatrouille in der Nähe des Marktplatzes an der Omar-Al-Muchtar-Straße in Gaza-Stadt mit Steinen. Die Soldaten setzten Tränengas ein. Mehrere Anwohner mußten deswegen in die Krankenhäuser Al Ahli und Al Schifa eingeliefert werden.

Bewohner des Flüchtlingslagers Rafah verletzten die von den israelischen Truppen verhängte Ausgangssperre. Sie versammelten sich in den Straßen und hielten große Kundgebungen ab. Sie warfen Steine auf israelische Soldaten, die daraufhin das Feuer eröffneten und Tränengas einsetzten. Mehrere Jugendliche wurden von den Soldaten durch die engen Gassen des Lagers gejagt.

Vier Menschen wurden ins Krankenhaus Al Ahli in Gaza-Stadt eingeliefert, nachdem sie von israelischen Soldaten zusammengeschlagen und schwer verletzt worden waren: Aschraf Kamel Sakik (25) aus dem Vorort Al Daradsch; Mohammed Ali Schedadeh Sakut (43) aus dem Flüchtlingslager Schati; Rami

Mohammed Abu el-Cheir (12) und Jassir Mohammed el-Silk (14) aus dem Vorort Al Saitun.

Unter der Aufsicht des Militärgouverneurs des Gebiets nahmen Soldaten und Angehörige der Sicherheitsorgane in dem Dorf Beit Hanun Massenverhaftungen vor. Die Soldaten durchkämmten das Dorf und die umliegenden Felder nach Verdächtigen. Mehr als ein Dutzend Jugendliche wurden verhaftet. Mindestens acht weiteren nahmen die Soldaten die Ausweise ab. Sie mußten sich im Hauptquartier der Militärverwaltung melden. Unterdessen wurde über das Dorf eine Ausgangssperre verhängt. Die Soldaten stürmten einige Häuser und durchsuchten sie. Auch im Vorort Al Sabra von Gaza-Stadt nahm das Militär Massenverhaftungen vor.

Die Ausgangssperre im Flüchtlingslager Jabalia und in der Wohnsiedlung Beit Lahia wurde aufgehoben. Die vor vier Tagen über Rafah verhängte Ausgangssperre wurde aufgehoben. Ebenfalls aufgehoben wurde die gestern über das Dorf Beit Hanun verhängte Ausgangssperre, bei der zahlreiche Verdächtige festgenommen worden waren.

SONNTAG

Die über das Flüchtlingslager Jabalia und die Siedlung Beit Lahia verhängte Ausgangssperre wurde aufgehoben. Die vor vier Tagen über Rafah und die erst gestern über Beit Hanun verhängte Ausgangssperre, bei der zahlreiche Verdächtige festgenommen worden waren, wurde aufgehoben.

Heute nachmittag kam es zu Zusammenstößen zwischen israelischen Soldaten und Palästinensern aus dem Flüchtlingslager Schari. Die Lagerbewohner sagten aus, die Soldaten hätten die Zusammenstöße provoziert. Die Palästinenser warfen Steine, die Soldaten setzten Tränengas und Gummigeschosse ein. Mohammed el-Abed Judeh (65) wurde von einem Gummigeschoß am rechten Auge verletzt. Er wurde in der Augenklinik von Gaza behandelt. Mehrere Lagerbewohner wurden von Soldaten zusammengeschlagen und mußten zur Behandlung ins Krankenhaus gebracht werden. Unter ihnen waren:

Sami Abdul Karim Matar, 24
Fachri Awad, 40
Rafat el-Adschrami, 15
Nasira Mohammed Abu Odeh, 29 (weiblich)
Samir Abed Issa, 45
Abdul Munem Sidki Junis, 15
Mohammed Jusef Abu Odeh, 35

Um die Mittagszeit kam es in Rafah zu Zusammenstößen zwischen israelischen Soldaten und palästinensischen Demonstranten, als arabische Jugendliche eine Armeepatrouille mit Steinen bewarfen. Die Soldaten setzten Gummigeschosse und Tränengas ein, mehrere Personen wurden verletzt. Unter ihnen waren:

Masad Daud Jassin, 14, an der rechten Hand von einem Gummigeschoß verletzt.

Amal Atijeh Abu Ideh (weiblich), 19, von einem Gummigeschoß am Kopf getroffen.

Die Armee beschlagnahmte drei Privatautos der Marke Peugeot, die Bewohnern des Flüchtlingslagers Jabalia gehörten, und versenkte sie in einem Wasserbecken.

Palästinensische Jugendliche im Flüchtlingslager Jabalia griffen zwei Armeepatrouillen an und bewarfen sie so lange mit Steinen, bis die Soldaten das Lagergelände verließen. Später griffen die Jugendlichen einen Armeeposten innerhalb des Lagers an. Die Soldaten jagten unterdessen die Jugendlichen durch die engen Gassen des Lagers, konnten aber keinen von ihnen festnehmen.

Montag

Letzte Nacht drangen israelische Soldaten in mehrere Häuser im Flüchtlingslager Jabalia ein und durchsuchten sie. Einigen Bewohnern wurden die Ausweise abgenommen. Sie mußten sich im Hauptquartier der Militärverwaltung zum Verhör melden.

Heute morgen kam es im Flüchtlingslager Rafah in der Nähe der Vorbereitungsschulen des UN-Hilfswerks für Palästinaflüchtlinge (UNRWA) zu Demonstrationen, nachdem Soldaten mehrere Schüler belästigt hatten. Die Schüler warfen mit Steinen nach den Soldaten, die daraufhin Tränengas einsetzten. In eine UNRWA-Schule wurden mehrere Tränengasgranaten geschossen. Daraufhin kam es im gesamten Stadtgebiet und in den benachbarten Flüchtlingslagern zu einer Welle von Demonstrationen. Die Armee schoß mit scharfer Munition. Mehrere Menschen kamen durch Schüsse oder das Einatmen von Tränengas zu Schaden. Einer der Verletzten war Ahmad Chalil el-Jasuri (14). Ein Stahlgeschoß hatte ihn am Kopf getroffen. Er wurde zunächst ins Nasser-Krankenhaus in Chan Junis eingeliefert, dann jedoch wegen seines kritischen Zustands in die Klinik Tal Haschomeïr in Tel Aviv verlegt, wo er seinen Verletzungen erlag. Ahmads Bruder, Basel, war einer der ersten Palästinenser, die bei Ausbruch der Intifada von israelischen Soldaten getötet wurden. Er wurde am 9. Januar 1988 erschossen. Abdul Asis Dandul (15) wurde ebenfalls von einem Stahlgeschoß in den Kopf getroffen und in die Klinik Tal Haschomeïr in Tel Aviv gebracht. Kurz nach Ausbruch der Unruhen verhängte die Armee eine Ausgangssperre über das Flüchtlingslager Rafah.

Im Vorort Sabra von Gaza-Stadt führten die israelischen Truppen willkürliche Verhaftungen durch. Die Verhafteten waren zwischen 15 und 22 Jahren alt.

Im Flüchtlingslager Jabalia bewarfen palästinensische Schüler einen israelischen Armeeposten mit Steinen. Die Soldaten eröffneten daraufhin das Feuer und jagten eine Gruppe von Schülern in ein Berufsausbildungszentrum der UNRWA. Die Soldaten schlugen mehrere Schüler mit Schlagstöcken zusammen. Schadi Bader Abu Dhaher (16) wurde von einem Stahlgeschoß am Kopf getroffen, offenbar aber nicht gefährlich verletzt. Auch die 34jährige Fahimeh Dheeb wurde von Soldaten geschlagen und erlitt einen Armbruch. Alle Verwundeten wurden in der UNRWA-Klinik im Lager behandelt.

Heute kam es im Vorort Schabura des Flüchtlingslagers Rafah erneut zu Zusammenstößen. Israelische Soldaten schossen mit scharfer Munition und setzten Tränengas ein, um die Demonstranten auseinanderzutreiben. Mohammed Ahmad Mahmud (15) wurde am rechten Oberschenkel von einem Gummigeschoß verletzt. Er wurde ins Nasser-Krankenhaus nach Chan Junis gebracht. Die 28jährige Kahdidscheh Abdul Hadi Nusrani wurde ohnmächtig, nachdem sie Tränengas eingeatmet hatte. Sie mußte ebenfalls im Krankenhaus behandelt werden.

Im Flüchtlingslager Schati kam es am frühen Morgen zu Demonstrationen. Die Armee eröffnete das Feuer. Ahmad Mohammed Rasched (17) wurde an der rechten Hand verletzt. Andere, wie beispielsweise Raed Atijeh Abdul Muti (20), Hamad el-Masri (29) und Omar Safi Salameh (23) wurden zusammengeschlagen. Sie wurden ins Krankenhaus Schifa in Gaza-Stadt gebracht.

Anhang 2

Die Geschichte António Pereiras

Eine Fallstudie über den Weg eines Mannes in den Terrorismus

Die folgende Geschichte basiert auf Informationen aus einer Vielzahl von Quellen, darunter Mitarbeiter des französischen und brasilianischen Geheimdienstes, Amnesty International, die Internationale Vereinigung Demokratischer Juristen, verschiedene Interviewpartner und vor allem António Pereiras ehemaliger Verteidiger, der Brasilianer Annina de Cavalho. Außerdem sah ich französische, belgische und italienische Gerichtsakten ein.

António Expedito Carvalho Pereira wurde im Januar 1931 als Sohn einer armen Familie in Itagui in der brasilianischen Provinz Rio Grande do Sul geboren.

Dank seines großen Fleißes und seiner überdurchschnittlichen Begabung erhielt er eine ausgezeichnete Ausbildung und studierte Jura. Nach dem Examen erwarb er sich weitere Qualifikationen und arbeitete schließlich neben seiner Tätigkeit in der eigenen, gutgehenden Anwaltskanzlei als Dozent an der Universität.

Zwischen 1961 und 1964 erlebte Brasilien einen politischen und sozialen Aufschwung. In verschiedenen Bereichen der Gesellschaft wurden beachtliche Erfolge erzielt, so etwa beim Aufbau von Institutionen und Gewerkschaften. Der Wunsch nach demokratischen Reformen wurde laut. Erste Agrarreformen sorgten für eine gerechtere Verteilung des nationalen Reichtums. Das Land löste sich langsam aus seiner fast völligen Abhängigkeit von den Vereinigten Staaten auf vielen Gebieten. Wie Venezuela, das Geburtsland von Carlos, erlebte auch Brasilien nach langen Jahren der Diktatur, der politischen Unterdrückung und der Folter zwischen 1960 und 1964 eine Phase demokratischer Erneuerung. Bis die Generäle dem Ganzen ein Ende bereiteten. Im April 1964 wurde die Demokratie gewaltsam von einer Militärdiktatur abgelöst. Im Jahr 1968, nach vier Jahren zunehmender politischer Unterdrückung, putschte das Militär erneut. Nach diesem Putsch driftete das

Land noch weiter nach rechts. Die ohnehin schon lange Liste der Einschränkungen der Bürgerrechte wurde noch länger. Rechtsstaatliche Prinzipien zum Schutz der persönlichen Freiheit wurden abgeschafft, die strengen Zensurvorschriften nochmals verschärft. Es kam zu einer Institutionalisierung der Gewalt gegen einzelne, insbesondere gegen solche, die öffentlich gegen die herrschenden Zustände demonstrierten. Die Regierung setzte Todesschwadronen ein. Jeden Tag verschwanden Menschen spurlos. In dem Maße, wie jegliche Kritik an der Innen- oder Außenpolitik des Regimes als »subversiver Akt« gewertet wurde, nahm die Guerillatätigkeit zu. Alle »politischen Vergehen« wurden vor Militärgerichten verhandelt.

So sah der Alltag für Pereira und seine Mitbürger aus. Pereira gehörte zu denen, die besonders gefährlich lebten. Als einer der wenigen Anwälte, die es noch wagten, die Verteidigung von Klienten zu übernehmen, die sich wegen »politischer Vergehen« zu verantworten hatten, war er ein gezeichneter Mann, und das um so mehr, als er an der Universität von São Paulo auch noch Recht lehrte. Damit gehörte er in den Augen des Regimes zur Kategorie der »gefährlichen Intellektuellen«. Pereira verteidigte Studenten und Arbeiter, die mit der politischen Linken sympathisierten, und einmal sogar den Guerillaführer Carlos Lamarca. So war es nur eine Frage der Zeit, bis die Schergen des Regimes ihn abholen würden. Sie kamen am 3. März 1969.

Gegen zehn Uhr morgens drangen 15 Armeeangehörige und Beamte der Politischen Polizei in sein Büro in São Paulo ein. Eine weitere Einheit hatte das Gebäude umstellt. Die Verhaftung erfolgte nach der damals in Brasilien gängigen Methode. Zunächst legten sie ihm Handschellen an, dann schlugen sie ihn brutal zusammen, schleiften ihn hinaus auf die Straße Calle des Riachuelo und brachten ihn in die Kaserne der Militärpolizei. Dort wurde er 17 Tage lang festgehalten.

An jedem dieser 17 Tage wurde er gefoltert. Die Polizei verlangte Auskünfte über seine Klienten und über sein Verhältnis zu ihnen. Er verweigerte die Aussage. Am ersten Tag wurde er sieben Stunden lang an den Beinen aufgehängt, immer wieder geschlagen und naß gespritzt. Elektroschocks an Mund, Ohren, Genick, Genitalien und Hoden wurden ihm verabreicht. Wenn er das Bewußtsein verlor, stieß ihm Feldwebel Roberto von der Militärpolizei Elektrodrähte in Harnröhre und After.

Diese Folterungen wurden mit diversen Varianten tagelang fortgeführt. Eine der Varianten ist unter dem Namen »Drachensessel« bekannt. Das Opfer sitzt in einem Sessel, wie er oft in Friseursalons benutzt wird. Dieser Sessel verfügt über Armlehnen und Füße aus Metall, durch die elektrischer Strom geleitet wird.

Pereira weigerte sich beharrlich, seinen Peinigern die gewünschten Informationen zu geben. Seine Frau, Nazareth Oliveira Pereira, wurde hereingeführt. António mußte zusehen, wie sie ausgezogen und dann gefoltert wurde. Danach mußte sie zuschauen, wie man ihren Mann folterte. Dann brachten sie seine drei Brüder, João, José und Francisco herein. Alle wurden in seiner Ge-

genwart gefoltert. Dann schleppten sie seine Sekretärin Celia Hatsumi Heto und seinen Fahrer Lazaro herein. Auch sie wurden wie die anderen ausgezogen und gefoltert. Schließlich verhafteten sie seine zehn Jahre alte Tochter, Teresa Cristina. Und wieder mußte António Pereira zuschauen, wie sie unter der Aufsicht von Armeehauptmann António Carlos Pivatto gefoltert wurde.
Am 18. März 1969 weigerte sich Pereira immer noch, ein Geständnis abzulegen oder belastende Angaben über seine Klienten zu machen. Daraufhin wurde er in die Polizeizentrale der DOPS (Staatsbehörde für Politische und Soziale Ordnung) gebracht. Dort blieb er zwei Tage. In dieser Zeit mußte er mindestens viermal im »Drachensessel« Platz nehmen und viele andere Foltermethoden über sich ergehen lassen.
Am 20. März wurde er in die Kaserne zurückgebracht, wo ihn die Militärpolizei zwei Wochen lang bearbeitete und folterte. Dann wurde er erneut in die Polizeizentrale verlegt. Die folgenden vier Monate wurde er in totaler und strenger Isolationshaft gehalten. Danach wurde er in die Strafkolonie Tiradentes verlegt. Nach insgesamt elf Monaten wurde er erneut vor einem Militärgericht verhört. Den Vorsitz führte ein Richter. Er wurde nicht verurteilt, aber schließlich in das Gefängnis Tiradentes zurückgebracht. Er war schon fast zwei Jahre in Haft, als schließlich am 7. Dezember 1970 eine Gruppe von Guerillas den Schweizer Botschafter in Brasilien, Giovanni Enrico Bucher, kidnappte und die Freilassung von 70 Gefangenen erzwang. Unter den Freigepreßten war António Pereira. Man hatte nie offiziell Anklage gegen ihn erhoben, ihn nie vor Gericht gestellt und nie verurteilt.
Ende Januar 1971 floh Pereira zusammen mit den anderen 69 Freigelassenen nach Chile. Seine Frau und seine Tochter mußte er zurücklassen. Sie hatten nicht auf der Liste der Freizulassenden gestanden, und die brasilianische Regierung verweigerte ihnen die Ausreise.
Von Chile aus kam Pereira schließlich mit einigen ehemaligen Mitgefangenen über Algerien nach Paris. Die französische Regierung gewährte ihnen politisches Asyl. Pereira baute sich ein neues Leben auf. Im Jahr 1973 hatte er ein Verhältnis mit einer reichen Brasilianerin, unterhielt Beziehungen zu Mohammed Budia, Moukarbel und zur Japanischen Roten Armee und arbeitete in einer exklusiven Kunstgalerie. Noch im selben Jahr traf er Carlos.

Register